中國古代史學叢書

[清]顧炎武　撰　黃珅等　校點

天下郡國利病書

肆

上海古籍出版社

天下郡國利病書（四）

戴揚本　嚴文儒校點

陝西備録上

雍譚

范守己

漢書云：「文王作豐。」顔師古註曰：「今長安西北界靈臺鄉豐水上是。」而杜元凱註左氏，則曰「豐在始平鄠縣東」，是在長安西南矣。未知孰是。今按大雅云「既伐于崇，作邑于豐」，又曰「豐水東注，維禹之績」，又案豐水出終南山，東流過鄠縣，與鎬水合，北流入渭。鄠，古崇國也，則豐在鄠縣可知。若在長安西北，則豐水正北流，不可云東注矣。

漢書云：「武王治鎬。」師古曰：「今昆明池北鄗陂是。」説文曰：「鎬在上林苑中。」鎬與鄗同。皇甫謐帝王世紀曰：「武王自酆居鎬，諸侯宗之，是爲宗周。今灃水之東長安之南三十里、去酆二十五里鎬池即其故都。」酈道元水經注曰：「自漢武穿昆明池，鎬京基構淪陷，今無可究。」是鎬在豐東無疑。小雅云：「玁狁匪茹，整居焦穫。侵鎬及方，至于涇陽。」正指鎬京而言。蓋鎬與涇陽相距不遠，焦穫亦在涇陽境内。涇陽在漢爲池陽地，漢書「池陽」下註云：「爾雅十藪，『周有焦穫』。郭璞曰『將瓠中是也』。」則焦穫在涇陽可知，方則或非朔方耳。劉向以鎬爲千里之鎬，不知所據。

顔師古曰：「灞、滻、涇、渭、灃、鎬、澇、潏，是爲八川。」案相如上林賦曰「蕩蕩乎八川」，灃、滈、澇、潏、涇、渭、駈、滻，有駈水而無灞水，豈駈即灞之本名耶？又案漢書「沂水出藍田谷，北至霸陵，入霸水。霸水亦出藍田谷，北入渭」，顔師古曰：「滋水秦穆公更名，以章霸功，視子孫。」霸水之不爲駈水可知矣。

故長安城在今西安府西北，北臨渭水。三輔舊事曰：「城南爲南斗形，北爲北斗形。」今觀城形，信然。及閲漢志及班、張二賦，皆不言及。後見長安故圖，其城南面三曲，正南曰安門，亦曰鼎路門，獨凸出向前；左曰覆盎門，右曰西安門，各縮後數丈。北面亦三曲，東北獨凸出數丈，其西以漸而縮，東北第一曲無門，次西一曲有二門，東曰厨城門，西曰洛門，又次西一曲無門，又次西一曲有一門，曰横門。東面無曲，其直如引繩，有三門，中曰清明門，北曰宣平門，南曰霸城門。西面二曲，西南獨凸出，亦有三門，中曰宣城門，在曲中，西北向，南曰章城門，西向，北曰雍門，亦西北向。蓋其城沿渭水而築，故其曲折皆隨水滸，初非有意爲斗形也。唐人謂爲北斗城，偶以形似言之耳。

船司空，漢縣名。顔師古曰：「本主船之官，遂以爲縣。」在今華陰東北渭水入河處，其南爲桃林塞，即今之潼關也。

郃陽，漢縣名。應劭曰：「在郃水之陽也。」師古曰：「即大雅大明詩所謂『在郃之陽』。」案大明詩云：「在洽之陽，在渭之涘。」今郃陽去渭頗遠，尚隔朝邑。

杜陽，漢縣名。有杜水，南入渭。顔師古曰：「大雅綿之詩曰『人之初生，自土沮漆』，齊詩作『自杜』，言公劉避狄而來，居杜與漆沮之地也。」案杜陽今爲麟遊縣，漆在今邠州三水縣，沮即洛水，爲洛川縣，相去頗遠，謂土爲杜陽，可乎？朱傳爲是。

邠州舊有三原，古栒邑。漢書云有豳鄉，公劉所都。顔師古曰：「栒讀與荀同。」案汲郡古文「晉武公滅荀，以賜其大夫原氏黯，是爲荀叔。」臣瓚曰：「荀當在晉之境内，不當在扶風。今河東有荀城，古荀國，則不爲栒邑明甚。」又案左氏云：「畢原酆郇，文之昭也。」又云：「郇侯賈伯伐晉。」詩又云：「四國有王，郇伯勞之。」是郇爲周之同姓，與荀爲二國。然則所謂栒邑者，得非郇伯之故地耶？而字形不同，恐亦未然。

漢書云：「池陽縣有巀嶭山，在北。」師古曰：「巀嶭，即今所呼嵳峩山。」長安故圖云：「池陽，今三原縣。」案今嵳峩山在涇陽縣北，則池陽爲涇陽明甚。故圖謂爲三原，而以涇陽爲古沈陽雲陽地，恐未然也。後漢書云：「雲陽有荆山，禹鑄鼎處。」今其下有荆渠，不聞涇陽有荆山也。

地道記云：「池陽有巀嶭山，有鬼谷。」案史記，鬼谷在潁川陽城，不在池陽。

胡松與知舊書云：「涇州以涇水得名。回中山在其城北一里許，其下爲涇河。漢文帝時，匈奴入蕭關，燒回中宮，即此地。予嘗至涇州，其守亦告曰：『此回中也。』西門外有山突起，如萬斛囷，其上有王母祠，俱言漢武帝幸回中，即此。予亦信之。」案後漢書「右扶風汧縣有回城，名回中」，註云「來歙開道處」，則回中之不爲涇州明甚。

漢有涇陽縣，屬安定郡，非今之涇陽也，當在平涼府西北。漢書云：「涇陽縣西有幵頭山，禹貢涇水所出。」顏師古曰：「幵音牽。此山在今靈州東南。土俗語訛，謂之汧屯山。」而郭璞注山海經乃曰：「涇水出朝那縣西丹頭山。」案朝那，今固原州，不聞有丹頭，師古之言似爲有據。

後漢書云：「朝那有湫淵，方四十里，停不流，冬夏不增減，不生草木。」案胡松與知舊書云：「朝那湫有二，俱在今固原境内。一在州東二十里，一在州西三十里，水各方數十里，深不可測，傳有蛟龍藏其中。世邈忘其本名，土人呼爲東、西海子。而西海子水流百數十里，經隆德靜寧界，即好水川也，宋與夏人戰場在焉。」然則漢書所謂停而不流者，豈獨指東湫言邪？抑漢時未有西湫邪？湫即秦文王詛楚處。

平涼西有瓦亭驛，在華亭固原界上。亂山紛錯，至不可列騎。其道西北通固原以走寧夏，西南過六盤山走甘肅，亦要地也。案後漢書「烏枝縣有瓦亭，牛邯軍處」，前漢書作「烏氏」，則瓦亭之名其來久矣。

漢書北地郡有歸德縣，縣有洛水，出北蠻夷中入河。是不獨河南鄜州，各有洛水而已。

長安圖志載唐太宗昭陵在醴泉縣北五十里九嵕山上，其規模皆太宗所自經營。貞觀二十八年八月畢工，先葬文德皇后長孫氏，爲刻蕃酋之形，琢六駿之像，以旌武功，列于北闕。其諸蕃酋長，貞觀中擒伏歸和者，琢石肖形狀，而刻其官名，凡十四人。六駿，一曰青騅，平竇建德時所乘；二曰什伐赤，平王世充時所乘；三曰特勒驃，平宋金剛時所乘；四曰颯露紫，平東都時所乘；五曰拳毛騧，平劉黑闥時所乘；六曰白蹄烏，平薛仁杲時所乘。各有贊語，四言四句。此則翁仲石馬所自始也。至武后之葬乾陵，則石刻酋長六十一人，高七尺；石人二十，高一丈五尺；石馬十六，高九尺；飛龍馬二，高一丈五尺；石獅四，其二高一丈五尺，其二高丈有二尺；朱雀二，高六尺，不止如昭陵而已。至今猶雜卧草樹間。

臨潼志謂臨潼在秦爲櫟陽，漢高葬上皇其地，改爲萬年縣。案水經注：「濁谷水出原，注鄭渠，又東經太上陵南，北屈與沮水合，至白渠，與澤泉合，俗謂之桼水，又謂之桼沮水。絕白渠，東逕萬年縣故城北，爲櫟陽渠。城即櫟陽宫也。漢高帝葬皇考于是縣，起墳陵，署邑號，改曰萬年也。地理志曰：馮翊萬年縣，高帝置。闞駰曰：縣西有涇渭，北有小河。」由是觀之，萬年在渭水之北、涇水之東、高陵皐平之間，不在驪山阯下明甚。

公劉居邠，在今邠州三水縣。梁山在其南，今在永壽縣西南，去邠不百里而遥。西南距岐山三百餘里。孟子所謂「去邠，踰梁山，邑于岐山之下」，言正符合。或謂爲韓城之梁山，非是。邠州志載履跡坪、隘巷諸跡，謬妄亦甚。蓋后稷生邰，今武功，不在邠州也。其所謂皇澗、淩陰室猶爲近似。

涇州西門外有回山，上有王母祠。志謂爲漢回中道。案文帝時，匈奴入蕭關，燒回中宮。武帝屢幸回中，似不在此。涇水經涇州城外，嚙城東南下，汭水注之。汭水出隴州北弦蒲藪，東北流入涇。詩所謂「汭鞫之即」者即此。

皐蘭山在蘭州南城外，有五泉、雷唐之盛，第童無草木，望之一土石陵阜爾。其高數百仞，横亘數十里，山下沃野可耕，一望平疇，東至闇王溝約四十里，居民賴之。

鄠縣，故崇侯國，文王取之作豐邑，在長安南七十里。有漢陂在紫閣峯下，環抱山麓，方廣可數里。中有芙蕖、鳧雁之勝，杜子美有「半陂以南純浸山」之句，指此。

説經臺在盩厔縣東二十里終南山坳上，松阡石逕，迤邐以上。最上有洞，可容數十百人，蓋老子與關尹喜傳經處。

秦漢時有函關而無潼關。潼關之名，不知所自始。唯水經云「河水南至華陰潼關，渭水從西來注之」，注云「河在關内南流，潼激關山，因謂之潼關。有灌水注之。灌水出松果之上，北流逕通谷。世亦謂之通谷水。東北注于河。述征記所謂潼谷水者也。」或説因水以名地也。河水自潼關東北流，水側有黄坂，謂之黄卷坂，傍絶澗，涉此坂以升潼關，所謂泝黄卷以濟潼關矣。據此，則潼關漢、魏已有，第非以潼水得名耳。今城中有水北流，俗呼爲潼水，則古之所謂灌水矣。

潼關河北有風陵，世以爲女媧陵。水經注云：「關之正北，隔河有層阜巍然，世謂之風陵。戴延之所謂風塠也。」不聞稱女媧陵。

元學士潘昂霄窮河源記

河源在吐蕃朵甘思西鄙，有泉百餘泓，或潦水，沮洳散涣，方可七八十里，且泥弱不勝人迹。近觀弗克，傍立高山下視，燦若列星，以故名火墩腦兒，譯言星宿海也。群流奔湍，近五七里，匯二巨澤，名阿剌腦兒，自西徂東，連屬吞噬，廣輪馬行一日程，迤邐東鶩成川，號赤賓河。二三日程，水西南來，名以里朮，合赤賓。三四日程，南來名葱蘭。又水東南來，名里也朮，合流入赤賓。其流浸大，始名黄河。然水清，人可涉。又一二日，岐裂八九股，名也孫斡論，譯言九渡，通廣六七里，馬亦可渡。又四五日程，水渾濁，土人抱革囊乘馬過之。民聚部落，糾集木幹象舟，傅毛革以濟，僅容兩人。繼是兩山岐東，廣可一二里，或半里，深莫測矣。朵甘思東北鄙有大雪山，名亦耳麻不莫剌。其山最高，譯言騰乞里塔，即崑崙也。山腹至頂皆雪〔二〕，冬夏不消，土人言遠年成冰，六月見之，自八九股水至崑崙。行二十六日程，河行崑崙南半日程，既又四五日程，至地名闊即及闊提，二地相屬。又三日，地名哈剌別里赤兒，四達之衝也。多寇盜，有官兵鎮防。崑崙迤西，人簡少，多處山南，山皆不穹峻，水亦散漫，獸有犛牛、野馬、狼、豹、羱、羊之類。其東山益高，地亦漸下，岸狹隘，有狐可一躍之者。行五六日程，有水西南來，名納鄰哈剌，譯言細黄河也。又兩日程，水南來，名乞兒馬出，二水合流入河。河北行，轉西至崑崙北。二日程，地水過之，北流少東，又北流入河。半月程，至歸德州地名必赤里，始有州事官府。州隸河州，置司，土蕃等處宣慰司所轄。又四五日程，至積石州，即禹貢積石云。

升菴集

按史記云河有兩源，一出葱嶺，一出于闐，合流東注蒲昌海，伏流地中，南出積石。其山多玉石，武帝因按古圖書名河所出山曰崑崙。班固以騫爲未嘗見崑崙。唐薛元鼎使吐蕃，自隴西成紀出塞二千里，得源於悶磨黎山中，高四下，所謂崑崙。水東北流，與積石河相連。河源澄瑩，冬春可涉。下稍合流，色赤，益遠，他水并注，遂濁。吐蕃亦自言崑崙在其西南，故蔡氏尚書禹貢傳兼取二説，而歸是於薛。然皆非耳目聞見之實論。元至元十七年，命都實佩金虎符往求河源，自河州四閲月始抵其處。學士潘昂霄述其所見爲志，謂河源出吐蕃朶甘思西鄙云云，自發源至漢地，南北溪澗，分流合派，莫知紀極。至積石，始林木暢茂。及考臨川朱思本得譯出梵字圖書，其間分合轉折與志或異，而崑崙、積石地域遠近大要相同。大概謂河源東北流，所歷皆西蕃地，至蘭州凡四千五百餘里，始入中國。又東北流，過胡地凡二千五百餘里。始考張騫使西域所至，惟大月氏、大宛、大夏、康居，其餘旁國皆得之傳聞，徒見鹽澤伏流至於積石再出，遂謂此爲河源，誠未睹崑崙，班固非之宜矣。元鼎雖亦以使事往吐蕃，然履歷有序，其言崑崙山水委曲可信，故蔡傳以元鼎之言爲近。然亦未究極。至元有天下，薄海内外皆置驛使，通道絶域，如行國中。都實又特以河源事往，所詣多鄉道指授，其所紀載當有證據。然後知于闐、鹽澤、崑崙、積石皆河流所經，去源猶遠。譬之常山之蛇，張騫見其尾，元鼎見其腹，而都實所至、昂霄所紀，庶幾見其全體矣。

積石山辨

俞安期曰：余志湟中，賦黄河，歷考載籍，則今所稱積石山在河州西寧境者皆訛，是積石者，即漢之河關縣山也。唐咸亨中，薛仁貴征吐蕃，敗績大非川，失積石以東之地，乃以河關静邊鎮置積石軍。其後又陷于吐蕃久之。長慶中，劉元鼎使吐蕃，遂指積石軍爲積石山，後世紛紛祖其説，以攻山海經及水經諸書爲荒唐也。按山海經云「積石之山，其下有石門，河水冒以西南流」，郭璞注云「山在河關縣西南羌中」，班固西域傳云「河有葱嶺、于闐兩源，合而東注蒲昌海，一名鹽澤，其水冬夏不增減，潛行地下，南出積石山，爲中國河」，范曄漢書並同。水經與山海經文合，酈道元注謂之重源。後漢書曰：「段熲自湟中追燒當羌，且鬬且行，四十餘日，遂至河首積石山，出塞二千餘里。」隋書曰「宇文述追破吐谷渾，得地四千里」，注云：「有積石山，河水所出，又有烏海。」唐貞觀中李靖等西征吐谷渾，軍次鄯州，始議所向，窮追出塞，行空荒之地二千里，逦次星宿川，達柏海，上望積石山觀河源。嗟乎，山海、水經固爲荒唐，而兩漢書及隋、唐之史所載皆盡非乎？况張守節爲唐開元中人，作史記正義猶云河州有小積石山，河源出大崑崙山，入鹽澤東南潛行，入吐谷渾界大積石山，又東北流至小積石山。則禹貢所導積石山尚在今所謂星宿海河源之上，獨不觀唐史所云「次星宿川，達柏海，上望積石山」之文可爲的證乎！

河源古無所見，自元人始求而得之。按元史，禹貢導河止自積石，漢使張騫通西域，惟見二水交流，發葱嶺，匯于鹽澤，伏流千里，至積石而再出。唐薛元鼎使吐蕃，訪河源，得之於悶磨黎山，皆未窮其源也。元有天下，人迹所及，皆置驛傳，至元十七年，命都實佩金虎符往求河源，自河州之寧河驛西南登山，至殺馬關，林麓穹隘，一日至巔，西去愈高，四閲月始抵河源。是冬還報，并圖其城傳以聞。其後學士潘昂霄從都實之弟得其說，撰爲河源志，臨川朱思本又從八里吉思家得所藏梵字圖書，而河源始有傳矣。初名星宿海，按元史，河源在朵甘思西鄙，有泉百餘泓，沮洳散渙，弗可逼視。方可七八十里，履高下瞰，燦若星列，以故名火敦腦兒，火敦，譯言「星宿」也。群流奔輳，匯巨澤二，東流爲赤賓河，按元史，自星宿海群流奔輳，近五七里，匯二巨澤，名阿剌腦兒，自西而東，連屬吞噬。行一日，迤邐東鶩成川，號赤賓河。自是受諸水，其流浸大，始名黄河。按元史，又二三日，水西南來，名亦里出，與赤賓河合。又三四日，水南來，名忽闌；又水東南來，名也里木，合流入赤賓，其流浸大，始名黄河。又東爲九渡通，又東入峽中，其深叵測。又東受懷理河水，又東曲而北百餘里，又曲而西二百餘里，又曲而北百餘里，又曲而東至崑崙。按元史，始名黄河處，水猶清可涉，又一二日，岐爲八九股，名也孫幹論，譯言九渡通也。廣五七里，可渡馬。又四五日，水渾濁，土人抱革囊糾木幹象舟以濟。自是以下，兩山硤東，廣可一二里，或半里，其深叵測。朵甘思東北有大雪山，名亦耳麻不莫剌，其山最高，譯言騰乞里塔，即崑崙也。南受二水，復曲而北，而西，而北，而東，至貴德州。河州西南地也。按元史，河行崑崙南半日，又四五日，至闊即及闊提地。又三日，經哈剌別里赤兒北，是地山勢穹峻，其岸狹隘，有狐可一躍而過之處。行五六日，有水西南來，名納鄰哈剌，譯言細黄河也。又兩日，水南來，名乞兒馬出，二水合流入河。河水北行，轉西流，過崑崙北，一向東北流。約行半月，至貴德州，地名必赤里，始有州治官府，州隸吐蕃宣慰司，司治河州。世言黄河九折，彼地有二折，言乞兒馬出及貴德州必赤里也。經積石，至河州，又東北受九水，至臨洮。按水經，河至此東北流，有北濟川，乃北谷烏頭川、臨津白土川兩川，大夏洮、灕諸水注之。又東受湟水，至蘭州。按通志，河東過金城允吾縣，今蘭州境也，湟水從西來注之。又北受高平水，按水經，河至黑城東北，高平水注之。高平水出今鎮原縣。又北過靈州西、寧夏東，又東過新秦中北，今河套地。受五水，至圁陽縣，今葭州也。按水經，河自朔方以東至圁陽，有石門、白渠、頹、太羅、滴諸水注之。又南受十三水，出龍門，今郃陽縣。按水經，河自圁陽以南有端、諸次、湯、奢延、陵、離石、契、大蛇、辱、蒲、丹、黑、洛諸水注之。又南受七水，至華陰，按水經，河自龍門以南，有汾、暢谷、崌谷、陶渠、俗涑〔二〕、渭注之。大抵自河源至華陰通計九千餘里，而東入河南境矣。按元史，思本云：「河源東北流，所歷皆西番地，至蘭州四千五百餘里，始入中國。又東北流過達達地二千五百餘里，始至河東境。又南流一千八百里，東入河南境矣。」

涇水

源出安定郡岍頭山，流千餘里，皆在高地。東至仰山谷，乃移平壤，故于此可疏鑿以溉五縣之地。夫五縣當未鑿渠之前，皆斥鹵磽確，不可以稼，自被浸灌，遂爲沃野。〇秦名鄭國渠，初，韓欲疲秦，使無東伐，乃使水工鄭國間秦，令開涇水，欲以溉田。中作而覺，秦欲殺國，國曰：「臣爲韓延數年之命，然渠成，萬世利也。」乃使卒就渠，溉注填閼之水，溉舄鹵之地四萬餘頃，收皆畝一鍾，于是關中無復凶年。〇漢名白公渠，太始二年，趙中大夫白公奏穿此渠，首起谷口，尾入櫟陽，注衺渭二百里，溉田四千五百餘頃，因名白渠。民得其饒，歌曰：「田于何所？池陽、谷口。鄭國在前，白渠起後。舉鍤爲雲，決渠爲雨。涇水一石，其泥數斗。且溉且糞，長我禾黍。衣食京師，億萬之口。」○唐永徽間雍州刺史長孫祥奏毁渠上碾磑，以復水利。至大曆中，田纔得六千二百餘頃。廣德十三年，嗣薛王知柔爲京兆尹，以鄭白渠梗壅，民不得歲，乃調三輔治復舊道，灌浸如約，遂無旱虞。○宋名豐利渠，大觀中，詔開石渠，疏涇水入渠者五尺，下與白渠會，溉七邑田五千九十餘頃，所謂洪堰者是也。淳化初，有民杜思淵上書，言涇水内舊有石翣，以堰水入白渠溉田，歲收三萬斛。其後石翣壞，三白渠水少，溉田不足。乾德中，節度判官施繼業率民用梢穰笆籬棧木截河爲堰，壅水入渠，民雖獲利，然凡遇山水暴至，則堰輒壞，至秋治堰，復取于民，民煩數役，終不能固。乞依古制，調丁夫脩叠石翣，可得數十年不撓，一勞永逸矣。詔從之。○元名王御史渠，亦名新渠。初，大德八年，涇水暴漲，毁堰塞渠，陝西行省命屯田府總管夾谷伯顔帖木兒及涇陽尹王琚疏導之，起涇陽、三原、櫟陽、高陵用水人户及渭南、櫟陽、涇陽三屯所人夫共三千餘人興作，水遂通流如舊。其制編荆爲囤，貯之以石，復填以草，以土爲堰，歲時葺理，未嘗廢止。及琚復任陝西諸道行御史臺監察御史，建言於豐利渠上更開石渠五十一丈，闊一丈，深五尺，自延祐元年興工，至五年渠成，堰水入渠。至正初，御史宋秉亮又於渠岸高處開通鹿巷，以便夫行。廷議允可，遂發丁夫開鹿巷八十四處，削平土壘四百五十餘步。陝西行省左丞相帖里木兒遣都事楊欽脩治，凡溉田四萬五千餘頃，而醴泉、涇陽、三原、高陵、臨潼、櫟陽、雲陽、富平，咸被其利。至國朝河底低深，渠道高卬，水不通流。成化間，巡撫陝西都御史項忠上奏于朝，得允，遂起醴泉、涇陽、三原、高陵、臨潼、富平六縣蒙水利人户，仍舊迹而疏通之，於平地則度勢高卑而穿渠，遇山石則聚火鎔鑠而穿竇，不二年而成，遂名曰廣惠渠，凡溉田八千二十二頃八十餘畝，又溉西安左、前、後三衛屯田二百八十九頃五十餘畝，每畝收穀三四鍾。抑古今水利有消長，嘗聞前人相視斯渠，其説有三，一曰盡修渠堰之利，二曰復置板閘之防，三曰開通出土之便。然其要又在選委得人，不當惜費，且鄭渠起于瓠口，今駱駝灣西北是也，上至白公渠口二千七百餘步。白公渠口即今小龍潭下是也，上至宋豐利渠五十六步。已上三堰，西北高而東南低，涇水自仲山出，由高而下，河岸去水漸高，今量得鄭公渠口至水面，計高五十餘尺；白公渠至水面，計高一丈三尺，相懸如此，雖欲不改，不可得也。今豐利渠至水亦高七尺有餘，方新渠未開之時，每歲差民起立石囤堰水，費役甚廣而水益艱澀，是以王御史於上流窄處鑿渠，止用囤一百八十箇，宜其省費而水可通也。然其底亦高河水三尺，所立囤堰，厚止三重，河流深處，囤之高者乃至一丈五尺，浮坐於地，每遇河水泛漲，不禁衝突，易于傾壞，反不若宋渠之堰鑿石安立樁橛，猶以爲固也。今涇水石底安樁石痕猶存，是以用費益多，民力益困，詢諸泉，皆言新石渠起于山脚，地勢高於接流，其底猶有三尺未開〔三〕，宜鑿渠底，通行計料，再令開鑿，加深八尺，如此不待囤堰之設，先有五尺自然之水入渠，其囤但比水高五六尺，則渠受水之多，不言可知。宜計舊堰廣狹，新囤高下，即今三重之上，截作九重，囤堰既低且厚，縱遇小漲，只於囤上漫流而過，不至衝激傾倒。設使囤壞，亦不妨自然入渠之水。此法之外，無以復加。且駱駝灣百餘步渠身兩壁開鑿切口二道，當時設此，恐遇涇水暴張及洪堰倒塌之時，即下此閘，以備濁水淤澱渠道。平流一閘在退水槽近下十步，渠身兩壁亦有切口四道，蓋注罷澆田之後，水既無用，遂開此閘退水還河，又當河漲之時，或汹湧之浪不能卒下，或已下而散漫，用防不虞，此皆古人良法，不可廢而不知講也。

漕運

漢婁敬説高帝西都長安，張良進言曰：「關中阻三面而獨守一面，東制諸侯，安定河、渭，漕輓天下，西給京師。諸侯有變，順流而下，足以委輸，敬説是也。」上從其議，定都焉。武帝時，大司農鄭當時言于帝曰：「異時關東漕粟從渭上，度六月而罷。渠下民田萬餘頃可得以溉，此損漕省卒，而益肥關中之地得穀。」上以爲然，發卒穿渠以漕運，大便利。○人有上書欲通褒斜道及漕事，下御史大夫張湯。湯問之，言抵蜀從故道，故道多阪回遠，今穿褒斜道少阪，近四百里。而褒水通沔，斜水通渭，皆可以行船漕。漕從南陽上沔入褒，褒絶水至斜間百餘里，以車轉從斜下渭，如此漢中粟可致，而山東從沔無限，便于底柱之漕。且褒、斜材木竹箭之饒，擬于巴蜀。

上以爲然，拜湯子卬爲漢中守，發數萬人作褒斜道五百餘里。道果便近，而水多湍石，不可漕。隋開皇元年，爲開漕渠，命太監率水工鑿渠渭水，經大興城北，東至潼關，漕運四百餘里，關中賴之，命名曰富人渠。〇開皇二年，以京師倉廩尚虚，議爲水旱之備，詔于蒲、陝以東，募人能于洛陽運米四十石經底柱之險，達于常平、廣通倉者，免其征戍。其後以渭水多沙，流有淺深，漕者苦之。四年，詔左庶子宇文愷率水工鑿渠引渭水，自大興城東至潼關三百餘里，名曰廣通渠，轉運通利，關内便之。煬帝大業元年，發河南諸郡男女百餘萬開通濟渠，自西苑引穀、洛水達于河，又引河通于淮海，自是天下利于轉輸。唐漕運渠在長安縣。天寶二年，京兆尹韓朝宗引渭水入金光門，置潭于西市，以貯材木。大曆元年，京兆尹黎幹自南山谷開漕渠抵景風、延喜門入苑，以運南山薪炭。〇太和初，歲旱河涸，掊沙而進，米多耗。秦漢時故漕興城渠在咸陽西十八里，李石爲相，奏咸陽令韓遼治之，東達永豐倉。自秦、漢以來，疏鑿爲漕渠，自咸陽抵潼關三百里，可以罷車輓之勞。其後湮廢，自此復之。宰相李固言以爲非時，文宗曰：「苟利於人，陰陽拘忌，非所賴也。」議遂決。堰成，罷輓車之牛，以供農科，關中賴其利。〇五節堰。唐地理志汧源縣有此堰，引隴州水通漕。武德八年十二月，水部郎中姜行本奏開通運，許之。〇廣運潭。明皇雜録：天寶元年，韋堅爲陝西郡太守，兼水陸運使。以堅治漢、隋運渠〔四〕，起關門，抵長安，通山東租賦，乃絶灞、滻並渭，東注永豐倉，下與渭合。又與長樂坡瀕苑牆，鑿潭于望春樓下，運漕一年〔五〕。堅命舟人爲楚服作歌，而陝縣尉崔成甫又廣之，使人立第一舡爲號頭，又使人鳴鼓吹笛以和之，衆艘以次轃樓下。明皇升樓，詔群臣臨觀，大悦，賜其潭名曰廣運。寶曆中，勑太倉廣運潭今後令司農寺收管。是歲，漕山東粟四百萬石至京師。○華州華陰有漕渠，自苑西引渭水，因石渠會灞、滻，經廣運潭至縣入渭。天寶三載，韋堅開。○天寶元年，陝西刺史李齊物穿三門運渠。正月辛未，渠成。○户部侍郎裴休爲轉運使，以河瀕縣令董漕事，自江達渭，運米四十萬石。居三歲，米至渭者百二十萬石。凡漕達于京師如此而已。代宗廣德二載，劉晏領漕事，晏即鹽利雇傭，分吏督之，隨江、汴、河、渭所宜，江船不入汴，汴船不入河，河船不入渭。江南之運積揚州，汴河之運積河陰，河船之運積渭口，渭船之運入太倉。歲轉粟百一十萬石，無升斗溺者。德宗貞元初，關輔宿兵，米斗千錢，太倉供天子六宫之膳不及十日，禁中不能釀酒。以飛龍駝負永豐倉米給禁軍。江、淮米不至，六軍脱巾於道，上憂之。會韓滉運米至陝，上喜，謂太子曰：「米已至陝，吾父子得生矣。」皇明天順中，延、綏用兵日久，户部尚書楊鼎上言曰：「阿羅出住牧河套，入寇迨今三年，費用浩繁，凡銀兩、引鹽、牧馬、徵運之法，盡行尚爲未足，又起預徵之利，民困財竭，所不忍言。惟黄河乃漢、唐漕運河，即今鹽船木筏往來不絶，其間雖有三門、析津之險，而古人倒倉之法，爲當三門之上，有小河徑通延、綏，如以所運糧草各貯水次，遡流儹運，庶幾運餉可足而民力蘇。或摘漕糧數千石赴陝〔六〕，就令教習山西、陝西、河南之人，待舟楫通乃許迴運，且可順帶解鹽數十萬以充淮課，則國利大有增矣。」詔悉從之。或曰此難事也，他人不能達，所司復請舉行。吁，亦晚矣，竟沮其議。

按西安之境，曰鄭、白，曰六輔渠者，皆秦、漢時所鑿；曰龍首，曰通濟渠者，趙宋及我皇明時所鑿。此外南山諸谷之水多流而入渭，倘皆自山麓鑿而爲渠，以溉稻及禾，則東西千里盡爲沃壤，又何旱熯足患之有？又諸邊與虜壤相接，有河有湟，地平而水多，爲溝爲洫，以灌以溉，則隄防踰于城隍，收穫易于轉輸。饋餉省，金湯設，外靖而内安矣。

舊唐書　食貨志

開元十八年，宣州刺史裴耀卿上便宜事條曰：「江南户口稍廣，倉庫所資，惟出租庸，更無征防。緣水陸遥遠，轉運艱辛，功力雖勞，倉儲不益。竊見每州所送租及庸調等，本州正二月上道，至揚州入斗門，即逢水淺，已有阻礙，須留一月已上。至四月已後，始渡淮入汴，多屬汴河乾淺，又般運停留，至六七月始至河口，即逢黄河水漲，不得入河。又須停一兩月，待河水小，始得上河。入洛即漕路乾淺，船艘隘鬧，般載停滯，備極艱辛。計從江南至東都，停滯日多，得行日少，糧食既皆不足，欠折因此而生。又江南百姓不習河水，皆轉雇河師水手，更爲損費。伏見國家舊法，往代成規，擇制便宜，以垂長久。河口元置武牢倉，江南船不入黄河，即於倉内便貯。鞏縣置洛口倉，從黄河不入漕洛，即於倉内安置。爰及河陽倉、柏崖倉、太原倉、永豐倉、渭南倉，節級取便，例皆如此。水通則隨近運轉，不通即且納在倉，不滯遠船，不憂久耗，比於曠年長運，利便一倍有餘。今若且置武牢、洛口等倉，江南船至河口，即却還本州，更得其船充運，并取所減脚錢，更運江、淮變造義倉，每年剩得一二百萬石。即望數年之外，倉廩轉加。其江、淮義倉，下濕不堪久貯，若無船可運，三兩年色變，即給貸費散，公私無益。」疏奏不省。至二十一年，耀卿爲京兆尹，京師雨水害稼，穀價踴貴，玄宗以問，耀卿奏稱：「昔貞觀、永徽之際，禄廪未廣，每歲轉運不過一二十萬石便足。今國用漸廣，漕運數倍，猶不能支。從都至陝，河路艱險，既用陸運，無由廣致。若能兼河漕，變陸爲水，則所支有餘，動盈萬計。且江南租船，候水始進，吴人不便漕輓，由是所在停留，日月既淹，遂生竊盜。臣望於河口置一倉，納江東租米，便放船歸。從河口即分入河、洛，官自顧船載運。三門之東，置一倉。三門既水險，即於河岸開山，車運十數里。三門之西，又置一倉，每運至倉，即般下貯納，水通即運，水細便止。自太原倉泝河，更無停留，所省鉅萬。前漢都關中，年月稍久，及隋亦在京師，緣河皆有舊倉，所以國用常贍。」上深然其言。至二十二年八月，置河陰縣及河陰倉、河西柏崖倉、三門東集津倉、三門西鹽倉。開三門山十八里，以避湍險。自江、淮而泝鴻溝，悉納河陰倉。自河陰送納含嘉倉，又送納太原倉，謂之北運。自太原倉浮于渭，以實關中。上大悦。尋以耀卿爲黄門侍郎、同中書門下平章事，充江淮、河南轉運都使；以鄭州刺史崔希逸、河南少尹蕭炅爲副。凡三年，運七百萬石，省陸運之傭四十萬貫。舊制，東都含嘉倉積江淮之米，載以大輿而西，至于陝三百里，率兩斛計傭錢千，此耀卿所省之數也。明年，耀卿拜侍中，而蕭炅代焉。二十五年，運米一百萬石。二十九年，陝郡太守李齊物鑿三門山以通運，闢三門巔，踰巖險之地〔七〕，俾負索引艦，昇于安流，自齊物始也。天寶三載，韋堅代蕭炅，以滻水作廣運潭於望春之東，而藏舟焉。

順治十七年八月，御史高疏言：當年蜀省初闢，地荒民逃，大兵雲集，糧餉爲急。故議歲發銀兩于秦之漢、鞏等屬招買糧米，運送略陽，轉輸川北，爲進取之資。每米一倉斗價銀一錢三分，運價銀一錢五分。各府州縣距略近者數百里，遠者不下千里。其間山徑崎嶇，車載難行，多用驢運，每壯驢一頭止馱五斗。窮民肩荷不過二斗有餘，跋涉長途，苦楚萬狀，方得抵略交倉。盤費數斗，始完糧一斗。大約往返月餘，皮骨消磨殆盡，至飢寒老弱病死中途者，年來不知凡幾矣。以秦民如此之難，然僅達略陽耳。自略陽以及保寧，又經千里，雖設有營將督理運事，而挽船水夫仍用秦蜀之民，至由保寧復運重慶，又經二千餘里。船則官船，水手、水夫實皆派取百姓，計每運米一船，用水手二名，每名工食銀十三四兩不等，水夫六名，每名工食銀十二三兩不等。凡此皆里下私相幇貼，控訴無門者。夫川北州縣罹灰燼之後，只此一事，每歲運至四五次，賠累至千百兩。苟有濟于兵食，民苦亦所不辭，然倉米屢經船載，浥爛陳朽，半不堪嘗。散給兵丁，率賤鬻于市，買應口熟食爲一時充腸之計。是以有用之金錢，填無益之谿壑，無怪乎兩省歲歲轉輸，而川兵時時困乏也。

宋鄭文寶字仲賢，父彦華，爲千牛衛大將軍。靈州爲繼遷所困，文寶議以銀、夏斥鹵不毛，利在青白鹽，請禁陝西勿市而食河東鹽，以困繼遷。乃詔陝西敢市夏鹽者抵死。數月，民犯者衆，戎人乏食，益寇邊，屠小康堡，屬族羌萬餘亦叛。河東商販少利，率南出唐、鄧、襄、汝，罕之陝，民無食鹽。乃命知制誥錢若水馳視，悉弛禁，使仍市戎鹽，乃定。戎鹽，今花馬池大小鹽池也。宋人不能禁諸境外，而今顧禁諸境内，鳳、漢之民是以乏鹽，而冒禁私販者衆矣。

范文正集

連花堡在鎮戎軍西南，與德勝堡相連。又定川砦、諸葛亮城皆在鎮戎界，嘗有蕃賊至此，公遣張建侯往救應。

長武寨在涇州西。賊寇邊，公與都監張肇部領軍馬，離邠州，取長武路，往涇州策應。後又聞賊分軍回奔保安軍上面，公又差巡檢宋良、蕃部巡檢趙明部領蕃漢軍馬往長武把隘。

萬安鎮去保安軍八十里。初，延州有一將軍馬在保安軍駐劄，費用、糧草供應不辦。乞公將保安軍所駐軍馬抽退於萬安鎮就食糧草，却將萬安鎮一將軍馬抽退延州，亦只八十里。

馬鋪寨通近後橋白豹寨，每有賊馬出來。公修此砦時，兵馬不多，只是據河西山坡特重下砦，不與追逐。其砦城十日内泥築并泥飾了當。

木波寨在環州，正當賊來大川路，惟賴諸寨蕃部熟户同共防托。公恐熟户二心，未可倚仗，遂保舉种世衡知環州，以牢籠蕃部。

定邊砦在環州。公嘗令劉貽孫至此相度蘆葫泉一帶立寨，接連鎮戎軍去處。明珠、滅臧二族在環州之西，鎮戎之東，二族之北有蘆葫泉。公併兵於其地，修起城寨，招撫二族。

華池、鳳川、平戎三寨皆在慶州東，平戎去延州德静砦七十里，華池去德静一百一十里，鳳川去德静一百二十里。公指揮慶州并諸寨並權住入中白米，却告示客旅，並令於東路延州接界平戎鎮添價入中白米。

慶州路有美泥、虐泥、大拔城等處小砦。公只差兵士百十人防托，如賊馬大段入寇，便令歸側近大城寨内一處防守，所貴不致枉陷，軍民人心稍安。

薄家莊在岢嵐軍、大山軍之間。公以火山軍城中無水，兼地窄狹難守，奏乞於中路薄家莊擇地共修城寨。

東關城在岢嵐軍山寨外。公以岢嵐城小，將東關城築作大城，檢計到土工五十二萬七千九百四十五工。

神堂堡、銀城寨在麟南五十里。公令經略司相度興脩，令人户耕種住坐，續脩神樹寨并堡子。府州於鞋斜、谷端、正平等要害處，置大寨兩坐，又置堡子三坐。

篳篥城在秦州。田況嘗請脩築，公奏乞依田況所奏，早賜指揮。

佛空平，明珠等族所居。公嘗令蔣偕燒蕩其地族帳。

金明城在延州。公奏議近重脩金明城，且托得北面。又東北廢却承平、南安、長寧、白草等寨後，東西四百里更無藩籬可以禦寇，候金明城了方脩寬州，以禦東北。

鳳川寨在慶州東城被山坡直下臨注。或有西賊圍閉，矢石入城，禦捍不下。公牒李丕諒、宋良同往鳳川，相度得本寨東烽火臺山上四面牢固，及山脚下有好水泉，可以置寨。令弓箭手、兵士等貪夜興工，山上只築女牆，四面削崖。近下低處築城，圍入水泉。續又牒本州通判范祥相度，令新脩砦城，分擘街巷，修蓋軍營、倉房、草場、廨署，及城上皆安置敵樓。

唐龍鎮與契丹對岸，在府州之北，豐州之東。其東南火山軍對岸。公奏乞招誘唐龍鎮七族人口。

故寬州在延州東北三程。公言昨廢却承平、塞門等砦，惟此一處最爲控扼蕃賊，牒監脩官相度，一併下手脩築。後又奏乞以寬州城爲青澗城。

鄜城縣在鄜州南，至同州、河中府各四程，北至鄜州兩程，至延州五程。公乞朝廷建鄜城縣爲軍，以康定爲名，管鄜城縣，并於同州割一縣爲之屬。建倉廒、營房，所有同、華、河府苗税於此送納。後公又令知鄜州李丕諒相度，丕諒差劉襲禮將帶匠人往鄜城，脩展城牆，高一丈，底闊四尺五寸，面收一尺五寸，蓋馬棚瓦舍三百間，繫得馬二百匹，安下得兵士四千五百人，兼脩露圈二十八箇，計度到二萬九百九十五工。

延州城在寬州東南四十里。公嘗請於朝，乞以延川縣爲延州城，云彼中人烟不少，更有井泉，勝於寬州城。

肅遠、馬嶺、定邊、永和、安塞等砦在環州界。初，諸寨城牆低下，壕塹淺狹。公牒環州那廂兵軍士及和僱人夫脩築。

細腰城，公令蔣偕等所築。公又勘會本城至環州定邊砦三十七里，西至鎮戎軍乾興寨六十里，南至原州柳原鎮七十里，量其地界遠近。所脩城寨地土并側近蕃部元屬環州，兼本是環慶路擘畫脩建，兼細腰城東北板井川是西賊來路，在細腰城、定邊寨之間，係屬環州地分，緩急若有奔衝，即須定邊砦與細腰城互相救援，就環州節制甚順，奏乞朝廷撥屬環州。

萬安寨在延州西北，往保軍路中路舊無城砦。公差周美、郭慶、楊麟部領延州膚施兩施人户并廂軍脩築，計度到六萬一千六百五十七工。并脩築敵樓、戰棚。

豐林縣地在延州東二十五里，就崖爲城。青化鎮在延州東六十里。公差陳永圖部領臨真、豐林兩縣人户修築，計二萬六千五百五十二工。

甘泉縣城在延州南八十里。公差任世京部坊州、丹州人夫脩築，計六萬五千三百四十五工。

承平砦在延州東北二百里，在青澗城西八十里。把截得承平川大路。寨北大里河約六十里，自來蕃族在大里河北居住，公嘗請復脩此砦，以遏蕃賊，不使過河云。初脩之時，則部署司那兵馬大爲之備；畢工之後，只銷得二十人駐劄。

南安寨，在延州東北二百七十里，在青澗城正北七十里，北至綏州四十里，去無定河二十里。公嘗欲脩之，以其去水泉稍遠，朱吉、种世衡欲於青澗城北四十里商舘鋪、南安寨中路創修一山寨。

栲栳寨，在延州北八十里，嘗爲賊所破。公相度舊砦南五里地名龍平口興置一寨，把截安遠、塞門、龍口川賊馬來路。

胡家川寨，在延州。初，胡繼諤乞修鶡子城，公差殿直楊麟興工，麟州申稱計七萬四千工，恐難了當。公遂差推官何涉與胡繼諤相度，於胡家川莊北面書案山上脩築一砦，計三萬三千餘工，下面川口，是德靖砦、保安軍來路，地勢委是要害，只差本族熟户人工，官給日食，并差廂軍三百人往彼助工。

三關城，在延州。公牒招討那撥諸州差到兵士五千人興脩。

義莲鋪，在延州。康定二年四月，公差使臣趕殺西賊抵此，奪得人馬駱駝牛騾。牢山驛、新店驛，在麟州，至延州一百六十里。間嘗因朝臣上言減廢。公嘗與明鎬至此，軍馬疲乏，無支請草料去處。公言鄜延路最是屯兵去處，日有軍馬使及命過往，遂牒延州脩補二驛。每有過往使命軍馬，或遇晴明，直到中路甘泉縣，即支給一日口糧等物。若遇雨雪及山河水漲，即於新店、牢山止宿。

葫蘆泉，在環州定邊砦，與鎮戎軍、乾興寨相望，八十之間〔八〕，爲義渠、朝郍二郡之阻。其南有明珠、滅臧之族。公嘗言能進兵據葫蘆泉爲城壘北，斷賊路，則二族自安，宜無異志。後竟於此地築城，招服明珠、滅臧二族。

永洛城，在朝郍之西，秦庭之東。公嘗奏言策應軍馬，由儀、傀二州，十程始到。如能進脩永洛城，斷西賊入秦庭之路，其利甚大，非徒通諸路之勢，因以張三軍之威者也。

大學衍義補

自昔守邊者皆襲前代之舊，漢因秦，唐因隋，其邊城營堡，往往皆仍故迹。惟我朝守邊，則無所因襲，而創爲之制焉。蓋自唐天寶以後，河、朔以北，多爲方鎮所有，其朝廷所自禦者，突厥、吐蕃、南詔而已。五代以來，石晉以燕、雲賂契丹，而河西盡屬拓拔氏。宋人以内地爲邊境，金、元以夷亂夏，無有所謂邊者。我聖祖得天下於中國，蓋當夷狄極衰之際，遍於西北邊城，立爲藩府，統重兵，據要害，然皆在近邊，而未嘗遠戍境外如唐、漢之世也。洪武之初，西北邊防重鎮曰宣府，曰大同，曰甘肅，曰遼東，曰大寧。永樂初，革去大寧，惟存四鎮。寧夏守鎮肇於永樂之初，榆林控制始於正統之世，其餘花馬池等堡，皆是邊境多事之秋創置者也。方今北虜入寇之地，其要害之處，朝廷處置固已嚴密，但所謂黄河套者，尚若闕焉。何也？前代所以廢棄之者，以其邊城之防守在内，而其地在外故也。今日吾之守鎮顧有在河套之外者，秋高馬肥，風寒河凍，彼或長驅而入，屯結其中，以爲吾内地之擾。幸其素無深謀，未用華人之計，不爲據地之争，是以亟來亟往，有獲即去，似若無足爲意者。然謀事貴乎先，防患貴乎豫，往者彼固嘗深入矣。議者慮其爲吾内地害，百計謀所以驅而出之者，未得其便，幸其自去矣，遂無有一人議及之者。萬一再來，何以處之乎？夫事之未來者，雖未能逆料其有無，計之萬全者，不可不先爲之擘畫。臣愚過爲之慮，今日西北諸邊，祖宗以來所以備禦之具，固已詳盡，惟此一處，偶未之及。非遺之也，芽蘖未萌也，今則已暴著矣，所以先事而豫爲之防者，茲其時乎？自昔中國守邊者，皆將卒守其内，而拒戎虜於外。茲地則虜反入吾之内，而吾之所守者反在其外焉。彼所以從入者必有其路，所以屯聚者必有其所，所以食用者必有其物，皆一一推求其故，於其所經行之路，則預扼其要衝，於其所屯聚之處，則先據其形勢，勿但幸其眼前之無事，而必爲後日之遠圖。議者若謂置爲城守，則饋餉爲難，將至於漢人之勞費。盍思赫連之建國，元昊之列郡，皆在此地，何從得食乎？宋史明言其地饒五穀，尤宜種麥，漢人於境外輪臺之地，尚爲之屯營，況此乃在黄河之南，次邊之地乎！臣請下合朝議，當此無事之秋，虜人遠遁之際，遣通古今識事體大臣，躬莅其地，詳察可否以聞。儻以爲可行，或於河之南築城池以爲之鎮遏，或於河之北據要害以爲之扼塞，或沿河之壖設營堡以防其徑渡。事必出於萬全，然後行之，不然較其利害足以相當，姑仍其舊可也。

皇明置都指揮使司以領衛所，置總兵、參將、遊擊、守備以司攻守。又理以憲臣，監以御史，撫以都憲，統以總制，各衛所官軍，分番教閲，置屯遣戍，要在三邊四鎮延綏、寧夏、君肅、固原。之地。

其内地鄉兵，則各州縣巡捕之官，歲時教閲，以護守城池、備遏盜賊者也。陝西都司領衛二十五、守禦千户所四：西安左衛、西安前衛、西安後衛、延安衛、堡十五、墩九十七，神木縣堡五、墩八十三。綏德衛、墩十四。慶陽衛、堡三、墩一百一，環縣堡一、墩一百一。平涼衛、堡十、墩七十。固原衛、寨二、堡五十四、墩一百五。靖虜衛、堡二、墩三十一。漢中衛、堡一。寧羌衛、鞏昌衛、堡八十九、墩十，寧遠縣堡、寨一十九。秦州衛、堡寨一十九，禮縣墩一十三。岷州衛、茶埠峪等寨五十一，西固城堡一十四、墩一十五。臨洮衛、蘭州衛、河州衛、堡三、墩二十一、寨二十七。洮州衛、榆林衛、堡八、寨十五、墩一百五十。寧夏衛、寧夏前衛、寧夏左屯衛、寧夏右屯衛、堡五十六、墩一百八十一。寧夏中衛、堡十一、墩七十五。寧夏後衛，堡三、墩二十八，興武營堡一、墩二十一，廣武營堡一、墩二十六。鳳翔守禦千户所、金州守禦千户所、靈州守禦千户所、堡十三、墩三十八。文縣守禦千户所。

行都司領衛十二、守禦千户所三：甘州左衛、甘州右衛、甘州中衛、甘州前衛、甘州後衛、堡十六、墩九十五。甘州群牧所、堡三十。肅州衛、營五、堡三十七、墩六十二。西寧衛、堡五、墩二十六。莊浪衛、堡八、營五、寨七、墩口五十七。鎮番衛、堡十三、墩四十九。永昌衛、堡十三、營七、墩九十二。山丹衛、堡十六、墩六十五。涼州衛，堡二、營七、寨十六、墩八十六。高臺守禦千户所、堡四十三、墩三十四。鎮夷守禦千户所、堡十二、墩三十三。古浪守禦千户所，堡四、墩十八。白馬城堡。凡六。

固原鎮。弘治十四年，火篩由花馬池寇平、鳳、臨鞏，兵部建議設大臣開府固原，總制三邊軍務。每歲六月至九月，巡撫陝西都御史駐劄于此。弘治十八年，總制建議暫移陝西鎮守總兵於鎮，操練防禦。兵備、遊擊及守備亦駐于此。固原守備所守地方，自下馬關至西安州，蘭、靖參將分守。靖虜守備地方，自乾鹽池至平灘堡；蘭州千總官所守地方，自條城至積灘堡。其分守參將駐劄于蘭州城，守備官則駐劄于靖虜衛，洮、岷、河參將駐劄于洮州衛，分守地方自臨鞏以至于歸德著落寺。其岷州衛駐劄邊備及守備，撫治番夷，河州衛亦駐守備官。

榆林鎮。巡撫都御史、管糧僉事、總兵、副總兵、遊擊、方面都司，俱内駐劄。本鎮所守中路十二營堡，東由高家堡，西至清平堡。東路參將駐劄于神木堡，分守九堡，東由黄甫川，西至栢林堡。西路管糧僉事駐劄于靖邊營，參將駐劄于新安邊營，分守十三堡，由東隴州城至鹽場堡。

寧夏鎮。巡撫都御史、管糧僉事及管糧通判、總兵、副總兵、遊擊、方面都司，俱内駐劄。監牧、參議及東路參將駐劄于花馬池，分守地方自花馬池至横城堡。中路參將駐劄于靈州，分守地方自鎮遠關至韋州城。西路參將駐劄于寧夏中衛，分守地方自廣武營至常樂堡。

甘肅鎮。巡撫都御史、行太僕寺正卿、少卿、管糧副使及總兵、副總兵、遊擊、行都司都指揮，俱駐劄于甘州城，莊浪衛駐劄參將，分守沙井驛以西、鎮羌以東。内西寧衛駐劄兵備副使及守備官，涼州衛駐劄副總兵、參政及領班都指揮，分守打班堡以西、真景驛以東〔九〕。肅州衛駐劄兵備副使及參將，分守地方自深溝驛至嘉峪關。

潼關衛。隸中軍都督府，而官軍則陝西例得調用。内駐劄兵備副使兼分巡同、華，轄河南閿鄉、靈寶，山西蒲州地方。

屯堡一百一十二。

愚按三代而下，兵防之政，我皇明爲盛。我皇明兵制之備，將士之勇，陝西爲盛。漢唐方隆之時，世以帝女天孫嬙嬪和戎，宋以金幣和戎，張元一浮薄士耳，一佐元昊，即舉世不能以禦，其武備皆可知矣。追原其故，前代之得天下，皆有資于匈奴，故世受其患。我太祖皇帝則不然，龍飛淮甸，用夏變夷，掃蕩乾坤，洗滌日月。使宇宙無腥羶之氣，華夏還禮樂之風，既非前代創業者所可班矣。其兵防之制盡善，而陝西又加密焉。統于兵部，則周官司馬之制也；屬于五府，則府兵寓農之意也。諸鄙既各有兵，而腹裏又有防秋之制；諸將既各有兵，而應援又有遊擊之制；關津既各有兵，而凡城市鄉村又各有民壯、兵快、保甲之制；郡邑既各有兵，而深山窮谷又有巡檢、巡邏、捕虎、射熊之士。況八郡三邊之地，人閑騎射，士長韜略。故麓川有蠢，資三原杜氏而平；荆、襄有變，賴石渠王公而平。戎在禁近，則茲土一王戮之而平；虜圍京城，則茲土二石破之而平。南山王虎之亂，原都御史傑用土兵而平；北山薛賊之亂，王都御史堯封用民兵而平。廖賊四川之亂，幸菴率關中甲士而平；劉賊中原之亂，咸寧偕蘭州儒臣而平。往年樊紳之變，乾州用二三士夫而平；近日鑛徒之亂，撫臣用二三守令而平。蓋關中無土非將，無民非兵，罝兔之士，古稱干城；斥堠之妻，今常折馘。況天設百二之險，地藏九死之區，虜敢匪茹，蹈我機阱，則外有衆殲之禍，内遭覆巢之慘，其不畏之哉。今考内外兵防之制，志其大概如此。

天啓四年四月，甘肅巡撫李若星疏請添設知府。略云：遼東、甘肅止設衛所，不設府縣，以數百萬軍民付之武弁之魚肉。顧武弁希吮屯餘之膏血，而播酷虐以開怨府；屯餘深恨武弁之陵轢，而懷反側以釀亂階。在遼東則願歸□酋不願歸中國，而三韓已淪于腥羶；在甘肅則願歸海虜不願歸中國，而五涼幾莽爲夷藪。總因無守令撫循其疾苦，保護其妻孥，遂囂然喪其樂生之心，鋌而走險，掉臂不顧。然則知府一官，可不亟議添設乎！近仗皇威，人心稍戢，雖有克免一戰金痍創死渠酋，又有阿壩、青羊水之戰，少有擒薙，然海虜支派蕃衍，今古六三保台吉兄弟多人擁兵講市，每欲大入；歹成親孫屢聚沙嶺，偵探聲息，狂逞復讐。甘肅之危，幾同累卵，豈可優游坐視，不急爲之料理乎！

陝西行太僕寺所屬：平涼衛、慶陽衛、秦州衛、固原衛。

陝西苑馬寺所屬：長樂監開成苑、安定苑、弼隆苑、革。廣寧苑、黑水苑，添。靈武監清平苑、萬安苑、定邊苑、革。慶陽苑，革。同川監已下四監俱革〔一〇〕。天興苑、永康苑、嘉静苑、安勝苑，威遠監武安苑、隴陽苑、保川苑、泰和苑，熙春監康樂苑、鳳林苑、香泉苑、會寧苑，順寧監雲驥苑、昇平苑、巡寧苑、永昌苑。

甘肅行太僕寺所屬：甘州左衛、甘州右衛、甘州中衛、甘州前衛、甘州後衛、永昌衛、涼州衛、莊浪衛、鎮蕃衛、山丹衛、西寧衛、肅州衛、古浪千户所、鎮夷千户所、莊浪千户所。

甘肅苑馬寺所屬：以下俱革。甘泉監廣牧苑、麒麟苑、温泉苑、紅崖苑，祁連監西寧苑、大通苑、古城苑、永安苑，武威監和寧苑、大川苑、寧番苑、洪水苑，安定監武勝苑、永寧苑、青山苑、大山苑，監川監暖川苑、盆水苑、巴川苑、大海苑，宗水監清水苑、美都苑、永川苑、黑城苑。

程大昌鄠杜記

杜縣與五代都城緊相並附，故古事著迹此地者多也。語謂「城南韋、杜，去天尺五」，以其迫近帝都也。今循杜縣地望，從西及東，以次言之，庶其有倫也。縣境西抵鄠縣，東抵藍田，故宣帝微時上下諸陵，尤愛鄠、杜之間。杜即杜縣也，鄠即鄠縣也。或言杜縣之東有杜原，而此之下杜在其下方，故以杜名，此全不審也。凡世之名地而分上下者，以水之上游下流而言之也。中國之水萬折必東，故東地常居西地之下流。今杜縣正在杜陵之西，而反爲杜原下流者，南山凡水皆礙東地之高，而皆西向豐、鎬以行，故杜陵遂爲杜縣上流，而杜縣反名下杜也。杜縣之北，即漢都城之覆盎門矣，故此門一名杜門。杜門，即青門也，在漢都城爲東面南來第一門，即邵平種瓜之地也。宣帝既建杜陵，又即縣南四十里葬許后，故其地又號少陵原也。凡宜春下苑皆少陵地也，其地亦爲曲江，曲江之北，又爲樂遊原及樂遊苑，及漢宣帝樂遊廟也。廟至唐世基迹尚存，與唐之曲江、芙蓉園、芙蓉池皆相並也。杜甫樂遊園詩曰：「公子華筵地勢高，秦川對酒平如掌。」秦川，即樊川也。坐中得見秦川，則可知其高矣。凡此皆古事之在杜境，而推方可圖者也。

興平志

嘉靖四十一年，知縣章評丈量地土，分爲六等。一等馬嵬韭菜地，二等水澆稻、蒜葱地，三等平地，四等高原平地，五等坡地、沙地并渭河退出堪種灘地，六等渭河退出明沙嫩灘地。斗陽子曰：「予觀興平田畝，北所謂高原，而南則下濕也。北利澇，南利旱。北之水有高五十丈者，稍旱則涸；南則又有渭河之害。王府奸軍輒以河灘爲言，不知初制，蓋指臨川寺一帶老岸也。今以新灘者皆欲占據，則河之崩日倒北矣，豈皆其地乎！」

項忠涇陽縣廣惠渠記

書載六府，而以水爲先。渠堰之脩，所以興夫水府之利，以足夫民食也。故予於鄭、白渠，不得不因其壞而謀衆重脩，加意而開廣之也。按志鄭、白渠在涇陽縣西北七十里仲山下，原有古跡洪堰一所，分閘涇水，以溉田畝。自秦而下，歷代鑿之者不一，故渠亦因之而變名有六，惟鄭、白渠獨加顯焉。其曰鄭國渠者，蓋六國時韓苦秦害，乃使水工鄭國説秦，鑿涇水溉田以爲間，故名也。曰白公渠者，蓋漢涇河被水衝低，水不能入渠，太始二年，詔中大夫白公於上流接開石渠，引使通流，故名也。謂之六輔渠者，漢倪寬爲左内史，請鑿六輔渠以溉田，遂名焉。謂之豐利渠者，宋大觀中，詔開石渠，疏涇水入渠者五尺，下與白公渠相會，工畢而賜名焉。迨元至大元年，涇河又低，水不能入渠，監察御史王琚又於上流接開石渠，故今名爲王御史溝，又曰新溝焉。然此六渠也，歷代澆灌醴泉、涇陽、三原、高陵、臨潼、櫟陽、雲陽、富平八邑田土，多寡不一。鄭國四萬餘頃，每畝收一鍾；漢百二千七百餘頃，宋二萬五千七十有三頃，至新渠莫詳其數，而世以爲利者若此。元後至於今，河底低深，渠道高仰，水不通流，廢弛湮塞幾百年矣。予昔忝臬司之長，今叨巡撫之寄，歷官久此，竊思兹渠能仍舊蹟而疏通之，則前人之功，庶保其復續，而今之爲利得不同於昔邪？遂詢謀僉同而具實以聞。上可其奏，命下之日，予檄醴泉等六邑蒙水利人户於彼就役之，先以右布政使楊公璿董其事，未克成而以陞任去；復以右布政使婁公良、右參政張公用瀚、余公子俊、按察副使郭公紀、左參議李公奎繼之，務畢其工，有底於成。然後渠成水行，功克就緒矣。考之疆界不異於昔，計今溉田，有司則八千二十二頃八十餘畝，西安三衛屯田則二百八十九頃五十餘畝。每畝收穀三四鍾，比舊田畝蓋減其數，穀視昔有加者，得非民有欺隱，畝有闊狹，抑古今水有消長，或因兵燹坑阜之不齊與？是皆未可知也。急則慮軍民弗堪，在繼政者賦不加增，徐加考焉。今渠成，二司諸公屬予取名，爲文以紀其實。抑嘗聞前人相視斯渠，其説有三，一曰盡修渠堰之利，二曰復置板閘之防，三曰開通出土之便。今渠脩矣，土通矣，但板閘之防，不可不加意焉。蓋駱駝灣百餘步，渠身兩壁，開鑿切口二道，當時設此，恐遇涇水暴漲，及洪堰倒塌之時，即下此閘，以備濁水淤澱渠道。平流一閘在退水槽近下十步，渠身兩壁，亦有切口四道，蓋住罷澆田之後，水既無用，遂閉此閘，乃退此水由槽還河；又當河漲之時，或洶湧之浪不能猝下，或已下而散漫，用防不虞，此皆古人良法，不可廢而不行。今二司又將各閘移脩，以時開閉，則濁泥不得入渠，疏通之功，可以減半。迨今而後，雖天不雨，而有蒙雨之休；雖地不利，而有得利之美，隨所意用而自無不足，則吾軍民之仰賴何可既邪！故取渠名曰「廣惠」，後之繼政者，時加脩葺，可保悠久，否則予不敢知也。

上饒婁謙平涼利民渠記

陝之平涼郡治，東抵涇州，有平衍壤地，廣袤數百里，而涇河之水，寔經流其間，引以浸灌，則土田膏液，年穀可擬豐登，尚何熯旱之足恤乎！特圖志所載，故無渠埭，而居人習以成俗，舉目前填閼之水則信其奔流，置爲棄物。成化甲辰歲，夏秋不雨，屬歲大侵，侍御史中丞南舒鄭公時寔受簡命重託，鎮撫關中，嘗符移六道，周諏民隱，興堰減以佐耕。至冬，會卭、僰有警，告變日急，上命版曹亞卿嫣川李公衍，畀以節鉞之寄。越今年乙巳春，推轂入境内，即檄籲守臣疏決河渠，以勸農事，其弭灾興利之心，蓋與中丞公不謀而自同也。僉憲陽城李君經分道關西，首以所部平凉之地論列請命，二公曰「急圖之，勿後也」，憲使延平羅君明而與聞之[二]，亦力贊興事。維時李君續食平凉，敦琢官屬，荒度土功，適郡之豪右强梁，齟齬百出，君則不暇顧恤，毅然調役。屬工始自府治城北，瀹暖泉以灌蔬圃，而官民賴之。繼分引涇水五里鋪至東二十里鋪爲一渠，楊家磨抵四十里鋪爲四渠，袁家莊至七十里鋪爲二渠，迤東至九十里鋪，北引涇水一渠，南引金龍池、白水驛河，二渠合流花家莊，東行三十里，逾平凉境，連亘開一大渠。又流四十里，抵涇州城西，會汭入涇。官路之南，渠不可通，乃疏百泉、王村等溝，析爲七渠。涇河之北，河岸漸高，又疏金池、瓦窑等溝，析爲六渠。州城西引汭水幫城北析東山下，蔭注附郭田園，獨令成一溝，别爲一十一渠。州城之東，地高河下，難于築堰，隸南山者，引木家溝至范家溝，作一十五渠；隸北山者，曰路家溝，至白水溝，作爲一十一渠。而計之以渠則六十有二，以道里幾二百里許，以溉田則三千頃有奇也。渠之制，深十五六尺，淺者亦居其五之四，廣六七尺，窄者亦居其三之二，長短大率不齊，惟視水力所至，故不限于丈尺也。渠當路衝，則就渠身萡土剜通爲梁〔一二〕，以便行旅。又建石刊木，架水槽以接不通，壘堰壩以固河防。始事于是歲三月之朔，民歡趨之，百日而告成，部吏工匠皆無所預，惟拱手以受李君成算而已。未幾亞卿公按節平涼，因命之曰「利民渠」，于是渠水衍溢，土脈漸漬，來年獲收成之望，秋田遂長養之天，其功甚大而費則省。

崇禎二年知縣路振飛申文

竊照涇陽迤南有涇河一帶，直通渭水。渭水商賈，舳艫相望，而涇則任其安瀾，弗載舟楫，是天地以自然之利予涇人而不知也。其可以運糧筏木姑勿論，即如石炭一節，涇邑人稠地狹，莫可樵薪，而止藉於任輦之些須供炊爨，往來之力甚艱。故每炭一石，賤不下四錢，貴則五七錢不止矣。民間有淫雨冰雪而不能舉火者，非盡無米之苦也。本縣有見於此，每至涇岸，則臨流相度，問之舟子，舟子曰：「涇河水急石多，淺深不一，商船不敢往來。」本縣使吏同水夫沿河踏驗，雖甚淺處，水亦尺許，深者竟蒙衝巨艦一毛矣。職欣然謂是可舟也，然又恐偶爾難行，民間惜此小費，反阻後來興利之端。乃先自爲刀船，使水夫駕之臨潼縣地名交口，運炭一次，往來止三日，而炭已卸裝，視任輦者盤費省什之七。又令水夫馬守倉等各渡餘船併前船預支以工食，連運數次，在前每斗炭四分，今止二分五釐。至於雨雪載塗、輪蹄阻礙，其爲利益尤倍平日。況河道疏通而渭川之粟之木之雜貨，亦安往不供涇民用哉！伏乞批示，今後造船往來，任民自便，商貨無税，私船不擾。河中偶有沙石處，官爲設法疏濬，庶令民情欣然樂就，而利益弘矣。

渭南志

薛騰蛟序

渭南稱望縣，疆域甚狹，廣五十里而近，袤百里而遥。南有山磎，北有沙鹵，渭不灌溉，時有衝没，而賦溢漢中一郡。渭南不當漢中二十之一，民之貧，以税之多苦矣。逮隆慶初，有令丈地均糧，有司不能履畝，但令自報，奸民或隱或寄，或竄之軍屯王莊，或爲鄰封所攘，黠吏乾没其間，地以益少，税以益多，而民愈苦矣。萬曆十二年，有再丈之令，有司廢格不行，四境於邑。

山川

曰靈臺山，在縣東南。峭拔方整，其色蒼鬱，上有塔七，取象於北斗，曰七星塔。稍西曰半截山，有廟，祀蠶神。東曰羊峪河，又東曰黑掌峪，又北曰寺峪，峪口有泉，凡十，故其村曰十泉村，坡曰霧子坡。黑掌之東曰葫蘆峪，又東曰箭峪，山曰箭峪山，有嶺焉，曰箭峪嶺。又東南曰青岡坪，由坪至東、西川之南曰大嶺，故其川總曰大嶺川。又東南曰小秦嶺，嶺北屬渭南，南屬商州。其羊峪、黑掌、葫蘆三峪之水俱東北合流于赤水。赤水在縣東注一，舊名清水河。靈臺之西南曰曹峪，舊志云「宋曹皇后故里」，考宋史后真定靈壽人，仁宗后也，云「故里」，誤矣。峪有水曰曹峪水，其北川曰曹峪川，又西北曰伴紅坡，曹峪水經其右，北入于渭。曹峪之西南曰鳳凰山，山之南，巋然高聳者曰玄象山，晉王嘉後隱處，一曰倒獸山，其峪曰倒獸峪，相傳周處殺白額虎于此，故名，俗又曰大峪。其水曰羊河，源自玄象山西北，入于渭。大峪之西曰小峪山，水曰小峪河。又西爲黃狗谷，谷之中曰清水河，一曰清澗，北流，與小峪河俱入于渭。小峪河經花園村東，清水河經西，故其川曰花園川，宜稻。川之西曰望竿嶺，嶺之西南曰武渠溝。由黃狗谷入，折而東南，有山二，曰南月圓、曰北月圓，清水河經其中。南月圓山巓有池，曰仰天池，巓之田，可耕者千數百畝，池當其中，四面俱懸崖千尺，通唯一徑，蓋可遯世者。又北出谷口，折而之西南，曰馬鞍嶺；又西南，曰分水嶺。東北麓水入于渭，西南麓水入于藍田，故曰分水嶺。嶺有堠子鎮，東南曰阮峪，入峪東南，有莊二，曰南古，曰北古。由北古莊之東，至青岡坪，其南古莊之南曰七嶺，踰嶺即大嶺之南北川。又南爲大嶺廟。阮峪之中有岔曰白楊，溝曰鐵洞，曰松栢，渭南、藍田人雜處焉。由分水嶺西北經中宋村之北曰牛思嶺，嶺東北曰嚴坡，東曰嚴峪，相傳嚴子陵隱居處。峪之南曰馬峪，有泉曰石泉，故其鄉曰石泉鄉。泉之東南曰石皷山，酒水出焉。舊志云「酒水出石樓山」，考一統志石樓在盩厔，蓋石皷訛爲石樓耳。酒水北流，經石泉、嚴峪、望竿嶺、西武渠溝，東至清澗頭，始與清水河、小峪河、羊河、曹峪、津水河諸水合而北流，至豐原北麓之口，經密畤臺之右，循縣城北入于渭。渭發源鳥鼠山，東流至臨潼交口渡之東，入渭南境，又東折而至縣城之北，曰上漲渡；又東南流至倉堡嘴，曰下漲渡；又東北折而流，曰蔡渡；又東至大李渡，入華州境。其東南附城曰神川原，有坡二，在右者附城盤折而下，曰西坡。曰東坡，坡底有井，亦清洌；又東有泉，曰蔡泉，一曰蔡順井。凡此皆魏王井也。又東原上有巘坡之下折而之東，遵原之北麓，舊有井凡九，曰魏王井，相傳西魏王都長安所甃者，今堙塞莫可考矣。附原麓者，曰風雲雷雨山川壇，壇之西南有泉，其水甘，故曰甘泉。附泰寧宫回旋而下，凡五，如人指，曰五指山，迴抱闗門，地圾後毀削亡存矣。小原之南，高者曰豐原，東西亘縣境，南抵靈臺、玄象諸山，雖大旱不至無禾，故曰豐原。原之中酒水經焉，故其川曰酒河川，川之東曰東原，西曰西原。東原之西，有胡城坡，以地有胡城，故名。又東曰柳侯坡，有池焉，曰靈池，在坳底村之西。舊志云：「後魏永熙元年，水自湧成池，故曰靈池。」胡城之東北，盤旋而下，曰龍尾坡，坡底東西各有泉，東曰梁泉，西曰姜泉。東西遵原之麓，舊有瀉水渠，今廢。梁泉之東曰明光谷，又東曰三娘坡，其北當原之岸，横聳下臨大道者曰倉堡嘴，以舊有倉堡城，故名。折而東南曰廣鄉原，東接赤水原之北陲，二水出焉。有谷二，曰東陽谷、西陽谷，其水各以東、西陽谷名。東陽谷，晋王嘉初隱處，其水北流至官路，南北突如脊，故其水分東西流，其地曰分水嶺。其水濁，其澤膏，其利灌溉。嶺之東南曰靈臺坡，坡之南曰釣魚峰，以王嘉釣此名。其東即赤水。赤水與東西陽、明光谷之水俱北入于渭。其龍尾坡西當酒川口，曰風門。風門西阜之坳，當原之平，有泉湧出，懸流如練，曰瑞泉，每旱取水禱雨多應，故名。其上曰朝元洞，又上曰秦女峰，北折而西，曰灰塠，世傳始皇焚書所，塠上曰灰塠坡。又西曰羅家坡，又西曰雙城坡，又西曰芝山，又西曰沈家坡，有谷曰杜化谷〔一三〕，其水濁，其澤沃，其利灌溉。又西曰梁店坡，又西曰城店坡，又西曰冷水，發源于馬峪老池頭。北流經南雒底，又北出于江村、渠泉二里間，東曰駒兒嶺，嶺之北曰白莊溝水，水西北流，與冷水合，又西北至三岔河。又西北曰青原，一曰新豐原，即西原也。又西北至臨潼零口鎮，冷水至此北入渭。青原迤東曰羜羝坡，坡之清澗頭東原有泉焉，曰龍泉，其水清，其利灌溉，宜稻。龍泉西南有泉，曰靈源泉，其地即西魏靈源縣。折而東北，曰霧子頭坡，坡之東，姚堡之北，曰吕家溝。其縣城北、秦村西南曰豐草原，其土潤，其植蕃，其形蟠螭，西北抵富平石川河，東南至水手里，曰龍背，故其寨曰龍背寨。又折而東北，曰齊家灘，又東北曰七岔口，又西北曰交斜鎮，有池，曰古湫池。又東北爲來化鎮，有池，曰蓮花池，即蓮勺縣故址也。又西爲甘泉社，有井二，曰東鹹井、西鹹井。其水澆，其味鹹。又折而西北踰下邽，西至棠村里，有原焉，來自三原界，東抵下邽，舊曰杜原，後以萊公改曰仕原，其鄉曰仕原鄉。又折而西南曰杜橋嶺。又下邽東南有陂，曰金氏陂，漢昭帝以金日磾有功，賜此陂。唐武德初，引白渠灌之，置監苑。渭上子曰：「按龍尾坡舊有泄水二渠，以防大水驟至，則由渠分流，西入渭河，東入明光谷。後渠道漸淤，每值暴雨，則水自豐原直下奔潰横溢，氾湧于東關，垝垣傾廬，毒不可言。今漸成大壑，西逼城塹，東逼民居矣。及今不理，爲患曷極。兹欲預防，亦唯修復二渠故道，毋致浸淤爾矣，軫民瘼者鑒焉。」

古蹟

縣故城。按長安志云：「在縣城北，周一里餘二百八十步，崇一丈。」注曰：「縣故城，苻堅所置。」又云：「括地志曰『縣故城在縣治東南四里，西魏文帝大統十六年築。』」注曰：「括地所引，當是南新豐縣。」志又云：「縣城周三里餘二十步，崇九尺。」括地志謂隋煬帝大業九年築，則今縣城基是也。」下邽廢縣城在縣北，遺趾尚存，其居廛生計，猶井井殷庶可觀。甘泉城在下邽東，一統志云：「赫連勃勃所築。」胡城在縣南。舊傳休屠王部落降漢者居此，故又曰休屠王城。」胡城之南爲姚堡城，又南爲張堡城，又南爲嚴堡城。青原堡城在縣西南青原上密畤臺。一統志云：「在縣西南，秦宣公作以祀青帝者。」今其趾猶存。步高宮在縣西南，一曰市丘城，與步壽宮皆秦建。舊志云「酒水南總五水，單流北注，經秦步高宮東，又歷新豐原東而北，經步壽宮之西者」是也。即是度之，則步壽宮當在風門之東矣。崇業宮在縣東，舊志云：「隋煬帝大業中置遊龍宮在縣西。」兩京道里記云：「唐開元中脩，取黑龍飲渭名之耳。」甘泉宮，唐主客員外郎盧象駕幸甘泉詩云：「傳聞聖主幸新豐，清蹕鳴鑾出禁中。細草終朝隨步輦，垂楊幾處繞行宮。千官扈從驪山北，萬國來朝渭水東。此日小臣徒獻賦，漢家誰復數楊雄。」夫渭南本漢新豐地，故西原稱新豐。後魏徙治于明光原上，稱南新豐，則新豐爲渭南昭然矣。雍録謂關中古宮以甘泉名者三，一在渭南，秦建；一在雲陽，漢建；一在鄠，隋建。夫渭南、雲陽、鄠皆有甘泉，故其宮皆以「甘泉」名。渭南者在城東南神川原北麓，即秦甘泉宮。考之史記：「始皇迎太后于雍，入咸陽，復居甘泉宮。」夫稱「復居」，蓋自秦先世矣，非始皇建也，隋特襲秦舊耳。又史記「始皇道九原，抵雲陽」，關輔記曰：「甘泉宮，一曰雲陽宮，又曰林光宮。」漢書注曰：「林光宮，秦二世造。」然則雲陽甘泉宮秦時已有，非漢始建也。是三宮皆秦建，雍録以爲秦、漢、隋，誤矣。

物定倉，按舊志：「在下邽南渭河岸上，漢倉名也。」西京雜記曰：「物定倉收貯五穀，各定其性分，不浥壞，故曰『物定』。」秦、漢、隋、唐皆於此置倉，後廢。俗訛爲『武底』。」

鴻門亭，長安志云：「即漢高帝見項羽處。坡口名半日村。」太平寰宇記曰：「村以山高蔽虧，陽影常照其半，故曰『半日』，今考鴻門亭乃在臨潼東北地有鴻門坡，故以名亭。」兩京道里記曰：「新豐，漢高會項羽處。東去渭南境二十里，至所謂半日村者，亦無可考。而長安志載之渭南，不知何居。」唐郎士元有半日村別業，士元嘗爲渭南尉，置別業于半日村。錢起有題士元半日村別業詩，士元亦有酬王季友題半日村別業詩。

西魏孝陵。按長安志，在縣東南里廣鄉原。據今乃在東原郭許里田村之東。考長安志富平亦載有後魏孝武帝陵，及考北魏書武帝永熙中，丞相高歡謀逆，進逼雒陽，將軍王思政勸帝西幸長安，帝至稠桑，略陽公宇文泰遣大都督趙貴等迎帝於東陽驛，入長安。高歡於是立清河王，徙都鄴，是爲東魏。始分爲二，長安稱西魏。既而帝崩，葬孝陵，即廣鄉原。原有谷，曰東陽，故驛曰東陽驛。以泰初迎帝於此，遂葬原之上。富平者誤之耳。

渭南志

漢初此地渭河之南，東置鄭縣，西置新豐縣，河之北分置下邽、蓮勺二縣，屬内史。建元中，析内史爲左、右内史，以新豐、鄭、下邽隸右，蓮勺隸左。太初中，改右内史爲京兆尹，左内史爲左馮翊，而以渭南爲密時縣，隸京兆尹。或曰建武中省密時入新豐，舊史失傳。三國時，魏改京兆、馮翊爲秦國，尋改爲京兆國，四縣地仍隸之。晉復改爲京兆、馮翊二郡，而以新豐、鄭隸京兆，下邽、蓮勺隸馮翊。苻秦復割新豐、鄭二縣地，改置渭南縣於今治，隸京兆。元魏孝昌中，徙置今縣治于明光原上，爲南新豐縣，仍置渭南郡。西魏時，析置靈源、中源二縣，改南新豐爲渭南縣。後周建德中渭南郡暨靈、中二縣並廢入河南縣，隸雍州。隋開皇中復徙縣于今治，隸京兆郡。唐武德初，以渭南隸華州，尋改隸雍州。天授中，於零口置鴻州，渭南隸之。大足初，廢鴻州，併入渭南，隸雍州。周顯德中，改隸華州。宋建隆初，改華州爲鎮國軍〔一四〕，而以渭南、下邽隸之。皇祐中，改鎮國軍爲鎮潼軍，二縣隸如故。熙寧中，省渭南縣爲渭南鎮，併入鄭縣。元豐初，復置渭南縣，仍隸鎮潼軍。金改鎮潼爲金安軍，二縣隸如故。元改金安軍復爲華州，省下邽入渭南，名曰併管，仍隸華州。明興，洪武初，並仍元舊。十四年，始去併管、下邽名，總曰渭南縣，仍隸華州。嘉靖三十九年，改直隸西安府。

渭南志　南師仲南湭橋記

渭南當午道之衝，而水之稱巨者二，在北曰渭，在南曰湭。渭發源天水之鳥鼠山，從西北來，去邑不五里，復折而東，上下兩渡，俱可以舟。湑則發源境内之石鼓山，去邑七十里餘。而石泉、巖峪、武渠、清澗、清水、小峪、羊河、曹峪諸水，匯而北流，出豐原之口，經密畤之右，繞西門而入于渭，旱則成陸，潦則建瓴，其波濤泛溢，視渭加險焉。

漢武帝元光六年，大司農鄭當時言：「異時關東漕粟從渭中上，度九百餘里，時有難處。引渭穿渠，起長安並南山下，至河三百餘里，徑易漕，度又可溉渠下民田萬餘頃。」天子然之，發卒數萬人穿渠，三歲而通，人以爲便。按渭南舊志謂漢漕渠在縣北一里，則當時渭河去縣遠可知。涇陽志謂秦時鄭國渠水注雒，漢時由石川河注渭。今考石川河乃在下邽西北，而當時渭水故道，今不可詳矣。

渭河東西亘縣境百里餘，率二三十年一徙，或南或北，相距十里餘。兩岸民田，無論没于河者，空輸上税，即淋而出者，盡爲沙臯，不堪耕種矣。終年逋負，間至破産，苦哉！縣東關北崖下，昔有稻田數百畝，恒稔，米且佳，蓋崖下有泉十餘，又間穿井，井只一丈，可用桔橰取水溉田。嘉靖中，余猶目睹其盛。乙卯，會地震，泉半湮，而桔橰亦廢。又嘗見湑河西湄人恒築堰作渠，自風門達之西關，北至槐衙，計溉田可數十頃。間亦作桔橰，以濟旱涸，乃地震後亦盡廢不理矣。謂非人力惰而生計疏邪！南宗伯曰：「水利自古記之，自渭水不肥田之説興，而渭南水利遂報罷矣。漢武穿渠易漕，溉渠下民田萬餘頃，居者稱便，非渭水邪！開渠以溉，築堤障之，隨時導利，因勢防害。史義伯言之既詳，行之有驗，非口説者。倘採擇而致行焉，實萬世之利也。」

赤水介於渭、華之境，濱水而居者爲東、西鎮，西隸渭，有堡，附堡田往稱膏腴。顧自嘉、隆中奔流數薄，堡墉漸圮，迤北尤衝決甚，畦壠變爲沙汀，不翅千畝多矣。田日磽確，而賦猶取盈，居民殊苦之。張尹棟觀水度勢，謂非隄莫以障其流，障之而殺其勢，且足引以溉田也。遂規事籌費，狀上，都御史蕭公可之。檄下，棟乃鳩工構材，遴父老之良者董其事。於是溯厥上流，自堡東南隅循澣抵北隅，植柳以萬計，築土其中，高七尺，厚十尺，而殺其上，得厚三分之二。延是而下，正當衝決之衝，乃密竪堅木，甃以條石，亘百尺，高厚視上隄，下穿水眼，以通灌溉。且度沮洳廣袤，宜播稻，復授方略，自堡東北隅開渠至西北隅，匯於北門左之古渠，北流枝分。凡隄内阡陌，各次第疏通，咸就條理。灌則計畝定以時刻，豫杜貪豪紛呶。不踰時而工告竣矣。洎秋大水，不爲堡患，田亦稱有。

武功志

漆水在縣東門外，今謬爲武水。自豳、岐之間來，縣北受洛水，南受漳水，入渭。鄭漁仲序地理略謂天下如指諸掌，而信漆由富平入渭之説，蓋括地志未審豳、岐、涇、渭脈絡所在。富平在涇東，漆在涇西，安有岐梁之水越涇而東，再至富平始入渭也？詩云「自土沮漆」，漢書云檕在漆縣，今邰封里有漆村是也。

武功邰郿辨

世稱郿爲武功地，有斜谷水、太白山。余綜其實，不然。按元和志邰在渭水南，爲漢郿縣地，西南二十里有故邰城，有后稷、姜嫄祠。羅泌路史亦云。考五代都雍總圖，其説以渭爲經，歷秦水、大散、陳倉，至武功受斜谷水，東爲邰縣，又東逕雍。雍，今府治也。其邰、平陽、郿俱傍渭水南，而北與雍、岐、周相直。然漢地理志右扶風有邰、郿、武功，各爲縣，邰下註「周后稷所封」，郿下註有「成國渠，爲右輔都尉治」，武功有「太乙山、垂山，皆在縣東，惟斜谷水出衙嶺山北，至郿入渭，有斜水祠」，不言武功。即邰爲后稷封域，而唐志以邰爲郿縣地。水經注「武侯駐郿，使孟琰據武功水東」，唐書地理志及胡三省註通鑑俱謂郿有東、西原，爲武侯所據地，則知縣東南有太白山，又南爲武功山，此山之水則爲武功水，經流縣境，今失其稱名定處耳。故地理家但括全境以郿即武功，并有其山水云。至漢永平八年，始自渭水南徙武功，於故邰城尚在今縣東北四十八里，與唐志、路史合。惟隋徙武功於中亭川，則距今治遠七十里，頗不干涉矣。鄭樵述地理略謂渭水東過隴州汧源，受汧水，又東過鳳翔、郿縣，受斜谷水，并太白山皆在今縣境内，故康太史志武功謂「武功太白兩山、斜谷水屬郿」，若據今武功縣以言郃郿，并求武功、太白山、斜谷水，何從得之？則知世以郿爲武功者，蓋據古地望，非可概於今也。

平陽封域辨

按魏書地形志太平真君六年，分雍置周城，隸平秦郡，郿曰平陽，隸武都。武都者，虢也，與郿、平陽同域者也。史記秦寧公徙平陽，世紀曰「郿出平陽亭」，徐廣曰「郿有平陽鄉」，故通鑑前編本經世書直作「寧公徙郿」是也。乃括地志云平陽故城在岐山西四十六里，爲寧公徙都處，有平陽鄉，有平陽聚，胡氏註岐山縣亦云「武德七年移治龍尾城，在平陽故城東北」，凡兩見，則何也？按都雍圖説瀕渭水南自西而東，由郃及平陽，始及漢郿縣地，直北則爲雍與岐周。又按秦都世次自周東遷始有岐西，或營邑在郿，或徙居平陽，或居封宫，卒葬平陽，皆此一地也。至德公復徙居雍。則平陽在今縣境西，濱渭當岐西南，此與或言武公葬宣陽聚東南者合，而雍又越渭在平陽周城西北矣。胡氏註通鑑，於「元載請割郿、虢」稱後魏於郿置平陽、周城二縣，西魏復改平陽爲郿城，後周廢郿入周城，蓋周城界雍、郿間，可以言分雍置周城，亦可言於郿置周城、平陽也。則括地志以平陽在岐山西，蓋魏王泰正就武德七年後言之，與魏志、胡註未始相悖，獨雍録收秦雜宮，以平陽封宮屬華山下，則隔越六七百里，斯爲不審的耳。大昌新安人，其所述雍録，如以郃在平陽西，此類多不可據。

郿子郇國

按國名記「夏后氏後有微」註曰：「郿，子爵，本扶風郿陽，今岐之郿縣有郿鄉。紂徙畿内，則在聊城。」或云在魯，故亦註曰郿。春秋莊公築郿，公羊傳作「微」。然則古「微」、「郿」同音而通用歟？又稱周後有荀，侯爵。珣，郇也，在猗氏。臣瓚引汲郡古文晉武公滅荀以賜大夫原氏黯，是謂荀叔。又云文公成荀，今河東有荀城，爲古荀國。然唐置郇州于郿，領鳳、泉，武德三年州廢。考氏族略周文王第十七子封郇侯，左氏傳曰：「畢、原、酆、郇，文之昭也。」郇侯賈伯伐晉是也，其國故城在邠州三水縣，其後以國爲氏。然漢志右扶風故有栒邑，註曰豳鄉，詩豳國，公劉所都。此邠州三水之栒，從木，河東有猗氏，無「荀」字。惟臣瓚以荀當在晉之境内，從艸，至風俗通引左傳則稱今渭水南有故郇城在郿，從邑。此則詩所謂「郇伯」，而唐改郿爲郇州者也。

終南太白説

終南山横亘關中南面，起秦、隴，徹藍田，凡雍、岐、郿、鄠、長安、萬年，遠且八百里，而延袤峙踞其南者，皆此一山也。故韓愈南山詩曰：「西南雄太白，突起莫間簉。藩都配德運，分宅占丁戊。逍遥越坤位，詆訐陷乾竇。」如關中記謂「終南，山之總名；太乙，山之别號」，此其例也。水經注武功終南引杜預爲據而曰「此山亦名中南，亦名太白」。其曰終南，固無間乎武功與萬年，至云太白，則舊隸武功，爲冬夏積雪，望之皓然，故名。雍録謂古圖志無言太白即太乙者，惟長安志萬年炭谷有太乙祠，始可命爲太乙，而非武功之太白，則古文以武功終南爲太乙者，殆誤認武功太白而莫或正之耳。其山高大，多出物産，夏書曰「終南惇物」，秦詩曰「終南何有？有條有梅」。惇，厚也，厚物者即東方朔所謂玉石、金銀、銅鐵、豫章、檀柘，百工可以取給，萬民可仰足者也。是自堯、禹、周、漢皆謂終南饒物産，不當别有一山，自名厚物。班志引古文而以太乙爲終南，垂山爲厚物也，誤矣。蓋以太乙、太白爲終南則可，而分太乙、太白、終南爲三則不可。故李吉甫在元和間核關中終南所歷，而著諸郡縣，自郿、鄠、武功至長安、萬年，皆著終南，且曰在某縣某方幾里，則太白專屬縣境，太乙專屬萬年，而南山在關中者統名曰終南云。

褒斜同谷説

古今志褒、斜者，皆謂南北同谷，惟何氏雍大記不然，謂自秦入蜀有三谷四道。西南曰褒谷，南曰駱谷，從洋入東南曰斜谷。從郿入其棧道有四出，從成、和、階、文出者爲沓中陰平道，鄧艾伐蜀由之；從兩當出者爲故道，漢高帝攻陳倉由之；從褒、鳳出者爲今連雲棧道，漢王之南鄭由之；從城固、洋縣出者爲斜駱道，武侯屯渭上由之。此四道三谷，余未履其地，但就其所分疏求之。夫既以駱谷爲南，則斜谷當在西南，且斜、駱二谷地望各異，何得概稱一道，爲武侯屯渭所經由耶？蓋褒谷在蜀漢西北，不得爲自秦入蜀之路，若從秦川言，則南曰駱谷，在盩厔西南，爲郿，則斜谷耳。乃訛西南曰東南，將以郿在盩厔之東乎哉？故程大昌述高帝之入關也，正月，羽封沛公爲漢王，都南鄭，封秦將章邯爲雍王，都廢丘。四月，漢王入蝕中，至南鄭。蝕中不見地書，以地望言，關中南面礙山，不可直達，其有微徑可達漢中者唯子午關，在長安南次，西有駱谷關，又西則褒、斜也。此蝕中非駱谷則子午耳，若大散則在西南，不與咸陽對出，非其地矣。其年五月，漢王引兵襲雍，則自褒、斜出，蓋雍之陳倉也。漢兵既出，章邯走廢丘，遂定雍縣，東圍廢丘，邯自殺，復遣樊噲、周勃引兵下郿，安得謂駱谷在南，而斜谷又在東耶？又按鄭氏地理略，當蜀魏時陳倉東北十五里爲郿城，亮攻陳倉不拔，又攻郿不能克，乃引還。國志雖無其文，而漁仲博雅，必有所據，則高帝後亮亦改陳倉及郿，而不獨屯渭上，由斜、駱道矣。蓋駱谷出扶風，隔南山中有三嶺，一曰沈嶺，近芒水，在盩厔，一曰衙嶺，一曰分水嶺，固郿斜谷水所從出以入渭者也。乃知斜、駱二谷在南山中，其脈勢實相聯接，緣本著末，則郿與盩厔皆有駱谷，而雍大記乃統稱斜駱道云，所以記事者又有玄、僖西幸由斜谷之説，見次柳氏舊聞及張彭耆舊傳。

甘泉

秦宣太后殺義渠王于甘泉。　始皇二十七年作甘泉宮前殿。　二十五年，欲游天下，道九原直抵甘泉，乃使蒙恬通道，自九原塹山堙谷千八百里，道未就而行出。　二世起林光宮，從廣各五里。　漢文帝三年，帝如甘泉。　十年冬，行幸甘泉。　帝自甘泉之高奴，因幸太原。十四年，匈奴入寇，候騎至雍甘泉，遣兵擊之，出塞而還。　武帝元朔四年冬行幸甘泉。　元狩二年，遣驃騎將軍霍去病擊匈奴，得休屠王祭天金人，祠諸甘泉，以爲天神主。　五年，天子病鼎湖甚，巫醫無所不致，不愈。　游水發根言上郡有巫，病而鬼神下之。　上召置祠之甘泉，及病，使人問神君，神君言曰：「天子無憂病；病少愈，彊與我會甘泉。」於是病愈，遂起幸甘泉，病良已。置酒壽宫，壽神君。神君最貴者太乙，其佐曰太禁、司命之屬，皆從之，弗可得見，聞其言，言與人音等。時去時來，來則風肅然，居室帷中。時晝言，然常以夜。天子祓，然後入，因巫爲主人，關飲食。所以言，上使人受，書其言，命之曰「書法〔一五〕」。其所語，世俗之所知也，無絶殊者，而天子心獨喜；其事祕，世莫知也。元鼎二年十一月，上待方士李少君于甘泉宫。四年六月，汾陰巫錦得大鼎于魏脽后土宫旁，河東太守以聞。天子使驗問巫得鼎無姦詐，乃以禮祠，迎鼎至甘泉，從上行，薦之宗廟及上帝，藏於甘泉宫，羣臣皆上壽賀。五年，上幸甘泉，立太一祠壇，所用祠具如雍一時而有加焉。五帝壇環居，其下四方地，爲醊，食羣神從者及北斗云。十一月辛巳朔冬至，昧爽，天子始郊拜太一。朝朝日，夕夕月，則揖；而見太一如雍郊禮。其祠列火滿壇，壇旁亨炊具。有司云「祠上有光」，公卿言「皇帝始郊見太一雲陽，有司奉瑄玉嘉牲薦饗，是夜有美光，及晝，黄氣上屬天」。太史令談、祠官寬舒等曰：「神靈之休，祐福兆祥，宜因此地光域立泰畤壇以明應，令太祝領，秋及臘間祠，三歲天子一郊見。」以李延年爲協律都尉，作十九章之歌，以正月上辛用事甘泉圜丘，使童男女七十人俱歌，昏祠至明。夜常若有神光如流星止集於祠壇，天子自竹宫遥拜，百官侍祠者數百人皆肅然心動。元封元年，帝行自雲陽，北歷上郡、西河、五原，出長城，北登單于臺，至朔方。還，祭黄帝冢橋山，迺還甘泉，類祠太一。又令民能入粟甘泉各有差，以復終身，不告緡。一歲之中，甘泉倉滿。二年，作甘泉通天臺，從公孫卿仙人好樓居之言也。六月，詔曰：「甘泉宫内中産芝，九莖連葉，上帝博臨，不異下房，賜朕弘休。其赦天下，毋自復作。賜雲陽都百户牛酒。」作芝房之歌。冬十二月，帝還祠太一，拜德星，贊饗曰：「德星昭衍，厥維休祥。壽星仍出，淵耀光明，信星昭見。皇帝敬拜，泰祝之饗。」五年冬，帝南巡狩，至於盛唐，遂北至琅邪並海，還幸甘泉。太初元年冬十一月，栢梁臺災，祠后土，東臨勃海，望祀蓬萊。春，還，受計於甘泉。天漢元年春正月，行幸甘泉，郊泰畤。四年春正月，朝諸侯王於甘泉宫。太始五年春正月，行幸甘泉宫，饗外國客，令天下大酺五日。征和二年，帝行幸甘泉。巫蠱起，黄門蘇文亡歸甘泉言狀。四年夏六月，自泰山還，幸甘泉。後元元年春正月，行幸甘泉，郊泰畤，遂幸安定。二年秋七月，朝諸侯於甘泉宫。宣帝神爵元年春正月，帝如甘泉，郊泰畤。二年正月，上行幸甘泉，郊泰畤。四年，上行幸甘泉，郊泰畤。有神雀五采集甘泉泰畤殿，赦天下。五鳳元年，上行幸甘泉，郊泰畤。甘露元年，行幸甘泉，郊泰畤。匈奴呼韓邪單于遣子右賢王銖婁渠堂入侍。三年春正月，行幸甘泉，郊泰畤。匈奴呼韓邪單于稽侯栅來朝。黄龍元年，上行幸甘泉，郊泰畤。匈奴呼韓邪單于來朝。元帝即位，遵舊間歲正月一幸甘泉，郊泰畤。施恩澤惠事，所過毋出田租。初元二年正月，行幸甘泉，郊泰畤。賜雲陽民爵一級，女子百户牛酒。三年，罷甘泉宫衛，令就農。百官各省費。四年，行幸甘泉，郊泰畤。赦汾陰徒〔一六〕，賜民爵一級，女子百户牛酒，鰥寡高年帛。所過毋出租賦。永光元年春正月，行幸甘泉，郊泰畤。赦雲陽徒，賜民爵一級，女子百户牛酒，高年帛。行所過毋出租賦。五年，行幸甘泉。建昭二年，行幸甘泉，郊泰畤，赦。成帝建始元年，作長安南郊，罷甘泉祠，從丞相匡衡、御史大夫張譚之奏也。是日大風，壞甘泉竹宫，折拔時中樹木十圍以上者百餘。永始三年冬十月庚辰，皇太后詔有司復甘泉泰畤。四年春正月，行幸甘泉，郊泰畤。神光降集紫殿。大赦天下，賜雲陽吏民爵，女子百户牛酒，鰥寡孤獨高年帛。元延二年春正月，行幸甘泉，郊泰畤。待詔楊雄奏甘泉賦。四年，行幸甘泉，郊泰畤。綏和二年春正月，行幸甘泉，郊泰畤。成帝崩〔一七〕，皇太后詔有司曰：「皇帝即位，思順天心，尊經義，定郊禮，天下説憙。懼未有皇孫，故復甘泉泰畤、汾陰后土，庶幾獲福。皇帝恨難之，卒未得其祐。其復南北郊長安如故，以順皇帝之意。」哀帝建平三年，寢疾，乃令太皇太后詔有司曰：「皇帝孝順，奉承聖業，靡有懈怠。而久疾未瘳，夙夜惟思，殆繼體之君不宜改作。其復甘泉泰畤、汾陰后土祠如故。」上亦不能親至，遣有司行事而禮祠焉。平帝元始五年，復南北郊，罷甘泉祠。

雲陽

少昊青陽氏葬雲陽。秦始皇二十七年，北擊胡，悉收河南地，因河爲塞，築四十四縣城臨河，徙適戍以充之。而通直道自九原至雲陽，徙五萬家於雲陽，復不事十歲。漢武帝太始元年，徙郡國吏民豪傑於雲陽。昭帝後元二年秋七月，追尊趙倢伃爲皇太后，起雲陵，以其地置雲陵縣。始元元年夏，爲太后起園廟雲陵。三年秋，募民徙雲陵。四年春三月甲寅，徙三輔富人于雲陵，賜錢户十萬。成帝鴻嘉二年春，行幸雲陽。平帝元始五年，罷雲陵，以其地屬雲陽縣。三國魏司馬宣王撫慰關中，罷雲陽爲縣，以其地置撫夷護軍。晉元康初，趙王倫遷征西將軍、開府儀同三司、鎮關中，復罷護軍。氐、羌反，又立護軍。秦苻堅于巀嶭山北永安鎮置三原護軍，即姚萇宫三原故縣地也，今在本縣境迤西有孟侯原。後魏太武帝太平真君七年罷護軍，於永安鎮置三原縣，又别置雲陽縣。曰別置則在嵳峩山前，非雍時故地。俱屬北地郡。建德三年廢建忠，置雲陽郡。周高祖有疾，還至雲陽，命中山公護受遺輔嗣子。冬十月乙亥，崩于雲陽宫。武帝建德三年秋七月庚申，行幸雲陽宫。四年秋七月丙辰，行幸雲陽宫。六年五月癸巳，行幸雲陽宫。宣帝宣政元年夏五月癸巳，帝不豫，止雲陽；六月丁酉，還京。隋文帝開皇三年罷雲陽郡。唐高祖武德元年析雲陽，置石門，仍置三原縣于永安故城。三年，以石門、温秀置泉州。以治水衝城，徙雲陽于南十五里。太宗貞觀元年，廢泉州，省温秀，更石門曰雲陽。八年，省雲陽，更池陽曰雲陽。十三年春三月壬寅，雲陽石燃方丈，晝則如灰，夜則有光，投草木則焚。武后天授二年，以雲陽、涇陽、醴泉、三原置鼎州。大足元年，廢鼎州，以雲陽縣隸京兆府。代宗永泰元年，詔李光進屯雲陽。武宗會昌四年冬十一月，獵于雲陽。後唐莊宗同光元年，以雲陽縣隸耀州順義軍。宋太宗太平興國二年，以雲陽縣隸感德軍。淳化四年，以金龜等六鄉建爲縣。屬永興路。宣和初，改隸邠州。建炎四年，没于金，金隸京兆府路。金隸耀州。元隸奉元路。至正元年，移縣治於三水，改爲三水縣。十八年，復徙今治，屬鳳翔府邠州。皇明改奉元路爲西安府，以縣屬焉。成化四年，分建三水縣。

淳化志雜辯

甘泉縣，一隸延安府。雍録：「古以甘泉名宫者三，秦之甘泉在渭南，一也；漢之甘泉在雲陽縣磨石嶺上，二也；隋之甘泉在鄠縣，三也。」長安志曰：「磨石嶺山有甘泉。」十道志曰：「甘泉出石鼓西原，漢甘泉宫在山上，即秦林光宫旁也。此則取石鼓甘泉以名者也。隋宫在鄠縣西南二十里，對甘泉谷。」秦之甘泉，史嘗明言在渭之南。秦始皇本紀「迎太后於雍而入咸陽，復居甘泉宫」，徐廣曰：「表云咸陽南宫也。」秦時咸陽跨渭南北，則此宫不在渭北之咸陽，而在渭南之咸陽也。又本紀曰始皇「諸廟及章臺、上林皆在渭南」，已而更命爲極廟，「自極廟道通酈山，作甘泉前殿。築甬道，自咸陽屬之」，則甘泉前後，必近上林，即鄠縣也。由是觀之，則秦之甘泉與隋之甘泉，正同一地，若秦之林光，至漢猶存。漢武元封二年，始即磨盤嶺山秦宮之側作爲之宮，是爲漢甘泉矣。孟康注郊祀志曰「甘泉，一名林光」，師古曰「漢於秦林光旁起甘泉宮，非一名也」，師古之説是也。元封二年以前史之所記，文、景皆嘗臨幸甘泉，而不曰甘泉，有宮可幸，當是秦之林光，遠在磨盤嶺上，不燼于火，而尚可用也。戰國策范睢説秦王曰「大王之國，四塞以爲固，北有甘泉谷，南帶涇、渭，右隴、蜀，左關、阪」，夫睢指甘泉谷爲秦北面之塞，即雲陽縣甘泉山也。甘泉山即車盤嶺也，武帝雖別創甘泉一宮，而秦之林光如故也，則謂甘泉宮在林光宮旁者也。且武帝之爲此宮也，不獨以備游眺也，采信方士明庭之語，求以自通於仙，故增之又增之，如泰畤，如仙掌露盤，及泰一諸畫象盡在其上也。此山高出它山，南距長安已三百里，而能望見長安城堞〔一八〕，其上有通天臺，雲雨悉在臺下。自武帝後，山上宮殿臺觀略與建章相比，而百官皆有邸舍，故帝以五月避暑，八月乃歸也。元和志曰：「當其登山，必自車箱阪而上，阪在雲陽縣西北三十八里，縈紆曲折，單軌纔通，上阪即平原宏敞，樓觀相屬也。以其縈紆曲折〔一九〕，故名『車盤』也。匈奴入寇，而烽火通甘泉、長安兩地者，以人主時往甘泉，不敢主定其處，故烽火兩通也。」

三輔黄圖：「甘泉苑，武帝置。緣山谷行，至雲陽三百八十里，入古扶風，周回五百四十里。

苑中起宫殿臺閣百餘所，有仙人觀、石闕觀、封巒觀、鳷鵲觀、御宿苑，在長安城南。」又曰：「漢畿内千里，並京兆治之，内外宫舘一百四十五所。」班固西都賦云「前乘秦嶺，後越九嵕。東薄河、華，西涉岐、雍，宫舘所歷，百有餘區」。秦離宫二百，漢武帝往往脩治之。按此則甘泉宫，三輔故事所謂「北至甘泉、九嵕，南至長楊、五柞，連緜四百餘里，通内外都城」而言也。

銅人。秦鑄銅爲長狄之象，始於秦世，漢亦倣鑄，而又增大。三輔黄圖：「甘泉宫通天臺上有承露盤，仙人擎玉盃以承雲表之露。元鳳間自毁，椽桷皆化爲龍鳳，隨風雨飛去。」此即甘泉之銅人也。三輔故事曰：「武帝銅露盤，承天露，和玉屑服之，欲以求仙。」班固西都賦曰：「抗仙掌以承露，擢雙立之金莖。軼埃壒之混濁，鮮顥氣之清英。」張衡西京賦曰：「立脩莖之仙掌，承雲表之清露。屑瓊蘂以朝餐，必性命之可度。」按凡此記此賦，皆指武帝所鑄捧盤承露也。

魏略曰：「明帝景初元年，徙長安鍾虡、駱駝、銅人、承露盤，盤折，銅人重不可致，留於霸城。」又漢魏春秋曰：「明帝徙盤，盤折，聲聞數十里。金狄或泣，因留於霸城。」故李賀金銅仙人辭漢歌叙云：「魏明帝青龍九年八月，詔宫官牽車西取漢孝武捧露盤仙人，欲立置前殿。宫官既折盤，仙人臨載，乃潸然泣下。」其歌曰：「魏宫牽車指千里，東關酸風射眸子。空將漢月出宫門，憶君清淚如鉛水。衰蘭送客咸陽道，天若有情天亦老。攜盤獨出月荒涼，渭城已遠波聲小。」辯曰：「魏方來徙，人存而盤已折，則承露之具不全，魏人安肯載之以東也？至謂銅人就載泣下，則怪之又怪者也。李賀所言，又並此而加怪焉者也。賀之詩辭曰『衰蘭送客咸陽道』，又曰『渭城已遠波聲小』，咸陽、渭城皆在渭北，若銅人自此地徙移，期必自甘泉來。甘泉銅盤元鳳間口已摧毁，雖其椽桷亦化龍鳳。則漢明之世，已無銅人可徙，而况能及曹魏也乎？則謂攜盤而出、咸陽、渭城者又謬也。况魏明帝青龍之五年已自改爲景初元年，則魏世自無青龍九年，賀之説出於妄信，益可見矣。又况人盤力重，長樂正在平地，徙之尚折，甘泉山高險，一名車盤，爲其不可直度，而須迂向取徑，若車盤然，此之銅人，豈可全體移載也哉？又漢武所鑄，如飛廉、龍馬之屬，漢明帝皆嘗迎而取之，其人力可勝者，已遂致之洛都矣，獨金狄重不可前，乃遂棄諸霸城而已。然則移徙銅人者，廼漢之明帝，而非魏之明帝也。魏略所言，正是誤認漢明以爲魏明，世人隨而和之，不足憑矣。世人但見魏明創鑄二狄，故并移棄霸城者而歸之魏明也。若謂漢明時已嘗補鑄，則董卓先在東都，凡其龍馬，皆嘗取之以爲錢材，决不肯毁小而存大，此自可以意逆也。」

祭天金人。匈奴傳曰：「霍去病出隴西，過焉耆千餘里，得匈奴祭天金人。」師古曰：「作金人以爲天神之主而祭之，即佛像是其遺法也。」按今世佛像，不問範金捏土采繪，而其像通身黄色，則皆本諸鑄金也。武帝既得此像，遂收而祠諸甘泉，以其得自休屠分地之内，故繫之休屠也，漢志謂馮翊雲陽有休屠祭天金人者是也。雲陽縣者，甘泉宫地也。休屠已降，而爲渾邪王所殺，武帝嘉其向己，遂并與金像而尊之，既已祠諸甘泉，又取休屠王列之典祀，而名之以爲路徑神也。見祀郊志。日磾者，休屠太子也。武帝以其父故而寵養之，賜姓曰金，則又本之金像也。已而日磾之母死，帝畫其像於甘泉，而題之曰休屠王閼氏也。夫惟寶其像，祠其父，姓其子，繪其母，直皆以其來降而尊異之也，自此以外，史無他門也。班固，漢人也，具著其實，首尾如此之詳。至曹魏時，孟康注釋漢志，始曰匈奴祭天處在雲陽縣甘泉山下，秦奪其地，後徙其像於休屠右地，而又爲去病所獲也。自此說既出，而晉史、隋史亦皆據信，入之正史。予以世次先後考之，未敢遂以爲然也。右休屠金人及徑路神祠之辯。

杜佑曰：「冒頓以秦二世元年自立，擊走月氏，則是秦二世已前月氏之地未爲匈奴所有，休屠未得主典其地，安能徙像以寘而不爲月氏所卻也？」則謂避秦而徙休屠右地者，理之必不可者也。則孟康之語，顯爲無據，不待多求矣。若夫金像之所自來，則於是有考，而非避秦以徙之謂也。張騫傳曰：「月氏者，燉煌、祁連間一小國也。」燉煌，沙州也；祁連，天山也，本皆月氏地也。沙州、天山之間有城焉，名爲昭武，昭武者，即佛之號釋迦棄其家而從佛之地也。月氏既爲匈奴所破，則逐散竄乎葱嶺之西，爲十餘國，凡冠昭武爲姓者，皆塞種也，塞則「釋」聲之訛者也。此地興崇釋教，而月氏國焉，故金像遂在其地，而爲去病所得也。用向說以爲主執，而云自秦地而徙之月氏也。右辯甘泉非匈奴祭天之處，秦未嘗奪其地，其金人乃自休屠右地移徙來者，非自甘泉而徙去也。

揚雄甘泉賦曰「翠玉木之青葱兮，璧馬犀之璘瑞」，左思譏之曰：「果木生非其壤，於義虛而無證也。」李善引漢武故事則曰：「上起神屋，前庭植玉木，珊瑚爲枝，碧玉爲葉。」若如所言，則是木也，蓋用珊瑚碧玉裝餙爲之，其謂「翠而青葱」，皆狀碧玉之色而已，非真有是木根著其地也。至黄圖則又有異矣，曰：「甘泉谷北岸有槐，今爲玉木，根幹盤峙，三二百年木也。」十道志所記亦同，楊震關輔古語云：「耆老相傳，咸以爲此木即揚雄之謂『玉木青葱』者也。」詳此二説，又直謂木本槐也，而名之以爲玉木焉耳。予即本賦上下文求之，則雄指殆可類推也，曰「璧馬犀之璘瑞」，則非有真馬真犀也，直以璧玉刻爲其形焉耳，世固無璧馬璧犀也。又曰「金人屹以承虡」者，虡，鍾也，則比木虡加珍矣，故誇之以見其盛也。於是合三者言之，則玉也，璧也，金也，實非土毛，而皆假物爲之，則漢武故事所著，大爲可據也。若指其木以爲槐，亦自一時所見，然槐葉望秋先零，不貫四時，其碧不長，恐非雄之所誇也。

鑄鼎荆山，即嵳峩山，其山陽爲鼎州，其南爲湖縣，其西爲冶谷，皆黄帝鑄鼎之證。帝王世紀曰：「黄帝鑄鼎於荆山，鼎成，崩於荆山之陽。」長安志載嵳峩山事曰：「黄帝鑄鼎此山，今河南閿鄉有鼎湖驛，亦傳爲黄帝崩處。」然荆山既有鼎州、湖縣、冶谷及仙里、仙發諸村，則鼎成仙去之跡甚明。而閿鄉無他左證，況橋陵去此地近，當以世紀爲是。又史載黄帝鑄鼎於荆山，今山陽有鼎州，則此山爲黄帝鑄鼎所在，帝時名荆山也。按禹貢「導岍及岐，至於荆山」，今岐山東惟峨山爲大，禹紀事乃略其大而詳其細，不記其山而叙其麓，有是理也。又按宋敏求雲陽志曰：「嵯峨，一名巀嶭山，又名慈峨山。」四夷郡縣圖記曰：「山頂有雲氣即雨，人以爲候。昔黄帝鑄鼎於此山。」觀此則此爲荆山，其證甚明。諸儒以富平爲荆山者，信誤矣誤矣。又按仙去之説，猶言賓天云耳，由秦皇、漢武好仙，方士欲售其術，故以黄帝爲乘龍上天，此妄誕無稽之語也。後人不察，以爲實事，殊不知天一日而旋一周，朝在九霄之上，則夕在九泉之下，其運轉之疾，無可比方。人坐車輪而運於地者，頃刻暈眩，乃運於天之上，其能生耶？右升仙之辯。

梨園。在光化門北。光化門者，禁苑南面西頭第一門，在芳林、景曜門之西也。中宗令學士自芳林門入，集於梨園，分朋拔河，則梨園在太極宫西禁苑之内矣。開元二年，置教坊於蓬萊宫，上自教法曲，謂之「梨園弟子」。至天寶中，即東宫置宜春北苑，命宫女數百人爲梨園弟子。即是梨園者，按樂之地，而預教者名爲弟子耳，凡蓬萊宫、宜春院，皆不在梨園之内也。上素曉音律，時有李龜年、賀懷智皆能以伎聞，安禄山獻白玉簫管數百事，皆陳於梨園，自是音響絶不類人間。此之玉簫所陳者，乃始正在梨園也。長安志又曰：「文宗幸北軍，因幸梨園，又令太常卿王涯取開元雅樂，選樂童按之，名曰雲韶樂。樂成，獻諸梨園亭，帝按之會昌殿。」此之會昌殿也者，即在梨園中矣。右梨園弟子之辯。

岐陽石鼓。元和志曰：「石鼓文在鳳翔府天興縣南二十里。」周太王之都，秦雍縣，漢右扶風，唐天興縣。石形如鼓，其數盈十，蓋記周宣王田獵之事，即史籀之迹也。今武帝祠有石鼓文，多剥落，其可辯者，惟魏文帝太和六年，乃宋順帝昇明元年也。有「艾經、艾程、邑士夫敬謁，政和六年」、「尹天覺、張光、李法、石彦政、种浩率胡臨宰王仲武、簿張仲恭、尉步子厚、寄居劉直道，緣仲秋檢踏屯田恭謁武帝廟畤，孝昌乙卯乃梁武帝大同元年也。十月三日」等字樣。按此皆南渡以後登臨姓名，其所謂「石鼓西原」者，蓋以形言，而非岐陽之石鼓也。右石鼓西原之辯。

蔡邕獨斷曰：「天子出，車駕次第謂之鹵簿。有大駕、小駕，有法駕。大駕祠天，於甘泉備之，百官有其儀注，名曰甘泉鹵簿，中興以來希用之。」案邕此記，則惟郊天甘泉乃是大駕，大駕行則公卿皆從，若用法駕已下，則公卿不從矣。若夫漢昭儀之謂法從者，慮鹵簿中有從宫焉，人或非之，故立爲之名，而曰法從也，言天子在行，則其宫貴皆當以法得從也。揚雄見之，果設郤妃之諷，則其預立此名，蓋以自文，本非公卿扈行正語也。右昭儀法從之辯。

鳳翔府志

田賦

田以出賦，賦以準田，古之制也。人屬各有是田，而各有是賦也，宜若一定弗易，而往往有不然者，其故可推知也。故里甲貧民，多至流移，豪右者或據其業，久假若真，即又張大聲勢，而流移者懼，自遠徙，于是户口漸減矣。況老書黠算，交倚責重，反覆相幻，以故詭寄田糧，多寡交錯，諸役紛紜，日異月殊；虚陪課程，指名責實。此奸僞日滋，積弊日深，若一長吏清心嚴法，而可革袪者也。至如鎮原縣分糧三百石，派于鳳翔縣各里；鳳翔縣派牛站於平凉府，各遞運所若干，每年徵銀靡定。寶雞縣地方遠僻，人多詭行，歲徵税糧，稽遲涉難。汧陽縣雪白里原自麟遊縣出分者，徵納賦税并各雜役，十惟一二，玩法久而負固深頑，民老不識官長面者，觀風君子經略全陝，調停酌中，使斯民共霑聖王之化，無有俾不均之嘆焉。其物産也，天時之失宜，地氣之運動，昔日所豐者今日或牿矣。日浸月滋，而八屬各産土物，則爲生民日用之養，物類之有，無不可以相通，此造化機緘之妙，當途君子，豈能容心於其間耶！

漢中府志

水利

南鄭縣　廉水河堰。石梯堰。楊村堰。老溪堰。紅花堰。黄土堰。石門堰。石子拜堰。

其山河、馬嶺、野羅、鹿頭見褒城堰志，蓋兩縣共利之也。

褒城縣　山河堰在縣南，長三百六十步，横截龍江中流而東逩，資以溉田，乃漢相國蕭何創築，爲豐儲計，曹參落成之。古刻云「巨石爲主，瑣石爲輔。横以大木，植以長樁。列爲井字」，蜀諸葛亮駐漢，踵其蹟。宋吴玠、吴璘相繼脩築，至今利賴。其下鱗次諸堰，皆淵源於此。金華堰，縣東南六里，乃山河堰水析流之總渠也。

第三堰，縣南五里，乃龍江下流分東西兩渠，南褒、漢中共之者。高堰。舞珠堰。大斜堰。小斜堰。龍潭堰。馬湖堰。野羅堰。馬嶺堰。鹿頭堰。鐵爐堰。四股堰。流珠堰，縣南八十里。星浪噴迅，勢若流珠，亦蕭何所築也。嘉靖二十八年，堤岸傾圮，用力寔囏，邑監生歐本禮相方度宜，濬源導流，編竹爲籠，實之以石，順置中流，限以樁木，胼胝數月，方克畢工，至今賴之。

城固縣　楊填堰，縣北一十五里。出湑水河，宋開國侯楊從義於河内填成此堰，故名。城固縣用水三分，洋縣用水七分。五門堰，縣西北二十五里。出湑水河，元至正間縣尹蒲庸以脩築不堅，改創石渠，以通水利。弘治間推官郝晟重開之。俱有記。百丈堰，縣西北三十里。横截湑水爲堰，闊百丈，故名。高堰。盤蛇堰。横渠堰。鄒公堰。承沙堰。倒柳堰。西小堰。上官堰。棗兒堰。周公堰。沙平堰。東流堰。坪沙堰。西流堰。流沙堰。鵝兒堰，縣東北十里。

寶山之麓，相傳二龍化鵝戲水，堰崩，故名。

洋縣　斜堰，縣北五里。堰居灙水下流，歲苦衝崩，萬曆十七年，知縣李用中以石條橫甃數丈許，仍東開土渠，灌溉資之。土門堰，縣北十里。灙濱堰，縣北一十五里。堰水所給甚遠，下有斷澗二，歲每爲板槽引水，值水横發，槽輒淪落，田涸槁，民甚苦之。萬曆十五年，知縣李用中創石槽二，極爲完固，始永濟矣。有碑記。苧溪堰。二郎堰。高原堰。三郎堰。

西鄉縣　金洋堰，在縣東武子山後，有大渠一，支分小渠二十有五，其名不具載。五渠堰。官莊堰。平地堰。空渠堰。東龍溪堰。西龍溪堰。鶯軍壩堰。洋溪河堰。高川河堰。高頭壩堰。長嶺岡堰。黄池塘堰。羅家坪堰。梭羅關塘堰。

沔縣　馬家堰。石門堰。白崖堰。石燕子堰。天分堰。山河堰。金公堰。三岔東堰。三岔西堰。石刺塔堰。羅村堰。金泉，東南四十五里，源泉湧出，灌田千餘頃。莫底泉，東南四十里，泉出不竭，俗傳無底，灌田百餘畝。

寧羌州　七里堰，州西七里。嘉靖間，知州李應元脩，溉田十餘頃。他近溪處所，多有小堰。

按築堰溉田，爲利最大，厥工亦最艱。歲出樁蕢，歲動夫力，苟無法以變通之，則利源反爲害叢矣。故議者謂篠箇之宜置也，柏築之宜堅也，衝崩之宜稽也，堰長之宜擇也。夫册宜清，桐口宜石，而灌序之宜定也。蓋箇置則樁可省，築堅則堤無潰，衝崩稽而補脩有數，乾没者何所作其奸？堰長擇而督率得人，規避者何所施其巧？夫册綜以清，斯無偏苦之憂；桐口砌以石，斯無盜挖之弊；若上四下六之次序有定，則上壩下壩之分願各得所稱。水利者，信乎其爲美利，而積于不涸之源，流于不竭之瀦矣。

茶課

西鄉縣二萬九千六百八斤五錢。何大復曰：「漢中之茶産于西鄉，故謂盡茶地。」余問之不然。西鄉茶地惟三里耳，三里去縣，又四百里經于豺虎寇盗之窟，比以加賦，其民晝夜治茶不休，男廢耕，女廢織，而莫之能辨也。於是乎有逋户焉。

陸文裕公知命録

咸陽西三十里，馬嵬鎮在焉。又西四五里，即馬嵬坡，楊妃葬處。夷然一壠，當路傍，問之土人，云：「楊妃粉，乞土四尺餘可得，如礓砂石，研之可傅。」想亦一時傅會之談。

漢中形勢絶佳。渭南諸山，深厚七百餘里，擁蔽其後。西南巴蜀，東接荆襄，不惟輓輸之易，而饒沃亦甲天下。曹洪謂「三嶽」、「三塗」皆不及，非虚談也。異時亦一都會之地。

益門鎮，在渭南二十里，而風景氣候與關、陝迥别，秦漢界限，天地自然之理也。自此入連雲棧七百餘里，惟鳳縣嶺、雞頭關二處最險，鳳嶺則迤邐而高，雞關則陡峻而梟。自入武關而南，棧閣始相連屬，有甚孤危處，真天下之險道也。武關以北，棧道才十一爾。按宋大安軍圖經云，橋閣共一萬九千二百一十八間，護險偏欄共四萬七千一百三十四間。本朝洪武間普定侯所修連雲棧橋凡四十五處，共九百六十七間。方正學發褒城過七盤嶺宿獨架橋閣詩，一橋至一百四十二間。今橋無數處，有一橋才十餘間，而行旅無阻，想漸次開闢矣。

金牛事載蜀記，胡曾詠之，前人多有辨其非者。今沔縣西百里，金牛驛在焉。西十里餘入所謂五丁峽。峽本天成，斷非人力所能與，實漢水之源。至若險陡阸隘處，似有斧鑿如棧道者，或五丁所爲，傳疑可也。入峽二十里，東西相對兩巖，上有石鐘石鼓，形像宛然。民間有謡如地鈴者，曰：「石鐘對石鼓，金銀有萬五。若人識得破，買了興元府。」賈胡過其下，疑有寶，鑿之，金鐘形有殘闕焉。

寶雞南二十里，爲大散關，和尚原在焉。山自西來，即秦嶺一支，不獨爲秦、蜀之界，亦中國南北之界也。凡水在嶺南者南行，通名曰江，水在嶺北者北行，通名曰河。朱子釋「河」，亦曰「北方流水之通名」。

延綏鎮志

河東劉敏寬曰：按榆塞，古朔方地，河流自西而東，由寧夏横城折而北，謂之出套。北折而東，東復折而南，由黄甫川入葭州界，謂之入套。紆迴二千餘里，環抱河南之地，謂之河套。自古郡縣繡錯其中，明初即唐受降城故地，營東勝，跨河北以衛套中。我人登城一望，則平沙漠漠無林阻，見百十里而遥，匹馬一人不能隱，敵輒望城引去，遂遠居沙漠，河限之而套爲内地。時候河冰，乃乘間入犯，我所防者秋冬耳。春、夏得以其餘力田套中，修城守，其往來侵邊，惟遼東、宣、大、寧夏、甘肅、莊浪一帶頻茹其毒，而延慶無患者，河套蔽之也。迨東勝不守，外險既失，彼始渡河無所忌矣。先是鎮兵駐綏德，苦於遥制，遇敵入犯，比出兵每不及而返。其後都御史余子俊撫延綏，相度形勢，東至清水之紫城，西至寧夏之花馬池，築邊牆二千里，增置營堡，創榆衛，移綏德重兵鎮於此，清釐陜人有伍籍詭落及罪謫者徙實之，擇其才子弟，爲建學立師教之。又開界石外地，興屯田，歲得糧數萬石。事皆創始，而經畫焕然。自是榆爲雄鎮。弘治中，朝廷清明，河曲無患，然東勝終已不復，法久復玩，邊牆日頽薄不治。而虬加斯蘭每歲八月自河西入套中圍獵，春出剽宣、大以爲常。七年，火篩寇固原，詔起都御史楊一清總制三邊，於是始復申搜套復東勝議，而卒不果行。孝宗之後，逆瑾專政，以修邊過費，而邊備日弛。嘉靖中，總督侍郎曾銑上復河套議，而終梗之。又前之言套可搜者非一人，而王越行之有明效，使當時力主之，何至有後患哉！

中路。論曰：榆林城在常樂、保寧之中，文武開府其間，五營重兵，彪騰虎踞。且左山右水，固天設之巖疆，全鎮之上游也。保寧、波羅，相去八十里，中雖有響水一堡，去邊七十里。舊恃無定河爲限，所慮者冰堅之時耳。今河水淺不足恃，宜於保寧、波羅之間添置一堡，移響水之兵守之。懷遠、威武、清平邊垣雖臨險阻，高峰峻坂，似若可據，然衝口實多，川面平衍。如西川小理河汊壩最爲首衝，若或大舉南馳，則安定、白落、卧牛諸城，悉被其毒矣。且東起常樂，西抵波羅，沿邊積沙，高與牆等，時雖鏟削，旋壅如故，蓋人力之不敵風力也。保寧昔稱水澤之區，年來瀦水漸涸，馬無所飲，倘保寧日就凋疲，則歸德之餉道可虞，是今之首當加意綢繆者也。然猶有隱憂焉。保寧、常樂，實扼歸德魚河大川之衝，雕陰上郡，在在可慮。今雖設有中協副將一員，可以聯屬一路，但兵不滿二千，馬止於數百，苟且支吾，以幸無事，豈完策哉。

東路。論曰：榆林東路黃甫川堡與晉之岢嵐樓子營僅一河之隔，迤西至雙山一十二城，岡阜交錯，深塹高崖，蜿蜒四五百里。東南逼臨大河，故東路之利，利在險也。雖間有竊掠，而大舉深入，則昔多未有。然秋則慮入雙山之大川，南近米脂爲最衝；冬則慮黃甫之河冰，一馬可度。隨時設備，其容緩乎！且密邇葭州、府谷、神木、吴堡諸邑，軍民雜居，牧保爲難。爲東路計者，當以捍禦責之將領，收斂責之有司，庶壁可堅而野可清矣。

西路。論曰：延鎮西鄰寧夏，與花馬池接壤者，定邊之鹽場堡也。定邊轉而東，爲磚井、龍州十五營堡，皆依山臨塹，倚險可守。然寧塞柳樹澗平川錯雜，爲延安之門户，居常小竊，秋高大舉，較之鎮靖、靖邊，猶爲要害。柳樹澗迤西則曠野平原，無險可據。新安邊、新興、石澇、三山諸堡，設在腹裏，議者欲分其軍丁添貼守瞭，未必非補偏之一策也。磚井去定邊五十餘里而遥，欲於瓦劄梁增設一堡，如鎮羅堡故事，以便接應。或以兵糧無措，竟同築舍，奈之何哉！定邊西郭之外，南北二沙，最爲邊患，除之復聚，徒煩畚鍤之勞，不若增築磚墩之爲因地制宜也。

砥齋集　延安屯田議

屯田之制，實始金城。相其臨戎廣野，使戍卒耕稼其間，以十一二輸官，十八九自贍，歷代行之，法良意美。明太祖屯田偏天下，九邊爲多。而九邊屯田，又以西北爲最。其墾田之令，以邊方閒田許軍民開種，永不起科。開屯之例，軍以十分爲率，以七分守城，三分屯種，有額内額外之殊。然法久弊生，瘠田荒蕪不治，腴田爲豪强兼併，或官校侵奪，汩没混亂，徒有其名，此體國經野者所盱衡而歎也。今延安、綏德、宜君等處，各設兵防人不下數千，大亂之後，閒田頗廣，誠大修屯政，耑任責成。諭令所在地方有司并鎮守將官一心規畫，設給牛種，每軍一人，量給閒田若干，務有餘裕，則軍爲樂業。措置已定，請旨永著爲令。内省帑運，外省民輸，期年之間，將變荒磧爲豐壤，易流徙而樂康，足食足兵，未有善於此者。經界在田，開列在籍，非高遠難行之事，非幽隱難察之情，特在以實心實任之耳。至如地方水泉可引灌溉者，令有司相度高下，經營蓄洩，有成功者特與薦剡，尤所謂富國至計，一日之勞，百世之利矣。

慶陽府

安化縣　驛馬關，在城西南九十里，周一百四十步，内置巡檢司。槐安鎮，在城北一百五十里，道路寬平，最爲要害。宋范仲淹置鎮于此，增築周圍六里，城門樓櫓悉具，又多設倉廒，且道通定邊、花馬池諸處，又相爲應援，足以控制外夷，藩籬中夏矣。五交鎮，在城東北一百一十里，北至寧夏界五十里。馬鐙寨，在府北七十里。横山寨，在府北一百里。綏遠寨，在府北一百里。懷安寨，在府東二百里，東接延安府界。金湯寨，在府東二百里。白豹寨，在府北三百里。寡阜寨，在府北三十里。大秡砦，在府北三百里。柔遠砦，見上。宋范仲淹所築，周二里，今廢。

槐安東谷砦，在府東北一百七十里。道通安寨川，范仲淹置。槐安西谷砦，在府西北一百八十里。道通環州，宋范仲淹築。永和砦，在府西北一百里，西控大現川，宋范仲淹築。美泥砦，在府西南一百里。宋范仲淹築。雪泥砦，在府西南一百五十里。宋范仲淹築。荔原砦，在府東北一百五十里，宋蔡挺築。天固砦，在府西南八十里地，即彭原廢縣。通遠砦，在府□□□里，宋築。定邊城。見上。董志堡，在府南一百二十里。赤城堡，在府南七十里。温泉堡，在府南八十里。秦霸嶺堡，在府南一百一十里，並嘉靖中築。

合水縣　鳳川鎮，在縣東北五十里。宋范仲淹置，控子午嶺入西夏界，東接本府一百五十里。華池鎮，在縣東一百里。平戎鎮，在縣東北一百八十里。宋范仲淹置。西接本府二百六十里。白牛寨，在縣東三十里。

環縣　清平關，在縣東二十里。蕭關，在縣西北二里，即靈武地。石昌鎮，在縣西三十里，道通馬嶺、威州一帶。宋范仲淹築。馬嶺鎮，在縣南一百二十里。安化寨，在縣東三十里。安塞堡，在縣西四十里。宋范仲淹築。平遠砦，在縣東三十里。東控大現川。宋范仲淹築。團堡砦，在縣北一百五十里。宋范仲淹築。徐家窑砦，在縣北一百三十里。木鉢城。見上。

寧州　復橋砦，在州東五里。早社鎮，在州南三十里。新莊鎮，在州西三十里。焦村鎮，在州西五十里。南義井鎮，在州北三十里。鳳凰堡，在州北五十里。嘉靖中築。

真寧縣　橋山寨，在縣東三十里。安興堡，在縣東南一十五里。湫頭堡，在縣東南五十里。委家堡，在縣東七十里。解家堡，在縣東北四十里。山河堡，在縣東北六十里。西峪堡，在縣北二十里。高石堡，在縣西北二十五里。

吴甡按秦疏

延慶近邊苦寒，民多穴處。昔人於山峰要險處設立堡寨，以禦虜寇，今其基址依然。臣在延慶日久，習知其俗，嘗勸諭父老，山寨可以避虜，詎不可以避盜？凡數家之村，露處之氓，皆當聚處山寨，寨有城，有井，有窯，大者容千人，小者亦容數百人。據險固守，有一夫當關之勢。若廣蓄糧粟，多備火器，無不可守者。

平涼府志

山海經：「西去華七百里曰高山。」是時洪水未溢，高下砥平，道直而徑。禹治洪水，水疏土崩，山川瓜分，升高歷險，澗坂懸絶，道阻且紆，今乃千里矣。尚書曰：「涇屬渭汭。」平涼之水，涇、汭爲大，分水之源，實維高山。高山東南爲小，隴西北爲蕭關。大原岡巒，糾聯不絶，咸源華亭白巖；涇出湫頭東北，西面笄頭，放之平涼。越涇而邠，汭來匯之，踰鴻口、涇陽、三原以匯渭而入黄河。汭源湫頭東南，密邇于涇，東匯華亭，西匯崇信諸水，北過涇州之西，以入涇。山多石砂，水皆清粼。華亭南境遠門川諸水乃東匯赤城、良原、靈臺、遠溪諸水，北至亭口以入涇。鎮原匯慶陽南陽之水，過涇州之北，以入涇。山多黄壤，水皆濁流。以衆水匯萃，瀰平可舟，詩曰「淠彼涇舟」是也。自兹以上溪漲，峻駛奔流，可方桄也；咸疏爲磨磑，以治麪造紙，灌溉田園，亦患衝決，利害相兼矣。咸出高山之陽。高山西南隆德、静寧，是謂山後之水，乃由鞏昌之清水縣以入渭。高山西北，鎮原之陰，固原諸水匯爲東、西海子，北爲黑水，東北以入黄河，寒不任灌溉，淺不勝舟楫，頗爲磨磑，纔足汲牧，其利微矣。咸出高山之陰。

平涼城南北之水皆入于涇，涇出府城西南七十里笄頭山下，今曰箕裘巘，聲之轉也。巘，山頂也。地屬華亭白巖里，百泉之訛也。前即湫頭山，朝那湫在其巔。其下爲汭，合華亭崇信三水，過涇州西回中而東入涇，皆可引而爲渠，輪而爲磨，以治穀、香及紙，分溉田園，民所利也。百泉中涇，東過空同，至龍尾山之陽，則六盤、牛營迤東北山諸水匯焉，而涇流始大，東去。府城西北一里而遥，陰疏爲中、内、外三渠，陽亦渠，東西二十里，爲磨以百數，咸估五七百金。分流溉園，咸畝直十金以上，或至三十金，少者畝三五金。池塘臺榭、花卉竹木相望，而楊柳尤多，皆諸宗豪貴産也。卉以石榴、山茶、牡丹、芍藥、菊爲麗，魚以金銀玳瑁爲上，竹以鳳尾爲貴，他殆難枚舉也。嘉靖庚戌以來，水旱不均，旱則争决涇涯，以增渠而莫或閉。潦水大至，涇乃棄故道而大决諸渠，漂毁園池臺榭植物，城北盛觀，蕩爲砂礫，唯東方尚存其半，西北所餘無幾也。今方講求導閉之術，法當于城西爲大堤以扞涇，而曲置水門以通渠，不可緩也。北城之闉，温泉出焉，即古柳湖，爲韓之囿，樓觀、陂塘、魚柳、荷蒲甚盛，作土城砂堤，以護其北，涇不能侵，此其證也。泉東流過陶將軍萬竹園，余北郭之居，溉地三里而既。東郭新街廂之中，橋曰太平，水曰小谷，即浚谷也。谷高數丈，郡南山諸泉匯焉。闊及步，源遠三十里，入于涇，東西溉園各里許。而山水暴漲盈溢，嘉靖六年六月，遂漂破東郭室廬，溺居民以萬數，沸聲如雷，有漂至西安尚生者。分守參議閩人陳君毓賢始築夾河城，今隨壞輒築。又東二里曰岨谷，東南山泉所匯，闊及步，源遠八里。溉視浚谷而暴水頗減，亦築夾城，北入于涇。自此而東，則南、北山谷之水咸入涇，而民以利汲灌，多負水以居，暴雨至，漂溺亦多矣。

歷考諸州縣志，父老所傳與余所見徭租逋負，立法之弊有十二，而賕盗不與焉。國初以江南賦數多失實，誅户部侍郎郭桓等，而秋糧事發之民皆充軍，天下震懼。西人質朴，自占户率數十石糧，有官者或至百石。初，諸將失利，定西元將王保保大掠西民，而北州縣空虚，民單丁爲户，無妻爲丁，名曰「好漢糧」，有司得免咎。是時法簡吏清，民唯辦正徭糧而已。徭無私役，糧以地所出，大小麥、穀、豆，斗斛平概，一夫一婦，牛二犋，墾閒田二頃，荒肥暢茂，風雨時調，可穫三百石。以十之一納官，三十石而至足矣。輸倉即受，固無留難索取折銀也，故徭賦易足。民支鹽于官，里長總□車運之，牛車遞行，每歲不過銀三分，而一家之食鹽足矣，更不買鹽而食也，故公私皆利。然單丁無妻者一世而絶，每十户有一二户焉，而八九已代輸不支矣，立法之弊一也。自占糧雖多荒地，山林亦廣，固將以予民，使生息開墾也。子孫多而開墾溥者地必大；子孫寡者尚不能守其原業，田畝日削，不均之弊二也。不均必訟争，訟争必買求，將安取財？故田園折而輸宗室豪强軍校矣，侵陵之弊三也。健訟者勝，不訟者負，良善蒙辜，奸猾肆志，風俗之壞四也。又增監苑、衛所、旗校官吏諸人，十倍州縣，盡奪民地，地無定分，而宗室、豪强、軍校益乘勢侵漁，遊民、商賈、盗賊附勢射利，富强兼并，官法莫之能禦，而里甲日益侵削，不存十之二三。夫以十存二三之民與業，而代輸十失七八之糧與徭，勢必流亡，大弊五也。高皇時，駙馬都尉歐陽倫敺遞運載私茶，蘭州大使以聞，即誅倫及阿奉諸官吏，而賞大使。是時驛遞非奉符驗遵定數，孰敢冒濫？故驛遞清樂而里甲不擾。今官之百費倚民取辦，而吏胥因緣爲奸，民一當里甲，充驛遞，焚室廬，敺妻子而奔亡矣，甚乃殺其襁負，有死之志，無生之樂。盗賊群起，法不勝奸，夷狄乘之，四隅交難，廣設戎職，增募軍旅，而民病愈甚矣，此其大弊六也。三歲考績，三考黜陟，弘治以前未之有改，然典憲簡嚴，都御史、御史風裁彰灼，故吏久而民不煩也。是二察院者，如網有綱，綱舉而目張，如桶有箍，箍固而無漏。今則漏網吞舟，計日牟利，送往迎來，取辦頃刻，乞貸陪償，生理滅矣，大弊七也。官既知其弊，宜大有以捄之，乃以官吏犯法之物，例歸于公官之迎送，既不能免其一，而輸公復加爲二，民力且盡，公無所得，大弊八也。民少官多，徭必增，又重以土兵提編，徭大增而民丁少，日增日盛，其弊九也。糧政徵銀，糶禾數倍輸銀，加耗又將倍之，承平久墾，地利瘠薄，所收不給官糧，何以自給？其弊十也。力差准銀大寡，一人終歲坐食，以役非十金不能。而舘庫諸役，又將資公費，終歲至百金以上，其弊十一也。今徭役之目曰貢物，蓋無幾也，澤至渥矣。曰曆銀，曰科貢，費皆禮也；曰門，曰皂，給使也；曰庫，曰斗，守財也；曰弓兵，曰民壯，曰機兵，捕禦也；曰土軍，征役也；曰鋪司兵，巡遞也；曰驢夫，曰馬夫，曰牛夫，供饋公命也：皆官所需而不可缺一焉者。曰里甲老人，非徭也，所以董治教者。今舍隸弗役，而役民壯、機兵，非制也，甚又以里甲充隸，以市民充隸，原設衛所，大則征討，小乃捕禦，無衛所者乃設弓兵，無巡檢者乃簽兵壯。今平涼衛所四布，餘軍不以捕禦而爲衛官私役；巡檢司以十數，而弓兵咸納月佑，不以捕盗，不應公役，而加以兵壯，重以土軍，額設之軍，食民租，衣民徭，隱没弗究，而民之代軍役者四焉，其弊十二也。曰民校厨事，新封郡王也；曰養牲户，曰樂舞生，曰齋郎，奉王祭也；又曰陵户，墳僭稱陵，而私役民，殆無法矣。群牧所弗養牲，軍校之餘弗充樂舞，齋郎給新封之校厨，皆非也。民校取一人焉足矣，或户取之；户畏病輒行賂祈免，或舉州縣取之，官慮其弊，乃議解銀十二兩，祈以免役也。既又役校而解銀，其絶而弗嗣者，官弗檢收，而新封者又輒簽，民病極矣。夫非理役民弗畏忌也，而又索其進退交際之貨賄，民是以重病，其弊十三也。

平涼縣爲里二十三，原户二千五百三十，規方幾百五十里，地非不廣，民非不足，顧今衰微不能自存，何哉？蓋嘗深思其故矣。天造之始，大亂甫定，南山涇濱，咸森莽斥鹵之地，以待開墾。未幾而建苑馬監牧焉，固奪諸民未墾之田也，計畝過府賦數等。又有平涼衛之屯焉，復取民未墾之田十一。百年後又建固原衛，繼又增置苑監，唯意之所取，凡民田之絶弗業者，舉以予之。而宗室男女封者盈千，生各有田業，殁各建塋域，僮僕守衛，悉取諸至近而足，又不啻十之五。而民始大困，賦始大殿，近府之縣，平涼、華亭尤甚，而公私匱竭矣。兩寺、監苑、長史合屬之官吏、隸輿、門庫，督府戎帥、三衛所之官長吏從又盈千焉，禄皆增賦于田，徭皆增取于民，民日疲而徭日倍，地益削而賦日加，以百五十里之地，而達官貴人以千計，如之何其可足也？軍隸之食于官者，又幾萬焉，乃一人耕而食數人，如之何其責有司以取盈也？坐食猶未已也，又爲之里甲驛遞，以送往迎來，取辦俄頃而動用百十金，民是以不堪其求，而唯祈流亡之速矣。物極則變，變則通，通則久。省冗食，節浮費，以通變宜民，此仁聖之事，廣大之業也。謹書此以俟。

凡設重臣，貴便宜，利民去害，故取民之財，必揆義定制，不可權宜也。諸凡科索，生於兵興，出自上命，或弗得已，猶之可也。若平涼食鹽鈔銀，其始也，因官有鹽以市民，披籍計口取其直，而里長公具牛車，輸之里中，仍計口給鹽，是官受銀而民資食也，上下相資，非牟利也。上自王府，下及官吏貧民，皆有食鹽，無復買鹽於商者矣。而官復召商種鹽，商將何所賣之？緣弘治以後，雖計口收鈔銀，唯王府及達官支鹽，而府司吏民皆莫或運支，第市商鹽而食。故民虛納銀于官，復市鹽于商；官收倍利，民獲二害。其鈔銀乃以給宗室折俸。今百官折俸，例皆虛名，未有實支，而宗室復得鈔銀以折俸，往往知其弊，亦莫肯實輸鈔銀，而宗室折俸亦不冀其必得也。姑以其文符市諸奸軌，得估五之一焉，所獲亦甚微，估符者必賕所司，嚴徵于民，與奸軌之徒各分其二焉。重困黎民，而利斯人，余不知其何說也。昔撫山西，凡覈宗室請折鈔之文，必命之以助補正禄，蓋謂此也。以法言之，商鹽既大行于民，則官不當取鹽鈔銀；百官折俸既虛，則宗室勢不當獨給。況本身正禄尚缺，乃以給奸軌，爲賕吏窠，尤所不可。用以補助正禄，禮也，大要計臣不肯正法守而出納倚辦吏胥，此民之所以日困也。奸者能賕求，而君子耻之，此君子之道所以日消，而四維掃地矣，嗚乎痛哉！

平涼九里之城，三里之郭，王而國者一焉。其護衛一，凡四所，亡慮四千户，而儀衛典仗十百，羣牧一千，敬依自占相埒，不啻萬人焉。王而郡者二十，有典仗仗户各百者四，又有奉祀安王墳五百七十户，近雖改屬平涼衛而尚未聽命，仗有户五十者二，其餘亦不減三十户，而私人不與焉，蓋又不啻萬也。將軍以下至鄉郡殆逾千矣，役多者數百人，少者以十數，又不啻萬焉。城郭不啻盈矣，而兩寺、平涼衛官兵之居，亦三分之一，縣之所存，蓋無幾何，故民不及百廛，又多僦屋而居，山川民居盛衰亦如之。嗚乎，産金之山，靡植卉草；探珠之淵，不棲魚鼈；茂林之蔭，罔生庶植；艷冶之婦，弗育子姓。此盛彼衰，理勢然也。城郭繁而民賦寡，紈綺衆而閭里耗，私家强而官政衰，有由然哉。然則將奈何？曰：世禄之家禁漁利，墳兆之賦定蠲制，品式之具貴詳明，里甲之衰宜合併，官府之簡必忠賢，庶幾扶衰捄弊，有其漸焉。舍是則非所敢知也。

置郵傳命，振古有之，周禮詳矣，而周語單襄公知陳之亡，以其廢賓饋之禮。漢法，得乘傳者唯奏事、將兵、徵賢而已，它毋與焉。本朝因之，飛騎以驛，運載以遞。民田出租，身出徭，桑出調，貨出課，亦已周矣。以田租之夥者，分上、中、下而爲驛，是重納租也，而又以其租之夥者焉，是重困大户也。法當乘傳者，不獨濟行而已，而狡者因之求富；司驛遞者不獨事上傳命而已，亦各求富，百需皆至，取辦頃刻。公使既飫腆鮮，或復索饋賄，中使武夫權要，騎馱動以百數，復索過關至百十金。回蕃貢夷，殖貨牟利，亦至百十，經費旬月。大户百年之家，不足此曹一飯之費，而縉紳行役、賓客親故之往來，無不由之。狡者或假爲故官及州縣小吏，或賕求僞造公符，唯其所欲，莫不破家。兵部雖嚴加例禁，而風聲流被，閭閻下民，莫敢誰何。又重爲召募司驛遞者，取見面錢于大户，得十餘金焉；應募者又得十餘金焉，奸人把持其中，立舊帳還庫補給之名，而大户百金之産，入役即竭矣。故一聞此役，不逃即死，而公務百役，亦俱廢矣。乘傳者困于難行，遂捕市人以充之，而城郭市廛盡閉矣。嗚乎噫嘻，仁人君子寧不思所以捄之乎！

陝西行太僕寺之職，司陝西都司所統西安等四十八衛所、清水等七十四營堡騎兵之馬政，以勅命制馭官吏軍士，以會計其瘠死而糾治之，歲終則以其數獻于朝，視其屯之荒者，縮其直軍之羸者，裒其財以益市騎兵之馬，爲價年額九千二百八十六兩五錢九分。庫貯之，以待市馬而時給之。

苑馬寺之職，主二監、七苑牧馬之政事。凡蕃馬、市馬之牧養，度其地宜，均其事力而給飼之，以時其水草、字育而稽其數，以歲終獻之朝。物故者收其皮肉筋角之直，弗字者孳其租所直之入，以益市馬，而懸衡其價，季會其要，而歲考其成，以罰其不登者。軍需馬則以其馬之弗字者予之，予馬之良駑，必視其軍騎射之良否而高下俵之，則無争而馬政平。其畜馬之久近，亦視其地之肥瘠而閲實之。凡俵馬亦度其牧之能否而贏縮之，則牧不病。

天有天駟。天子有牧僕之職，自軒轅以來，墳典經史不絶書，逮周始詳。穆王征犬戎，責以不享，在今平涼之域而八駿皆是物也。孝王命秦非養馬汧渭，大蕃息。宣王中興，比物閑則北伐獫狁，南平荆蠻，大蒐鄭圃，皆以車馬之盛爲言。秦烏贏谷量牛馬，即烏氏人，而漢文、景時，阡陌成群，六郡良家馳射是利。馬援之邊郡，田牧數年，得畜産數萬。唐人養馬亦于涇、渭，近及同、華，置八坊，其地止千二百三十頃，樹苜蓿、苘麥，今雁麥。用牧奚三千官寮，無幾衣食皮毛是資，不取諸官。蓋合牧而散畜之，牧專其事，不雜以耕。而太僕張萬歲、王毛仲官職雖尊，身本帝圉，生長北方，貫歷牧事，躬馳撫閱，無點集追呼之擾、科索之煩，順天因地，馬畜滋殖，萬歲至七十萬六千，毛仲至六十萬五千六百有奇，色別爲群，號稱「雲錦」。地狹不容，增置河西。史贊其盛，圖傳至今。夫豈有它術哉，法簡而專，誠而不二故也。玄宗既以嫌誅毛仲，後遂以付安禄山。禄山統北方三道，又使兼掌京西牧馬地，既隔越而職守難專。重以匈胡叛逆，覆用蹂踐唐室。其餘存者，猶足以資肅宗之中興。憲宗命張茂宗監牧，茂宗不能遠略，乃籍汧、隴民田，人争言其不便，牧事遂廢，唐亦喪亂。由此言之，人事得失，馬政盛衰，益昭然矣。自宋以來，馬藏民間，涇原爲邊重鎮，日不暇給，然頗貿易番馬，以給戰士。金、元悉從民牧，兵興隨宜取用，官以無事。

皇朝遠稽周、唐，大振馬政。自大將軍得李思齊、李茂之騎，繼破王保保，虜馬駝雜畜數十萬。御史大夫丁玉、涼公藍玉四征西番，部族悉服，乃製金牌，合符番人以馬充差。朝廷以茶爲賚，體統正而名義嚴，馬日蕃庶，始置苑馬寺，聯以監苑，巡以御史。日久法弛，弘治末年，命都御史楊公一清董治之。公振肅紀綱，增置官屬〔二〇〕，蒐括墾田，益市民馬，一時觀美。然三年一駒，其計利深矣〔二一〕。數年之後，所利不補所費，何哉？豈非官多牧擾〔二二〕，法煩敝生，縉紳衣錦，難禦邊塞之風霜〔一三〕，而肩輿騶從〔一四〕，點集追呼，非孕字重累之所能堪乎？且牧地十七萬七千餘頃，養馬一萬四千餘匹，牧軍才三千三百餘人，田重牧輕。皮肉收銀三兩有奇，公用銀三千餘兩，責之三千三百餘人，物輕輸重。每歲各各入賀督監，參謁不絶，遷代歲月繁促，南北習俗異宜。道路往來勞費，牧人之不支如此。州縣地不踰二萬頃，爲糧站徭二十餘萬，輕重之相懸如彼。嘉靖三十七年，平涼通判嘉定陳應祥舉籍平固以北皆爲牧地，民村落室廬皆度爲牧，代之養馬償駒，遂號二税。按制，先定州縣田税，後以隙地爲牧，本自相間，安得齊一？應祥務虚名而民重被病，牧既少獲，種馬日削，責民市馬，吏緣爲奸，民不堪命矣。世之君子，其思有以善後哉，今粗舉其大端云。

馬於兵政爲最大，故古以司馬名官。官重兵而優與馬，則兵得以欺謾抵易，而馬愈不振。官重馬而罰過深，則兵困而馬日耗。大要稽馬之實，在將領而不在僕牧之官。使馬勿耗，在調發之簡便，飼牧之以時，而不在乎法令之具備也。官不得人，則法愈嚴而敝益滋，不可不以情察也。

固原北四百里有大小二鹽池，畦水日暴成粒，無事爨煮，所謂青鹽，入藥者也。原設批驗所二，一在固原州，一在慶陽府北，紅德堡主驗放鹽引。巡撫都御史張公敷華以固原經過鹽車，於静、涇二州立廠市收課，以備賑濟。弘治十四年，總制秦公紘移廠市固原，固原兵備主其課引銀，移批驗所於慶陽；慶陽兵備主其割引銀，以備邊用。固原立五鹽廠，置老人斗行，每廠五百引，引以序市，鑄銅板印票，兵備道給老人送州印鈐，以實鹽數商名，方許市。每車收門鹽一斗五升，石收票銀五釐。州庫收備軍需，批驗所引收卧引銀一錢，州庫收備買馬，而斗行又納州公用銀十八兩。嘉靖二十八年，知州倪雲鴻又增斗底牙銀一錢五分，計一廠五百引，共該銀七十五兩，咸備公用，以甦里甲之困。然斗行過取斗底，而豪猾爲斗行倍收私放，官少利，而商與里甲交受病，良有司尚有以馭之哉！

總兵官，洪武初即有此號，蓋大將、元帥職也。于兵無所不統，給將軍印，以便征伐。陝西唯爲鎮守，不給印。初以侯伯、都督爲之，逮總兵出鎮猥多，侯伯少習邊事，而武臣以勳閥致位都督者蓋鮮，乃往往以積勞推薦指揮，假以署都督僉事之號，而充總兵。故人微位重，鮮勝任者，而縉紳視之益輕矣。

國初，塞寧夏東勝，屬之大同，守在河外，而河套爲内地，無事設兵。地雖空虚，而邊民降虜，耕牧魚鹽，衍沃孳息，自食其利，官不病民，軍不煩餉，公私俱利。成化以來，始棄東勝，虜乘虚入寇，勢必增兵。固原以北，民悉爲兵，糧費增多，官弗克供。中套爲塞，蹙境棄饒，田野狹猛，軍民争訟，毋獲奠居，公私交病。議者以四夷之守在九邊，而固原、延綏最精入，衛所恃重，以督府建閫，其兵爲尤重焉。虜既侵犯弗時，調遣無節，疲于奔命，馬易損斃，而兵絶生息，理勢然也。節縮財用，以補驍騰之騎；計遠近利害，以息奔馳之弊，杜債帥侵漁，以强折衝之兵，君子蓋日望之。嗚乎，豈易遽以言哉！

官軍常牧馬東、西海，韃靼爲寇，先據水泉。劉文、趙瑛之殲虜于黑水，蓋以兩海牧馬誘之深入，而先北度水泉迎擊其渴。劉公天和遂鐵柱泉置城，以便轉鹽，鹽利廣而寇患稀。苑牧軍聞牧有東、西海之名，遂訴諸茶馬御史，下通判陳應祥檢治，應祥希御史意，盡以予苑軍，司兵者弗敢諍。自是戰馬無所牧，而坐食官芻，枯乏不給，困斃日甚矣。鹽車起花馬池，至固原五六百里，道遠乏絶，虜易要掠，故城韋州下馬關，以頓舍轉輸，寇至有備。鹽饒美而估廉，公私咸利。貪吏乃反設法禁諸城置頓，使直至固原以困之。又河東鹽自黃河南徙，重以地震水洩，解池地日高而河潤卑少，多硝苦而罕鹹甘，民弗堪食，則青鹽有羨利，而關輔病乏鹽。蓋宇宙洪河，至此一變，通□宜民，非上智達道者，其孰能識之。

涇州庠生王寧窮汭記

汭水紀于禹貢，廣韻「汭」音「儒」，説文「汭」从水、从内，訓曰兩水，合流之謂也。又曰小水入大水之名。質其實，雍、豫二州有專名之者，有通名之者。專名者以義也，通名者以類也。以類通名，如「會于渭汭」、「東過洛汭」是也。蓋渭自鳥鼠而東逝，涇出笄頭而北來，二水至高陵而匯于河，經龍門東注豫州洛，由熊耳東北入河。既皆小水入大水，且兩流合爲一，以故不曰涇、渭而曰渭汭，不曰河、洛而曰洛汭。由是推之，則凡諸州之水類於是者，皆不拘於定名，而得通稱爲「汭」也。以義專名者，「涇屬渭汭」是也，汭在華亭城東三里，乃兩水合流，而其北源西出小隴山之馬峽，俗呼北河；南源西出隴山之仙姑峪，俗呼南河。北河環朝那山前，蓋山有古朝那王廟。其西北有湫，東去縣東三里，而別稱爲雨山。南源環王母山，山巔有古王母宫，東去四里別稱爲儀山，俗呼爲四頭山。儀州實以是名也。儀、雨兩山南北對峙，豁開如門，故兩水合而東流，名之曰汭也。又二水交流而下，亦專名爲汭也。汭匯爲深潭，潭名合水，水之北岸一臺，高廣平夷，荆榛、瓦礫錯雜，相傳禹王廟也。北陟雨山之巔，遥見東南隱隱峰巒侵入太虚，隴州吴山也。沿汭峽峽石三十里，皆斷崖摧壁，神禹疏鑿之跡也。峽行十五里，南堧有女神之廟，扁曰「抵汭元君」，土人呼「底茹娘娘」，「汭」讀爲「茹」，茹、孺同音。廟東十五里至石堡，汭北受柴邸水，源出朝那湫山之陽，而陰即爲涇水，又東五里至安口峴牛心山南受武村水，汭至是益大。北有斷萬山白馬鋪嶺柴邸而來，南有五馬山自石櫃寺武村而至，兩壁削立，巉巖百仞，束汭于中，雪浪湍激。經行五里爲屯城，唐李元諒屯兵扼吐蕃者也。屯東爲崇信川，汭水益大，深不可涉，湍不可亂，行旅皆袒而濟。又東二十里，北過崇信縣城，崇信人曰汭水。逶北又東七十里，東過涇州，過回山，乃屬於涇。弘治戊午，督學憲副虎谷王公按涇州，試諸生，竣乃涉水登王母宮，寧從行。王公東眺曰：「北流而濁者何水乎？」寧對曰：「涇也。」「南流而清者何水乎？」寧對曰：「汭也。」公曰：「是禹貢雍州屬涇之汭乎？周職方『其川涇汭』乎？昔公劉有『汭鞫之即』，吾過豳西行三十里，涉一大河北入涇，是何名乎？」寧曰：「靈臺之達溪也。」公曰：「朱子註『汭鞫之即』曰豳地日廣也，試且廣求之，斯地有百泉乎？」寧曰：「去華亭西北三十五里山朝那湫陰有泉百餘，爲涇源，乃百泉也。」「有溥原乎？」寧曰：「亭口靈臺之西，汧陽、隴州之北，華亭龍門之東有廣原，唐尉遲敬德破突厥，郭子儀破吐蕃之西原也。李元諒開美田千頃，號曰『良原』，今爲溥潤原。」公曰：「此與吴山南北乎？」寧曰：「正相南北。」公曰：「必兹西去百里外有雨水合流者，始可謂之汭矣。若其窮之乎？」寧計華亭至涇，程一百三十五里，果符公言，還白之。公曰：「朱子註詩，言汭水出吴山西北者，以名山而志名水，窮源泝流也。今遂謂出隴州，東入于涇。今隴水乃汧入渭，去涇遠矣，且將置溥原於何地乎？」按寧之論，汭謂小水入大水是矣，然達溪雖經流靈臺，源出武村西南遠門川諸水，合良原靈臺諸溪以入涇，皆汭也。

華亭縣志

禹貢汭水之源，周曰盧國，後爲戎那，屬義渠。秦滅之，置朝那縣，屬北地郡。其南屬隴西郡。隋大業初改朝那曰華亭，唐屬隴州。貞觀中置儀州，尋廢。後唐同光中，復儀州。宋初因之，附郭華亭，領安化、百泉。咸平中，復割鳳翔之崇信、赤城隸之。徽宗時，省州爲華亭縣，與安化、崇信屬渭州。金立渭州爲平涼府，改安化曰化平。元併化平入華亭。

先是，疆宇廣闊，後割蕭關北三十里爲群牧所，縣西六十里爲韓府敬依田，東三十里爲武安監，而地浸狹。今仍併故韓府地入華亭。

都盧城在縣西北境，今都盧山下有故址。書牧誓「微盧彭濮」，傳曰「盧彭在西北」。按左傳羅與盧戎兩軍之。

安化城在化平里，宋建縣，金改化平，今爲鎮。縣北一百二十里。

朝那湫在縣西北五十里，湫頭山山最高，池廣五畝，渟泓莫測。秦惠文王將伐楚，投詛文于此。

汭水源一出縣西北馬峽口諸泉，爲北源；一出縣西南仙姑山諸泉，爲南源，逾縣三里合而東。

古百泉在縣西北笄頭山，山與空同連屬，即湫頭山陰，山下有泉百餘，流爲涇，是曰涇水之源，詩云「逝彼百泉」。今距縣五十里有百泉縣故址。峊然山，其上曰湫頭，秦朝那故湫也。又北曰烏龍山，其上曰笄頭，下有百泉，流爲涇。西北曰高山，山海經所稱也。益西北曰六盤，其東曰瓦亭山，東二十里曰金佛峽，古彈箏峽也。又北二十里曰牛營山，古曰蕭關；又西北二十里曰幹耳朵，元安西王大帳房，皆隴也。高山東下曰都盧，曰聚糧平，又東達空同山。

彈箏峽，在縣西北瓦亭東二十里。峽奇險，水聲激宕如彈箏。唐、宋爲戍守要地，旁有佛寺，俗稱金佛峽。

古瓦亭，在縣西北一百八十里，後漢隗囂遣牛邯軍瓦亭。唐肅宗幸靈武，牧馬于瓦亭。宋吴玠與金人戰于瓦亭，大破之。今置驛，仍設守備一員，統兵駐防。

古蕭關，在縣西北接界二百里。漢文帝時匈奴入蕭關即此。東接鎮原，北通固原鎮，今曰牛營山。牛營山在華亭、鎮原、固原之交，東北距鎮原和戎原七十里，西北距固原五十里。

古高山，在縣西北境，即六盤山。山海經：「數歷之山又西北五十里曰高山，其上多銀，其下多青碧、雄黄。晉大興三年，高平郡界有山崩，中出數千斤雄黄。其木多椶，其草多竹。涇水出焉，而東流注于渭，其中多磬石、青碧。」縣西北石香爐峽、松子峽暨朝那湫之下流匯於馬峽口，循華尖山經縣城北而東，曰北河。縣西南之水源於齊山，循仙姑山經縣城南而東曰南河。皆匯於東峽口，是曰汭。又西北大會坡諸水曰新店川、柴坻川，東出東峽之東，西南十八盤諸泉曰木賊溝、延官溝、水磨川、武村川，東至斷萬山之麓，皆匯於汭水。又南則屯頭、三鄉二川，東經崇信之赤城、靈臺之良原，而東入于涇。又南則海龍諸泉，循東南而下入于汧。又大會坡西北十里曰百泉，流爲白巖川，暨西北聖女川、化平川、龍家峽川，皆匯于空同之前峽，又西北曰焉支山，前、後暖水川、鮑家川皆出沙棠川，匯于空同之後峽。又西北曰卧陽川、蔡家川、瓦亭川，俱出金佛峽，循府川而東，至于龍音寺之東麓，與空同前、後峽之水合。是曰涇諸水皆東流，惟蕭關、斡耳朵之水北流，不與涇、汭通，循固原而北入于河。馬鋪嶺關，地界平涼。金佛峽關。三鄉關，地在崇信、隴州之交，並華亭而三。以上三關，舊各設巡檢一員，今革。

武全文汭源辨

曰：後世稱汭水者以誤沿誤，千載滋疑，止緣朱子註詩「汭水出吴山西北」，蔡氏註禹貢「出弦蒲藪之西北」，遂不復詳察其地，而以隴州汧源縣爲汭水之源。今考隴州諸水，皆由汧入渭，不與涇通，此不待辨而知其與汭無涉也。惟吴山、弦蒲藪二説，先儒抑豈無據而妄稱之？考古志華亭有隴山，有汭水，紀載甚確，則汭水出華亭固無疑矣。吴山即隴山，華亭與隴州山連壤接，境内諸山皆屬隴，又曰小隴山。且唐、宋之際，縣舊屬隴，尚未入平涼也，則朱子所稱吴山西北，安知不在華亭境内，而必執隴以問汭耶？載考弦蒲藪在今隴州蒲峪，是汧隴之西藪也，而其西北即爲華亭西山。是蔡氏之説，亦非刺謬。後人不深考西北之義，誤以汭水爲汧，則泥古所致，不審于禹貢「涇屬渭汭」及公劉「芮鞫之什」果何所解也。是不可不辨。

武全文涇源辨

曰：按地志涇水出原州百泉縣笄頭山，山海經則曰「數歷山之西百五十里曰高山，涇水出焉。」考高山在平凉郡西，水由瓦亭川而東，笄頭山在平凉西南，下有百泉，流爲涇，皆匯于郡城之西數里。如以地志爲據，則百泉爲源，高山爲支；以山海經爲據，則百泉爲支，高山爲源。兩說並存，則涇水南北有二源，與汭同矣。揆二水之形，百泉諸水大，倍于瓦亭川水，經小水入大水，以大納小，不以小納大，則涇源當在笄頭。以地里計之，高山距平凉一百二十里，地頗遠；笄頭距平凉四十里，地較近。且瓦亭居空同之西北，笄頭出高山之東南，似又不當以遠者爲支，近者爲源；下者爲源，上者爲支者。無已，則隨山而度其勢，循流而考其源。百泉之水由空同而東下，山環水湧，其勢澎湃，於勢爲最順。高山之水西出瓦亭川，地遠流細，北亂于涇，勢則少逆矣。然則山海經稱「涇水出高山」，何以故？曰高山支接終南，原本太華，雄峙隴山，西北笄頭密邇，高山視之，如泰山培塿然。故志山者舍卑而從高，猶志水者舍小而從大。統笄頭于高山，而涇水因之。朱子註汭源曰：「吴山義固與高山同也。」

鞏郡記

鞏郡迫近戎羌，雖河迤西北，俱有邊鎮，而隴迤西河之干江白水江。之滸，不可無備也。是以國家既已分置衛所矣，又設參將、守備以統之閱之，而邊徼之防禦始周且嚴。其諸却虜和蕃、高城深池、貿茶貨馬，歲聽總督、尚書撫綏，中丞經略，巡按、侍御糾察，而其防益密矣。

馬政

茶馬。歲徵茶于漢郡。一百萬斤。故事，官軍轉運，今招商採運矣。設轉運茶站于秦州、隴西、伏羌、寧遠，今省。以交于洮州茶馬司，今令商人自交。設批驗所于洮州，茶引有數，視商。茶篦有數，視引。茶商有數，視産。私采有禁，私市有禁，通番有禁，出境有禁。歲易馬於番，因勞番。巡按御史監察其事，邊備按察副使、參將、都指揮招諸番及其馬於岷而勞之易之，勞遠近若干族，易番漢若干匹，枹罕若干匹，洮陽若干匹。其馬行行太僕寺烙記，給各邊官軍騎操，發苑馬寺畜牧。牧推騍馬。

鹽馬。歲徵鹽于西和，一十三萬一千九百四斤十一兩，有閏月一十四萬三千五十一斤。于漳，五十一萬六百六十七斤，有閏月五十五萬六百七斤。招商納馬支鹽，每上馬鹽百斤，中馬八十斤。其馬給軍騎操，或折銀給軍易馬。亦行行太僕寺烙記，亦發苑馬寺畜牧。私市有禁，私行有禁。洪武間，歲差行人司行人省諭。永樂間，歲差監察御史巡察。弘治間，特差左副都御史楊公一清總理。正德間，仍差監察御史巡察。

兵政

設洮州衛於西頃之東、洮之陽，岷州衛於岷之南、洮之陰，靖虜衛於積石之滸、烏蘭山之麓，西固城所於武都山之西、白水江之東，階文所於羌之隘，隴蜀之阻，而鞏昌、秦州諸衛爲之輔，隴關、洮關爲之翼，若長城，史記云起自臨洮縣。黄河則其要會焉。洮州分守參將都指揮一人，以陜西都指揮爲之，駐節于洮。岷州守備一人，亦以都指揮或署都指揮或指揮，以都指揮體統行事者爲之，駐節于岷。靖虜守備都指揮一人，駐劄當作節。于靖虜。西固城守備都指揮一人，駐節于西固。階文守備都指揮一人，駐節于文。

烏鼠子曰：隴西西近羌，北近戎，故其地昔雜以戎羌，今戎猶在塞北，而羌去塞西遠矣。是故洮岷守以參將，并西固、階文禦以守備，而秦、鞏諸衛，階、禮諸所，每歲都指揮或指揮一統旗軍丁壯，一統游兵，以備禦于原州，于莊浪、甘、涼州，聽總督司馬撫綏中丞屬總戎都督列屯于諸邊營以防虜。然靖虜衛近邊，虜苟内寇，即可至靖虜；至靖虜即可至安定、會寧，故靖虜防以守備，而安定、會寧皆屯以指揮。近言者奏以秋冬分守參伯駐會寧，分巡憲僉駐安定，而通渭亦防以官兵，其諸守禦嚴矣。但將不皆頗、牧，兵不復漢、唐，不容不厪當宁西顧也，敢告諸籌邊者。

番無稷也，羌人以牛羊乳及蕪根爲食，以茶爲飲，非茶則無以爲飲，而食亦不多。漢郡産茶，民不得自相貿易也，於是立中茶法，命秦、隴商領茶引，采茶于漢，運之茶馬司，榷其半，易馬於番，漢亦有之。而以其馬分給于苑馬寺，諸苑牧之，以兑禦邊官軍。是故歲勑侍御史監察之而行，行太僕寺、苑馬寺卿佐領其事。國家於籌邊，不其詳盡矣哉！

鳥鼠子曰：國家馬政、兵政備矣，然兵不加强者，豈有他哉，食不足耳。蓋不推邊儲之多逋，而屯田亦未必皆治也。甚矣，天下衛所屯田之無補於官也。凡郡縣之野，田地之膏腴者皆軍屯，而歲無積，月無支，止懸一空劄耳。影射之奸，兑易之詭，夫何可勝言哉。

九域志

秦鳳路

通遠軍　鎮一：大中祥符七年置威遠砦，熙寧八年改爲鎮。威遠。軍東南一百里。城一：元豐四年置。定西。軍北一百二十里。砦六：建隆二年置永寧，天禧元年置來遠，三年置寧遠，熙寧元年置通渭、熟羊，六年置鹽川。元豐六年以蘭州通西砦隸軍，七年廢來遠砦。永寧、軍南一百二十里。寧遠、軍東南七十七里。領廣吴、啞兒二堡。通渭、軍東七十里。領七麻一堡。熟羊、軍北四十里。鹽川、軍西三十里。通西。軍北八十里。堡一：熙寧四年置。三岔。軍北三十五里。

秦州　監一：開寶初於清水縣置銀冶，太平興國二年升爲監，隸秦州。太平。州東七十里。城二：建隆二年置伏羌砦。熙寧元年置甘谷城，三年，以伏羌砦爲城。伏羌、州西九十里。領得勝、榆林、大像、芳園、探長、新水〔二五〕、樫林〔二六〕、丙龍、石人、駞項、舊水一十一堡〔二七〕。甘谷。州西北一百八十五里。領隴陽、大甘、吹藏、隴諾、尖竿五堡。砦七〔二八〕：建隆二年置定西，開寶初置弓門，開寶元年置三陽，天禧二年置安遠，慶曆五年置隴城，治平初置雞川。定西、州西北四十五里。領寧西、牛鞍〔二九〕、上硤、下硤、注鹿、圓川六堡。三陽、州北四十里。領渭濱、武安、上下蝸牛〔三〇〕、閭喜、伏歸、硤口〔三一〕、照川、土門、四顧、平戎、赤涯湫〔三二〕、西青、遠近湫一十四堡。弓門、州東一百六十五里。領東鞍、安人、斫鞍、上下鐵窟、坐交、得鐵七堡〔三三〕。静戎〔三四〕、州東北四十里。領白榆林、長山、郭馬、静塞〔三五〕、定平、永固、邦蹉、寧塞、長樵九堡〔三六〕。安遠、州西北一百二十五里。隴城、州東一百二十里。雞川。州北二百里。堡三：開寶九年置床穰砦〔三七〕。太平興國四年置冶坊砦。慶曆五年置達隆。熙寧五年改冶坊，八年改床穰並爲堡〔三八〕。床穰、州東八十里。冶坊、州東北一百二十里。領橋子、古道、永安、博望、威塞、李子六堡。達隆。州西北一百五十五里。領白石、古道、中城、東城、定戎、定安、西城、雄邊、臨川、德威、廣武、定川〔三九〕、掞河〔四〇〕、鎮邊一十四堡。

岷州和政郡　砦五：雍熙二年，置臨江砦隸秦州〔四二〕，熙寧六年隸州，仍置荔川，七年置床川、閭川、宕昌。臨江，州南一百四十里。荔川，州東八十里。床川，州東一十里。閭川，州東一百二十里。宕昌。州南一百二十里。堡三：熙寧七年置遮羊、穀藏，十年置鐵城。遮羊，州東一百里。穀藏，州西四十里。鐵城。州東八十里。監一：熙寧九年置。滔山。州西一百五十步。

鳥鼠子曰：代傳至宋，而後天下有城有砦，砦以備敵，城亦以備敵。至砦設知砦，城亦設主將，而邊徼之地始紛紛矣。

武經總要

秦隴鳳翔階成路

秦州天水郡，本秦初封之地，在汧渭之間，諸羌雜處。唐武德初，置都督府。天寶後陷于吐蕃，至宣宗時復爲内地。土壤遼曠，尤宜畜牧。其東入隴州界，故關山路至蕃界一百九十里，南鳳州界一百八十里，東北隴州界一百四十里。宋朝建爲雄武軍節度，扼巴蜀之境，限河湟之城，其西又控党項、吐蕃隴右山之外，今之一都會也。置砦二十三以守禦之。知州舊兼緣邊都巡檢使，今置秦、隴、鳳、翔、階、成六州軍馬步軍都部署，以下兵官，以州爲治所。砦二十三，州境曠遠。曾瑋在邊，當作曹。增築弓門、治坊、床穰、静戎、三陽、定西、伏羌、永寧、小落門、威遠十砦，浚壕三百八十里。永寧。建隆中築，西北控龕谷路，至蘭州五百五十里，舊號尚書砦。至道中，賜今名。置稻田以爲險固。東至伏羌砦三十里，西至來遠砦二十里，南至小落門三十里，北至宗哥城九十里。伏羌。本唐初伏州，後改爲縣。天寶後陷于吐蕃。宋建隆中酋長尚波于獻地，特置砦戍守。東至定西砦四十里，南至永寧砦三十里，北至夕陽鎮三十里。小落門。在伏羌砦西，有落門谷，良木所産。先爲羌戎所據，雍熙中知州温仲舒發兵侵取〔四二〕，頗致騷動，詔中使視之，言得地甚利，遂置砦，迄今爲内地。祥符中再修。東至永寧砦三十里，西至威遠砦八里，北至來遠砦二十里。弓門。太平興國中築。在赤城川東坡上，管小砦五。東至隴州故關七十里，西至治坊砦四十里，南至床穰砦六十里，北至邊壕，西南至州百五十里。定邊。至本州一百八十里。東至隴州定戎鎮四十里，西南至清水縣八十里，西至弓門砦三十里。治坊。太平興國中築。在卧牛山東管小砦，東至弓門砦四十里，西至壕門外蕃界五里。南至床穰砦四十五里，北至熟户二里，西南至州一百二十里。床穰。開寶中築。控床穰川一帶，管小堡十一。東至治坊砦四十里，西至静戎砦四十里，東至州百五十里，東南至清水縣十里，北至蕃界一十里。静戎。太平興國中築。在長山嶺下，管小堡五。東至床穰四十里，南至三陽砦四十里，西至隴城五里，北至番界五里。開寶中重修。三陽。開寶中築。扼都谷口〔四三〕。慶曆中置開稻田四百頃以捍賊路。管小砦十六。東至静戎砦四十五里，西至定西砦十三里，南至州三十五里，北至蕃七里。定西。太平興國中築，管小砦四。東至三陽砦十五里，西至伏羌砦七十里，東至州四十里，北至蕃五里。威遠。祥符中築。舊名梁篦，改賜今名。東至小落門砦五里，西至壕門外蕃部三里，南至馬騣砦十二里，北至來遠砦八里。安遠。天禧中築。東至伏羌砦三十里，西至來遠砦十里，南至落門砦三十里，北至生户五十六里。臨江。雍熙初築。在渭水之南，與漢陽水合流，俗謂之西江。東至良恭故縣四十里，西至蕃界五十里，西北至將雞砦四十里，北至蕃界五十里。陷山。太平興國中築。東至虎谷砦鎮七十里，西至良恭鎮九十里，東北至長道縣界九十里。來遠。至州一百一十九里。東至永寧砦二十里，西至永寧砦郢南谷一十一里，南至威遠砦崛堝十里，北至渭河窮邊。小落門。至州百四十里。東至永寧砦三十里，南至威遠砦八里，北至來遠砦二十里。寧遠。至州一百三十里。東至來遠砦定邊堡十里，西至熟户，南至馬家族四十里，北至于家部族二十里。榆林。至州三百四十五里。東至良恭鎮五十里，西至臨江砦四十里，南至蕃界二十里，北至管下將雞砦十里。將雞。天禧中築。東南至古良恭城四十里，西至臨江砦五十里，南至駝項砦十五里，北至蕃界約百里。馬驋。在州西馬驋嶺下。東至故城鎮五十里，至州百九十里，西至壕外蕃界五里，南至長道縣三十里，北至威遠砦界八十里。静邊。祥符中詔築于南市城西南，至州百五十里。東北至德順軍八十里，秦渭相接，控扼西戎之要。隴城。唐縣也，至德復陷于吐蕃。宋慶曆中建砦，與德順軍水洛城、結公城二城相援。東至弓門砦六十里，南至白石堡四十里，北至瓦龍谷堡四十里，東南至治坊砦四十五里，東北至水洛城五十里，而至床穰砦六十里。達龍谷。慶曆中築。東至鍾川約四十里，西至西界生户約百里，南至安遠砦六十里。

階州武都郡。本白馬氏之地，西魏置武州，唐大曆中陷于吐蕃，大中三年收復，立武州，尋改今名。東至興州三百里，西至宕州二百七十里，南至文州百五十里，北至成州二百六十里。砦二：峯貼峽、捍吐蕃并控宕州路，南至宕州七十七里，北至州二百里。武平。地居險要，多生户。蕃部往年頻有聚劫〔四四〕，慶曆中改砦〔四五〕，李平築城，賜今名，與沙灘峰、貼峽二砦防托應援，管清岡峽、圍城谷、斫鞍三堡〔四六〕子。東曆鼻山、石婦口，西青岡峽、沙灘川〔四七〕。

成州同谷郡。古白馬氏所居國。其地險固，唐至德後吐蕃侵擾，百姓流散，因廢爲鎮。咸通中人户漸復，再置州。其東至鳳州界五十五里，西至秦州界百五十里，南至州界五十里，北至秦州界七十里，東南至宕州三百五十里。

論曰：羌戎即叙，種落寔繁。古之申遠略、制曠俗者，重降附之爵，用羈縻之策，罔不納質嚮化，叩關請吏。今之夷人内附者，吐蕃、党項之族，散居西北邊，種落不相統一，款塞者謂之熟户，餘謂之生户。陜西則秦隴、原渭、環慶、鄜延四路，河東則隰石、麟府二路。其酋長則命之戎秩，賜以官俸，量其材力功績，聽世相承襲。凡大首領得爲都軍主〔四八〕，自百帳以上，得爲軍主。又其次者，皆等級補指揮使以下職名。其立功者别建爲刺史、諸衛將軍、諸司使、副使，至借職殿侍充本族巡檢，綏懷族帳，謹固疆界。器械糇糧，無煩于公上。蕃部巡檢有諸司使、副使、承制、崇班、供奉官，至殿侍，受俸準正員官，添支亦如之。諸刺史、諸衛將軍者，授俸準蕃部官首領。都軍主、副軍主、副都虞候〔四九〕，指揮使、副，兵馬使者，其月給自三千至三百爲差。每歲冬，人給袍服〔五〇〕，紅錦者七種，紫綾者二種。以官差次，十將已下皆給土田。景德中，鎮戎軍曹瑋言蕃部兵最爲精鋭，其列校皆朝廷補授，多衰老，願省者擇本軍人充〔五一〕。從之。凡四路總六百七族，十五萬五千六百人，馬三萬四千三百匹。其隸鄜延路皆居延州保安官界，疑。隸秦疑衍。邠寧路者居慶州界，隸涇原路者居原渭州鎮戎軍界，隸秦鳳路者居秦鳳州界。所以離戎醜之勢，張蕃翼之衛也。又若戎兵防邊之制，前世率皆代更，俾之乘隙〔五二〕，爲費甚大。故鼂錯建策，不如選常居者，爲室，具田器，及募民徙塞下，所以減贍邊之用，得習俗之便。國家用是法於西陲，募土人爲弓箭手，給田二頃，出一甲士，至三頃，方出戰馬一匹。税租傜役，悉爲蠲復，器械糧餉，畢其自給，分築堡壘〔五三〕，使相聚居，設營校之名，循卒伍之制。亦置指揮以下戎秩以統率之。有戰功者亦補都指揮使〔五四〕，仍置弓箭手，巡檢以護領之，每戰則常爲諸軍前鋒。凡四百九十二指揮〔五五〕，三萬二千八百五十人〔五六〕，馬九千五百九十匹。此備塞禦戎之至要也〔五七〕。

故渭州隴西郡。漢陽有坂，名曰隴坻，今州城處其西〔五八〕，故曰隴西。鎮狄道等十一縣，風俗尚武力，習戰射。西漢六郡良家，東漢十二郡騎士，其一出隴西。唐置州，升爲都督府。廣德中西戎犯邊，洮、蘭、秦、渭盡爲虜境。廢城在秦州永寧砦北七十里熟户張香兒族帳之所，東至秦州三百里，西至岷州三百里，南至成州四百里，北至蘭州四百里。

會州會寧郡〔五九〕。古西羌地。秦併天下，屬金城郡。漢帝分天水、隴西、張掖各二縣屬金城、安定二郡。此爲杦楊縣地，屬金城。後魏置會寧縣，西魏因立會州，尋廢。唐復建州，東至故原州四百里，西至涼州六百里，南至蘭州四百二十里，北至靈州六百里。關二：馬蘭、會寧關西四十里。會寧。州西北一百八十里。

洮州臨洮郡。本羌戎地。秦分三十六郡，西臨洮即其地。洮水出西羌中，北至枹罕，東入河。周武帝置州〔六〇〕。唐隸隴右道，天寶初，哥舒翰破吐蕃于臨洮城西二百里，遂以其地爲神策軍。後唐長興中建爲保順，節度塞外十鎮，洮州則其一也。今邈川大首領唃厮羅立文法制諸羌，欵塞爲藩臣，其部族在洮河之地。康定中，命爲節度使以羈縻之。東至岷州百七十里，西無州縣，南至疊州百七十里，北至河州三百一十里。

莫門軍。在洮河，唐儀鳳中置。山海三：洮水、漢書洮水出西羌中，北至枹罕，東入河。青海、在吐谷渾國甘松之南，洮水之西。其海周回千餘里，中有小山。其俗至冬輒放牝馬于其上，言得龍種。吐谷渾常得波斯草馬，放入海，因生驄駒，能日行千里，故稱「青海驄」。隋將段文振征吐谷渾出伊吾，逐賊于青海。唐天寶中，築神威軍于青海上。吐蕃攻破，哥舒翰築城于青海之中龍駒島，吐蕃遂不敢近青海。金山。會州之西，青海之東，甘之南，邈川之北，蠕人虜世君金山之陽，山之西南薛延陀舊地。

岷州和政郡。秦隴西郡之臨洮縣地。蒙恬擊胡出塞，築長城起于此。通道九原至靈陽。後魏大統中置岷州。唐武德初置都督府，天寶初改名和政郡，至德後陷于虜。東至故渭州三百里，開元中置八驛；西至洮州一百七十里，南至懷安二百五十里，北至蘭州狄道縣五百二十里。

文州陰平郡。古氐羌之地。漢開西南夷，置陰平道，屬武都郡。西魏置文州，西至龍州四百里，南至閬州二百四十里，東至扶州界一百二十里，北至階州六十五里，西南陸行六十里扶州界，又九十里至扶州，又三百里至松州，西北吐蕃界大恭嶺一百二十里。橋一：陰平。鄧艾伐蜀由陰平道景谷，鑿山通道作橋，自此橋始。

右砦與九域志所載小有不同。

國朝：

隴西　關六：後川、北十里。烏隆、二十里。三角、西十里。首陽、四十里。藥鋪、五十里。赤山。東十里。砦一：熟羊。西四十里。堡三十六：紅岸、謝家、鐵山、劉家、汪家、汪家高山、新添謝家、大平、韓家、張家、鄭家、石門、俱縣迤西。齊家、馮家、汪家、宋板坡、藥鋪山、俱縣迤南。娥羊、塌麻、坡林、郭家、姬家、關南、劉家、俱縣迤東。石家、唐家、陳家、烏隆、高家、李家、韓家、戴家、董家、王家、榆木岔、蔣家。俱縣迤北。營七：汪家、暢家、李家、張家、袁家、紅崖、王家、何家。

會寧　堡三〔六二〕：水泉、北四百二十里通古會，宋賜名懷戎。正川、亦縣北。寧遠。關五：廣吳河、西三十里。水關、東南四十里，俗稱爲水關子。馬務、四十五里。大樹、八十里。文盈。砦十四：紀家、西三十里。木石門山、四十里。灘哥、南三十里。馬務山、六十里。立界嶺、僧官寺、俱東南二十里。松山頭、三十里。家嶺、四十里。斗底山、西南十里。討納平、七十里。党總旗、東北十里。大平頭、二十里。祿寺川、馬龍川。俱三十里。

伏羌　砦六：永寧、西四十里。小落門、五十里。大落門、六十里，宋祥符中修。威遠。七十里。宋祥符中築，見上。堡一：達龍谷。宋慶曆中築。東至雞川四十里，南至安遠六十里。

通渭　關三：華川、西四十五里。閉門、東三十五里。石遠關。今莫詳其處。堡三百餘：中林山、西十五里。石硤嘴、湯峪、俱二十里。渭陽、三十里。石峴、六十五里。錦鷄硤、七十里。城川、八十里。高山子、東五十里。石山、六十里。高窯、八十里。甘果、九十里。塔泥、南二十里。党卜灣、五十里。蘇羊坪、六十里。椅子山、六十二里。達隆、七十里。孫家坪、三十五里。礶子川、穩西坪、俱一百里。隴陽、北二十五里。李家嘴、三十五里。石峰堆、四十里。白陽、五十里。石佛、油房溝、俱東北五十里。石硤、堅雞、俱六十里。耕種、七十五里。蔡家、七十里。紅土嘴、七十五里。雞窩、東南九十五里。響窯、一百里。觀木嘴、一百二十里。幽江、西北六十里。四箇堠子、六十五里。寺羅坪、西南八十里。賣扇川、九十里。石溝、東北七十里。

長義岔、七十五里。大灣、深溝、董合、斗底、大岔灣、俱縣境七十里。高庢、縣境五十里。山砦、縣境八十里。懸空、蛇尾頭、俱縣境九十里。第八岔、坡龍溝。俱縣境一百里。右皆堡之緊要者，餘載縣志。

安定　關一：巉口。北四十里。堡：青嵐峪、東三十里。秦義岔、四十里。害口岔南山、大西口中灘、俱六十里。三九岔中灘、小南岔、俱七十里。石峽、大西口張生、俱八十里。大西岔、高山寺、俱九十里。唐家、南二十里。旱岔、好地掌、俱四十里。八泉子岔、四十五里。馬家營、五十里。達子岔、五十五里。姚家岔、六十里。達子岔雷家、六十三里。白骨岔、平川、俱七十里。北岔、八十里。韓家、八十五里。第二堵、九十五里。馬堂、一百里。香泉峪、内觀營、俱西四十里。大撒口、七里站、五十里。榻寺、青土坡、俱六十里。南岔東嶽、七十里。烽火岔、北二十里。石家、五十里。中川、六十里。花川、七十里。車道嶺、九十里。滿家、峽口、俱一百里。九條岔、一百二十里。南山頂、一百四十里。關川。二百里。砦一：熟羊。南百八十里。又見隴西。

漳　堡二：鹽場。東鹽井谷。三岔。南三里。

西和　堡三：祁山、北七十里。諸葛亮屯兵處。鐵城、東二十里。宋熙寧中建。穀藏。西十里。宋熙寧中建。營一：鄭公。西南三里。唐行軍元帥鄭國公竇軌討薛舉餘黨，嘗營于此，遺址尚存。

成　關一：黃渚。北一百里。堡一：白還。北二百一十里。宋紹興間置，今廢。

秦　關二：西關、□云秦州西關，今西關無險阻，恐是關子嶺，其險如關，可以捍禦。大震。砦四十：沙隴頭、橫河谷、翟家平、杜樹平、馬跑泉、馬房山、東柯谷、花南務、卧牛山、白石谷、俱州東南。賈家川、百頃原、北稻務、俱州東北。放牛谷、在州西。瓦子平、平蘭、杏樹灣、青草嶺、草川、牧丹園、堡岔谷、馬鞍山、俱州西南。吕家平、剪子嶺、蜘蛛谷、俱州西北。三陽川、在州北。女兒溝、姚家莊。俱州南。

堡三：皂郊、州南三十里。見上。劉溝、宋熙寧二年，夏人寇秦州，攻劉溝堡，陷之。蝸牛。州北三十里三陽川，即伏羲畫卦臺。

徽　關三：虞、州南五十里。宋吴玠破金人撒離喝處。仙人、六十里。吴玠破金虜處。青泥。在青泥店。宋乾德中，節度使崔彦進帥師鳳州，至河池取青泥關路，下興州克蜀。

階　關十：青崖、州南九十里。舊設以防番者。峯貼、西百四十里。正統間廢。中砦、北二百里。成化間，指揮王文府建，今廢。望賊、北百八十里。石、東百九十里。牛頭、南五十里。黄栢、東三百里。白馬、蝦蟆、俱東三百五十里。山猶。南百五十里。

七防　砦十三：峯貼、西百七十里。五虎、東百三十里磑納山，耕者常得古器。烟墩堡、西三十五里。龍王山、三十七里俱嘉靖間置。黄鹿壩、四十里。棗川小山平、俱四十五里，守備王文置。清江壩、五十里。陳家壩、七十里。構林平、七十五里。白鶴橋、八十里。水礶峪、九十里。俱洪武間置。鹿壩。八十里。嘉靖間置。

屯三十一：橫川、白馬廟、朱欄、孤魂廟、石碑、有宋吴挺碑，因名。小川子、索池子、中、豐泉、小灣兒、吴家平、大麥谷、小麥谷、黄家、索落、高橋、泥陽、小泥陽、府城、中大營、平落、東固城、沈家灣、馬嘴石、石嘴頭、抛沙河、西高山、南平、高家村。

秦安　關三：卧馬、東北一百二十里。古爲關，今廢。躔移、北四十里。古爲關，今遺址猶存。馬頰。北二十里。古爲關，今無復遺址矣。砦三十一：吶叭、乾磑城、東十里。白鶴灣、二十里。高峰、四十里。九龍山、六十里。獅巒、九十里。卧馬關、百里。花山、南五里。剡家灣、三十里。田夾溝、第七溝中下、俱東南十五里。上、二十里。觀耳峽、西二十里。墨土山、三十里。扁坡、西南三十里。玉鐘峽、北二十五里。錦帶山、四十里。河西、西北五里。岳家堡、三十里。曜紫嶺、三十五里。馬頰溝上中下、四十里。神仙嶺、西北六十四。總、東北三里。好地嶂、四十里。馬駱川。七十里。堡五十一：河西、娑羅灣、西斷山、馬頰、安川、武峽、大山、第七溝、田夾溝、東川、圓樹、中嶺、黄演灣、羅池、乾湫、二。馬頰、二。高堐、南濟川、隴城、斷山、二。乾湫、石峽、南山、三甸川、照坡、高妙、二。麻谷、宜磑、錦帶、煖泉、把龍、業鹽坡、拔坡、隴灘、葉甲、玉鐘、南嶺、水夾峽、王甲、乩鐵山、高甲、神坡、了中、雞川、閉門關、琵琶、衍閣、卧龍、螺泉、郭嘉。

清水　鎮六：白沙、東三十里。百家、六十里。盤嶺、七十里。恭門、東北六十里。閻家、八十里。張家川。北七十五里。堡十四：竇家、花延、俱北二十里。韋家、六十里。谷麻、七十里。崔家、冶坊、到鈴、俱八十五里。化林、西七十里。中家、七十里。大原、百里。如刺峽、東北八十里。杏林、北五十里。任家、百里。杜家。東四十里。

禮　關八：洮平、西二百里。牛脊、西南八十里。野麻、二百里。夾箭嶺、南百二十里。銀尾子、百九十里。尖岔、北八十里。大樹、百里。潭渡。東南百八十里。砦三十六：紅土山、東四里。高坡山、蒲濟灣、東二里。黑漆廟、長道、俱四十里。隔虎谷、六十里。簸箕灣、梨園谷、楮子山、俱七十里。保子山、左谷溝、稍谷溝、俱八十里。南丹谷、寬川子、余旗、黑谷、馬槽溝、俱九十里。北坡、橫河、俱百里。翟家、南十里。漢陽、大山溝、俱二十里。水磨川、雷王山、俱六十里。核桃山、西谷溝、俱八十里。麻池子、泉谷、俱九十里。大潭、百二十里。上河壩、北十五里。杏樹凹、高家山、俱四十里。平泉、五十里。楸子山、西十里。窯谷、沙馬山。俱三十里。

兩當　砦一：馮家。在縣東南五十里山巔之上，平闊如掌，上下四旁可屯千户。昔年兵荒，人多避此。杵臼菴址儼然尚在。

文　關三：玉壘、東百二十里。火燒、北十五里。臨江。北百二十里。砦十三：安昌河、西七十里。哈喃、八十里。陰平、九十里。大黑溝、東屯、俱百一十里。馬營、百一十五里。鎮羌、百二十里。鐵爐、西南四十里。松平、西北百三十里。陽湯、百六十里。九原、百三十里。陽湯屯、百四十里。臨江屯。北百二十里。堡一：樓舍。西北一百四十里。

洮　關九：高樓、衛東五十里。三岔、四十里。黑松嶺、三十里。八角、北百四十里。大嶺、七十里。黑石嘴、東北四十里。石嶺、北十五里。羊撒、三十里。舊洮州。西七十里。砦五十二：鄭旗、四十里。張雄、二十里。東石旗、三十五里。秦百户、二十五里。温旗、二十五里。楊花、二十里。琵琶劉、十里。馬旗、二十里。朱旗、五里。張旗溝、五里。馬仲得溝、十五里。劉旗、三里。張仲和、二里。上匾都、十里。下匾都、十里。戚旗、十五里。後川前、五十里。後川後、五十里。占旗、五十里。武旗、五十里。水磨溝、四十里。陳旗、四十里。石羊保、四十里。小兒灣、三十五里。石門口、三十五里。韓旗、四十五里以上俱東路。劉順川、五里。著泥、十五里。楊贇、二十里。孟總旗、三十里。李剛、三十里。楊昇、四十里。舊洮州、五十里。沙巴兒、四十里。馮旗、四十里。孫百户、四十里。火焰、三十里。王懷、二十五里。殺人、三十里。白土、二十五里。水磨川、十五里以上俱西路。羊撒、三十里。甘溝、六十里。冶里、九十里。劉家溝、九十五里。八角上〔六二〕、一百二十里。八角下、一百里。景古城上、一百六十里。景古城下、一百五十里。阿骨山、一百五十里。趙總旗、一百四十里。蓮花山、一百四十里。秋谷。一百三十里。以上俱北路。堡二十二：資福、五十里。常旗、十五里。納郎、四十五里。黎園、十里。琵琶劉上川、十里。丞相溝、五里。以上俱東路。黄胡子、五十里。俺奔、五十五里。楊昇、四十五里。普藏、六十里。古爾占、六十里。土門兒、三十里。驢房、十里。以上俱西路。石嶺兒、十五里。大草灘、二十里。八角、一百二十里。白松溝、五里。小嶺兒、四十里。甘溝新、六十里。亂石灘、八十里。石廟兒、八十五里。茄爾羊。九十五里。以上俱北路。

岷　砦五十八：答籠溝、東二十里。野人溝、四十里。茶埠峪、十五里。梅川、三十里。班哈山、五十里。申都溝、八十里。永寧、七十里。紅土坡、二十里。紅堐、五十里。冷落山、五十里。氆氌、七十里。

各路山、六十里。磚塔寺、七十里。酒店子、東北九十里。栗林、南三十里。禄撒、十五里。西固口、六十里。陵兀赤、三十里。占藏籠、二十五里。谷剛都、七十五里。栢楊林、一百一十里。分水嶺、四十里。大溝、十七里。甘、三十三里。哈答川、六十五里。賞家族、七十里。新橋、西四十五里。脚力、南八十里。顛角、南九十里。高橋、九十五里。何家、百二十里。宕昌、百四十里。老鼠川、百七十里。新城子、百五十里。曹家莊、西十五里。駱駝巷、四十里。中、三十二里。廟兒溝、二十五里。深溝、四十里。下冷地谷、六十里。野狐橋、四十五里。上冷地谷、七十里。橋頭、四十里。坎卜他、四十一里。鹿兒壩、西南四十里。馬相溝、西三十里。高石堐、五十里。章哈溝、西南二十里。老鴉山、東三十里。鎮羌、西南二十里。吾麻溝、西南三十里。三岔、西八十里。木昔、西南二十里。栢木赤、西南二十里。怕石溝、西南五十里。水磨溝、北五十里。馬堐、七十里。師婆溝。南百四十里。

【原注】

注一　相傳晉周處斬蛟于此，又名赤水河。

【校勘記】

〔一〕山腹至頂皆雪　「雪」，原作「雲」，據輟耕録卷二二引潘昂霄志改。

〔二〕俗涑　「俗」字疑衍。

〔三〕其底猶有三尺未開　「底」下原衍「既北元言」四字，據陝西通志卷三九水利一删。

〔四〕以堅治漢隋運渠　「治」，原作「泊」；「隋」原脱，據新唐書卷五三食貨志改補。

〔五〕運漕一年　此句疑誤。新唐書卷五三食貨志載作「以聚漕舟」。

〔六〕或摘漕糧數千石赴陜　「糧」原作「運」，「石」原作「糧」，據行水金鑑卷一〇九引楊鼎奏言改。

〔七〕蹌巖險之地　「蹌」，原作「輸」，舊唐書卷四九食貨志同，今據唐會要卷八七改。

〔八〕八十之間　「十」下疑脱「里」字。

〔九〕分守打班堡以西真景驛以東　「分守」二字原誤置上句「參政」之前，據文意乙正。

〔一〇〕以下四監俱革　「下」，原作「上」，據明會典卷一二二兵部改。

〔一一〕憲使延平羅君明而與聞之　「延」，原作「巡」。按，羅明，字文昭，明延平府南平縣人。成化二年進士。曾出任陜西按察司副使。「巡」當爲「延」字之誤。甘肅通志卷四七引婁謙此文正作「延」，據改。

〔一二〕則就渠身萡土剜通爲梁　「萡」、「剜」原作空格，據甘肅通志卷四七引婁謙平涼利民渠記補。

〔一三〕有谷曰杜化谷　「杜」，原作「社」，據陝西通志卷九山川改。

〔一四〕宋建隆初改華州爲鎮國軍　「隆」，原作「寧」，據宋史卷八七地理志改。

〔一五〕命之曰書法　「書」，原作「晝」，據史記卷二八封禪書改。

〔一六〕赦汾陰徒　「汾陰徒」原脱，語意不完，今據漢書卷九元帝紀「四年」條補。

〔一七〕成帝崩　「成」，原作「月」，據漢書卷二五下郊祀志改。

〔一八〕而能望見長安城堞　「能」，原作空格，據雍録卷二補。

〔一九〕以其縈紆曲折　「以」，原脱，據雍録卷二補。

〔二〇〕增置官屬　「置官」二字原作空格。按此實爲明趙時春馬政論之文，甘肅通志卷四六亦録之，據補。

〔二一〕然三年二駒其利深矣　「駒其」二字原作空格，據甘肅通志卷四六補。

〔二二〕豈非官多牧擾　「非官多」三字原空闕，據上書補。

〔二三〕難禦邊塞之風霜　「霜」，原闕，據上書補。

〔二四〕而肩輿騶從　「而肩」，原闕，據上書補。

〔二五〕新水　原作「新木」，據元豐九域志卷三及宋史卷八七地理志改。

〔二六〕樫林　「樫」，原作「聖」，據元豐九域志卷三及宋史卷八七地理志改。

〔二七〕舊水　「水」，原作「木」，據元豐九域志卷三及宋史卷八七地理志改。

〔二八〕呰七　「七」，原被塗去，旁批「止六」。據宋史卷八七地理志及元豐九域志卷三「七」字不誤，今改回。下文漏「静戎」一寨，故致誤。

〔二九〕寧西牛鞍　「西牛」二字原空闕，且本行小字后注：「闕二字原本作四斗字。」今據宋史卷八七地理志及元豐九域志卷三補，並删此九字注。

〔三〇〕上下蝸牛　「上」字原脱，據宋史卷八七地理志補。

〔三一〕硤口　「硤」，原作「殃」，據宋史卷八七地理志及元豐九域志卷三改。

〔三二〕赤涯湫　「湫」，原作「秋」，據宋史卷八七地理志及元豐九域志卷三改。下文同。

〔三三〕「州東一百六十五里」至「得鐵七堡」　此二十五字原脱，據元豐九域志卷三補。其「斫」字，元豐九域志作

「研」，下注：「江本作斫。」宋史卷八七地理志作「斫」，元豐九域志卷三後文亦作「斫」，據改。
〔三四〕静戎　原脱，據宋史卷八七地理志及元豐九域志卷三補。
〔三五〕静塞　「塞」，原作「蹇」，據元豐九域志卷三及宋史卷八七地理志改。
〔三六〕長樵九堡　「樵」，原作「焦」，據元豐九域志卷三改。
〔三七〕開寶九年置床穰砦　「砦」，原作「塞」，旁批：「當作砦。」元豐九域志卷三正作「寨」，故改。
〔三八〕八年改床穰並爲堡　「爲」，原空闕，據元豐九域志卷三及宋史卷八七地理志補。
〔三九〕定川　「川」，原脱，據元豐九域志卷三及宋史卷八七地理志補。
〔四〇〕挾河　「河」，原作「可」，據上書改。
〔四一〕秦州　「秦」，原作「三」，據元豐九域志卷三改。
〔四二〕雍熙中知州温仲舒發兵侵取　「侵」，原空闕，據武經總要前集卷一八上補。
〔四三〕扼都谷口　「都谷口」，武經總要前集卷一八三作「三谷口」。
〔四四〕蕃郭往年頻有聚劫　「有」，原作「者」，據武經總要前集卷一八上改。
〔四五〕慶曆中改砦　「砦」，原作「就苦」，據武經總要前集卷一八上改。
〔四六〕斫鞍三堡子　「鞍」，原作「安」，據上文及武經總要前集卷一八上改。
〔四七〕西青岡峽沙灘川　「西」，原作「而」，據武經總要前集卷一八上改。
〔四八〕凡大首領得爲都軍主　「軍」下原衍「至」字，據武經總要前集卷一八上删。
〔四九〕副都虞候　「虞」，原作「尉」，據武經總要前集卷一八上改。

〔五〇〕人給袍服　「袍」，原作「伯」，據武經總要前集卷一八上改。「人」，武經總要作「又」。

〔五一〕願省者擇本軍人充　「省」，原脱，「者」下原衍「有」字，據武經總要前集卷一八上補删。

〔五二〕俾之乘隙　「俾」，原空闕，據武經總要前集卷一八上補。

〔五三〕分築堡壘　「築」，原空闕，據武經總要前集卷一八上補。

〔五四〕「指揮以下戍秩」至「亦補都」一十七字原脱，據武經總要前集卷一八上補。

〔五五〕凡四百九十二指揮　武經總要前集卷一八上作「凡四路，總一百二十指揮」。

〔五六〕三萬二千八百五十人　武經總要前集卷一八上作「三萬二千五百八十人」。

〔五七〕此備塞禦戎之至要也　「備」，原作「修」，據武經總要前集卷一八上改。

〔五八〕今州城處其西　「州」，原作「朔」，據武經總要前集卷一八下改。

〔五九〕會州會寧郡　上「會」字原作「金」，據武經總要前集卷一八下改。

〔六〇〕周武帝置州　「武」，原作「恭」，武經總要同。按，太平寰宇記卷一五四洮州載：「周明帝元年逐吐谷渾，始得其地，因置洮陽防。武帝保定初立爲洮州。」元和郡縣志卷三九亦作「武帝保定元年立」。據改。

〔六一〕堡三　「三」，原作「二」。按下文實有三堡，因改。

〔六二〕八角上　原作「八角下」，與下文重複，原旁批：「當作上。」因改。

陝西備録下

鞏昌府志

鞏爲國家西北門户，番虜乘垣，無一牆之限，套酋瞰室，僅衣帶之隔。階、文、西、固之間，番族動輒蠢蠢。三面瀕夷，四境宿兵，地莫重於此者。故自周、秦開疆，漢、唐置吏，以至今日，無歲不尋於干戈，飭備當如何者？今新疆雖建，邊長兵寡難恃；戍鎮雖設，餉匱卒饑堪虞。僥倖惟恃其不來，單弱何稱於有備？故廟堂西顧而嗟，疆臣蒿目而籌，無不爲三面兢兢云。

洪武二年夏四月，大將軍徐達進兵隴右，鞏昌元守將總帥汪庸歸附〔一〕。秋七月，大將軍徐達遣將來伐，南境秦、徽、階、岷、西、禮、成、文，北境安、會、渭、秦俱歸附。三年，僞夏平章丁世貞會吐番攻文州，守將朱顯忠死之。攻城四十日，援兵不至，部下皆曰與其陷死地，孰若出城求生路乎？顯忠厲聲曰：「爲將守城，城存與存，城亡與亡。豈有求活將軍耶？」忠知下有携心，獨領家兵二百人突圍，力戰死於陣。死三日，救至，番虜遁。四年，議征西虜，征西將軍馮勝、副將軍傅友德、陳德出隴西，攻下甘肅，河西平。五年夏四月，鄧愈、沐英等征西番，分兵爲三路，併力齊入番部，抵川、藏，覆其巢。西至崐崙山，斬首八千級，俘男女一萬名口，馬五千，牛羊十三萬，番人震懾，願求内附。封其酋僧爲法王佛子，隨俗以神道設教，後更馭以茶馬，番遂受羈。十一年春二月，曹國公李景隆率師建岷州衛於祐川。十二年秋七月，西平侯沐英率師建洮州衛於洮州。十三年，開設文縣守禦千户所。土官趙逵垛集土民爲軍，隸陝西都司。十五年改隸秦州衛，十八年裁革文縣，以千户領縣事。二十七年，千户張嘉據火燒關，斷臨江橋以叛。命平羌將軍甯政討平之。先是，嘉得龍馬於古教場，心自負，妖人霍佛奴謂嘉有天命，遂叛。政兵至，連戰大敗，軍皆降，嘉竄入林，搜得誅之。天順二年，設靖虜衛於舊會州。舊會州原在河上，元移會州於西寧城，空其地。國初，殘虜遠遁，惟建巡司。己巳之變，虜復猖獗，殘胡迭烈遜踏冰渡河入寇，遂改巡司，設衛，名靖虜，從都御史陳鎰、總兵鄭名之請也。六年，復設文縣。成化四年，置洮岷邊備，以飭兵馭將，防制番虜。以洮、岷、階、固、徽、成、文、和分隸之。八年春，設立全陝巡撫，以察吏撫民，督儲制番。首以右都御史羅汝敬爲之。初，鞏西南以茶馬馭番，給兵或以憲司，或以行人，無定差，久不能無弊。臺臣王紹建議用重臣，廷議設都御史督理之，兼贊兵務。後設監察御史糾茶法，專理其事，都御史巡撫全陝，遂爲定制。八年，設分巡隴右道，以臬司副僉爲之。正德七年，蜀盗攻陷徽州城邑，焚掠殆盡。八年夏六月，蜀盗復至徽州南鄙，按察僉事李璋帥三衛兵迎擊，破之。十年，套虜深入搶擄臨之蘭、金，鞏之安、會、渭、秦。十五年八月，西固番侵掠階、成，總制、尚書王瓊遣鎮守劉文帥師問罪，破其八族，受降而還。斬首前後三百級，願奉約易馬者三十六族，與訂盟。十六年，設臨鞏兵備道，以臬副駐蘭州。嘉靖四年，隴東流賊百餘攻秦安，邑令張繼先督民兵二百人戰於東龍谷，執其魁，餘散去。五年，賊復至，三百餘人據秦州桃花山四劫，知州王卿、都指揮尹謨討平之。十三年春正月，回賊馬興鳩衆千餘人，據階州鐵爐山以叛，殺千户王靈鳳。秋八月，套虜入犯，自秋歷冬，掠安定、會寧、通渭。十四年夏五月，賊興再犯徽、成，殺指揮王煦。興詭言受招安，當事者遣煦往諭，語不合，遂見殺。秋七月，巡撫都御史黄臣親督大軍討興，平之。黄聞煦被殺，大怒，督參政陳時明，分巡僉事紀常，參將崔嵩、韓選、白浹，指揮种繼率大軍遇於石門，大戰，破之。靈鳳子印身先士卒，射死興於陣，手斬之。萬曆二年夏四月，番乩力哑犯階州，執守備范延武，守備被執，番以刀挾之，令跪，守備不跪，炙以火，守備大罵，番懼，留之。四年春三月，分守參議劉伯燮、副總兵孫國臣興師問罪，得乩力哑，誅之。大軍以正月至階，番入材榨路口，兵不得交，相持月餘，計無所施。哑忽遣番狀謝罪，請降歸。國臣議曰：「師老矣，姑因之。」踏經罰九九，與和約，給賞。南門入，西門出，殺六十五人，番始覺，遁。執哑，殺之，梟其首於番界。五年，設兵糧道駐靖虜衛。十八年，海虜大舉入寇，逾臨洮，掠渭源，遊騎至郡東焦家舖，城中戒嚴。總兵劉承嗣、參將鄧鳳、遊擊孟孝臣、郭有光四將兵戰於朱家山，敗績，虜遂深入，殺擄甚慘。四十五年秋八月，新疆傳警，分守隴右道按察使朱燮元督蘭靖參將張世成、楊麒提兵躬禦，却之。時公兼攝臨鞏道，聞警，星夜馳至洪水，督蘭靖參將張世成、楊麒往禦之，虜聞有備，夜遁去。秋九月，川虜犯舊洮州，兵備右參政畢自嚴督同副將李國柱提兵躬禦，却之。

虜牧兩川，中隔番帳，偵探不能遠。又烽火失傳，以夜半猝至，故戍卒近番，頗罹其害。公聞警馳至，而副總兵李國柱率洮州兵亦至，相持數日，我軍以大將軍砲擊之，虜死砲下者甚多，惟斬獲四級，虜始遁去。四十八年秋七月，海、川二虜犯洮、岷，守道張公士俊聞警，馳赴督兵將禦，却之。時洮岷道闕，公代署，警報踵止，居民遑遑走避，遠近戒嚴。公星夜至洮岷，督各將領清野堅壁以待。虜知有備，留牧十餘日，潛遁。

鞏昌府志

警備

論曰：警備，官政事也。舊志不載，豈以府屬遼衍，衛所週羅，區區警備爲迂爲細乎？不知事雖細，而關係甚大，言若迂而利害最切，是不可不紀者。蓋鞏南苦番，北苦虜，而中路横加以猓夷鑛徒，會、静之間，鞠爲盗藪。今且聚衆入城，明火肆劫，兇醜群聚，拒捕戕官。雖歲荒民窮，哨聚出於有因，然玩愒廢弛，戎心啓於無忌。使處處皆嚴巡徼，即奸徒何地安着？故兵徹州郡而五胡興，職罷典兵而群盗起。自古天下多事，發難於夷狄者什一，首事於揭杆者什五，有烱鑑也，細乎？鉅乎？州縣未必皆有衛所，而處處俱設教場，非徒設也，迂乎？切乎？故修則爲實政，廢則爲故事。記警備者，蓋預備以待警，非因警而始備。憂深思遠之明哲，當無俟余言之畢矣。

墩堡此民間墩堡也。其沿邊墩堡見邊政別考。

隴西縣　關：後川、藥鋪、赤山。隘五：沙灣口、扁曰「隴右咽喉」、截道、深安、烏隆、錦布。堡四：赤亭、科羊、白土坡、荊河岩。砦：汪家、宋坂、榆木、石門。鎮三：熟羊、錦布、北二十。墩六：赤山、岳家、北山、仁壽、烏隆、烽火臺。

秦州　關三：秦州關、即關子鎮。石榍、現子。堡八：牡丹原、皂郊、剪子嶺、鐵爐坡、三陽川、劉溝、街子口、東柯峪。砦四十：沙隴頭、橫河谷、翟家平、馬跑泉、馬房山、東柯峪、花南務、卧牛山、白石谷、紅崖子、原店、甘澗谷、賈家川、俱州東南。小家谷、女兒溝、瓦子平、平闌、杏樹灣、青草嶺、牡丹園、草川、堡坌谷、馬鞍山、姚家莊、徐家店、茹林平、店頭廟、俱州西南。百頃原、北稻務、俱州東北。吕家平、剪子嶺、放牛谷、蜘蛛谷、鹹泉谷、花園頭、鐵爐坡、松樹坡、俱州西。三陽川。在州北。鎮四：社樹坪、草川鋪、上三十、下三十。

徽州　關二：虞關、有署，有官，有吏，弓兵三十名。仙人。鎮：木廬、火鑽。

階州　關四〔二〕：望賊關、七防關、石關、白馬。民堡二十四：段河、嘴頭、麻池、仙人、磑子、桑家、潘家、大坪、橋南、高杜、月圓、宗家、崔家、閆家、如水、陳家、姚家、李家、徐家、何家、下曹、上曹、董家、趙家。設堡官六人，各管四堡。遇變，與砦軍挾刀同禦。

安定縣　關一：巉口注一。有署，有官，有吏，有弓兵。隘四：青嵐峪口注二、大西口、雙峪口、硤口注三。堡二十：永城注四、高山注五、張生注六、中灘注七、唐家注八、雷家注九、韓家注十、平川注十一、東岳注十二、青土注十三、袁家溝注十四、李家硤注十五、塌寺注十六、岳家溝注十七、烽火岔注十八、石家注十九、蘇家注二十、滿家注二十一、圓觜注二十二、關川注二十三。砦九：秦義岔注二十四、永安營注二十五、小南岔注二十六、姚家岔注二十七、北岔注二十八、泉子岔注二十九　注三十、槤子岔注三十一、烽火岔、九條岔注三十二。鎮二：秤鈎灣驛注三十三、西鞏驛注三十四。

會寧縣　關二：烏蘭、青家。有署，有官，有吏，弓兵十一名。堡十七：河崖、白楊、白虎山、高廟山、紅山、厙家硤、王家崖、張家團、胡家山、高山、趙家山、西南岔、麥子岔、高原灘、大盧、金龍峪、野力麻。鎮五：翟家、乾溝、郭城、陡城、水泉。墩：桃華山、老李岔、西寧城、鬧店子、礶子、碾奪山、巉崖山、木瓜山、萬家山、稍岔、俄東峪、安馬岔、東岔山、韓。地方保甲，各備器械，以時瞭望。斥堠有警，則舉烽爲號。

通渭縣　關三：閉門、華川、石門。隘七：田家硤、砥石硤、淡家硤、石嘴硤、袁家硤、金帶硤、藺家硤。堡二十：中林山、石峴子、湯峪、高山寺、石山、高窑、乾鍋、蘇羊坡、椅子山、石崖峰、蔡家、白楊、鷄窩、紅土、長義、斗底岔、高崖、山砦、懸空、第八岔。砦：渭陽、堅鷄、四羅、山砦、坡龍。鎮七：雞川、安遠、蔡家、白塔、寺子、義岡、鋪路。新增墩臺八座：知縣劉世綸創建。盤路坡、馬兒灣、十八盤、藺家硤、吴家河、倒迴溝、猫兒現、野狼現。

秦安縣　關三：卧馬、躧移、馬頰。隘四：礶兒峽、神仙嶺、鷂子嶺、斷山。堡三十六：西河、西斷、安川、武峽、大山、東川、圓樹、中嶺、高崖、南濟、石峽、南山、三甸、照坡、高妙、麻谷、宜磑、錦帶、煖泉、把龍、拔坡、隴灘、葉甲、玉鍾、南嶺、王甲、乩鐵、高甲、神坡、了中、雞川、琵琶、衍閣、卧龍、螺泉、郭嘉。砦二十二：吶叭、乾磑、白鶴、高峯、九龍、獅蠻、卧馬、花山、剡家、田夾、第七、觀耳、黑土、扁坡、玉鍾、錦帶、河西、岳家、曜子、馬頰、神仙、地□、馬駱。鎮三：蓮花、隴城、雞川。

寧遠縣　關：大木樹、馬務、水關、文盈。隘六：魯班山口、花崖山口、石門山口、大陽山、硯石硤、木林峽。堡八：喝龍、焦贊、沙團、雷家、廣吴、滴水、佛兒、花崖。砦十五：瓦舍坪、禄龍廟、立界嶺、僧官寺、馬山、松山頭、党總旗、木家嶺、大平頭、紀家、禄寺川、馬龍川、雙龍山、討納平、野寺。鎮六：灘奇、綁撒、青瓦、四門、納泥、樂善。

伏羌縣　關一：槐樹。隘：天門山。堡：黃羊、在邑東南二十五里。週圍五十丈，牆高一丈五尺，底闊八尺，頂闊四尺。門北向，壕深八尺，口闊一丈。老人一名經管。有警，收保石人，中里、二里人民。石硤、在邑東北三十里。週圍五十丈，牆高一丈五尺，底闊一丈，頂闊五尺。門南向，壕深一丈三尺，闊一丈。聳出渭河，一面倚山，三面阻水，生成險峻。有警，收嶮中、嶮下、嶮上三里民。見龍、在邑西南，離城四十五里，永寧鎮西。週圍七十丈，牆高一丈五尺，底闊八尺，頂闊五尺。樓門北向，壕深一丈，闊一丈二尺。一面倚山，三面懸崖，頗險。收永上、安邊、渭陽三里民。延泉洞、在邑西二十里石崖之半，高險。有警，可收斂舖居人民。永新洞。在邑西三十里石崖之半。有三官殿，高險。鎮：永寧、小樂門、禮新。砦：威遠。

清水縣　關一：盤嶺。隘五：玉屏山、小隴山、坂坡峽、石牛峽、軒轅谷。堡十五：杜家、華林、申家、竇家、華延、舊城、冶坊、茹刺、大元、杏林、韋家、峪麻、崔家、倒淋、鐵石。砦：靖戎。鎮八：白沙、床穰、弓門、冶坊、張家、百家、湯峪、閆家。

西和縣　隘三：土橋、屏風峽、青陽峽。堡七：岐山、鐵城、木門、保子、橫嶺、仇池、寶泉、谷藏。砦：南岈、北岈。鎮：鹽觀、白石、永寧、大潭。

禮縣　關五：洮平、牛脊、野麻、尖岔、木樹。隘：夾箭嶺、隔虎谷、馬槽溝。堡一：岐山。砦八：紅土、高坡、笈箕灣、保子山、南丹、大山、雷王山、楸子山。鎮二：長道、大潭。

兩當縣　隘三：董真容、銀甕峽、青杠坡。堡：天門、擂鼓、寨山、賈家。砦一：馮家。鎮五：楊家、劉家、合四、前川、楊坪。

成縣　關一：黃渚。堡：白還。

文縣　關三：玉壘、火燒、臨江。隘四：陰平道、吧咱、叱豁尾、鄧艾城。堡：玉皇、黎坪、馬家、趙村、清泉、鷂子、樓舍、那塞、喬帳、庵理、鄉岩、張家、麥鵝、松樹、新舍、侯家、赦書、老羅、草坪、潘家、劉家、風坡、鄭□、左家。砦：安昌、哈喃、陽湯、大黑、漳縣。堡二：鳳臺、鹽廠。鎮：三岔。墩四：閆家、鳳凰、藥山、空耳頭。

邊政

今天下號稱泰寧已，顧獨患苦虜。九邊之患虜，秦爲最；秦患虜，隴右爲最。蓋東夷縻以貢市，雲中、上谷羈以市賞，國家歲不過費一郡之租，一象胥領之，疆臣期而畢事，有高枕卧耳，然猶叙勞績焉。無奈套虜之黠而海酋之鷙也，是飄欻不受羈紲者。套虜西則靖、固戒嚴，海虜東則臨、鞏驚擾，今且牧兩川矣，然又苦番。番自癸酉大創之後，南境稍戢，往獨急蘭、靖，近松虜逐新疆，啓西北無虞，而今時所宜急籌者，無如洮岷、舊洮州矣。洮州原設守備，改參將，今又以副總兵領之。臨洮設鎮戎，備非不周，然舊洮州之兵食獨單，非完計也。說者以爲鎮戎爲海虜設，而駐臨洮，鞭雖長，不及馬腹，若虜入洮境而待應援，江雖決無濟渴鱗。今即不能移鎮戎於洮州，秋防時移住三月亦得。備堂奥固不若備門户也，舊洮設守備，不若設守禦千户所，募而守，固不若自爲守也。矧前所屯寨在焉，又甚便乎，籌邊者其以爲然否？

夫武署，爲邊政考也而先之以監司者何？蓋監司奉璽書而鎮邊庭，外以靖疆固圉，内以察吏安民，凡所以規調兵食，驅策將領，拊循疲瘵，綢繆户牖者，皆揆文奮武之專司。其運籌折衝，將吏咸禀受節度焉，固師中之丈人而建節之大帥也，故首列之。

洮岷邊備道駐節岷州公署，見建置〔三〕。副總兵府，在衛城西。

舊洮州堡。在洮州衛西七十里原洮州衛舊地。移衛而東，以其地爲堡。自海虜逼兩川，遂爲重地。原設操守，隆慶五年改設守備。

靖虜衛。

永安堡，在衛東北一百三十里。隆慶元年，虜酋賓兔率輕騎自老龍灣踏冰渡河，内掠白草原。會寧地方當事者議於隆慶五年，建堡裴家川，名永安，移靖虜守備於此，改北路遊兵戍守，仍隸靖虜參將。

打剌赤堡。在衛東八十里。本宋之鎮戎堡，築以防夏者，堡廢趾存。成化十年，巡撫都御史馬文升復修。因地衝兵單，以本衛中千户所官軍填補，駐操守一員。

乾鹽池堡。在衛東一百二十里，週四里有奇。宋之定戎堡舊趾也。成化十八年，巡撫阮鶚修築。以本衛右千户所全伍官軍填補，劄操守一員。

平灘堡。在衛西九十里，舊蘭州地。成化二十二年，虜犯大浪口，守備廖斌獲捷，乃建堡。摘撥步軍九十八名，操守領之，遂隸於本衛。

蘆塘堡。在衛北二百二十里，黄河外，新疆内原松虜着力兔牧地，自新疆啓建。堡内設參將一員，領蘆溝守備一員；小蘆塘、索橋防守二員，專備新疆與靖虜。參將犄角而守，亦與洪水三眼井爲聲援。蘆溝堡在衛北一百四十里，萬曆乙未秋，套虜從長灘、冰溝時常入犯，丙申，議建此堡。内設守備一員，領中軍一員，坐堡一員，專備套虜。

分疆

論曰：分疆，信地也，自古防邊者先分布矣。警備不豫，則罅隙可乘；畫地不明，則推諉易起。必統領者若元氣周流，脈絡關節無不貫注而後榮衛調；分職者若臂指流行，五官四體無不輻輳而後一身强。此分疆責成意也。至若遊兵應援無定，具常山率然之形；比鄰同室相鬬，效被髪纓冠之義。又非分疆所必限矣。

鞏南境。洮、岷邊備道駐節岷州衛，有中軍，有把總，有操守，有衛所官軍。道屬。西起舊洮州朵的河，歷洮、岷、西固、階、文界，四川青川所，延長一千九百里。西南起兩川古疊州東北至鞏昌府漳、成二縣界，横亘八百里。

洮州副總兵駐劄本衛，領舊洮州、階州、西固、文縣四守備，岷州下操守，有中軍，有兩哨，有衛所。其地隨道屬，第一意治兵，不與民事。

衛境。東至岷州界五十里，至衛一百二十里，西至番界一百里，南至生番界一百三十里，北至臨洮府二百三十里。

舊洮州堡地界。西迤邊牆二百里，東至洮州七十里，南鄰番界八十里，西北去番虜三百里。

岷州衛地界。西至洮州一百二十里，南至階州界四百里，東至西固界二百里，北至臨洮府二百三十里。

西固守禦所地界。東至階州一百六十里，西至番族二十五里，西北至番族三十里，東南至階州界一百二十里，南至番族二十里，西南至番族一十五里，北至本衛三百三十里。

階州守禦所地界。東至成縣二百八十里，西至西固城界一百六十里，南至文縣界二百五十里，北至西和縣界二百九十里。

文縣守禦所地界。東至四川青川千户所界四百里，西至古扶州生番界二百里，南至上丹堡生番界五十里，北至階州界一百一十五里。

靖虜注三十五兵糧道駐節本衛，有中軍，有兩哨，有衛所官軍。

道屬。東起固原西安州界，西抵蘭州一條城，北至新疆，南臨安會，延袤約一千里。本衛駐參將一員，領永安守備一，乾鹽、打剌、平灘、大廟、哈思吉、分水嶺、水泉、陡城八防守，各有信地，與蘆塘參將犄角而守。有中軍，有把總，有衛所官軍。

蘆塘堡地界。東至黄河三百里〔四〕，北抵邊牆一百里，西望洪水三眼井，東南接永安。

永安堡地界。西領索橋堡，至河北領塔兒灣，至河東聯大廟、蘆溝二堡，南接裴城水泉二防守。

蘆溝堡地界。東界鎖黄川二百八十里，西界永安堡，南界本衛一百四十里，北界中衛香山二百四十里。其乾鹽、打剌等十一大堡，各有分界，志不詳。

要害

論曰：要害者，爲害之要地也，必彼可爲害，我可扼吭，如洮岷之舊洮州堡，綰番虜腰領；北境靖虜之鎖黄川，永安、蘆溝諸堡，杜山後之窺伺，遏踏水之奔衝，斯稱要害，所當備矣。其他瑣瑣山谷，微微蹊徑，奚要害之足云。然衛志有之，姑存其名，以備考。

洮州衛。舊洮州入路。一路自丹把川由劄竜三岔，至榨堵牆透官洛悪藏入。一路自西邊挖牆填塹，渡朵的河，犯舊洮州窺岷。一路自九條嶺入。一路自馬蓮灘透馬旗堡入，犯衛窺岷。一路自搭連川透土門堡直犯臨洮。一路自黑石嘴透遭接寺窺岷。一路自白松嶺、大草灘、大山口窺臨洮。洮岷爲秦隴藩籬，洮又岷之襟喉，舊洮又洮之門户，洮當孤懸絶域，環諸番，迫强虜，備稍疏，岷先震，鄰臨、鞏不得安枕卧矣。以上皆極衝要害，而戍堡單弱，自非增九條、丹把之戍相爲聲援，恐舊洮孤危，不可恃也。

岷州衛。一路烟剌勿杓等族生番自中寨、駱駝巷大溝入。一路鐵占等七族生番自馬燁倉、鹿兒壩後溝入。一路麻子川屬番勾引打剌等族生番自分水嶺入。一路自西灣濠寨，西通海虜，東犯臨、鞏，最宜首防。一路官洛悪藏等族屬番自着古灘、鎖溝偷入作賊。以上雖有入犯之路，然無擁衆之强，或乘間竊發，則殲厥渠魁。倘大肆猖獗，則傾彼巢穴，未足深患。所可慮者，火酋諸虜駐牧西海，往來兩川朵的河，遺孽生齒日繁，逾洮闖岷，窺犯臨、鞏，包頂土門，往往得志。緣其深入不忌，料我議後無人，急須足兵益餉，扼要設防，壯在山之大勢，伐穿竇之狡謀，斯番虜兼制之要計也。

西固城守禦所。一意備番，他無所防。然番入之路有之。一路自消冰溝入犯兩河口、沙川寨等處。一路山後坡平道兒等族生番自核桃坡入掠横岩近郊。一路自黄水灣錯落坪透澗溪溝入犯平定寨等處。一路自西寨坡入，有邊牆一道堵之。一路自柳壩通西、禮、階、岷。

階州守禦所。設所雖止防番，然去郡漸遠，礦盜茶徒、回夷亂民不時竊發，其來去亦各有路，今記之。一路自角弓峪通西、禮生番盜賊出入之路。一路大竹坪林壑險峻，礦徒、狪民往往竊據。一路自三岔口、黄楊坪通木竹、慈竹，或至城下，昔擄守備范延武從此入。一路自大石河，乘其坪曠無險，恣意出没。入路非一，盡備不能，蓋由人情偷惰，彼此推諉，故彼得出其不意，及釀成大患，動兵縻餉，爲害非小。曷若專有責成，俾不因循僨事。七防責任巡檢，豊泉責在遊徼，大竹坪責在防礦，大石河嚴編保甲。時其盤詰，各盡厥職，何憂寇盜。

文縣守禦所。一路自哈南寨入，一路自陽湯寨入，一路自松平寨入，一路自東屯入。昔人建有守備，行重可知矣。按邑志曰：「昔人建置，軍民相參，堡寨聯絡，備非不善。奈何番甫戢寧，守者輕其易與，上下懈弛，乙丙之難，率由四路入，如蹈無人之境，非細事也。」又四寨之外，皆梗楠杞梓之材守者，公然深入采取，作器貿易，大開門户，是誨之盗也。司守者尚其革夙弊，慎偵探，明烽燧，嚴盤備，庶可無後患矣。或又以守備坐城中，不足耀武，何若移駐東屯行署。又四路適中之地，東望玉壘，南鎮虎穴，節短應速，似亦策之得者。

靖虜衛。一路自塔兒灣乘冰渡河，由鎖黄川、青沙現入犯安、會。一路自迭烈遜、老龍灣入犯靖寧、隆德。一路自粱泉經青沙現，無所不犯。一路自莽牛口經打剌赤入犯衛南境。一路自哈思吉入犯。一路自烟同溝經營房灘入犯安、會。一路自三角城入犯。

附論曰：靖虜昔苦松、套二虜交訌，其要害頗多。自新疆既啓，松虜遠遁，邊内建堡，設將置戍，開屯蘆塘與紅水，東西犄角，靖之西北境即稱内地可矣。惟是東境尚苦套酋，往往踏冰深入，往猶竊出山後，今公然取道山前鎖黄川、海納都一帶，曠遠難防。隆、静、安、會，每被其蹂躪，永安、裴城二堡，兵單不足禦，遊兵觀望，又不得力，今雖建蘆溝堡，設守備，差足輔車，若欲爲静、隆、安、會萬全計，非鎖、海二川適中處再建一堡置將宿兵不可也。然建堡置將，豈易言哉！

關梁

洮州衛　黑松嶺關，東三十里。黑石嘴關，東北四十里。大嶺關，北九十里。石嶺關。八角關，北一百四十里。舊洮州關，西七十里，此係要害。羊撒關，北六十里。鳳山橋，北四十里。舊橋，東南四十里。新橋，西南四十里。

岷州衛　石關兒，東一百三十里。西控虜羌，東維秦、隴，天然之鎖鑰也。野狐橋，西四十里，由洮入岷必經之路。

西固城守禦所。　化石關，北九十里。平定關，西北三十里。殺賊橋，東南七十里。鄧鄧橋，東北一百里。蘭峪橋，東南二十里。兩河口橋。

階州守禦所。　望賊關，北一百八十里。七防關，東八十里。石關，西二十里。白河橋，東南二十里。石門橋，北五十里。棧道，東一十五里。

文縣　人燒關，東南十里，昔元人燒關入蜀，故名。王壘關，東北二百里，晉鄧艾入蜀之路。臨江橋，山勢巉巖，長虹特起，昔張嘉據此以斷援兵。

馬政

附論曰：有兵則有馬，馬之須於兵甚急也。我國家之馬政，其法不啻備矣，然無如西塞之招商榷茶、羈番易馬之爲得策也。蓋番地不產五穀，所食惟青稞、菽豆，磑作炒麵，雜以蕪菁、酪漿，非茗飲輒病廢，食不可須臾離，若潛制其命者。初，奉金牌納馬者不過必力等若干族，因立守禦所於浩亹防之。成化以來，黑章咂等族叛服不常，阻塞道路〔五〕，守禦廢而羌横。自亦不剌駐牧西海，洮、河二衛番夷大罹其害，往往失故土，昵近漢疆，欲資我保護，多内附求納馬。蓋虜爲驅魚之獺，番若依人之鳥，於是置洮、河、西寧三茶司，額設監收一員，各大使一員，董之者兵憲，而臺史監察之，爲西南永利，實鞏之南境，故考之。

岷州衛志曰：「國初議招番軍，止八名耳。近年增添太多，耗費愈甚，而民兵又有戍涼、戍洮、戍階之分。自兩虜窺洮，聲震於岷，當道者見番軍不得力，欲以其餉募兵以資防禦。竊意番軍難以遽革，而客兵徒以縻費，莫若限番軍之數以省餉，扯迴戍兵以壯衛，則兵食不加而自足，是岷之長算也。」

兵衛

論曰：衛以兵爲名，非止防夷，亦以禦侮，則兵是賴也。衛額五千，而見兵財半，餘皆安在乎？即半亦未必盡在衛，一遇操閲，類倉卒雇市人以充額，即失額，主者不問矣，是尚謂有兵乎？無兵矣，尚謂有衛乎？弊由清勾爲故事而考課不嚴，征調祗虚文而稽覈無法，加以屯糧兑支成風俗，軍無固志，主管以賣脱爲應得，下循常規，欲衛之有兵不能也。無兵矣，尚論簡練耶？器械耶？説者謂非痛革積弊，大加振刷不可。第上之繩約解縱久，收拾不易，下之心志紐習熟，促併翻駭，恐猝未易振也。以當承平，不妨相安無事，一旦緩急，能無束手？是當事者所宜念也。

納馬夷人

本衛境六十六族：列咂族、瓦麻族、上下扯巴族、巢窩族、郭着族、哈爾木車族、駝龍族、納郎族、甘藏着落族、香藏族、木舍族、列咂扳地族、卜劄族、川多族、底思當下族、磏斑族、卜刺方、喘奇兒族、夫刺族、氈藏族、岁你巴族、雀奇族、勞砦族、答失下族、滿松族、哈杓族、奔古八族、六卦族、岁藏族、劄來十族、多龍族、祿爾族、阿爵十族、芀原族、相古族、爾着五族、苫苫族、多藏族、阿讓爾族、劄的族、川卜族、郭鎖六族、掙多族、尾子族、哈古四族、麻六族、岁龍族、攬龍四族、揑日族、雞翎族、沙麻兒族、答岁族、團咂族、阿讓爾族、着泥寺、着落寺、上冶三族、木九族、悪藏族、官洛族、阿中族、火巴族、落巴族、餓狸族、參多族、答力族、岷州境七十六族、節藏族、多牟族、小五平族、竹力族、西宗族、青沙坡族、哈呡族、大的族、揑東哈族、巴龍族、楡樹族、悪卜赤族、忍藏族、水平族、三角坪族、鵞兒族、居木族、青石山族、真文族、占藏族、小青石族、劄工族、竹林族、上搭刺族、竹泉族、竹席族、下搭刺族、栗中族、栗林族、麻子川族、七的族、多納族、峯崖山族、真莊族、七龍族、長傪山族、陰山族、板藏族、昔藏寺族、峰崖族、尖藏族、竹園莊族、牆匡族、六工族、西寧溝族、刺即族、居占族、太平頭族、刺答族、湯吉族、坎卜他族、北咂族、着咂族、上羅卜族、塞卜族、在堡族、下羅卜族、哈即族、多知族、上芭籬族、竹林族、鵲中族、上索咂族、北咂族、八哈族、狼岔峪族、南哈族、蜜多族、下索咂族、賞哈族、湯的族、憨斑堡族、劄刺族、剌哈族、鋒鐵城堡。

番之環洮、岷而居者，生熟不下六七百族，其納馬入貢者財十之二三。無論生番跳梁，即熟番居近川口者，如必力、阿力、他杓、剛劄、甘加五種，氈帳輕遷，與虜不易，而桀驁亦與虜同。近雖貪茶茗，就撫賞，恐野性終不易馴，是番族中所當加意防範者也。

防禦

論曰：防禦者，扼要而禦患者也。自古籌邊者尚之，爲其足以制敵而自衛也。今之所謂防禦者，吾惑焉。喫緊要堡，當防必矣，迺斗筲小聚，零星羸卒，或三五十名，或一二十名，縛柴攔馬，壘石塞壑，小入不足以堵截，大舉或反以損威，此何爲者也？畫形圖本，不過塗塞標號，糧籍不無虛冒，何若專力要堡，其他無益分布各路總計不下五六千人，似宜收回本鎮，以壯軍伍。但當遠斥堠，謹烽燧，則收保蚤而備禦先。戰爲先發，守爲有待，勝算固在我矣。何賴瑣瑣之細謹乎？故今第詳其大者，餘惟記名以備覽。

楊恩首陽山辯

首陽山，在中古以前一山耳，自孔子稱伯夷、叔齊餓於首陽之下，其名遂與五嶽爭高。後世好奇之士爭欲私之。説文以爲在遼西，劉延之以爲在偃師，馬融以爲在蒲坂，方輿勝覽以爲在隴西，曹大家註通幽賦亦云在隴西，莊子云「北至岐山，西至首陽」，故索隱以爲在岐山之西，寰中遂有五首陽。後來不知何時斷以河東蒲坂者爲是，即其地祠而祀之，至今相因，以爲此夷、齊餓處，他首陽皆廢矣。

野史楊子曰：河東之首陽，非夷、齊餓處也。然則何者爲是？曰隴西者爲是。何以明其然？有五證焉。史稱黄帝採首山之銅鑄鼎閿原，註「山在蒲坂」，止名首山，不名首陽。禹貢曰「壺口雷首，至於太岳」，註「雷首在蒲坂南」，止名雷首，不名首陽。春秋傳曰「趙宣子田於首山」，止名首山，不名首陽。使蒲坂果爲首陽，何爲經、史俱不著「陽」字？唯唐風有之，而毛氏通考則曰「采苓乃秦風之首，誤收唐風之末，篇次相連而錯耳」，亦以首陽在秦不在唐爲斷。此可據明甚，乃安成劉氏註唐風，求首陽不得，以意度之曰「即古之雷首」。夫雷首可以爲首陽耶？書曰「道渭自鳥鼠」，傳曰「渭水出隴西首陽縣，縣以山名」，今鳥鼠與首陽並峙，昭昭若此。傳爲漢儒所作，去古未遠，今捨經傳明書之首陽不信，而猥以首山、雷首當之，奈何不信孔子而信劉氏耶？此一證也。

又論世者原心，夷、齊既以恥食周粟而去，亦必遠引，其心始安。蒲坂去豐鎬不四百里，固周之畿内地，避周而顧居畿内，不食其地之粟，又食其地之薇乎！隴西古西羌地，至周孝王時始封非子於秦，開天水郡，則周初尚未屬版籍，夷、齊固樂居之，此一證也。

夷、齊之詩曰「登彼西山兮，采其薇矣」，是明言山爲西山也。蒲坂之山，據堪輿大勢爲北山，據周都爲東山，據蒲坂爲南山，非西山而云「西山」，夷、齊豈不辨方隅者耶？隴西在天地之西，首陽又在隴西之西，顔師古亦云「當以隴西爲是」，此一證也。

又山名首陽，以居群山之首，陽光先被之耳，蒲當輿地胸腹之間，不得言首，又負坎而立，亦何得言陽？即稱山南曰陽，亦蒲之陽耳，「首陽」云乎哉？不過以雷澤發源爲雷首，以中條起處爲首山，於首陽無當也。天下之山自崑崙來，此北戒者。隴上諸山爲頭頸，終南、太白、太行、中條爲胸腹，醫無閭爲尾。隴西地高山峻，與東海對立相望，曜靈出海，陽光首照，又一證也。

夷、齊采薇而食，是山有薇矣。今蒲坂、首陽，薇所不產，每致祭則取於別所，後來好事者移植，亦復不多。隴西蕨薇遍滿山谷，土人以之代食，且儲以禦饑，賈人轉販江南、京都，皆隴西產，又一證也。

夫是數者有一焉，亦足以明此是而彼非矣，況歷歷若此乎！祗緣近代以來，隴右人文湮鬱，著述鮮少，遂爲河東攫取，更千百年無拈出者，可爲太息矣。夫忠孝節義，天下之公理；賢人君子，古今之共師。吾而誠有志乎千古，猶旦暮萬里爲比鄰，河東、隴西，孰非我闉，在此在彼，豈必深辯。但以神之享祀必顧其安，而祠之妥神，當求其是。二賢之神遊於隴西，今時之祀舉於河東，謂二賢昧初心，入周畿而歆之乎？是更千百載猶饑也，可哀也。當道賢人君子誠念此而興復遺跡，表章崇祀，比於河東，世世勿絶，則二賢之心白，而風化所關非小也。斯區區所以致辯之意矣。

階州志

斬賊關。舊名望賊，在州東北一百五十里路，通沔、略，宜防。七防關。州東北三百餘里。距略陽甚近，川湖要路，商賈絡繹。舊設官吏弓兵，盤詰抽税，後奉文革税焉。近被賊擾，民去其鄉，商不出途，荒山僻徑，劫掠公行，已或蓁莽矣。爲地方計者，當急思整頓之良策也。上下板橋。州西北十里。郭參將設有軍守。柳壩。州西北三十里。通西、禮，土番、盜賊出入之路，有墩。米倉山堡。郭參將設有軍守，今廢。中寨。州東北二百里。通西、禮，番盜出入之路。有墩軍守。吊子峪。州西北一百三十里。通西、禮番盜出入之路，有墩。太石河。與西、禮連界，土番、土賊、礦徒、回倮每聚爲患，宜設法防禦。太石山堡。郭參將築。山高路峻，要塞宜防。三岔口。黄楊坪。木竹坪。慈竹坪。以上四處，皆在耿岔峪最深處。昔年西番事擄范守備於此，因議添設寨堡於三岔口四處，軍民同守，未果。此周多民地，採樵所出，州城並附近居民額以舉火。宜防。石關。州西十里。郭參將設軍守。兩水溝州西三十里。通西、禮，番盜出入之路，有墩。石門橋。州西五十里。西番惟上下打牙族、利族最强盛。隔岸烽火嶺，爲入犯生事之路，必經此橋，宜防。石門溝。通西、禮，番盗出入之路。有墩，宜防。角弓峪。州西八十里，通西、禮。番盗出入之路，有墩，宜防。白鶴橋。在角弓峪江西岸，番之熟徑，宜防。殺賊橋州西一百二十里，西、固交界，西番必繇之路。安家壕、林家山兩族最强，曾内犯傷官兵，宜防。

按階内地，凡各番及土賊、茶徒、礦回出入之路，各有墩堡，兵壯防守，十減八九矣。七防關責在巡檢，豊泉山責在防守官，大竹坪責在防礦官，惟是太石河、紅石莊、大水壩、鐵甲山、野馬河皆番民與西、禮、岷土番連界，礦回盗賊之藪也。平壩無險可守，惟有嚴編保甲，擇地方，不時稽查，以清窟穴，此巡捕官所宜每飯不忘者也。夫關隘以詰奸而堡寨以收保，此亦官政所最急者。輓近多重邊堡而輕忽民堡，殊不知虜闌而入，則不趨邊堡而趨民堡矣。避有備，攻無備，弗可輕也。況今賊氛未靖，處處宜防。使各堡編民俱修備修守，互相綢繆，則長城寧獨在邊防哉！

險要雖以防番，然去郡漸遠，礦盗茶徒、回夷亂民不時竊發，其來去徑路，宜紀之以備偵防。一路自角弓峪通西、禮，生番、盗賊出入之路。一路大竹坪林壑險峻，礦徒、回民往往竊據。一路自三岔口、黄楊坪通木竹、慈竹，或至城下。昔年擄守備范延武從此路入。一路自大石河，乘其坪曠無險，恣意出没。以上入路不一，盡備不能，惟人情偷惰，推委奸詭，通同市利，故彼得出其不意，時爲地方大患耳。若專有責成，嚴加約束，防範偵探，俾不因循僨事，則又司疆者之責也。

礦賊。大金廠、小金廠、鮮家溝、龍窩子、天竹坪、係成縣軍屯，有防守官軍。豊泉山堡。係礦賊入蜀要路，有官軍防守。

回賊。馬、陳二姓，每數十人挾妻子馬騾，遷徙搶掠，得財即去。而各屯軍餘窩留分利，最宜嚴禁。

土番。土番上接岷，下連西、禮，每每竊盜，事發差捕，則聚衆持挺拒敵。即編立保甲莊頭，終爲難馴。

軍餘。鎖池、小川、犀牛江等距州數百里，每村以千百計，往往以竊礦、竊回爲地方害。鄰近州縣以非轄難制，階營又以鞭長不及，有心地方者，宜留意焉。

洮岷

舊洮州堡。在洮州衛西七十里，南接生番，西鄰川虜，二夷内侵，必從此入。臨鞏門户，洮岷咽襟，西北籌邊，兹首衝重地也。内設防守一員，有中軍，有坐堡，額兵一千，見六百員，名馬四百一十八匹。按洮州衛原以防番，無虜患，自正德間亦不剌竊據西海，而洮始防虜，頻年内犯，往往得志。至十八年，由官洛直犯臨洮，損兵折將，洮非昔日之洮，視諸邊爲首衝，舊洮州當其鋒，而甘不他、官洛、悪藏、土門等皆其入路。近雖築邊一道，低薄難恃，虜來動以萬計，而衛兵不足三千，衆寡之形，未陣先辨。何以足兵？何以足餉？何以爲久安長計？任疆埸之寄者，枕戈而籌之可矣。

古爾占堡。在堡西十里。有防守官一員，旗軍二十七名，馬一十七匹。

官洛堡。在堡西二十五里。有防守土舍一人，管番夫一百三名。

悪藏堡。在堡西二十里。有防守土舍一人，管番夫一百三名。

迤東楊昇等一十二堡，堡雖小，俱係要衝，其防守軍各不過二三十名。地衝若彼，備單若此，挹蕭葦以捍衝流，舉杯水以澆輿薪，寧有幸乎？保疆者何以籌之？西固迤東，專力備番堡無要者。

靖虜衛

蘆塘堡。在衛北二百二十里黄河外，今爲内地。南倚黄河，不慮踏冰之入；西連洪水，氣勢相依，以靖鎮而論，新疆第一要堡也。内創設參將一員，有中軍，有兩哨，有坐堡，軍屯環列，以禦松酋。

蘆溝堡。在衛北一百四十里。東通鎖黄，扼套虜之衝；西連永安，綰松疆之要。新設守備一員，領中軍一員，坐堡一員，撥正、遊等營軍一千二百一十名守禦。

打剌赤堡。在衛東七十里。駐操守一員。嘉靖十七年，中千户所官軍三百八十七員名守防。

乾鹽池堡。在衛東一百二十里。駐操守一員，以本衛右千户所全伍官軍三百一十九員名防守。

平灘堡。在衛西九十里舊蘭州境。成化二十二年，虜犯大浪口，守備廖斌禦戰大捷，乃建堡。撥本衛步軍九十八名戍守，遂隸於衛。駐操守一員，領官軍一百三十八員名守防。

永安堡。在衛東北一百五十里裴家川。隆慶元年，虜自老龍灣犯，入郭城驛，至衛城外，擄掠甚慘。固原軍門王公崇古議建今堡。靖虜守備移駐防守，仍隸靖虜參將。

小蘆塘。在衛東北二百里黄河外。本年同建此堡，分撥標下兵一百五十名、防守官一員，爲輔車之勢。

索橋堡。在蘆塘東四十里，黄河北岸。本年同建，轉輸民運，以便支給。防守官一員，領軍一百名，專一防河，管理船隻。

徭役

論曰：聞之法不輕變，治惟隨俗。故曰隨俗而治者，吏習而民安之，言弗執也。以余觀於鞏之徭役，而知新法條鞭之爲北境累矣。何者？蓋南境氣候既燠，物産復饒，有木綿粳稻之産，有蠶絲楮紇之業，又地僻力餘，營植不礙，民間貧富不甚相懸，一切取齊，條鞭奚不可。北境則不然，地寒涼，産瘠薄，即中路又苦衝煩，貧富相去，何啻倍蓰。然條鞭未行之前，民何以供役不稱困？蓋富者輸貲，銀差無逋；貧者出身，力役可完。且一身既食於官，八口復幫於户，詎惟存貧，兼復資養，吏習民安，兹其效矣。自條鞭既行，一概徵銀，富者無論已，貧者有身無銀，身又不得以抵銀，簿書有約，催科稍迫，有負釜盂走耳。徵輸不前，申解難緩，那借所不免也。以拆牆壘壁之計，見捉襟露肘之形，官民不兩病乎？驛所之病亦復類此，前已略言之。蓋彼以包賠致流竄，是走遞而累户口；此以應急損邊廪，又因差而累錢糧。條鞭之於北境，宜耶？不宜耶？名曰均徭，均耶？弗均耶？必百姓曰均，斯均矣。

里社

論曰：夫户口里社，所以記版籍也。然版籍如常，而民生日瘁者何？則名存實亡，籍在民流，偏枯賠賥，日損不支耳。蓋征發者按籍取羸，賠賥者分外竭力，力盡則逋，勢所必至，則今之版籍乃貧小之贅疣，公府之虚券也。以虚券而責實征，譬之半匹製長衣，奚止捉衿露肘？羸夫肩重擔，能無顛仆傾踣？又如内耗之人，儀貌容觀，豈不偉然，而精神氣脈，消鑠殆盡，止可苟歲月而能當寒暑哉！且如安定籍二千二百矣，實在止四百，是以四百應二千二百之役也。通渭籍一千六百矣，實在止六百，是以六百供一千六百之用也。又富者以羨貲買輕，貧者以無力肩鉅。他邑皆然，隴西尤甚。官避耗減之名而開除，不列民困賠累之苦，而控訴無門，此而不變，勢將何極？變之奈何？則垛殘甲以攢里，嚴欺隱以清門，是今日所宜急講也。語曰「不患寡而患不均」，均則徭賦通匀，居者無偏重偏輕之弊；供輸平等，流者有漸還漸復之機。夫以虚大致逃亡，是求多反損之道也；以攢減還流竄，是名損實益之法也。此可爲尹晉陽告，敢爲王膠東望哉！

驛遞

論曰：今之驛遞在在稱病矣，其病始於召募。自余記省，二十年以前，官民相安，不聞稱病也。蓋彼時酌丁力僉編，其所僉者，皆丁多糧廣之大户。蓋糧廣則地腴力厚，出猶不難；丁多則衆擎易舉，流行無滯。即以各屬概計之，每處户不下二千餘，本驛所編馬驢牛不及二百頭，豈二千户之中不能選二百富大之户乎？此所以二百年來不稱病也。召募乃於原額丁糧之外率增十分之五以給，募夫又令其自行打取。夫富户應役，時其闔户出備，視原額不啻倍之，雖倍而力大不覺也。今即增五分，反免五分之費，是於舊差中減五分也。若零丁小户，丁糧之外，原無他擾，今概增之五分，是貧小之民替富民包賠也。定門則何爲？又自行打取，則小民之塒雞蓄彘，方應里積衙皂之吞噬，而破衣短褐又遭站户之褫剥，力難自活，有負釜盂逃去耳。試查二十年以來户口十分減去二三否，則其病不但在驛所，而且及户口。里甲日耗，所由來已。故條鞭雖良法，而俗有弗宜，未有不反爲害者。今募夫小民，均稱苦累，有願復糧編之請。語曰「窮則變」，長民者，其何以調劑之？

臨洮志

洪武二年，大將軍徐達進兵克秦、隴，乃遣馮勝統諸衛兵進征臨洮，李思齊窮迫，遂以城降。顧時、戴德各將本部兵征蘭州，克之。殘元王保保注三十六自甘肅以兵來襲蘭州，奄至城下，守將指揮張温擊卻之。大將軍帥諸將西征吐番，克河州。招諭吐番元帥何鎖南普化鬼六等，皆納印請降。追元豫王至西黄河底黑松林，殺阿撒秃子于河州。四年，議征沙漠，以宋國公馮勝爲征西將軍，傅友德、陳德爲副。出臨洮，攻甘肅。五年，鄧愈、沐英等至西番，分兵爲三道，併力齊入番部川、藏，覆其巢穴。窮至崑崙山，斬首不可勝計，俘男女一萬口，馬五千，牛羊十三萬。三十一年三月，肅王自甘肅移蘭州。前以甘肅兵變不常，遂題請移于此。弘治十五年，兵備副使高顯、守備楊佑統兵襲番夷鎖南温古六失加，敗之。正德九年，命總制、都御史彭澤逐北虜。虜住牧西海，澤命總兵官徐謙帥萬人征之。十年，套虜深入，掠臨洮等處，總制都御史鄧章調官軍不能禦。十三年，虜復潛入臨洮。嘉靖四年，設欽差户部郎中住蘭州，督理甘、固邊儲，自姜志德始。先是，正德五年，御史潘倣建言添設户部員外周汝勤，未幾，裁去。本年以兵部尚書金獻民、郎中胡宗明題，改設户部郎中。

八年，洮、岷番侵臨洮，總制、尚書王瓊遣鎮守都督劉文等進兵擊破之。十八年，設臨鞏兵備道。勅命按察司官駐蘭州，整飭軍務。二十一年春正月，北虜潛入蘭州，大肆搶掠。萬曆三年，西羌剳着他等入犯郡境，殺掠人民。固鎮總兵孫國臣統兵分五路，由舊洮州入剿，大滅之。洮郡推官劉希稷監軍，斬首二百四十餘顆，燒死男婦數百，奪獲夷器輜重三千有奇。十八年七月十三日，虜酋火落赤由河境入犯臨洮，臨鞏兵備僉事郭宗賢、固鎮總兵劉承嗣，督蘭州遊擊孟孝臣兵馬大戰於和政驛，敗之。斬首十餘級，火酋次子把罕兔、長婿拜言他卜囊俱中炮死于陣。十五日，郡四郊皆虜，道路堵塞，人心危懼。孝臣自改河領兵，潛至南川下營，賊勢稍解。十六日，遊擊劉子都搜虜至十九原，虜自河西紅道峪潛入，子都遇戰奮擊，賊勢大衆，力屈而死。十八日，臨洮知府岳維華分遣民兵，相機擊虜，斬首五十餘級。先是賊方入境，維華調度守城，旦暮登埤，不辭勞瘁。傳檄收斂境内，幸保無虞者，皆維華力也。虜屯營朱家山。二十七日，總兵劉承嗣督領參將鄧鳳、遊擊孟孝臣、郭有光等提靖、固、延、寧四處兵馬，與賊大戰。時秋雨霪霖，浹旬日不止，盔甲弓箭俱濕，我兵不得騁。賊乘勢大舉，承嗣遂敗績。是時死于陣者，指揮李如玉，千户魏承勳、李國瑞，把總何天衢。虜追承嗣甚急，孝臣死救入營得免。火酋始入犯，甚狂逞，兵無紀律。我兵零星堵剿，逐至郭麻灘，遂失勢，覓去路不得，先發弱虜拆各柞口奔出，留精兵尾後，至八月初二日，盡出境。奪獲原擄男婦一百六十名口，牛羊器物萬計。

十九年正月，火酋部落潛住莽剌之南山，固鎮總兵尤繼先統領番漢官兵襲擊之，大創賊兵。斬首一百四十二顆。七月，陝西巡撫、都御史葉夢熊防秋，駐臨洮。自此遵廷議，每歲秋初移鎮臨河，冬初回省。二十一年，移陝西參將彭振雲領兵防範臨洮，未幾，改副總兵。二十三年，改副總兵爲臨洮鎮。以五府都督官守之，設坐營都司一員，千把總官六員，募兵一千五百，甘、涼等操兵馬并降夷俱入營伍。二十四年正月，昆着等酋糾合真相等酋假搶番窺犯内地，兵備僉事張棟會同臨鎮總兵官劉綎，遣大兵入勦賊，迎敵，我兵全勝，追至巢穴，虜復大潰，餘奔逃。斬首一百二十有奇，生擒八名，獲頭畜一萬八千有零。二十六年三月，虜酋着力兔等住牧松山，緣我兵收降勦斬數多，議欲讐犯，兵備副使張棟會同臨鎮總兵官陳霞，調大兵分五路堵勦，至六箇井大破之。迄四月，逐虜遠遁。斬首六十一顆，收獲馬駝牛羊輜重器械無算。四月，虜復寇烏蘭，兵備副使張棟遣蘭、河二營兵馬，由照山子渡河追襲，虜大敗。自是虜不敢窺松山。斬首二顆，生擒一名，奪獲夷器甚衆。五月，虜沙害海豸等率衆自大岔口歸降，棟收之，發臨、蘭二營，給月糧馬匹，聽操遣。男婦三百名口，馬駝牛羊氈幕甚多。十一月，總督尚書李汶、陝西巡撫賈待問以松虜遠遁，檄臨鞏兵備副使荆州俊議處恢復。自成祖逐胡虜于三受降城外，河套尚無虜，松山皆爲内地。至成化初，東勝地一失，孛羅據套，松山盡爲虜有。迄萬曆間款市既啓，着力兔、宰僧、阿赤兔等酋盤據松山等處，于是蘭、靖每被荼毒，涼、莊遂成一綫。彼且呼朋引類，搶漢掠番，再一登高，盡窺内境。二十三年，奉檄遣兵深入松山，追殺松虜，馘青酋于乙未之夏，馘永酋于乙未之秋；丁酉冬，則破羊川之犯；戊戌春，遂伐西寧之謀。所以着、羊諸酋知西海不能渡，松山不能守，旋遁沙磧，適賀蘭，而松山復爲中國物矣。迺議恢復。十二月，遣臨洮府同知馮恂、蘭營遊擊閻逢時帶領兵馬，自金城關由大岔口出塞，踏勘雙墩子、紅水、蘆塘等處，議築長邊。恂等勘得雙墩子以東至紅水河四十里有水，可以築牆。紅水河以東三十里，俱石山無土，不堪挑築，應砌石牆。自鹹灘墩至小蘆塘、舊墩至索橋三十里，川險間斷，或築牆，或挑壕，各相便宜。二十七年正月，虜聚衆屯住團卜山，窺伺内地。臨鞏兵備副使荊州俊遣河營副總兵周國柱統兵擊敗之。斬首十五顆，生擒二名口，奪獲達馬七十五匹，器械夷物甚多。二月，總督李汶會同陝西巡撫賈待問、甘肅巡撫徐三畏、臨鎮總兵官孫仁、兵備副使荊州俊等，親詣松山，條議注三十七脩築。分工舉役，選各營精鋭兵馬，設伏要害去處，隄防虜擾。河東自永安堡索橋起，脩蘆塘川等城三座，補脩蘆塘湖大城一座，至雙墩團莊分界。河西自泗水堡脩遊玉門兒等城三座，補脩扒沙營城一座，至雙墩團莊分界。是年五月告成。兵備副使荊州俊據蘭營報，遣通丁真夷往松山、蘆塘巡哨，遇虜對敵，勝之。斬首二十三級，擒獲婦女二口。設立將領兵馬糧芻，以備分守。自永泰川以東，設蘆塘參將一員，小蘆塘操守一員，隸靖虜道。永泰川以西，設紅水遊擊一員，中軍一員，把總二員，坐堡一員，馬步兵一千名。三眼井操守一員，坐堡一員，馬步兵五百名。各于蘭州衛分撥糧料，俱隨原衛關支，隸臨鞏道。三月，副使荊州俊調集兵馬，搜剿虜酋遺孽，松山犁然一空。恐虜酋窺伺，督發臨、蘭二營内丁降夷，晝伏夜行，直抵青羊水，剿除萌孽，斬首二十餘級，松山自此始空。四月，虜酋潛入松山擾築，謀奪故巢。副使荊州俊發兵伏黄沙掌，襲擊，敗之。追至中衛，虜遁去。斬首七顆，奪達馬一匹，甲二副。五月，虜精兵住抗那，將糾衆渡河，侵犯内境。州俊遣哨丁崔彦明等伏和尚坪，俟虜半渡，齊出撲射，敗之。斬首二級，人馬被射溺死者甚衆。虜賊潛至靈匝山，搶掠番漢牧放牛羊，荊州俊遣兵由藏山對敵三次，大破之。斬首二十一級。二十八年正月，副使荆州俊招降達番川藏六卜等千餘名，火酋覺，發兵來奪，州俊隨遣官兵迎護降番，遇虜連戰，大勝，虜披靡遠退。直至交子岡，斬首十九級，奪獲夷器甚多。三月，州俊建弘濟橋于囤子溝，以濟緩急。蘭與河由囤子溝通道，止距二百里，中界洮河，水勢洶湧，不可渡。彼此策應，必由臨洮，緩急不能相濟，當事者苦之。遂檄通判徐有登督修浮橋于此，計闊四十一丈，船十二隻。六月，總督李汶檄參政荆州俊加修紅水、三眼井二堡。二十九年二月，荆州俊計處松山善後事宜。先是紅水止設守備，因極邊衝要，改守備爲遊擊，增兵馬。又以城池窄狹，復自舊城東、西、南三面展修新城一百四十九丈。五月，火永等酋結好，率衆占據莽捏收番，用圖報復。兵勢壓境，荆州俊檄將領設伏兵，勝之。斬首三十四級，奪達馬二十三匹，夷具千五百有奇。三十年正月，參政荆州俊以番虜哱羅台失等率衆歸附，收之。遣河營參將姚德明出境巡視，至却遜界口，哱羅台失等男婦一千七百六十五名携馬牛旂閼降。虜土滅恰等侵掠河境，州俊發番漢官兵至古爾半，大破之。斬首五十有五，生擒七，獲牛羊二千三百有奇，輜重甚多。二月，荆州俊遣哨丁真夷兵偵虜至卜浪五都兒，遇敵，勝之。斬首四，獲達馬一百三十有奇。酋子揣庫兒寇逼河境，州俊遣番兵哈番板等擊破之。斬首二，獲達馬二十一匹，輜重亦多。八月，虜屯據松山之北，總督李汶檄洮、固二鎮兵，由蘆塘出邊搗巢，賊大創。斬首二十一，獲達馬四十三匹。八月至十月，州俊收紅水等處降夷共八起。男婦百七十有五。九月，真相台吉等酋提兵謀雪土滅恰讐，州俊協同總兵官孫仁調遣諸營兵至節子岡，大戰，獲全勝。斬首二百十三，獲達馬百三十有二，輜重數萬計。十月，虜尚窺伺內地，州俊遣官兵巡哨至沙窩，遇，戰勝之，餘虜北遁。斬首三，獲達馬一匹，夷具甚多。十一月，西羌六丑力節等作逆，臨鎮總兵官孫仁督兵由宕昌五路進剿，大滅之。仁即先年固鎮總兵官孫國臣子，羌人前後爲逆，孫父子相繼剿之。斬首二百五十餘級，奪獲夷器四千，并燔其族。十二月，大酋部落從沙溝過冰橋，住達子州，謀犯河州。州俊遣官兵破于隴羊硤。斬首四，獲達馬一匹，夷具甚多。三十一年五月，總督李汶、巡撫顧其志上疏注三十八，議脩老虎城，改爲永泰城。時緣松疆新復，沿邊千里，所設墩堡無幾，遠近難以應援，遂築此城。設副總兵，統轄蘆塘參、遊兵馬。六月，撤移蘭州參將等官於新疆駐劄。初，蘭州諸營堡原以備禦松虜，既有新邊，即屬腹裡，于是撤蘭州參將，併党家等堡操守於新疆城堡。更于城以南築小堡二，一名鎮虜，一名保定，添設墩臺二十餘座，撥軍守瞭。八月，虜竊挖紅水新邊，州俊遣兵堵剿于白墩子，餘虜驚奔。斬首二十八，獲達馬六匹，牛十一隻，奪夷器甚多。冬，虜衆躐冰南犯，州俊會同總兵孫仁遣驍騎相機拒剿，至把撒等川，火攻，破之。斬首十七，獲達馬二匹，奪夷器甚多。時火酋小婿擺兔他卜囊死于陣。三十三年七月，屬番扳只殺千户張燧，巡撫顧其志會軍門李汶，檄參將姚德明勒兵問狀，得三渠魁，仍還所掠，以番俗罰九九，遂平。八月，荆州俊因事揆策，復立番站，以通道路。河州至歸德，國初設站者六，曰三岔、窩溝、討來、保安、紅土邊、多清水，每站設番官一員，如腹裏驛丞例，各給印信、站馬，應付往來公使。非圖借力于番也，明荒服同軌之義，聯達人携二之心。萬曆二十年，總兵尤繼先統兵西征，以軍裝員累番馬遞送，自是番疲于力，併廢其驛，而道路爲之不通。頃因挫哈之變，州俊多方籌策，查照原設驛遞如三岔等站，仍舊復立，每站各選番官一員，各軍五名，各馬八匹，番人亦無梗化者。

水利

狄道縣

唐古泉水，由清水渠至番城，灌田地二百餘頃。

洮河水，由深溝兒至郡城西，灌田園百餘頃。年久淤塞，萬曆乙巳，知縣閻士望疏通之。

三岔河水，至野門口，灌田地百餘頃。

柳林溝水，由好水溝至洮河灌田地一頃二十五畝。

合水溝水，至家康崖，灌田地一頃五十畝。

新店子溝水，至稅家灣，灌田地一百頃。

太石舖溝水，由古城至洮河，灌田地八十餘畝。

牛頭溝水，至朱家溝，灌田地三十頃。

安家河灣水，至李家灣，灌田地伍拾畝。

中舖溝水，由蔣家山根至溝口，灌田地二十頃。

蘭州

阿干水，自分水嶺分爲二，南流金縣，爲浩亹河；北流蘭州，爲阿干河，由西園引至城内，灌阿干等里田園九十九頃一十一畝。
五泉水，自臯蘭山下至南園，灌田園二十五頃五十六畝。
黄峪溝水，在州西七里。
笥籮溝水，在州西南六里。
金溝水，在州西二十里。
東柳溝水，在州東三十里。
西柳溝水，在州西五十里。
五溝灌溉，所資不同，共計田地三百餘頃。
崔家崖壩、教場後壩，皆東、西二川所資水利于黄河者注三十九，灌田園二百餘頃。

金縣

馬家溝水，灌田地一十餘頃。
小龕峪水，灌田地九十餘畝。
官溝水，分流馬家溝，由常川入城，灌田園一頃。

河州

老鴉山口水，至九眼泉，有古蹟渠，成化癸卯，守備康永開壩百五十里，灌田地一千頃。年久湮廢，隆慶間參將張翼、知州聶守中仍疏通之。萬曆壬辰，知州耿德章復濬之。後官渠壩口多衝壞，萬曆壬寅，知州陳文焯相勢新開長渠一道，自焦家壩北折入九眼泉三十里，灌溉仍故。漫灣渠水，永樂間都督劉釗創開，萬曆癸卯知州陳文焯復濬，灌田地一百頃。

礦洞

蘭州北二百五十里松山之南，礦爐三十座。

窑冶

狄道縣瓦窑十座，鑄瀉爐四座。蘭州磁窑三十四座，瓦窑十座，鑄瀉爐一座。金縣磁窑二座，瓦窑□□，鑄瀉爐一座。河州磁窑七座，瓦窑十一座，鑄瀉爐三座。

茶馬

地畝　成化改元，兵部以馬政議行屯田于濱邊衛所，每地一頃，歲徵銀一錢，以備買馬之用，名曰「地畝」。

樁頭　成化丁酉，以所給戰馬倒折係在家者，奏准在外各邊照京營馬隊官軍事例，馬主出椿頭銀兩則次，以罰調養失宜及走失被盜者，名曰「椿頭」。係都指揮者出銀三兩，係指揮者出銀二兩五錢，係千百户、鎮撫者出銀二兩，係旗軍者出銀一兩五錢，係走失被盜者各加銀五錢。

朋合　成化丁酉，以所給戰馬倒折係在陣者，奏准在外各邊照京營馬隊官軍事例，每歲以六個月爲率，各出朋合銀兩則次，以備置買戰死馬匹。每月都指揮、指揮一錢，千百户、鎮撫七分，旗軍五分，名曰「朋合」。

收領　先是，地畝「椿」、「朋」銀兩，斂于無事之日，類解陝西行太僕寺收貯，以備原衛所官軍買馬，拖欠則催徵，告領則覈給。嘉靖己丑，總督王瓊奏請各衛自行收支，節省冗費。後因衛所作弊，至癸巳歲，巡茶御史郭圻仍令解貯本寺，如遇買補，必須呈報茶院，批行該道勘實，方許給領。如拖欠三年以上者，雖有銀兩，不准給發。若積貯雖多，亦不准別衛借用。邇來衛所徵解，多不及時，弊且滋生。萬曆申辰，巡茶御史史學遷按洮，清查嚴督其地畝等銀不時徵解如期，而收領之弊竇且盡息矣。

疆域　河境原近西海，番虜環據。洪武丙辰，征虜將軍鄧愈窮追番部至崑崙山，道路疏通，奏設必里衛，分二十一族，頒降金牌二十一面，爲符納馬。永樂丙戌，都指揮劉釗奏立守禦千户，設屯十一處。成化以來，黑章咂等族移帳，侵擾屯寨，阻塞道路，累嘗撫化，而叛服不常。正德初，虜酋亦卜剌等部落潛據西海，河、洮二衛屬番大罹其害，失其故土，侵逼漢疆，遂設河州茶馬司，額設大使一員，監收官一員。

歲用茶　每歲用茶易馬賞番等項，共五萬一千二百篦有奇。

歲中馬　每歲中馬原額年例一千五百四十匹，分給各鎮官軍騎征，餘者發牧作種。萬曆戊子後，因庫有積茶，番有餘馬，節次增中，河州增至三千四百五十匹，五司歲計一萬二千餘匹。至庚子歲，巡茶御史畢三才因馬增多引茶缺少，題准每歲額定三千四十匹。

歲給馬　延、寧輪流一千三百匹，固原七百五十匹。蘭州、歸德、景古等營三百七匹。河州營五十匹。苑馬寺九十三匹。

納馬番族　河州乩藏族、老鴉族、弘化族、珠珍族、靈藏族、加咂族、西番州族、達子州族、櫬覺族、白章咂族、令咂族、剉哈族、子剛巴族、羅思曩剌族、龍卜族、保安站族、思拜思族、朵工族、列思巴族、雙逢族、引劄目族、黑達子族、英雄族、撒剌族、邊多族、火藍族、拾藏族、鐵巴族、朵藏族、川藏族、着亦咂族、思曩咂色納族、咂泥族、青寺爾族、龍瓦爾族、朵日族、果爾族、阿思工族、汪束族、川撒爾族、大安族、巴哈族、吉巴族、乞台族、火爾藏族、吉咂族、羌剌族、遠竹族、沙藏族、些兒加族、使哈族、乞加加族、失加右族、牙卜滅六族、朵加爾加族、冲不鸞車族。

稅課

蘭州稅課局帶收甘州官茶。先是，因甘肅孤懸河外，原非行茶地方，亦無招中事規。嘉靖癸亥，巡茶鮑御史看得該鎮番族頗多，比照洮、河、西寧事例，題准于甘州建設茶司，因商人苦于運挽，調停折中，收貯蘭州。自隆慶庚午歲起，將洮、河、西寧三茶司商人擇其節年完茶數多者，各給甘州茶一引，運至蘭州税課局帶收。其應易馬者，迎運甘州，應給商者，令本商運至西寧等處貨賣。則商有一半脚力之省，稱兩便矣。邇來官司及挽運漸起弊端，商頗稱累。萬曆甲辰，巡茶御史史學遷按洮，檄該局收納，不得留難。仍緝脚力沿途竊茶者重治之，商頌在道。

堡寨

狄道縣所轄民堡六座：鄭家堡、漆家堡、沙泥堡、駱家堡、楊家堡、康家堡。

臨洮衛所轄堡五座：宫堡、高崖堡、何家堡、慶平堡、銅錢岔堡。

渭源縣所轄民堡四座：馬家堡、耿家堡、王家堡、南川官堡。

蘭州舊轄民堡八座：桑園兒堡、柴家臺堡、達家臺堡、張家灣堡、黄峪溝堡、八盤堡、阿干鎮堡、小馬蓮灘堡。

蘭州衛舊轄堡一十六座：把石溝堡、什字川堡、西古城堡、積積灘堡、馬家灣堡、安寧堡、十里店堡、東崗鎮堡、東古城堡、夏官營堡、柳溝店堡、朱典營堡、石頭溝堡、甘草店堡、三角鎮堡、茨坪劉家堡。

中護衛所轄堡六座：鹽場堡、一條城堡、買子堡、秦旗營堡、佃子川堡、張家堡。

新疆：紅水河堡。在州北五百四十里。周圍一百二十丈，高三丈一尺，闊二丈，壕深一丈五尺，闊稱之。内設遊擊、中軍公署各一所，經過公館一所，倉、場各一處，關王廟宇一處，營房俱全。後因改將增兵，復議舊堡三面接築新城一百四十九丈，角臺、樓舖、門洞全，外條耕牧團莊一處。

三眼井堡。在州北五百里。城池高闊如紅水，内設操守公署一所，經過公館一所，關王廟宇一處，營房、倉廒全。

以上二堡，萬曆二十七年兵備副使荆州俊創建。

永泰城。在松山、紅水迤南一百二十里。周圍四百八十丈，高四丈，闊三丈，内設副總兵一員，千把總官五員，馬步軍二千名，倉、場各一處，倉官一員。

保定堡。在天池水、永泰迤南一百五十里。周圍一百六十丈，高三丈五尺，闊二丈五尺。内設操守官一員，馬步軍一百五十名。

鎮虜堡。在滚巴川、保定迤南一百二十里。周圍高闊尺丈、額設官軍名數與保定同。按此一城二堡，草創未及。萬曆三十二年，總兵李汶會巡撫顧其志議奏添設，蓋謂紅、三二堡，去蘭遠甚，城孤援寡，因是度程塗，察險夷，建立三城，與紅、三相唇齒，而副總兵統轄蘆塘等處，勢若列星，便若臂指，倘一有事，自不患彼此，非輔車也。

金縣所轄民堡八座：清水堡、定遠堡、宋家堡、魏家堡、邵家堡、龕谷塞堡、竇家堡、上劉家堡。

河州所轄民堡一十一座：和政堡、定羌堡、銀川堡、長寧堡、俺歌堡、韓家堡、尹家堡、吹麻堡、黑石山堡、高陵山堡、紅土坡堡。

河州參將營所轄堡一十座：大通堡、党家堡、弘花堡、龍溝堡、景古城堡、馬家灘堡、雙城堡、吹麻堡、千觀臺堡、陡石關堡。

河州衛所轄寨四座：十里屯寨、水泉坪寨、安遠坡寨、古城寨。

歸德遊擊所轄堡一座、寨六座：歸德堡，周鑑寨、王源寨、劉慶寨、李釗寨、康泰寨、楊鸞寨。

保安操守所轄堡一座：保安站堡。

新脩起臺堡大城一座，周圍一百六十丈，關城三面一百一百丈〔六〕，高三丈五尺，闊二丈五尺。内設守備、中軍公署各一所，過往公館一所，關王廟一所，營房俱全。萬曆二十九年兵備右參政荆州俊創建。

關隘

狄道縣關一座：摩雲嶺關，在縣北一百五十里。

蘭州關一座：金城關，在城北二里黄河北岸，宋紹興四年置。據河山之險以爲固，國朝景泰間守備李進鑿石重建。萬曆二十五年，兵備副使張棟易土爲磚，有記。

河州關二十四座注四十：積石關，在州西百二十里。乩藏關，在州西七十里。老鴉關，在州西九十里。土門關，在州西九十里。槐樹關，在州南七十里。殺馬關，在州南八十里。陡石關，在州南八十里。崔家硤關，在州。樊家硤關，在州。五臺關注四十一，在州。西山小路關注四十二。紅崖子關注四十三。莫埿關注四十四。石嘴兒關注四十五。朵只巴關注四十六。船板嶺關注四十七。西兒關注四十八。喬家岔關注四十九。雅塘關注五十。思巴思關注五十一。大馬家灘關注五十二。小馬家灘關注五十三。麻山關注五十四。安龍關注五十五　注五十六。

塞垣

蘭州參將所管邊牆四道：河南大邊一道，東自靖虜衛大狼溝起，至迤西沈峪硤止，通長四百餘里。河北邊牆一道，自鹽場堡起，至沙岡墩止，長五千六百二十丈。桑園兒築砌邊牆，共長七百一十三丈。桑園兒小邊，齊峴口起，至小水河止，長四百五十丈。紅水遊擊所管邊牆一道。新邊自蘆塘交界永泰川起，至迤西扒沙交界雙墩子止，通長九十里。

河州參將所管邊牆四道：大通河邊牆一道，自大通河起，至迭遜溝止，通長八十里。河北大通堡邊墻一道，長二百九十丈。河南大夏河邊牆一道，長一百四十丈。石砌鷙窩硤邊牆一道，長二十五丈。

烽燧

蘭州參將營所轄墩臺一十七座：猴子山墩、古城角墩、高嶺兒墩、烟洞溝墩、峰臺山墩、一豁峴墩、定火城墩、老鸛窩墩、黑碯洞墩、三十六盤墩、看泉山墩、彬草山墩、石山墩、土人川墩、望遠山墩、羊角山墩、滚巴川墩。

莊營二處：野狐橋團莊、猴子山營房。

蘭州衛所轄墩臺二十七座：黑石頭墩、白虎山墩、鎮寧墩、東崗鎮墩、沙崗墩、齊峴口墩、竇家崖墩、鷄爪山墩、上碾堡墩、結家嘴墩、第三都墩、閆家坪墩、扎馬臺墩、古浮橋墩、深溝兒墩、土圈山墩、黄上坪墩、狼兒山墩、卧龍川墩、車道嶺墩、密不老墩、水泉兒墩、安家山墩、崔家崖墩、青石嘴墩、高山墩、横嶺墩。

中護衛所轄墩臺四座：魯谷兒墩、王信溝墩、尖山兒墩、西坪墩。

紅水遊擊營所轄墩臺三十一座：永太墩、青石嘴墩、太山墩、亂山墩、麻黄墩、沙梁墩、城東墩、城南墩、城北墩、西界墩、黑石墩、平川墩、鎮虜墩、平虜墩、城南墩、城北墩、舊古墩、板井墩、威遠墩、靖邊墩、鹹井墩、騷狐泉墩、三山墩、八字山墩、靖虜川山墩、頑羊山墩、駱駝山墩、龍頭山墩、鎖寒山墩、平川墩、滅胡墩。

營房二處：騷狐泉營房、鎖寒川營房。

河州參將營所轄墩臺七十座：崔家源墩、乾溝源墩、小黑水墩、張百户寨墩、船板嶺墩、乾溝山墩、劉家山墩、安家山墩、孔家寺墩、青石山墩、朱家臺墩、党家源墩、党家山墩、大通源墩、黑山石墩、勉哥山墩、黎哥山墩、小川山墩、飛山崖墩、苟家山墩、康家山墩、段家山墩、弘花寺墩、上沙子墩、下沙子墩、滿古都墩、哈唇墩、火燒溝墩、白路灣墩、川城兒墩、苦水泉墩、焦家山墩、党家山墩、高嘴山墩、韓家寺墩、雙城山墩、川撒山墩、節子凹墩、箭山嶺墩、旦隴坡頂墩、果麻嶺墩、經廠嶺墩、酸茨石嶺墩、李子坡墩、打兒加墩、葱花嶺墩、石嘴嶺墩、山寨嶺墩、任家山墩、王爾山墩、石嘴嶺墩、丘家嶺墩、槐山嶺墩、火燒嶺墩、滅兒古山墩、的巴山墩、槐關嶺墩、乢藏山墩、起臺墩、潘家嶺墩、栢楊中嶺墩、牛頭山墩、石嘴山墩、牛安山墩、柔柴凹墩、八陽山墩、老馬安山墩、陜藏山墩、青山墩、鹿塲山墩。

歸德遊擊營所轄墩臺十座：山坡墩、官田墩、下馬廠墩、撒通山墩、寺角嘴墩、馬連墩、王屯寨墩、周屯寨墩、通小山墩、蘆子溝墩。

河州志

烽堠二十一處：崔家原墩，州西二里。乾溝岩墩，州西十里。小黑水山墩，州西十五里。張家寨墩，州西三十里。船坡墩，州北四十里。白馬廟山墩，州東五十里。紅崖子山墩，州北二十里。安家山墩，州東北五十里。下牉哥山墩，州東北百里。劉家山墩，州東北百一十里。乾溝山墩，州西北百二十里。孔家寺山墩，州西北百五十里。青石山墩，州北百五十里。朱家山墩，州東北百五十里。党家山墩，州北二百一十里。大通原墩，州東北百五十里。黑臺山墩，州北二百六十里。免哥山墩，州東北二百七十里。梨哥山墩，州北二百八十里。小川山墩，州東北二百九十里。党家原墩，州北二百三十里。

萬曆二十七年李汶疏

看得松山既空，故疆已復，其經理善後最爲喫緊，而善後云者，非築邊建堡、設官屯兵，其道無繇也。今會官踏看松山東西一帶延長四百餘里，堪修長邊一道；河東自永安索橋至小松山雙墩分界，共一百八十里。河西自泗水土門至小松山雙墩分界，共二百二十里。在河東則蘆塘川應設參將一員，兵馬二千名，築城一座。蘆溝口以西，紅水河應設守備一員，兵馬五百名，築堡一座；蘆塘湖設防守一員，兵馬一百名，築堡一座。在河西則扒沙營應設參將一員，兵馬二千名，幫築舊城一座；阿壩嶺應設守備一員，兵馬五百名，築堡一座；裴家營、土門兒各設防守一員，兵馬各一百名，築堡各一座，屯戍協守，相爲聲援。等因。照得自國初驅胡虜於三受降城，外則河套賀蘭尚且無虜，松山故自寧區。即成化初虜據套，雖或不無西訌，然王住有時，松山亦非甌脱。惟是隆、萬間款市一起，招致賓酋等盤踞其中，莊浪從此遂成一線，而蘭、靖、莊、涼則無處無時不荼毒。且僞造妖書紅旗，傳播胡主起於草地，以摇遠邇，雖屢入屢挫，窺犯猶昔。幸今恢復，亟宜修守。查得自涼之泗水以至靖之索橋，横亘不過四百里許，乃舊自永安歷臯蘭渡河逾莊浪以至涼，則一千五百里。捨此四百里不守，而欲守一千五百里之邊，果孰難而孰易？修此四百里之邊牆，又何難而何阻？勘得自鎮蕃以至中衛，烽堠相望，迄今舊址猶存。其修邊也雖皆主於築牆，然遇沙鹵則挑壕，遇崖絶則削塹，取其足以遏奔軼斯已也，工俱自今春三月起至冬十月止爲便。

吐蕃傳：「初，太宗平薛仁杲，得隴上地；虜李軌，得涼州；破吐谷渾、高昌，開四鎮。玄宗繼收黄河磧石、宛秀等軍，中國無斥候警者幾四十年。輪臺、伊吾屯田，禾菽彌望，開遠門揭候署曰『西極道九千九百里』〔七〕，示戍人無萬里行也。乾元後，隴右、劍南、西山三州七關軍鎮監牧三百所皆失之。憲宗嘗覽天下圖，見河湟舊封，赫然思經略之，未暇也。」宣宗大中三年二月，復三州七關。明年，張義潮奉瓜、沙、伊、肅、甘等十一州地圖以獻。會要五年七月。紀：「五年十月沙州人張義潮以瓜、沙、伊、肅、鄯、甘、河、西、蘭、岷、廓十一州歸于有司。」十一月，置歸義軍，義潮爲節度使。其後，河渭州虜將尚延心獻欵，收二州。咸通二年，義潮奉涼州來歸。七年，僕固俊取西州，收諸部。十月，斬恐熱。

長慶二年，劉元鼎使吐蕃，踰湟水，至龍泉谷，西北望殺胡川，哥舒翰故壁多在。湟水出蒙谷，抵龍泉與河合。其南三百里曰紫山〔八〕，直大羊同國，古所謂崑崙者，東距長安五千里，河源其間，流澄緩下，稍合衆流，色赤，行益遠，它水并注則濁，故世舉謂西戎地曰河湟〔九〕。

西寧衛

東至莊浪衛境三百里，西至西石硤七十里，又西出塞外，至罕東衛故地五十里，南至黄河三百里，北至大通河二百六十里。東、南四百里並河州界，東北六百里至古浪城，西南一千五百里抵安定衛故地，西北六百里接永昌衛境。北去行都司一千二百四十里，東去陝西布政司二千三百里，并有古之西平、樂都、西海、澆河四郡之地，十五爲蕃部所居，而納馬易茶，猶爲服屬。

洪武元年正月，甘肅省理問所官祁貢哥星吉歸附。此西祁始祖。二年，都督沐英略地崑崙，討蕃部，平之。四年五月，元西寧州同知李南哥以州歸附。此東祁二李始祖。五年，始置西寧衛。八年，立安定、阿端二衛。十年四月，命征西將軍鄧愈、副將軍沐英討土蕃，至崑崙山，大破之。十九年，命長興侯耿炳文城西寧。三十年，罕東酋長鎖南吉剌斯入貢，置罕東衛，以鎖南吉剌斯爲指揮僉事。置西寧茶馬司，招罕東等四衛、申冲等十三部納馬易茶。永樂四年，置苑馬寺于碾伯城，置曲先衛。洪熙元年，安定王叛，命會寧伯李英西征，至崑崙山殞零闊，平之。宣德八年，改西寧衛爲軍民指揮使司，領左、右、中、前、後、中左六千户所。弘治五年，遣指揮哈林詣西寧，求安定王族孫陝巴襲封哈密忠順王。正德四年，北虜頭目阿爾禿斯、丞相亦卜剌竄入西海，攻破西寧諸蕃。先是，北虜小王子怒阿爾禿斯、亦卜剌，欲殺之，二酋懼奔河套，擁部落至涼州乞空閒地居牧，涼州將吏閉門不敢應，凡十餘日，始大掠入西海，攻破西寧安定王等部，奪其印誥，諸蕃散亡，遂據有其地。此西海住虜之始。七年閏五月，海虜入犯北川，守備江淮追至旱坪山，擊敗之。七月，指揮甘俊襲擊海虜于紅柳灘。八年正月，海虜犯南川，守備金冕禦之扁道嶺，敗績，指揮使陳治死之。九年，命總制都御史彭澤、總兵徐謙西征海虜。北虜亦卜剌復入西海。先是，總兵徐謙帥萬人討虜西海，虜聞南渡河，大掠洮、岷屬蕃。未久，復回，繼爲小王子所收，阿爾秃斯、亦卜剌二酋俱北徙，未幾，亦卜剌聞小王子復有殺害意，仍竄入西海。十一年正月，海虜犯南川，守備神楫禦于扁道溝，百户葛鎮、丁顯死之。巴沙、昝咂諸蕃部叛，百户佛玄戰水磨溝，死之。總兵徐謙率兵襲巴沙等叛蕃，敗之。十四年十月，隆卜部烏思巴爾諸蕃酋叛，千户李淳戰，死之。十一月，革咂部蕃鎖南温古六失加侵掠弘化寺，兵備副使高顯、守備楊佑帥兵襲，至擺羊戎山破之。嘉靖二年閏四月，海虜入犯北川，守備楊佑擊于清水溝，敗之。八年，北虜阿爾秃斯入西海，與亦卜剌結姻。九年，叛蕃掠碾伯。四月，指揮彭杲擊叛蕃于上官溝，敗之。十年，海虜入犯西寧，守備彭杲敗之。十五年正月，套虜入犯西寧，閑居總兵官魯經、參將冶鸞敗之。二月，守備崔騏伏兵思巴務峽襲擊海虜，敗之。十六年二月，守備崔騏敗海虜于鐵佛寺。二十年正月，套虜入犯下川口，都指揮祁鳳禦走之。吉囊犯西寧，總兵楊信、副總兵王輔等敗之。二十二年，昝咂部蕃酋却星吉出掠，守備許世爵追敗之。俺答阿不孩來牧，海虜回犯涼州。十一月，守備許世爵撲殺蕃酋。二十三年五月，海虜犯南川，守備薛卿禦之王狗爾峽。北虜由西海歸套。二十九年，爾加定部蕃攻掠碾伯，守備唐勇擣巢，敗績。三十年，昝咂部蕃攻掠紅崖堡，百户劉清、總旗孫瑞先等死之。碾伯操守賀有年追擊叛蕃，戰死之。兵備副使范瑟置定西門于冰溝南，控扼叛蕃。三十一年，守備鄭曉擊虜于燕麥川。三十二年，設加和尚爾加定聚㱙咂諸蕃部攻掠堡寨，兵備副使范瑟率兵討破之。三十三年，署事參將金鑑禦海虜于沙棠川，敗之。三十四年閏十一月，參將張廷輔擊叛蕃于沙棠川，敗之。三十六年，海虜犯南川，大掠五日而還。六月，操守彭汝爲追擊爾加定諸部叛蕃，死之。八月，㱙咂部蕃出掠紅崖溝。十月，叛蕃出掠水磨溝，復掠鍾家莊。三十七年五月，叛蕃出掠白石溝。七月，紅帽兒蕃入掠瞿曇寺。十月，㱙咂叛蕃入掠楊官溝。十二月，㱙咂叛蕃入掠弩不只溝，碾伯操守嚴威擊走之。叛蕃復掠西水磨溝。三十八年正月，剌咂部蕃出掠土官兒溝，操守楊真禦走之。參將張世俊擊叛蕃于乾溝，敗之。一月，剌咂部蕃復掠黑松峽于家寨。九月，海虜犯南川莊浪，參將周欽合禦之。三月〔一〇〕，海虜入犯西川，參將張世俊遣指揮羅松伏兵沙山尾擊敗之。四十年三月，叛蕃掠顏只溝，操守嚴威擊破之。四月，革咂占咂叛蕃從南山掠馬哈剌溝。參將崔騏禦海虜于擺羊戎山，擊走之。

隆慶二年，思我思哥部蕃出掠，兵備副使侯東萊督參將陳愷掩擊，獲其豪酋。千户錢世盈與紅帽兒賊戰，死之。六年，參將蕭文奎帥奇兵掩擊却爾加部叛蕃，斬其豪酋。萬曆九年，哈咂部蕃入掠思打岔硤，百户郭承勳、劉世爵追出塞外，中伏，死之。十三年，兵備副使燕好爵帥兵擣哈咂部蕃，破之。十四年，套虜莊禿賴入掠碾伯等處諸蕃部。十五年九月，松虜入掠燕麥川蕃部，兵備僉事萬世德禦走之。松虜再犯北川，萬世德禦走之。十六年九月，海虜瓦剌他卜囊入掠南川蕃部，副總兵李魁等禦于王狗爾硤，死之，覆其軍。十七年，哈咂部蕃入犯三川，防守百户劉存仁追戰，死之。九月，套虜卜失兔入掠瞿曇寺等處。十八年正月，昝咂部蕃入掠沙棠川，防守百户劉世臣追戰，死之。五月，順義王撦力艮送佛至西海，因掠洮、河二州。七月，詔遣兵部尚書鄭洛經略西海。松虜寧僧阿赤兔入掠隆卜部蕃。十九年正月，經略尚書鄭洛檄副使石槚、參將祁德招收諸生蕃部五萬八千有奇。九月，總兵張臣、贊畫僉事萬世德、參將魯光祖等出塞，逐虜至西海，焚仰華寺。二十三年九月戊寅，海虜瓦剌他卜囊大寇南川，兵備副使劉敏寬、參將達雲禦于捏爾朵硤，殲之。十月辛酉，海虜瓦剌他卜囊聚納剌諸虜入寇西川，都御史田樂、副使劉敏寬帥參將達雲、遊擊張應學、余世威、鄧榮祖等合禦于康纏溝，大敗之。壬戌，都御史田樂、監軍同知龍膺親督諸營兵追虜出塞，至白石崖，大敗之。二十四年，議城剽哈山，通歸德路。議置玄朔城於玄朔山西。九月，西寧營哨騎同剌卜爾部蕃禦虜于西海之明沙，斬首十五級。海虜永瓦諸部遁居鹽池，腦火酋渡河西南。已上龍膺志。二十五年七月，永召卜寇西川，兵備劉敏寬、參將趙希雲禦于剌牙壑，兵敗，希雲死之；北川守備王汝翼、中軍彭大胤死之。二十六年，永召卜歸套。火落赤牧西海，請款，許之。是年，海虜大舉入寇，副總兵李魁禦于灣溝硤，死之。三十一年，火落赤犯西川，兵備李有實、參將張大紀破虜于巴爾革。三十四年，城威遠、北川平虜、南川伏羌。

是年，思各迷犯搶，南川守備李希梅死之。四十三年，火落赤卒，子黄台吉牧西海。四十七年，黄台吉犯沙棠川，兵備李作舟、副總兵王汝金禦于燕麥川，却之。天啓七年，黄台吉犯西寧，兵備宋祖舜、副總兵梁甫等禦却之。崇禎三年，黄台吉兄弟殺乞師套虜王超兔，大頭目威鎮入據海，兄弟悉殺之，許款。七年十月二十七日，鎮海民馬安邦叛，兵備孔聞籍同妻女自焚死。太監張守禮、守備丁孔胤、中軍李本隆、百户張爾靖等死之。時張太監因買馬激變。十一月，掌教冶秉乾西納班着爾領真平之。十年，套酋瓦剌大骨什巴都爾黄台吉攻哈酋超免，殺之，收其衆，許款。十二年十一月，巡撫吕大器勦巴啞加爾朵番，斬級一千五百。十六年十二月，僞防禦使齊之宸制將軍魯文彬至西寧。十七年正月，土官祁廷諫子興周執文彬，殺之。僞總兵賀錦破西寧，興周復擊錦于南川伏羌堡，殺之。興周入西海。

崑崙山。在衛治西北故臨羌縣境。漢書地理志注云：「崑崙在臨羌，西北有王母祠石室、仙海、鹽池，西有弱木、崑崙山祠。」唐長慶中，劉元鼎使吐蕃，云：「三山中高四下，曰紫山，古所謂崑崙，虜曰悶摩黎山。」元潘昂霄黄河志云：「吐蕃朵甘思東北鄙有大雪山，即崑崙。自山腹至頂皆雪，炎夏不消，遠年成冰。」洪武間西平侯沐英、征西將軍鄧愈追羌，俱至此山，非古所謂崑崙也。自酒泉太守馬岌傳會立西王母祠，故得是名。見崑崙積石二山辨。

積石山。去衛治東南三百里，故龍支縣南境。兩山夾峙，多巨斧痕，河出其中，相傳即禹所導處，恐非。按張守節史記正義云：「河州有小積石山，河出大崑崙，經于闐入鹽澤，潛行入吐谷渾界大積石山，又東北流至小積石山。」

東吳俞安期崑崙積石二山辨云：按范曄漢書志郡國云「臨羌有崑崙山」，班固漢書志地理「其金城郡臨羌縣」下注云「西北有西王母石室、仙海、鹽池，西有弱水、崑崙山祠」，至唐而吐蕃自云崑崙山在其國中。長慶中，劉元鼎使吐蕃，稱「三山中高四下，曰紫山，古所謂崑崙，虜曰悶摩黎山」。勝國潘昂霄黃河志云「吐蕃朵甘思東北鄙有大雪山，即崑崙」。國朝洪武三年西平侯沐英，九年征西將軍鄧愈追羌人至此山，咸云崑崙，此始于涼張駿時馬岌傳會獻諛之言也。馬岌爲涼酒泉太守，上言酒泉南山即崑崙，周穆王見西毒，謂此山宜立西王母祠，以裨朝廷無疆之福。駿從之。西王母既祠，厥後范曄遂以崑崙載之臨羌，而注班固地理志注五十七者，亦約曄書張大之，約諸地志。酒泉之南山，非臨羌之西北乎？然禹本紀云：「河出崑崙，崑崙甚高，二千五百餘里，日月所相避隱爲光明也。其上有醴泉、瑤池〔一一〕。」去嵩高五萬里，地之中也。龍魚河圖云「崑崙山，天中柱也」，水經云「崑崙墟在西北，去嵩高五萬里，河水出其東北陬」，淮南子云「高萬一千里有奇。上有木禾、珠樹，沙棠琅玕在其東，絳樹在其南，碧樹在其北」，佛圖調西域志云「阿耨達大山，其上有大淵水，即崑崙山」，康泰扶南傳云「天竺，恒水之源，乃極西北，出崑崙山」，穆天子傳云「天子自崑崙山入于宗周，乃里西土之數，自宗周瀍水以西，至于崑崙側瑶池上，萬有一千一百里」，酈道元注水經，按是數説，參以山海經，謂里至互殊，「非所詳究」。蓋考之山海經而不悟崑崙有海内、大荒之别也。山海經之海内西經云：「海内崑崙之墟，在西北，帝之下都。方八百里，高萬仞。百神之所在。河水出其東北隅入禹所導積石山。」郭璞注云：「言海内，明海外復有崑崙山。」又山海經之大荒西經云：「西海之南，流沙之濱，赤水之後，黑水之前，有大山，名曰崑崙之丘。其下有弱水之淵環之，其外有炎火之山，投物輒然。有人，戴勝，虎齒，有豹尾，穴處，名曰西王母。」是有二崑崙焉。蓋穆天子所登，山海經所謂海内之崑崙。班固西域傳所載南北有大山，中央有河，東西六千餘里，南北千里，東則接漢，阸以玉門、陽關，西則限以葱嶺，計其里至，度其在所，是介葱嶺、于闐之間矣。葱嶺以西爲天竺國，又西有大崑崙，是爲天柱，是爲地中。山海經所謂大荒中之崑崙，西域志所謂阿耨達太山，禹本紀所謂去嵩高五萬里，水經所謂「河水出其東北陬，屈從其東南流」，又「南入葱嶺山」者是已。班固所謂「河源一出葱嶺，一出于闐」，是其重源也。張騫尋河源，至乎于闐、葱嶺，以爲河源。而司馬遷遂有烏覩崑崙之論，不信大禹本紀、山海經之載。又言九州山川，尚書近之，獨不覩尚書亦有「織皮崑崙、析支、渠搜」之紀乎？又水經載河水由葱嶺逕西域十三國而注泑澤，班固西域傳云河有葱嶺、于闐兩源，合而東注蒲昌海，一名鹽澤，即泑澤也，「去玉門、陽關三百餘里，廣袤三百里，其水冬夏不增減，潛行地下，南出積石山，爲中國河」。范曄云西域内屬諸國，自玉門、陽關西至葱嶺六千餘里，其紀河源與固同。夫漢自敦煌西至鹽澤，列起亭障，戊己校尉屯于車師，都護之府置于烏壘，介西域之中，督察動静。是葱嶺、于闐之流，入于蒲昌，漢之官卒目所經見，班固記之，諒非緜邈計度之辭。水經所載十三國，酈道元亦引固、曄之書入證，往往脗合，是非誕妄。至云鹽澤之水，洄端電轉，爲隱淪之脈，當其澴流，飛禽上經，無不墜之，是即河水所潛，出于積石，亦豈臆造！繇漢以來，彰彰較著，嗣後注五十八唐咸亨元年薛仁貴征吐蕃，敗績大非川。二年，乃以河關静邊鎮置積石軍，久之遂訛「河關兩山夾峙，河出其中」者，爲禹貢所導之積石，矧又輔以馬岌西王母之祠，范曄臨羌之紀，崑崙既在河關之上，益爲積石明證乎？水經云河水「南至積石山下，有石門。河水冒以西南流」，酈道元謂之「重源」。東方朔十洲記云「崑崙南接積石圃，寔崑崙之支輔」，與水經「南至積石山」之文合。山海經云「積石之山，其下有石門，河水冒以西南流，萬物無不有」，郭璞注云：「山在金城河關縣西南羌中。」後漢書云：「段熲爲護羌校尉，追燒當羌，且鬬且行，割肉餐雪四十餘日，遂至河首積石山，出塞二千餘里。」隋置河源郡積石鎮，命劉權鎮之，繞遠化、赤水二縣，在古赤水城，又在曼頭城西。宇文述追破吐谷渾處，所謂「得地東西四千里，南北二千里，置郡縣鎮戍，徙天下輕罪居之」者也。注云有積石山，河水所出。又有烏海，貞觀中詔李靖、侯君集等西征吐谷渾，軍次鄯州。始議所向，後戰于曼都山，窮追出塞，登漢哭山，復戰于烏海，破天柱部于赤海。君集、道宗行空荒之地二千里，迺次星宿川，達柏海，上望積石山，觀河源。自是以上，曷嘗言積石在河關也。唐置軍而更名積石，借其嘉稱，猶之征吐谷渾近在青海而以君集等爲積石道、鄯善道、赤水道、且末道、鹽澤道也，豈實隸其地邪！亦置河源軍于鄯城縣，又非河源郡之故地可證也。逮至開元中，張守節作史記正義，云河州有小積石山，河源出大崑崙。入鹽澤，東南潛行，入吐谷渾界大積石山，又東北流至小積石山。指河源所出者爲大崑崙，似以臨羌山爲小崑崙矣。又以河關爲小積石，吐谷渾界者爲大積石，其名跡未盡溷也。肅、代之季，吐蕃據有河湟，華夷隔越，既易五朝，歷數十年，邈無經載。長慶中，劉元鼎使吐蕃，胡怪乎以河關爲積石，紫山爲崑崙，以積石冒出之流星宿川爲河源也。而杜佑之通典、歐陽玄之廣記、馬端臨之通考以至鄧展、都實、潘昂霄輩不悟置軍名所繇起，寖尋相延，遂堅執元鼎之説，極詆山海、水經以及班固、郭璞、酈道元之儔。嗚呼，曲士拘儒，經見不廣，凡于知識未逮者，輒爲荒唐，誠諺所謂「少所見，多所怪」，妄鼓筆札，而令前人之與古蹟受誣千載，直如長夜。至于昂霄之志一行，奉爲指南，而我明按河關者建立禹廟，祀在有司，積石之訛，益莫可辨，崑崙之墟，終古下移，深可嘅惜矣。客有難余者曰：「尚書崑崙析支，差次敘之，在所相去，似不應遥。范曄稱金城之西南濱于析支，則臨羌之有崑崙，獨不可以理推之，而乃信不可知之載牒以置辨乎？」余曰不然。水經云河自朔方東轉逕渠搜北，蓋渠搜在今榆林北，析支、渠搜亦差次叙之，相去大遠。又析支即河曲羌所居，蓋都霄所稱九渡水是已。又稱谿九渡至崑崙，行二十六日程。河始行崑崙南，經叙崑崙在析支之上，又豈應山在析支下哉？蒲昌之水，潛出積石，既有經證于漢，而崑崙流入葱嶺，獨無是理乎？矧尚書亦稱道沇水東流爲濟，溢爲滎，東出于陶丘，沇水亦既潛而復見，尚書亦詭誕矣。余賦黄河，悉陳群籍，究其源委，會通其故，乃備列之，以發千百年之覆云。

雪山。西去衛治百餘里。上有積雪，四候不消，望之若銀屏。相傳有蟲，其形類蛆，謂之雪蛆，大可觔餘，味極脆美。

金山。西去衛治六十里。上有湫池，遇旱，禱之常雨。隋煬帝征吐谷渾，宴群臣其上。後圍吐谷渾于覆袁川，命元壽南屯金山是也。

熱水山。西南去衛治五百里。山南出熱水，流入青海；山北出冷水，即西寧河源，古所謂湟水也。

拔延山。在衛治西故化隆縣境。隋煬帝征吐谷渾，大獵此山。長圍周亘二千里。隋地理志云湟水即其地。

連雲山。在衛治西吐谷渾界。隋開皇間山響稱萬年者三，詔頒郡國。仍遣使醮于山所，其日景雲浮于上，雉兔馴壇側。

大非山。近青海，吐谷渾嘗踰山入寇。

都曼山。在衛治西。薩孤吴仁以輕騎破吐谷渾處。

庫山。在衛治西。唐任城王道宗破吐谷渾伏允于此。

䰟山。在衛治西。按山海經云「䰟山去太華二千八百五十七里，是錞于西海，凄水出焉，西流注于海」，則是山在西海之東，而爲西寧境内之山也。

戎峽山。在衛治西。湟水所經也。

唐述山。南去衛治二百八十里。酈道元云：「山甚靈秀，山峯之上，立石數百丈，亭亭桀竪，競勢争高，遠望嵺嵺，若攢圖之託霄上。其下層巖峭舉，壁岸無階，懸巖之中，多石室焉。室中若有積卷，名積書巖，世士鮮有津逮者。每見神人往還，彼羌目鬼爲『唐述』，因名其山，指其堂密之居，謂之唐述窟。其懷道宗玄之士，皮冠凈髮之徒，亦往棲託焉。」

石城山。西南去衛治二百八十里，即石堡城。崖壁峭立，三面險絶，惟一徑可上。隋史萬歲石城山詩曰「石城門峻誰開闢，更鼓誤聞風落石」是也。

阿剌古山。東南去衛治一百八十里，一名大山。連延高大，大河左繞，西寧前捍也。

金娥山。在衛治西北七十里，俗名娘娘山。恐即隋煬帝宴群臣山也。

覆袁山。在衛治西北，臨永昌衛界。隋煬帝征吐谷渾至此。

車我真山。在覆袁山西。煬帝征吐谷渾，伏允遁去，遣其名王詐稱伏允保此山。

土樓山。在衛治北。酈道元水經注云：「上有土樓，北倚山原，峯高三百尺，若削成。樓下有神祠，彫牆故壁存焉。」闞駰十三州志曰：「西平亭北有土樓神祠，今在亭東北五里，湟水逕其南。」

駱駝山。在衛治東北三十五里。天順中，宣城伯衛穎擊叛蕃巴沙部，進次此山。

玄朔山，北去衛治六十里。上有五峰。

霧山。在衛治北三百里。水經注云：「湛水東南流至霧山，注浩亹河。」

紅崖山。東北去衛治八十里。其土赤，因名。山半有石洞，中有佛閣。志稱「紅崖峙其右」是也。

峽口山。東去衛治三十里。漢名湟陿，酈道元謂之漆峽。地極險阻，爲湟鄯往來咽喉地。唐人嘗築省章城，控制要害。

清江山。在宋德固故砦北二十五里。

承風嶺。在衛治西塞外。唐李玄敬與吐蕃戰青海，敗績還走，屯此。黑齒常之率死士襲擊吐蕃處。

赤嶺。在衛治西臨吐蕃界。開元中，立分界碑。

大非嶺。在衛治西南。薛仁貴征吐谷渾，置重栅于此嶺。

扁道嶺。在牛心川。

星嶺。在長寧谷。隋煬帝征吐谷渾過此。

乩𨶹嶺。宋屬西寧州，政和中置制羌砦。

黄坂。在長寧州。晉西平太守曹祛遣麴晁拒張寔處。

五里坂。宋都護張嚴與金人戰死處。

青唐峗。苗履與金人戰死處。

牛心堆。在衛治西南。李靖征吐谷渾，敗其兵于此。

雁谷。在故臨羌縣西。漢護羌校尉鄧訓掩擊羌迷唐處。

龍泉谷。在衛西八里，有龍泉，疑即西川稱龍泉谷也。唐劉元鼎使吐蕃，踰湟水，至龍泉谷，謂哥舒翰故壁多在湟水。

蒙谷。劉元鼎使吐蕃，出蒙谷，抵龍泉，則蒙谷在龍泉東也。

湟谷。在衛治西南。段熲率義從胡破羌處。

丁令谷。在宋清平故砦南，崇寧中置，隸積石軍。

大允谷。在黄河北燒當居處。

保敦谷。在衛治南一百八十里。宋王贍遣李賓踰南山入保敦谷討蕩叛羌。崇寧三年，築綏平堡于此。

允吾谷。在漢允吾故縣西。

唐翼谷。在允吾谷西。漢馬伏波追破西羌處。

和羅谷。在故湟水縣西。漢隴西太守遣李睦擊羌處。

唐谷。在湟水縣。謁者張鴻、長史田颯擊燒當，戰没于此。

三兜谷。在衛治西北，臨永昌衛境。漢護羌校尉傅育戰處。

長寧谷。在衛治西北，今謂之北川。隋煬帝征吐谷渾入此。

雒都谷。在故浩亹縣西。漢馬武與羌人戰處。

宗谷。在大硤口西三十里。宋王厚征谿賒羅撒，右軍出宗谷口，即此。

承流谷。在碾伯城西。酈道元云「會達扶東、西二谿水，又期頓、谿谷二水，北注之吐那孤、長門兩川，南流注湟水」，是至大硤口入湟也。

丁羊谷。屬古湟州境，出金。宋政和間金坑得鑛成金〔一二〕。

琵琶峽。在覆袁川東。隋太僕卿楊義臣屯兵于此，圍吐谷渾。

東西邯。南臨黄河。漢馬武破羌于此，即邯川之東、西。侯霸請置東西邯屯田五部，列屯夾河是也。

苕藋。地名，在衛治西北，臨永昌衛境。晉義熙中，南涼以北涼兵至此，大掠五千餘户而還。

九曲。在衛治西南。唐天寶中哥舒翰收復其地。

西海。西去衛治三百餘里，水經注云西平二百五十里者，有訛字也。世謂之青海。闞駰所謂卑禾羌海周數伯里，北有鹽池，有魚無鱗，背負黑點。海中有山，至冬冰合，遊牝馬其上，得龍種，日行千里，稱青海驄。王莽諷卑禾羌獻西海地，置郡，即此。隋煬帝置馬牧于此求龍種。

苦拔海。在尉遲川西。

黄河。南去衛治南二百八十里。按水經河水「逕西海郡南」，「又東北流入西平郡界」「逕黄河城南」，酈道元注云：「西北去西平二百一十七里。又東逕白土城南，又東與湟水合。」

湟水。其源出西塞外，流經衛治北，東至漢允吾縣東入黄河，古湟中之名繇是水也。今謂之西寧河，通志及行都司志疑蘇木連河者，非也。水經注云湟水逕龍夷城、西海，皆在臨羌新縣西，又東經戎峽山，即西塞外之石峽也。自塞外以至逕西平城北，咸無南注之文，安得指衛北山陰之水爲湟水也。

浩亹水。一曰閤門，東去衛治二百五十里，今謂之大通河。舊志謂在衛城西二百里者，似非。按范曄地志云浩亹水東至允吾，入湟水。酈道元水經注云浩亹河出西北塞外，逕敦煌、酒泉、張掖南，逕西平鮮谷塞尉故城南，又東逕養女山北，又東逕浩亹縣故城，東流注于湟水。又東逕允吾縣北。由此考之，大通河非浩亹乎？大通河起于宋築大通城于河上，亦猶宋改鄯州爲西寧州，遂呼湟水爲西寧河也。

羌水。出衛治西南。逕臨羌故縣東，北流入湟水。

盧溪。水出衛治西南盧川，東北流，注湟水。

臨羌谿。水發故臨羌新縣西北。逕其縣東，入湟水。

常溪。在衛治東。水注安夷川。

宜春水。在衛治東北七十里。水出宜春溪，西南流，至石峽堡南入湟河。

勒且水。其源出平戎東南勒且溪，昔勒且羌種所居也。北流至大峽口，北入湟水。按水經注云湟水有勒且之名，即此號也。闞駰云金城河與勒且河合，是已。

來谷水。出碾伯東南山中。

乞斤水。出碾伯東南山中，與來谷水合至石嘴兒關，北入湟水。

六谷水。在故破羌縣東南，北流 入湟水。

唐述水。逕唐述山南注湟河。

大谷水。在澆河故城北。

盧水。按隋地理志在化隆縣境。

宗水。在衛治東。一統志謂來自青海，逕衛境入湟水，南有宗谷口。非矣。

牛心川。在衛治南。舊志指爲那孩川古麒麟河，俗謂之南川。按酈道元水經注云牛心川「水出西南遠山中，東北流，逕牛心堆東，又北逕西平亭西，東北入湟水，又逕西平城北」，則南川爲牛心川無疑矣。

郡孫川。在衛治南五十里揑爾朵峽西。水流注牛心川。

長寧川。在衛治西北。按一統志謂伯顔川，舊志謂車卜魯川，一名斡爾朵川，俗呼爲北川，皆此川也。晉置長寧縣于此。酈道元水經注云水出松山，合養女川，南入湟水。即隋煬帝所入長寧谷也。隋煬帝紀云：「四月，帝巡河右，至西平。五月庚辰，帝入長寧谷。」

養女川。在衛治北。水逕養女山注長寧川。

景羊川。西北去衛治五十里。水東注長寧川。

晉昌川。在長寧川西北。水流注長寧川。

伏溜川。在西石硤東。東北流，注湟水。

石杜川。在伏溜川東。東北注，注湟水。

蠡川。在石杜川東。東北流，注湟水。

龍駒川。水出衛治西南山下，北流，注湟水。

殺胡川。在衛治西。唐劉元鼎使吐蕃，至龍泉谷，西望殺胡川是也。

大非川。在王孝傑米栅西，臨吐谷渾界。

良非川。在西塞外。

尉遲川。在石堡城故振武軍西。

白土川。在白土城東。

覆袁川。在衛治西北，臨甘州境。隋煬帝西征，困土谷渾于此。

廉川。在衛治北界。按楊統云浩亹鎮北據廉川，秃髮烏孤所都，烏孤傳云「嘗登廉川大山而泣」即此。以地考之，即今之大通河，古浩亹水，烏孤所都廉川堡是在河北今莊浪衛境矣。

沙棠川。在衛治東北。水經注謂之甘夷川，永樂中，置牧馬苑，更各廣牧川。

吐那孤川。在衛治東湟水北。

長門川。在衛治東湟水北。

安夷川。東去衛治六十里。控衆川。合安夷川東入湟水。

達扶谿。按水經注「東、西二水，參差北注，東出承流谷，南注湟水」，是在大峽口北也。

陽非川。在磧伯東，會流谿、細谷，三水至馬哈剌鋪東南入于湟水。
破羌川。在故破羌縣東，左入湟水。
宗哥川。在古宗哥城北，即湟水也。至宗哥城遂名宗哥川，隨地異名耳。
邈川。在鄯州境，唃廝羅所都。宋建湟州於此。
伏羅川。未詳所在。吐谷渾伏羅來居之。
麒麟河。在衛治南。按晉書南凉王秃髮烏孤時，麒麟遊于綏戎，故名。宋史地理志云「綏戎城在西平郡鄯城縣西一百里」，是非今之南川也。
蘇木連河。在衛治北山陰。舊志疑爲湟水，非也。
菊花河。在大通城西六十里。
乳駱河。在臨宗砦東。
溜谿。在衛治西，臨羌新縣故城西南，又東北流入湟水。
白鹽池。在西海上，今爲海虜所據。
拂鵜泉。一名鸊鵜泉，在衛西南古石堡城。吐蕃以五萬騎入振武拂鵜泉，鈔回鶻還國者是也。
五泉。在衛北。水經注云「發西平亭北，鴈次相綴，東北流至土樓南」。

廣利渠。在衛治東。宋何灌引邈川水漑湟，開田千頃是已。

西寧州故城。元時築。今半在城南，頹垣高峙，尚有存焉。

安夷縣故城。東去衛治七十里。漢置。是縣隸金城郡，章帝建初中，拜度遼將軍吴棠領護羌校尉，居安夷，是又爲都護治。今謂之平戎城。按酈道元水經注云「湟水又東逕安夷故城，城有東、西二門，去西平東七十里」是也。

倚郭縣故城。在衛治南四十里。崇寧三年置，即今之南川伏羌城地也。

鄯城縣故城。在衛治西，今之西川鎮海堡地。儀鳳三年置。按唐地理志云「有河源軍，西六十里有臨蕃城」，唐地理志云「有土樓山」，非此地耶？

長寧縣故城。在衛治北四十里。晉地理志云「西平郡有長寧縣」，今之北川總堡是其地也。

樂都城。東去衛治一百三十里，今謂之碾伯城。酈道元云「湟水逕樂都城南」是已。南涼秃髮傉檀都此。今碾伯城西二里有二城，若連環約三里，未詳所置。

破羌縣故城。東去衛治一百七十里。漢宣帝神爵二年置城，省南門。闞駰十三州志云「湟水在破羌縣南門東過」是已。隋改爲湟水縣，即今之老鴉城地也。

龍支縣故城。東去衛治二百七十里。一曰龍耆，漢拜曹鳳爲西部都尉，治此。酈道元云

「湟水又東南，逕小晉興城北，故都尉治」，又闞駰曰「允吾縣西四十里有小晉興城」，是在今之古鄯地矣。唐上元中，吐蕃攻没鄯州，以龍支城屬河州，故與河州近也。宋地理志云「南至廓州分水嶺四十里」，按漢書霍去病逐諸羌，及渡湟，築令居塞，或云龍居塞，疑亦此也。及考水經注云：「澗水出允吾縣北令居縣西北塞外，南流逕令居縣故城西。又南逕永登亭西，歷黑石谷南流，注鄭伯津。」是令居又在湟水北而今之莊浪衛境矣。姑備列之。

允吾縣故城。東去衛治三百一十里，在今古鄯東四十里。按地理志謂湟水至允吾入河，迺今競稱允吾爲莊浪衛境，以隋改故廣武郡都尉治爲允吾縣，始允吾在莊浪境耳，漢允吾是在湟水南也。按酈道元云「湟水又東逕允吾縣北爲鄭伯津」，則允吾在湟水南，是爲西寧地界無疑。闞駰曰「允吾西四十里有小晉興城」，小晉興城爲今之古鄯地，計其里至與夫形勢，是在今之下川口也。

浩亹縣故城。東北去衛治三百里。在宋大通城西北，漢置縣，王莽更名興武。

大通城。在衛治東北。舊名達南，控扼夏境。宋崇寧中收復湟、鄯，乃築塞拒守。水曰大通，古浩亹水。西寧後距也。又有三角城，元築，以控要害，垣址尚存。

湟河郡故城。在衛治西南。前涼張駿分澆河郡地爲湟河郡。

晉興郡。在衛治東南小晉興城南。晉永寧中分西平郡界置郡，統左南等縣。

廓州故城。在衛治西南二百二十里小積石山。本澆河郡，宋少帝景平中拜吐谷渾河豺爲澆河郡公，即此。水經注云澆河郡有二城，東西角倚，隋因之，爲澆河郡。宋爲寧塞城，後廢。今爲蕃族所居。

西海郡故城。在臨羌新縣故城西三百里。王莽遣使諷卑禾羌獻地内屬，奏置西海郡是也。

龍夷城。故先零地。闞駰十三州志曰：「城在臨羌新縣西三百里，王莽置西海郡，治此城。」魏郭淮與羌治無戴戰于城北。」

湟中城。故小月支地。十三州志曰：「西平、張掖之間，有小月氏國。」

鮮谷塞尉故城。在衛治西北，臨甘州界。酈道元所謂「浩亹水東南逕西平之鮮谷塞」是也。

赤城。酈道元「湟水逕赤城北」。

護羌城。故護羌校尉治，在臨羌縣故城西南。漢章帝建初二年，以武威太守傅育爲護羌校尉，移居臨羌，即是城也。

臨羌縣故城。在衛治西塞外。王莽更曰監羌。漢武帝元封元年，封孫都爲侯國。謂之綏戎城，非也。

臨羌新縣故城。闞駰曰：「臨羌新縣在郡西百八十里，湟水逕其南。城有東、西二門，西北隅有子城。」

龍駒城。在衛治西南。今之西川地鎮海堡東。

寧西城。在倚郭縣西四十里。

宣威城。在倚郭縣北五十里。宋高永年戰死處。

臨藩城。在衛治西。唃厮囉置，通青海、高昌儲國。

廣威縣故城。屬廓州，本化隆縣。唐先天中曰化成，天寶元年更是名。

達化縣故城。在積石軍東。晉置，屬澆河郡。

米川縣故城。在衛治南二百里。王厚云沿河西至廓州六十里。唐貞觀中置，後改米州。

省章故城。在小峽口。宋築之以控制要害。

積石軍故城。在衛治南二百三十里。本漢金城郡河關縣地，唐咸亨中置軍，隸隴右節度府。後没吐蕃，宋收復，置溪哥城。元符中，爲溪巴温所據。大觀中，臧征撲哥以城降，即其地置積石軍。

寧塞軍故城。在積石西。唐爲寧邊軍。

宛秀城。在積石西八十里。唐天寶中，哥舒翰置宛秀軍以實河曲是也。

廥公城。在廓州城北二十里，去衛治西南二百里。舊名結羅城。宋崇寧中收復，改是名。

來賓城。在廥公城東一百三里。屬樂州。

石堡城。在衛治西南二百八十里。唐開元十七年，吐蕃陷此城，留兵據之，侵擾河右。命信安王禕與河西、隴右同議攻討，諸將咸以石堡險遠難攻。禕不聽，引兵深入急攻，拔之，命曰振武軍。二十九年，復爲吐蕃所陷，董延光攻之不克。八年，哥舒翰復拔之，置神武軍。

德通城。本瞎令古城。宋政和中，劉法解振武軍圍，築此。

應龍城。在石堡城西。唐天寶中，哥舒翰築，置神威軍。

古骨龍城。在石堡城。宋政和中，熙河經略劉法大破夏人于此，後賜名振武城。

石城。南近黄河。昔段熲繫羌于石城，投河墜坑而死者八百餘人，即于此也。

左南縣故城。南臨黄河，在石城西一百四十里。晉惠帝永寧中置。前涼張瑁從左南緣河而截趙麻秋軍是也。

白土縣故城。南近黄河，在唐述山。晉永寧中置。水經云：「河水又東，逕臨津城北白土城南。」十三州志云：「左南津西六十里有白土城，城在大河北，而爲緣河濟渡處。」魏涼州刺史郭淮破羌遮塞于白土，即此處矣。

邯川城。南臨黄河，在白土城西。漢建元初，以牛邯爲護羌校尉，故川有邯名。

黄河城。在衛治東南。水經云：「河水又東北，逕黄河城南。」酈道元注云：「西北去西平二百一十七里。」前涼張駿分澆河郡地爲湟河郡，疑即此城。而水經「黄」字訛之耳。歷考載牃，無黄河郡縣之名也。

逢留河城。南臨黄河。永元五年，貴友代聶尚爲護羌校尉，攻迷唐，斬獲八百餘級，收其熟麥數萬斛〔一三〕。於逢留河上築城以盛麥，作大船，于河峽作橋。

河源軍故城。唐置，在故鄯城縣西南，去衛治一百二十里。一云趙充國停候地。

白水軍故城。在鄯城縣西六十里。唐開元中，郭知運、張懷亮置。

綏戎故城。在鄯城縣西一百二十里。南涼時，麒麟遊於綏戎，即此。

定戎城。在綏戎城西南六十里。

綏和守捉故城。去衛治西南二百五十里。

令州守捉故城。在衛治南一百八十里。

安人軍故城。一曰安仁。在衛治西南。

威戎軍故城。在衛治西北三百五十里。唐開元杜希望收吐蕃置。

樹敦城、賀真城。二城爲吐谷渾巢穴。元魏恭帝三年，涼州刺史史寧破吐谷渾南山，與突厥木杆分道拔之。

曼頭城、赤水城。隋大業中，裴矩擊吐谷渾，拔二城。

同波堡。在膚公城南一十五里。

同波北堡。在廓州西半里。
安川堡。在湟州西南八十里。
寧川堡。在安川堡南四十里。
善治堡。在通濟橋北。
大同堡。本古骨龍城接應堡，宋政和八年賜名。
石門堡。在德通城北。舊名石門子，宋政和中賜名。
順通堡。在積石軍故城東八十里。
峽口堡。在故湟州界，王厚收復。
南宗堡。在臨宗砦北一十三里。
通湟砦。在故湟州東三十里。
瓦吹砦。在來賓城東北界一十七里。
安隴砦。在故湟州西南四十五里。
德固砦。在綏遠關西界二十里。
臨宗砦。在宗谷南，去故湟州分界一十一里。
綏邊砦。在衛治東北，舊名宗谷是也。

寧塞砦。在鄜州城東一十七里，南至黄河一十五里。
懷和砦。在膚公城西五十三里。
堡塞砦。在衛治南保敦谷。
清平砦。在保敦谷西三十里，在故倚郭縣南五十里。
黄沙戍。在達化縣東。
綏遠關。舊名灑金平。在湟州西，即今之大峽口也。
浩亹隘。在衛治東北故浩亹縣境。漢光武建元中先零諸羌數萬拒浩亹隘，馬武與馬援擊破之，即是處也。
虎臺。西去衛治五里。有臺九層，高九丈八尺，相傳南涼王所築。秃髮傉檀子名虎臺，或是其所築也。或曰將臺，亦傳南涼所築。
王孝傑米栅。在尉遲川西。
風伯古祠。在北川。酈道元云在長寧亭南山上，春秋祭之。
西平亭。魏黄初中立。西平郡憑倚故亭增築南、西、北三城，以爲郡治。
長寧亭。在養女嶺南。酈道元云：「去西平亭西北四十里，十三州志曰六十里遠矣。」晉建長寧縣于此。

邯亭。在邯州城南，近黄河。

羅亭。在積石山北。後漢段熲破羌處。

開元分界碑。在赤嶺西。唐開元中，許吐谷渾互市，信安王禕、張守珪定封界于赤嶺之西。

洪濟梁。在積石山西一百八十里。有金天軍。唐哥舒翰拔洪濟城。長慶中，劉元鼎使吐蕃，由洪濟梁南行尋河源是也。

通濟橋。在湟河上，即振武城浮橋。

西寧衛城。古湟中地。西漢爲金城郡西平亭，魏、晉爲西平郡，元魏、隋爲鄯州，大業中復爲西平。唐爲鄯州西平郡都督府。没吐蕃，號青唐城。宋復建鄯州，崇寧中改西寧州，元因之。在明洪武十九年，命長興侯耿秉文率陝西諸衛軍士築之基，割元西寧州故城之半，周圍九里一百八十步三尺。

碾伯城。東去衛治一百三十里。即南涼樂都城故地。唐爲湟州，宋唃厮囉稱邈川城，元符中改湟州，陞饗德軍節度治。宣和中，改樂州。明洪武十九年，置嘉順馬驛，又置右千户所。嘉靖三十三年，增置守備。萬曆十二年，改置遊擊。府城高四丈，下厚三丈五尺，廣袤三里三百一十八步。

古鄯城。東去衛二百七十里。西漢爲龍支縣故地，爲西部都尉治。晉爲小晉興城。明洪武十九年，置古鄯馬驛。萬曆十二年，置守備。

鎮海城。西去衛治四十里。唐鄯城縣故城地。明萬曆二十一年，置遊擊府。

巴州城。在碾伯東南八十里。明洪武十九年置巴州馬驛，嘉靖元年置防守官。

平戎城。東去衛治七十里。漢安夷縣故城地。明洪武十九年置平戎馬驛。嘉靖元年置防守官。

老鴉城。東去衛治一百七十里。漢破羌縣故城地。隋改爲湟水縣。明洪武十九年置馬驛，嘉靖元年置防守官。

冰溝城〔一四〕。東北去衛治二百一十里。明洪武十九年置冰溝驛，嘉靖中置防守官。

鐵廠。在北山五十里。萬曆二十四年，都御史田樂檄兵備按察使劉敏寬募鐵師採鑛燒鐵，後時不給，久廢塞焉。

西寧衛志

西寧方隅千餘里，火真墩其南，生蕃聚其北，東接松虜，西閡海酋，而賓兔、巴兔、着力兔、克臭、哈壇巴都、沙剌、納剌、永郡卜、瓦剌他卜囊校聯遶之。西寧如以孤絚懸彈丸擲之群虜掌中，左右前後無所倚仗，堂皇籬落，自爲中外。吁，危矣！所恃者邇年硤礭、闇門、邊牆、水洞、城堡、營寨、墩堠櫛次鱗比，在在創造，時時增脩，足少恃焉。因爲之考。

堡塞

南川。去衛治南十里有沈家寨，十五里有靳家堡、水磨堡，又一里爲陳家堡，二十里有總堡、水泉兒堡、桑家山城，三十里有老幼堡、王斌團莊、高峰山城、徐家山城、新添堡，又三里爲井家山城，五里爲孫家山城、甘家山城，四十里有毛家寨，又五里爲伏羌堡，置守備官。去東南五十里有乞達真寨，一名田家寨，又東南五里爲石嘴堡。萬曆二十四年議大脩邊榨，增置有党興溝口馬營。又八十五里有剌哈山城，增置將領官，通歸德路。

西川。去衛治西五里有楊家寨，十里爲鹽莊山城、劉家寨，又五里爲高臺堡、彭家寨，二十里有杏園兒堡、深澗堡，又五里爲三旗堡，三十里有陶家大堡，又五里爲烏思巴堡、宋家堡、雙山堡、陶家小堡，七里爲花園堡、汪家寨。四十里有鎮海城，萬曆二十一年，拓建置參將官。又有巴浪堡、兩旗堡、徐家堡、雙寨、楊圈堡、朱家堡、馬家崖堡、景家山城、吴中寨、李家團莊，又五里爲東山城堡、小泉堡、新園堡、寺兒寨，五十里有韋家寨、西山城堡，又五里爲甘河新堡，六十里有康纏堡，又五里爲葛家寨。七十里有乩迭堡，萬曆二十三年，新置防守官。又五里爲石峽山口馬營，西北四十里有沈家堡、萬家山城，又五里爲王家堡，西南八十里有康纏溝馬營。

北川。去衛治北十五里有大旱坪堡、劉家下寨，二十里有劉家上寨，又五里爲小寨堡、蔡家堡、高峰山城，八里爲孫家下寨，三十里有孫家上寨、紅崖山城、雙廟堡，又五里爲王家堡。四十里有總堡，舊置守備官。又有鴛鴦堡、諸二溝堡、賀家寨，又五里爲靳家堡，五十里有小乾溝堡、楊家寨、高墩堡、杏園堡、宋家堡、高臺堡，又五里爲大寨堡、黄家寨、鮑家上寨、完家堡、李巴堡，六十里有邵家堡、吴家堡，又五里爲東劉堡、景陽川堡，七十里爲陶家寨、臨水堡、石山堡，又五里爲新添寨、老幼堡。八十里有玄朔城，萬曆二十四年，議建於閻門馬營内移，置守備官。又有平虜堡，舊爲古城。又有廟溝山城。西北六十里有蘇家堡、姚家堡，七十里有清水溝堡，九十里有毛家堡。

威遠。去衛治之東北三十里有三旗堡，又五里爲駱駝山城，四十里有五旗堡、甘家堡、雷家堡、破寨堡、鹽場堡，又五里爲陶家堡，五十里有總堡、薛家山城、新園堡。六十里有曹家堡、舊爲石硤堡。黑鼻子崖堡，又五里爲雙樹堡，高牆堡，七十里大通苑堡、新添堡、董家寨、納零溝、魏家堡，八十里有俞家堡、蔡家下寨，又五里爲涼州營堡。九十里有威遠營，置遊擊官。又有班家灣堡。一百里有馬園堡、蔡家堡、老幼堡，萬曆二十二年增置興屯堡。東二十五里有傅家山城，四十里有高寨，七十里覺化寺堡，八十五里張家寨。

城東。去衛治二十里有羅家灣堡，三十里有小峽口馬營、三十里鋪堡，又五里爲中寨堡，四十里有紅莊堡、白土坡馬營，五十里有東營兒堡，又五里爲張旗堡，六十里爲石青堡。其南十里爲寄彦才堡，又東五里爲西營兒堡。七十里有平戎堡，置防守官。其南十里爲觀音堂大寨，八十里有河灘寨，又九十里有高店堡，一百里有馬哈剌堡、馬鞍山營，一百二十里有深溝堡、旱莊堡、弩木只溝營，又三里爲七里店堡，一百三十里有碾伯城，又三里爲水磨營，五里爲罔子堡，一百四十里有湯官堡、楊官堡、石嘴堡、王官兒堡。其石嘴堡北二十里爲勝蕃溝馬營，一百五十里有雙塔堡、高廟堡、羊腦子溝馬營、李二堡，又五里爲藩旗營、周旗營，一百六十里有紅水堡、薛旗營、李招哈山城，又五里爲趙家下團莊堡，一百七十里有虎狼溝堡、長里店堡、趙家上團莊堡，一百八十里有阿鑾堡、杏園兒堡、老鴉城堡、楪爾溝營。自老鴉城北四十里爲冰溝堡、竹林溝馬營，二百里有虎剌孩山城。其南二十里爲路家堡，又五里爲松樹灣堡，二百十五里有米剌溝新添堡。其南十五里爲李二堡，二百二十里有石嘴堡，二百二十里有上川口堡。其南五里爲吉家堡，又南五里爲萬象堡，又南五里爲祁家山城，又南五里爲巴州寨，又南五里爲細巷堡，二百五十里有下川口堡。其西南十里爲李鐵堡，又五里爲武家堡、紅嘴堡，又五里爲高廟堡，又五里爲北鄉堡、哈家堡，又五里爲總堡、鎮遠堡，又十里爲慈利寺堡，又三里爲郭家山城。自下川口堡東南十五里有西納堡，又南二十五里爲南鄉堡，又十里爲鎮寧堡，又十五里爲雙泉堡，又西南七里爲鮑家堡。自西納堡又東五十里爲甘家堡，又東十里爲趙芳山城，又東北二十里爲静覺寺堡，西南十里爲高泉堡，又西南二十里爲張家寺堡。自趙芳山城東四十里有鄂家堡，南三十里爲朱家堡，又西南十里爲祁家堡，又三十里爲祁家山城，又二十五里爲韓家堡，又二十里爲静寧寺堡。自祁家山城東十五里有吕家堡，又西南二十里爲趙木川山城。

硤榨

馬鷄溝峽榨，次衝。距衛治東南八十里，伏羌堡三十里，水草溝二十里，秋子溝四十里，西川七十五里，雙山堡六十五里，罵雨溝二十五里，碾伯一百八十里，平戎七十里，寄彦才溝五十五里。虜零入，申中族蕃、南川兵出水草溝，西寧兵出秋子溝嶺，西川兵、雙山堡兵出罵雨溝夾擊之，碾伯、平戎兵赴寄彦才溝應援。虜大入，諸兵于伏羌堡上下合擊之。

王溝爾峽榨，次衝。距衛治南八十里，伏羌堡四十五里，硤口十五里，分水嶺二十里，西川八十里，雙山堡六十里，孤山兒二十里，碾伯一百八十里，平戎七十里，寄彦才溝三十五里。虜零入，申中族蕃、南川兵出峽口，西寧兵出分水嶺，西川兵、雙山堡兵出孤山兒夾擊，碾伯兵、平戎兵赴寄彦才溝應援。虜大入，諸兵于伏羌堡上下合擊之。

捉爾朶峽榨，極衝。距衛治南九十里，伏羌堡四十里，闇門三十里，匾擔溝四十里，西川七十里，塔爾灣五十里。虜零入，則申中族蕃、南川兵出闇門，西寧兵出匾擔溝，西川兵出塔兒灣分禦。虜大入，則諸兵又於水草溝上下合擊之。

木哈爾峽榨，次衝。距衛治南八十里，伏羌堡五十里，本川闇門三十里，匾擔溝四十里，西川四十里，雙山堡三十里，班撒兒闇門三十里，碾伯二百一十里，平戎一百四十五里，寄彥才溝八十里。虜零入，申中族蕃、南川兵禦闇門，西寧兵出匾擔溝，西川兵、雙山堡兵出班撒兒闇門分禦，碾伯、平戎兵赴寄彥才溝應援。虜大入，諸兵于申中族上下合擊之。

經納峽榨，極衝。距衛治西南一百一十五里，西川七十里，班撒兒闇門四十里，塔兒灣三十里，南川五十里，南川闇門四十里。虜零入，則班撒兒族蕃、西川兵禦闇門，西寧兵出塔兒灣，南川兵出闇門分禦。虜大入，則諸兵又於班撒兒闇門上下合擊之。

打石榨，極衝。距衛治西南一百一十里，甘河闇門六十里，西川六十里，大康纏溝六十里，班撒兒闇門四十里。虜零入，則坡家族蕃禦甘河，闇門、西川兵出大康纏溝，西寧兵出班撒兒闇門分禦。虜大入，則諸兵又於班撒兒闇門上下合擊之。

大磨石溝榨，極衝。距衛治西南九十里，西川三十里，大康纏闇門二十里，甘河闇門二十五里。虜零入，則剌卜爾族蕃禦榨，西川兵出大康纏闇門，西寧兵出甘河闇門分禦。虜大入，則諸兵又於大康纏闇門上下合擊之。

白崖子榨，極衝。距衛治西南八十里，西川三十里，大康纏闇門二十里，甘河闇門二十里。虜零入，則剌卜族蕃禦榨，西川兵出大康纏闇門，西寧兵出甘河闇門分禦。虜大入〔一五〕，則諸兵又於大康纏闇門上下合擊之。

白石頭、下盤道二榨，極衝。距衛治西南九十里，哈加溝三十里，西川三十五里，第四溝十五里，小康纏溝十五里。虜零入，則速爾吉禦哈加溝，西川兵出第四溝，西寧兵出小康纏溝分禦。虜大入，則諸兵又於小康纏上下合擊之。

白石頭、東攔二榨，極衝。距衛治西九十里，鸞巴蕃營二十里，西川三十里，大康纏溝二十五里，甘河闇門四十里。虜零入，則速爾吉禦鸞巴蕃營，西川兵出大康纏溝，西寧兵出甘河闇門分禦。虜大入，則諸兵又于鸞巴蕃營上下合擊之。

洛攔榨，極衝。距衛治西八十里，西川三十里，洛攔口五里，康纏溝二十五里。虜零入，則達我失族蕃堵榨，西川兵出洛攔口，西寧兵出小纏溝分禦。虜大入，則諸兵又于小纏上下合擊之。

西石峽榨，極衝。距衛治西九十里，剳麻隆二十五里，西川三十里，佛爾崖十五里，賞失蕃營三十里。虜零入，則剳麻隆族蕃禦榨，西川兵出佛爾崖，西寧兵出賞失蕃營分禦。虜大入，則諸兵于劄麻隆蕃營上下合擊之。

鎖思党榨，極衝。距衛治七十里，西川三十里，奔巴爾溝十五里，西納下寺三十里，北川八十里，截山溝山嶺十八里。虜零入，則奔巴爾族蕃、西川兵堵榨，西寧兵出西納下寺，北川兵出截山溝山嶺分禦。虜大入，則諸兵又于西納寺上下合擊之。

剌撒爾榨，極衝。距衛治西七十里，西川三十里，賞失加蕃營一十五里，西納下寺三十里，北川五十里，乩迭溝十五里，車道嶺十里。虜零入，則思打隆、西納等族五蕃營禦榨，西川兵出賞失加蕃營，西寧兵出西納下寺，北川兵、乩迭溝兵出車道嶺分禦。虜大入，則諸兵又于西納寺上下合擊之。

小寺溝山崖榨，次衝。距衛治西北八十里，剌撒兒十五里，西川四十五里，剌科五里，北川七十里，乩迭溝三十里，紅嶺兒二十五里，魯爾加營十五里。虜零入，則隆奔族蕃出本榨，剌科土巴各營蕃在本地，思打隆族蕃出剌撒爾，西川兵赴剌科，北川兵、乩迭溝兵赴紅嶺兒夾擊，西寧兵赴魯爾加營援之。虜大入，諸兵于剌科營上下合擊之。

大寺溝峽，次衝。距衛治一百里，剌撒爾二十里，西川五十里，剌科十里，魯爾加營二十里，北川五十里，乩迭溝三十五里，紅嶺兒三十里。虜零入，捨捨爾族蕃出本榨，思打隆族蕃出剌撒爾，西川兵出剌科，西寧兵赴魯爾加營，北川兵、乩迭溝兵赴紅嶺兒夾擊。虜大入，諸兵于剌科營上下合擊之。

北插峽榨、鹿石山崖、隆思哥榨三處，次衝。距衛治西北一百二十里，本榨口二里，北川九十里，乩迭溝五十里，土巴營三十里，西川八十里，剌科三十里，上魯爾加營三十五里。虜零入，隆奔、安卜藏二族蕃出本榨口，捨捨爾、小寺溝、剌科各族蕃在本地，北川兵、乩迭溝兵出土巴營，西川兵出剌科分擊，西寧兵赴上魯爾加營夾擊之。虜大入，諸兵于剌科營上下合擊之。

剌爾寧榨，極衝。距衛治一百二十里，西川五十里，剌科蕃營三十里，北川六十里，乩迭溝四十里，土巴蕃營二十里，上魯爾加營四十里。虜零入，則捨捨爾族蕃禦榨，西川兵出剌科蕃營，北川、乩迭溝兵出土巴蕃營，西寧兵出上魯爾加蕃營分禦。虜大入，則諸兵又于剌科蕃營上下合擊之。

大乩迭溝腦，極衝。距衛治一百二十五里，西川八十里，剌科營三十里，北川九十里，乩迭溝四十里，土巴蕃營三十里，上魯爾加蕃營四十里。虜零入，則隆奔、班卜思邦巴二族蕃禦溝口，西川兵出剌科蕃營，出北川〔一六〕，乩迭溝兵出土巴蕃營，西寧兵出上魯爾加營分禦。虜大入，則諸兵又于剌科蕃營上下合擊之。

栢楊溝榨，極衝。距衛治九十里，本溝口十里，西川六十里，剌科蕃營二十里，北川七十里，乩迭溝三十五里，紅崖兒二十里，小山硤口二十里。虜零入，則隆奔、土巴二族蕃禦溝口，西川兵出剌科蕃營，北川、乩迭溝兵出紅嶺兒，西寧兵出小山硤口分禦。虜大入，則諸兵又于土巴營上下合擊之。

老虎溝峽榨，極衝。距衛治西北八十里，本溝口五里，北川四十里，巴哇沖車所族蕃營五里，廟溝十里，密納族蕃三十里，金沖溝腦十五里。虜零入，則北川兵、巴哇沖車所族蕃禦溝口，西寧兵出廟溝，密納族蕃出金沖溝分禦。虜大入，則諸兵又于廟溝上下合擊之。

小山峽榨，極衝。距衛治西北八十里，本峽口十里，西川六十里，乩迭溝新添堡二十五里，北川五十里，金沖溝三十里。虜零入，則加爾即族蕃、西川兵、乩迭溝兵禦峽口，西寧兵出乩迭溝，北川兵出金沖溝分禦。虜大入，則諸兵又于加爾即蕃營合擊之。

娘娘山崖、石城子崖，極衝。距衛治九十里，本山硤口七里，密納族蕃三十里，北川三十里，清水溝十里，蘇、姚二堡二十里，乩迭溝三十里，西川六十里，加爾即族蕃營十五里。虜零入，則密納禦硤口，北川兵出清水溝，西寧兵出蘇、姚二堡，乩迭溝、西川兵出加爾即分禦。虜大入，則諸兵又于蘇、姚二堡上下合擊之。

大閶門水洞榨，極衝。距衛治七十里，北川二十里，河東老幼堡二里，西川八十里，清水溝腦十五里。虜零入，則北川兵左禦水洞榨，右禦閶門；西寧兵出河東老幼堡，西川兵出清水溝腦分禦。虜大入，則諸兵又于古城上下合擊之。

細溝兒榨，極衝。距衛治七十里，北川二十五里，毛家山十里，小甘溝口十里。虜零入，則班古族蕃、北川兵拒榨，西寧兵出毛家山，北川兵出小甘溝分禦。虜大入，則諸兵又于毛家山上下合擊之。

圓樹兒榨，極衝。距北川三十里，西寧八十里，小甘溝腦五里，西川九十里，毛家山五里。虜零入，則六古咂族蕃、北川兵拒榨，西寧兵出小甘溝，西川兵出毛家山分禦。虜大入，則諸兵又于毛家山上下合擊之。

北川劄板山山崖，極衝。距北川守備堡三十里，圓樹兒榨十里，西寧八十里，小甘溝腦六里。虜零入，則白朵腦、矛家二族蕃拒榨，北川兵出圓樹兒溝，西寧兵出小甘溝分禦。虜大入，則諸兵又于甘溝上下合擊之。

北石峽榨，極衝。距衛治一百里，興屯堡十五里，峽口十里，朮爾即山一十五里，北川四十里，岳木溝一十五里。虜零入，則薛咂族蕃、祁家土兵、興屯堡兵出峽口，西寧兵出朮爾即山，北川兵出岳木溝分禦。虜大入，則諸兵又于石峽口上下合擊之。

邊榨燕麥川長邊，極衝。距衛治一百一十里，濫泥溝三十里，興屯堡二十里，北川六十里，西川一百三十里，上沙兒十里，紅崖子六十里，哈剌只溝六十里。虜零入，則昝咂族蕃、祁家土兵出濫泥溝，西寧兵、興屯堡兵出燕麥川，北川兵、西川兵出上沙兒分禦。碾伯兵由紅崖子應援，哈剌只溝于本處斂備虜。大入，則諸兵于興屯堡上下合擊之。

葱檻壑口榨，次衝。距衛治東北一百八十里，碾伯六十里，藥草臺十五里，馬哈剌溝二十里，古鄯一百五十里，虎狼溝二十里。虜零入，瞿曇寺蕃出本榨，碾伯兵出藥草臺，西寧兵赴馬哈剌溝，古鄯兵赴虎狼溝夾擊。虜大入，諸兵于大峽口上下合擊之。

思打岔峽榨，次衝。距衛治東南二百九十里，上川口七十里，古鄯八十里，普化寺山四十里，碾伯一百七十里，米剌溝六十里，虎狼溝七十里。虜零入，普化寺蕃、上川口兵出本峽，古鄯兵赴虎狼溝夾擊。虜大入，諸兵于普化寺山上下合擊之。

杏兒溝榨，次衝。距衛治東南三百九十里，古鄯一百二十里，杏兒溝口三十里，碾伯二百七十里，張家小寺八十里，巴州溝一百六十里。虜零入，哈咂寺番、古鄯兵出杏兒溝口，碾伯兵赴張家小寺，西寧兵赴巴州溝夾擊。虜大入，諸兵于張家小寺上下合擊之。

以上峽榨皆海虜入寇道也。蓋西寧舊防羌，未防虜，故惟榨爲多。虜一闖榨，官軍不知所之。乙未創虜，遂議迎堵方。向爲之圖説，曰：西寧邊榨共三十八處，極衝二十七處，次衝十一處，三面環列，逼近虜窠，胡馬秋高，奄忽而至，各營將士聞警莫之。至於近境諸番，各有派定關隘，若不豫加申飭，臨時漫無適從。兹則繪圖註説，刊布悉知。胡騎零來，則各趨信地；虜衆大舉，則齊赴合營。機宜務欲按圖，兵馬無煩再調。以戰以守，或庶幾乎。然此道其常而已矣。

顧變化難執一律，而運用在乎一心。倘如虜分道而我多援，則分而應之，伏而邀之。如虜分道而我無援，則擇而斂之，合而擊之。如虜謀不秘，我偵豫明，則集兵榨内以待之。如烽火失傳，腥羶内蹂，則統衆相機而向之。恪遵其常而勿背，通達其變而勿膠，務先爲不可勝以待敵之可勝，立於不敗不失爲敵人之敗，夫然後爲善之善者與！

蕃族

申中族，一名申冲。洪武三十年，招撫居牧歸德硤，後徙塞内孤山灘、古牛心堆西也。去衛治四十餘里，有城廓廬室田畜，爲業户三百，口六百有奇。授指揮一。歲輸馬三百五十有奇。其俗多毛布，男子衣二截，上脩倍下，下多縱縫。冬衣獸皮，貴賤有異。女子椎髮，被頰而下，貴者首項飾珍珠、珊瑚、琥珀、琿璖、瑪瑙、臘珀、海螺之屬。飲食恒牛羊胡餅，重名酪，間獵黄牛、黄鼠、麞、鹿、野牛馬、雉、兔食之。歲以麝香、犏牛、羢尾、馬尾、土豹狐皮出市。婚禮以馬爲聘，貴者十餘匹，下亦二三。特不聯帳居蕃部姻，恐其叛亂而曼累之。每歲元旦及至日、萬壽節，十三族受爵，大酋咸赴衛城隨班朝賀，次日宴于衛堂，頒賚而去。

隆卜族，居牧塞外，去申中南百餘里，有上、下二族。西鄰思果迷，東接占咂，南至黄河，東西二百里。無城郭，多毳帳，間有廬室。户二千，口四千有奇。國師一。風俗略與申中同，往往不率國章。先是，烏思巴爾諸酋叛掠，千户李淳擣其廬帳，諸部恚憾。正德十四年冬十月，復入大掠，淳追擊出塞，中伏被執，寸剉其屍。自是叛亂靡定，不内屬也。其後顧受大明寺藏僧鎖南堅錯要約，萬曆十八年，松虜宰僧阿赤兔入掠其部。十九年，經略尚書鄭洛因其挫衄，遣使致鎖南堅錯收撫之，開族八十有奇。有格路族、岳哈族、多巴族、沙爾瓦族、阿班族、速古族、亦思教族、思朵族、哈革失加意族、且爾卜族、角家族、朵爾只受族、擦卜族、隆藏族、出加族、托擦族、亦即隆族、哈日卜爾巨族、沙刺卜爾巨族、東爾業族、撥綽卜咂族、爾家加族、甘多唐族、擦爾郎族、納咂族、箆其族、阿卜荅爾加族、卜爾巨族、星爾結族、哈巴族、賞巴族、氊加族、阿宗卜爾巨族、且荅卜爾巨族、哈爾官族、思計加族、哈爾加族、阿受卜咂族、哈墩族、擦爾加族、着咂卜爾巨族、刺加卜爾巨族、荅爾郎族、窮卜族、多擦族、思加巴族、東爾結族、官撒爾族、押爾結族、麻爾結族、氊巴族、丁剛族、倉思巴族、薄卜不爾巨族、加洛卜爾巨族、杓爾莫卜巨族、恰爾結族、倉帖爾卜巨族、哈爾囊荅族、杓爾藏族、阿爾族、别爾結族、荅爾加族、康卜利族、色結族、班家族、賞加卜爾巨族、星革族、青右爾族、爾加刺族、班麻族、總思加族、沙藏族、爾加星革族、沙卜刺族、托失卜爾巨族、爾莫族、爾迭咱族、爾角你族、阿洛受族、坎奔族、賞爾革族、亦爾咂族、鎖卜族、東奔族、板羊結實族合輪馬五百五十有奇。

占咂族，一曰章咂。洪武十三年，招撫居塞外。西接下隆卜，東鄰革咂，居處服食皆同，往往結連二族，叛服靡定。嘉靖四十年，出掠馬哈剌溝，輸馬久絶。萬曆十九年，經略尚書鄭洛遣使招諭之，互開其族。有鎖南族、速俄族、六卜族、阿爾結族、朵藏族、哈撒爾族、思冬加族、和爾加族、多爾利族、爾加藏族、的咂族、思冬幹族、哈卜郎族、合爾族、思納加族、克墩族、荅爾巴族、朵爾只族、思打革族、哈加族、辨朵族、官他族、沙麻爾族、沙卜族、思冬正族、巴爾革族、丹麻族、哇剌宗牙族、宗受爾加族。總計輸馬三百匹有奇。中多兵備劉敏寬復招徠者焉。

革咂族，一曰哈咂。洪武十三年，招撫居塞外。在占咂東，古鄯之西南也。無廬室，多罽帳。户四百，口九百餘。其俗略與占咂同，馴獷靡常。正德十四年，蕃酋鎖南温古六失加侵掠弘化寺，守備楊佑襲破之。嘉靖四十年，由南川掠馬哈剌溝。萬曆九年，入掠思打岔硤，百户郭承勳、劉世爵追出塞外，中伏而死。十三年，兵備副使燕好爵帥兵擣其巢穴，斬馘一百三十有奇，獲生畜二千有奇。有牛一身兩頭。十七年，入犯三川，防守百户劉存仁追戰死之，輸馬遂絶。十九年，經略尚書鄭洛招收不至。二十三年，兵備劉敏寬遣人慰諭，并其屬族。有掩官族、科元族、荅加族。歲總輸馬四十有奇。

打卜受族，居牧塞内古鄯西北之松樹灣，會寧伯李氏族也。口一百有奇。歲輸馬一十五。

洛巴族，居牧塞内，在古鄯西。户一百，口二百五十。歲輸馬二十有奇。

古迭族，在古鄯西，與打卜受鄰，指揮東祁族也。口一百有奇。歲輸馬二十。

珍珠族，居牧歸德硤。兵備劉敏寬新招撫之。户一百有奇，口五百。歲輸馬一百餘。

匹那爾卜族，居牧古鄯西，鷲峰寺屬族也。新開。輸馬二十有奇。

思果迷族，一曰果迷卜咂。洪武十三年，招撫在上隆卜，西去衛治一百五十餘里。蓋古澆河郡地有上、下二族，其飲食居處不異隆卜。又有哈沙族，向弗效順。萬曆十九年，經略尚書鄭洛遣使招撫，三族來歸，歲輸馬約五十匹，盈縮不齊，時或不至。二十三年，兵備劉敏寬招諭焉，復歸順，爲我西海耳目，有斬獲功。

申藏族，洪武十三年招撫十三族之一也。居牧上思果迷西，近青海，漢西海郡地。其種族久已散亡。

日覺剌麻族，住居牧仰華寺。寺焚東徙。歲輸馬三十有奇。

隆奔族，洪武十三年招撫，居牧塞内，外周西納南、西、北三隅，有城郭廬室。塞外者列帳，有虜警，徙塞内。俗同申冲、西納也。有國師、指揮。歲輸馬一百三十有奇。其支屬有奔巴爾族，居西石峽，户一百有奇，口二百五十，歲輸馬一百五十。

西納族，洪武十三年招撫居牧塞内湟水北，西去衛治五十里。勑封演教寺一處，居西納川河北黑嘴兒其香糧地土，住牧山塲自鎮海西門已上至小康纏、大康纏四垳塔，往下甘河、透河北多巴古城、西納川、上寺、乩迭溝、小山硤口止，勑有界址。又沙塘川光科爾國師田地亦各有地界，俱永樂八年九月十六日頒。西納族下有多巴禪師、光科爾國師、哈爾指揮、多巴指揮、西納千户、魯爾加千户、馬勝百户等百户一十三員。又所轄隆奔一十八族，千户營西納、百户剌沙營、多巴完冲扎扎營、坡加營、思卷完卜、隆奔國師、隆奔囊鎖、隆奔百户、隆奔完卜元旦頭目，且令思加大僧哈住綽舍舍官、卜扎失英巴頭目、英爾蓋舍人班的翟頭目、郭爾各頭目、設納完卜迷剌阿紀爾箭杆頭目、黑革日安卜藏隆思個、隆奔指揮、小國師剌卜爾牙胡爾班的、撒麻爾罕冬大人攝那族、塔爾寺、班沙爾、昂藏族長頭目，俱住居西納川，屬鎮海營地方參將所轄，歲各輸馬不一。

巴沙族，洪武十三年招撫居牧塞外，去衛治北一百餘里。北至大通河，西至北川塞外，東接大通城，廣袤五百餘里。無廬舍，多罽帳，其俗與諸蕃酋無大異。所屬有昝咂思、俄思哥等小族。恃險阻，數出掠。正統十三年，蕃酋瓦洛叛，遣指揮祁賢捕獲之。天順元年，四出侵犯涼、永、莊浪、西寧，攻破城堡，戕殺官軍，劫掠生畜無算。鎮巡會請擊之，總兵官衛穎、副總兵毛忠帥兵由駱駝山討之，俘斬七千七百有奇。至正德十一年，又入掠水磨溝，百户佛玄戰，死之。是年，總兵官徐謙率兵襲擊破之，其族遂散。而昝咂族漸彊盛。

昝咂族，巴沙小族也。巴沙散弱，全有其地，南北百餘里，東西三百里，支屬散處，各自爲族，無統攝。有大昝咂族、小昝咂族、上昝咂族、中昝咂族、下昝咂族、六古咂族、薛咂族、劄爾的族、巴咂族、巴的族、設加族、思冬沙族、阿洛受族、思哥迷族、剌咂族、亞思革族、倉阿思加族、冲哑族、馬其沙族、馬其冲杓族、思蠻哑族、諸貢族、奔阿族、思加濟族、阿洛朵只族、北俺官族、哈爾麻族、工巴族、舍加族、寫爾定族、茶住族、麻爾日族、麻居族、而思各迷族。有國師金印，小札爾的族其婿也。鮮迷族居大通川者，則輸馬于莊浪。大昝哑户一千五百，口四千。刀犀利，善使。巴哑户三百，口八百有奇，帶甲勝兵三百。海虜云紅帽善箭，昝哑善刀，恒畏之。嘉靖九年，掠碾伯。四月，掠土官溝，指揮彭杲擊敗之。二十二年，酋長却星吉出掠，守備許世爵追敗之。二十九年，爾加定族攻掠碾伯，守備唐勇間道擣其巢，頗多殺獲。及兵還，蕃賊邀于道，我兵據險力戰，勇額中矢，兵遂敗績，指揮陳龍、趙威死之，殺傷百餘人，所獲俘馘生畜盡亡。三十年，聚衆攻掠紅崖堡，守備俞京帥兵往救，怯不敢進。麾下指揮趙芳、百户劉清、總旗孫瑞先、舍人李繼志率勇敢三十人出營先進，與戰，勢孤爲賊所圍，清與瑞先三十餘人皆死之，芳中三刀，繼志中七刀。京聞敗，遂棄營遁，軍士大亂，喪亡不可勝計。官軍二千未遇賊而潰，京止遣戍。是年，又犯碾伯，操守指揮賀有年追擊死之。三十二年，設加和尚爾加定聚諸族攻掠堡塞，兵備副使范瑟破其衆。三十四年閏十一月，入掠，參將張廷輔敗之于沙棠川。三十六年六月，爾加定又掠，潘其營操守指揮彭汝爲戰死。八月，掠紅崖溝。十月，掠水磨溝，復掠鍾家莊。三十七年十月，掠楊官溝。十二月，掠弩木只溝，操守指揮嚴威擊走之。是月，復掠西水磨溝。三十八年正月，刺哑族出掠土官溝。二月，復掠黑松硤、于家寨。四十年三月，部人掠顔只溝，操守嚴威擊走之。至萬曆十八年正月，入掠沙棠川，防守百户劉世臣遇害。其蹂躪我二地，荼毒人民，不可屈指計，而我兵不能一大創，種類日繁，負險爲固。十九年，經略尚書鄭洛鼓蕃族以逐海虜，遣使招撫之，得工巴以下七族，而大昝咂始歸焉。二十三年，兵備按察使劉敏寬、參將達雲禦虜兩川，出勝兵三百五十助戰，破虜之後，頗畏威力，令諸族歲輸馬六百五十有奇。顧無禀命之主顓其號令，設我將士削弱，不能保其帖然也。

思俄思哥族，亦巴沙族屬也。居衛城北塞外昝咂部中。天順七年，巴沙糾犯沙棠川。隆慶三年，出掠平戎道上，參將陳愷掩擊之，至其帳，賊罔知也。誅其首惡，不敢復出。後肅州南山僧來居其族，凡昝咂族屬咸師事之，習其教焉。歲輸馬三十有奇。

巴哇族，洪武十三年招撫，初居牧北寨外，與巴沙鄰。巴沙屢糾其族及其族所屬阿爾加倉叛。天順七年，入掠沙棠川，大破之，其衆寖弱。正德十一年，總兵徐謙襲巴沙，而巴哇亦散亡，流處沙棠川、北川哈剌只溝，居廬室，歲輸馬三十，頗效順焉。

卜札爾的族，居牧紅崖溝腦，有城堡，處廬室。蓋肅州西山僧烏思藏所遺，來居塞内，開族，輸馬五十有奇。

麻加族，居牧塞内碾伯北勝蕃溝，有城堡，居廬室。户八十餘，口二百。歲輸馬一十有奇。

奔剌族，在塞内紅崖溝，居廬。至有僧自南來居此，遂開族輸馬。户纔二十，口五十有奇。

四衛

罕東衛，西北去衛三百里，西戎之别也。洪武三十年，酋長鎖南吉剌斯入貢，因置衛，以爲指揮僉事，給金牌，輸馬易茶。永樂三年，吉剌斯同兄塔力襲、吉剌斯兄等貢馬，以塔力襲爲指揮，奴奴爲指揮僉事，各賜冠帶幣鈔。宣德三年，勑指揮祁賢往其衛招撫叛亡。正統六年，又遣都指揮哈剌卜花往諭之。正德四年，爲北虜阿爾禿厮亦卜剌入掠西海，據有其地，部落散徙。初，一百餘口在乞達真依申中族居牧，今依西納族，爲其所役，口僅五十，歲輸馬二十有奇。

曲先衛，在罕東衛北，亦西戎部落也。元置曲先荅林元帥府。永樂四年，置衛，以土人散西思爲指揮同知，給金牌，輸馬易茶。宣德四年，散西思叛，遣指揮李文討之。五年，都督史昭以安定王亦攀丹、指揮桑哥等進討，平之。正統二年，其頭目黑麻乩遣指揮火丁等入貢方物。七年，遣指揮祁賢往其衛招撫，指揮準者罕都立諸蕃族。正德四年，爲北虜攻破，部落散亡。

安定衛，在曲先西南黄草灘，哈密忠順王脱脱之族也。洪武六年，命宣威將軍朵爾只失結招其王煙帖木兒。七年，遣使入貢。八年，立其衛。洪熙元年叛，命會寧伯李英進討，至崑崙鴉零闊，俘獲人畜十萬三千有奇。捷聞，必欲得其王，復追禽之。遣使宴勞將士，功賞有差。尋赦之，給金牌，輸馬易茶。宣德五年，以其兵討曲先阿端，遂平其國。正統六年，遣指揮哈剌卜花撫諭其部。十二年，部人占麻力邀殺其軍，遣指揮祁賢捕獲。弘治中，哈密爲土魯蕃所破，遣大臣經略哈密。無有支庶。因先安定王亦攀丹與先忠順王脱脱同族，遣指揮哈林至其衛求爲後，得族孫陝巴。十三年，命指揮祁贇取陝巴母却失吉妹必力十、弟打思哈等赴甘州，轉送哈密。今忠順王乃陝巴後也。正德中，爲北虜攻破，據其地，僅存遺孽江纏爾加等僧俗，口四十有奇，徙居沙棠川威遠堡東，歲輸馬一十有奇。

阿端衛，在曲先西南，韃靼之別也。其地廣袤千里。洪武七年，酋長撒力畏兀兒遣使貢鎧甲刀劍，賜以織金文綺，命立爲四部，給與印章，曰「阿端」，曰「阿真」，曰「苦先」，曰「帖里」。八年，立爲阿端衛，俱遣使入貢。宣德中，與曲先衛叛，都督史昭以安定王軍討平之。七年，遣指揮祁賢招撫，立諸叛蕃。正德中，爲北虜殘破，散走賜支河曲，今不知在所矣。

海虜

西寧原係羌地，套虜亦卜剌于正德初以獲罪酋長，叩關乞降。彼時守臣倉卒無應，遂致闌入海上，破安定四衛，擄其金印，據其地焉。正德九年以後，總督彭澤、楊一清、王瓊、王憲等相繼經略。至嘉靖三十八年，俺荅由鎮羌入西海，分犯涼、永、西寧，欲隨草久牧。至四十年，以中濕腫足而歸，遺永邵卜一枝窠居海上。萬曆四年，俺荅求建仰華寺，套虜往來不絕。十六年，瓦剌他卜囊犯搶西寧，掩殺副將李魁及千把總、指揮八員，領兵官卒餘員，全軍覆没。十八年，順義王來海上，套虜卜失兔松虜宰僧阿赤兔，遂聚牧青海，肆出搶掠。上遣大臣鄭洛經略於此，虜王東歸，松套各虜亦隨之往復，遺火落赤真相台吉、納剌台吉、沙剌台吉、哈壇把都兒、南把兔爾台吉、着力兔等部與永邵卜蟠據雜處。永邵卜、瓦剌他卜囊部落并收蕃計幾萬人，納剌、沙剌二台吉約千人，哈壇把都約五百人。火酋頭目部落始僅數百，繼收武宗塔爾諸蕃及渡歸德收哈家諸蕃，殆三千餘衆，住牧莽、捏二川〔一七〕。真酋兄弟所部亦僅數百，收有河南蕃族共二千餘，時復北渡，與大酋來去靡常。其專牧海上者，則永瓦、納剌、沙剌、哈壇、南把兔爾數部也。永瓦二酋自二十三年西南兩川大遭挫衄，馘級七百有奇，擊死無算，乞欵不許，遂遁海腦火着納剌諸酋亦乞欵不許，俱各遠徙，無復敢窺伺邊垣者。

經略鄭洛備禦海虜事宜疏略

曰：西海者，羌蕃住牧之區，流虜依戀之處。可以掠蕃，可以窺漢，化蕃爲虜，流毒甚易。西寧行百里許而出石硤，即爲塞徼，又西行四五百里乃爲青海，周環七八百里。其西有大小鹽池，西南通烏思藏，西北通瓜沙、哈密，皆可牧可獵之區，廣漠無際。欲提兵於此，競利氊裘，難矣。進兵之路，惟西寧頗易，而西寧以西有扁都口可進，然惟可以防其北潰，而到海則遠。東有綽遜河口可渡，然惟可以扼其南奔，而到海則又遠。即使兵衆食足，西寧裹二十日之糧，由石硤進甘、涼；裹一月之糧，由扁都口進河東；裹月餘之糧，由綽遜口進，然亦未必能得志而絶群醜者，何也？我進則彼退，我愈進則彼愈退，况大漠窮荒，我軍深入，糧糗芻料何以隨載？緩急失接，何以救援？此海上出兵之難也。臣晝夜熟計，有可舉之事數端。

一曰嚴借路。甘鎮一路，乃入海門户也。誠使鎮巡諸臣恪遵明旨，闖邊則殺，扒牆則殺，掠内則殺，則匈奴之臂必斷，海虜之勢自孤。雖有小醜，穴中鼠耳。藉虜受賞於東，欲啓疆於西，在各鎮則革市搗巢以牽之，在甘鎮則陳師鞠旅以禦之，諸虜有不内顧而外畏乎？此蠶食海虜之第一義也。

二曰急自治。自治之策，莫要於設將、增兵、製器。西寧之碾、鄯，海上視之猶稱腹裹；西川、北川、南川、沙棠川逼臨海道，皆當虜衝。北川原設守備，西川近設遊擊，增兵三千，盡地分守。獨沙棠川平原廣衍，應設守備一員，省碾伯兵四百補之，庶便防禦。西寧參將應改爲協守，副總兵與甘、涼分爲三協，乃漸積芻餉，使常有萬兵一二年之供，修治神鎗火砲，演習陣法，使一可當十，可横行匈奴矣。

三曰鼓蕃族。環河、湟皆蕃，而海上之蕃最有氣力。其族有七，總名曰紅帽蕃子。又大海西南有阿爾列蕃一族焉。其部落最衆，先年曾殺火酋兄歹言黄台吉，其强悍與虜埒也。惟是鎮巡道將留心招徠，歸順則輯寧之，陷於虜則誘而出之，爲虜掠則出兵救護之，其能斬級則照例陞賞之，趕來馬匹即給而獎之，使海上諸蕃皆爲我耳目羽翼，而虜視之草木皆兵，又安能寧處海隈也。

四曰扼川底。瓦剌達子與套虜世讐，回回入貢中途，屢被流虜劫掠。今回夷與瓦剌結親，皆欲甘心于虜者。北來之虜既不許借道内地，倘由川底行走，得其情形，則召號回夷勾引瓦剌會兵于嘉峪關西北，我亦張兵關外，爲其聲援，虜必畏而不敢來，海虜之勢孤矣。

五曰飭茶禁。海上蕃夷以茶爲命。中國之制，惟熟蕃則易茶禁〔一八〕，生蕃則不許。然生蕃托熟蕃以交通，海虜附蕃族以私貿，甚有奸商私載入蕃地，奸夷私載抵虜穴，以收厚利，虜亦樂居海上矣。今嚴爲之禁，無許私茶出境入虜，則海虜自困。或有如俺荅中濕腫足而歸者矣。

六曰議鵰剿。春寒馬弱，偵其住牧近塞〔一九〕，則輕師潛出，打其帳房，使老小輜重牽顧不及，而又諸蕃趕其馬匹，虜必不能寧居海上矣。

七曰重首功。虜未款之先，入犯則環塞，軍民得而殺之，虜亦不敢輕入。自款之後，虜搶蕃族猶迎敵，繼因虜酋四行羅織，官爲追罰諸蕃，蕃遂甘心附虜，陽爲掠蕃，陰爲掠漢，漢人亦畏虜不敢殺，且有送添巴者矣。臣入西寧，訪知此情，乃大脩播告，明示賞格，殺虜級來獻矣。海虜罪惡屢著，不鼓邊民殺之，是自餒也，非邊臣保疆安塞之忠也。臣已三令五申，虜入必殺，殺虜必賞。仍徧示蕃漢軍民，但虜近邊窺伺，或假以買賣掠蕃者，許乘便殺之，每級即給銀五十兩，願陞者擬陞，使蕃漢軍民皆曉然知殺級之獲大利且速得也，寧無拚身命以圖虜者乎？第年來法令不信久矣，血戰而隔年不叙功，萬里無告之軍民且向有因殺虜級而反獲罪者矣。將吏灰心，豈獨蕃漢軍民皆喪氣也。

八曰議招降。查得先年虜有率衆四五十名或百名以上降者，授以鎮撫、千户官職，十名或二三十名亦各給賞。招降有功，參、守等官例亦分别陞賞。今趕馬搗巢之後，虜必震驚，而貧夷强虜必有畏殺内附者。若各將領有招徠之法、安插之術，美其服餙，優其糧石，則各酋豈無望風投進者乎！虜漸披離，是亦清海之喫緊矣。然西寧彈丸之地，蕃漢雜居，僻在一隅，餽運艱甚。臣入臯蘭查問西寧積聚，倉廒無糧，草塲無草，其時青黄不接，貿易無措，監收官下鄉散銀，土民皆掉臂入山而去。臣與各將吏委曲調停，凡軍糧馬料皆以豆麥青稞相兼而支，乃積得萬軍十日之糧草，僅供萬軍出塞十日之支。故今議剿虜者，先養士。又養士者，先積餉。然積餉十萬，則未可以旦夕舉也。

【原注】

注一　北四十。

注二　東三十。
注三　北九十。
注四　東二十五。
注五　東七十。
注六　東九十。
注七　東九十。
注八　南三十。
注九　南五十。
注十　南五十五。
注十一　南九十。
注十二　西三十。
注十三　西三十五。
注十四　西四十五。
注十五　西五十。
注十六　西四十五。
注十七　西五十。
注十八　北二十。

注十九　北三十五。
注二十　北四十。
注二十一　北四十。
注二十二　北九十。
注二十三　北一百二十。
注二十四　東三十五。
注二十五　東四十。
注二十六　東八十五。
注二十七　南三十。
注二十八　南三十五。
注二十九　南三十五。
注三十　本志有好地掌。南四十。
注三十一　南五十。
注三十二　北九十。
注三十三　北六十。
注三十四　東六十。
注三十五　鞏北境。

注三十六　王保保于蘭州城東北築城以居，城有二，一在東關坡，一在金城關北。

注三十七　疏云：松山地方原係國家幅員疆土，界在甘、寧、固原三鎮之間，水甘草茂，田美林豐。正嘉以前，悉爲兩河屯牧之區。自鎮番以至中衛，烽堠相望，迄今舊址猶存。惟于隆萬間，故酋賓兔率領子弟，號召諸部，擁聚其中，遂爲巢藪。從此□□莊涼始爲一綫，僅徑蘭靖中衛，癰結内蝕。環三鎮數千里，增城壘堡，設將添兵，洎欵市之費不貲，而狡酋東勾西連，愈漸强大，搶番掠漢，羽翼日增。於是東達蘭靖，西指涼莊，北通朔方，總兩河封域，無處不遭蹂躪，無地不被荼毒三十餘年。

注三十八　疏云：新疆紅水去蘭州五百餘里，地曠人稀，中包原隰險阻。各虜巢穴日久習知地形，乘隙蹈瑕，突入突出。勘得老虎城地里適中，土脈水草俱便應建大城一座。第南離蘭州尚有三百餘里，應再築鎮虜、保定二小堡。蘭州參將兵馬營時原備松虜，今紅水蘆塘既築大邊保障于外，蘭州即爲腹裏，況有該道駐劄原設參將，移之新堡爲便。蘭州係藩封之地，亦不可無捍禦。今查景古城止因十八年火酋内犯，添設守備官軍，嗣後既設臨洮總兵鎮守該堡，近在七十里之内，兼制爲易，此官似屬冗員，應改爲蘭州守備，移駐鹽場堡，内衛肅藩，外援新堡。其景古城堡改委操守統領。

注三十九　黄河水東西兩川爲翻車導引，可資灌溉。自本州人段續創始。萬曆三十七年，郎中王聘賢捐金爲水車八，授居民之有田地者。民間因河爲磨船纜所在，易圮城基，利微而害鉅。議者欲禁毋行宜也。蘭州志。

注四十　洪武年開設，每關官一員、軍五十名守把，一年一换。

注四十一　已上三關本志無。

注四十二　山口在州西九十里。

注四十三　山口在州西七十里。

注四十四　泥溝山口在州西七十里。

注四十五　山口在州西九十里。

注四十六　山口在州西七十里。

注四十七　山口在州南六十里。

注四十八　腦山口在州西九十里。

注四十九　山口在州南八十里。

注五十　本志無。

注五十一　山口在州南八十里。

注五十二　山口在州南一百七十里。

注五十三　山口在州南一百四十里。

注五十四　山口在州南九十里。

注五十五　俺隴在州南二百里。

注五十六　本志有賈剌麻山口，在州西一百里。火燒嶺山口在州西九十里。沙沙剌麻山口在州南八十里。寧河關在州東南六十里。

注五十七　地理志小字常出班固自疏而後漢郡國志乃劉昭非范曄也，俞誤。

注五十八　嗣後唐咸亨中，薛仁貴征吐蕃敗績，失河湟以西之地，移置積石軍于河關静邊鎮。今河州所謂積石山以西地也。久之遂訛河州以西之山爲積石，而以積石東北星宿川爲河源，而崑崙益爲明證，遽入于酒泉臨羌之境矣。且尚書崑崙、析支、渠搜次第叙之。夫析支即河曲羌所居，都實所稱九渡水。渠搜在今榆林北，去析支之下五千餘里。崑崙應在析支之上，而都實稱自九渡行二十六日程始至崑崙南，則崑崙在析支之下矣。有是理哉？

【校勘記】

〔一〕鞏昌元守將總帥汪庸歸附　「汪」，原作「注」，據鞏昌府志清康熙二十七年刻本，（下同）卷三改。

〔二〕關四　「四」原作「三」，據鞏昌府志卷三改。

〔三〕「洮岷邊備道」句原錯録于「夫武署」句前。據鞏昌府志卷一六邊政考乙正。

〔四〕東至黄河三百里　「至」下原衍「倚」字，據上書卷一六删。

〔五〕阻塞道路　「塞」，原作「寨」，據鞏昌府志卷一七馬政改。

〔六〕關城三面一百一百丈　下「一百」疑誤。

〔七〕開遠門揭候署曰西極道九千九百里　「署」，原作「書」，據新唐書卷二一六下吐蕃傳改。

〔八〕其南三百里曰紫山　「南」，原「西」，據新唐書卷二一六下吐蕃傳改。

〔九〕故世舉謂西戎地曰河湟　「舉」，原作「譽」，據新唐書卷二一六下吐蕃傳改。

〔一〇〕三月　底本旁批「疑」字。

〔一一〕其上有醴泉瑶池　「瑶」，原作「華」，據史記卷一二三大宛列傳改。

〔一二〕宋政和間金坑得鑛成金　「政和」，原作「和政」，據宋史卷六六五行志乙。

〔一三〕收其熟麥數萬斛　「斛」，原作「解」，據水經注卷二河水改。

〔一四〕冰溝城　「冰」，原作「水」，據下文改。

〔一五〕虜大入　「入」，原脱，據上下文例補。

〔一六〕北川　「北」上原衍「出」字，據文意删。

〔一七〕住牧莽捏二川　「住」，原作「注」，據上下文意改。

〔一八〕惟熟蕃則易茶禁　「禁」字疑衍。

〔一九〕偵其住牧近塞　「住牧」，原作「往收」，據文意改。

四川備録上

道路

自成都府錦官驛，由府屬之新都軍站、廣漢驛，北由潼川州境古店軍站、五城驛、建寧軍站、皇華驛、秋林軍站、雲谿驛，保寧府境富村軍站、柳邊驛、龍山軍站、錦屏水馬驛、槐樹軍站、施店軍站、栢林軍站、栢林遞運所、龍潭軍站、問津水馬驛、沙河軍站、神宣軍站、神宣遞運所抵陝西寧羌州境爲北路。自廣漢驛西北，由成都府境金山驛、西平驛、武平驛、小溪驛、溪子驛、水進驛、小河驛、三舍驛抵松潘衛爲北路。由成都府境唐安驛，邛州境白鶴驛，雅州境百丈驛、雅安驛、新店驛、箐口驛，黎州境沉黎驛，越嶲衛境河南驛、鎮西驛、利濟驛、龍泉驛、瀘沽驛，建昌衛境溪龍驛、瀘川驛、阿用驛、禄馬驛，會川衛境巴松驛、大龍驛、會川驛、腰驛、黎溪驛抵雲南武定府北界爲西南路。由府屬之龍泉驛〔二〕、陽安驛、南津驛、珠江驛、安仁驛，叙州府屬之龍橋驛，重慶府境峯高驛、東臯驛、來鳳驛、白市驛、朝天驛渡江，由百節驛、百渡驛、東溪驛、安穩驛，播州境松坎驛、桐梓驛、播川驛、永安驛、相川驛、仁水驛、湄潭驛、鰲溪驛、岑黄驛、白泥驛抵湖廣偏橋界，又自湘川驛西南昌田驛、沙溪驛、黄平驛抵貴州之興隆衛界爲東南路。由成都府境永康驛、大平驛、寒水驛、安遠驛、護林驛抵茂州，自茂州折而西北，由長寧驛、來遠驛、歸化驛、鎮平驛、古松驛亦抵松潘衛爲西路。又自錦官驛遞運所水路，由成都府屬廣都驛、木馬驛、龍爪驛，眉州境武陽驛、眉州驛、石佛驛、青神驛、峯門驛，嘉定州境平羌驛、凌雲驛、嘉定州遞運所、三聖驛、沉犀驛、下壩驛，叙州府境月波驛、宣化驛、真溪驛、牛口驛、汶川驛、叙州府遞運所、李莊驛、龍騰驛，瀘州境江安驛、董垻驛、納溪驛、瀘州遞運所、瀘川驛、黄艤驛、神山驛、牛腦驛、史壩驛，重慶府境漢東驛、石門驛、石羊驛、僰溪驛、銅鑵驛、魚洞驛、朝天驛、重慶遞運所、木洞驛、龍溪驛、藺市驛、涪陵驛、東青驛、酆陵驛、花陵驛、雲根驛、忠州遞運所、漕溪驛，夔州府境瀼途驛、集賢驛、萬縣遞運所、巴陽驛、五峯驛、南沱驛、永寧驛、夔州遞運所、高塘驛抵湖廣巴東界爲東路。又自陝西漢中南界水路，由九井驛、朝天驛、問津驛、龍灘驛、虎跳驛、蒼溪驛、盤龍驛，順慶府境龍溪驛、平灘驛、嘉陵驛，重慶府境太平驛、合陽驛、上沱驛至重慶府入大江爲北水路。又自叙州府水路，由馬湖府境羅東溪泥溪驛入東川軍民府，自瀘州境納溪驛、納溪遞運所、渠壩水驛、大洲水驛、峽口水驛入永寧宣撫司爲南水路。又由永寧永安驛、永寧驛、永寧遞運所、普市驛、摩泥驛、赤水驛、阿永驛，烏撒府境層臺驛、周泥驛、瓦甸驛、黑張驛、普德歸驛抵貴州北界爲陸路。

松潘　威茂　安綿

松、疊、威、茂皆氐羌居之，自漢以來，叛服靡定。

國朝洪武十一年，御史大夫平羌將軍丁玉克服其地，設松州、潘州、茂州三衛，疊溪、威州二千户所。洪武二十年，併松、潘二衛爲松潘衛軍民指揮使司。宣德四年，調成都前衛後所爲小河千户所，增置城堡，添調成都、利、保等衛所，官軍更番戍守。先年，兵備提督皆侍郎都御史，成化初，改設按察司副使，總理松、茂兵糧。後因南路梗塞，茂、松不相通，又龍州相去遼遠，分設松潘、威茂、安綿道兵備，又設鎮守總兵官，以侯伯都督充之，掛「平蠻將軍」印。成化初，改分守副總兵，協守左右將軍，南路、東路二遊擊將軍，俱以都指揮充之。正德五年，添設石泉、壩底守備，以都指揮體統行事。又松潘、膧臘地方，相隔六十餘里，皆有隘口可通北虜。嘉靖十一年，虜賊深入爲害，巡撫都御史宋滄議於膧臘後山嶺建靖虜墩，西小高嶺建禦寇墩，設戍守之。嘉靖二十年，巡撫右僉都御史劉大謨、巡按御史王珩奏設守備指揮，亦與都指揮體統行事，增官軍二千員名，修築邊墻一萬三千五百三十丈，深挖坎阱二千五百六十四口，及於大壩建立一堡，西山、平壩更脩一墩，以防虜騎侵擾之患。有四州，三近牑臘。今阿失寨即上潘州，班班簇則下潘州。二州之間，則中潘州。去松不二三日，故城遺址尚存。惟松州今爲衛城軍屯堡，與牑臘諸番犬牙相參，原隰之利頗豐，雖無厲禁，然亦不相侵奪。自松達茂，不三百里，路循河岸，夷碉棋布山岩，視之如蜂房。保縣有堡，過漢索橋，則古維州故城，三面臨江，殊陡險，蓋董卜韓胡宣慰司與雜谷安撫司交界處。城與李德裕籌邊樓遺址尚存，舊碑景泰間爲叛夷王永所毁。州址今爲雜谷碉寨，迤北則古無憂城，然皆名存實亡，不復爲我有也。大抵松、疊皆夷，茂漢夷相半，然皆置衛所備守不廢者，蓋松、疊所以阸塞吐蕃，疊則松、茂脈絡。昔人謂吐蕃入寇，必自黎、文；南詔入寇，必自沉黎；吐蕃、南詔合入寇，必於灌口。灌口失守，則長驅於蜀。然則三城，邊藩籬；灌口，疊、茂喉襟；威、茂，灌口障蔽；峨山，全蜀巨屏。實天設險以限華夷者也。

松潘則副總兵一員駐劄松潘衛，遊擊將軍一員駐劄小河千户所，左參將一員駐劄龍安府，遊擊將軍一員駐劄牑臘屯堡，把守指揮五員分督關堡，自松潘以東望山關、雪欄關、風洞關、松林堡、紅崖關、三舍堡、鎮遠堡、小關子堡、松丫堡、三路堡、師家堡、四望堡抵小河千户所，蜂崕堡、葉堂堡、馬營堡、水進堡、鎮夷堡、鐵龍堡抵龍州宣撫司。又自松潘以南紅花屯堡、熊楨屯堡、西寧關、山屯堡、安化關、鎮革堡、新塘關、艾蒿堡、歸化關、北定關、蒲江關、平夷堡、金瓶堡、鎮平堡、鎮番堡、靖夷堡、平定堡抵疊溪界。又自松潘以北穀粟屯堡、高屯子堡、羊裕屯堡、唐舍屯堡、譚廂屯堡、𪍿朧屯堡抵吐蕃洮河界。以上關堡并墩臺共八十七處，戍守主客官軍、舍餘、遊兵共一萬一千六百八十四員名，每歲額坐松潘等一十六倉糧米共九萬九千三百八十石有奇。按松潘乃西蜀之重鎮，諸番之要區，東連龍安，南接威、茂，北抵胡虜，西盡吐蕃，西北又與洮、岷連壤，鎮城衙門關堡之外，四面皆番，故經略者謂蜀之各鎮，惟松潘純乎邊者也。萬曆六年，兵備副使楊一桂以人荒、没舌、丢骨等寨番民連年侵擾，條陳十款：一曰勦除惡寨，二曰充實行伍，三曰議處充發，四曰揀撥戍守，五曰革去遊兵，六曰定委要害，七曰聯絡墩堡，八曰設立草場，九曰招復逃亡，十曰年終奬戒。呈允施行，切中邊務。茂、疊則右參將一員駐劄茂州，州有茂州衛；遊擊將軍一員駐劄疊溪千户所；各路把守指揮五員分督關堡。自茂州以北鎮戎堡、椒園堡、長安堡、韓胡堡、松溪堡、長寧堡、穆肅堡、實大關、新堡、馬路堡、小關子抵疊溪千户所，北行至漢關墩、新橋堡、普菴堡、太平堡、永鎮堡抵松潘界。又自茂州小東路土地嶺堡、鎮夷堡、關子堡、神溪堡、土門堡、桃平堡抵安綿界。又自茂州南路遷橋墩、黎薗頭、白水墩、鹽盔頭、獨脚門樓、瞰遠墩、四顧墩、羊毛坪、五星墩、文鎮撫村、大宗渠、石鼓村、七里關、鴈門堡、青坡堡抵威州，州有千户所。至汶川堡、徹底關抵灌縣界。又至威州西路，則保子關、坡底堡、壩州堡、乾溪堡、鎮夷關、新安堡抵保縣，保縣堡四圍皆番境。以上關堡并墩臺共一百二十處，戍守主客官軍、兵快、羌番共一萬四千二百五十二員名，額坐廣備等二十四倉糧米一十萬三千九百一十七石有奇。安綿則守備指揮二員，以都指揮體統行事，一駐劄石泉縣，一駐劄平番堡；把守指揮四員，分督關堡。所屬各路曲山關、擂鼓坪堡、後莊堡、香溪堡、疊溪堡、西溪堡、靈鷲堡、睢水關、視曹堡、綿堰堡、馬尾堡、白水堡、龍蟒堡、三江堡、觀子堡、徐坪堡、平通堡、大方關、大印堡、茅堆堡、山茅堡、徐塘堡、壩底堡、石板關、石泉堡、白印堡、青崗堡、石泉城、上雄關、平番堡、奠酒啞堡、赤土坪堡共三十五處，戍守官軍、兵快共六千四百五十二員名，額坐大印等倉糧米共三萬一千一百一十八石有奇。嘉靖二十三年，遊擊周庚安殺討賞番人著兒柘等。二十四年，白草等一十八寨番蠻聚衆於羊甬、白泥一帶劫掠，攻克平番、奠酒二關，截占漩平，以阻石泉兵糧之路。巡撫都御史張時徹督同副總兵何卿調集官兵勦平之。

蜀中風俗記

漢地理志云，人食稻魚，俗不愁苦，而輕易淫佚。然地沃人驕，奢侈頗異，人情物態，別是一方。

隋地理志云，蜀地四塞，山川重阻，水陸所湊，貨殖所萃，蓋一都之會也。風俗大抵與漢中不别，其人敏慧輕急，貌多蕞陋，頗慕文學，時有斐然。多溺於逸樂，少從宦之士，或至耆年白首，不離鄉邑。人多工巧，綾錦雕鏤之妙，殆侔於上國。貧家不務儲蓄，富室重於趨利。其處家室，則女勤作業，而士多自閑。聚會宴飲，尤足意錢之戲。小人薄於情禮，父子率多異居。其邊野富人，多規固山澤，以財物雄役，故輕爲姦藏，權傾州縣，此亦其舊俗也〔二〕。

益部耆舊傳云，楊統曾祖仲續舉河東方正，授郫令，甚有德惠，人爲立祠。樂其風俗，於是居焉。漢書：揚雄之先揚季官至廬江太守。元鼎間，避仇遡江，處岷山之陽曰郫。有田一壥，有宅一區，世世以農桑爲業，其俗之㶁厚可知也。温江，故郫所分。

益州記云，彭之土地肥良，比於郫邑，號「小郫」矣。江原之地，特好美田，葛公云，益州所需，悉仰於蜀，即此。華陽國志稱其俗好歌舞，危弦促管，聲尤激切。而陸游謂唐安有三千官柳、四十琵琶也。

永康圖經：其俗剛悍，頗尚氣節，而雜夷風。縣西五十里有蠶崕關，以扼西山之走集，而邊徼從此分矣。威茂，古冉駹地，土地剛鹵，不生穀粟麻菽，惟以麥爲糧〔三〕。自古及今，並無兩税。

寰宇記云，州本羌戎之人，好弓馬，以勇悍相高，詩禮之訓闕如也。男子衣羯羊皮鞈鞮，婦人多戴金花，串以瑟瑟，而穿懸珠爲飾。疊石爲礫以居，如浮圖數重。門内以梯上下，貨藏於上，人居其中，畜圂於下。高二三丈者，謂之雞籠；十餘丈者，謂之碉。亦有板屋、土屋者。自汶川以東，皆有屋宇，不立碉巢。豹嶺以西，皆織毛毯，蓋屋如穹廬。其地多冰寒，盛夏疑凍不釋。夷人冬則避寒入蜀，傭賃自食，夏則避暑反落，歲以爲常，故蜀人謂之作五百石子也。西入松州，苦寒特甚，日耕野壑，夜宿碉房。刻木契以成交易，炙羊膀以斷吉凶。人人精悍，習戰鬬矣。

簡州治陽安，宋闕耆孫碑陰記云，東普慈，西成都，有東之樸，有西之文，蓋嘗出磊落瑰奇之士焉。紹興黎持道院記云，陽安鄰於會府，而有江山之勝；處於高仰，而有魚稻之饒。民事獄訟，比之旁郡，十無一二，凡隱於吏者樂趨焉，人目之爲西州道院。寰宇記云，郡有獽人，言語與夏不同，嫁娶但鼓笛而已。遭喪乃以竿懸布，置其門庭，殯於別所，至其體骸燥，以木函盛，置於山穴中。按李膺云，此四郡獽也，而今則文質彬彬矣。

資中或治盤石，或徙内江，皆謂之中水也。圖經云，王褒起資中，以文詞顯，於是東梓爲多士之國。劉光祖記云，蜀東十數郡，山水之秀，不敢與資中抗，文物亦然。

陵州以鹽井爲業，以道陵得名。丹淵集云，州在崎嶇山谷之中，城壘邑屋與巒嶺澗壑相爲上下。所領縣四，户口裁三萬，税錢止千三百緡，租不滿萬石。土田瘠鹵，民頗善耕稼，然其性椎質，各守護本業，不憙作訴訟事。又郡縣志云，俗愿慤而好静，公議而無私，有古淳質之風。

今亦恐漸訛矣。

漢益州或治廣漢，或治綿竹。古語云：「大旱不旱，蜀有廣漢。」蜀記云「浸以緜、雒」，故廣漢謂之淵府也。新都與成都、廣都，各爲三都之一，故號名城，兼有金堂山焉。綿竹以姜詩力孝，宅曰汎鄉，以任安教授，俗侔洙泗。德陽有望秦之里，彰明有廉遜之泉，皆以人重也。

郡國志云，左綿界東、西二川，北負梁雍，風氣所濡，各得其偏，故其俗文而不華，淳而不魯，剛而不狠，柔而不弱。三國志：先主入涪，宴於山上，顧謂龐統曰：「此州之民，其富樂乎？」陳谿唐昌草市記云，諸葛武侯以蜀脞脆，故令鄰邑翊日而市，意在習其觔力，而俟之征徭。又每及上春，以蠶爲名，因定日而有所往也。

寰宇記云，龍州風俗與劍州同，然山高水峻，人多瘤而癡聾，蓋山水之氣使然。

江油令許醇民謠序：「所向皆山石，少平陸，鮮穀稻，人悉仰食於綿、劍鄰邑。」舊經云：岩居谷處，多學道經，罕有儒術。

嘉州教授任熙明題名記云：「蜀爲西南巨屏，繇漢以來，號爲多士，莫盛於眉、益二邦，而嘉、定次之。」張剛通義圖序云：「後世以蜀學比齊魯，而蜀之學者，亦獨盛於通義。」政和御筆：「西蜀惟眉州學者最多。」脩譙樓記云：「其民以詩書爲業，以故家文獻爲重，夜燃燈誦讀，聲琅琅相聞矣。」蘇軾遠景樓記云：「吾州之俗，有近古者三：其士大夫貴經術而重氏族，其民尊吏而畏法，其農夫合耦以相助。蓋有三代、漢、唐之遺風，而他郡莫之及也。始朝廷以聲律取士，而天聖以前，學者猶襲五代之弊，獨吾州之士，通經學古，以西漢文詞爲宗師。方是時，四方指以爲迂闊。至於郡縣胥吏，皆挾經載筆，應對進退，有足觀者。而大家顯人，以門族相尚，推次甲乙，皆有定品，謂之江鄉。非此族也，雖貴且富，不通婚姻。其民事太守縣令，如古君臣，既去，輒畫像事之。而其賢者，則記録其行事，以爲口實，至四五十年不忘。富商小民，常儲善物而别異之，以待官吏之求。家藏律令，往往通念，而不以爲非，雖薄刑小罪，終身有不敢犯者。歲二月，農事始作。四月初吉，穀稚而草壯，耘者畢出，數十百人爲曹，立表下漏，鳴鼓以致衆。擇其徒爲衆所敬畏者二人，一人掌鼓，一人掌漏，進退坐作，惟二人之聽。鼓之不至，至而不力，皆有罰。量田計功，終事而會之，田多而丁少，則出鈔以償衆。七月既望，斬艾而草衰，則仆鼓決漏，取罰金與償衆之錢買羊釃酒，以祀田租，作樂飲食，醉飽而去，歲以爲常。其風俗蓋如此。故其民皆聰明才智，務本而力作，易治而難服。守令始至，視其言語，輒了其爲人。其明且能者，不復以事試，終日寂然。苟不以其道，則陳義秉法以譏切之，故不知者以爲難治云。」

文同桂花閣記略云：「邛爲要州，地物繁縟，俚師陋士，亦備文采，章逢彬蔚，實逾於他邦矣。」

華陽國志云：秦惠文、始皇克定六國，輒徙其豪俠於蜀，資我豐土，家有鹽銅之利，户專山川之材，居給人足，以富相尚。故卓王孫家僮千數，程鄭各八百人，簫鼓歌吹，擊鍾肆懸，富侔公室，豪過田文。漢家食貨，以爲稱首。蓋亦地沃土豐，奢侈不期而自至也。宋張上行曰：「此郡昔有四利，今有四害：曰茶，曰鹽，曰酒，曰鐵。他郡或有其一，或有其二，而吾邛獨全。昔以爲利，國競豪富；今以爲害，民皆貧薄矣。」

梁益志云，大小漏天在雅州西北，山谷高深，沉晦多雨。舊説黎州常多風，雅州常多雨，故謂黎風雅雨。九州要記云：「沉黎縣即諸葛武侯征羌之路也，每十里作石樓，今鼓聲相應。今夷人效之，所居悉以石爲樓。地多長松而無雜木。」孫漸清嘯樓記云：「襟帶邛笮，羈縻諸蕃。」郡縣志云：「宋初曹光實父子以忠義奮，迨皇祐始有登科者。」寰宇記云：「黎州番部與漢人博易，不使見錢，漢用紬絹茶布，番用紅椒鹽馬。」又云：「邛、雅之夷獠，婦人娠七月而産，産畢，置兒水中，浮者取養，沉者棄之，千百無一沉者。長則拔去上齒，加狗牙以爲華飾。今有四牙長於諸牙而唇高者，别是一種，能食人，無長齒者否。俗信妖巫，擊銅鼓以祈禱。至今蘆山縣新安鄉五百餘户，即其遺人也。」

叙南，古戎州，取「西戎即叙」之義。蜀人呼「叙」爲「遂」，不知何所本。華陽國志稱其民徵巫好鬼妖。圖經云：「夷夏雜居，風俗各異，蓬户茅簷，髽髻詭服，頓首拊掌而歌。」

江陽土地雖迫，山川特美，鹽井魚池，一郡豐沃。華陽國志云：「俗好文刻，少儒學，多樸野，蓋天性也。漢光武時，被謫不使冠帶者數世。其後文風則自宋尚書楊汝明始，創五峰書院，以爲士友會課之所，而士翕然興起矣。」

戎、瀘皆有諸葛武侯廟，每歲蠻人貢馬，相率拜於廟前。慶符有順應廟，乃祀馬謖者，歲以三月三日致祭。馬湖之夷，歲暮百十爲群，擊銅鼓，歌舞飲酒，窮晝夜以爲樂。其所儲蓄，弗盡弗已，謂之諸葛窮夷法。

寰宇記云：「大凡蜀人風俗一同，然邊蠻界鄉村有獠户，即異也。今渝之山谷中有狼猺，鄉俗構屋高樹，謂之閣闌。不解絲竹，惟坎銅鼓。視木葉以別四時。父子同諱，夫妻共名，祭鬼以祈福，是所異也。」

華陽國志：「涪陵山險水灘，人性戇勇，多獽蜑之民。縣邑阿黨，鬭訟必死。無蠶桑，少文學。漢時赤甲軍常取其民，蜀丞相亮亦發其勁卒三千人爲連弩士。其性質直，雖徙他所，風俗不變。」

巴子之時，陵墓多在枳，其畜牧在沮，今東突硤下畜沮是也。又立市於龜亭北岸，今新市里是也。龜陵志云：「風土煦煖，五月半早稻已熟，便可食新。七八月間，收割已畢，故有樂温之號。」

水經注云：「平都縣有天師治，兼建佛寺，甚清靈。縣有市肆，四日一會，南賓郡所轄也。」

忠州題名記云：「有巴蔓子仗節死義之遺風，故士頗尚氣；有甘興霸、文廣休任俠之餘烈，故士多倜儻。」黄魯直四賢閣序云：「郡自開元以前，訖於會昌，劉士安、陸敬輿、李宏憲、白樂天四君子者，相繼出守，凛然猶有生氣。忠民每以此自負，而郡守至者必矜式焉。」

黔州圖經：「地近荆楚，候如巴蜀，五溪襟束，爲一都會。路途闊遠，亦無館舍，凡至宿泊，多倚溪岩，就水造飧，鑽木出火。」黄魯直與秦太虚書曰：「某屏棄不毛之鄉，以禦魑魅，耳目昏塞〔四〕，黔中一老農耳。」其作縣題名記云：「黔江縣治所，蓋未開黔中郡時歌羅蠻聚落也。於今爲縣，二鄉七里，户千有二百。其秋賦傭僱，不登三十萬錢，以地産役於公者八十有五。其義軍二千九百，招諭夷自將其衆者五百七十。其役於公之人，質野畏事，大略與義軍夷將領不殊也。使之非其義，或跳梁不爲用；決訟失其情，或擄掠以償直。暗則小智者亦混疆畔而爲欺，懦則細黠吏亦能用其柄〔五〕。市麝臍以百計，市蜂蠟以千計。貧則夷以長吏爲侮，寬則以利啗胥徒而苟免，猛則鳥獸駭而走箐中矣〔六〕。至今得其人，櫛垢爬癢，民以安堵，而異時號爲難治，吾不知其説也。」

常璩志：「郡與楚接，人多勁勇，少文學，有將帥才。」宋何郯夫子殿記云：「夔爲州，於巴東最大，其風俗嗜好語言較荆楚不甚遠。當列國時，楚顯顯多良才，夔爲楚疆，至今未聞有用儒顯者。民家子弟，壯則逐魚鹽之利。富有餘貲，輒以奉事鬼神，它則不暇知耳。」李貽孫都督府記云：「其人豪，其俗信鬼，其税易征，其民不偷也。」

宋肇詩序：「夔冬暖，雪不到地，惟山高處白。」杜詩注云：「峽土磽确，煖氣既達，故民燒地而耕，謂之火耕。」

開州、都梁、南浦、雲安皆漢朐䏰縣也。注云：「其地下濕，多朐䏰蟲，故名。此蟲爲瘴，善中人，避之則吉。」盛山學記云：「士以績文相高，有温造、柳公綽之餘烈。」梁山軍題名：「其民未嘗造難聽之訟，以溷有司，守居蕭然，閱旬無訟牒至廳下。軍西之田，獨乎衍可畊，前涪後峽，挾以夔、萬，皆崇山還委。」南浦記云：「土地多泉，民賴魚罟，西魏於此置魚泉縣也。」

通川圖經云：「水航於蜀，陸肩於雍，樓雉丹漆，廛用珠玉，土居十萬户，水居三千户。」九域志載，男女不耕桑，貨賣用雜物以代錢。常氏馬鳴山志稱其持金易絲枲者，不絕於道矣。

大寧監圖經云：「一泉之利，足以奔走四方，吴蜀之貨，盛萃於此監。地接朐䏰，多瘴，土人以茱萸噍茶飲之，可辟嵐氣，以其味辛，名曰辣茶。」題名記：「大寧僻在東南，軒冕者寡，而封畛之内，皆樂善之編氓也。」

夫竹枝者，閭閻之細響，風俗之大端也。四方莫盛於蜀，蜀尤盛於夔。杜子美白帝詩云：「破甑蒸山麥，長歌唱竹枝。」萬州圖經云：「正月七日，鄉市士女，渡江南蛾眉碛上，作鷄子卜，擊小鼓，唱竹枝歌。」開州志云：「俗重田神，男女皆唱竹枝。」巫山志云：「琵琶峰下女子皆善吹笛，嫁時群女子治具，吹笛唱竹枝詞送之。則夔俗比比如是矣。」劉禹錫竹枝詞九首序云：「四方之歌，異音而同樂。歲正月，余見建平里中兒聯歌竹枝，吹短笛，擊鼓以赴節。歌者揚袂睢舞，以曲多爲賢。聆其音，中黄鍾之羽，卒章激訐如吳聲，雖傖儜不可分，而含思宛轉，有淇澳之豔。昔屈原居沅湘間，其民迎神，詞多鄙陋，乃爲作九歌。到於今，荆楚歌舞之。故余亦作竹枝九篇，俾善歌者颺之。附於末，俾後之聽巴歈者，知變風之自焉。」

遵義圖經云：「其俗敦龐淳固，以耕植爲業，鮮相侵犯。天資忠順，悉慕華風。」

元史地理志云：「夷夏雜處，遵文教，守禮法。夷椎髻披氈，以射獵伐山爲業，信巫鬼，好詛盟。」

方輿勝覽云：「累世爲婚姻，以銅器、氈刀、弩矢爲禮，燕樂以鑼鼓横笛歌舞爲樂。會聚貴漢服，出入負刀弩，交易與華人不侵，此亦屬縣之大較也。」

應劭風俗通云：「閬中有渝水，賨民多居水左右，天性勁勇。初爲漢前鋒陷陣，鋭氣喜舞，帝善之，曰：『此武王伐紂之歌也。』乃今樂人習學之，今所謂巴渝舞也。」隋書地理志稱其風俗與漢中不别，質樸無文，不甚趨利，雖蓬室柴門，食必兼肉。好祀鬼神，尤多忌諱，家人有死，輒離其故宅。崇重道教，猶有張魯之風焉。每至五月十五日，必以酒食相饋，賓旅聚會，有甚於三元時。按蒼溪志，北八十里有岐平鎮，每五月初間，四方商賈輻輳貿易以萬計，號爲岐平會，亦古今相沿之概也。

宋太守李獻卿南樓詩序云：「地暖風清，民淳事簡。」馮忠恕記云：「其地平衍而沃，其民恭儉而文，在西南爲佳郡，不減成都。」

利州圖經呼爲小益，對成都爲大益也。舊志云，自城以南，純帶巴音；由城以北，雜以秦語。

漢李尤蜀記：「蜀山自綿谷葭萌，道徑險窄，北來擔負者，不容易肩，謂之左擔道。」故少陵愁坐詩云：「葭萌氏種迥，左擔犬羊存。」

保寧一府，四月新絲出，輸縣官緡，過此則逋負矣，俗因謂之蠶糧。

十道記云：「廣漢之地，有鹽井銅山之富，蔬食果實之饒，此後漢馮灝刺奢之説所由作也。」玉堂遺範授高璩劍南東川節度使制云：「梓潼奧區，賢彦徊翔者矣。舊經稱其俗好勝尚氣，不恥貧賤，士通經學古，罕爲異習，豈非相沿以使之然歟！」文同樂閒堂記：「中江爲梓之三萬户縣，生齒既衆，分地既陋，其争鬭之辯，侵越之訴，番已遽作，紛午交衍，鞭之庭而械之獄者亡虚日。所決一未猒其願，則號冤唱屈，奔走跳盪於勸農使前者，絶復續焉。士大夫以無可奈何而適爲之令者，何嘗不望名而起畏。河南廖君自福昌移治於此，聞其所以爲政之大抵也，無急擊，無緩縱，棼以櫛之，結以觿之，摩撫柔愿，規厲陶突，善端姦幾，觀聽而盡。民自戒告，無敢欺瀆，曾未逾歲，已底無事云。」

蜀山谷間民皆冠白，言爲諸葛孔明孝服。所居深遠者，後遂不除。出乙卯避暑録，今蜀人謂之「戴天孝」。

蜀中方物記

川西井

蜀都賦：家有鹽泉之利。華陽國志：蜀郡廣都縣有鹽井，又有小井十數所。犍爲郡牛鞞縣有陽明鹽井。又云，李冰識齊水脈，穿廣都鹽井諸陂池，蜀於是盛有養生之饒焉。郡國志云，唐武德二年，分魏城，置鹽泉縣，以地有鹽井，民得採漉，爲四方賈售之地。按廣都，今雙流；牛鞞，今簡州；魏城，今屬左綿也。寰宇記云，益部鹽井最多，而陵井最大，在仁壽縣，縱廣三十丈，深八十丈，汲以大牛皮囊，刑徒克役甚苦。後廢陵井，更開狼毒井，今之煮井是也。又云，仁壽縣五井，二井存：曰營井，在縣南二十五里，隋大業元年開，水淡遂廢。至宋乾德三年重開，日收鹽四十斤。曰蒲井，在縣南四十里，唐武德初開，水淡遂廢。至宋太平興國三年重開，日收鹽三十八斤五兩。三井廢：曰賴賓井、石羊井、賴因井。

有麗甘井，取玉女美麗，其鹽味甘爲名。又有聶甘井，古鹽井也。其傍有神廟，謂之聶社云。

又貴平縣一井，曰上平，在陵州東北九十三里，唐朝日收鹽一石七斗五升，與百姓分利，僞蜀廢。乾德三年重開，日收鹽一百七十斤。益州記：「貴平有主井官，有兩竈二十八鑊，一日一夜收鹽四石，如霜雪也。」

寰宇記云：「井研縣二十一井：曰研井，在陵州南百三十三里。唐時日收鹽八斗，貞觀二十一年崩壞。總章二年重修，僞蜀淺塞。宋乾德三年重開，日收鹽四十九斤。曰思陵井，在州南一百九里。唐時官私日收鹽五斗五升，龍朔元年壞。上元元年重開，僞蜀淺塞。乾德二年重開，日收鹽三十斤一十兩。曰稜井，在州南百里，日收鹽五十三斤八兩。曰律井，在州南九十里，日收鹽五十五斤。曰田井，在州南百五十一里，日收鹽三十六斤，俱乾德重開。已上五井存。曰獠母，曰還，曰賴倫，曰石烈，曰茫，曰宋，曰桶，曰柳泉，曰賴郎，曰遮，曰新，曰董村，曰潘令，曰小羅，曰依郎，曰帶，已上十六井廢。」

寰宇記：「始建縣七井：曰羅泉井，舊廢，至宋乾德三年重開，日收鹽三十五斤，今存。曰塔泥井、石縫井、賴胡儒井、赤石井、賴子井、賴澳井，已上六井廢。」

文同丹淵集云：「井研縣自慶曆已來，始因土人鑿地植竹，謂之卓筒井，以取鹹泉，鬻鍊鹽色。後來其民盡能此法，爲者甚衆，遂與官中略出少月課，乃倚之爲姦，恣用鐫琢，廣專山澤之利，以供侈靡之費，豪家至有一二十井，其次亦不減七八。曏時朝廷嘗亦知其如此，創置無已，深慮寖久事有不便，遂下本路轉運司止絕，不許開造。今本縣界内已僅及百家，其所謂卓筒井者，以其臨時易爲藏掩，官司悉不能知其的實多少數目。每一家須役工匠四五十人至三二十人，皆是他州別縣浮浪無根著之徒，抵罪逋逃，變易名姓，來此傭身賃力。平居無事，則俯仰低折，與主人營作；一不如意，則遞相扇誘，群黨譁譟，算索工直，偃蹇求去。聚墟落，入鎮市，欲博姦盜，靡所不至。已復又投一處，習以爲常。」按始建今入井研縣。

沈存中夢溪筆談云：「陵州注五十九鹽井深五百餘尺，皆石也。上下甚寬廣，獨中間稍狹，謂之杖鼓腰。舊自井底用柏木爲榦，上出井口，自木榦垂綆而下，方能至水。井側設大車絞之。歲久井榦摧敗，屢欲新之，而井中陰氣襲人，入者輒死，無緣措手。惟候天雨，則陰氣隨雨而下，稍可施工，雨晴復止。後有人作木盤蓋井上，滿中貯水，盤底穿小竅讕水，一如雨點，謂之雨盤，令水下終日不絕，如此數月，井榦爲之一新，而陵井之利復舊。」

川南井

華陽國志：「南安縣有鹽溉灘，李冰所平也。在漢有鹽井，按今嘉州之紅崖是其故處矣。寰宇記云，榮州有鹽井五十七所。朝野雜記云，彭山有瑞應井，味稍硝，得隆、榮鹵餅雜煎之，然後成。元豐、崇寧兩嘗禁止，以食者多病故也。

杜預益州記云，益州有卓王孫井，舊常於此井取水煮鹽。又火井縣西五里有静邊鹽井，皆邛州地。華陽國志：孝宣帝地節中，穿蒲江鹽井二十所，增置鹽鐵官。寰宇記：蒲江縣金釜等八井見歲出課鹽六萬三千斤。東坡志林云，蜀去海遠，取鹽於井，陵州井最古，淯井、富順監亦久矣，惟邛州蒲江縣井乃祥符中民王鸞所開，利人爲至厚焉。雅安志：州南十五里，多白石鹽，土人鑚取之，名曰鹽崖。

華陽國志：江陽縣有富義鹽井，以其出鹽最多，商旅輻湊，言百姓得其饒富，故名。按此井深二百五十尺，鑿石以達鹹泉口，俗亦稱玉女泉也。乾德四年，割爲富順監，而縣廢，管鹽井大小六，歲出鹽貨三十餘萬貫。勝覽云，鹽井惟富順監最大，舊日爲額八百餘斤，今日額千五百餘斤。楊光清操堂記：三榮、富順産鹽，其地號爲貪泉矣。富順志云，富義井在縣西一里，近年爲淡水滲溢，竈丁淘遠近舊井賠課，而此井遂廢。今鹽井十四：曰鄧、漆園、秦家富、小新、羅米、謝家、來周泉、狗鳴、鶴圓垻、羅芹、月岩、溪口、石欄、相者是。

長寧縣淯井，在縣北寶屏山下。輿地紀勝云，淯井脈有二：一自對溪報恩寺山趾，度溪而入，嘗夜有光如虹，亂流而濟，直至井所；一自寶屏隨山而入，謂之雌雄水。初，人未知有井，夷人羅氏、漢人黃姓者，因牧而辨其鹹，僉議刻竹爲牌，浮於溪流，約得之者以井歸之。漢人得牌，聞於官，井遂爲漢有。後人立廟，祀黃、羅二神。按十州五團記：覊縻十州獻其鹽池官，後爲涫井監。一統志亦云，長寧治北涫井二脈，一鹹一淡，取以煎鹽。塞其一，則皆不流，謂之雌雄井矣。唐貞觀五年，置南通州，析置鹽泉縣以隸之。王象之謂叙州近邊之地，別無鹽泉。意者即今長寧之境，則唐初必輸官矣。元歲課辦鹽三十萬斤，今歲課辦鹽四十二萬五千五百斤。按唐筠州下有鹽水縣者是。志云，筠連縣南二十五里亭臺山，像若亭臺狀，溪邊有鹽井，即木桶井。

吉州劉立之通判瀘州，州有鹽井，蜀大姓王蒙正者，請歲倍輸以自占。蒙正與莊獻明肅太后連姻，轉運使等皆不敢予奪。君曰：「倍輸於國家，猶秋毫耳，奈何使貧民失業？」遂執不與。見歐陽修傳。華陽國志：「定筰縣，渡瀘水賓剛徼，曰摩沙夷。有鹽池，積薪，以齊水灌而後焚之，成鹽。漢末夷皆錮之，張嶷往爭，夷帥岑槃木明不肯服，嶷擒而殺之，厚賞餘類，乃安。」今北沙河是也。

川東井

華陽國志：「巴郡臨江縣枳東西百里，接朐忍，有鹽官，在監、塗二溪，一郡所仰。其豪門亦家有鹽井。」註水經云：江水又東，逕臨江縣南，王莽之鹽江縣也。自縣北入鹽井溪，有鹽井營户沿注溪井水矣。郡志云：「武隆縣距白馬津東三十餘里，江岸有鹹泉。初，康定間，有程運使舟次鶻岸，聞江中有硫黄氣襲人，謂此必有鹹泉。駐舟，召工開之，果得鹹脈。是時兩岸新蒸贍足，民未知烹煎之法。乃於忠州遷井竈户十餘家，教以煮鹽之法，未幾，有四百餘竈。由是兩岸林木，芟薙童然。」寰宇記：「彭水縣東九十里有鹽井一，今煎。昌元縣南北五十里井九山側亦有鹽井。」

荆州圖副云，八陣圖東南三里有一磧，東西百步，南北廣四十步，磧上有鹽泉井五口。寰宇記云，夔州永安宫南磧上鹽井，以木爲桶，昔常取鹽，即時沙壅，冬出夏没。又云，諸葛鹽井有十四，自山下至山上，其十三井常空。盛夏水漲，則鹽泉迤逦遷去於江水之所不及。荆州記云，朐䏰縣北岸有陽溪，溪南有鹽井百二十所。按陽溪水源出雲安縣北六百里。又水經注：朐䏰縣翼帶鹽井一百所，巴川資以自給。粒大者方寸，中央隆起，形如張傘，故因名之曰「傘子鹽」。有不成者，形亦必方，異於常鹽。王隱晉書地道記曰，入湯口四十三里，有鹹石，大者如升，小者如拳，煮之水竭而鹽成。蓋蜀火井之倫，水火相得，乃佳矣。水經注：建平郡北井縣南有鹽井，井在縣北，故縣名北井，建平一郡之所資也。

宋開寶六年，以夔州大昌縣鹽井鎮置大寧監，治距寶山十有七里，距大昌六十九里，其土多石，剛裂不受陶冶。官民屋宇，多覆茅竹及板，以瓦者無幾。突小，不謹輒火。飲食旋給，不憂凍餒，不織不耕，恃鹽以易衣食。

淳化中，將作監丞雷説知監事，見井場人户争汲，强弱相凌，多抵於訟，乃於穴傍創石爲池以瀦水，外設横板三十竅，承以修竹，謂之筧筒。蓋鹹泉初出，勢暴不可遏，故疏池爲墟，而三殺之。泉流既平，均節入筧，無復奔衝不平之患矣。至嘉定中，歲久弊滋，事聞於朝，遣榮州資官令孔嗣宗按置，窮訪民瘼，有不便者皆除之。泉自穴入筧，跨溪爲簰而分之，南得十三，北視南加二，各立長以司其平。歲一易筧，其法視舊益詳矣。民爲立祠，號孔長官祠。

段氏遊蜀記云，通、開二州，有鹽溙之利。宣漢長腰井場鹹源出大江龍骨窟中，灘名羊門，兩崖峭峻，鹹源自出，遂煎成鹽。寰宇記曰，開縣温湯，其井有三：曰柏木，曰龍馬，曰杉木，俱出白鹽。

川北井

華陽國志：巴西郡南充國縣，和帝時置，有鹽井。蜀都賦註：充國縣有鹽井數十。益州記曰，南充縣西南六十里有昆井，即古鹽井也。南部志：縣西五十里寶馬寺有寶井，出鹽，日可易一馬，人共寶之，故名。寰宇記云，新井縣，武德元年，割南部、晉安地置。界頗有鹽井，因斯立名。

晉太康地記曰：梓潼縣出傘子鹽。九州要記云，玄武縣鹽井二，近江水淡，煎鹽不成。飛烏縣管井七，見煎三井，餘塞。寰宇云，郪縣鹽井四十三眼，二十二眼見煎，餘廢。志云，梓州舊無鹽井，有僧一新者，不知何代人，指地教人鑿井，鹹泉湧出，爲利無窮。及卒，土人置寺，奉其遺軀，爲塔祀之。

寰宇云，涪城縣管鹽井五十五所，十眼煎，餘塞。又云，富國監者，本梓州郪縣富國鎮新井煎鹽之場也，宋置監以董其事，兼領通泉、飛烏等井，地去梓州九十里。又云，通泉縣管鹽井七十四所。

蜀記云，靈江東鹽亭井，古方安縣也。周地圖記：梁大同元年，於此立亭，因井名縣，管鹽井三，煎一。有女徒山，在縣東二十五里，從閬州新井縣界來，故老相傳，昔有女徒千人，於通泉縣康督井配役，遇賊於此，乃於山頂置栅禦捍，遂破賊，俗爲之置祠。今富順鹽井，皆婦人推車汲水。由此而論，則女徒之山可録矣。寰宇記：東關縣管鹽井四，見煎三井，餘廢。永泰縣管鹽井五。

井課

杜氏通典云，蜀道陵、綿等十州鹽井，總九十所，每年課鹽都當錢八千五十八貫。註云：陵州鹽井一所，課都當錢二千六十一貫；綿州井四所，都當錢二百九十二貫；資州井二十八所，都當錢一千八十三貫；瀘州井五所，都當錢一千八百五十貫；榮州井十三所，都當錢四百貫；梓州都當錢七百一十七貫；遂州四百一十五貫；閬州一千七百貫；普州二百七貫；果州二十六貫。

圖經云，唐萬歲通天二年，右補闕郭文簡奏，陵井監賣水，一日夜得四十五函半，百姓貪利失業。長安二年，停賣水，依舊稅鹽。先天二年，加課利，歲有三千六百二貫。僞蜀時，井塞。宋乾德三年，平蜀，陵州通判賈璉重開舊井，一晝夜汲水七十五函，每函煎鹽四十斤，日獲三千斤。至雍熙元年，春冬日收三千八百一十七斤，秋夏日收三千四百四十七斤，蓋水源之有長短也。

朝野雜記：仙井歲産鹽二百餘萬斤，隸轉運司；蒲江亞之，隸總領所；大寧監二百五十餘萬斤，歲取其四分，隸總領所；淯井監四十餘萬斤，歲取其贏五萬餘緡，爲軍食之用。自祖宗以來，民間自煮鹽，歲輸課利錢八十萬緡。趙應祥變鹽法，增至四百餘萬緡。又逃絶之井，許人增其額以承認。鹽既益多，遂不可售。紹熙三年，楊嗣勳總計棧閣助筒二千，鹽由是頓易，自後井户稍紓，而民間食鹽愈貴矣。

太平興國初，有司言昌州鹽歲收虛額十一萬八千五百餘斤。及開寶中，知州李佩率意掊斂，以希課最，於歲額外，別役部民煮鹽，民甚以爲苦。轉運使以聞，詔悉除之。夔府舊志：昔大寧鹽井隸監，淳熙甲辰，部使者楊公輔更法，歸之漕司，監不復與。熙寧中，歲額四百餘萬斤。紹興中，以二百四十萬斤爲額，閏年加十萬斤，爲二百五十萬斤。

宋史：熙寧中，蜀鹽私販者衆，禁不能止，欲盡實私井，運解池鹽以足之，議未決。神宗以問修起居注沈括，對曰：「私井既容其撲買，則不得無私易，一切實之，而運解池鹽，使一出於官售，此亦省刑罰，籠遺利之一端。然忠、萬、戎、瀘間夷界小井尤多，止之實難，若列堠加警，恐所得不酬所費。」議遂寢。按括本傳云：「市易司患蜀鹽不禁，欲盡實私井，而輦解池鹽給之。言者論二事如織，皆不省。沈括侍側，帝顧曰：『卿知籍車乎？』曰：『知之。』帝曰：『何如？』對曰：『敢問欲何用？』帝曰：『北邊以馬取勝，非車不足以當之。』括曰：『古人所謂兵車者，輕車也，五御折旋，利於速。今民間輜車重大，日不能三十里，世謂之太平車，但可施於無事之日爾。』帝曰：『人言無及此者。』遂問蜀鹽事，對曰：『臣恐得不足償費。』帝頷之。明日，二事俱寢。」

井法

類要云，鹽泉有絞篊，引泉踏溪，每一筧用一篊。其筧與篊每年十月旦日，以新易陳，郡守作樂臨之，井民相慶，謂之絞箕節。

志林云，慶曆、皇祐以來，蜀始開筒井，用圜刃鑿如碗大，深者數十丈，以巨竹去節，牝牡相銜爲井，以隔横入淡水，則鹹泉自上。又以竹之差小者，出入井中爲桶，無底而竅其上，懸熟皮數寸，出入水中，氣自呼吸而啓閉之，一筒可致水數斗。凡筒井皆用機械，利之所在，人無不知。後漢書有水鞴，此法唯蜀中鐵冶用之，大略似鹽井取水筒，太子賢不識，妄以意解，非也。

近時射洪士人馬驥譔鹽井圖説云：鹽井其來舊矣，先世嘗爲皮袋，井圍徑三五尺許，底有大塘，利饒課重，工力浩鉅，非一載弗克竣。今皆湮没殆盡，不可考。民循故業以納課，率多從竹井制，其施爲次第，在井匠董之。凡匠氏相井地，多於兩河夾岸、山形險急，得沙勢處，鳩工立石圈，盡去面上浮土，不計丈尺，以見堅石爲度，而鑿大小竅焉。大竅，大鐵釬主之；小竅，小鐵釬主之。釬一也，大釬則有釬頭，扁竟七寸；有輪，鋒利穿鑿。興井日，北口傍樹兩木，横一木於上，有小木滚子，以火掌繩釬末附於横木滚子上。離井六七步爲一木椿，糾火掌篾而耦舂之，滚竹運釬，自上下相乘矣。匠氏掌釬篾，坐井口傍，週遭圜轉，令其竅圓直。初則灌水鑿之，及二三丈許，泉蒙四出，不用客水，無論上石釬，觸處俱爲泥水。每鑿一二尺，匠氏命起釬，用筒竹一根，約丈餘，通節，以繩繫其稍，筒末爲皮錢，掩其底，至泥水所在，匠氏揉繩伸縮，皮歙水入，挹滿攬出，泥水漸盡，復下釬鑿焉。次第疏鑿，不計功程力，大較至二三十丈許，見紅石岩口，大竅告成矣。隨議下竹，竹有木竹、楠竹二種。木竹，取堅也，刳木二片，以麻合具縫，以油灰釁其隙。楠竹出馬湖山中，亦以麻裹之。木竹末爲大麻頭，纍纍節合，下盡全竹，四潰淡水障阻，不能浸涔。迺截去大釺頭，用釺梢鑿小竅，法如大竅然。鑿至二十丈，中見白沙數丈，有鹹水數擔，名曰腰脈水。去鹹水不遠，尋鑿之，而鹹水淵涓自見也。水有廣水，晝夜力汲不竭，然味近淡；有鹹水，晝夜計有數，然味亦不齊，有一擔而煮鹽五六斤者，有八九斤至十二三斤者，顧遇何如耳。厥工既就，始樹樓，架高可似敵樓，上爲天滚，有轆轤聲。制筒索吸水，如前吸泥水法，而樞軸則管於車床也。床横木爲槃，槃有兩耳，作曲池狀，左右低昂逆施，左揖地右伸，右揖地左伸，循環用力，索盡筒出，鹹水就灰笆潑水，而煎燒有緒矣。轉轆轤者，蓋三人爲之。力厚者，則製牛車，車狀大力逸而功倍也。此自成井而論耳。若拙鑿之際，釺偶中折，而墜其中者，或遭淤泥作阻者，其出法亦巧，而爲器亦異。釺帶火掌篾而墮者，以攬鐮鈎出，爲力易易。惟釺半墮，或止墮釺頭者，取之之法，製爲鐵五爪，如覆手狀，爪背入木數寸，以竹三尺許，劈碎一尺，纏扼爪木，令堅緻，上一尺亦劈碎，則活繫橦子釺，不令拘泥偏向，中一尺通其節，以待橦子釺假道撻伐。垂爪入井，爪定所墮釺頭，匠氏從上督索橦子釺，由筒中擊木，木擊五爪。數擊，則爪攫剿釺頭者牢，不可以游滑自匿，雖欲不出，不可得矣。若被淤泥填溢大小竅，猶關格症然，甚者製爲搜子，以和解其膠密。搜子者，鐵條之有嚙齒者也。未甚者，製爲漕釺以衝擊其脂凝。漕釬者，橦子釬之有嚙齒者也。支解既析，則爲刮筒以取其泥。刮筒之制，與鹽筒殊科，不通其節，而每節之始，鑿爲方口，投井中吸泥，亦如汲水式。蓋水可以疏通翕受，泥則踰節不可，是則匠氏作法意也。嗟乎！一井之成，其次第節目如此，亦云勞矣。乃勞歸竈丁，利歸商販。富竈任逸，傭竈任力，終歲窮日，疲竭若何，而徵輸又告急矣。至有坍塌而乾賠國課者，有逋負而逃徙流離者，是在上之人，寬一分則民受一分之賜云。

蜀都賦云：蜜房郁毓被其阜，山圖采而得道。華陽國志：宕渠縣有石蜜，宿山圖所采也。本草：石蜜出益州及西戎，煉砂糖爲之，成餅塊，有黄白色。寰宇記：茂、集、達三州產蜜，資州產甘蔗。容齋隨筆云，糖霜之名，唐以前無所見。自古食蔗者，始爲蔗漿，宋玉招魂所謂「胹鼈炰羔有柘漿」是也。其後爲蔗餳，孫亮使黄門就中藏吏取交州獻甘蔗餳是也。後又爲石蜜，南中八郡志曰：「笮甘蔗汁，曝成飴，謂之石蜜。」本草亦云，煉糖和乳爲石蜜是也。後又爲蔗酒，唐赤土國用甘蔗作酒，雜以紫爪根是也。唐太宗遣使至摩揭陁國，取熬糖法，即詔揚州上諸蔗，榨瀋，如其劑，色味愈於西域遠甚，然只是今之沙糖。蔗之技盡於此，不言作霜，然則糖霜非古也。歷世詩人模奇寫異，亦無一章一句言之，唯東坡過金山寺，作詩送遂寧僧圓寶云：「涪江與中泠，共此一味水。冰盤薦琥珀，何似糖霜美？」黄魯直在戎州，作頌答梓州雍熙長老寄糖霜云：「遠寄蔗霜知有味，勝於崔子水晶鹽。正宗掃地從誰說，我舌猶能及鼻尖。」則遂寧糖霜見於文字者，實始二公。甘蔗所在皆植，獨福唐、四明、番禺、廣漢、遂寧有糖冰，而遂寧爲冠。四郡所産甚微，而顆碎色淺味薄，纔比遂之最下者，亦皆起於近世。唐大曆中，有鄒和尚者，始來小溪之繖山，教民黄氏以造霜之法。繖山在縣北二十里，山前後有蔗田者十之四，糖霜户十之三。蔗有四色：曰杜蔗，曰西蔗，曰芀蔗〔七〕，本草荻蔗也；曰紅蔗，本草崑崙蔗也。紅蔗止堪生噉；芀蔗可作沙糖；西蔗亦可作霜，色淺，士人不甚貴；杜蔗紫嫩，味極厚，專用作霜。凡蔗最困地力，今年爲蔗田者，明年改種五穀以息之。霜户器用：曰蔗削，曰蔗鎌，曰蔗凳，曰蔗碾，曰榨斗，曰榨牀，曰漆甕，各有制度。凡霜，一甕中品色亦自不同，堆疊如假山者爲上，團枝次之，甕鑑次之，小顆塊次之，沙脚爲下。紫爲上，深琥珀次之，淺黄又次之，淺白爲下。宣和初，王黼創應奉司，遂寧常貢外，歲别進數千斤。是時所産益奇，墻壁或方寸，應奉司罷，乃不再見。當時因之大擾，敗本業者居半，久而未復。遂寧王灼作糖霜譜七篇，且載其説。予採取之以廣聞見。

王廷相嚴茶議

蜀中有至細之物，而寓莫大之用，君子不可以輕視之者，茶是也。五穀饔飧，非不美也，食牛羊乳酪者，則不以爲急；布帛帷帳，非不麗也，御穹廬氈裘者，則不以爲重。茶之爲物，西戎、吐番，古今皆仰給之。以其腥肉之食，非茶不消；青稞之熱，非茶不解。故不能不賴於此。是則山林草木之葉，而關繫國家政理之大，經國君子，固不可不以爲重而議處之也。蜀茶自唐王播始榷税以利國，宋初則買茶於秦鳳、熙河等路博馬，又置茶場於成都買茶，貿易取息，以爲熙河博馬之費。建炎以後，罷成都茶場，設買馬二務：一在成都買川馬，一在興元買秦馬。元榷成都茶，於京兆、鞏昌治局發賣，惟取其利。我朝洪武中，川陜皆置茶馬司，收巴茶易馬，頗獲其利。至成化中，議者以馬之用急於三邊，而川馬遠不可至；茶之利分於川蜀，而洮河所利則微。故川中茶馬停止，而獨行於河州。是以川茶惟嚴禁約，而諸番無以仰給矣。近年以來，法弛人玩，雖有禁茶之名，而無禁茶之實，商賈滿於關隘，而茶船遍於江河，權要之人，每私主之以圖利。邇者巡按盧公稍一盤詰，即得十數餘萬，則其平日可知也。夫茶可以利朝廷也，今利歸私門矣；可制諸番之命也，今仰望於商人矣。以中國御番之大權，而倒持以授之於商賈，不惟自失其利國之具，而反害之矣。爲今之計，莫要於嚴私茶之禁，絶商賈之販，使茶利之權在官，則諸番可以坐制。何也？茶者，番人之所必欲得者也。私茶不行，番人仰於官矣。以茶易馬，雖不可遽復，而使之輸青稞以服役，獨不可乎？或者曰，青稞之輸，彼之舊貫也；茶則我之實利也。彼來貢之，我以是賞之，不幾於相易乎？彼之利於我者微，而我之失其利者大，不幾於失倫乎？吁！是皆以小利言之，不知彼輸於我，義也；我賞於彼，德也。我因以行其羈縻之道，彼亦以爲職分之常，久之邊防可以寧謐，而我兵亦無調度之費、戰伐之苦，以此較彼，所得孰大小哉？夫番仰茶於官，權在國也；邊鄙因之無虞，利在民也。一禁茶之間，使權歸於國，而利及其民，較之縱禁通商，使利歸私室而害及於邊者，所得又孰多寡哉？

蜀都雜抄

岷、嶓、潛、沱之義難解。今蜀山連綿延亘，凡居左者皆曰岷，右者皆曰嶓；凡水出於岷者皆曰江，出於嶓者皆曰漢；江別流而復合者皆曰沱，漢別流而復合者皆曰潛。恐屬方言爾。故岷謂之汶，今汶川是也。漢謂之漾，或謂之沔，或謂之羌。今沿漢水而東，有寧羌州，有沔縣，又東有洋縣，即古洋州也。洋、漾聲相近，豈皆得名於漢水云？

按華陽國志云，漢有二源：東源出武都氐道漾山，因名漾，禹貢流漾爲漢是也。西源出隴西嶓冢山，會白水，經葭萌入漢。始源曰沔，故曰漢沔。

成都學宫前綽楔，題曰「神禹鄉邦」。予始至視學，見而疑之。昔堯、舜、禹嗣興，冀爲中州兩河之間，聲教暨焉，而輿地尚未拓也。後千餘年，而周始有江漢之化。至秦盛强，蜀始通焉。

彼所謂蠶叢、魚鳧、鼈靈、望帝者，文物未備，且在衰周之世，蜀之先可知也。禹都在今之安邑。鯀實四嶽，封爲崇伯。崇，今之鄠縣，其地遼絶，何得禹生於此乎？新志亦以此爲疑。問之人士，皆曰禹生於汶川之石紐村，禹穴在焉。檢舊志稱唐元和志：廣柔縣有石紐村，禹所生也，以六月六日爲降誕云。是蓋幾於巫覡之談。至宋計有功作禹廟碑，始大書曰：「崇伯得有莘氏女，治水行天下，而禹生於此。」其言頗爲無據。有莘氏於鯀，亦不經見。按莘，今之陳留，與崇近，鯀娶當或有之。鯀爲諸侯，厥有封守，九載弗績，多在河北，今諸處之鯀城是已，安得治水行天下乎？又安得以室家自隨荒裔之地，如石紐者乎？予益疑之。雖有功亦曰「稽諸人事，理或宜然」，蓋疑詞也。此必承元和志之誤，而後説益紛紛矣。此雖於事無所損益，而蜀故不可以不辨。按揚雄蜀都賦止云禹治其江，左思三都所賦人物，奇若相如、君平，文若王褒、揚雄，怪若萇弘、杜宇，僭若公孫、劉璋皆列，獨不及禹生耶？至宋王騰不平左詞，作賦致辨，頗極辭鋒，亦云岷山導江，歷經營於禹蹟。其後云，鯀爲父而禹子，此概人倫之辨爾，亦不言禹所生也。又按華陽國志載：「禹治水，命巴蜀以屬梁州。禹娶於塗山，辛壬癸甲而去。生子啓，呱呱啼，不及視。三過其門而不入室，務在救時。今江州之塗山是也，帝禹之廟銘存焉。」志作於晉常璩，可謂博稚矣。況留意蜀之材賢，然亦不云禹所生也。今徒以石紐有「禹穴」二字證之，又安知非後人所爲耶？禹穴實在今會稽，窆石在焉。古稱穴居，衆詞也。禹平水土時，已爲司空，恐不穴居。今言穴，蓋葬處，非生處也。古今集記則云，岷山水源分二派，正南入溢村，至石紐，過汶川，則禹之所導江也。由是言之，石紐蓋禹蹟之始，而非謂禹所生也。又按塗山亦有數説：江州，今重慶之巴縣，有山曰塗；鳳陽之懷遠，古鍾離也，自有塗山，啓母石在焉。江州，治水所經；鍾離，帝都爲近。未知孰是。蘇鶚又云，塗山有四，皆禹蹟也。併指會稽與當塗云。宋景濂遊山記甚詳，然亦不能決。孔安國曰：塗山，國名，非山也。史記所載：啓，禹之子，其母，塗山氏之女。又似姓氏，猶今司馬氏、歐陽氏之謂，恐亦非國名也。聊附所疑於此。

鄭剛中思耕亭記注六十

嘉陵之源，發於鳳之大散，旁由故鎮，繚繞漁關，循崖而出，力未能載。自漁關下武興，浮三泉，南流二百六十里，至於亭下，又順流入閬，東走安漢，疾趨於合之漢。初則會東、西二川，併勢望夔峽之道，争門而出，回視漁關，不知其高幾里，皆終歲漕餉之所浮。水既不得平流，皆因地而淺深，自灩滪逆數至漁關之欒水，號名灘者六百有奇。石之虎伏獸犇者，又崎嶇雜亂於諸灘之間。米舟相銜，旦晝犯險。率破大竹爲百丈之篾纜〔八〕，有力者十百爲羣，背負而進，灘怒水激，號呼相應，却立不得前。有如竹斷舟退，其遇石而碎，與汩俱入者，皆蜀人之脂膏也。小人恃有此，頗復盜用宫米，度贓厚罪大，則鑿舟沉之。歲陷刑辟與籍入亡家者，亦纍纍而有。故漕粟之及漁關者，計所亡失常十二，吾然後知田之不可不耕也。武侯以草廬素定之畫，頻年兵出，皆以食盡而歸，則西南轉餉之艱，蓋千古矣。吾君誠心善鄰，邊鄙不聳，命中外以寬厚之澤蕩洗煩苛，塞卒十萬，今皆櫜弓掩甲而卧。吾誠能借其餘力，雜耕關外，卒以平歲緩田爲準，不計狼戾，第得粟一鍾，即減漕粟三鍾之力。俟諸營儲食，能如晁錯所爲足支五歲，則時赦農租，當下大子之詔。凡此皆某臨流之所深念者。

楊慎禹穴考

司馬子長自叙云：「上會稽，探禹穴。」此子長自言徧遊萬里之目。上會稽，總吴越也；探禹穴，言巴蜀也。後人不知其解，遂以爲禹穴在會稽，而作地志者以禹廟旁小如舂臼者當之。噫！是有何奇而辱子長之筆耶？按蜀之石泉，禹生之地，謂之禹穴。其石杳深，人迹不到。頃巡撫儀封劉遠夫修蜀志，搜訪古碑刻，「禹穴」二字乃李白所書，始知會稽禹穴之誤。大抵古人作文，言簡而括，若禹穴在會稽，而上云「上會稽」，下又云「探禹穴」，不勝其複矣。如禹貢曰「雲土夢作乂。」雲在江南，夢在江北，五言而括千餘里。又曰「蔡蒙旅平。」蔡山在雅州。蒙山，雲南，今名蒙樂山，上有碑，具列其事。亦四字而括千餘里。鄭玄〔九〕、孔穎達、蔡沈、夏僎，皆所未至，而繆云蒙山亦在雅州。

顔真卿鮮于氏離堆記

閬州之東百餘里，有縣曰新政。新政之南數千步，有山曰離堆，斗入嘉陵江，直上數百尺，形勝縮矗，欹壁峻肅，上峥嶸而下迴洑，不與衆山相連屬，是之謂離堆。東面有名堂焉，即故京兆尹鮮于君之所開鑿。

峨眉縣志

鹽法自古有之，逮管子以是而富國，吴王以是而禁民，法網遂密，小民不得恣其欲矣。然皆以煮海爲利，所出無窮，所入亦無窮。若西蜀所煮者，不過一鹽井耳。濬之甚難，非二三十丈不可竟業；取之甚苦，非四五六日不可貯鹽，且所煮之數，不足以償其所税之數。峨眉舊原無井，即間有一二，鄰接縣境，近皆塌塞枯涸。今亦於民糧徵派乾賠，每年納鹽課銀三百七十六兩零五分三釐。民窮固甚可憫，而國課又難蠲豁，反覆籌之，無所措置。有司徒具熱腸，其轉移軫恤之權，實自上操也。

按自峨眉西去，爲龍池，爲中鎮，爲玀猓，地多產銅鉛木板，亦有銀鑛，苦不可得。椎埋爲姦，誘人入山，鬻與夷爲奴，獲牛馬厚利。將鬻時，鉗其首，塗以漆，令牧牛羊併六畜，每日以蕎麥餅充餐。又有名爲土老，受雇工傎，爲人操小舟，送木片出灘，最險，落下如入阱中，土老與小舟同入水，須臾並浮出。然南溪敘戎之民，以誘略爲業，故巡檢司帶弓兵鎮守。

建昌沿邊諸堡

建昌衛所屬紙房堡、瀘州堡、高山堡、沙坪堡、德力堡、黃泥堡，建昌前衛所屬青山堡、松林堡、平蠻堡、鎮夷堡，寧番衛所屬瀘沽關、鐵廠堡、北山堡、太平關、冕山堡、巡哨堡、李子坪堡、雙橋堡、白石堡、三橋關，越嶲衛所屬青岡堡、蓉葉堡、木瓜堡、鎮遠堡、坪壩堡、苦菜堡、平夷堡、八里堡、河南堡、曬經關堡、白馬堡、鎮蠻堡、李子坪堡、臨河堡、炒米關、小哨堡、長老坪堡、溜冰堡、新添堡、黃泥堡、九盤堡，會川衛所屬虎頭關、甸沙關、迷郎關，鹽井衛所屬箐口堡、雙橋堡、涼山堡、鴛鴦堡、新添堡、馬蟥堡、土功堡、雙橋堡、杭州堡、紹興堡、六馬堡、鎮南堡、定遠堡、鎮西堡、新化堡、明遠堡、濟平堡、康寧堡，共六十二處，各於本衛撥軍守備。成化二年，設建昌兵備道副使。十六年，設分守太監。嘉靖四年，設守備官一員，以都指揮體統行事，守備寧、越地方，駐劄鎮西守禦千户所。嘉靖七年，又設守備官一員，亦以都指揮體統行事，守備黎、雅地方，駐劄雅州守禦千户所。嘉靖十年，巡撫都御史宋滄、巡按御史丘道隆題奉欽依，取回分守太監。蓋建昌一鎮，土沃物繁，雖孤懸一隅，而漢夷相安，較之松、茂邊情，萬萬不相侔。隆慶三年，改建昌兵備副使爲兵糧道，兼管分巡督理糧儲。隆慶六年，逆酋安文等因與土官瞿氏争襲，統率夷賊首惡阿貴佐、擢拍、白牛、蘆阿阿支、撒他等臨城攻搆，擾害地方。萬曆元年四月十九日，文等率各夷蠻劄住木拖村、凹郎河等處，虜劫人財。建昌道兵備副使楊芷會同監理通判王爵牌行各衛官，齊集兵夫人等，嚴守城池。先令旗軍周英等前去安文等賊營宣諭利害，陽爲撫安，以便整搠。將原募兵勇八百餘名分劄城關要害，調取土舍安鎮，土官家丁逆止糯、姑咱，計始撒剌各率部兵馳赴土官院南門橋截殺。各賊恃其黨衆，於本月二十一日突至本司城下，芷親督兵驅戰，授以方略，官兵奮勇截殺，擒斬數百人，奪獲甲馬器械若干。自是夷虜既遭懲創，始知國法，而建昌六衛軍民得安枕矣。萬曆三年，巡撫都御史曾省吾、巡按御史郭莊題奉欽依，將建昌前衛併入建昌一衛。

建昌兵備鄧條議建夷負固一隅，蠻烟瘴癘。自大渡河起，至金沙江止，一千五百六十里，皆危坡峻嶺。而五衛八所各據要領，又皆與西番、東倮百十餘塞掣肘爲鄰。我漢人所藉以往來者，止有一線鳥道，迴繞屈曲，殆三千餘里。以三千餘里之鳥道，經百十寨夷之隘口，雖有營堡，稀若晨星，豈能保無疏虞？此其無月無日無時無刻而皆當爲防。五衛八所每歲額辦屯糧五萬餘石，村屯星散，既不能如松潘之歸一，兼以前歲大舉比之遵義，兵不滿四萬，限不過五月，元兇雖已授首，逋酋豈能盡殲？伏莽假息，尚繁有徒。建南係全蜀籓籬，查蜀志，唐天寶以來，南詔歲爲邊患。大曆十四年十月，南詔合吐蕃師一十萬三路入寇，而一路自黎、雅過邛崍關，陷諸郡邑。太和三年，復陷邛、嶲，逼成都，刼玉帛女子以去。咸通十一年冬，蠻賊圍成都，矢石如雨，蜀地大震。十四年，又入寇，造浮橋，濟大渡河，至新津而還。明年，始脩復邛崍關、大渡河諸城柵，內地稍戢。至宋藝祖以玉斧畫大渡河，而邊患遂與宋祚相終始。自大渡河起，至金沙江止，計脩舊營五十六處，增新營七十七處，共一百三十三營堡。夫邊職之漢夷並設也，謂九種醜類，非兼土司不能聯屬也。查國初寧番土酋怕兀他從月魯帖木兒爲亂，我太祖命總兵徐凱征討，遂廢土改衛，止將環居西番編爲四圖，聽我羈縻。會川、鹽井雖設土職火頭，然皆各有分土，不甚鷙驁。越嶲邛部土官嶺栢應自嶺鳳起搆難，移之栢香坪，今可無慮。獨建昌安土官雖有總轄之名號，原無一定之寨分。先年舊居衛城，萬曆丙戌，每夜出城刼村，甚者左、右兩所官軍不堪荼毒，至有率衆攻城以討賊者。丁亥，周憲副光鎬請於兩臺，奏調土漢官兵勦伐，始定。雖將土官移居於城外之東街，第去衛城不數步，夷丁出入，終不能禁，此所謂腹背之一大疽也。查安氏世職以來，安華、安仁、安夷、安忠四世相承，謂夷猶多懾服。嘉靖末，忠妻鳳氏權攝夫職，是以成尾大之患。鳳氏死，疏屬安登冒嗣，夷心不服，是以有厮養卒逆止之變。安登死，其妻瞿氏紹良更無能節制，是以安文頻歲爲叛，至有臨城劫掠之慘。瞿氏紹良死，安世隆嗣，而其妻沙愛以踰城淫奔爲安世隆所逐，又爲群奴力怕等復煽諸夷擁沙愛爲主，且與世隆相讐殺，是以貽本邊不了之禍。今安崇業又以遠枝承繼，且性狡猾，邇者奉旨鵰勦，屢漏洩賣放，及聞善後留兵，益鞅鞅不樂，每日垂頭喪氣，如有所失。此酋不死，建南之禍未息也。兹幸天斬其嗣，據建昌通學生員僉呈乞停土官之繼，仍復國初責成四把事約束之例，以絶禍本，以救邊民。第土嗣雖絶，尚有土婦。先年夫亡妻繼之規，倘瞿氏不鑒覆轍，則異日婺嗣已絶，即不議繼可也。矧四把事原同土官管束部夷者，彼皆係籍夷種，熟知夷情。今其弟男子侄又多入泮，屬我編氓，儻四把事果堪約束，亦可以代土官之責，更爲駕馭之便。

本邊自善後，滇蜀之路大通，商賈絡繹，即五衛耕屯提脚之夫亦往來如織。每一瘴發，道殣相藉，其最慘者，曰大渡河，曰金沙江，曰匍沙關，而匍沙關一二三百里驛站甚長。

重夔

重、夔二府去會城頗遠，所屬達、東、太平、大寧、太昌等州縣山深地曠，流移逋逃，易於嘯聚爲盜。正德間，群盜藍廷瑞、鄢本恕、廖麻子等相繼倡亂，爲蜀中大害。又所屬黔江、武隆、彭水、忠、涪、建始、奉節、巫山、雲陽等州縣界，與湖廣之施州衛所轄散毛、施南、南崖、中路等夷司犬牙交錯，加之播、酉、石柱等司土漢相雜，争鬬劫害，無歲無之。弘治元年，設兵備副使駐劄達州，統轄重慶黔江并湖廣瞿塘、施州、忠州等衛所，而達州、東鄉、太平三州縣又調聚重夔新寧、梁、墊、長壽、銅梁、合、巴、蓬、渠、營山、岳池、鄰水、大竹等衛所州縣軍快共一千名團操防禦。嘉靖十年，於黔江千户所與散毛宣撫等司交界設立老鷹等三關五堡，就於該所摘撥官軍守把。嘉靖二十年，改調九永守備官一員於施州衛駐劄，約束散毛、施南、中路等司蠻夷，兼制酉陽、石柱二宣撫司，石耶、邑梅二長官司，黔江守禦千户所并聽川湖守巡官節制。嘉靖末，大足縣民蔡伯貫以幻術愚衆，攻破合州、定遠等州縣，黄中盜據雲、萬山中，旋即剿除。萬曆初，添設捕盜通判一員。

麥子山注六十一延袤數百餘里，東抵湖廣當陽、房竹及本省寧昌等縣，北鄰陜西平利及本省東、太等縣，西南三面與本省奉節、雲、開、萬等縣連界。內有紅線岩、篩羅垻、栗子砦、雙古墳四處，原有古砦舊基，可容百萬餘人。壁立萬仞，四面俱是懸岩，止有一線之路可通，上有平田古井，足供衣食。山腰天生石門一座，若被賊把守，再無別路可登。山內雖有新舊居民千有餘户，但地廣居散，力分勢寡，難以守禦。況北連萬頃柴山，常有各省流民一二萬在彼砍柴，以供大寧鹽井之用，一遇飢荒，即投入山，據險流劫，尤爲可慮注六十二。

巴通

通江介秦蜀之境，蕞爾孤城，設在萬山間，崇林絶嶠，一睇數百里，夙號巨寇出没之藪。成、弘間，鄢藍猖獗，陷破城邑，都御史林、彭先後提師，數年始平。嘉靖間，何賊猖亂，據險縻費，兵勤三省，凡四載，始議招安，至厪當宁西顧。今萬曆丁巳，秦中黠叛唐、王輩嘯聚山林，竿旗挺刃，剽殺生民，掠男女、畜物、金帛、器用歸窟秦山。旋歸旋復，至山中獷猾亡賴子多從之。當路遣守備鄧起龍斬首數十級。

國初吐蕃、播州、酉陽、石砫、永寧、平茶、石耶、邑梅諸部咸以土人領之，蓋以夷治夷，不欲煩中國意也。獨芒部等四軍民府假之名號，兼設流官，豈以聲教漸被，猶可從漢道處之耶？曩歲都蠻剿平，邇則建昌底靖，各土夷畏威順治，乃芒部改爲鎮雄，隴氏未復實授。懲創方切，悔艾可知。而東川、烏蒙二府又復凋弊孱弱，自植弗暇，羈縶爲宜。外惟烏撒崛强一隅，往往侵掠鄰夷，蹈爲奸利，視諸番高冉、奢羅等部，反有意外之虞〔一〇〕，豈其習使然哉？亦有所恃故耳。蓋其地有鹽池、銀礦之利，藏亡舍死，率以爲常，勢不自弊不止也。故議者謂永寧參將，施、瀘二守備皆切要慎重之地，而敘、瀘、重夔二兵備其防尤不可緩焉。建南雖未即開設郡縣，近經條畫善後，庶幾少安。水藺之役，外搆内訌，黔中復主偏聽，頃賴兩臺題奏，處分已妥。顧險阻易爲憑陵，大羊不難蠢動，所爲建堡設險，練兵貯積，上則調情攻心，以成羈縻，恩威或未可偏也。

夔州志云，萬縣南岸一帶地方壤接施夷，各土司環列四境。蜀漢時置南浦縣，後代因之。至元省入萬州。相去遼絶，民又頑獷，乃致姦巧之徒鼓扇其中，故黄中之亂殆有釀而成之者。中雖勦平，而處置未安，其間狡猾之民，動犯法禁，稍聞捕緝，即徙入夷，名曰投崗，間引土夷劫掠我人民，侵奪我畜産。又巴南富豪懼夷侵掠，私據險要，築堡自守，名曰主寨。因見地方曠遠，兼恃家丁衆强，不供租庸，不服拘唤。查得先年黄中既平之後，節該院道酌處地方善後事宜，有議復南浦縣治以綏邊民者，有議委捕盗通判駐劄黄荆壩者。自今觀之，復舊縣者，久安長治之策也；議捕守者，安内攘外之權也。

【原注】

注五十九　宋史：陵州有鹽井，深五十丈，皆石也，底用柏木爲幹，上出井口，垂綆而下，方能及水。歲久幹摧敗，欲易則陰氣騰上，入者輒死。惟雨則氣隨而下，稍能施工，晴則亟止。楊佐以木盤貯水，穴竅灑之如雨滴然，謂之雨盤。如是累月，井幹一新，利復其舊。

注六十　利州。

注六十一　兵備副使張儉麥子山議。

注六十二　今於石門雙古墳篩羅壩等處通賊要路設立關堡，鄰近居民編爲夫甲，輪流守把，杜賊入路。

【校勘記】

〔一〕由府屬之龍泉驛　「屬」原作「蜀」，據敷文閣本、清抄本改。

〔二〕此亦其舊俗也　「舊俗」原作「一厄」，據敷文閣本及隋書卷二十九地理志改。

〔三〕惟以麥爲糧　「糧」原作「質」，據敷文閣本、清抄本改。

〔四〕耳目昏塞　「目」原作「日」，據敷文閣本及山谷集外集卷十與太虚公書改。

〔五〕懦則細黠吏亦能用其柄　「黠」原作「黔」，據敷文閣本及山谷集卷十七黔州黔江縣題名記改。

〔六〕猛則鳥獸駭而走箐中矣　「走」原作「奏」，據敷文閣本及山谷集卷十七黔州黔江縣題名記改。

〔七〕曰芀蔗　「芀」原作「力」，據敷文閣本及容齋隨筆五筆卷六李彦仙守陝條改。

〔八〕崒破大竹爲百丈之篾纜　「之篾纜」三字原脱，據北山集卷十三思耕亭記補。

〔九〕鄭玄　「玄」原作「言」，據丹鉛總録卷二禹穴改。

〔一〇〕反有意外之虞　「之」字下原衍一「之」字，據敷文閣本、清抄本删。

四川備録下

蜀中邊防記

川西

松潘　漳臘　小河

松潘道開府松潘衛，與副總兵官一員，分城而居；參將一員，舊駐小河千户所，今移駐龍安城；遊擊將軍一員，駐劄漳臘堡；守備都指揮一員，駐劄平番堡；其餘把守、練兵官各有差。

按後漢書，建武九年，司徒掾班彪上言：舊制涼州部置護羌校尉，持節領護，理其怨結，歲時巡行，問所疾苦。又數遣驛徒，通導動静，使塞外羌夷，爲吏耳目，州郡因此可得儆備。今松潘備兵，即古護羌使者之職也。

尋江源縣記云：松州平康縣羊膊山下有二神湫，乃大江始發之所。自羊膊嶺散漫，始未濫觴，東南百餘里，至白馬嶺，回行二千餘里，至龍涸水障，始於是也。志曰：江發源於臨洮之木塔山，至山頂，分東西流者，即岷江也。由草地甘松嶺八百里至漳臘，其水漸大。漳臘由鎌刀灣達松潘，於下水關入紅花屯，達壘溪。至穆肅堡，黑水從南合之，入深溝，經茂州，南至於威汶，轉銀嶺，合草坡河，至蠶岩，入灌口，分道而下。由威至玉壘山，爲玉輪江；至汶，爲皁江；至灌，爲沬江。志又曰：衛北三舍有龍潭，四序淵澄，其深莫測。有嶺，謂之小分水嶺。又有大分水嶺，山高峻而水派流，在衛北二百里外。

四夷傳曰：西羌之本，出自三苗，其先爲伯夷甫，炎帝之裔。帝母育於姜水，而以姜爲姓，故諸羌亦姓姜。其國始近南岳，及舜徙之三危，今河關之西南羌地是也，濱於賜支，至乎河首，緜地千里。賜支者，析支也。王政修則臣伏，德教失則寇亂。本無君長，夏末及商、周之際，或從侯伯征伐有功，天子爵之，以爲藩服。羌爰劍者，秦厲公時，爲秦所執，以爲奴隸。羌人謂奴爲無弋，故號爲無弋爰劍。後得亡歸，將其種人，南出賜支河。其後子孫各自爲種。或爲氂牛種，趙嶲羌是也；或爲白馬種，廣漢羌是也；或爲參狼種，武都羌是也。至爰劍曾孫忍及弟舞，獨留湟中。忍生子研，故羌中號其後爲研種。漢景帝時，研種留何求守隴西塞，於是徙留何等於狄道、安故。及武帝西逐諸羌，乃渡河湟，築令居塞，始置護羌校尉。從爰劍種五世至研，研最豪健，以研爲種號。十三世至燒當，復豪健，其子孫更以燒當爲種號。滇良者，燒當之玄孫。時王莽末，四夷内侵，及莽敗，衆羌還據西海。光武之世，以牛邯爲護羌校尉，即此地也。及燒當至滇良，世居河北大允谷，種小人貧。而先零、卑湳並皆强富，數侵犯之。滇良父子積怒，從大榆中入，掩擊先零、卑湳，大破之，掠取財畜，奪居其地，大榆中由是始强。滇良死，子滇吾立，附落轉盛，常雄諸羌。在晉内附，以其地屬汶山郡。宋、齊亦得之，後爲西魏所有焉。魏書鄧至傳：王像舒治者，並白水羌也，常爲羌豪，自稱鄧至王。其子舒彭遣使内附，拜龍驤將軍、益州刺史、甘松縣開國子、鄧至王。請以封爵授子彭奮，高祖許之，拜奮建忠將軍、甘松縣開國子。即爲小藩，朝貢相繼。關中亂，乃絶。後魏末，平鄧至番，始統有其地。後周保定五年，於此置龍涸防。天和元年，改置扶州，領龍涸郡。隋初廢州郡，以其地併入汶山、同昌二郡。唐武德元年，置松州。貞觀二年，置都督府松，踞、懿、嵯、闊、鄰、雅、聚、可、遠、奉、嚴、諾、峩、彭、軌、盍、直、肆、位、玉、璋、祐、臺、橋、序等二十五羈縻州。永徽之後，生羌相繼服叛不常。儀鳳二年，復加整比，督文、扶、當、柘、静、翼六州。都督羈縻研州、劍州、探那州、忙州、毗州、河州、幹州、瓊州、犀州、拱州、龕州、陪州、如州、麻州、霸州、礭州、光州、至涼州、蠶州、曄州、梨州、邏州、思帝州、眺州、戍州、統州、彀卭州、樂容州、達違州、卑州、慈州，凡三十一州。據天寶之載簿，松州都督府督一百四州，其二十五州有額，户口頗多，但羈縻逃散。餘七十九州皆生羌部落，或臣或否，無州縣户口矣。天寶初，改松州爲交川郡。乾元初，復爲松州。按貞觀之時，分十道，松、文、扶、當、悉、柘、静等州屬隴右道。永徽之後，割屬劍南道也。

寰宇記云：松州治嘉城縣。按嘉城縣，即後魏白水羌像舒治所據也。其子舒彭遣使朝貢，拜龍驤將軍，始置甘松縣矣。後周之龍涸防及改置扶州，皆治於此。隋曰嘉誠，唐曰嘉城，則爲松州之所治也。

志云：甘松嶺在衛西北三百里，州以此名。按山海經云，甘松嶺，亦謂之松葉嶺，即江水發源於此，土人謂之松子嶺也。又有石門水，自龍州石門山連亘，經郡界合江，故曰石門水矣。

寰宇記曰，松州屬縣有平康、交川。按平康縣，晉屬汶川郡，隋屬會州，後廢。唐垂拱元年，割交川及當州、通軌、翼斜三縣，置平康縣，屬當州。

交川縣，後周天和中置。隋屬會州，唐改屬當州。志云：平康、交川二廢縣，俱在衛治西。

通志曰：潘州者，唐廣德初年，松州陷於吐蕃。五代諸羌各據其地。宋崇寧取邦、潘、疊三州，初屬吐蕃首領潘羅支，此潘州之名所由起也。元屬吐蕃宣尉司。國初洪武十一年，御史大夫平羌將軍丁王克復其地，設松州、潘州二衛，後併爲松潘衛，鎮守兹土者二十年。後復改松潘等處軍民指揮使司，隷四川都司，屬川西道。領守禦千户所，曰小河；安撫司四：曰八郎，曰麻兒匝，曰阿角，曰芒兒。志云：八郎山在衛北三十里，山下爲八郎安撫司也。長官司十七：

曰占藏先結，曰蠟匝，曰白馬路，曰山洞，曰阿昔，曰自定，曰麥匝，曰者多，曰牟力結，曰班班，曰祈命，曰勒都，曰包藏，曰上阿昔，曰思曩兒，曰阿用，曰潘幹寨。各降符印，列爲守土焉。復立番僧二人爲國師：曰商巴，曰綽領；二人爲禪師：曰黎巴，曰完卜。亦皆佩銀章也。

西邊記云：國師商巴，佛教也；禪師黎巴，道教也。其寺觀散居寨落，以主化導番夷。丁大夫時，設鑄金銀錠，有足或無足者，賞及諸番，番呼曰丁大夫寶。重五六兩者，番價值三五十兩，其家有一二錠，遂名爲財主。錠發夜光，稱神異矣。

龍涸志云：男曰安達，女曰白麻。多種青稞、圓根，好用羶羊、麥粉。宋史云：松番之俗，日耕野壑，夜宿碉房，刻木契以成交易，炙羊膀以斷吉凶，精悍善戰鬬也。

志云：其地廣六百七十里，袤千六十里，編户通二十一里，東至龍州界一百九十里，西至牟力結吐蕃草地界四百八十里，南至疊溪守禦千户所界二百里，北至陝西洮州衛界八百六十里，距成都七百六十里，雪嶺面於東，洮河界其西。雪嶺，其色如銀，俗呼爲寶頂山。蠶崖路險，人跡罕到，即老杜所稱「松州雪嶺東」也。洮河發源岷山，北流入陝，爲臨洮府，南入川，與江漢會矣。

三邊志曰：金蓬山在東南五里，羌金蓬者居之。山下石崖鐫「永泉」二字。正統初，都督李安以劍斫崖而得二水，亦名文、武水。

紅花、牛心二山，各去衛十五里。峰巒圓秀者，牛心也。紅花有屯田，是名紅花屯矣。又東四十里爲火燄山，山無草木，其色如赭。

四夷考云：宣德二年，松潘千户錢宏聞有交阯之役，憚於遠征，乃誘蠻族入寇，請張奏報，得留不遣。蠻自是煽禍，攻圍城堡。調官軍五千討之，至威州黄土舖，失利，道遂不通。三年，命總兵都督陳懷等帥西軍四萬，由洮州入松潘解圍，猶弗克靖。八年，復調川貴官軍協力從事，始克成功。正統四年，都指揮趙諒誘執蠻酋國師商巴，以犯邊聞，遣都督李安征之。尋誅諒誣妄，蠻乃服，然猶二三。十四年，始設松潘巡撫都御史一員，以都御史寇深及侍郎羅綺相繼臨之，咸有成績。綺還京，提督文臣不復更置，但以備兵使者整飭之而已。天順五年，蠻截我糧道，入龍安、石泉等處。成化十三年，勢益猖獗，復勅撫臣張瓚調漢土官兵五萬，由東、南二路分進，剿滅白羊嶺、鵞飲溪等二十一寨，斬蠻首級四百餘顆。於是商巴等二十六族詣軍門獻馬納欵，各諭以利害，遣之。十四年正月，復攻黄頭、復水諸寨，前後殺獲男婦七百餘人，赭其碉房九百，墜崖死者不可勝計，亦一大創矣。弘治間，跳梁如故，南路梗阻。正德二年，副總兵楊宏誘殺綽嶺寺國師雪郎王出，自後本寺小宛卜等動稱報讐，松城之外，不敢晝牧。嘉靖十一年，勅副總兵何卿來節制諸軍，相機勦討烏都等十一寨，皆次第平，而詣軍門送欵者日至矣。鄉家視松州，諸所繕緝，百廢具興。藩籬以固，兵威亦震，百蠻喘息不敢動。垂五十年來，生齒日繁，復萌戎心，時出殺人，剽掠行旅。萬曆八年，兵使者楊一桂是以有三寨之役，又雪山國師喇嘛等四十八寨勾虜爲患，邊氓岌岌。十四年，都御史徐元泰是以有會剿之役。及丙申九月，秋高虜突，由寒盻、黄勝草場分道馳入，圍漳臘，守備張良賢率兵破之，斬首六級。又攻鎮虜，百户杜世仁死戰，斬首四級，城得保全，世仁死焉。又攻制虜臺，前後斬首十一級，虜遁去。良賢追至思荅弄，又大破之，斬首十六級，虜乃失利去。初，虜之入也，襲我無備，偵者不知其數。及遁去，巡視營壘，不下五千餘竈。未幾，有番婦逃回，言所斬虜級中，有大落赤之姪小王子在焉，虜以此必欲報讐，故昔之松潘重在番，今之松潘重在虜矣。

四夷考曰：松潘西至流沙關，相連天竺，西南達紅土坡生番，多係北虜出没，地勢遼絶，非可限域。惟是南通疊、茂、威、灌，東通小河、龍安，北通漳臘，墩臺守禦凡八十七所，戍守主客官軍舍餘遊兵一萬一千六百八十餘人，歲額坐邊倉一十六處，糧九萬九千三百八十餘石，而增設之處不與焉。

東路經略志云：松潘以東，望山關、雪欄關、風洞關、松林堡、紅崖關、三舍堡、鎮遠堡、小關子堡、松丫堡、三路堡、師家堡、四望堡凡十二處，抵小河千户所，四崖絶壁，一線之逼，附近水牛毛、公羊洞諸番未甚驁獗。今以三舍關爲始，第其里次。

三舍者，去衛城九十里而遥也，爲小河適中地，有把守指揮一員管轄，上至望山，下至四望，共十三關堡。羊腸鳥逕，峭壁危湍，巉巇萬狀，番夷往往潛伏而窺伺焉。三舍上十里爲伏羌堡，伏羌上十里爲紅崖關，紅崖上十五里爲松林堡。志云，黑松林關在治東七十里，松林上九里爲風洞關。志云：風洞關在治東五十里，洞深不可測，多惡風，午輒大作，作則灰沙蔽天，人馬皆辟易。寒氣襲人，觸之多横死，否亦喘息旬日，蓋山嵐鬱蒸之氣所發也。關北鹽井墩，即古鹽川廢縣。風洞上五里爲雪欄關。志云：治東三十里雪欄山，四時積雪不消，俗呼爲寶頂山，關在山下。雪欄上十二里爲望山關，關上八里，即松州也。三舍下十里爲鎮遠堡，鎮遠下八里爲小關堡。志云，小關子在治東百二十里。小關下八里爲松埡堡，松埡七里爲三路堡，三路下八里爲師家堡，師家下八里爲四望堡，又二里爲小河所矣。

南路經略志云：松潘以南，紅花屯、熊楨屯、西寧關、小屯堡、安化關、鎮華堡、新塘關、艾蒿堡、歸化關、北定關、蒲江關、平夷堡、金瓶堡、鎮平堡、鎮番堡、靖夷堡、平定堡，凡十有七處，抵疊溪界。

四夷考曰：南路自西寧關起，以至平定堡，河東大姓，屬牛毛土官管轄，河西小姓，屬羊毛土官管轄，即志所謂牛腦、羊腦也。不服冠帶，不受約束，喜則同部落席地歡飲，怒則持刃彼此相擊，尊卑之序蕩然矣。萬曆初年，河東頗肆憑陵。十四年，征之，搗其巢穴，斬首二千餘級，焚碉房千餘座，始傾心向化，埋奴誓願認守地方，迄今不敢犯。河西恃有長江之阻，逆我文告，其時亦震讋，移遁深箐，隔岸羅拜乞降，許之。有國師喇嘛灣仲者，潛獻皮幣於土韃，乞師伏於鐵爐溝，以牽制我，乘便邀擊，事覺就擒，其謀始破而膽落也。

歸化關志云，在司南百里。寰宇記：霸州有歸化縣，置在移村，各有部落主持，無徵科。今雖失故處，而關名寔因之。地形險要，上至西寧，下至鎮江，關堡凡九，把守指揮一員，以龍溪等寨大小橫梁，爲諸番所出没也。歸化上七里爲龍韜堡，龍韜上十里爲新鎮關，新鎮上十里爲百勝堡，百勝上五里爲安化關，安化上七里爲雲屯堡，雲屯上八里爲西寧關。志云，在治南三十里。西寧上八里爲雄溪屯，則南路之首也，鐵爐溝諸夷在其界矣。歸化下十二里爲北定關。志云：北定關有祠，祀二邊、史、劉、方五將。正德六年，番僧雲欄王出謀爲不軌，守將指揮邊輔、史寬，百户劉賢、方捷攖鋒死戰，輔、寬遇害於黄土坡；賢、捷被執至寨，縛柱，將剖其心，二將罵不絶口而亡。事聞，與子孫進一級承襲，輔弟輪承兄職。嘉靖七年，巡南路，至北定關，遇横梁、茹兒等番，輪率其僕邊永興、軍餘史卜匝等數人與戰，已取勝，值天雨溪泛，諸番四集，輪被傷，永興負輪行數十步，至崖不能進，執刀亂揮，知不可支，乃伏於輪身，主僕俱被害。事聞，贈輪都指揮僉事，永興百户，史卜匝等俱厚賚優恤焉。北定下十有一里爲鎮江關，別拓、大小耳別等寨，在其界内。寰宇記云：歸化縣有大蠪山、小蠪山，在霸州西北一十里，號苻堅城。又云：於小蠪山上村置牙利縣，即大小耳之故迹也。鎮江下四里爲平番堡，平番下八里爲平夷堡，其地寬平，僅容千騎，爲四十八寨歃盟歃血之地，即黄沙壩矣。萬曆十四年，建城堡，設守備一員，把總練兵官一員，管轄自西寧關至平定堡焉。鎮平關上七里爲金瓶堡，金瓶堡上六里爲平夷堡，鎮平下七里爲鎮番堡，鎮番下八里爲靖夷堡，靖夷下八里即平定堡也。平定下八里爲永鎮堡，係松、茂二鎮交界處，鎮平堡則指揮一員守之。

北路經略志云：松潘以北，穀粟屯、高屯子、羊裕屯、唐舍屯、譚厮屯、漳臘屯，以上凡七堡，抵吐番洮河界。四夷考云：漳臘堡設在河東，去城三十八里，松州之背也。舊制駐劄守備一員，管轄上、下關堡，爲寒盻口、上中潘州、上下羊洞等隘口。自漳臘北去，遼廓幽遠，一望無際，蓋萬騎可從容矣。近改設遊擊一員以鎮壓之，良審所重也。漳臘上十五里爲鎮虜堡，在河東元山子上。志云，堡在漳臘東北十里。堡後天險墩，堡前觀化墩，河東于襄臺，河西制虜臺，聲勢相望。然直北爲敵貢壩，舊掘品字賺坑數百，中置鋒刃木簽，口覆芭土，以掩其形。又北去三里，曰城墻岩，東臨河畔，西抵山麓，掘塚寬深丈許，横截六百餘丈，明斷彼路。河西川盻溝壕塹之制亦如之。越溝二十里，登阿玉嶺之巔，可瞷黄勝草場。志云，黄勝在漳臘西南十里也。草場之東有阿玉口，凡二十里，透嶺出川盻，則可南可北，惟所馳驅。議者於天險、觀化二墩，充拓寬廣，石砌墻垣一周，外掘壕塹，以防衝突，亦庶幾搤其吭云。鎮虜堡上二十里之栢木橋，即界外矣。漳臘下七里爲虹橋關，係松城北隘。志云：松州北二十里有落虹橋，長二十丈，餉道所必經也。虹橋下七里爲譚廝屯，譚廝下七里爲塘舍屯，塘舍下六里爲羊裕屯，羊裕下六里即松城。又虹橋下八里爲高屯子，高屯下七里爲穀粟屯，穀粟下十里亦即松城也。離松十四里爲流沙關，乃北虜經由地，每秋防必加意焉。松城下五里爲紅花屯，紅花下七里爲雄溪屯，雄溪左十三里爲東勝堡，歲熟番受賞，可稱無事。惟是虹橋西北十五里爲絶塞墩，北界黄山尖、殺鹿塘、黄勝草場等處，路通洮、岷。先年陳懷率兵由此道入解松圍，今爲番虜間阻，以其往來射獵於斯也。下潘州、白利等番，挾牛羊氊毼來，或由阿玉嶺，或由鐵門墩，出抵寒盻、祈命諸寨，貿易茶斤，歲以爲常。稍失防範，釁端輒起，且阻絶長溝，救援難及，形勢孤懸，所最當籌度。議者於墩前石砌聯城一座，直抵河下，以通水道。又依山掘壕，絶其乘高，則於覆壓乎何有？

古蹟志云：潘州故城在衛北七百五十里。漢武帝時，逐諸羌，渡河湟，居塞外，築此城，置護羌校尉以禦之。宋時分上、下、中潘三州，今阿失寨即上潘州，班班簇即下潘州，界二州之間則中潘州也。其地愈北，山愈平夷，舊漳臘之設，在下潘州。

侍郎羅綺漳臘新記云：「距松衛治之北百里，曰漳臘，即古潘州也。城之故趾尚在，其下有巖穴，空洞幽邃，廣可容列騎，深亦不知幾許。旁有玻璃泉，冬夏淵然不涸。其土地膏腴，山川秀麗，蓋自唐盛時所開拓，雖隸版圖，而土蕃酋長猶然竊據，所謂但羈縻之而已。宋元以來，無復中國有。我朝混一華夏，極天極地，莫不臣服。洪武十一年，王師始下潘州。入與編民賦役無殊，乃於其地建置屯堡，使士卒且耕且守，累數十年，足食足兵，邊人安堵。宣德丁未，守將失馭，氐羌蜂起，梗我餉道，殘我關塞，而潘州復爲所據者，凡二十有八年。景泰辛未，予奉命來鎮茲土，不揣思欲平復之，乃大集諸酋，陳以逆順禍福，無不稽穎聽命，於是復增置城池樓櫓，凡戰守之具，視昔有加焉。不殫一石之粟，不勞一人之力，而數千百頃沃饒之地，遂復爲我有。又晏然置城於其間，俾兵農雜居，累歲豐獲，邊人安枕，寔朝廷威德所及，予何功之與焉？或者以潘州之城，與唐世籌邊樓相頡頏後先，予亦豈敢多讓？景泰六年記。」

曹學佺曰：「今之漳臘，去松州一舍而遥，非百里外之漳臘矣。前張後弛，勢使然也。予以庚戌署潘司事，料松邊兵食，聞韃虜住牧於漳臘城內，有百五六十帳，殊駴聽聞。乃檄漳臘遊擊何奮武，得回牒云，謹按漳臘一鎮，五隘、九屯、一十八墩堡，延袤二百餘里，襟帶山河，雜居夷虜，所由來矣。前不具論，萬曆二十四年，火落赤入寇，彼時内有守備張良賢救應，以截其鋒，外有合壩犄角，以牽其勢，雖虜衆攻圍鎮虜三晝夜，而不能破。於時掌堡百户杜世仁也，豈異人任？而其父子督軍兵數百人，乃能射死小王子，斬首數十級，松、漳卒賴以無事，而合壩遂因之住牧焉。續在三十三年，廢將李宗望代庖漳臘，又有合兒頓、奪咱、毛兒擷等韃接踵投居，會治兵使者亦署官也，侈然有張伐之意，輒撫賞安插。牛馬羊隻布滿山溪，毛帳氊房星列草地，猶肘腋間眠虎豹，門庭内牧犬羊。逐之，恐釁端自此發也；聽之，恐禍本無所終也。彼其往來漳、松之間，豈惟共我水草，利我鹽茶？凡倉庫之虚實，軍兵之强弱，道路之衝要，無不盡知。萬一生心，何以制而禦之？惟是高屯堡者，在虹橋之内，禦寇之下，譚廝之西，正適中要地，實乃松鎮以北之藩屏也。議設把守一員，撥唐順等軍五十名，以耀威武而坐搤其吭焉，誠爲長策矣。第當展築屯基，寬包隙壩，貫路於中，不惟容衆，且可據險。緣由到司，覆看得松潘者，蜀西之門户；漳臘者，松潘之咽喉也。自土韃合壩、合兒頓等住牧其中，氊房毳室，以百五六十計，犬羊之性，馴擾無常，非我族類，其心必異，豈非他日之隱憂哉？昔者隋唐之禍可鑒已。但既來之，則安之，可以理而諭也。方來者所當拒，可以勢而禁也。惟是漳臘之鎮虜堡，原設把守一員，地方遼闊，勢本孤懸，今且伏戎在内，萬一有變，聲息不相聞，何暇左右顧？議者以高屯堡要害之處，添設把守以遏其衝，且與漳臘爲犄角，誠策之善者也。該堡事務，仍令本官兼攝巡視，軍兵即在各營抽選，亦無所糜費矣。若夫整行伍，除戎器，綢繆未雨，有備無患，此該道將之事也。」時當事者如議行之。

小河千户所，國初洪武十一年，與松潘衛同置，在衛東百九十里。宣德四年，調成都前衛後所官軍實治之，仍隸松潘。按小河之地，古名涪陽，以水出松潘分水嶺，入涪江也，地在涪水之陽矣。

《志》云：所北二十里師家山，一名文山，宋時師、文二大姓居之，山麓有文山關，又有師家鋪，則界於龍州也。東有獅峯，西有象嶺，各離一里許，有靈泉焉，出獅峯下。

經略志云：松潘又東，爲堡七：曰蜂崖、葉棠、馬營、水進、鎮夷、乾坤、鐵龍，乃抵龍安。

四夷考曰：小河之下，鐵龍之上，惟葉棠爲要隘，有葉棠把守官轄之。東通白馬、毛公，西逼竹頭、野猪、白草諸寨。上六里爲峯崖堡，峯崖上十里，即小河也。下四里爲馬營堡，馬營下七里爲水進堡，水進下八里爲鎮夷堡，鎮夷下十里爲乾坤堡，乾坤下二十里爲鐵龍堡。堡有兩山對峙，峭壁萬仞，二水會流，深不可測。上爲鐵索橋，索凡六條，各長一十五丈，引於河之西岸，繫以鐵柱，中道板蕩，行者戒心焉。嘉靖間，龍州宣撫薛兆乾作亂，斬鐵橋以拒官兵，旬日，松州米貴如金矣。鐵龍下十五里，即龍安府云。

唐史：太宗置松州都督府，督羈縻二十五州。爲踞州，貞觀元年置，領縣二：江源、洛稽。懿州，五年，置西吉州，八年，改爲懿州，縣領二：闊涼、落吴。麟州，五年，置西麟州，八年，去「西」字，領縣七：硤州、和善、斂具、硤源、王交、利恭、東陵。雅州，五年，置西雅州，八年，去「西」字，領縣三：新城、三泉、石曨。藂州，三年置，領縣五：都流、寧遠、臨泉、臨河。其餘厥、調、湊、殷、匐、器、邇、率、鍾，並諸羌部落，遥立之而已。

可州，四年，置西義州，八年，改爲可州，里領縣三：義誠、清化、静方。

遠州，四年置，領縣二：羅水、小部川。

奉州，三年，置西仁州，八年，改爲奉州，領縣三：奉德、思安、永慈。
巖州，五年，置西金州，八年，改爲巖州，領縣三：金池、日松、丹巖。
諾州，五年置，領縣三：諾川、歸德、籬渭。
蛾州，五年置，領縣二：常平、那川。
彭州，三年，置洪州，七年，改爲彭州，領縣四：洪川、歸遠、臨津、歸正。
軌州都督府，二年置，領縣四：通川、王城、金源、俄徹。
盍州，四年，置西唐州，八年，改爲盍州，領縣四：湘水、河唐、曲嶺、祐川。
直州，五年，置西集州，八年，改爲直州，領縣二：集川、新川。
肆州，五年置，領縣四：歸唐、芳蓑、鹽水、磨山。
位州，四年，置西鹽州，八年，改爲位州，領縣二：位豐、西使。
玉州，五年置，領縣二：玉山、帶河。
嶂州，四年置，領縣四：洛平、顯川、桂川、顯平。
祐州，四年置，領縣二：廓川、歸定。
臺州，六年，置西滄州，八年，改爲臺州。
橋州，六年置。

序州，十年置。

嵯州、闊州，十年置。右俱貞觀之時，招慰党項羌者，舊屬隴右道，改隸松州都督府。永徽已後，或叛或臣，制置不一，今並廢省，聊備古跡而已。

唐書，吐谷渾，西羌名，正益州西北，去青海二十五里，古析支之地，漢西羌之別種也。魏晉以降，西羌微弱。周滅宕昌、鄧至之後，党項始强。南雜舂桑、迷桑等羌，北連吐谷渾。其種每姓別自爲部落，一姓之中，復分爲一小部落，大者萬餘，其小者數千騎，不相統一。有細封氏、費聽氏、往利氏、頗超氏、野辭氏、房當氏、米禽氏、拓拔氏，最爲强族。貞觀五年，詔遣使開其河曲地爲六十州，内附者三十萬口。有羌酋拓拔赤詞者，甚爲渾主伏允所暱，與之結婚，屢抗官軍。後與其從子思頭並率服，與諸首領歸欵，列其地爲懿、嵯、麟、可等三十二州，以松州爲都督府，羈縻存撫之。拜赤詞爲西戎州都督，賜姓李氏。自是從河首積石以來，並爲中國之境。後吐蕃强盛，拓拔氏漸爲所逼，遂請内徙，聽移部落於慶州，因置静邊等州以處之。故地陷於吐蕃，不去者爲其役，吐蕃謂之「弭藥」。又有黑党項在赤水之西，李靖之擊吐谷渾也，渾主伏允奔於黑党項，居以空閑之地。及吐谷渾舉國内屬，其黑党項首領號敦善王，亦貢方物。其雪山党項，姓破丑氏，居雪山之下，貞觀初，亦嘗朝貢。又有白狗、舂桑、白蘭等諸羌，自龍朔以後，並爲吐蕃所破而服屬焉。有附國者，在蜀郡西北二千餘里，即漢之西南夷也。嘉良夷即其東部，所居種姓自相率領，不屬統一。隋大業五年，附國王遣其弟子宜林率嘉良夷等六十人朝貢。嘉良有水闊六七十丈，附國水闊一百丈，並南流，以皮爲船而濟。南有薄緣夷，風俗亦同。西有東女國，東北連山綿亘數千里，接党項及諸羌界。其地南北八百里，東西千五百里，無城柵，近山谷，傍山險。俗好復仇，故壘石爲巢而居以避患。其巢高至十餘丈，下至五六丈，每級以木隔之，基方三四步，礫上方二三步，狀似浮圖，於下級開小門，從内上通，夜必關閉。有二萬餘家。俗有重罪，止於罰牛。妻其羣母及嫂。兒弟死，父兄亦納其妻。好歌舞，鼓簧吹笛。死者無服制，置尸於高牀上，沐浴衣服，被以牟甲，覆以獸皮，子孫不哭，帶甲舞劍而呼云：「我父爲鬼所取，我欲報冤殺鬼。」

其人輕捷，便擊劍，漆皮爲牟甲，爲弓，長六尺，以竹爲弦。以皮爲帽，形圓如鉢，或戴冪羅，衣多毛氈，全剥牛脚皮爲靴，項繫鐵錢，手貫鐵釧。王與酋帥金爲首飾，胸前懸一金花，徑三寸。其土高，氣候涼，多風少雨，土宜小麥、青稞〔一〕。山出金銀，多白雉。水有嘉魚，長四尺而鱗細。

東女國者，西羌之别種也，以西海中復有女國，故曰東以别之。俗以女爲王，東與茂州党項接，東南與雅州接，界隔羅女蠻及白狼夷，有八十餘城。王之所居，名康延川，中有弱水南流，亦用牛皮爲船以渡，户四萬餘衆。女王號爲賓就，有女官曰高霸，平議國事。在外官僚，並男夫爲之。其王侍女數百人，五日一聽政。女王死，國中多斂金錢，動至數萬，更於王族求令女二人立之，大者爲王，次爲小王，若大王死，則小王嗣立，或姑死而婦繼，並無篡奪。所居皆重起屋，王至九重，國人至六重。王服青色綾裙，下領衫，其袖委地。重婦人，輕丈夫。文字同於天竺。以十一月爲正，每至正月，令巫者賫酒殽詣山中，散糟麥於空，大咒呼鳥。俄時有鳥如鷄，飛入巫者懷中，因剖其腹視之，有一穀，來歲必登，若有霜雪，必多災異。其俗因之，名爲「鳥卜」。隋大業中，蜀王秀遣使招之，拒而不受。唐武德中，女王湯傍氏始遣使貢方物。自永徽七年，至於天寶元載，朝貢不絶。其後復以男子爲王。貞元九年，其王湯立悉與哥鄰國王董卧庭、白狗國王羅陁忽、逋租國王弟鄧吉知、南水國王姪薛尚悉曩、弱水國王董辟和、悉董國王湯悉贊、清遠國王蘇唐磨、咄霸國王董藐蓬各詣劍南西川，乞内附。其哥鄰等國，皆散居西川。弱水國，即唐初女國之弱水部落。其悉董國在弱水西，故亦謂之弱水西悉董王，舊皆分隸邊郡，祖父例授將軍、中郎、果毅等官。自中原多故，皆爲吐蕃所役屬。其部落大者不過三二千户，各置縣令十數人理之。土有絲絮，歲輸於吐蕃，至是悉與之同盟，相率獻欵，兼賫天寶中國家所賜官誥二十九道以進。節度使韋臯處其衆於維、霸、保等州，給以糧種耕牛，咸樂生業。立悉等數國王自來朝，召見於麟德殿，授立悉銀青光禄大夫、歸化州刺史，鄧吉知試太府少卿兼丹州長史，薛尚悉曩試少府少監兼霸州長史。董卧庭行至綿州，卒，贈武德州刺史，命其子利羅爲保寧都督府長史，襲歌鄰王。立悉妹乞悉漫頗有才智，從其兄來朝，封和義郡夫人。其大首領董卧卿等，皆授以官。俄又授國王兄湯厥銀青光禄大夫、試太府卿，青遠王弟蘇歷顛銀青光禄大夫、試衛尉卿，南國王薛莫庭及湯悉贊、董藐蓬、女國唱後使湯佛庭、美王、鉢南郎唐，併授銀青光禄大夫、試大僕卿。其時西山、松州生羌等二萬餘口相繼内附，其黏信部落主夢葱、龍諾部落主辟葱皆授試衛尉卿。立悉等併赴明年元會訖，賜以金帛，各遣還。至八月，召韋皐統押羌蠻及西山八國使，其落部至今猶代襲刺史等官，然亦潛通吐蕃，故謂之兩面羌也。

威州保縣　茂州　疊溪　汶川　灌縣

威茂道開府茂州，轄威、保、疊、茂諸將領，而參將一員，駐劄茂州，遊擊將軍一員，駐劄疊溪，寔左右之。

威州通志曰，禹貢「西戎即叙」，今松、茂、威、保以接於吐蕃是也，亦謂之西番。先本羌屬，凡百餘種，散處河、湟、江、岷間。其酋發羌、唐旄等居析支水西南，涼秃髪利鹿孤之後也。利鹿孤有子曰樊尼，初利鹿孤卒時，樊尼尚幼，弟傉檀嗣位，以樊尼爲安西將軍。後魏神瑞元年，傉檀爲西秦乞佛熾盤所滅，樊尼招集餘衆，投沮渠蒙遜，以爲臨松太守。及蒙遜滅，樊尼乃率衆西奔，濟黄河，逾積石，居跋布川，或邏婆川，於羌中建國，開地千里。樊尼威惠夙著，爲羣羌所懷，皆撫以恩信，歸之如市，遂改姓爲窣勃野，以秃髪爲國號，語訛謂之吐蕃。其國都城號爲邏些城。隋開皇中，有論贊索者，居牂河西。唐貞觀中，始通中國。既而滅吐谷渾，盡有其地焉。按吐谷渾，鮮卑種也。沈約宋書曰：譙縱亂蜀之歲，鮮卑阿犲遣其從子西疆公吐谷渾敕來泥拓土至龍涸、平康〔二〕。元嘉二十七年，鮮卑慮索虜復生，遣使上表云：「若不自固者，欲率部曲入龍涸、越雋門。」並求牽車，獻烏丸帽、女國金酒器、胡王金釧等物，太祖賜以牽車者也。

唐初貞觀八年，吐蕃弄贊奉表求婚，不許。乃進兵攻破党項及白蘭諸羌，率其衆二十餘萬頓松州西境，遣使貢金帛，云來迎公主。又謂其屬曰：「若大國不嫁公主與我，即當入寇。」遂進攻松州，都督韓威輕騎覘賊，反爲所敗，邊人大擾。太宗遣吏部尚書侯君集、牛進達等率步騎五萬以擊之，進達先鋒自松州夜襲其營，斬千餘級，弄贊大懼，引兵而退，遣使謝罪，因復請婚，太宗許之。弄贊乃遣其相禄，東贊致禮，獻金五千兩，其餘寶玩數百事。儀鳳三年，令益州長史李孝逸、嶲州都督拓王奉等發劍南、山南兵募以防禦之，往劍南兵幕於茂州之西南，築安戎城，以壓其境。俄有生羌爲吐蕃鄉導，攻陷其城，遂引兵守之。時吐蕃盡收羊同党項及諸羌之地，東與涼、松、茂、嶲等州相接，南至婆羅門西，又攻陷龜茲、疏勒四鎮，北抵突厥，地方萬餘里。自漢魏以來，西戎之盛，未之有也。開元二十四年，散騎常侍崔希逸爲河西節度使，於涼州鎮守。時吐蕃與漢樹柵爲界，置守捉使，詔以岐州刺史蕭昊爲户部侍郎，判涼州事，代希逸爲河州節度使。鄯州都督杜希望爲隴右節度使。太僕卿王昊爲益州長史、劍南節度使。分道經略，以討吐蕃，仍令毁其分界之碑。二十六年四月，杜希望率衆攻吐蕃新城，拔之，以其城爲威武軍，發兵一千以鎮之。其年七月，希望又從鄯州發兵，奪吐蕃河橋，於河左築鹽泉城。吐蕃將兵三萬人，以拒官軍。希望引衆擊破之，因於鹽泉城置鎮西軍。時王昊又率劍南兵攻其安戎城，先於安戎城左右築兩城，以爲攻拒之所，頓兵於蓬婆嶺下，運劍南道資糧以守之。其年九月，吐蕃悉鋭以救安戎城，官軍大敗，兩城併爲賊所陷。昊脱身走免，將士以下數萬人及軍糧資仗等並没於賊。昊坐左遷括州刺史。以華州刺史張宥爲益州長史、劍南防禦使，主客員外郎章仇兼瓊爲益州司馬、防禦副使。宥既文吏，素無攻戰之策，兼瓊遂專其戎事。俄而瓊入奏，盛陳攻取安戎之策。上甚悦，徙宥爲光禄卿，拔瓊知益州長史事，代宥節度。二十八年春，兼瓊密與安戎城中吐蕃翟都局及維州别駕董承宴等通謀，都局等遂翻城歸欵，因引官軍入城，盡殺吐蕃將士，使監察御史許遠率兵鎮守之。上聞，甚悦。中書令李林甫等上表曰：「伏以吐蕃此城，正當衝要，憑險自固，恃以窺邊，積年已來，蟻聚爲患，縱有百萬之衆，難以施功。陛下親紆秘策，不興師旅，頃令中使李思敬曉喻羌族，莫不懷思，翻然改圖，自相謀陷。神算運於不測，睿略通於未然，累載逋誅，一朝蕩滅。又臣等今日奏事，陛下從容問臣等曰：『卿等但看四夷，不久當漸摧喪。』德音纔降，遽聞戎捷，則知聖與天合，應如響至，前古以來所未有也。請宣示百僚，編諸史策。」手制荅曰：「此城儀鳳年中，羌引吐蕃，遂被固守。歲月既久，攻伐亦多，其地險阻，非力所制。朝廷羣議，不合取之。朕以小畜無知，事須處置，授以奇計，所以行之。獲彼戎心，歸我城守，有足爲慰也。」其年十月，吐蕃又引衆寇安戎城及維州，章仇兼瓊遣裨將率衆禦之，仍發關中彍騎以救援焉。時屬凝寒，賊久之自引退。詔改安戎城爲平戎城。大曆三年，劍南西川亦破吐蕃萬餘衆。五年五月，徙置安、悉、拓、静、恭五州於山陵要害之地，以備吐蕃。大曆十一年正月，劍南節度使崔寧大破吐蕃故洪等四節度，兼突厥、吐渾、氐蠻羌〔三〕、党項等二十餘萬衆，斬首萬餘級，生擒蝎城兵馬使一千三百五十人，獻於闕下。牛羊及軍資器械，不可勝紀。十二年九月，入寇坊州，掠党項羊馬而去。十月，崔寧破吐蕃望漢城。十四年八月，命太常少卿韋倫持節使吐蕃，統蕃俘五百人歸之。十月，吐蕃率南蠻衆二十萬來寇，一入茾州，過汶川及灌口；一入扶文，過方維、白壩；一自黎、雅過邛崍關。連陷郡邑。乃發禁兵四千人及幽州兵五千人同討，大破之。十二月，崔寧復奏於西山破吐蕃十萬，斬首八千，生擒九百人。

德宗之世，萬年韋臯爲西川節度使，城龍溪，築西山堡，以納降羌。臯以雲南蠻衆數十萬與吐蕃和好，蕃人入寇，必以爲前鋒。四年，臯遣判官崔佐時入南詔蠻，説令向化，以離吐蕃之助。佐時至蠻國羊咀咩城，其王異年尋忻然接遇，請絶吐蕃，遣使朝貢。其年，遣東蠻鬼王驃傍、苴夢衝、苴烏等相率入朝。南蠻自嶲州陷没，臣屬吐蕃，絶朝貢者二十餘年，至是復通。五年，臯遣大將王有道簡習精卒，以入蕃界，與東蠻於故嶲州臺登北谷，大破吐蕃青海、臘城二節度，斬首二千級，生擒籠十五人。其投崖谷而死者，不可勝計。貞元八年，臯攻吐蕃於維州，敗之。獲其大將論贊熱，獻於京師。先是，鹽州城爲吐蕃所毀，塞外無保障。九年，詔城鹽州。策虜且來襲，令皐出師牽圍之，皐命大將董勔、張芬分兵出西山、靈關，破峩和城、通鶴軍、定廣城，踰滴博嶺，遂圍維州，搏栖鷄，攻下羊溪等三城，取劍山屯，焚之。南道元帥論莽熱來援與戰，破其軍，拔白崖，焚定廉故城。凡平栅堡五十餘所，斬首二千八百級，乃城鹽州。由是西山羌八國酋長皆請入朝。十年，皐復敗吐蕃，克峩和城，獨維州不下。十六年，皐累破吐蕃一萬餘衆於黎州、巂州，吐蕃遂大搜閱，築壘造舟，潛謀寇邊，皐悉挫之。於是吐蕃酋帥兼監臘城等九節度嬰、籠官馬定德與其大將八十七人舉部落來降。定德有計略，習知兵法及山川地形。吐蕃每用兵，定德常乘驛計事，蕃中諸將，稟其成算。至是自以扞邊失律，懼得罪而歸心焉。十七年，吐蕃昆明城管麽些蠻千餘户又降。贊普以其衆外潰，遂北寇靈、朔，陷麟州。德宗遣使至成都府，令皐出兵深入西山，以紓北顧。皐乃令鎮静軍兵馬使陳洎等統兵萬人，出三奇路；威戎軍使崔堯臣兵千人，出龍溪石門南路；維、保二州兵馬使仇冕，保、霸二州刺史董振等兵二千，趨吐蕃維州城；中北路兵馬使邢玭等四千，趨吐蕃棲鷄、老翁城；都將高周、王英俊兵二千，趨故松州；隴東路兵馬使元膺等復分兵八千人，出南道雅、黎、巂路，又令鎮南軍使御史大夫韋良金兵一千三百續進；雅州經略使路惟明等兵三千，趨吐蕃逋租、偏松等城；黎州經略使王有道兵二千人，過大渡河，深入吐蕃界；巂州經略使陳孝陽，兵馬使何大海、韋義等及麽些蠻、東蠻三部落主苴那時等兵四千，進攻昆明城、諾濟城。自八月出軍齊入，至十月破蕃兵十六萬，拔城七、軍鎮五、户三千，生擒六千，斬首萬餘級。遂進攻維州，救軍再至，轉戰千里，蕃軍連敗，於是寇靈、朔之衆引而南下，贊普遣論莽熱以内大相兼東境五道節度兵馬都統群物大使，率雜虜十萬，來解維州之圍。蜀師萬人，據險設伏以待之。先出千人挑戰，莽熱見我師少，悉衆來追，發伏掩擊，鼓譟雷駭，蕃兵自潰，虜衆十萬，殲夷者半，生擒論莽熱，獻諸朝。進皐檢校司馬、中書令、南康郡王，御製紀功碑褒賜之。皐治蜀十三年，凡破吐蕃四十八萬，斬首五萬餘。

後自南詔入寇，敗杜元穎，而郭釗代之，病不能事事。文宗太和四年，以李德裕檢校兵部尚書、成都尹、劍南西川節度副大使〔四〕、知節度事、管内觀察處置西山八國雲南招撫等使。德裕乃大葺關防，繕完兵守。又遣人入南詔，求其所俘工匠，得僧道工巧四千餘人歸成都。扶殘奮懦，皆有條次。成都既南失姚、協，西亡松、維，由清溪下沫水而左，盡爲蠻有。始韋皐招徠南詔，復嶲州，傾帑以結蠻好，教之戰陣文法。裕以皐啓戎資盜，養成癰疽，第未決耳。至元穎時，遇隙而發，故長驅深入，跋剔千里，蕩無孑遺。今瘢痍尚新，非痛矯革，不能刷一方恥。乃創籌邊樓，按南道山川險易與蠻相出入者圖之左，與吐蕃密邇者圖之右。其部落衆寡，饋餫遠近，曲折咸具。乃召習邊事者，與之指畫商訂，凡虜之情僞盡知之。又料擇伏瘴舊獠，與州兵之任戰者，發遣獰毳十三四，士無敢怨。又請甲人於安定，弓人於河中，弩人於淛西，由是蜀之器械皆犀鋭。率户二百取一人，使習戰，勿貸事，緩則農，急則戰，謂之雄邊子弟。其精兵曰南燕保義、保惠、兩河慕義、左右連弩；騎士曰飛星、鷙擊、奇鋒、流電、霆擊、突騎。總十一軍。築伏義城，以制大渡、清溪關之阻；作禦侮城，以控榮經犄角之勢；作柔遠城，以扼西山吐蕃；復邛崍關，徙嶲州治臺登，以奪蠻險要。簡去屬兵羸弱者四千餘人，復募少壯，得千人，募北兵，得千五百人，與土兵參居，轉相訓習，日益精練。初，蜀人多鬻女爲人妾，德裕爲著科約，凡十三而上，執三年勞，下者五歲，及期則歸之父母，以繁生齒，威惠大振。太和五年，吐蕃維州將悉怛謀以城降。維距成都四五百里，因山爲固，東北由索叢嶺而下三百里，地無險，走長川不三千里，直吐蕃之牙，異時戍之以制虜入者也。其地南界江陽，岷山連嶺而西，不知其極；北望隴山，積雪如玉；東望成都，若在井底。一面孤峯，三面臨江，是西蜀控吐蕃之要也。至德後，河隴陷蕃，唯此州尚存。吐蕃利其險要，將婦人嫁與此州閽者。二十年後，婦人生二子成長。及蕃兵攻城，二子内應，其州遂陷。吐蕃得之，號曰無憂城。貞元中，韋皋鎮蜀，經略西山八國，萬計取之，不獲。至是悉怛謀遣人送款，德裕疑其詐，遣人送錦袍金帶與之，託云候取進止，悉怛謀乃盡率郡人歸成都。德裕乃發兵鎮守，聞之於朝。時牛僧孺沮議，言：「吐蕃之境，四面各萬里，失一維州，未能損其勢。比來修好，約罷戍兵。中國禦戎，守信爲上。彼若來責曰：『何事失信？』養馬蔚茹川，上平涼坂，萬騎綴回中，怒氣直辭，不三日至咸陽橋。此時西南數千里外，得百維州，何所用之？』徒棄誠信，有害無利，此匹夫所不爲，況天子乎？」上以爲然，詔德裕以其城及悉怛謀等悉歸之。吐蕃僇之於境上，極其慘酷。德裕終身以爲恨。會監軍使王踐言入朝，盛言悉怛謀死，拒遠人向化意，帝亦悔之。武宗朝，召僧孺出爲淮南節度。德裕面奏曰：「臣在先朝，出鎮西蜀，其時吐蕃維州首領悉怛謀雖是雜虜，久樂皇風，將彼堅城降臣本道。臣尋差兵馬，入據其城，飛章以聞，先帝驚嘆。其時與臣不足者望風嫉臣，遽獻疑言，上罔宸聽，以爲與吐蕃盟約，不可背之，必恐將此爲辭，侵犯郊境。詔臣還却此城，兼執送悉怛謀等，令彼自戮，復降中使，迫促送還。昔白起殺降，終於杜郵致禍；陳湯見徙，是爲郅支報仇。感歎前事，愧心終日。今者幸逢英主，忝備臺司，輒敢追論，伏希省察。且維州據高山絶頂，三面臨江，在戎虜平川之衝，是漢地入兵之路。初，河隴盡没，此州獨存，吐蕃潛將婦人嫁與此州門子。二十年後，兩男子長成，竊開壘門，引兵夜入，因兹陷没，號曰無憂。因併力於西邊，遂無虞於南路。憑陵近甸，宵旰累朝。貞元中，韋皋欲經略河湟，須以此城爲始，盡鋭萬旅，急攻累年。吐蕃愛惜既甚，遂遣舅論莽熱來援。雉堞高峻，臨衝難及於層霄；烏逕屈盤，猛士多糜於礧石。莫展公輸之巧，空擒彼將而還。及南蠻負恩，掃地驅劫，臣初到西蜀，衆心未安。外揚國威，中輯邊備，其維州執臣信令，乃送欵與臣，臣告以須俟奏聞，所冀探其情僞。其悉怛謀尋率一城之兵衆并州印甲仗，塞途相繼，空壁歸臣，臣即大出牙兵，受其降禮。南蠻在列，莫敢仰視。況西山八國，隔在此州，比帶使名，都成虚語。諸羌久苦蕃中征役，願作大國王人，自維州降後，皆云但得臣信牒帽子，便相率内屬。其蕃界合水、棲鷄等城，既失险阨，自須抽歸，可減八處鎮兵，坐收千里舊地。臣見莫大之利，乃爲恢復之基，繼具奏聞，請以酬賞，臣自與錦袍金帶，顒俟詔書。且吐蕃維州未降已前一年，猶圍魯州，以此言之，豈守盟約？況臣未嘗用兵攻取，彼自感化來降。又沮議之人不知事實，犬戎遲鈍，土曠人稀，每欲乘秋犯邊，皆須數歲就食。臣得維州踰月，未有一使入疆，自此之後，方應破膽，豈有慮其後怨，鼓此游詞？臣受降之時，指天爲誓，寧忍將三百餘人性命，棄信偷安？累表上陳，乞垂矜赦。荅詔嚴切，竟令執還，加以體被桎梏，舁於竹畚。及將就路，冤叫呼天。將吏對臣，無不流涕。其部送者，便遭蕃帥譏誚，曰：既以降彼，何須送來？乃却將此降人戮於漢界之上。恣行殘害，用固攜離，乃至擲其嬰孩，承以槍槊。臣聞楚靈誘殺蠻子，春秋明譏；周文外送鄧叔，簡册深鄙。況乎大國，負此異類，絶忠款之路，快凶虐之情，從古以來，未有此事。臣實痛悉怛謀舉城受酷，由臣陷此無辜，乞慰忠魂，特加褒贈。」帝意傷之，尋詔贈悉怛謀右衛將軍。

初，贊皇作西南備邊録，其序略云：「吐蕃開釁，河隴失險，締從南詔，協以謀我。井絡坤維，我圉孔棘。守臣韋皐鑿清溪道，要結蠻好，犄鹿效順。乃纂集事狀，爲卷十七。質幣結轍，闔户誨盗。爰命德裕，改紀其政。乃建籌邊樓，立雄邊子弟，作仗義、禦侮、柔遠三城，以扼虜衝。猶慮敵去而備弛也。凡兵將糧械之數，城鎮種落之名，歲計經用之目，講求利病，輯爲一書。諸郡虚實，外夷情狀，條分縷析，燦如指掌。創立障壘，咸以朱書圖之，仍總繪小圖，標之首卷焉。」按備邊録第四卷，叙維州本末尤詳。唐末吐蕃衰弱，種類分散，入内屬者，謂之熟户，餘謂之生户，薄示羈縻而已。宋時朝貢不絶，其首領唃廝羅始居鄯州，後徙青塘，即青塘嶺也，青羌所居矣。宋史：吐蕃青羌首領奴兒結等爲邊害十餘年，制置使留正以計禽殺之，盡殲其黨。趙汝愚代爲制置使，奴兒結弟三開復叛，汝愚懸重賞以間群蠻，三開不能孤立，憂死，汝愚以定青羌功加秩，即此種。元憲宗始於河州置吐蕃宣慰司都元帥府云。

保縣志云：「出縣循南岸行一日，又北渡大江，至雜谷安撫司，可八十里，又十里爲無憂城，故址尚存。」按雜谷，即古維州，唐太和中，陷於吐蕃，其酋即悉怛謀種矣。

國初有阿漂者，以捍虜功授勑印，爲雜谷安撫同知，歲輸薄糧於維州番倉，三年一貢。其地有上碉、下碉，去無憂城百里，去縣倍之。前臨沱水，後倚高山，南接三姐，西接孟董，南抵達思，北抵東布。又東至八稜碉，與韃虜密邇。歲終發番兵萬餘，備糧械，入碉防守，至次年除夕更班。保邊敉寧，以雜谷爲之保障也。達思蠻長官、金川禪師及打喇兒、草坡、六寺、龍山以西諸寨皆隸焉。

達思蠻長官司在雜谷西五十里，其先嚴泰與阿漂同功，給印信，授爲長官。

寰宇記云，隋開皇六年，以石門鎮近白狗羌，故於金川鎮置金川縣。唐武德七年，以屬維州。貞觀初，廢。三年，復置。按今金川寺，其故處也。寺僧巴㯮監藏及莽葛剌，以有戒行，得稱蕃都綱。永樂初，黄毛韃犯界，金川僧招麻喇防禦有功，事聞，賜號演化禪師及勅命銀印，俾其徒世守焉。地居雜谷安撫之東，管十五寨。東北至八稜碉，西至保縣，南至棱城百五十里。後漸衰弱，見駈於雜谷，遷其族於董卜界上。志云，教場是金川寺地。未詳。

打喇兒寨土舍居威南路，在文鎮河西，先曾糾黑虎夷爲邊害。正德間歸順，奏准納貢，頒賜勅書冠帶，無印信，遇貢，赴雜谷起文。又有只臺寨蕃。

保志云：西北生番，有孟董十八寨，三國孟獲、董卜之裔也，謂之孟董蕃，亦名董卜韓胡。唐時哥鄰召董卧庭等求内附，處其衆於維、𡽀等州，居小鐵圍山，去縣可七八日程。東抵雜谷八稜碉，模坡河在東，如卜河在北，即古之孫水也。南流雅州，以牛皮爲船，既渡，則曝皮於岸上，候乾，復用焉。永樂八年，歸附進貢，授宣慰使司都指揮同知。貢道有三：一由雜谷八稜碉出保縣，一由清溪口出崇慶州，一由靈關出雅州。近與雜谷不睦，故直由雅安。

又曰，松、茂、威、疊大勢如一身然：松潘，首也；疊溪，項與喉也；茂州，腹也；東之土門，西之威與汶、保，其手足也。然餘皆在江内，惟保獨居江外。縣以東爲舊番，即箭上里之編户叛去者。地土相連，樵采共路，懷異志而漏華情，莫此若矣。又云，縣北熟番二股：一路爲水田、星上、龍山等寨，向背不常；一路爲近縣玉山十二寨，稍稍易馴。正北野番，有梁荒、梭城五十餘寨，直連松州黑水，號爲野菅，國初御史大夫丁玉用色銀鑄錠以誘之，即此夷也。

維州志曰，白狗嶺與大雪山連，後有白狗羌居之。寰宇記曰，白狗國者，西羌之別名，與會州連接，勝兵一千。唐武德六年，有使朝貢。開元二十九年十月，白狗國四品籠官蘇唐封及狗冉川五品籠官薩阿封等至京，各賜金紫玉帛以遣之。貞元九年七月，其王陁羅忽與女國等詣劍南西川節度使韋臯内附，詔授試太常卿兼保州司馬，至今子孫承襲其爵云。按白狗國、女國俱在西山八國之數，韋臯使銜兼節制西山八國，即此也。

四夷考曰，維州路生蕃最多，有名色可考者：曰孟董、梁黄、梭城、月上、星上、龍山、龍溪、大寺、小寺等寨，設一關六堡以戍之。關曰鎮夷。堡曰保縣，曰新安，曰乾溪，曰西平，曰壩州，曰坡底，而坡底附近龍山、竹打、大寺、小寺、蒲乞、太子憒等寨，而龍山最强，舊有龍山戍，有城。

唐書，廣德元年，吐蕃陷維州籠山城是也。

壩州堡附近龍溪、卜南、木上諸寨，與北路黑苦、三姐生番相通，每歲耕獲，既有蓋藏，輒以礪兵劫奪爲事，按即保壩蠻也。方輿云，威州保霸蠻者，唐保、霸二州，天寶中所置，後陷没。酋董氏世有其地，與威州相錯，因羈縻焉。嘉祐、熙寧中，常請朝命。政和初，知成都龐恭孫建言開拓，置官吏，廼以保州地爲祺州，霸州地爲亨州，授其酋刺史團練使。

按宋史，董氏世知保州。太平興國六年，保州刺史董奇死，以其子詔重繼之。又云董仲元者，襲職二十餘年，安静無事。嘉祐中，益州鈐轄司表其善撫蠻夷，乃真命爲刺史。其時有鵜州，亦遣人貢馬。鵜州未詳，疑即古定廉縣，今之金川寺，故史謂西南邊地有鵜州、保州矣。

四夷風俗記曰：維州諸番日務射獵，夜宿碉房，炙羊膀以卜吉凶，分善惡以爲黑白。以戰死爲善終，以相殺爲厮打，父子兄弟，大則讐殺，轉眼相背，不知骨肉，有大小姓，猶言大小族也。董卜、金川，俱屬小族；雜谷、達思，俱屬大族。志云，其生一産雙子，乳右者爲小。又云，射旄牛者爲大，射綿羊者爲小。二姓相間而居，丁大夫玉克復其地，始分之，蓋使犬牙相制云耳。

歲時不用官曆，知歲時者爲端公。如辰年，則畫十二龍，或卧或行，因形而推之，他像亦然。番僧衣佛經推算日月蝕及甲子建除，毫釐不差，大率以十月爲一歲。嫁娶，富者以猪羊、毛氈、布匹、粟麥爲禮，其賠裝資，必須生子之日，數人俟於路口，其女潛出，要至其家，方焚香宰羊牛會親。

人死，則坐尸於水架上，置之倉舍，衣帽弓矢，俱如生佩服。端公呪經，獻以猪羊，用火燒之。

男子剪髪，止留其頂，髪下垂服，用作力麻，不穿褌，不洗面。婦人俱編髪如縷，飾以海巴硨磲。

茂州，華陽國志：冉駹國，漢時莋以東北君長十數，冉駹最大，武帝元鼎六年所開，以爲汶山郡。至宣帝地節三年，夷人以立郡賦重，帝乃省併蜀郡，爲北部都尉。其山有六夷、七羌、九氐，各有部落。其王侯頗知文書，後漢靈帝時，復分蜀郡北部爲汶山郡。蜀建興十年，汶山平康夷反，姜維討之，始服。寰宇記云，石室，冉駹夷人所造者，十餘丈，山巖之間，往往有之。

宋史：茂州羌蠻，地方數千里，舊領羈九州，皆蠻族。蠻自推一人爲州將，常在茂州受處分。舊州無城，惟植鹿角。蠻以昏夜入州，掠人畜貨賣，遣州將往贖之，習以爲常。宋神宗熙寧八年，范百常知茂州，民請築城，既而蠻酋訴稱城侵其地，乞罷築，百常不許。九年三月，始興工，靜蠻數百奄至，百常率州兵擊斬數人，蠻乃退，百常遷民入牙城。明日，蠻數千人四面焚鹿角及廬舍，引梯衝攻牙城，矢石雨下，百常悉衆乘城拒守，二酋長爲木偏所殺，蠻兵乃却。茂州南有鷄宗關，通永康軍；北有隴東道，通綿州。皆爲蠻所據。百常募人間道詣成都，又書木牌數百，投江中告急，蜀綿兵救之，蠻始解圍誓和。自是蠻人稍定，百常亦以築城生患，坐奪一官。既而生羌合群蠻復至，相距七十日。詔遣内押班王中正將陝西兵來援，入恭州、宕州，誅殺頗衆，蠻遂降。政和五年，有直州將郅永壽、陽延俊、董承有等各以地内屬，詔以永壽地建壽寧軍，延俊、承有地置延寧軍，然與亨、祺二州皆非扼控之所，未幾，皆廢。

一統志云：國朝設茂州以統羌民，設茂州衛以統軍伍，軍居城内，民居城外。羌凡和誓，輸牛、羊、棘、耒耜各一，乃縛劍門於誓場，酋豪皆集，引於劍門下過，刺牛、羊、豕血歃飲之。掘地爲坎，縛羌婢坎中，加耒耜及刺於上，投石擊婢，以土埋之。巫師詛云：「有違誓，當如此婢。」

土夷考云：茂州東路生番，白草最强大，而白草又與松潘黄毛韃虜相通，桃紅、青片、板舍次之，白苦、水磨、岐山又次之。有犯守官，轄桃坪、神溪、夾山等凡七關堡。

桃坪者，去白草、青片諸番不四五十里，志謂古桃關也，見水經註。關通西城之路，北當風穴，一二里間，晝夜沙石，飛揚不息。寰宇記云，故桃關在汶南八蠻界，公私之路，俱從於此，有繩橋渡江，認守桃坪者爲隴木司。

隴木頭長官司，茂之隴木里也。國初以酋長歸附，授承直郎，世襲長官，歲常貢馬二匹，所屬玉亭、神溪十二寨，俱爲編氓，有保長統之。

又有静州長官司，茂之静州里也。襲官貢馬，與隴木同。正德間，與岳希蓬、節孝爲亂，攻茂城，斷木道七日，節孝弟車勺潛引水以活我軍〔五〕。事平，使車勺襲職〔六〕，管法虎、核桃溝八寨，編户爲氓，有保長統之，認守北定門至關子堡。按静州，即唐之悉唐縣矣。宋史曰：塗、静、當、真、時、飛、宕、恭等九州蠻，皆羈縻州也，環茂州而居，州不過數十里而已。按唐茂州都督府羈縻州九，静州其一，已見前矣。維、翼二州後進爲正州，即今疊溪所也，第其名與宋史不同，附載之以俟考焉。

塗州，唐武德元年，臨塗羌歸附，置，領臨塗、端源、婆覽三縣。貞觀元年，州縣俱省。三年，又分茂州之端源戍置塗州，縣有端源、臨塗、悉鄰三縣，與州同置。

炎州，貞觀五年，生羌歸附，置西封州。八年，改爲炎州縣，有大封、慕仙、義川。

徹州，唐貞觀五年，西羌首領董州貞歸化，置縣，有文徹、俄耳、文進。

向州，唐貞觀五年，生羌歸化，置縣，有貝左〔七〕、向貳。

冉州，本徼外斂才羌地，貞觀六年，置西冉州。九年，去「西」字，縣有冉山、磨山、玉溪、金水。

穹州，貞觀五年，生羌歸附，置西博州。八年，改爲穹州，縣有小川、徹當、壁川、當博、恭耳。

笮州，貞觀七年，白狗羌降附，置西恭州。八年，改爲笮州，縣有遂都、亭勸、北思。

恭州，開元二十四年，分静州廣平縣，置恭州，仍置博恭、烈山二縣。天寶元年，改爲恭化郡。乾元元年，復爲恭州，本屬隴右道，後割屬劍南道，其屬縣有和集、博恭、烈山。

土夷考曰：茂州南路生番，惟曲山三寨，界在西南兩路之間，稱强惡，餘皆熟番。有把守官，轄鴈門、文鎮、七星、宗渠四關堡，河以外，則屬岳希蓬也。

岳希蓬長官司，國初歸附，賜襲長官。三年，貢馬二匹。正德間，長官坤卜作亂，伏誅，使其弟坤元襲職，管波西、水西、渴渴、勒都等七寨，隸茂州衛當差，編户於州水西里，有保長統之，認守勒都、龍嘴等地方。

土夷考曰：茂州北路有長寧安撫司，其先曆日寨首也，國初歸附，屢有從征功，賜勅印，世爲安撫司，月俸四石，三年一貢。久未襲官，使土舍護印而已。姓蘇氏，管鑿溪、章貢等六寨，有把守官，轄長寧、實大、韓胡、椒園、松溪等八關堡。

長寧堡、實大關，附近巴豬五族，及大、小曆日稱最强悍。

韓胡堡附近恰列寺、韓胡、碉水、磨溝等寨，而恰列寺皆番僧也，原給有勅書，三年一貢。

椒園堡附近後溝、烏都及河東之法虎、插共六寨，俱静州屬羌也，往來茂地貿易，與居民伍。

松溪堡附近黑苦七族，番衆二千有奇，嘉靖間攻圍堡城，絶我餉道，要我重賂，乃解。至今尚歲費撫賞四百金有奇。

經略志云，正德十三年，巡撫都御史宋滄克平壩底、白草諸寨，諸夷獻侵地二千餘頃，又克平茂州鷄公寨。十五年，長寧等處深淺諸寨番蠻聲言復讐，求索賞需。兵備副使朱紈督同參將、遊擊將軍提兵搗巢，擒其首惡，餘黨俱以次降，年例賞需，盡行裁革。至今西陲安靖，諸蠻不復弄兵開邊隙矣。

「予分守川西，詢諸有司，議戍軍曰：夫戍軍之設，蓋謂邊地空虛，人烟稀少，故令漢、彭、雙、温等處，抽丁充戍，其法誠爲至善。然歲久月易，其中有當調停者，何也？戍軍每年九月撥發，十月到邊，往往非死則病，非病則逃，毫無實用。試言其故，蓋漢、彭等處風氣温和，即冬無霜雪，而蔬菜俱備；茂、疊塞垣，風沙慘烈，雖夏不消冰，而百物不產。以故戍軍到邊，寒煖不合，飲食不調，多生疾病。當有司促迫上道，哭別父兄妻子，若永訣者。至殷實之户，强壯之丁，多有展轉規避。惟無告窮民，不獲已就列，或又闔户共僱一乞丐無賴之徒以充數。比及到邊，身無完衣，腹無飽食，囊無半粒，手無寸鐵，奄奄扶杖而行，致使番夷倚山而笑曰：『戍軍來也！』病者病，死者死，逃者逃，邊隘曾不得借其一臂之力。嗟嗟！似此景象，在安常處順，猥云有餉有兵，倘一旦羌夷竊逞，而欲其斬將搴旗，撻伐用張，得乎？是至苦者莫如戍軍，至無用者亦莫如戍軍也。然則奚術而可？亦惟是裁省抽發，召募土著，乃爲常勝之兵焉。何也？茂、疊不產五穀，不養蠶桑，人所爲命者，惟恃軍餉耳。且如五口之家，須應軍二名，方得温飽；不然而應軍一名，且見菜色；如無軍可應，則無生可度，動見逃竄，如今之灌、郫、廣、漢，往往有茂疊逃民，蓋以此也。倘以職言爲不謬，將戍軍之糧，召募土著之民，人人有糧，人人可兵，不出三年，逃避者必回故里，地方之集聚日益衆，邊塞之軍兵日益精。在平常無事，足以壯國威；苟一旦臨戎，則人自爲家，家自爲守，可必其用命。在内地無戍軍之苦，在邊庭有敢勇之卒，竊意羌番雖狡，亦無所用其謀矣。職書生也，不敢言知兵，但此明白易見，斷斷乎其可行者，通變宜民，是在今日耳。隨經移會該道，轉行成都府茂、汶、保、灌等州縣。回覆間，適予署司篆，看得戍軍之議，或因或革，非止一次，每盈庭不決者，蓋由行月二糧，全改半改，未得其肯綮故也。何則？月糧者，祖軍之額，不可移動者也。行糧專爲更番戍守設耳，若免其戍邊，而不動其月糧，則人皆樂從矣。且衛所得裕差操之役，軍户永免津貼之累，而所利更廣矣。查威、茂一帶班軍，以三十六七等年計之，各該一千二百餘名，折支司府民屯實米，並布花銀，共五千五百二十餘兩，此其大較也。合無比松邊例，裁去班軍前項銀兩，支發該邊，自行召募，每名工食，每日給銀二分，共募兵七百七十名，與主軍分認地方差使，不得紊亂。仍附官兵會計之後請發，不得別立名色增補，是尺籍雖稍虧，而邊方得實用也。」時如議行之。

疊溪，古氐羌地，漢爲蠶陵縣，屬蜀郡。晉屬汶山郡。後周置翼斜郡。隋初，廢郡，以縣屬會川。大業初，屬汶山郡。

寰宇記：唐武德元年，復改汶山郡爲會川，領翼斜、翼水、左封，凡三縣。其年，即以三縣置翼州。五代至宋元，皆爲羌人所據，不置州縣。本朝洪武十一年，平羌，始置疊溪右千户所，隸茂州衛。二十五年，改守禦軍民千户所。

其地東西廣六十五里，南北袤九十五里，東至氂牛山五里，西至黑水生番六十里，南至茂州界三十里，北至松潘界六十五里。

圖經：性獷勇悍，不習詩書，近漸染聲教，習尚衣冠，遠者不通漢語，衣皮褐，喪不棺而火化。耐饑寒，疊石爲礫以居，所名本此。其土産犛牛、毛毯、酥油、射香、香豬、白蜜、犏牛、馬雞。其山北有蠶陵，東有犛牛，南有排柵，東北有雲峰，各去所城五六里。城西三里，即湔江也，源出松州，與黑水合，流入茂州。城南有玉津泉，甃以鋉瓦，接引至城下，居人汲之不竭。有古積兩臺，今爲觀，在治南。有石輪寺，沿崖皆佛相。志云，唐貞觀中，李將軍廣所鐫也，在治北四里。

廢翼州城在治南，寰宇記云，唐武德元年置，取郡南翼水爲名。六年，自左封移州治於翼斜。咸亨三年，置都督府，移就悉州城内。上元二年，罷都督，移還舊治。天寶元年，改爲臨翼郡。乾元元年，復爲翼州。

廢蠶陵縣在治北，漢治蠶陵縣，屬蜀郡，莽改爲步昌也。寰宇記：衛山縣，本漢蠶陵縣地。註：漢書，蠶陵故城在翼州翼水縣西，有蠶陵山。隋改爲翼斜縣，治七頃城。唐貞觀十七年，移理於七里溪。二十三年，以英國公李世勣爲疊州都督。天寶元年，改爲衛山縣。又曰，翼水縣，亦蠶陵縣地，隋初置，取縣西南翼河爲名。按後周之龍水縣，隋改翼水，水在所治南五十里，一出松潘，一出黑水，翼如也，即汶江矣。

廢悉州城在治東南四十里，唐顯慶三年，割左封縣界内悉唐川，因立爲悉州，領悉唐、左封、識臼三縣，以羈縻羌人，其首領有董係北射任刺史。自後射卒，以左封縣令董俱悉凍任刺史，兼勅以父死子繼。咸亨元年，移治左封。載初元年，移治匪平川。

廢左封縣址，同悉州。寰宇記云，左封縣本屬翼州，在當州東南四十里，唐顯慶元年，乃於縣治悉州焉。

廢歸城縣，唐垂拱二年置。廢真州，唐天寶五載，分臨翼郡之昭德、鷄川兩縣，置昭德郡。乾元元年，改爲真州，取真符縣爲名。其一曰真符縣，唐天寶五年，分鷄川、昭德二縣，置真符縣，州所治也。其二曰鷄川縣，唐先天二年，割翼州翼水縣置。天寶五載，改屬真州。其三曰昭德縣，舊識臼縣，屬悉州。天寶元年，改屬翼州，仍改名昭德縣。五載，改屬真州。按通典有鷄川、昭德二縣。唐書云，開生獠新置，即不述年月，今茂州鷄宗關名本此，地亦相近。

四夷考曰，疊路生番最惡，而五巴豬爲尤甚，牛尾、麻搭、楊柳、麥兒次之，凡四十八寨。其地南連黑苦，西通黑水，北接松潘。頻年虜去漢人，多賣入黑水。加兵征之，即逃入黑水。黑水蓋廣饒之地，遠近莫知所紀極也。

志云，疊溪千户所領長官司二：曰疊溪司，在治北一里；曰鬱即，在治西十五里。疊溪郁氏，洪武十年以土酋歸附，世其官。永樂中，頒給印信，除流官吏目一員，凡三年，貢馬四匹。今長官郁孟賢轄河東熟番八寨，皆大姓，及馬路小關七族。土舍郁從智，轄河西小姓六寨。此六寨素梟黠，地土廣遠，牛羊稞麥露積，名雖熟番，與生番等耳。

鬱即長官嗽保，萬曆十八年，與黑水、松坪攻我新橋，明年伏誅。先是，漢關墩附近勒骨諸小姓屬於鬱即，至是改屬郁氏。

新堡附近爲巴豬大寨，衆逾千數，其人形如魍魎，性喜黠盗，雖受歲賞月糧，縻耗而已。自嘉靖二十三年以來，屢經渡河，虔劉我官軍，攻掠我城堡，稔惡不悛，數將貫盈。議者欲於舊關腦搭橋進兵，及馬路堡後長寧、沙壩，潛師遶其後，上下夾攻，可大創也。

永鎮堡附近爲牛尾寨，萬曆八年、十二年，與麻搭濟惡，頗肆殺掠。十四年，征之，逃入黑水，獻出番牌投降，埋奴爲誓，乃免。

太平堡附近爲楊柳溝，河西强種也，與松潘之大、小耳别同枝，向稱猾梗。萬曆十四年，征之，不獲。後四年，乃糾松坪、白泥、黑水三千餘番，同陷新橋。十九年，復大征，亦埋奴求免。

灌縣　汶川

西邊志云，灌縣獠澤關，景泰七年立，去董卜韓胡可千里，番民至關市易，唯大黄茶藥而已。去關七十里爲惹龍關，加渴瓦之地也。

加渴瓦寺，亦董卜韓胡支派，正統中，調征草坡，宣慰司遣僧鎖南列思巴來赴，賜號崇教翊善國師，給勅印，使分管摩多集、塔藏、裏舊寺等十三寨都綱。麻喇者，成化間孟董、梁黄之亂，調發協征，遂就汶川塗裏山巔居焉，國師久未承襲，以土舍護印而已，獠澤等關，是其認守。

汶路生番，惟草坡驁黠，有三寨在河西山外，一徑通董卜宣慰，一徑通孟董、梁黃。向以假道騷動，十八年，征之，始震讋，輸蕎莜於汶川，聽約束於寒水矣。

寒水土巡檢司高氏，其先曰銀兒，直隸霸州人，洪武七年，授職防守河西，住蘇村寨，三年，貢馬二匹。正統七年，草坡攻汶川，司印爲所刼。景泰間，重頒授之，調征龍溪、卜南諸寨，屢立戰功。隆慶間，草坡復攻破蘇村寨，遂移住河東。

龍安府　青川　石泉　安縣

安綿道開府綿州，轄龍安、青川、石泉、綿州諸將領，守備指揮一人，比都指揮體統，駐石泉，而龍安參將同城以居。

龍州，古氐羌地，漢曰陰平道。註云：有夷之地曰道，如剛氐道、甸氐道之類是也。北部都尉治此。永平後，始稱郡。自後或稱江油，或稱平武，或曰龍州，或曰龍門，或改靈應郡，或改鄭政州，時代不同，因革亦異。宋景定間，臨邛人薛嚴以進士來守是州，捍衛有功，得世襲焉，家譜爲戰國薛居州之後也。國初，其裔薛文勝歸附，乃授知州。時千夫長隴西李仁廣，提領官高郵王祥，給我餉饋。蜀平，賜李州同知，王州判官。宣德中，以征松潘功，陞州爲宣撫，薛氏世宣撫使，李爲副使，王爲僉事，各統土兵五百，分守白馬、白草、木瓜三番。嘉靖末年，薛兆乾謀逆，伏誅。遂改宣撫司爲龍安府，割成都之石泉、保寧之江油及青川千户所隸焉。降兆乾庶弟襲土知事，王氏、李氏俱襲土通判，列銜本府，分守如前。仍移小河參將於府城彈壓之。附郭平武縣，萬曆十九年始設也。江油地雖腹裏，然寔糧運之咽喉矣。

益州記曰，江水自白馬嶺迴行二千餘里至龍涸，又八十里至西陵縣，又百二十里而至北部。北部，即龍州也。白馬嶺，即白馬番地，隸王通判，在府正北三百里，北通階文，西抵漳臘。其生番號黑人，延袤數百里，碉房不計，有名色可舉者，凡十八寨，寨多不過四五百人，少可百人而已，設有散牌、總牌等名目以約束之，番僧、番舍諸號以誘化之，法甚密也。嘉靖元年，白馬跳梁，用兵五千，分五路而進：一由鐵龍堡，一由黄羊關，一由三舍堡，一由北雄關，一會兵陝西，由階文入。大創之，而喘息聽命矣。

白草番隸李通判，在府西南四百里，東抵石泉約七十里，西抵南路生番，南抵茂州番，北抵平武縣境，蓋唐吐蕃贊普遺種也。上、下白草凡十八寨，部曲素强，恃其險阻，往往剽奪爲患。嘉靖二十五年，大征，用兵三萬七千，一由龍州，一由石泉，一由霸底，所斬獲甚多。事平，增雙溪、大魚、永平、奠邊諸堡，革撫賞，斷鹽茶，予以白旗，永塞入龍之路。於是霸底、河西、風村等十一寨，永平、河東、北草等十七寨，週數百里，男女四千餘人，相率來降。許其畜髮頂巾，送子讀書，習學華語，歲輸糧蝺爲氓。編走馬嶺一帶爲十村，由平一村以至平十村也；射溪溝一帶爲八村，自一化以至八化村也。村立一長，長即舊番牌之號。又有風村嶺等二十寨，尚仍舊名，亦同時歸順者，事在萬曆十七年。

木瓜番隸薛知事，在府上游，近小河千户所，境土迫促，種類不蕃，雖有五寨，約男女不二三百人。先是統於薛氏，受其歲賞，嘉靖二十三年，勾引白草番反，爲之鄉導。事平，止許歲至小河領賞，不得度大魚關。

青川千户所，白馬番之後路，東抵白水、陽平關，陝西寧羌州界；西通白馬路，轉古城驛，而抵龍安；南至椒園堡，叢林密箐，多盜賊；北通青塘嶺，直達階文。寰宇記云，後魏之馬盤縣也。有馬盤山，高三千三百丈，其形似馬，盤旋而上。隋改馬盤爲青川縣。圖經云，清水出啼胡山，闊五丈，東流入利州界，其水清美，亦云啼胡水矣。志作「醍醐」，蓋美名之。圖經曰，青川東三百四十里爲白水江，鄧艾伐蜀，嘗作浮橋於此。按華陽國志，平武縣有關尉，自景谷有步道，徑江油、左擔出涪，鄧艾伐蜀道也。

志云，所北十里有大雄山〔八〕，峻極出於雲表，即北雄關也。近又設控夷關〔九〕，墻垣營壘，完固堪守，稍前爲瓦舍壩，乃熟番保保住種地，其衆怯弱易馴。按廣輿考，有思曩安撫司，設於此矣。

石泉北鄰土永平，西連青岡、壩底諸番，最稱强悍，壩底守備駐劄縣城。

復土堡在縣西北，稍南爲青岡，各相去十里許。介二堡間有青泗口，路通壩底、河東、河西、白草、青片諸生熟夷，隸石泉守備提調。

東二十里爲永平堡，設在山崖，形勢斗峻，控制白草諸番隘口。永平西三里爲奠邊關，關南里許爲火草坪，火草北十五里爲萬安，東二十里爲喜定，俱永平把守指揮提調。

北四十里爲壩底，其地東抵通寧，西連白草，南距石泉，北通青片堡，其南十五里爲石板關，東十五里爲石泉堡，又五里爲白印墩，壩底把守指揮提調。

大印堡設於山阜，巍然天險，亦白草番出没之要路也。堡西二十里爲茆堆，又五里爲山茅，山茅東一舍爲徐塘，徐塘北一舍爲伏羌，伏羌北兩舍爲大方關，關與大印相首尾矣，故屬大印把守指揮提調。

安縣東至涪城，西極綿竹，南通羅江，北達石泉。境内雖無夷族，然而迫鄰睢水、曲山、疊溪諸關堡，則天池、大壩、白草、青片等寨亦其接壤也。曲山關介在當縣、石泉、平武三路。睢水關爲當縣、綿州適中之地，面山負水，平衍沃饒。關西一舍，名綿堰堡，綿水發源於此。關東一舍，名疊溪堡，乃白草番後路，形勢孤懸，安、綿倚爲保障，設有官軍鄉勇，屬睢水關把守提調。

上川南道

建昌道開府建昌衛，轄行都司三員：一署篆，一操練，一屯局。近改屯局爲遊擊將軍。守備二員，一駐鎮西所，一駐雅州所。近又增設會鹽守備一員，領衛六：曰建昌，曰建昌前衛，同一治；曰會川，曰鹽井，曰越嶲，曰寧番，自爲治。

建昌衛，本漢卭都國地，漢武元封六年，以廣漢之西部、蜀郡之南部爲越嶲郡，即此。水經注曰：嶲山有嶲水，言越此水以章休盛也。王莽改爲集嶲矣。嶲水即繩若水，似隨水地而更名焉。郡領卭都、蘇示、闌、臺登、會無、大笮、定笮、三絳、卑水、安上、馬湖十一縣，或治卭都，或治會無，遷徙不常。十道志云，魏晉以還，蠻獠恃强險鈔竊，乍服乍叛，至齊復來納欵，因爲越嶲獠郡以統之。按總志作「獛郡」，即「獠」也，是蜀音之訛。獛種每三年一櫛髮，其日，宰牛羊以祭天及祖父，始加梳，世俗「獛頭」之説本此。

寰宇記，後周武帝征越嶲，開地，立嚴州，取其嚴敬爲稱。隋開皇四年，改爲西寧州，又改嶲州。唐武德初，嶲州領越嶲、卭部、可天、蘇祁、臺登五縣。二年，又置昆明縣。三年，置總管府。貞觀二年，割雅州陽山、漢源二縣來屬。八年，又置和集縣。天寶元年，改越嶲郡，依舊都督府。乾元元年，復爲嶲州。至德後，没入番。貞元十二年，復。太和中，徙治臺登縣。按漢臺登在今治北百里外，隋臺登在大渡河北，未詳孰是。總志，唐懿宗時，郡爲蒙詔所據，改曰建昌府，以烏、白二蠻實之。元至元間，置建昌路，又立羅羅斯宣慰司以統之。國初洪武間，克元將月魯帖木兒、賈哈剌，因罷宣慰司，置建昌衛，改建昌路爲府，旋廢，改衛爲軍民指揮使司，編户通計六十七里。

其形勝金沙江畫前，大渡河界後，牛欄江鎮左，打冲河禦右。其幅員東西廣五百五十里，南北袤九百二十里，東至烏蒙府界五百里，西至常郎堡生吐蕃界五十里，南至雲南武定府界七百八十里，北至寧番衛百九十里，至越嶲衛二百八十里，至鹽井衛三百里，至會川衛五百里，至省城千四百八十里。

九州要記云，嶲之西有文夷，人身青而有文，如龍鱗於臂脛之間。將婚，會於路，歌淫相感合，以爲夫婦焉。又有穿鼻儋耳種，瘴氣有聲，着人人死，着木木折，號曰「鬼巢」也。有濮夷，在郡界千里，常居木上作屋。有尾，長二寸，若損尾，立死。若欲地上居，則預穿穴以安尾，亦名尾濮。有木耳夷，死，積薪燒之，煙正，則大殺牛羊相賀以作樂，若遇風，煙旁散，乃大悲哭。

本志云，東門十部蠻群居竹籬板舍，不事修飾，刻木爲信，裙不過脛，或時乘馬，則併坐横足。酋長死，無子，則妻女繼之。俗尚火葬，而樂送以鼓吹，爲送終。有疾者不用醫藥，召女巫以鷄骨卜，事無巨細，皆決之巫。善製堅盾利刀，又能作弩，置毒其末，沾血則立斃矣。

上南志云，建昌城外二河，曰懷遠，曰寧遠，俱流入瀘水，以合金沙江。瀘水在治南十里，外有光福寺，舊瀘山寺也。元史云，其水深廣而多瘴，鮮有人行，春夏常熱，可燖鷄豚。然諸葛武侯渡處尚在下流，與會川衛相近。志云，海子在城東十五里，人多游汎其中。又東南十五里曰螺髻山，以形似名。東百三十里曰涼山，群峰競爽，四時皆寒，近松坪、膩乃之界。

按漢置越巂郡，所領縣十一：曰邛都；曰闡，今越巂及邛部長官司是；曰定筰，今之鹽井；曰會無，今之會川；曰蘇示，今之禮州；曰大筰，今之黎州；曰馬湖，今之馬湖府；曰臺登，解已見前；曰三絳，今屬雲南；惟安上縣有水路，諸葛武侯由之入越巂者，别將高定元，自卑水多爲壘守焉。孟康註：卑水曰班水。華陽國志以爲或去郡三百里，或去郡八百里，俱晉時省，有名而已，是在道將已失考矣。志又云，治南一百八十步，有德昌舊府。三十里，有武侯故城。東一里，有永定舊州。二里，有孟獲城。東三百里，有元時北社縣，國初改爲碧社。東四百里，有元時中縣，其先曰中州也。

土夷考云，元至正間，置建昌路，以其地爲建安州，隸雲南行中書省。洪武四年，鎮國上將軍羅羅斯宣慰使安普卜之孫配率衆歸附，遂命以招安旁夷，有功，授昭勇將軍，子孫世襲。尋改授土指揮使，帶銜建昌衛，不給符印，置院於城東郭外里許，使居之。所屬有四十八馬站火頭，吐蕃、僰人子、伯夷、摩些、猓玀、韃靼、回紇諸夷種散居山谷間。北至大渡，南及金沙，東抵烏蒙，西訖鹽井，延袤殆千餘里。昌、普濟、威龍三州長官司隸之，有把事四人，世轄其衆，皆節制於閫衛諸帥。西夷大酋，此殆爲稱首云。配六世孫安忠無後，妻鳳氏管事。鳳氏死，族人安登繼襲。復無子，妻瞿氏管事，以族人世隆嗣。世隆復無子，繼妻禄氏管事。近日禄氏死，以族姪安崇業嗣。所轄有四驛，曰禄馬、阿用、白水、瀘沽，各以百里爲差，併涼山拖郎、桐槽、熱水等夷，亦皆以强弱爲向背矣。

按禄氏與崇業不相能者十數載，又養那故爲假子，其惡奴禄祈從更之甚力，歲相讐殺無寧宇。予以庚戌署司事，移會該道，悉心調停，稍就約束。因看得夫亡妻繼，固諸夷家風也。然亦有説焉，藉令禄氏者，黨逆奴，養假子，而謀絶安嗣，禍之不悔，日相尋於干戈，其誰能許之？今那故殺矣，禄祈逐矣，安崇業嗣定矣，是於復仇之義得，而姑姪子母之分明也。如此，即順夷猓之情，奉鈐束之誡，其於理法，亦未嘗廢也。崇業父子承宗祧以他日，修職業於兹時，如山之固，豈俟河之清乎？時崇業管土操捕，聽繼不久，即真長官司矣。

禮州千户所二：曰後，曰中。在衛北六十里，漢之蘇示縣也。顔師古曰：「示讀如祇。」後漢書，永平中，越嶲太守巴郡張翕政化清平，得夷人和。在郡十七年，卒，夷人愛慕，如喪父母。蘇祈叟二百餘人賫牛羊送喪，至翕本縣安漢，起墳祭祀，即此夷也。華陽國志：漢末蘇示縣夷王及弟隗渠數背叛，安南將軍馬忠誘殺之。周地圖經云：武帝天和三年，開越嶲，立蘇祁縣，於縣置亮善郡。志謂隋名蘇祇，唐名蘇祈，皆一義也。唐末，吐蕃烏白蠻迭據其地，號麽龍城。元置禮州。今爲二所，因其名。

應邵注漢書云，蘇示縣西北有尼池。按今曲池是也。師古曰：夷池。「尼」，古「夷」字。寰字記云，尼池名本出山海經。未詳。

打沖河千户所在衛西百四十里，唐之沙野城，元瀘州之地，本名黑會江，又名納夷江，源出吐蕃，流合金沙江。

德昌千户所在衛南百四十里，元置定昌路，尋改德昌。本朝於此置所，因其名。

昌州長官司在衛南二百里，宋之阿屈部也。至元中，置昌州於此，德昌路總管府居其中。洪武元年，盧尼姑歸附貢馬，使世襲昌州知州。二十七年，平月魯帖木兒之亂，改長官司，遇朝覲之歲，具所管夷民木册附進。

普濟州長官司在衛西南二百四十里，本圩甸夷也，後屬屈部，獹魯世居之。元置普濟州於此。國朝洪武十八年，土官吉撤加歸附，賜給印勅，授普濟州知州，後改爲長官司。

威龍州長官司，衛東南四百一十里，夷名巴率，有三部。至元中，併三部，置威龍州，屬龍德昌路。洪武初，土官白氏來貢，給授印勅，世襲，與昌州、普濟同。惟所認糧差多逋負，不及二司如約耳。上南志云，大渡河入雲南之驛途，夷名巴翠部，又名沙媧部，其酋獹荒種也。九種志云，猓玀之人，身體矮小，居山野草房，男女俱用白布纏頭，身穿短衣，常帶弓弩捕鼠，開種雜糧爲生。病以牛羊猪胎爲藥，婚姻酒食類西番，喪葬類猓玀，獨於燒骸處拔一草根，頓小籃内，回家以宗祖云。

會川衛

上南志云，會川在漢，風琶之蠻，臺登之墅，而越嶲郡之會無縣也。寰宇記云，會川縣本漢卭都縣地。唐上元二年，移卭都縣於會川鎮城内安置，以川原並會，故名。南詔得之，置會川都督府，號清寧郡。宋時屬大理，爲會川府。元置會川路，治武安州，隸羅羅所宣慰司。國初復立會川府，領武安、永昌、麻龍等州，尋改爲會川衛軍民指揮使司，領迷易千户所，城週千二百五丈有奇，編户十八里。

志云，安武舊州在衛南十里，永昌舊州在衛西五里，即會同府也。麻龍舊州在衛東五十里，地名棹羅能，元時屬閟畔部。東南百里外，又有舊通安州、舊姜州、舊隆州，俱元時置。

華陽國志：會無縣山色青碧，故其東南葛砧、蜜勒諸山或産石碌，有三色；或産石青，有四色；或産鑛銀。志云，治内寶藏寺落成，未牓而密勒山銀場始出，因以寶藏爲名。又有勝功寺，金碧交輝，邊隅之望刹也。

寰宇記：會川縣南有大冢，諸葛武侯駐師此地，士卒多癘疫死，設此葬之會無川傍。川上有深巖，巖中多仙人葬，莫測其來，遠望如牕牖，其棺内多碧骨如珠。華陽國志：會無縣路通寧州，渡瀘得住狼縣，故濮人邑也。今有濮人冢，冢不閉户，其穴多有碧珠，人不可取，取之不祥。

本志云，衛城東有玄泉，色近黑，民賴以灌田，常以仲春月祀之。

十道記云，瀘水出蕃中，入黔府，歷郡界，出拓州，至此，有瀘津關，關上有石岸。高三千丈。四時多瘴氣，四五月間發，人衝之死，故武侯以夏渡爲艱。水浚急而多巉石，土人以牛皮爲船，方涉津涘。水經註云，瀘峯最爲高秀，孤高三千餘丈。是山於晉太康中崩，震動郡邑，水之左右，馬步之徑裁通，而特有瘴氣。又云，晉明帝太寧二年，李驤等侵越巂，攻臺登縣，寧州刺史王遜遣將軍姚岳擊之，戰於堂琅，驤軍大敗，岳追之，至瀘水越水，死者千餘人。遜以岳等不窮追，怒甚，髮上衝冠，帢裂而卒矣。

志云，會川南八十里瀘沽河，源出少相公嶺，入金沙江。又云，西南二百五十里金沙江，源出吐蕃，東流合瀘水，至黎溪，接馬湖。江有嵐瘴，隆冬人過，雖袒裼皆流汗，惟雨中及夜渡無害。夾岸皆石，江中沙土色黃，故曰金。一在武定之南，一在桃安之左。容齋隨筆云，淳化間，嘉州士人辛怡顯使南詔，至姚州，其節度使趙公美以書來迎云：「當境有瀘水，昔諸葛武侯戒曰：『非貢獻征伐，不得渡此水；若必欲過，須致祭，然後登舟。』今遣本部軍將賞金龍二條，金錢三十文，並設酒脯，請先祭享而後渡焉。」

華陽國志：三縫縣一名小會無，音「三播」。通道寧州，渡瀘得蜻蛉縣。有長谷，古時坪中有石豬子母數千頭。長老傳言：夷昔牧豬於此，一朝猪化爲石，迄今夷人不敢牧於此。

水經注曰，蜻蛉水又東，注於繩水。繩水又逕三縫縣西，又逕姑復縣北，對三縫縣，淹水注之。三縫，小會無也，故經曰，淹至會無，注若水。水逕會無縣，縣有駿馬。河水出縣東高山，山有天馬徑，厥跡存焉。民家馬牧之山下，或産駿駒，言是天馬子。河中有貝子胎銅，以羊祠之，則可取也。按後漢書安帝紀曰，永初六年，詔越嶲郡置長利、高望、始昌三苑，皆馬苑矣。又令益州郡置萬歲苑，犍爲郡置漢平苑云。

迷易千户所在衛西北八十里，元置。國初爲會川千户所。洪武十五年，改今名。

衛志云，南六十里有迷郎關，即寰宇記之迷水鎮也。有滇池，方三百里，源深闊，下流淺狹，有似倒流，故名滇池矣。

土夷考曰，迷易土官，賢姓也。初，雲南景東府僰夷頭目阿駭徙其屬來住種。洪武十六年，歸附，以隨征東川、芒部二府効勞，授世襲副千户，該所印信，以武弁推選。今土官賢氏居城外，專理巡捕，管東八百户僰夷而已。

土夷考云，會川衛東南十里爲石漊堡，又四十里爲虎街堡，四十里爲姜州堡，會鹽守備司駐劄其中。衛西南三十里爲箐山口，又八十里爲火燒腰驛，去驛五里爲五里坡，又十五里爲蠻即關，路通紅卜苴夷寨。五十里爲七墩堡，路通黎溪州夷寨。按志，黎溪舊州在衛南百五十里，唐時南詔閣羅鳳徙白蠻戍此，即白夷也。城後爲羅羅蠻所據，宋屬大理，元始置州。九種志云，白夷人頭裹黑帕，戴笋籜尖帽，以傭田爲生。婦女養蠶收絲，織作亦巧，謂之白夷錦。無論貴賤，人有數妻，妻妾奉夫甚嚴，婦女不妬忌，夫宿妻房，妻事之如婢。飲食凡草木無毒者，六畜外，鼠、蛇、蛙、蠅及飛生蟲，皆瀹食之。諺云：「青青白夷菜，動動白夷肉。」婚姻，男家先用碗水澆女足，謂之水授婦。戰陣所獲，謂之王旗婦。初生小兒，即抱於河中洗之。男女日日浴於河中，居多近水，束裝曰如遠行，故遷徙無定焉。死有棺槨葬埋，名墳曰罷休。又有一種撲厮，夜變爲鬼，盜人財物，及掘新墳尸，呪使變魚形市之。志云，黎溪驛北有荷花池，盛夏香來，可以辟瘴，爲夷方勝處。驛去七墩十五里，又八十里爲塔甲渡巡檢司，又四十里爲松坪關，關近滇境上，金沙江去松坪關可三十里云。

鹽井衛

治在建昌西三百里，城週六百五十丈，編户二十六，古定筰縣也。華陽國志云，筰，笮夷也，南中曰昆明，越嶲曰笮，皆一種也。縣在越嶲郡西。渡瀘水賓剛徼，曰麽沙夷。志謂麽些人病，則刺肉取血，有誓，則擊石，或撻狗者也。

寰宇記云，昆明縣，本漢定筰縣也。唐武德二年，於此置昆明縣，蓋以南接昆明夷爲名。天寶中，又置昆明軍以鎮撫之。通志云，唐末南詔得嶲，以昆明縣爲香城郡。宋時爲賀頭甸部，屬大理國。元至元中，於黑、白鹽井置閏鹽縣，又於此置栢興府，隸羅羅斯宣慰司。國初改栢興千户所，旋改今衛。又於二井置鹽課司，司在治東。

華陽國志：定筰有鹽池，積薪，以齊水灌而後焚之，成鹽。漢末，夷皆錮之。張嶷爲太守，往争，夷帥岑槃木明不肯服。嶷擒撻殺之，後賞賜餘類皆安，官迄有之。寰宇記云，定筰民取井水，先積薪，以火燒過，以水澆灰，即成黑鹽，煉之。縣又有鐵石山，山有砮石，火燒之成鐵，爲劍戟，極剛利，此在衛西北七十里矣。

志云，衛南十里栢林山，山多松栢，其緑參天，栢興府之名取此。西三十里有斛㪷和山，産金爲利，竇揭勒蠻所居。隋唐之世，於此置金州焉。

土夷考云，鹽井之沙坪驛在瀘河西，去建昌僅四十里。又十五里爲紙房堡，十里爲瀘州堡，元瀘州治所也。河東之高山堡，路通馬者、馬羅諸夷。去高山二十里爲沙坪堡，通麻科、七村、牙磺諸夷。又十里爲德力堡，通禄馬、禄曹諸夷。又十里爲河口驛，即打冲河也。去驛三里，河東爲中前所，河西爲中左所。

上南志曰，衛東北百八十里打冲河索橋，兩山壁立，水勢汹湧，狼牙相拒，舟楫不通。橋兩崖用大石堆砌，樹洞門二座，每洞樹將軍柱一百八根，洞門外立井口大柱四根，上穿篾纜十八條，繫於將軍柱上，纜上鋪板三十六，逗兩旁，用小纜掛繫如槽，横四十二丈，邊陲之天險也。莊安世渡瀘初略曰：鹽井城池頹壞已久，軍民逃散，日甚一日。今高山、箐口之墟，人跡跫然，衙驛倉庫，鞠爲荒草。推原其故，蓋由索橋之險難通，糧運不及，是以皆轉徙而之河西矣。迄今聚爲室家，享成世業，計屯田千二百一十八分有奇，而附城之屯，所出不過荳麥而已。瀘州一帶，駝運入鹽井，必經索橋，約路二百八十餘里。又夷人阿遮與切兒卜搆禍以來，仇殺無虚日，不爲淵毆魚耶？

土夷考云，去打冲河二十里爲梅子堡，通禄馬、禄曹諸寨。又十里爲禄馬堡，十里爲紹興堡。又五里爲平川驛，五里爲杭州堡。又十里爲雙橋堡，十里爲土功堡。又十里爲馬蝗堡，十里爲新添堡。又十里爲鴛鴦堡，十里爲涼山堡。又十里爲高山堡，十里爲箐口堡。又十里則衛治也，内有鹽井驛。自衛至雲南永寧府界七百八十里，麗江府界五百里。

馬剌長官司在衛南三百里，元之落蘭部也，其村落多白夷居之。鹽井志云，白夷之近漢者能知天變，遇日月食，少長男女争擊箕杵盆勺成聲，仰天拜慰。婚姻潑水爲媒證。産子三日，則浴之河。死用塊葬，名罷休。老人、婦人穿無摺桶裙，謂脂粉爲解老。又能種綿養蠶，以織染爲五色絲絨，提機作花，每段寬尺餘，長二丈一尺，粗者爲錦，細者爲絣。

土夷考曰，馬剌又名瓦剌，土官姓阿氏。國初歸附，授職世官，舊部落仍俾統管，賦本衛秋糧百二十石。其地接壤雲南北勝州，稱寬饒庶富，人亦優馴。

打冲河守禦千户所，國初立中左一所，今分爲五，在衛北百六十里。唐爲沙野城，今沙平遞運所，其舊址也。元爲建昌府瀘州之地。

左所土千户姓剌。洪武二十五年，征月魯帖木兒、賈哈剌，土人剌他効順來歸，其子剌馬非復貢馬赴京，授本所副千户。永樂十一年，陞正，以别於四所。地與麗江、永寧二府爲鄰，麗江上官木氏每來侵之，土地夷民失其半。右所土千户〔一〇〕，姓八，先年與各所同進馬，後議留馬協濟驛遞，免貢。中所土千户姓剌。前所土千户姓阿。後所土千户姓卜。已上五所，俱土著人，以國初歸附，授官貢馬，事例皆同。但與麗江接壤，爲所蠶食，不克自振，惟日事强免害而已。

趙嶲衛 邛都長官司附

志云，漢邛都及闌二縣地也。邛都，即當衛治；闌縣，即邛部長官治。在建昌北二百八十里，石城週二百九十丈，不及四里。治北半舍外有舊城，寰宇記所謂奴諾城，諸葛武侯征蠻所築憩軍之所，以奴諾川爲名矣。

其界東至馬湖沐川司，南至寧番小相公嶺，西至喇八關外，北至大渡河南岸。高山峻嶺，居十之九，地土瘠薄，不產五穀，惟畜養牛馬射獵，以供饔飱。唐書云，邛部於諸蠻中最驕悍狡譎，招集番漢亡命，侵擾他種，閉其道以專利，曰大雲南蠻，曰小雲南蠻。續博物志云：蜀蠻邛部川都王蒙備死，氣未絶，其妻子以錦數匹相續，繫死者，曳之於地，置十數里外高山上，令氣絶。乃復以錦被裹而埋之，會其族哭焉，名作鬼親守。近州蠻人説其事。

後漢書西南夷傳：自滇以北君長十數，邛都最大，武帝初置邛都縣，無幾而地陷爲汙澤，因名爲卭池，南人以爲卭河。註云：卭池在越巂縣東南。寰宇記云，隋開皇六年，置越巂縣於此，屬西寧州，後改屬巂州。

李膺益州記云：卭都縣下有一老姥，家貧孤獨，每食，輒有戴角小蛇在牀間，姥憐而飴之，後稍長至丈餘。今有駿馬，爲蛇吸殺，因責姥出蛇，姥云在牀下，令即掘地，深無所見，益遷怒，殺姥。蛇乃感人以靈，言令何殺我母，當爲報讐。此後每夜輒聞雷風，四十許日，百姓相見，感驚語：「汝頭那忽戴魚？」是夜，方四十里與城一時俱陷爲湖，土人謂之爲陷河。惟姥宅無恙，迄今猶存。漁人採捕，必依止宿。每有風浪，輒居宅側，恬静無佗。風静水清，猶見城郭，樓櫓宛然。按國朝嘉靖十五年二月二十八日丑時，建昌、寧番二衛，地震，如雷吼者數陣，司及二衛公署、内外民居、城垣一時皆塌，壓死都指揮一人、指揮二人、千夫長四人、百夫長一人、所鎮撫一人、吏三人、士夫一人、太學生一人、土官土婦各一人，軍民夷獠不計。水湧地裂，陷下三四尺，衛城内外，若浮塊而已。震至次日初六猶不休。陷河之説，殆是實然。

衛南有羅羅河，東流與大渡河合。衛北魚洞河源出吐蕃，又流與羅羅河合。按南中八部志：卭都縣東南數里有河，縱廣二百里，深百餘丈，河中魚長一二丈，頭特大，遥視之如戴鐵釜，即魚洞河也。或云即是陷河。

志又云，南十五里金馬山，文昌帝君降生地，有祠焉，即化書所稱誕於越巂之間矣。南四十里小相公嶺，石磴崎嶇，自麓至頂十五里，武侯所開也。志又云，西五十餘里大雪山，四時積雪，與小相公嶺接，夷名阿露山。北三十里石崮洞中，可容十餘人，南、北厓傍有石版，扣之有聲鏗然，謂之瓊鐘。

寰宇記云，邛部縣本漢闌縣，漢書「闌」作「闌」。師古註：音蘭。周武帝天和三年，置邛部郡於此。隋開皇三年，罷郡，改爲縣，仍帶邛部鎮。

唐書，至德初，南詔陷嶲州，勿鄧、兩林蠻遂羈屬吐蕃。貞元中，復納欵，以勿鄧鬼主苴嵩兼邛部團練使，封長川郡公。而兩林都大鬼主苴那時遺韋臯書，乞兵攻吐蕃，臯遣將劉朝彩等持兵應之，大破吐蕃於北谷，詔封苴那時爲順政郡王，苴夢衝爲懷化郡王。已而夢衝復附吐蕃，臯召至琵琶川，斬之。至宋開寶初，邛部都鬼王阿伏常遣子入貢。通志云，元初置邛部安撫招討司，已改邛部州。國初，嶺真伯歸附，尚稱招討使，於是以爲邛部軍民州。永樂中，改長官司，使嶺氏世守之，屬越嶲衛。

土夷考云，萬曆初年，土官嶺栢死，孽子應昇負印去，栢庶沙氏爭之不得，逆酋阿堆等擁沙氏，焚利濟站廬舍，擁兵臨城，總戎劉顯詣彼勘處，沙氏悔禍，殺阿堆等自贖，顯遂以印歸之。後沙氏淫於族人阿祭，負印去。祭死，其子嶺鳳起嗾他番刺殺應昇。當事者因平蠻之師，誘鳳起縶之，收其印而誅行刺者百餘人，印無所歸，緘而置之庫中。所部夷無統，肆行爲盜。乙酉、丙戍閒，黑骨夷阿弓等手刃送哨官於小相公嶺，刳其腸，而普雄酋姑咱等乘勢蜂起，郵傳告絶，遠近震恐。歲丁亥，動大兵，斬馘千數，道路始通。鳳起旋亦病亡，其東近峨眉者數百家，相率歸附，因置平夷、歸化二堡以居焉。詳見峨眉三枝瓜下。他部落乃奉應昇妻李氏爲主，歲時起居不絶，而猓玀、鐵口、普雄三村最桀驁，苟駕馭得宜，亦足藉其死力，以捍野外生蕃也。

土夷考又云，大渡河南岸爲臨河堡，與河北羊肆崖、漢水口相對。堡之上，通大、小冲山及海腦壩。僰夷村，舊僰人聚落也。九種志云，僰人重儒敬佛，居傍城郭，與漢人無異。相見之禮，惟長跪不拜，亦有讀書入學者。臨河堡之下，通鬼皮羅、黑麻溪、片馬廠諸夷，山徑峻絶，通望山在其處。寰宇記：黎州通望軍，在大渡河南三十里。唐至德元年，在通望山下，山自河南與朝陽泉山相連，入嶲州界。過臨河十里爲鎮蠻堡，又名大樹堡，在兩山峽口，北臨大渡河，與河北羊腦山相望，爲大、小冲番往來之所。五里爲火燒營，五里爲李子坪，七里至曬經關。志云：關在越嶲衛東三百里高嶺山。關傍廣石，即三藏法師曬經處，未詳。又十里至白馬堡，爲猓玀、鐵口諸番市易處。十里至河南驛，八里至八里堡，路通草八、柏橋、普馬等寨。又十里，即平夷堡也，在高山峽内，路通筭坑、紅水、黑麻等寨。十二里至古隘堡，路通那歷、洗馬姑，乃易集、户水、八拍等寨，其南隘廣不盈丈，兩岸壁立千仞，峽内水淙淙奔流，即韋臯所置清溪關也，詳見黎州，唐琉璃、仗義二城，俱在其處。二十里至平壩堡，輶軒於此設食焉。有古隘口，路通泥水、二十户等寨，與㸌歹諸夷相鄰。又十里至鎮遠堡，東連㸌歹、椒園、燕於窩諸夷，西通洗馬姑、赤利、草必落等寨。又十里爲鎮夷堡，在高山稍平坦處。又十五里，即鎮西千户所。

鎮西所，寧越守備駐此城。城負高阜，南臨深坎，西通竹麻哨、阿迷羅等寨，東通㸌歹、瓜羅、米頗柯、羅回諸夷，屹然一要害。去所五里爲海棠關。又十里爲鎮西驛。又十五里爲清水堡，東通戴羅、白石、乾溝，西抵竹麻、洗馬姑等番，有兵戍之。又二十里爲蓀葉堡，在峽内平地，亦於此飭厨傳焉。又十五里爲梅子堡，路通蠟梅、得那補、蝦蟆窩等夷，焚劫無虚日。二十里爲利濟驛。十五里爲青岡關，關北通猝兒姑、青岡，南通廣洪、魚洞諸寨，越巂之門户也。魚洞者，水入魚洞河矣。又十五里通濟堡，在巂水西岸。十里爲越巂衛，衛在巂水西廣平之地，群山環遶，西通羊圈、托烏、雪山，東通普雄、大小赤口、馬湖諸夷。邛部長官司舊設治東，屬其提調。去衛十五里，有龍泉山。寰宇記云，要衝城下有龍泉水，出龍泉山也，下爲龍泉驛。又十五里爲炒米關，在高山峽内，關即韋皋所築要衝城矣。有鎮雄堡者，去道五里而近，路通普雄兩河口等處。十里爲通相堡，一名小哨。十五里爲長老坪，在小相嶺之北，西通羊圈、托烏，東通普雄、黑骨頭諸夷。又十里爲相嶺關，關設在小相嶺絶頂。又十里爲靖邊堡，在相嶺南，通寧番衛界三渡水外生番，東通桐槽、那噴、沈喳等夷。過此有新添、九盤、白石、登相四堡，共四十五里，以備行者。又十里爲雙橋堡。十里爲猓玀關，舊爲玀猓窟穴也。九種志云，玀猓人性最惡，刻木爲信，男子摘鬚，腰繫皮繩，名鏾飽索，以帕裹頭，夜不解刀。居山頂，以板蓋屋，刀耕火種，性喜獵。凡有事，以艾炙羊膀骨占吉凶，出入必以凶器。男女紐髮盤頭上下，身衣土綉花長衣，赤脚無履，外披細褶氊衫爲上蓋。饑食蕎麥餅。婚姻以牛羊馬禮，酒席鋪松毛於地，盤脚坐松上，男女分席。殺牛羊，剥皮猪，用火燒半，割碎和蒜菜，謂之喫牲。飲泡咂酒，木碗木杓，即其器皿，食肉以竹簽爲筯。喪禮，男女俱無棺槨，富家以綿段纏之，故謂之猓郡，又謂之羅羅也。過關五里爲灣村，又八里爲巡哨堡，地稍寬平。又十里，則寧番衛之冕山關矣。

寧番衛

元時於邛都之野立府，名曰蘇州，借蘇示之義以名之也。國初土官怕兀它從月魯帖木兒爲亂，於是廢爲衛，降官爲指揮。環而居者皆西番種，故曰寧番。城週凡二千丈，在建昌北百九十里。東連越巂界，北至西天烏思藏，西鄰三渡、月落口，編户僅四里，有冕山、鎮西、禮州等四千户所相鈐束焉。渡瀘初略曰：舊額寧番一衛爲屯者凡九十有二，今無一人存矣。行數十里，鷄犬無聲，人煙絶跡，間有一二存者，亦刀鋸之孑遺耳，結草爲衣，毑羸一骨，此其狀何可令人見者！上南志曰，衛南五里曰南山，山勢屹然子午針也，産白銅。華陽國志，邛都南山出銅。即此。志又曰，衛南三十里西山下礨石，長七尺，闊三尺八寸，厚三尺，擊之聲如雲板。志又云，東百二十里有温泉，四時皆煖，可以療疾。華陽國志，邛都縣有温泉穴，下流可治疾病。餘多惡水，水神護之，不可污穢及沈亂髮，照面則使人被惡疾。水經註云，昔李驤敗李流於温水是也。

土夷考云，寧番蠻凶獷强悍，刀耕火種，遷徙無常，不以積藏爲事。上南志云，西番人身長大勇猛，占住山頭，性甚惡。男子髮結成條，面多垢積，身帶凶器，叛惡不常。婦女髮亦結編，懸帶珊瑚翠石爲飾，身着短衣，蓋以羊皮。食以青稞，磨麵作餅，酥油煎茶爲飯。風俗，女在父家爲非無禁，嫁後有犯，夫永逐之，所生男女亦棄去。酒席洵咂酒，殺牛羊肉食之。病不服藥，請番僧誦經，殺牛祈禳。及死，將生前所偏氊喜鵲窠帽弓刀裝斂，盛以木桶，於山嶺蓋一小房，停放封閉，永不復觀。

土夷考曰，夷之錯居衛東南、東北者頗馴擾，惟西去月落、三渡水、妙竹等一十九寨，恃其險阻，常引水外生番，不時入寇。自萬曆丁亥建立定番堡，募兵戍之，稍斂跡不敢出没。九盤、白石、瀘沽峽、老君關等舊稱險絶，一夫荷鍤，千騎辟易。其間銅槽、鐵廠諸夷尤肆其蜂蠆，行者股栗焉。

冕山橋設千户所一。冕山者，山形如冕，方山也，在所西三里。所去衛又百里，元蘇州地，我朝正統七年置以屬寧番者。

土夷考云，冕山橋去冕山關五里，在孫水之滸，橋因漢址而冠以今名焉。按史記，司馬相如定西南夷，橋孫水。顔師古曰：於孫水上作橋也。孫水源出於臺登，俗謂之長河。志云，衛治東有長河，南流會瀘水，過建昌衛，而入金沙江。即孫水也。冕山關堡與建昌犬牙相錯，建昌之瀘沽驛去冕山所六里，與桐槽站同處，驛屬建昌，而供張騎乘，則寧番土官職也。去桐槽八里爲太平關，關在孫水上，有渡，軍守之。十里爲鹽井哨，路通東山鐵廠，軍民雜聚冶鑄之所。又去建昌之瀘沽關，即瀘沽峽，兩山壁立，峽深百餘丈，闊不盈尋，孫水流其中，淙淙有聲，人行東山嶺上，俯視魂摇。南北長五里，中有觀音巖、老君關，棧道危峻，設瀘沽巡檢司於瀘河東。去巡司五里爲鎮夷堡。過此歷五十里，爲平蠻、松林、深溝、龍溪、平哨之名。又十里，則建昌衛之禮州城矣。城在瀘河東，自禮州行四十里，歷安寧、北哨、青山、理經四堡。又十里至建昌衛，衛在山麓，瀘川驛在城西，磘山堡在城南十里瀘水之上，禄馬驛在瀘水北，去建昌城兩舍。自禄馬南行，歷巴西、鹿角、凹腦、者者、黄泥、什結諸鋪，至阿用驛，凡一百二十里。自阿用至白水站八十里，中隔半站營、金川堡焉。自白水三十里至可郎鋪，係威龍州地，夷猓出没之鄉。又二十里爲公母石。志云：兩石相隨，人或分之，明日復合，土人呼爲公母石，猶言翁姥也。又五里爲甸沙關，建、會二衛分界處，北界威龍司，南近迷易所，東連普雄、法果等夷。又二十里爲麽些塘，舊麽些夷之壘也。上南志云，麽些人身長色黑，男子髮扭成索，白手巾纏頭，身着短衣，足穿皮鞋，身垢不洗，常帶凶器，内着黑大偏氈，外披衣甲，畜犏牛山羊，以艾炙羊骨占。婦女紐髮細編，短衣赤脚，内披短氈。尚以羊皮、青稞、蕎麵、乳餅、酥油、煎茶充饑，病不服藥，殺猪羊祭鬼求安。

婚姻亦以牛羊爲禮。喪葬不用棺槨，將猪取去腸肚帶毛，用物壓匾，名曰猪膁，用綾段布匹裹屍，同用柴燒化，取頂骨，並手足四肢，掛懸崖絶頂上。後三年，殺馬，延番僧作佛事，盡將骨棄去。

志云，冷水溝、夷門、木朮界在甸沙、麽歩之中，時爲道路梗。又十里爲巴松驛。又二十里爲分水嶺，二十里爲火燒舖。又十里爲虎頭關，十里爲虎頭舖，俱威龍夷之區。又十里爲周官嘴，十里爲大龍驛。又五里爲寒婆營，寒婆營乃接鎮西所矣。此二十餘里，有路通麻龍、仲村、捲卜、法果等夷，不時爲患。

萬曆壬子歲，建南告急，正值開科，當事者策諸生，而予代爲之答曰：夫建南者，非漢所稱西南夷，而唐所稱六詔之屬者哉。至我明來，部落散處，君長不齊，約其九種，可得而言曰：一、僰人，二、猓玀，三、白夷，四、西番，五、麽些，六、猓玀，七、韃靼，八、回子，九、漁人，是也。而猓玀最猙獰，邇時習爲邊患矣。執事以戰守剿撫機宜下問，欲得一當而計安萬全，甚盛心也。某不敢以臆對，語云：「前事之不忘，後事之師也。」請遡其開閉之因，叛服之狀，而後計有以處之者乎。粤自洪荒入秦，西南夷未嘗與中國通也。通西南夷，由漢武帝始。武帝之遣唐蒙也，從笮關入，見夜郎侯，諭以威德，約爲置吏，其意在渡牂柯江，出奇以制東越耳。治道無成，蜀巴震驚，乃用司馬相如諭告之非上意。是時邛、笮君長問南夷得賞賜多，欲請吏。上問相如，相如曰：「邛、筰、冉、駹，近蜀易通，置爲郡縣，愈於南夷。」於是以邛都爲越巂郡，筰都爲沈黎郡而除邊益斥矣。此開之之始也。蜀漢建興之歲，昭烈崩隕，益州郡耆帥雍闓等縛太守張裔與吴，遣孟獲誘扇諸夷，越巂夷王高定等皆叛應闓。諸葛武侯以新遭大喪，撫而不討，務農積穀，閉關息民，民安食足而後用之。及將南征，參軍馬謖曰：「南中險遠，不服久矣。雖今日破之，明日復反。今公方傾國北伐以事强賊，彼窺吾勢内虛，而叛亦速。若殄盡遺類以除後患，恐非仁者之情，且又不可倉卒也。夫用兵之道，攻心爲上，攻城爲下。心戰爲上，兵戰爲下。願公服其心而已。」武侯卒用其策，生擒孟獲，使觀營陣之間，獲曰：「向者不知虛實，故敗。今衹如此，即易勝耳。」乃七縱七擒之，獲始拜曰：「公，天威也，南人不復反矣。」侯即其渠率而用之。或以爲諫，侯曰：「若留外人，則當留兵，兵留則無所食。又夷累有廢殺之罪，自嫌釁重，若留外人，終不能信，皆不易也。今吾欲使不留兵，不糧運，而綱紀粗定，夷漢粗安故耳。」於是悉收其豪傑、孟獲等爲官屬，出其金銀、丹漆、耕牛、戰馬，以給軍國之用，終侯之世，夷不復反。此撫而剿，剿而撫之之術也。唐開元之歲，南詔强大，五詔微弱，乃賂王昱，求合六詔爲一，朝廷許之。於是以兵威脅郡蠻，連擊破吐蕃，横行邊郡，而鮮于仲通有西瀰河之敗，李宓有太和城之敗，至全軍皆没，令彼築京觀焉。而陷越巂，據清溪關，駸駸及瀘水矣。韋皐乃屯重兵於巂州，扼西瀘路。是時南詔異牟尋欲誘之先攻東蠻，皐不可，曰：「巂州賓往來道，扞蔽數州，虜百計窺，故嚴兵以守之。彼東蠻者，敢懷貳乎？」大曆之歲，吐蕃、南詔合入寇，悉衆二十萬，三道而趨，曰：「吾欲取蜀以爲東府。」乃遣神策將李晟發邠、隴、范陽兵，亦以三道而環救之。晟追擊，大破之於大渡河外。吐蕃、南詔士卒饑寒，殞於崖谷，死者不勝計。吐蕃悔怒，殺誘導使之人，而南詔始請内附矣。臯奏宜招納之，以離吐蕃之黨。復與異牟尋約，築大城於境上，置戍相保，永同一家。出朝廷所賜器物、笛工、歌女，命之曰：「當子子孫孫盡忠於唐。」此守而戰，戰而復守之之策也。宋太祖平蜀之後，取地圖觀之，乃以玉斧畫大渡河曰：「與夷爲界，凡我疆吏，固守封圻而已。」此閉之之始也。元以蒙古爲驅除難，建昌、會同置府，邛部、栢興置州，若内地然。至我太祖，混一宇内，神武不殺，其大無外，普氏倡之，次争歸順，乃兼設夷漢之官，並用文武之道，爲衛所者九，爲學校者三，爲長官司者四五，而關堡驛遞，蓋不啻棋布而星列矣。此復開之之由也。説者曰，漢武帝窮邊極遠，逞一時之侈心，而基後世無窮之禍患，爲計失矣。然風氣欲開，則有以使之不得不開者，固非其計失也。又曰，宋太祖重内輕外，不欲以無益之地而損百姓有限之財力，爲計得矣。然風氣閉，則有以使之不得不閉者，亦非其計得也。説者曰，今之世，患無武侯耳。使有侯者出，七縱七擒，天威所懾，北面稽首，終身不敢貳。然未及十年，而夷帥劉冑叛矣。至於延熙，則太守張嶷始復平定越巂郡矣。安見其兢兢於侯之盟誓約束也？又曰，今之世，患無韋臯、李晟耳，使有韋、李者出，提兵轉戰數千里，斬首數萬，馘斷吐蕃之臂，而臣服南詔，如指掌然。然未及數年，益州、永昌、蜀郡諸夷皆應越嶲叛矣。太和、咸通之歲，則南詔且再入成都矣。又安見其惴惴於昔之救死扶傷也？大抵犬羊之性，嗜殺而少仁，好譎而無信，以戰爭爲日用，以掠劫爲耕作。其始而請置吏也，貪賂耳；其有時而乍降服也，畏威耳。是故或窺中國之虚焉而叛，或恃部落之强焉而叛，或拊之因循也而叛，或責之嚴急也而叛，或被人誘使之而叛，或自己讐殺而叛，或見可欲也而叛，或修復舊怨而叛，曷嘗有數十年耕鑿山谷間，嬉嬉以遊，與邊陲共保安静而無事哉？我明開國，不煩一鏃之矢、一介之使與夫錙銖尺寸之金帛，而望風輸誠，請爲臣妾，得報可，而拜一官爵，携印綬以誇示於族類，保守其封疆，以比諸漢宋之爲開而黷武，閉而損威，或致勞民傷財之怨，與夫失地退守之辱者，其得其失爲何如也？國初至今，二百五十年所矣，在寧番，有土酋帕兀他從月魯帖木兒之亂，而總兵徐凱定之；在越嶲，有土官嶺鳳起及黑骨夷阿弓凹乞之亂，而總兵劉顯定之。所聞大征，不過此兩者。其他畫地而守，聚族而居，納租稅，飭郵傳，未嘗輒敢尤而效之。夫以將，不必忠武、南康、神策也；以戰，不必七縱七擒殺獲數萬人之衆也。而安堵之日多，蠢動之日少，以比諸唐蜀之今日服之，明日復反，長史遭執縛之慘，内地受剥膚之虞者，其久其暫又爲何如也？獨此數年間，漸不馴於漢法，而勾引乎生蕃，或跳梁於冕山所，或嘯聚乎鄧家灣，或利濟站之圍而解散復合，或梅子堡之役而殺戮相當。近者南關之烽火且逼近於大將軍，鎮西之梗塞且垂涎乎大渡河，亦可謂猖獗之甚，滋蔓而難圖者矣。以故羽書之告急無虚日，孤軍之待援如湯火，而煩下執事者憂也。生請先言時勢之難易、今昔之不同也，而後及於剿撫戰守之機宜，可乎？何謂難？夫蜀以國事付諸葛，出將入相，惟其任之，調兵調食，如出一手。又且積蓄數年，民豐用足，而後及於師旅。今不能也，既當倉卒之時，又多掣肘之患矣。武侯征而服之，用其豪帥，出其軍資，不留兵，不糧運，但使夷漢粗安，專心北伐，未嘗再一渡瀘。今亦不能也，軍民與之錯處，行旅出於其途矣。何謂易？在唐之時，六詔合而爲一，南詔人與吐蕃合而爲一，動輒數十萬衆，勢若常山之蛇，彼聲東以擊西，我救此則失彼。而今無是也。南詔隸於滇中，吐蕃隔乎松、茂，若風馬牛之不相及矣。李晟之捷，特將邠、隴、范陽兵五千，直自邛崍關追擊之於大渡河。韋臯之捷，先斷吐蕃爲二，且借資於異牟尋之兵五千。而今無是也，如雲之士卒在前，天險之瀘河在後，我操必勝之勢矣。是故蜀漢之所易者，而我之所難也；李唐之所難者，而我之所易也。其時勢之不同如此。以今日論之，非戰不能解圍矣，非剿不能以讋服矣；以他日論之，非撫不足爲結局矣，非守不足爲長策矣。然剿之與撫，可互用也，貴因乎時；戰之與守，必兼資也，貴乘乎勢。此固智者能言之耳。而剿之首務在動兵，曰鵰剿，曰大征，多寡則相懸矣。其寔有可以相通者，何則？漢河平之歲，西南夷嘗相攻矣，遣太中大夫張匡持節往解之，不從命，乃刻木像漢使，立道旁射之。杜欽説大將軍王鳳曰，蠻夷輕易漢使，不憚國威，恐議者巽耎，復守和解，則彼得收獵其衆，狂犯守尉，遠藏濕暑毒草之地，雖有孫吴、賁育，若入水火，往必焦没，智勇無所施。宜陰勑旁郡守尉練士馬，大司農預召穀積要害處，選任職太守往，以秋涼時入，誅其王侯尤不軌者，而後可定。諸葛武侯之南征也，别遣馬忠伐牂柯，李恢向南中，而後渡瀘，生擒孟獲，是當其時，雖無大征鵰剿之説，然必練士馬，積糧穀，相時而入，分道而進，其功乃可成也。蓋非大征，則兵食不能厚；非鵰剿，則智勇無所施。愚所謂可相通而用者也。而戰之先資在饋餉，曰主餉，曰客餉，彼此易推諉矣。其寔爲闕一不可者，何則？蜀建興之歲，都督張翼用法嚴，激夷帥叛。丞相亮以參軍馬忠代翼，令還其人，檄召謂翼，宜速即罪。翼曰：「吾臨戰場，代人未至，當運糧積穀，爲滅賊之資，豈可以黜退之故，而廢公家之務乎？」於是統懾不懈，代到乃發。忠因其資破賊。唐之舊制，歲杪運内粟以贍嶲州，起嘉眉，道陽山江而達渡，乃分餉諸戍，常以盛夏之地苦瘴毒，輦夫多死。後改命轉卭、雅粟，以十月爲漕始，先夏而至，以佐陽山之運，不涉炎月，遠民乃安。是當其時，雖無主餉、客餉之説，然必自實於内，接濟乎外，有灌輸之功，而無偏倚之患，其戍始可飽也。蓋非主餉，則恐道絶；非客餉，則恐中枯。愚所謂寔闕一不可者也。撫之之説，益州刺史張喬常用之矣。越嶲夷封離反，殺長吏，焚掠百姓，骸骨委積，千里無人。喬遣從事楊竦與戰，斬首三萬餘級，獲生口千五百人，資財四千餘萬，悉以賞將士。封離等惶怖詣竦乞降，竦厚加慰納。其餘三十六種皆來降附，竦因奏長史姦猾侵犯變夷者九十人，皆減死。由此觀之，非誅渠帥之黠惡者與吏士之貪殘者，不能聽吾撫也。守之之道，西川節度使李德裕嘗用之矣。朝廷命德裕修清溪關，以斷南詔入寇之路，德裕曰：「通蠻細路至多，不可塞，惟重兵鎮守，可保無虞，但黎、雅以來得萬人，精加訓練，則蠻不敢動矣。」乃請甲人於安定，弓人河中，弩人浙西，器械犀利。又率户二百取一人習戰，緩則急農，則戰，謂之雄邊子弟，以制大渡河、清溪關之阻。且謂傍人建言者，蓋由禍不在身，望人責一狀，留入堂案，他日敗事，不可令臣獨當國憲。朝廷皆從其請。德裕乃練士卒，葺堡障，積糧儲以備邊，蜀人粗安。其後李師望請移理邛州，於是聲勢不相及，南詔復騷動，遂入成都。由此觀之，非臨河之區爲屯田之計，不能壯吾守也。或曰：若子之説，則師之不可已矣。然兵非難而餉爲難，目前之餉固難，久後之餉尤難，若必增兵以守之，則不幾歲歲而增餉乎？曰：建南前者無兵也，尺籍之士，以五萬計，不爲不多矣。一士一田，無待取給於外矣。今所存者，不能十分之一，士豈盡失伍乎？田豈盡抛荒乎？無乃强半實債帥之腹，而入豪强之手乎？亦無乃所以資寇兵而齎盜糧乎？則簡稽而重訓練之，胡可已也？增募之兵以四千計，亦不爲少矣，游擊材官，各以若干隸之矣。今用命者不能十分之一，豈衆寡不敵乎？豈前後牽掣乎？無乃貪餌而動失虎豹在山之勢乎？亦無乃望風而遁，乏鷙鳥必擊之威乎？是責成而嚴賞罰之，胡可已也？此在大渡河以南者言也。河北富林至於黎州，非所稱笮關、沉黎之地乎？漢置兩部都尉，一治旄牛，主外羌；一治青衣，主漢民。唐李贊皇實屯萬人於雅、黎，蓋重之矣。今僅僅一游戎，提兵不滿五百，且控制天全六番地，於河以外不暇指顧，無乃太疏乎？蓋欲援建昌，先問越嶲；欲援越嶲，先問黎州。此必然之勢也。文武將吏，如閫司之僉書，威、茂之驗糧官，皆高坐無事，若加以職銜，常駐此地，練兵理餉，造舟治具，與雅、黎分兩翼，與越嶲相表裏，有急赴援，聲息易通，一二日間羽檄竟達成都矣。且二十年前，全蜀無民兵也，大征之後，各以其州縣之繁簡，爲召募之相稱，歲約靡餉十數萬矣。播之役，割而代彼戍者蓋三分之一。今播享太平十餘年，可分其半於黎，成都之免戍西邊者，移其戍於黎，合之可得客兵三千矣，而黎、雅之地亦自有軍也。自有屯也，恐名存而寔亡者，亦不下於建南。所以簡稽而訓練之，責成而賞罰之者，亦當以建南爲例，可得主兵數千矣。又合而計之，則贊皇之萬人，其庶幾乎。雖然，此善後之慮，而永遠之圖也。若夫目前將士，已渡瀘矣，衝鋒陷敵之功，非有投石超距之勇者不能；搗巢入穴之險，非其游兵間道之奇者不能。總之與其以少而嘗敵也，不如厚集於河南、北之間；與其驅市人而用之也，不如預講乎坐作進退之法。若夫見可而進，相機而動，雖呼吸不能喻其神，煙雲不能喻其變矣，豈搦三寸管作紙上陳言所能逆料哉！

黎州　雅州　峨眉縣　天全

黎州

水經注曰：江水自筰道與濛溪分，至蜀都臨邛縣，與布僕水合，布僕自徼外成都西沈黎郡來。按沈黎，即筰道。寰宇記云，夷人於大水之上，置藤爲橋，謂之筰也。蜀記：周赧王三十年，誅蜀侯綰，置守。蜀守張若因取筰及其江南地。史記：筰都，古西南夷，自越巂以東北，君長以十數，筰都最大。秦時嘗爲郡縣，至漢興而罷。自唐蒙使略通夜郎，而邛筰之君請爲内臣。及漢誅且蘭、邛君，並殺筰侯，乃置筰都縣。註漢書曰，旄牛縣歲貢旄牛尾，以爲節旄也。元鼎六年，以爲沈黎郡。至天漢四年，並蜀爲兩部，置兩都尉：一居旄牛，主徼外夷；一居青衣，主漢人。後漢永平中，益州刺史梁國朱輔慷慨有大略，宣示漢德，威懷遠夷。自汶山以西，前代正朔所不加，白狼、槃木、唐叢等百餘國，户百三十餘萬，口六百萬以上，舉種奉貢稱巨僕。輔上疏曰：臣聞詩云：「彼徂者岐，有夷之行。」傳曰：「岐道雖僻，而人不遠，詩人誦詠以爲符驗。」今白狼王、唐叢等慕化歸義，作詩三章，路經邛來大山零高坂，峭危峻險，百倍岐道，繦負老幼，若歸慈母。遠夷之語，辭意難正。草木異種，鳥獸殊類。有犍爲郡掾田恭與之習狎，頗曉其言，輒令訊其風俗，譯其辭語。今遣從事史李陵與恭護送詣闕，並上其樂詩。昔在聖帝，舞四夷之樂，今之所上，庶備其一。帝嘉之，事下史官，録其歌焉。遠夷樂德歌詩曰：「大漢是治，與天合意。吏譯平端，不從我來。聞風向化，所見奇異。多賜繒布，甘美酒食。昌樂肉飛，屈申悉備。蠻夷貧薄，無所報嗣。願主長壽，子孫昌熾。」遠夷慕德歌詩曰：「蠻夷所處，日入之部。慕義向化，歸日出主。聖德深恩，與人富厚。冬無霜雪，夏多和雨。寒温時適，部人多有。涉危歷險，不遠萬里。去俗歸德，心歸慈母。」遠夷懷德歌曰：「荒服之外，土地墝埆。食肉衣皮，不見鹽穀。吏譯傳風，大漢安樂。攜負歸仁，觸冒險陝。高山岐峻，緣崖磻石。木薄發家，百宿到洛。父子同賜，懷抱匹帛。傳告種人，長願臣僕。」肅宗初，輔坐事免。是時郡尉府舍皆有雕飾，畫山神海靈、奇禽異獸以眩燿之，夷人益畏憚焉。和帝永元十二年，旄牛徼外白狼、樓薄蠻夷王唐繒等，遂率種人十七萬口歸義内屬，詔賜金印紫綬、小豪錢帛各有差。安帝永初元年，蜀郡三襄種夷與徼外汗衍種並兵三千餘人反叛，攻蠶陵城，殺長吏。二年，青衣道夷邑長令田與徼外三種夷三十一萬口，賫黄金旄牛毦，舉土内屬，安帝增令田爵號爲奉通邑君。延光二年春，旄牛夷叛，攻零關，殺長吏，益州刺史張喬與西部都尉擊破之，於是分置蜀郡屬國都尉，領四縣，如太守。桓帝永壽二年，蜀郡夷叛，殺略吏民。延熹二年，蜀郡三襄夷寇蠶陵，殺長吏。四年，犍爲屬國夷寇郡界，益州刺史山昱擊破之，斬首千四百級，餘皆解散。靈帝時，以蜀郡屬國爲漢嘉郡〔一一〕。

十六國春秋曰，李雄有蜀，置沉黎、漢源二郡。周地圖記：天和初，破羌夷，得此土，因立黎州及沉黎縣矣。寰宇記云，隋開皇改黎州爲登州。煬帝初，廢州，併其地入臨邛郡。唐置南登州。大足元年，割漢源、飛越二縣及巂州之陽山縣，置黎州。神龍三年，廢。開元三年，又置。天寶元年，改爲洪源郡。乾元元年，復爲黎州，領羈縻五十五州。僖宗又置永平軍。宋復爲黎州，繼陞平陽軍節度，領漢源、通望二縣，治在漢源。通志云，元屬吐蕃等處宣慰司。國初洪武八年，省漢源縣，改爲黎州長官司。十一年，陞安撫司，並置大渡河守禦千户所，隸四川都司，屬上川南道。

元和志曰，黎州之地，闕沫若而徼牂柯，處越巂邛蜀之中。樊柔直侯寶堂記云，全蜀五十餘州，沉黎爲襟喉地，以南鄰六詔，而西接吐蕃也。

後漢書，筰都夷，其人披髮左衽，言語多好譬類，居處略與汶山夷同，土出長年神藥，仙人山圖所居也。蜀郡記曰，諸山夷獠子娠七月生，生時必臨水，兒出，便投水中，浮則取養，沉則棄之。按沉黎之名，或取此，而樂子正以爲黑水所經矣。宋史：黎州諸俗尚鬼，以主祭者爲鬼主，其酋長號曰都鬼王。

宋郡守余授朱纓堂記，蠻商越駔，氊裘椎髻，交錯於闤闠中。寰宇記：番部蠻夷混雜之地，元無市肆，每漢人與蕃人博易，不使見錢，漢用綢絹茶布，蕃部用紅椒鹽馬之類。

志云，國初安撫副使馬芍德築沉黎城，今司治也。沉黎驛在其北二里，而漢、唐、宋之黎州，則理在漢源縣，今廢爲鎮，去司南二十五里。

寰宇記云，漢源縣，漢沉黎縣地，宋立郡於此。隋仁壽四年，置縣，以大川之源爲名。長安四年，巡察使殷祚奏置黎州，後刺史宋乾微奏廢入雅州。開元三年，又置黎州，以縣來屬。按此即舊黎州也。

方輿勝覽云，黎城中有漢越嶲太守任貴、蜀漢姜維、趙雲、馬忠諸祠，又有玉淵書院，宋開禧初，知縣薛紱建。志云，廢漢源縣東有唐三王墓。唐史，邛黎間有三蠻王，使伺南詔，卒，葬於此。蓋恭化王劉志遼、和義王郝全信、遂寧王楊清遠也。北夢瑣言：邛黎之間有淺蠻焉，世襲王，號曰劉王、楊王、郝王。歲支西川衣賜三千金，俾偵雲南動静，雲南亦資其覘成都盈虚，恒持兩端而求利焉。遇元戎下車〔一二〕，即率界上酋長詣府庭，號曰參。元戎不察，自謂威惠所致。其來參必潛稟於都押衙，以候可否。或元戎慰撫稍至乖方，即教其紛紜。於時帥臣多文儒，不欲生事，都押衙席其利，亦要姑息，故蠻夷得以憑陵無忌。王建始鎮蜀，絶其舊賜，斬都押衙山行章以狥〔一三〕。邛峽之南，不立一堠，不戍一卒，十年不敢犯境。末年大將許存征徼外蠻，爲三王洩漏軍機，於是召而斬之，時號英斷，邊患屹然矣。

輿地紀勝云，黎州初設茶馬、買馬兩務，成都則市於文、黎、珍、敘等州，號川馬。五代王建大閲於星宿山，官馬八千，私馬四千。建起家騎士，有國之後，於文、黎、雅、茂等州市胡馬，十年之間，遠及兹數。按通略，韓億知益州，移永康鬻馬場於黎州境上，以灌、茂地接蕃部，歲來互市，覘我西川，故徙於此。舊載在川南，以今度之，與大渡河相近。但今市馬者由川北之中江縣而轉販入黎、雅，其時勢與事不同如此。

志云，聖鐘山下有古城，昔人於山中聞鐘聲及五色光，掘之而得巨鐘，故曰聖鐘山，城即古黎州城也。又云，古黎州城在大渡河外。按元和志，南唐以來，徙治大渡河内，而水源在城外，韋皋始築今城，東、西、南三面鄰絶澗，惟北面稍平，地多井泉，與諸城鎮戍烽火相通，誠西南之險要矣。

志云，韋皋所築土城，國初安慶侯即故址砌爲石城，今大渡河守禦千户所是也，在司治西北隅。

大渡河源出吐蕃，經黎州城南九十里，東注嘉定，入於江。臨河有大渡巡檢司戍之，隋大渡縣設焉，今廢爲鎮。若唐之大渡縣，則在蘆山縣界。

方輿云，唐時大渡之戍一不守，則黎、雅、邛、嘉、成都皆擾。宋初建隆三年，王全斌平蜀，以圖來上，議者欲因兵威復越巂，藝祖以玉斧畫此河曰：「外此吾不有也。」於是爲黎之極邊。昔時河道平廣，可通漕船，自玉斧畫後，河之中流，忽陷下五六十丈，水至此澎湃如瀑，從空而落，舂撞號怒，波濤洶湧，船筏不通，名爲噎口，殆天設險以陷夷狄也。父老云，舊有寨將欲載杉木板由陽山入嘉定貿易，以數片試之，板至噎口，爲水所舂没，須臾，片片自沫水浮出，蠻人聞之，益不敢窺伺矣。

寰宇記云，大渡河在通望縣南一十五里，自吐蕃界經雅州諸部落，至當州東流入縣界。志云，廢通望縣在司治東南九十里，其北有羅目溪水，入峨眉。有通望山，自大渡河南，與衆山相連，入嶲州。按通望，本漢旄牛縣地，在大渡河北，漢水西，今有古旄牛城在，俗呼爲牛頭城，語訛也。隋大業二年，改爲陽山縣，因縣南朝陽山爲名矣。志又云，大渡鎮西有陽山廢縣，唐初屬登州，後屬黎州也。

十道志云，隋仁壽四年，罷大渡鎮，置登州。大業二年，廢登州，又立陽山鎮。唐武德元年，改置陽山縣，屬登州。貞觀二年，割屬嶲州。開元初，改爲登臺縣。貞元五年十月，劍南節度使韋臯遣將王有道等與東蠻兩林、苴那時、勿鄧、夢衝等帥兵於故嶲州臺登北谷大破吐蕃青海、獵城二節度，殺其大兵馬使乞臧遮遮悉多楊朱，斬首二千餘級，其投崖谷赴水死者不可勝數，生擒籠官四十五人，收獲器械一萬餘事，馬牛羊一萬餘頭匹。遮遮者，吐蕃驍勇者也。或云尚結贊之子，頻爲邊患。自其死也，官軍所攻城栅，無不降下。蕃衆日却，數年間，盡復嶲州之境。貞元十三年五月十七日，吐蕃於劍南山、馬嶺三處開路，分軍下營，僅經一月，進軍逼臺登城。嶲州刺史豐高任率領諸軍將士並東蠻子弟合勢接戰，自朝至午，大破犬戎，生擒大籠官七人，陣上殺獲三百人，餘被刀箭者不可勝紀，收獲馬畜五百餘頭匹，器械二千餘事。太和六年，李德裕復修卭崍關，移嶲州於臺登城，以扞蠻夷。

華陽國志云，臺登縣有孫水，一曰白沙江，入馬湖水。水經註：孫水出臺高縣，即臺登縣也，南流逕邛都縣，又南至會無入若水。

志云，孫水，俗謂之長河，天全長河西，以在孫水之西也。九州要記曰，臺登縣有奴諸川，鸚鵡山、黑水之間，若水出其下，即黃帝子昌意降居處。水經曰，若水出蜀郡旄牛徼外，東南至故關。酈善長注曰，按山海經，南海之内，黑水之間，有樹，名曰若木，有若水出焉。又云，灰野之山有樹焉，青葉赤華，厥名若木，生崑崙山西，附西極也。淮南子曰，若木在建木西，木有十華，其光照下地，故屈原離騷天問曰：「羲和未揚，若華何光」是也。然若水之生非一所，黑水之間，厥木所植，水出其下，故亦受其稱焉。若水沿流，間關蜀土，黃帝長子昌意德劣，不足紹承大位，降居斯水，爲諸侯，娶蜀山氏女，生顓頊於其野，有聖德，二十登帝位，承少皞金官之政，以水德寶歷矣。

水經注又云，大渡水出徼外，至旄牛道，南流入於若水，又逕越嶲大筰縣入繩。山海經曰，巴遂之山，繩水出焉，東南流，分爲二：其一枝東逕柔廣縣，注於江；其一南逕旄牛道，至大筰，與若水合，自下亦通謂之繩水矣。

寰宇記云，廢飛越縣，本沉黎之地，唐儀鳳四年，分漢源於飛越水，置縣，屬雅州。大足元年，屬黎州。按志，飛越山下有唐時三琱城，即三交城也，疑即古飛越縣矣。又云，唐飛越縣在舊縣西北百里飛越山下，其山兩面接羌夷，爲沉黎西境要害之所。

方輿云，漢水發源自飛越嶺。寰宇記云，漢水在漢源縣西百二十里，從和姑鎮山谷中，經飛越縣界，至通望縣，合大渡河，不通舟船。每至春冬，有瘴氣，中人爲瘧疾。志云，漢水，俗呼流沙河，源出越山，流經司南二里，東入於江。

方輿云，廢琉璃城在大渡河南，太和五年，節度使李德裕築，以蠻界琉璃溪爲名也。贊皇又築伏義城，以制大渡清溪之險。按今司南九十里有古清溪關，乃韋臯所鑿，以通好南詔者。自此出邛部，經姚州而入雲南，謂之南路，在唐爲重鎮焉。孫樵書田將軍邊事云：田在賓將軍刺嚴道三年，能條悉南蠻事，爲樵言曰：「巴蜀西通於戎，南逼於蠻，宜其有以制之者。當廣德、建中間，西戎兩飲馬於岷江，其衆如蟻，前鋒魁健，皆擐五屬之申，持倍尋之戟，徐呼按步，且戰且進。蜀兵遇鬪，如植橫堵，羅戈如林，發矢如蝱，皆拆刃吞鏃，不能斃一戎，而況陷其陣乎？然其戎兵踐吾地日深，而疫死者日衆，即自度不能留，亦輒引去，故蜀人爲之語曰：『西戎尚可，南蠻殘我。』自南康公鑿青谿道以和群蠻，俾由蜀而貢，又擇羣蠻子弟聚於錦城，使習書算，業就輒去，復以他繼。如此垂五十年，不絶其來，則其學於蜀者不啻千百，故其國人皆習知巴蜀土風山川要害。文皇帝三年，南蠻果大入成都，門其三門，四日而旋。其所剽掠，自成都以南，越巂以北，八百里之間，民畜爲空。加以敗卒貧民，持兵群聚，因緣劫殺，官不能禁。由是西蜀十六州，至今爲病。自是以來，群蠻常有屠蜀之心。居則息畜聚粟，動則練兵講武。而又俾其習於蜀者，伺連帥之間隙，察兵賦之虛實，或聞蜀之細民，苦於重征，且將啓之，以幸非常。吾不知群蠻此舉，大劍以南，爲國家所有乎？每歲發卒以戍南者，皆成都頑民，飽稻飫豕，十九如瓠，雖知鉦鼓之數，不習山川之險。吾嘗伺其來，朔風正嚴，緩步坦途，日次一舍，固已呀然汗矣，而況歷重阻，即嚴程，束甲而趨，拔戟而鬭耶？加之爲將者刻薄以自入，餽餫者縱吏以鼠竊。縣官當給帛，則以苦而易良；當賑粟，則以砂而參粒。如此，則邊卒將怨望之不暇，又安能殊死而力戰乎？此巴蜀所以爲憂也。」樵曰：「誠如將軍言，苟爲國家計者，孰若詔嚴道、沉黎、越嶲三城太守，俾度其要害，按其壁壘，得自募卒以守之？且兵籍於郡，則易爲役；卒出於邊，則習其險。而又各於其部繕相美地，分卒爲屯，春夏則耕蠶以資衣食，秋冬則嚴壁以俟寇虜。連帥即能督之，歲遣廉白吏視其卒之有無，劾其守之不法者以聞。如此，則縣官無餽餫之費，奸吏無因緣之盜，兵足食給，卒無胥怨，於將軍何如？」田將軍曰：「如此，何患？」遂書，按予議撤威、茂戍軍，聽其自募，寔本此策。而日後有求復者，讀是書，庶幾瞭然矣。

志云，司治五里有邛徠山，言邛筰之人入蜀，從此山而來也，亦界山矣。漢書作「郲」，華陽國志作「崍」，水經作「來」，開路記作「萊」，其說不同。方輿勝覽：距州七十里邛崍關，昔有楊氏婦造閣其上，傍有閣道碑。水經注云，漢武元封四年，以蜀郡西部邛筰縣理旄牛道。天漢四年，置都尉，主外羌，在邛來山表。自蜀西渡邛筰，其至嶮有弄棟八渡之難，楊母閣路之岨，是也。

漢書：王陽爲益州刺史，行部至卭峽九折坂，歎曰：「奉先人遺體，奈何數乘此險。」後以病去。及王尊爲刺史，至其坂，問吏曰：「此非王陽所畏道耶？」吏對曰：「是。」尊叱其馭曰：「驅之，王陽爲孝子，王尊爲忠臣。」今有祠在山下，又有叱馭橋在司境内。太守李石爲碑記云：「九折坂峻絶造天，曲迴九折，乃得度其巔。九夏凝冰，冬絶行迹也。」

按九折坂，地里諸書以爲在百丈驛，想必後人移置近界矣。

勝覽云，笋篔山在州西北五十餘里，有前篔、後篔，以山多笋，故名。春時州人百十爲群，入山斸取。紹興間，始立笋租以贍學，歲收緡錢八十千，土人名爲錢篔山。

勝覽又云，白崖山在州西北二百五十里，山外即生番界，巉峻不通人跡。志云，在西北二十里，山之右有風穴如井，不知淺深。穴口四圍，津津如汗，間有氣出，騰空如白雲，須臾，風起怒號如雷。里人見雲即知風：氣散則風定，細則風小，盛則風猛。窒其穴，風雖少而民多瘴；開之，風如故而瘴亦衰。山之北又有穴，大如車輪，俯而入其中，空闊數十步，泉聲琮琤，石髓凝結，其幽致不可名狀，俗呼仙人洞，即此。

張華博物志云，蜀南沉黎高山中，有物似猴，長七尺，能人行，名曰玃，路見婦人，輒盗之入穴，俗呼爲夜叉穴，西番部落最畏之。按寰宇記謂在漢源縣境，或即卭峽山中耶？記又謂山峽有一石洞，壁間有夜叉像，工人祠之，號穿崖將軍洞，按在今慶曆鄉。

寰宇記：唐乾元中，黎州所統五十五州，皆徼外生獠，羈縻而已。其名曰：羅巖州、索古州、秦上州、輒榮州、劇川州、合欽州、下蓬州、栢坡州、博盧州、明川州、胣肢州、蓬矢州、大渡州、米川州、木屬州、河東州、諾筰州、甫嵐州、昌明州、歸化州、象川州、蘘夏州、和良州、和都州、附樹州、東川州、上貴州、滑川州、北川州、古川州、甫蕚州、北地州、蒼榮州、野川州、邛陳州、貴林州、護川州、牒琮州、浪彌州、郎郭州、上欽州、時蓬州、儼馬州、擲查州、邛川州、護邛州、脚川州、開望州、上蓬州、北蓬州、剥重州、久護州、瑶劍州、明昌州。按只五十四州，少一州，承舊唐書之誤也。時代已遠，或鞠爲丘墟，或荒爲部落，或爲關堡别名，皆不可考。

經略志曰，黎雅諸夷即天全六番諸部，散居二州之間者，宋時屢爲邊患。孝宗乾道四年，威州保寧縣探知風流等部欲入抄掠，知縣張文禮閉絶蛇浴山路，不許來往。番從蛇浴嶺後斫生路，至村攘劫，宣撫司委知永康軍李繁等討之，蕃部來降。十一月，砂平蕃首高志良至碉門互市，與居民鬬山鵰，不勝，乃詣寨官喻炳陳訴，炳決責之，志良啣恨去。明年正月，來攻碉門，制置司遣李俊禦之，兵未至，志良已有悔意，欲償還所燒廬舍，更以錢贖罪。守臣不能身任其事，付之兵官，兵官既欲邀功，而喻炳亦覬報怨，遂潛入砂平，焚其屋廬。蕃人初皆潛伏，官軍乘勢擄掠，蕃鳴角聚衆以出，遂失利，蕃人追至榮經蘆山而還。乾道九年，青羌吐蕃奴兒結等坐黎州負其馬價，侵掠安静寨，推官黎商老等禦之，敗死。安撫司委鈐轄李彦堅往援，始赴州悔罪，買馬如故。十一月，復犯安静，至大小壩，殺虜軍民千余。黎州守郡降年及通判吕宜之招卬部川蠻兵併力擊之，乃遁。淳熙二年五月，奴兒結等同元虜漢人詣州，州犒之。然以互市久不得通，方怨望，而白水寨將王文才又與婚姻，誘之搶掠，知黎州陸柬之計梟文才於市。我明於黎州設安撫司，天全六蕃設招討司，蓋以夷治夷之意也。自洪武至今，邊方以静。雅州所屬與招討夷人或時有争訟者，蓋境土相連，勢使然耳。

四夷考云，洪武初，黎州長官司土舍馬芍德征討有功，加陞安撫司，以芍德爲安撫副使。萬曆十九年，副使馬祥無後，其妻瞿氏掌司事，取瞿姓子撫之，將有他志。祥姪土舍應龍居松坪，遂興兵攻城取印，番衆因而乘會剽劫。於時參將吴文傑方有征東之役，移師剿平之。二十四年，奏將該司降爲土千户所，安撫降爲千户，於司南三十里大田山壩立千户所，俟應龍之子新受承襲，司署改爲黎雅遊擊府，上七枝編爲民户，屬大渡河千户所當差，下七枝仍舊屬松坪馬氏約束焉。大抵司東三十里爲天冲山，險絶無路，止通樵採而已。唐古木碑所云「沉黎界上，山林參天，嵐霧晦日」者也。西二十里爲黑崖關，關外係本司管轄上七枝等夷。又一路由椒子岡至冷磧寨，直抵長河，則爲大西天烏思藏進貢路。南去大渡河可八十里，中立文武、銷瘴、香樹、黑石、流沙等堡，直抵瀘河。近河有避瘴山，夏秋之交，境多嵐瘴，飛鳶群集，至立冬前，瘴已，乃飛去。土人避瘴，恒以鳶爲候，故名銷瘴山也。東南則安撫所轄下七枝熟夷之界，其名曰落凶，曰吽哄，曰沙罵，曰俺立，曰母姑，曰阿輝，曰他他。又自炒米城以抵松坪寨，連接峨眉，凡三百六十里，高山峻坂，密樹深箐，爲安撫族人居之。按九州志，黎州石樓之地多長松，不生雜木，即松坪寨是也。志云，司南百里臨大渡河，有韋臯所築要衝城，俗呼沙米寨，亦作炒米城矣。

峨眉

峨眉縣邊鄰松坪、木瓜、大小赤口等處，原設六鄉。西南二面臨夷，三十里至高橋，十里至土地關，二十里至龍池場，二十里至大圍關及中鎮巡檢司，五里至鐵索橋，五里至射箭下坪，三里至射箭上坪，此縣之舊界也。

坪外八里至黑龍溪，四里至虎皮岡，始分兩岐：右路由上馬勝溪至金口廠，爲邛部司新附籍之民，名歸化鄉，有陽化堡設焉。由金口廠二十里至楠木園，五十里至天池，八十里至萬家石，三十里至松坪，則黎州土舍馬應龍所居矣。左路由下馬勝溪至古金寺，渡中鎮河，有中鎮巡檢戍之。又十七里而至太平墩，墩又兩岐：右路過楊村，行百里，乃至玀狪，玀狪亦新附夷種也；左路上蠻鬼岡，岡勢險峻，樹木叢雜，入冬徂春，煙霧不收，雨雪層積，即夷人亦鮮踪跡。又十五里至空木，即永寧墩，八里乃至栖雞坪，今築平夷堡處，城池候館咸備焉。由栖雞五里至冷溪，二十里至熱水河，十里至四百囤。又二十五里而至西河，設有鎮遠墩。過墩四十里，爲殺馬溪。懸崖峭壁，中逼河流，人過此者，兩頭牽索，緣索而步，至下山處，名爲溜馬漕。又五十里，則木瓜夷種之巢穴也。木瓜有二：有小木瓜，旁通西赤口，去煖歹只二日；過木瓜橋頭，稍前十里，爲大木瓜，即今三枝降夷處所：一枝凶瓜，一枝匪瓜，一枝卜特瓜。過大木瓜五十里，爲利濟山，極高峻，與大涼山相接。又五十里至大赤口，口外則馬湖之地矣。卜特之先〔一四〕，分自大赤口，凡十二枝，賦乃卜特其最著者，世居西河，屬馬湖土官安氏鈐轄。自改流日，諸瓜叛入邛部，歸嶺氏，其地自西河至大小赤口、涼山、雪山等處，周圍蟠據，北連建越〔一五〕，西接嘉峨，南通馬湖，窟穴蹊徑，四藏而八達焉。嘉靖末，諸瓜畜牧蕃盛，心懷内擾，邛部長官嶺栢已不能馭。及死，其妻馬氏爲政，賦乃、虐栢等叛，出涼山，會同、西河，匪瓜白禄出沙坪，於是嘉峨、犍爲一帶鄰邊居民不能安枕。建昌上、下、南三道督邛部發兵至茜雞坪，截殺之。我師未集，潛從冷溪而渡，直搗茜雞，坐制我死命，而瓜鋒於是益熾矣。乃議大征，分爲建越、馬湖、中鎮三路而進，直搗巢穴，瓜始惶駭請降，歃血自誓不復反。主將檄令各推酋長納貢，罷兵。於是凶瓜推牛撒爲長，匪瓜推阿書爲長，卜特推阿魁爲長，願各約束其部落，永作屬夷，歲貢良馬三匹，匹輸三金，峨眉縣爲進之。十三枝瓜夷積聚虛實，牛多不過六七十頭，馬四五十匹，羊二三百隻耳，歲費官兵糧餉三千二百五十兩有奇，恢復侵占田地，自七盤子至米麻嶺，共四千八百六十四畝，歲徵租可四百四十七石有畸。説者謂其常圖恢復云。

雅州

禹貢：「和夷底績。」雅安志云，和水在州南四十里，源出蠻界羅巖州，而入平羌江。圖經云，和川路在嚴道縣界，西去吐蕃大渡河五日程，從大渡河西郭至吐蕃松城四日程，羌蠻混雜，連山接野，鳥道蟠空，不知里數。

寰宇記云，雅州管和川、夏陽等羈縻四十六州，其首曰羅巖州，去當道四百八十里，曰當馬、三井、東鋒、名配、鉗恭、斜恭、晝重、羅林、籠羊、林波、林燒、龍蓬、索古、敢川、驚川、蝸眉、木燭、百坡，以上十八州，去雅州近者四百餘里，遠者不及五百里，去羅巖自一里至六十里爲極，惟當馬去羅巖二百里焉。

曰當品、嚴城、中川、鉗矢、昌磊、鉗并、百頗、會野，以上八州去雅州近者二百六十里，遠者六百三十里，去白坡近者三里，遠者六十里。

曰當仁、推海、作重、禍林、諾筰、金林、平恭、布嵐、欠馬、羅蓬，以上十州去雅州近者五百七十里，遠者六百二十五里，去會野近者三里，遠者六十里。通羅巖共三十七州，和川路之界也。其次曰論川州，去當道五百八十里；曰遠南州，去讓川州二十五里，至州五百六十里；卑盧州，去夔龍州二十里，至州五百六十里；夔龍州，去卑盧州二十里，至州五百六十里；耀川州，去金川州一十五里，至州五百六十里；金川州，去耀川州一十五里，至州五百六十五里；東嘉梁州，去金川州二十里，至州五百六十里；西嘉梁州，去東嘉梁州一十五里，至州五百六十五里。通論川共九州，夏陽路之界也。

寰宇記云，貞元中，吐蕃七部落來降，界近雅州，因安置於和川等路。其名曰吐蕃籠官楊矣蓬、費東君等部落六十人，在蠻宿川安置；吐蕃業城首領籠官劉矣本等部落，在本部安置；吐蕃會野首領籠官高萬唐等部落，在本部安置；吐蕃逋租城首領籠官馬東煎等部落，在夏陽路安置；吐蕃國師馬定得并籠官馬德唐等部落，在欠馬州安置；吐蕃嘉梁州降户首領籠官劉定等部落，在夏陽路安置；吐蕃嵬籠城首領鑠羅莽酒等部落，在和川路安置。按宋史，雅州西山路蠻有部落四十六，唐以來皆爲羈縻州。太平興國初，首領馬令膜等來貢，并上唐朝勅書告身，凡七通，咸賜冠帶，其首領授以官。

上南志云，雅州通西番路有三，曰靈關、碉門、始陽也。而碉門最爲要害。按靈關鎮在盧山縣北八十二里，蜀都賦「廓靈關而爲門」是矣。四夷考云，碉門等處安撫司，元時設在雅州，尋改吐蕃宣慰使司。國初宣慰余思聰、王德貴歸附，始降司爲州。又碉門百户所設近天全六番之界，所有茶課司，以平互市之官也。

志云，始陽山在蘆山縣東十里，俗呼羅繩山，寰宇記以爲蒙山，西魏置始陽縣於此。楊用修云，史記西南夷傳：自巂以東北，君長以十數，斯、筰都最大。注：斯及筰都，二國名也。徙音斯。相如難蜀文「略斯榆」，謂斯與楪榆也。此「斯」即西南夷之「徙」。玉篇作「鄓」。注：狄國，夏爲防風氏，周爲髳，漢之賨叟，地在蜀之邊也。

圖經，盧山縣新安鄉五百餘家，獠種也。其婦人娠七月而産，置兒向水中，浮者取養，沉者棄之，千百無一沉者。長則拔去上齒，加狗牙，各以爲華飾。今有四牙，長於猪牙而唇高者，别是一種，能食人。無長齒者，不能食人。俗信妖巫，擊銅鼓，以祈禱焉。

土夷考云，滎經縣界懸厓棧道之間，有雜道長官司及飛越廟，縣西北有紫眼夷，編氓殆半里，其地名紫眼關，與西番相接，廣可四十里，袤百里，自甕溪、飛水小路，直透冷磧番。以上關堡，大渡河官軍戍之。東西峻嶺，中流一河，大壩、筒車等五姓夷結茆以居，五姓各立老人，有訟不立公庭，惟聽老人處分而已。然賦税亦不後時，蓋爲茶商捷徑，有利存焉。正西萬里乾河，直通碉門，則天全招討之地矣。

陳子昂諫雅州討生羌書：「將仕郎守麟臺正字臣陳子昂昧死上言：竊聞道路云，國家欲開蜀山，自雅州道入討生羌，因以襲擊吐蕃。執事者不審圖其利害，遂廢梁、鳳、巴、蜒兵以狥之。臣愚以爲西蜀之禍，自此結矣。臣聞亂生必由怨起，雅州邊羌自有國以來，未嘗一日爲盜，無罪受戮，其怨必甚，怨甚懼誅，必蜂駭西山。西山盜起，則蜀之邊邑，不得不連兵備守，兵久不解，則蜀之禍搆矣。臣聞吐蕃桀黠之虜，君長相信，而多姦謀，自敢抗天誅以來，向十二餘載，大戰則大勝，小戰則小勝，未嘗敗一隊，亡一矢。國家往以薛仁貴、郭待封爲虓武之將，屠十萬衆於大非之川，一甲不歸。又以李敬玄、劉審禮爲廟廊之宰，辱十八萬衆於青海之澤，身爲囚虜。是時精甲勇士，勢如雷雲，然竟不能擒一戎，馘一醜，至今而關隴爲空。今乃欲以李處以爲將，驅顦顇之兵，將襲吐蕃，臣竊憂之，而爲此虜所笑。且夫事有求利而得害者，則蜀昔時而通中國，秦惠王欲帝天下而并諸侯，以爲不兼賨，不取蜀，勢未可舉，乃用張儀計，飾美人，譎金牛，因間以啖蜀侯，果貪其利。使五丁力士鑿山通谷，棧褒斜，置道於秦，自是險阻不關，山谷不閉，張儀躡踵乘便，縱大兵破之，蜀侯誅，賨邑滅，至今蜀爲中州。是貪利而亡，此往事也。臣聞吐蕃羯虜，愛蜀之珍富，欲盜之已有日矣。然其勢不能舉者，徒以山川阻絶，瘴隘不通，此其所以頓餓狼之喙而不能竊食也。今國家乃亂邊羌，開隘道，使其收奔亡之種爲嚮導，是以借寇兵而爲賊除道，舉全蜀以遺之，此危道也。蜀西南一都會，國家之寶庫，天下珍貨聚出其中，又人富粟多，順江而下可以兼濟中國。今執事者乃圖僥倖之利，悉以委身西羌。得西羌地不足以稼穡，財不足以富國，徒殺無辜之衆，以傷陛下之仁，糜費隨之，無益聖德，又恐僥倖之利，未可圖也。夫蜀之所寶，恃險者也；人之所安，無役者也。今乃開其險，役其人，險開則便寇，人役則傷財，臣恐未見羌戎，已有姦盜在其中矣。往者益州長史李崇真將圖此奸利，傳檄稱吐蕃欲寇松州，遂使國家盛軍以待之，轉餉以備之，未二三年，巴蜀二十餘州騷然大弊，竟不見吐蕃之面，而崇真贓錢已計巨萬矣，蜀人殘破，幾不堪命。此之近事，猶在人口，陛下所親知。意者必有姦臣欲圖此利，復以生羌爲計者哉。且蜀人尫劣，不習兵戰，一虜持矛，百人不敢當。又山川阻曠，去中夏精兵處遠，今國家若擊西羌，掩吐蕃，遂能破滅其國，奴虜其人，使其君長係首北闕，計亦可矣。若不到如此，臣方見蜀之邊陲不守，而爲羌夷所横暴。昔辛有見被髮而祭伊川者，以爲不出百年，此其爲戎乎？臣恐不及百年而蜀爲戎也。」

天全六番招討使司

古氐羌之地，晉以前無聞焉。宋、齊、梁土豪迭相雄長，名屬益州。西魏爲始陽縣地，屬蒙山郡。後周因之。隋初，郡廢，屬雅州。唐爲羈縻州，隸雅州都督府。總志云，五代王、孟之間，有高曩閤藏、楊夾失朶只兒二酋歸附，始置碉門、黎、雅、長河西、魚通、寧遠六軍民安撫司。宋隸雅州。元憲宗時，復置六安宣撫司，屬吐蕃等處宣慰司。後改六番招討司，又分置天全招討司。國初併天全六番招討使司，隸四川都司。

其地東西廣百九十里，袤二百一十里，東至雅州界五十里，西至長河西司百四十里，謂之乾溪，南至滎經縣界六十里，北至靈關道及董卜韓胡百五十里，去成都五百四十里，爲南詔之咽喉。轄部落凡六，曰馬村、蘇村、金村、楊村、隴東村、西碉村。或謂六番之名始此，非五代碉門、黎、雅等六名也。上南志云，洪武六年，詔西夷酋長至京，授職賜印，因俗爲治，立都指揮使司二，曰烏思藏，曰朶甘；指揮使司一，隴苔衛也；宣慰司三：朶甘及董卜韓胡、長河西魚通寧遠也；招討司六；萬户府四及别思寨安撫司、木瓦都指揮、葛刺湯千户諸部落。是爲三十六種，以時朝貢焉。

志云，天全招討司設在碉門城，即元之碉門安撫司也，中有碉門百户所，屬雅州千户，設在正、副二招討及朶甘宣慰界。渡河以西，又有真官招討司及魚通安撫冷磧十八寨，爲三十六種番夷出入之路。

志又云，司治有諸葛武侯廟，治東二十里有卧龍山，相傳武侯征孟獲，駐宿其上。又十里，有泉從石龍口噴出，謂之龍泉，其源發大悲寺内，寺在司東四十里。又十里，則多功山也。昔大禹疏鑿以通峽水，故名。志又有鎮西山，姜維伯約駐師其下，在司東二百十里。又二十里有女城山，相傳楊招討家女將守此，壘石爲城尚存。又有玄峁、白厓，皆出聖燈芝草。玄峁高峻清絶，在東南八十里；白厓矗立如雪，在司南里餘。近白厓，又有玉壘，窮冬積雪，土人以玉堡呼之。圖經：自長河西至董卜寨二百餘里，皆遶雪山而行，路由打箭爐而進，有哈日寺，在烏思藏中。元世祖欲郡縣六番之地，以吐蕃僧八思巴爲大寶法王帝師領之，嗣者數世。其弟子賜號司空、司徒、國公，佩金章玉印，前後相望。大寶法王而下，有大乘法王、闡教王、闡化王、護教王、護法王，通謂之烏思藏六番也。以其地連天竺，有大西天、小西天之域焉。雪山盡處有大鐵圍山，山有法佛、德行、剌麻等寺。

游梁雜記云，烏思藏所産：細畫泥金水幅佛像、銅渡金佛像、金塔、舍利、各色足力麻、鐵力麻、氆氌、左髻、犀角、珊瑚、唵叭。其貢道由董卜韓胡、長河西、朶甘思之境，自雅州入京。大乘、大寶二法王差僧徒闡化、闡教、補教、贊善進之。

志云，天全男不習工藝，婦不事紡績，惟以耕種爲業。番漢淆居，碉房絶嶺，治化漸摩，禮義日生。

下川南

敘馬瀘道開府馬湖，統轄敘、瀘二衛，烏蒙、烏撒、東川、鎮雄、永寧等府司。參將一員，駐劄永寧；遊擊一員，駐劄建武。寔左右之，但永寧者兼貴州迤西等處地方，故稱川貴參將云。漢書西南夷傳：唐蒙至夜郎，夜郎旁小邑貪漢繒帛，以爲漢道險，終不能有也，乃且聽蒙約。還報，以爲犍爲郡，治道自僰道至牂柯。水經：若水又東北至犍爲朱提縣西瀘江水。酈道元曰：朱提，山名也。應劭曰：在縣西南，以氏焉。犍爲屬國也，在郡南千八百許里。建安二十年，立朱提郡，郡治縣故城。郡西南二百里，得所綰堂琅縣，西北行上高山，羊腸繩屈八十餘里，或攀木而升，或繩索相牽而上，緣陟者若將階天，又有牛叩頭、馬搏頰坂，其艱險如此也。

舊志：唐置晏、高、筠、定、連、蔭、鞏等十四州，隸戎州都督府。唐末，廢四州，存十州。宋神宗時，十州夷內附，隸瀘川郡，前晏、高等州皆在焉。元置戎、高、鞏、筠連四州，隸叙州宣撫司。至元十三年，宣撫使咎順招諭酋長得蘭紐、得貢卧等，率衆歸附，因設大壩總管府，得蘭紐授都總管，得貢卧充同知，其羅星長官以黎州同知李奇爲之，上下羅計一千户，俱得姓者爲之。

輿地志曰，叙州三路蠻：西北曰董蠻，正西曰石門部，東南曰南廣蠻。董蠻在馬湖江右，僰侯國也，其酋董氏。南廣蠻在慶符縣。石門蕃部與臨洮土羌接〔一六〕，唐曲、播等十二州之地〔一七〕，其人精悍，善戰鬬，自馬湖、南廣諸族皆畏之，蓋古浪稽、魯望諸部也。

志云：宋大觀中，夷酋羅永順、楊光榮、李世恭等各以地內屬，詔建滋、純、祥三州，在慶符縣西。元史，四十六囤蠻夷所，領豕蛾夷地，在慶符南，唐定州之支江縣也，其長官司在高縣西三十里落騷鄉。文獻通考云：獠蠻不辨姓氏，所生男女，長幼次第呼之，其丈夫稱阿謨阿改，婦人阿夷阿等之類，今稍從漢俗，易爲羅、楊等姓。依樹積土，以居其上，名曰杆欄。杆欄大小，隨其家之口數。杆欄，即夷之榔盤也。制略如樓，門由側闢，構梯以上，即爲祭所，餘則以寢焉。又云：夷有姓氏，男織班布纏頭，衣裳俱如華製，行纏以班布爲之。女綰髮爲髻，纏以班帶，簪纏用銀，兩耳各穿兩孔，上貫釵，下貫環，富者疊貫之。衣尚左衽，下着桶裙，間以組綵，長覆膝下。初娶不論物採，惟通媒妁，殺牛豕以爲禮，即引歸。惟老死後，方大索婚價。飲食喜啖蜎蚪。又云，僰有姓氏，用白練纏頭，衣尚青碧，背領衭緣，俱刺文繡，裳袴覆膝，亦織班帶以爲行纏。嘗佩雙刀，善使勁弩。女綰髮撮髻，飾以簪，壓衫之前後左右，文繡絢爛，長裙細褶，膝以下亦刺文繡，行纏雜以青紫，出則着單履，性淫。婚則論財，喪則戚憐，咸娶，撾鼓作樂至夜，男女雜遝。自有番書，卜曰不同於中國。

李京雲南志云，白人者，漢武帝開僰道，通西南夷道，戎州舊縣是也，今轉爲白人矣。白人語着衣曰「衣衣」，吃飯曰「咽羮茹」，樵採曰「折薪」，帛曰「羃」，酒曰「尊」，鞍韂曰「悼泥」，墻曰「塼垣」。男女首戴次工，製如中原。漁人蒲笠差大，編竹爲之，覆以黑氈。親舊雖久別，無拜跪，唯取工以爲次。男女披氈椎髻，婦人不施脂粉，酥澤其髮，以青紗分編，繞首盤繫，裹以攢項黑巾耳，金環象牙纏臂，衣繡方幅，以半身細氈爲上服。處子孀婦，出入無禁。居屋多爲回簷，如殿制。食貴生，如猪牛雞魚，皆生醢之，和以蒜泥而食。每歲以臘月二十四日祀祖，如中州上冢之禮。六月二十四日，通夕以高竿縛火炬照天，小兒各持松明火相燒爲戲，謂之驅禳。

又云，土獠蠻在叙州南，烏蒙北，皆是。男子及十四五，則左右擊去兩齒，然後婚娶，猪牛同室而居。無匕筯，手摶飯而食之。踏高撬，上下山坂如奔鹿。婦人跣足高髻，樺皮爲冠，耳墜大雙環，衣黑布衣，項帶鑞牌以爲飾，出入林麓，望之宛如猿猱。人死，則以棺木盛之，置於千仞巔崖之上，以先墮者爲吉。山田薄少，刀耕火種，所收稻穀，懸於草棚之下，日旋擣而食。多以採荔枝，販茶爲業云。

唐書：戎州都督府羈縻州九十有二。宋初見寰宇記者，合叙、瀘只載四十餘州而已，他不可考。樂子正曰，羈縻諸州除没落雲南蠻界一十五州，其餘雖有名額，元無城邑，散在山峒，不常其居，撫之難馴，擾之易動。其爲刺史，父子相繼，無子，即以其黨有可者公舉之。或因春秋有軍設，則追集赴州，著夏人衣服，却歸山峒，椎髻跣足，或披氊，或衣皮，從蠻夷風俗。無税賦以供官，每年使司，須有優賞。不拘文法，今並存之，要知古跡而已。

悦州，在戎州南二百十七里，管縣六：甘泉、青賓、臨川、悦木、夷口、胡璠。

移州，在州西南五百八十七里，管縣三：移當、領何、湯陵。

扶德州，唐開元十八年七月割入，在東南四百五十七里，領縣三：扶德、宋水、牱陰。

筠州，在四百一十七里，管縣八：鹽水、筠山、羅余、臨居、澄瀾、臨崐、唐川、尋源。

連州，在州西南四百餘里，筠州析出，管縣六：當爲、都寧、邏遊、羅龍、加平、清坎。鞏州，儀鳳二年，開山洞置。天寶元年，改爲因忠郡。乾元元年，復爲鞏州。在南三百十里，領縣五：哆樓、比求、都善、播郎、婆婆，按即珙縣也。鞏州者，今之羅星渡；哆樓者，今在城之高樓坊；婆婆，今江安縣界之婆婆村；比丘，今之九塞；播郎，今貴州界之安静長官司；都善，一名都壇，今名梅得，此本志所載也。

宋州，領縣四，户六十九：牱龍、牱支、宋水、盧吾，輸納半税。按高縣西五十里有宋水。
南州，在州西五百三十五里，盈州析出，管縣三：播政、百榮、洪瀘。
德州，在州南五百六十四里，管縣二：羅連、萬崖。
爲州，在南四百九十里，管縣二：扶、僧羅。
洛州，在南四百二十七里，管縣四：臨津、賓夷、葱蘗、曾口。
志州，在西四百五十六里，管縣四：浮萍、雞惟、夷賓、河西。
盈州，在南五百六十七里，管縣四：盈川、塗賽、播陵、施燕。
獻州，在南六百六里，管縣七，名闕。
武昌州，在南一千二百一十七里，管縣七：洪武、羅虹、琅林、夷郎、來賓、羅新綺、婆婆。
景州，在南三百九十六里，管縣七，名闕。
播狼州，在南二百八十七里，管縣三：播勝、從顔、順化。右十七州，唐時隸戎州南廣溪洞獠。
協州，在州西南八百里。天寶中，因雲南離叛被破，今移置在西南四百九十三里，管縣二，名缺。
靖州，在西南五百一十里，管縣二：靖川、分協。

曲州，在西南九百里。天寶中，因雲南破，移在開邊縣界，去縣一百二十七里，管縣二：朱提、唐興。

播陵州，在南五百七十七里，管縣二，名缺。

鉗州，在西南四百五十七里，元無縣，從開邊縣析出。

哥靈州，在西南一千四百里，管縣三，名缺。

切騎州，在西南一千一百里，管縣四：柳池、奏禄、縻託、通識。

品州，在西南二千三百九十五里，管縣三：八松、秤花、牧口。

從州，在西南二千六百四十二里，管縣六：茫化、昆池、武安、羅林、梯山、南寧。碾衛州，在西南九百九十七里，管縣三，名缺。

涪州，牱違州，俱歸馬湖。右十二州，管縣三十七，唐時在石門路，並無税賦，供輸相承，在圖經上標名額耳。石門，今叙州之慶符縣也。

長寧州，領縣四，户三十八：婆員、婆居、青盧、羅門。

淯州，久視元年置，領縣二，户一十五：新定、固城。

高州，領縣三，户二十一：牱巴、移甫、徙西。按長寧、淯州，俱長寧地。高州，今之高縣也。

晏州，儀鳳三年開生獠置。天寶元年，改爲羅陽郡。乾元元年，復爲晏州。領縣七，户七十七：思峨、牱陰、新賓、扶來、哆崗、羅陽、思晏。按興文縣有晏峯，即思晏縣也，七縣今爲砦矣。

定州，領縣二，户一十六：支江、扶德。按筠連有定川溪，舊州治在溪南。

薩州，儀鳳二年招生獠置。天寶元年，改爲黄池郡。乾元元年，復爲薩州。領縣三：枝江、黄池、播陵〔一八〕。按珙縣圖有古薩川，即上下羅計。

納州，儀鳳二年，開山洞置。天寶元年，改爲都寧郡。乾元元年，復爲納州。領縣七，户百六十八：羅圍、播羅、施陽、羅當、羅藍、都寧、羅掌。邊徼溪洞輸納半税。按珙縣有都寧驛，與建武相近。

奉州，儀鳳二年置，領縣三，户三十九：牱里、牱巴、蓬羅。按宋史，奉州乃瀘州部西南邊夷。

思峨州，天授元年置，領縣二，户三十七：多溪、洛溪。按瀘州憲綱有思峨洞，已上供輸滑井鹽、紫竹也。

藍州，儀鳳二年置，領縣一：胡茂。

順州，載初二年置，領縣四，户五十九：曲水、順山、靈巖、來猿。以上輸納半税。

能州，大定元年置，領縣二：曲水、甘泉。

淅州，儀鳳二年置，領縣四：淅源、越賓、洛川、鱗山。以上連接黔府生蠻，承前不輸税。右十三州，唐時隸瀘州。

建武千户所

春秋僰侯故地，漢爲西南夷部，叛服不常，諸葛武侯征撫之，置銅鼓，埋鎮諸山，稍就帖然。唐儀鳳間，開拓夷徼，於本部置晏州羅陽郡，領七縣。宋熙寧間，晏州儀夷獻地，隸瀘州郡。政和間，夷卜籠謀叛，據五斗壩，後璩九絲天險，號九絲山都掌。元至正間，本部歸附，陞爲戎州，統轄水都四鄉、山都六鄉。本朝改州爲縣，隸叙州府。水都則陽順陰逆，山都則獗猖日甚，先後凡十有二征，俱弗克。萬曆元年，剿平之。用兵九閲月，告成事。始改戎縣爲興文，水都震懼，悉歸編户。於山都六鄉適中處建武寧城，拓地五百餘里，東至永寧宣撫太平長官司八十里，西至珙縣百五十里，南至鎮雄府安静長官司八十里，北至叙府長定縣百五十里。設鎮守總兵、安邊同知、坐營守備及建武守禦千户所。環四山而翠連雲貴，襟三水而清派叙瀘。招集流移，建學育才，夷風丕變矣。萬曆丙申、丁酉間，虜酋火落赤率其部入寇松潘，乃移總戎之西，改設遊擊於建武，建武兵亦移入松，而所存無幾焉。

武寧蠻好着芒心接離，名曰「苧綏」，嘗以稻記年月。葬時，以笄向天，謂之刺北斗。相傳盤瓠初死，置於樹，以笄刺之下，其後爲象臨。本志云，平蠻城即九絲城，壁立萬仞，周圍三十餘里，上有九崗四水，極廣可以播種，僅通一徑鳥道，真天險也。去鎮一十五里爲左榜山，今立頭、腰、尾三堡墩矣。

大壩總管府，元至元十三年，蠻夷宣撫使咎順遣官招諭戎州酋長得蘭紐、得貢臥，率斂蠻民歸附。十七年，朝見，遂設大壩總管府，得蘭紐授都總管，得貢臥充同知，其羅星長官以黎州同知李奇爲之。上羅計夷酋得賴阿當以至元十三年歸順，授上羅計蠻夷千户。下羅計夷酋得顔箇以至元十三年歸順，授下羅計蠻夷千户。

馬湖府

寰宇記：戎州都督更有羈縻州五。按即今之馬湖屬也。其在唐，或隸戎州，或隸石門路。

馴州，在戎州西北七百三十三里，管縣五：馴禄、天池、方陀、羅藏、播騁。

騁州，在西一千三十三里，領縣二：斛木、羅相。

浪州，在西一千三百四十三里。貞元十三年五月十七日，西川節度使韋皐奏置。管縣五，名缺。右三州在馬湖江。

滈州，在南九百一十二里，管縣三：拱平、掃空、羅空。

牁違州，在南九百三里，管縣三：牁連、羅名、新戍。右二州在石門路。

土夷考云，馬湖即牂牁地也，舊有馴、浪、騁、滈、牁違五州屬焉。高州在府東南百里外，屬叙州府，猶有故址可尋。而馴、浪、騁之在西南者，計三千里外，與建昌邛部相連，漫無所考。

牁違州亦府西界。總之昔爲羈縻而已。國初安濟歸附，授土知府，五傳至安鰲而叛，改流官爲弘治九年，詳靖邊録中，仍以泥溪、沐川、平夷、蠻夷四長官司隸之。泥溪、平夷，皆王姓；蠻夷，文姓；沐川，悦姓也。環而星列於外。萬曆十七年，始設屏山縣，附郭焉。東界叙府百一十里，西界建昌千二百里，南界烏蒙百四十里，北界犍爲二百里。

水經注曰，鷩縣，故犍爲郡治也，縣有犍山。晉建興元年，置平夷郡。有鷩水，出鷩邑西不狼山東，與温水合。温水，一曰煖水，出犍爲符縣，而南入鷩水。鷩亦出符縣南，與温水會。闞駰謂之闞水，俱南入鷩邑。鷩水於其縣而東注於延水，延水又與漢水合，出犍爲漢陽道，王莽之新通也。按鷩縣半屬平夷地矣。

土夷考云，泥溪傍府而居，其東、西、北三面連接烏蒙，與玀猓雜處，所受田賦，與華民一體。奉征調，可得夷兵三百人，受寧戎巡檢司約束。

平夷地土最狹，錯於泥溪、蠻夷之中，相去各四十里，東去泥溪三十里，有書樓峯，我朝薛文清公瑄父爲平夷司吏目，隨任讀書於此。

蠻夷司民少夷多，故以名司。其夷種有四山、龍源、青岡、黄郎、磨坡等處，與建昌、烏蒙、沙罵接連。有兵征調，可得夷兵千。設有檜溪、煙溪三堡及龍源巡檢司防守。去司治二十里有水海，舊有龍生於水中，馬湖得名本此。

沐川司東界宜賓，北界犍爲，南界泥、平、蠻三司，西抵建昌、越嶲、邛部，新設安邊廳、守備司，皆其轄内，地故最廣，田土亦饒，而民狡好訟。離府可三百里，過此自西迄北，大涼山以外，盡皆夷地，文法所不能盡拘耳。

安邊廳在新鄉鎮，即賴因鄉也。東接犍爲，南接本府，各二百里，西接建昌千三百里，北接大涼山五百里。十六年，馬湖改流，於此建城垣，設安邊同知一員，駐劄其間。又於煙草峰設守備司，以資彈壓。北有水池，爲後營；南有大河壩，爲前營；中有兩河，爲中營。三營官兵約千四百四十餘人，以成犄角之勢。蓋於諸夷所出没處，扼其吭而守之也。其水池一帶，則界老鴬山；大河壩一帶，則界大涼山；雷坡、黄郎等處，則界分水嶺。庶幾西陲一雄鎮云。

瀘州衛

洪武初，調陝西長安衛軍征雲南回，使駐守瀘州。成化初，以都掌之亂，遷於宋江渡。按在州南百里，城週三百丈。去衛南一舍有洞歸堡，兩舍有定遠堡，三舍有太平堡，東南百里有水峽堡，北五十里有江門堡，百三十里有太州堡，西北百六十里有三層堡，又二十里有渠壩堡。其地東連羅羅、羿子，北抵九支挫州，西通長戎、九姓、馬湖、建昌，南接東川、芒部、烏蒙、烏撒，蓋西南夷要害之防也。本志：東抵永寧衛，西至九姓長官司，各十里，南至太平長官司五十里，北至納谿縣界四十里，轄左、右、中、前四千户所。

烏蒙軍民府

古爲竇地甸。漢爲牂牁郡地。唐時烏蠻仲牟由之裔曰阿統者，始遷於此地甸。至十一世孫烏蒙始强，號烏蒙部。宋時封阿杓爲烏蒙王。元初歸附。至元間置烏蒙路，隸烏撒烏蒙等處宣慰司。其時李京景山爲宣慰副使，兼管軍萬户，即著雲南志略者。元末，彼土有阿普者，仕爲總管。洪武初，招集鄰酋效順，於是改宣慰司爲軍民府，以阿普爲土知府，設流官通判、經歷、照磨各一員，隸四川布政司，屬川南道，編户一里而已。其人有羅羅、夷人、土獠三種，錯雜而居。男子年十四五，則擊去左右兩齒，乃娶。出入佩刀，相見以去帽爲禮，架木爲棚以居。東西廣五百一十五里，南北袤七百六十里，東至烏撒府界二十五里，西至建昌衛界四百九十里，南至東川府界百三十里，北至叙州府界六百三十里，至成都千三百里。

志云，銕爐山在治東三里，以形似名。涼山在西百里，高廣千尋，絶頂平曠，蠻人避暑之地也。雪山有積雪，春夏方消，在府西百三十里。其西南有撒由河，源出浄山，北流與龍洞河合。龍洞河在司東北一舍，源出石洞中，以爲洞者有龍。金沙江在西南二百里外，源出吐蕃，流入府界，與馬湖江合。

志又云，夷語以「五」爲「我」，以「横」爲「未」，東二十里即我未山，有五峯横列，故名。以「平坦」爲「朴窩」，東南一舍有朴窩，蓋四望平坦也。以「相對」爲「博特」，東南十五里有博特山，以與府山相對也。

以「陡峻」爲「撒途」，東北八十里一山峻絶，故曰撒途山。

東川軍民府

古東川甸，烏蠻仲牟由之裔篤彈得之，改曰那札那夷，屬南詔，蒙世隆置東川郡。後烏蠻閟畔疆盛，自號畔部。元初置萬户府，至元中，改爲閟畔部軍官，後改爲東川府，隸烏撒、烏蒙等處宣慰司。洪武初，仲牟由之裔禄氏設姑歸附，乃授爲東川土知府，隸雲南布政司。十六年，改爲東川軍民府，添流官通判、經歷、照磨各一員，立營長六、頭目九，管攝其間，隸四川布政司，屬川南道，編户一里。

元志云，東川有烏蠻、白蠻、僰人、羅羅四種。烏蠻富而强，白蠻貧而弱，居多版屋，俗尚戰争，類土蕃之風。僰、羅通詔之夷人，而羅即爨也，性勁而悍，摘鬚束髮於頂，覆以白布尖巾，衣以氊，履以革。僰人椎髻披氊，戴氊笠，用氊褁其脛，躡皮履，以貿易爲業。

東西廣四百二十里，南北袤三百七十里，東至烏撒界百二十里，西至會川界三百里，南至雲南尋甸府界二百二十里，北至烏蒙界百五十里，至成都千四十里。志云，府治在萬額山下，山形上闊下鋭如猪，治内有大石如牛卧，叩之有聲，夷人以爲石鼓也。治南有白婆山，山頂有四時泉，西五十里納雄山，夜静時聞人聲，以爲神也，歲五穀熟，必於此告成焉。

東川大王祠，蒙氏所建，絳雲弄山之神也。山高峻可百里，上有十二峯，下臨金沙江，在府西南二百里，一名烏龍山。

金沙江，一名納夷，又名黑水，源出雲南武定府，下流入濟慮郡，夷人鑿木爲槽，以渡此水。牛欄江在治東南三舍，源出尋甸軍民府，下流合金沙江，江闊水急，夷人用藤索横江，貫以木篇，過者縛身篇上，游索以濟。

土夷考云，嘉靖中，土官禄信長子天恩死，天恩妻阿福自掌府事。季子天寵以弟當繼襲，有妻設豸，與目把私通，弑天寵，而與阿福争印，妯娌自相攻殺，頗稱多事焉。蓋府雖隸於蜀川，而城郭衙舍設在滇黔之中，道路嶮巇，兵馬素强，以是爲鷙鶩云。

烏撒軍民府

舊名巴凡兀姑，後名巴的甸。唐時烏蠻之裔孫曰烏歩者居此，至阿蒙始得巴的甸。其東西又有芒部、阿晟二部，皆他酋所據。宋時烏歩之後曰折怒者，始并其地，號烏撒部。元至元中，始内附，置烏撒路招討司，尋改爲軍民總管府，又改軍民宣撫司，後改烏撒烏蒙等處宣慰司。元末，四川分省右丞那者以其地來歸，於是改烏撒軍民府，以那者知府事，隸雲南布政司。十六年，改隸四川，設官與烏蒙、東川同。今土官安氏，其裔也。

經略志云，烏撒府編户二里耳，而富盛甲於諸夷，積累日深，有可慮者。其産有刺竹及猿，山崖險阨，襟帶二湖，羊腸小徑，十倍蜀道也。

圖經云，烏撒之地，東西廣四百四十里，南北袤三百五里，東至播州宣慰司界二百五十里，西至烏蒙府界百九十里，南至雲南霑益州界九十五里，北至芒部府界二百一十里，至成都千二百五十里。

志云，七星關在府東南百七十里。又云，東門之外石駝關，有石如橐駝，立關下。又云，有老鴉關、善欲關，俱在府東三百里，貴州畢節衛人戍之。

志又云，東南三里有大隱山，東北百四十里有烏門山，兩崖相對如門然，東二百里有翠屏山。

又云，東南百七十里有石洞，洞容百餘人，窮處又得石竇，遊者以炬入，不知遠近而出。

盤江在治西百五十里，流入叙州，養馬川在治東百四十里，夷人牧馬之處，一名墅馬川。治西一舍有七渡河，南三舍有可渡河，西南百十里有九十九渡水。

鎮雄軍民府

通志云，古爲屈流大雄甸，昔烏蠻之裔阿統與其子芒布居此地，其後昌盛，因祖名，號芒布部。宋置西南番部都大巡檢司。元至元中，置芒布部路，隸烏撒烏蒙宣慰司。

本朝改爲芒部府，初隸雲南。洪武中，陞爲芒部軍民府，隸四川布政司，屬川南道。

弘治間，土官隴慰先娶水西女冲中，生子曰慶與壽。繼娶烏撒女冲叔，生姦子、隴政。既而讐殺，水西則爲隴壽之助，烏撒則爲隴政之黨。嘉靖三年，慰死，嫡子壽繼職，庶子政謀壽，殺之。都御史王軏奏調官兵，擒政及其嫂支禄，繫獄死。奏改流鎮雄府，設經歷、照磨、教授各一人，立懷德長官司於却佐、威信長官司於母響、歸化長官司於夷良、安静長官司於落角，以重慶府通判程洸爲試知府。明年，洸方募民占種夷田，於是水西乘機勾引隴壽之黨沙保爲亂。沙保者，故水西媵奴也。與壽部下阿得獅子吼等破府城，逐洸，劫其印。川貴會奏，動三省官兵剿之，沙保詐稱已死，主者弗察，誤以捷聞，各陞賞有差。七年，沙保等復聚寇掠。奏聞，會議土官土舍或争襲，或讐殺，興師問罪。甫定之後，建議者即欲改設流官。及流官再設，而土夷隨叛，殺人奪地，比昔尤甚。蓋作惡者不過一二人，今乃以一二人之惡，而遂致改易一府一州，拂其本心，違其約信，所謂犯衆怒也。是以屢剿屢亂，而兵革卒無寧日，合無凡有土官惡逆被顯戮者，通拘所部頭目，令其自保應立力足以制服夷衆之人，或土官之子孫弟姪族人，俱爲衆所推服者。於是議以隴勝爲知府，爲聘永寧宣撫奢爵女奢氏爲妻，更名隴安，授女官知府。安擒獻沙保，地方頗寧。安死，子隴清襲。清生子來鳳，早卒。次子來龍尚幼，生母奢氏更名隴高，護印撫子，而隴清妻者氏與之争目把，各私所好，仇殺二年。委官勘處，令二婦同掌，兵戈始息。及後者氏耄，而來龍妻禄氏再贅水西，安堯臣盤據其地，印爲携去，隴不絶如綫。萬曆戊申年，以永寧之役，堯臣發兵助惡，始驅之去。而蜀中欲立阿克，黔中欲立普德，相持良久。者氏恐一旦塡溝壑，乃兩廢之，差官會勘，以夷漢目把所共願立者爲主。於是始易阿破爲土知府，而堯臣不敢復垂涎矣。

圖經云，芒布部廣袤二百七十里，東南俱抵烏撒。不及三十年，以阿赫關爲界，西至烏蒙界二百四十里，北至珙縣二百二十里，以樂安山爲界，至成都可千里。司北百八十里勿食料溪，源出樂安山也。司南二十里外苴斗河，源出六丈箐，經七星關，其山川險阨，地勢崎嶇，左峙綽忸，右繞硌砌。其風俗勁而愚，朴而野。男業耕稼，婦絶粉黛，崇信巫鬼。其土産有石瓜樹，生菰堅如石，能已心痛。志云，芒部司西南有鼠街，其俗夷人每遇子日，則交易於此。

又云，夷語以首爲烏，以立爲通，司北五里烏通山，如人翹首而立，故名。以清氣爲綽忸，司東二十里綽忸山，有爽氣也。

以松爲託，以沙石爲諾，司西南二百里外託諾河，岸側多松栢沙石，故名。又有硌砌雄山，見通釋。

永寧宣撫司

通志云，晉置永寧縣，屬雲南郡。宋及周、隋因之。唐改置藺州，屬益州。宋初，州廢，爲江安、合江二縣之境，後設永寧路，遷至馬口崖、漁漕溪側。元因之，領筠連州騰川縣，隸四川行省，尋改軍民宣撫司。明玉珍改設永寧鎮邊都元帥府，仍設宣撫司。國朝洪武中，宣撫使禄照歸附，改爲永寧長官司，割筠連屬叙州。後仍陞宣撫司，屬川南道，司治舊在馬口崖，即宋乾德所改也。開熙間，遷於界首。國初土官禄照因蠻夷千户所舊址遷焉。環城皆山，疊翠如屏，紅崖鎮北，漁溪横南，亦山水之匯也。

唐書：天寶載伐南詔，由西路進，起瀘州，泝永寧，走赤水，達曲靖。曲靖，古味縣也，設郵傳自元始。志云，普市驛在司東五十里，摩尼驛在南九十里，又五十里爲赤水驛，又四十里爲阿永驛。赤水有衛，普市、摩尼有千户所，皆屬黔。

土夷考云，衛西至納谿縣，南至鎮雄府，各四百里，北至合江縣百六十里，東至播州界二百五十里。職官宣撫仍舊，加設土官同知一人，流官經歷、教授、税課局、遞運所大使各一人，并九姓、太平二長官司，編户七里。其風俗，刻木爲信，巢居箐寨，不事商賈，惟務農業。垂髻跣足，懸帶弓弩。巴蜀耆舊志云，永寧，即古寧州，極西南有閩濮、鳩獠、僄越、躶濮〔一九〕、身毒之民。土地沃腴，黄金、光珠、琥珀、翡翠、孔雀、犀象、蠶桑、綿絹、綵帛、文綉。又有貊獸食鐵，猩猩能言，其血可以染朱罽。有大竹，名濮竹，即相去一文，受一斛許。

志云，赤水河源出芒部水腦澗，流經司東南，遶赤水衛。衛東二十里有雪山，窮冬積雪，夏至方消。

沽溪在司南半舍，源出蠻界，流入漁漕溪，溪在九姓司東馬口崖下。

司北有海漫山，延袤八十餘里，起伏不絶，如海之汗漫，故名。西北兩舍，有高瀑自山頂飛來，如匹練也。西南一山，圓瑩如珠，曰西珠山。有仙婆墓，在西山烏降山下銅鼓溪崖，相傳有女子名滿者，有道行，及笄不字，能前知吉凶，卒葬於此。

九姓長官司唐宋以前俱蠻地，元立夷民羅黨九人爲總把，至元初，稱爲九姓羅氏黨蠻夷長官千户，國初改九姓長官司，編户五里。

初，宣撫奢效忠名其妻曰世統，妾曰世續，而無子，取親枝崇禮者撫之。萬曆十九年，世續鳩崇禮，據印自官，又養水西安疆臣妻弟阿利爲子。世統争之，兵連禍結，且二十餘年。後以崇禮之弟崇明嗣其官，追印畀之，而印寔爲安堯臣携之鎮雄矣。三十五年，都司僉書張神武質世續於庭，而印不可得，遂拘繫之。惡目閻宗傳等請兵水西，來襲永寧，城中有備，不得志，而移禍於摩尼、普市二所，焚劫殆盡。摩、普乃屬黔省，怨蜀甚，而大中丞喬公惡堯臣之黨惡也，動大兵以驅之，詳見鎮雄下，藺局亦從此結矣。

上川東

遵義道開府夜郎，與總戎同城而居。近以建南有事，大將軍移鎮，以遊擊一員代，其他材官將領各有差。歲抽通省民兵五千名，斂其食餉而已。説者謂蕩平既久，當以播供播，勿煩内地爲也。然盈庭不決，則任事之難耳。

漢書：南夷君長以十數，夜郎最大，在蜀郡徼外〔二〇〕，其國臨牂牁江，江廣數里，出番禺城下。按戰國時，楚頃襄王將莊蹻從沅水伐夜郎君，至且蘭，椓船於岸而步戰。既滅夜郎國，因留王滇池，以且蘭有椓船牂牁處，乃改其名爲牂牁。牂牁，繫船筏也。武帝時，使唐蒙通夜郎國，於是以夜郎旁小邑立犍爲郡，戍轉相饟。數歲，士罷餓離暑濕，死者甚衆。西南夷又數反，發兵興擊，耗費無功。帝患之，使公孫弘往視問焉。還，言其不便，乃且罷，獨置南夷兩縣一都尉。元狩元年，張騫言使大夏時，見蜀布、邛竹杖，問所從來，曰從東南身毒國，可數千里，得蜀賈人市。或聞邛西可二千里，有身毒國。於是乃令王然于、柏始昌等間出西南夷，往身毒國。至滇，道皆爲昆明所閉，莫能通身毒。及南越反，上使發南夷兵。且蘭君小邑，乃與其衆反。漢發巴蜀校尉擊破之，遂平南夷爲牂牁郡。夜郎侯始倚南越，南越滅，恐懼，遂入朝，封爲夜郎王。昭帝始元元年，牂牁、談指、同並等二十四邑，凡三萬餘人，皆反，遣水衡都尉發蜀郡犍爲兵擊牂牁，大破之。後姑繒、葉榆人復反，鈎町侯亡波率其人擊之，有功，漢立亡波爲鈎町王。至成帝和平中，夜郎王興、鈎町王禹、漏卧侯俞更舉兵相攻，牂牁太守請發兵誅興等。漢以道遠不可擊，遣太中大夫張匡持節和解，並不從。杜欽説王鳳曰：「匡使和解蠻夷，王侯不從，不憚國威，其效可見。恐議者選愞，復守和解。太守察動靜有變，迺以聞。如此，則復曠一時，王侯得收獵其衆，申固其謀，黨助衆多，各不勝忿，必相殄滅。自知罪成，狂犯守尉，遠藏濕暑毒草之地，雖有孫吴將、賁育士，若入水火，往必焦没，智勇亡所設施。屯田守之，費不可勝量。宜因其罪惡未成，不疑國家加誅，陰勑旁郡守尉練士馬，大司農先積調，各積要害處，選任職太守往，以秋涼時入，誅其王侯尤不軌者，即以爲不毛之地，亡用之人，信不勞中國，宜罷郡，放棄其人，絶其王侯勿復通。如以先帝所立，累世之功，不可隳壞，亦因宜其萌芽，早斷絶之。及以成形，然後興師，則萬姓被害矣。」鳳於是薦陳立爲牂牁太守，至牂牁，乃從吏數十人出行縣，召興，興將數千人往，立數責，因斷興頭，出曉其衆，皆釋兵降。興子邪務收餘兵，迫脅旁二十二邑反，立又擊平之。

華陽國志，元鼎二年，開牂牁郡，屬縣十七，户六萬。及晉，屬縣四，户五千而已。公孫述時，三蜀大姓龍、傅、尹、董氏與牂牁功曹謝暹保郡，聞世祖在河北，使使由番禺江出朝貢，世祖嘉之，號爲義郎。按遵義之名始此。方輿云，遵義軍俗以射獵伐山爲業，信巫鬼，重謡祝，好詛盟，外癡内黠，安土重舊。凡交易，刻木爲書契，結繩以爲數，其桀黠能言議屈服種人者，謂之耆老。其婚姻以銅器、氊刀、弩矢爲禮，其燕樂以銅鑼、鼓、横笛歌舞爲樂。其所居無城池之固，架木爲閣，聯竹爲壁，開窻出箭，以備不虞，出入佩刀弩自衛。至與華人交易，略無侵犯，有禮義之風。凡賓客聚會，酋長乃以漢爲貴。其民端龐淳固，以耕殖爲業，天資忠順，悉慕華風矣。寰宇記云，西南諸夷，漢牂牁郡地，唐置費、珍、莊、琰、播、郎、牂、夷等州，按播州之名始此。其地北距充州百五十里，東距辰州二千四百里，南距交州千五百里，西距昆明九百里。無城郭，散居村落。土熱多霖雨，稻粟皆再熟，無徭役。隋大業末，首領謝龍羽據其地，勝兵數萬人。四夷述云，牂牁蠻姓謝氏，舊臣中國，世爲本土牧守。隋末大亂，遂絶。唐武德二年，其酋領謝龍羽遺使朝賀，授牂州刺史，封夜郎公，勝兵戰士數萬。於是列其地爲牂州，屬黔中羈縻，後爲正郡。

寰宇記云，牂州轄三縣：曰建安，即州理；曰賓化；曰新興。其地與播州同。唐書：武德二年，立充州，因是置播、牂等郡。梁氏十道志云，開元初，猶有此郡，後之郡國記録，乃無此名。寰宇又云，充州，牂牁都尉居之，縣有梓潼、底水、思王、思渝。歷代史云，充州在牂州北百十里，開元二十五年，其酋趙君道來朝。王建僭僞，不通中國。首領五姓，龍、方、張、石、羅，而龍氏最大。後唐天成二年，牂牁清州刺史宋朝化等來朝。其後孟知祥據西川，復不通。乾德三年，平孟昶。五年，知西南夷南寧州蕃落使龍彦瑫等遂來貢，詔授彦瑫歸德將軍，南寧州刺史，蕃落使。開寶四年，彦瑫卒，子漢瑭嗣，詔襲父職。太平興國五年，夷王龍瓊琚遣子并諸州蠻七百四十四人以方物名馬來貢。雍熙二年，夷王龍漢璿自稱權南寧州事兼番落使，遣牂牁諸州酋長來獻方物名馬，并上蜀孟氏所給符印，授漢瓊歸德將軍、南寧州刺史。其後夷王龍漢興〔二二〕、龍漢瑤相繼遣使貢方物，授漢瑤寧遠大將軍，封歸化王〔二三〕。景德四年，西南蠻羅甕井都指揮使顔士龍等來貢。士龍種落遐阻，未嘗來朝，今始至，詔館餼賜予如高溪。

播州志云，唐末，南詔陷播州，太原人楊端應募復之，遂有其地。四傳至楊貽，無子，維時宋益州刺史楊延昭之子充使廣西，與貽通譜，以其子貴遷後之。從狄青南征楊文廣，即延昭之孫也。在播州者，傳至粲而益大，鑑乃其裔云。

四夷述云，東謝蠻渠帥姓謝氏，南蠻別種，在黔州之西數百里，地方千里，有酋長，即謝元深也。其一族不能女，自云高姓，不可下嫁。唐貞觀三年，元深入朝，冠烏熊皮冠，若今之旄頭，以金絡額，披毛帔，韋皮行縢而著履。時中書侍郎顔師古奏言：「昔周武王天下太平，遠國歸欵，太史乃集其事爲王會篇。今萬國來朝，至如此輩章服，實可圖寫，今請撰王會圖。」詔從之。開其地爲應州，隸黔州都督府。南謝首領謝彊與西謝蠻鄰接，與元深俱來朝，拜爲南壽州刺史，後改爲莊州是也。其地宜五穀，無文字，刻木爲契。散則山谷倚樹爲巢，居無賦税之事，皆自爲生業，刀劍不離其身。男女椎髻，以緋束之，後垂向下，冠熊皮，披猛獸革。南接守宮獠，西連夷子，北至白蠻。按南壽州，即分牂牁所者。或云，楚威王時有莊蹻，將甲士二萬人入牂牁，故取「莊」爲州名。開元十道記有此郡額，後之志録并廢。元領縣八，皆貞觀以來相次建置，永徽以後併省，其名曰：石牛、南陽、輕水、多樂、樂安、石城、新安、賓化。

四夷述又云，西趙蠻在東謝之南，并南蠻別種，其界山洞深阻，莫知里數，南北十八日行，東西二十三日行。趙氏代爲酋長，有萬餘户，自古不臣中國。唐貞觀三年，遣使入朝。至二十一年，於此置明州，其地東至夷子，西至昆明，南至西洱河，土俗與東謝同。唐史：貞元十三年，西南蕃大首領、正議大夫、檢校蠻州長史、繼襲蠻州刺史、資陽郡開國公宋鼎，左右大首領、朝散大夫、前檢校卭州刺史謝汕，右大首領、繼襲攝蠻州巴江縣令宋萬傳，界首子弟大首領、朝散大夫、牂牱録事參軍謝文經。黔中經略招討觀察使王礎奏〔一三〕：「前件刺史，建中三年一度來朝賀，貢方物，自後不令隨例入朝。今年懇訴，稱與牂牱同被聲教，獨此排擯，自慚恥，謹隨牂牱等朝賀。伏乞特賜優諭，兼同牂牱刺史等授官。其牂牱蠻兩州户口殷盛，人力强大，鄰側諸番，悉皆敬憚。請此二州，每三年一度朝賀，仍依牂牱例，輪還差定，以才幹位望爲衆所推者充之。」勑旨：「宋鼎已改官訖，餘並依奏。」

寰宇記曰，唐時黔州都督府管播州下五十三州：曰南寧州，本清溪鎮，唐末置，在黔州西南二十九日行，從南寧州至羅殿王部落八日行，與雲南接界。曰充州、曰琰州、曰犍州、曰莊州、曰明州、曰牂州、曰矩州、曰清州，凡九州，每年朝貢。曰牱州、襲州、峩州、蠻州、邦州、鶴州、勞州、羲州、福州、鼓州、儒州、鸞州、令州、郝州、普寧州、總州、郍州、勳州、功州、敦州、候州、晃州、茂龍州、整州、懸州、樂善州、契州、添州、延州、雙城州、訓州、鄉州、撫水州、思源州、逸州、殷州、南平州、盧州、姜州、稜州、鴻州、和武州、暉州、亮州，凡四十四州，洞內羈縻而已。

土夷考云：東至偏橋衛，南至養龍坑，楚、黔二省界，西至瀘州合江縣，北至重慶綦江縣，俱川省界，此今之播州也。明興，楊鑑率衆歸附，以其地爲播州宣慰司，授鑑宣慰使，領播州、餘慶、白泥、容山、真州、重安六長官司，草塘、黃平、甕水三安撫司。自鑑至相，十世矣。嘉靖十七年，楊相父子争職，議勘，相不敢入播，客死水西。萬曆元年，楊應龍襲職，即相之子也。世有逆德，應龍淫殺無忌。初，黃平、草塘、白泥、餘慶、重安五司，凡承襲表箋須宣慰司印文乃達，往往索賄無厭，此釁端所由起。又其地有七姓之民，應龍寄以腹心，七姓又藉龍爲奇貨，縻費金錢累巨萬。久之，龍覺其欺，乃稍稍收其權，遂交讐怨，七姓叩閽鳴冤，且反噬龍矣。應龍娶妻張氏，失寵，其族弟瑞龍聘田氏，應龍强委禽焉。萬曆十五年，田氏生子方彌月，與應龍在室共語，族弟繼龍偶入户，遁去，應龍見而立斬之。田氏曰：「妾非張，何例視我？」應龍怒曰：「我不殺此奴，今效尤耶？」乃立殺張首，併剮張之母等。張閤族奏應龍殺妻併妻母兄弟等命，下川貴勘處，應龍初亦抗拒不出，已聞議撫，乃俛首出聽勘。勘龍革任，罰贖金四萬，免死。會朝鮮告急，應龍計以征倭贖前愆，朝廷可其奏，遂得解網，然疑畏日甚，進退維谷。二十三年，應龍子以贖金未完，死渝州獄中。應龍親率蠻兵、駈僧千餘至，發喪。二十六年，托獻大木，所過無不殘滅。

朝議應龍雖經勘問，皆務姑息，非鎮攝蠻夷之策。於是天子赫然震怒，命將興師，大集三省之兵，猛將謀臣星聚雲合，而又特遣總制侍郎邢玠以臨之貴州，支可大撫湖廣，江鐸撫偏橋，李化龍總督川貴、湖廣之師，會軍重慶府。二十七年正月進兵。六月初六日，破海龍囤。二十一日，俘入重慶，死於途。事平，剖播爲二，四川遵義府屬三縣一州，貴州平越府屬四縣一州，改流設官，詳平播全書中。

土夷考又云，播州長官司治附郭，長官王姓，其地左抵永安驛，右抵海龍囤，間雜楊氏腹裏。播事訌，長官王積禄甘爲應龍死黨，亦其勢不得不爾。今多屬遵義縣，夷漢民各半。

餘慶長官司在司南百六十里，元至正間，毛呰從宣慰楊加禎征蠻有功，授校尉本部長官，後改爲餘慶州，俾毛氏世爲土知州，本朝仍爲長官司。其地接連播州七牌苗巢，左抵湄潭，右抵雍水，上達烏江，下至岑黄，於播最近。楊氏不靖，毛匪寧宇焉。蕩平後，改餘慶縣，屬貴州平越府。

白泥長官司在司東南三百里，宋景定中，楊萬從征八播蠻有功，授白泥長官。元改爲白泥州。本朝復改長官司。其地上抵草塘，下抵偏橋，鎮遠帶其左，黄平列其右，土田闊饒，士馬强健，實甲諸司，與楊氏不睦，七姓之一也。

容山長官司在司東三百二十里，長官張姓，其地界湖貴間，於八司中獨爲外服，溪山荒曠，土田鹵瘠，中國商販不到。其人以射獵爲生，以劫殺爲業。自嘉靖間，爲臻洞苗所殘破，數十年來，民夷鴽鶩，土田荒蕪，長官不能治也。舊有湄潭驛，蕩平後，改湄潭縣，屬貴州平越府。

真州長官司，今改真安州，詳見名勝。

重安長官司在司東南四百里，宋元黄平府地。國初頭目張佛保招撫苗蠻有功，授正長官。馮鐸從宣撫楊鑑征麻哈有功，授副長官。多生苗去播最遠，原屬黄平，故知有黄平，不知有播。圖經：其地東至宣化司界，北至楊義司界，各二十里。南至凱里司界十里。西至清平縣界五里。

草塘安撫司在司東二百二十里，介甕水、黄平之間其地環江，土饒裕，頗有華風。宋咸淳間，有雲貴者商賈入滇〔二四〕，因邊警，投楊宣慰邦憲爲頭目。元世祖時，雲貴孫邦佐有戰功，授都匀軍民府知府，始有草塘地。國初，宋顯威從楊鑑歸附，改授安撫。其地東至黄平司椒溪、暖水界，西至高平、甕水二司界，南至平越衛界，北至播州楊梅、浪于界。

黄平安撫司在司東南三百里，舊爲黄平府，實楊鎮子孫世守之。元世祖時，黄平蠻叛，楊宣慰漢英討平，其將羅季明功多，遂以土授羅氏，改隸播州。洪武初，羅鏞從楊鑑歸附，授黄平安撫。其地廣饒險固，有城垣足據，扼雲貴之門户，爲諸司之襟帶，蓋西南一要境。舊設通判一員，總轄諸司。又設千户所駐劄司城，聽通判調用。城中夷漢雜處，昔楊酋不道，首與爲難者也。其地東至湖廣偏橋衛五十里，西至貴州平越衛，南至清平衛，各三十里，北至白泥司界百五十里。蕩平，改黄平州。

甕水安撫司在司東一百二十里，宋紹熙間開設，長官猶姓，景定中進士猶道明，播人，蓋其族也。洪武初，猶恭歸附，授安撫，密邇於播，亦與楊酋交惡。其地東至播四牌界二十里，西至黄灘關十五里，南至水西界二十里，北至麻子水界二十里。蕩平，改甕安縣，屬平越府。

南平　平茶　邑梅　酉陽

史記：高帝爲漢王，發夷人還伐三秦。秦地既定，乃遣還巴中，復其渠帥羅、朴、昝、鄂、度、夕、龔七姓，不輸租税，餘户乃歲入錢，口四十。宋史：渝州蠻者，古板楯七姓蠻，唐之南平獠也。其地西南接烏蠻、昆明、哥蠻、大小播州，部族數十居之。治平中，熟夷李光吉、梁秀等三族據其地，各有衆數千家，間以威勢脅誘漢户，有不從者屠之，没入土田，往往投充客户，謂之納身，税賦皆里胥代償。藏匿亡命，數以其徒僞爲生獠，劫掠邊民，官軍追捕，輒遁去，習以爲常。密賂黠民，覘守令動静。稍築城堡，繕器甲，遠近患之。熙寧三年，轉運使孫固、判官張詵使兵馬使馮儀、弁簡、杜安行圖之，以禍福開諭，因進兵復賓化砦，平蕩三族，以其地賦民，凡得租三萬五千石、絲綿一萬六千兩。以賓化砦爲隆化縣，隸涪州，建榮懿、扶歡兩砦。其外銅佛壩者，隸渝州南川縣。地皆膏腴，自光吉等平，他部族據有之。朝廷因補其土人王才進充巡檢，委之控扼。才進死，部族無所統，數出盜邊。朝廷命熊本討平之，建爲南平軍，以渝州、南川、涪州、隆化隸焉。

渝州志云，黔涪徼外有西南夷部，漢牂牁郡，唐南寧州、牂牁、昆明、東謝、南謝、西趙、充州諸蠻，相爲聯屬。宋初以來，有龍蕃、方蕃、張蕃、石蕃、羅蕃者，號五姓蕃，皆常奉職貢受爵命。治平四年十二月，知靜蠻軍、蕃落使、守天聖大王龍異閣等入見，詔以異閣爲武寧將軍，其屬二百四十一人各授將軍及郎將。熙寧元年，有方異現，三年，有張漢興，各以方物來獻。授異現靜蠻軍，漢興捍蠻軍，並節度使。六年，龍蕃、羅蕃、方蕃、石蕃八百九十人入覲，貢丹砂、氈馬，賜袍帶、錢帛有差。其後比歲繼來，龍蕃衆至四百人，往返萬里。神宗憫其勤，詔五姓蕃五歲聽一貢，人有定數，無輒增。及別立首領，以息公私之擾，命宋敏求編次諸國貢奉録，客省、四方館撰儀，皆著爲式。元豐中，張蕃乞添貢奉人至三百，詔不許。故事以七十人爲額，不許。七年，西南程蕃乞貢方物，願依五姓蕃例注籍，從之。元祐二年，西南石蕃石以定等齎表，自稱「西平州武聖軍」。禮部言，元豐著令，以五年一貢爲限，今年限未及。詔特令入貢。五年，八年，紹聖四年，龍蕃皆貢方物。龍氏於諸姓爲最大〔二五〕，其貢奉尤頻數，使者但衣布袍，至假伶人之衣入見，蓋實貧陋，所冀者恩賞而已。元符二年，又有牟爲蕃入貢，詔以進奉人韋公憂、憂市、公利等爲郎將。諸蕃部族數十，獨五姓最著，程氏、韋氏比附五姓，號

「西南七蕃」云。

酉陽宣撫司

隋圖經集語云，黔中是武陵郡酉陽地。按漢酉陽在今溪州大鄉界，與黔州約相去千餘里。今之三亭縣西百九十餘里，别有酉陽城，乃劉蜀所置，非漢之酉陽也。貞觀地志言，劉蜀所置酉陽爲漢酉陽，蓋誤認漢涪陵之地也。

寰宇記云，酉陽，古蠻夷地，春秋屬楚地，秦昭王取之，隸黔中郡。漢以酉陽縣地置武陵郡，尋置牂牁郡。吴分置黔陽郡。隋以縣屬巴東郡。唐武德初，徙縣治務川。四年，招慰司冉安昌以務川當牂牁要路，須置郡以撫之，復於縣理置務州，領務川、涪川、扶陽三縣。至貞觀元年，以廢夷州之伏遠、寧夷、思義、高富、明陽、丹川六縣，廢思州之丹陽、城樂、感化、思王、多田五縣來屬。其年，省思義、明陽、丹川三縣〔二六〕。二年，又省丹陽一縣。四年，改務州爲思州，以界内思邛水爲名。其年，以涪川、扶陽二縣，八年，又以多田、城陽二縣俱割入費州，又廢感化縣。十年，又以高富縣割入黔州。十一年，又省伏遠縣，但領務川、思王、寧夷三縣。開元四年，又以州東立思邛縣。二十五年，割寧夷縣屬夷州。天寶元年，改爲寧夷郡。乾元元年，復爲思州。黄巢之亂，酉陽蠻叛，駙馬冉人才征之有功，留守其地。五代時，中國無主，冉氏遂據之。按志，宋政和六年，復於務川縣置思州，領縣三，酉陽隸焉。復陞爲州，知州冉守忠善於撫字，酉人懷之。

元季冉氏世知本州。明玉珍僭據，以酉陽州爲沿邊溪洞軍民宣慰司。國朝洪武初，冉如彪納土歸附，仍爲酉陽州，後陞爲酉陽宣撫司。令冉氏子孫世襲，領石耶洞長官司。永樂中，改隸重慶府。建立學校，俾漸華習，三年入覲，十年大造，略比諸郡縣。

志云，司西北百八十里酉陽山，入黔江縣界。郡國志云，小酉山入龍標界，即王昌齡謫處也。水經註云，酉水北岸有黚陽縣。許慎曰，温水南入黚，蓋鼈水以下津流注之通稱，故縣受名焉。西鄉溪口在遷陵縣故城上五十里，左合酉水，酉水又東際其故城北，又東逕酉陽故縣南而東出也。兩縣相去水道可四百許里，於酉陽合。志云，司東南九十里三江山，江源出酉陽，與二小溪會合平茶水東注辰州大江〔二七〕。

其地廣袤七百里，東至保靖宣撫司界，西至彭水縣界，南至平茶長官司及思南、沿河界，各三百里，北至大田軍民千户所界四百里。當思南之要衛，接荆湘之邊境，山磎阻深，易爲憑借，古號難治。人分三種：曰犵獠，曰冉家，曰南客。暖則捕獵山林，寒則散處巖穴，借貸以刻木爲契，婚姻則累世爲親。編户十三里，其屬有九溪十八洞蠻，惟是九江、後溪西南一帶，近爲鎮筸苗殘破，境土日削，莫克恢復，常告急於我焉。

石耶長官司，酉陽屬地也。先朝自宋楊昌安者竊據其地，昌安，太原楊業之裔，宣和間征伐有功，蠻人畏服，因世爲石耶土知府。洪武初，楊金隆歸附，改立長官司，設長官二員，皆楊氏世職。别設流官吏目一員，主其租税。附庸酉陽覲貢，不親至京師。人織斑布以爲衣，佩長刀而捕獵。編户二里，鎮蠻洞而帶五溪，連黔彭而接荆楚，東至石凱子界，西至平茶司界，南至邑梅沙子凹，北至酉陽石閑囤，與鎮筸苗密邇，地勢孤懸，不減於二酉也。

志云，石耶人呼石版爲巴墳，治南一里巴墳山，言此山多版石也。又二里有石崖，土人呼爲密那厓，厓下有洞，世傳有道人修行其中，每以餅餌獻遊者，在洞中猶見熟麵，持出洞外，則石矣。

平茶長官司

秦屬黔中郡。三國屬吴，爲黔陽縣地。隋屬巴東郡。唐武德初，屬思州。天寶間，屬寧夷郡。五代陷於番。宋政和間，始得其地，置平茶洞。元初改溶江、芝子、平茶等處長官司，隸思州安撫司，以其地授楊大雷爲土知府。洪武間，楊抵剛歸附，改授長官司，隸酉陽宣撫，後改隸渝州，覲貢賦税，大略與酉陽同。編户三里，所屬有五種夷，言語侏離，性好捕獵，火炕焙穀，野麻緝布，巫禱治病，歌唱送殯，號爲南客。

其地廣袤一百二十里，東至石耶長官司界一十里，西至貴州烏羅長官司界一十里，南至洞仁府界一百里，北至酉陽宣撫司界五十里。以二酉爲藩籬，石耶爲襟帶也。

志云，治南諸葛洞，相傳武侯征九溪蠻，信宿洞中，石床存焉。又云，侯於洞中以一握粟秣馬，化爲石粟，至今神之。西三十里白崴山，高聳插天，土人言此山白則有年，積雪爲白也。山之水，一流入東南，名哨溪，以溪聲如鳴哨；一流入西南，爲滿溪，以其水常溢不流。治北有高秀山，丹崖翠壁，望如畫圖，土夷考所謂「地多秀山，聳插翠雲」者矣。其人驍悍善戰，萬曆初年馬湖之役，長官楊光祖之功爲多。

邑梅長官司

宋末，太原楊光甫據其地。元改爲拂鄉，以楊氏爲土知府。明玉珍僭據，改爲邑梅沿邊洞軍民府。洪武初，楊金奉歸附，立爲長官司，編户五里，初隸酉陽，永樂初，改隸渝州。

其地廣九十里，袤三百三十里，東至湖鎮溪千户所界七十里，西至貴州烏羅長官司界二十里，南至平頭著可長官司界一百里，北至酉陽宣撫司界一百三十里。其人語異蠻音，衣穿斑布，用木浪槽爲臼而舂稻粱，瀝苦蒿水代鹽而鮓宿肉。婚姻以牛隻爲等，疾病以巫祝爲醫。競私鬬，昧公義，雖有勇敢，徒以階亂，然不能禁箄苗之蠶食也。志云，司西南六里壽山，林木叢茂，屹立層漢，蒼煙翠靄，四時不凋。東三里黄牛山，相傳土官楊四舟高殿始自烏羅過此，見土地膏腴，宜耕稼，因喜，椎黄牛以享衆，故名司。南八里有韭山，昔人遺韭於山顛，因蕃衍，生韭長丈餘，四時皆有，土民採食之。西北二十里凱歌河，行者至此，必謳而渡，俗呼凱過河，河干有凱子寨焉。

石砫宣撫司

秦屬黔中郡，漢置牂牁郡，晉析爲夜郎郡。寰宇記：夜郎郡有且蘭縣，漢武時，使發南夷兵征南越，且蘭不從，乃反。漢發巴蜀校尉擊破之，遂平南夷，以爲牂牁郡。樂史註云，今涪州之義泉郡也。後周於石砫地置施州。唐改爲清江郡。方輿勝覽：施州，東晉末，桓元誕竄太陽蠻中，築城臨施水，號施王城，子孫襲王。至後周保定初，平之，以其地置施州，而清江郡隸焉。州乃施王之餘址，故以爲名，尋改爲亭州，又改爲庸州，又爲清江郡，恭帝復置施州。土夷考：唐改施州爲清江郡，宋改清江爲南賓縣。按唐武德二年，分浦州武寧縣西界，置南賓縣，屬忠州也。武寧今改巡檢司，在司北百里外。

志云，司東北百四十里有山，形如張蓋，俗曰石涼傘，即石幢之説也。按寰宇記，牂州有建安縣，漢牂牁郡也，有高連、石門、四十九頭、木瓜諸山，有古牂牁郡城。華陽國志云，牂牁郡上當天井，故多雨潦，今有古城在郡西，即漢天復之時所保於此，有石潼關。華陽國志云，且蘭縣西南有地，名石潼關、柱蒲關。漢書亦云，牂牁郡有柱蒲關。名砫之名本此。

志云，司治南百五十里大峯門山，兩崖壁立，中通行人，有古壘。按方輿勝覽，東門山在歌羅寨西北五十里，東即夜郎故地，古來夷夏分界，入貢之門户也。又云，竹王祠在歌羅寨西北五十里東門山，崇寧間，賜「靈惠」廟額。歌羅寨，本夜郎縣，唐置珍州。乾德四年，蠻酋珍州刺史田景遷内附，納土以酉江爲界，自是酉江以北，所謂夜郎縣故地，盡入施州矣。竹王，即夜郎侯也。

勝覽又云，施州驛北有馬公泉，未詳。志云，司西北二百里外有馬頭山，山頂有馬黄廟，祝馬伏波、黄山谷處。蓋山谷入黔州安置，取道施州，故人慕而祠之。

其封域東至黔江縣界二百里，西至酆都縣界，南至武隆縣界，各百七十里，至忠州界百二十里，編户三里。其民悍而好鬭，兵馬稱强，間有所調遣，輒踴躍趨赴。輿地紀勝云，施之地，雖雜夷落，猶近華風，故鄉音則蠻夷巴書漢，言語相混。其山岡砂石，不通牛犁，唯伐木燒畬以種五穀，隆冬可單，盛夏可裌矣。

方輿考云，施州蠻者，夔路徼外熟夷，蓋唐彭水蠻也。咸平中，施蠻嘗入寇，詔以鹽與之，且許其以粟轉易，蠻大悦，自是不爲邊患。後因饑，又以金銀倍實直，質於官易粟，官不能禁。熙寧六年，詔施州蠻以金銀質來者估實值，如七年不贖，則變易之，著爲令。熊本經制淯井事，蠻酋田現等内附，施黔比近蠻，子弟精悍，戰鬭趫捷，朝廷嘗團結爲義勝軍。其後瀘州、淯井、石泉蠻叛，皆獲其用。

夢溪筆談：忠、萬間夷人，祥符中嘗寇掠，邊臣苟務懷來，使人招其酋長，禄之以券粟。自後有效而爲之者，不得已，又以券招之。其間紛争者，至有自陳：「若某人纔殺掠若干人，遂得一券，我凡殺兵民數倍之多，豈得亦以一券見給？」互相計較，爲寇甚者，則受多券。熙寧中，曾之，前後凡給四百餘券，子孫相承，世世不絶。因其爲盜，悉誅鋤之，罷其舊券，一切不與。自是夷人畏服，不復犯塞。渝州志云：宋景定中，蠻酋大蟲馬什用同向士壁率師大敗元兵，繼平九溪洞夷，授鎮國上將軍，領銅牌鐵印，石砫安撫司大使，世守其土。元改石砫軍民府，尋陞安撫使司。後以生夷作亂，爲定虎什用獲，受賞，改陞石砫宣撫使司。明玉珍僭據時，爲先納牌印，授石砫安撫司。國朝洪武七年克復，安撫使馬克用出降，次年陞石砫宣撫，管轄土民，世襲，隸重慶。嘉靖四十二年，改隸夔州。

土夷考云，施州忠路安撫司，本石砫馬氏姻戚，因争邊界，搆殺不休。蓋馬氏内不和於妻子，外不睦於族人，讐殺訐奏，動尋干戈，非一日矣。近又與其同知陳思虞訐奏，繫夔獄中未結。

經略志云，重、夔二府所轄播酋石砫等土司及黔江、武隆、彭水、忠、涪、建、始、奉節、巫山、雲、萬等十州縣，皆稱關徼，與湖廣施州衛所轄散毛、施南、唐崖、忠路、忠建、忠孝、容美等土司之地鷄鳴相聞，犬牙交制。弘治元年，於達州設兵備副使，統轄重、夔、黔江等地及湖廣、瞿塘、施州等衛所。正德間，藍鄢作亂，調各土司征勦，因而覘知蜀道險易，居民村落，不時出没行劫。施衛官旗貪其子女財帛之遺，相與表裏爲姦，違例婚媾，故諸夷得逞焉。嘉靖十年，於黔江千户所、散毛宣撫司中界設立老膺等三關五堡。二十年，川湖會題，設九永守備官一員，於施衛駐劄，俾其約束兩省徼上夷司，川湖守巡得胥節制之。

北史：後周恭帝二年，巴西人譙淹扇動群蠻以附梁，蠻師向鎮侯、向白虎等應之，向五子王又攻陷信州，田烏度、田唐等抄斷江路。文子榮復據荆州之政陽郡，自稱仁州刺史，并鄰州刺史蒲微亦舉兵逆命。詔田弘、賀若敦、潘和、李遷哲等討破之。周武成初，文蠻州叛，州軍討定之。尋而再令賢、向五子王等又攻陷白帝，殺開府楊長華，遂相率作亂，前後遣開府元契、趙剛等總兵出討，雖頗翦其族類，而元惡未除。天和元年，詔開府陸騰督王亮、司馬裔等討之。騰水陸俱進，次於湯口，先遣喻之。而令賢方增浚城池，嚴設扞禦，遣其長子西黎、次子南王領其支屬，於江南險要之地置立十城，遠結涔陽蠻，爲其聲援。令賢率其卒固守水邏城。騰乃總集將帥，謀進趣，咸欲先取水邏，然後經略江南。騰言於衆曰：「令賢内恃水邏金湯之險，外託涔陽輔車之援，兼復資糧充實，器械精新，以我懸軍，攻其嚴壘，脱一戰不剋，更成其氣，不如頓軍湯口，先取江南，剪其毛羽，然後遊軍水邏，此制勝之計也。」衆皆然之。乃遣開府王亮率衆渡江，旬日，攻拔其八城，凶黨奔散，獲賊帥冉承公并生口三千人，降其部衆一千户。遂簡募驍勇，數道分攻。水邏路經石壁城，險峻，四面壁立，故以名焉。唯有一小路，緣梯而上，蠻蜑以爲峭絶，非兵衆所行。騰被甲先登，衆軍繼進，備經危阻，累日乃得舊路。且騰先任隆州總管，雅知其路。蠻帥冉伯犂、冉安西與令賢有隙，騰乃招誘伯犂等，結爲父子，又多遺錢帛〔二八〕，伯犂等悦，遂爲鄉導。水邏側又有石勝城者，亦是險要，令賢使其兄龍真據之。騰又密告龍真云，若平水邏，使其代令賢處之。龍真大悦，遣其子詣騰，乃厚加禮接，賜以金帛。蠻貪利既深，仍請立効，乃謂騰曰，欲翻所據城，恐人力寡少，騰許以三百兵助之。既而遣二千人銜枚夜進，龍真力不能禦，遂平石勝城。晨至水邏，蠻衆大潰，斬首萬餘級，令賢遁走而獲之。司馬裔又别下其二十餘城，獲蠻帥并三公等。騰乃積其骸骨於水邏城側，爲京觀，後蠻蜑望見，輒大哭，自此狠戾之心輟矣。時向五子王據石墨城，令其子寶勝據雙城。水邏平後，頻遣喻之，而五子王猶不從命。騰又遣王亮屯牢坪，司馬裔屯雙城以圖之。騰慮雙城孤峭，攻未可拔。賊若委城遁散，又難追討。乃令諸軍周迴立栅，遏其走路，賊乃大駭，於是縱兵擊破之，禽五子王於石墨，獲寶勝於雙城，悉斬諸向首領，生禽萬餘口。信州舊居白帝，騰更於劉備故宮城南八陣之北，臨江岸築城，移置信州。又以巫縣、信陵、秭歸並築城置防，以爲襟帶焉。天和六年，蠻渠冉祖熹、冉龍驤及反，詔大將軍趙誾討平之。自此蠻群慴息，不復爲寇。

川北

板楯蠻

華陽國志：秦昭襄王時，白虎爲害，自秦、蜀、巴、漢患之。秦王乃重募國中有能煞虎者，邑萬家，金帛稱之。於是夷朐忍廖仲、藥何、射虎秦精等乃作白竹弩於高樓上，射虎，中頭三箭，白虎常從群虎，瞋恚，盡搏煞群虎，大呴而死。秦王嘉之曰，虎歷四郡，害千二百人，一朝患除，功莫大焉。欲如要，王嫌其夷人，乃刻石爲盟要，復夷人頃田不租，十妻不算，傷人者論，煞人者顧死倓錢。盟曰：「秦犯夷，輸黄龍一雙；夷犯秦，輸清酒一鍾。」夷人安之。漢興，與閬中范目從高祖定秦有功，高祖因復之，專以射白虎爲事，户歲出賨錢口四十，故世號白虎復夷，一曰板楯蠻，今所謂弜頭虎子者也。順、桓之世，板楯數反，太守蜀郡趙温恩信降服，於是宕渠出九穗之禾，朐忍有連理之木。光和二年，板楯復叛，攻害三蜀、漢中州郡，連年苦之。遣御史中丞蕭瑗督益州兵討之，連年不克。天子欲大出軍，時征役疲弊，問益州計曹，考以計略，益州計曹掾程包對曰：「板楯七姓以射白虎爲業，立功先漢，本爲義民，復除徭役，但出賨錢口歲四十。其人勇敢能戰，昔羌數入漢中，郡縣破壞，不絶若綫。後得板楯來，虜彌盡，號爲神兵，羌人畏忌，傳語種輩，勿復南行。後建寧二年，羌復入漢，牧守遑遑，復賴板楯破之。若微板楯，則蜀漢之民爲左衽矣！前車騎將軍馮緄南征，雖授丹陽精兵，亦倚板楯。近益州之亂，朱龜以并涼勁卒討伐無功，太守李顒以板楯平之。忠功如此，本無惡心。長吏鄉亭，更賦至重。僕役過於奴婢，箠楚隆於囚虜。至乃嫁妻賣子，或自剄割陳冤，州郡牧守不理，去闕庭遥遠，不能自聞，含怨呼天，叩心窮谷。愁於賦役，困乎刑酷，邑役相聚，以致叛戾，非有深謀至計，僭號不軌。但選明能牧守，益其資穀，安便賞募，從其利隟，自然安集，不煩征伐也。昔中郎將尹就伐羌，擾動益部，百姓諺云：『虜來尚可，尹將殺我。』就徵還後，羌自破退。如臣愚見，權之遣軍，不如任之州郡。」天子從之，遣太守曹謙宣詔降赦，一朝清戢。按此蠻北道巴渠間常有之。

寰宇記云，漢末天下亂，自巴西之宕渠遷於漢中楊車坂，抄掠行旅號爲楊車巴。魏武尅漢中，李特祖將五百家歸之，魏武又遷於略陽北，復號之爲巴氏也。

後漢書云，板楯蠻，其在黔中五溪、長沙間，則爲盤瓠之後；其在峽中巴梁間，則爲廩君之後。按杜光庭録異記：李特，字玄休，廩君之後。昔武落鍾離山崩，有石穴二所：一赤如丹，一黑如漆。有人出於赤穴者，名務相，姓巴氏；有出於黑穴者，凡四姓：皞氏、樊氏、柏氏、鄭氏。五姓偕出争長，於是務相約以劍刺穴，能著者爲廩君，四姓莫著，而務相之劍懸焉。又以土爲船，雕畫之而浮水中，者曰：若其船浮者爲廩君。務相船又獨浮，於是遂稱廩君。乘其土船，將其徒卒，當夷水而下，至於鹽陽。鹽水神女子止廩君曰：「此魚鹽所有，地又廣大，與君俱生，可止無行。」廩君曰：「我當爲君求廩地，不能止也。」鹽神夜從廩君宿，且輒去爲飛蟲，諸神皆從，其飛蔽日。廩君欲殺之，不可别，又不知天地東西。如此者十日，廩君即以青縷遺鹽神曰：「嬰此宜之，與汝俱生；不宜，將去汝。」鹽神受而嬰之。廩君至碭石上，望膺有青縷者，跪而射之，中鹽神。鹽神死，群神與俱飛者皆去，天乃開玄。廪君復乘土船，下及夷城。夷城石岸曲，泉水亦曲，望之如穴狀。廪君歎曰：「我新從穴中出，今又入此，奈何？」岸即爲崩，廣三丈餘，階級相承。廪君登之，岸上有平石，長五尺，方一丈，廪君休其上，投策計算，皆著石焉。因立城其旁而居之，其後種類遂繁。秦并天下，以爲黔中郡，薄賦斂之，歲出錢四十萬。巴人呼賦爲賨，因謂之賨人也。王維送李梓州詩「賨女輸橦布」本此。獠蓋南蠻之别種，初出自梁邑之間，自漢中達於邛筰，川洞之間，所在皆有。俗多不辨姓氏，又無名字，往往推一酋帥爲主，亦不能遠相統攝。父死則子繼，若中國之貴族也。獠王各有鼓角一雙，使其子弟自吹擊之。按蜀本無獠，李勢時，諸獠始出。巴西、渠川、廣漢、陽安、資中、犍爲、梓潼山谷間十餘萬落，攻破郡縣，爲益州大患。自桓元子破蜀之後，力不能制。又蜀人東流，山險之地多空，獠遂挾山傍谷，與夏人參居，近者頗輸租賦，在深山者，仍不爲編户。至梁武帝，梁、益二州歲歲伐獠以自裨潤，公私頗藉爲利。後魏正始初，梁將夏侯道遷舉漢中附魏，魏遣尚書邢巒爲梁、益二州刺史以鎮之。其後以梁、益二州控攝險遠，乃立巴州以統諸獠。後以巴酋帥嚴始興爲刺史，又立隆城鎮，管獠二十萬户，所謂北獠是也，歲輸租布。魏明帝孝昌中，據城叛，梁、益二州遣將討之，攻陷巴州，執始興，斬之。後梁、益入梁，自此又屬梁矣。後周武帝平梁、益之後，令所在撫慰，其與華人雜居者，亦頗從賦役。然天性暴亂，旋致擾動，每歲命隨近州鎮出兵討之，獲其人以充賤隸，謂之壓獠焉。復有商旅往來，亦資以爲貨，公鄉逮於民庶之家，有獠口者多矣。然其種類滋蔓，保據巖壑，依林走險，若履平地，性又無知，殆同禽獸，諸夷之中，最難以道義招懷也。依樹積木以居其上，多曰干欄，干欄小大，隨其家口之數。好相殺害，多仇怨，不敢遠行，性同禽獸，至於忿怨，父子不相避，惟手有兵刃者先殺之。若殺其父，走避於外，求得一狗以謝其母，然後敢歸。母得狗謝，不復嫌恨。若報怨相攻擊，必殺而食之，遞相劫掠，不避親戚，賣豬狗而已。亡失兒女，一哭便止。親戚比鄰，指授相賣，避賣者啼叫不服，逃竄避之，乃將買人捕逐。若亡叛，獲便縛之，但經縛者，即服爲賤隸，不敢更稱良矣。執楯持矛，不識弓矢。用竹爲簧，群聚鼓之，以爲音節。能爲細布，色至鮮净。大狗一頭，買一生口。性尤畏鬼，所殺之人，美鬚髯者，必剥其面皮，籠之於竹，及燥，號之曰鬼，鼓舞祀之，以求福利。俗尚淫祀，至有賣其昆季妻孥盡者，乃自賣以供祭焉。鑄銅爲器，大口寬腹，名曰銅爨，甚薄且輕，易於熟食。酉陽雜俎：獠婦七月生子，死則竪棺埋之。木耳夷，舊牢西，好鹿角爲器。其死則屈而燒之，埋耳後小骨，類人，黑如漆。小寒則梧沙自處，但出其面焉。續博物志曰：寧國論云，蜀中本無獠，晉末李雄之亂，山谷洞中壤壤而出，轉轉漸大，自爲夫婦而益多。夫土乾則生蚤，地濕則生蚊，積穀則生蠹，腐肉則生蛆。蛆化爲蠅，蠅又自生蛆，蛆又自生蠅，豈有窮乎？

【校勘記】

〔一〕青稞　「稞」原作「粱」，據敷文閣本、清抄本改。

〔二〕鮮卑阿豺遣其從子西疆公吐谷渾敕來泥拓土至龍涸平康　「公」原作「攻」，據宋書卷九十六鮮卑吐谷渾傳改。

〔三〕氐變羌　「氐」原作「互」，據敷文閣本、清抄本改。

〔四〕劍南西川節度副大使　「大」原作「太」，據敷文閣本、清抄本改。

〔五〕節孝弟車勺潛引水以活我軍　「孝」原作「貴」，據敷文閣本及上文改。

〔六〕使車勺襲職　「勺」原作「平」，據敷文閣本及上文改。

〔七〕有貝左　「貝」原作「俱」，據敷文閣本、清抄本改。

〔八〕所北十里有大雄山　「北」字原脱，據蜀中廣記卷三十三邊防記第三補。

〔九〕近又設控夷關　「控夷」二字原脱，據蜀中廣記卷三十三邊防記第三補。

〔一〇〕右所土千户　「户」原作「所」，據敷文閣本及蜀中廣記卷三十四邊防記第四改。

〔一一〕以蜀郡屬國爲漢嘉郡　「屬」原作「蜀」，據敷文閣本、後漢書卷一百一十六南蠻西南夷傳改。

〔一二〕遇元戎下車　「下」原作「十」，據敷文閣本及蜀中廣記卷三十五邊防記第五改。

〔一三〕斬都押衙山行章以狥　「衙」原作「衛」，據敷文閣本及蜀中廣記卷三十五邊防記第五改。

〔一四〕卜特之先　「卜特」二字原脱，據讀書方輿紀要卷七十四補。

〔一五〕北連建越　「建」下原衍「城」字，據敷文閣本及蜀中廣記卷三十五邊防記第五删。

〔一六〕與臨洮土羌接　「臨」原作「監」，據敷文閣本及宋史卷四九六蠻夷四改。

〔一七〕唐曲播等十二州之地 「曲」原作「興」，據宋史卷四九六蠻夷四改。
〔一八〕枝江黄池播陵 「播陵」二字原脱，據敷文閣本補。
〔一九〕躶濮 「濮」字原脱，據華陽國志卷四南中志補。
〔二〇〕在蜀郡徼外 「郡」原作「侯」，據蜀中廣記卷三十七邊防記第七改。
〔二一〕其後夷王龍漢興 「興」字原脱，據蜀中廣記卷三十七邊防記第七補。
〔二二〕封歸化王 「歸」字原脱，據蜀中廣記卷三十七邊防記第七補。
〔二三〕黔中經略招討觀察使王礎奏 「略」原作「界」，據舊唐書卷一九七南蠻西南蠻傳改。
〔二四〕有雲貴者商賈入滇 「雲」字下原衍「南」字，據敷文閣本及下文删。
〔二五〕龍氏於諸姓爲最大 「氏」原作「代」，據敷文閣本、蜀中廣記卷三十八邊防記第八改。
〔二六〕省思義明陽丹川三縣 「三」原作「五」，據敷文閣本及舊唐書卷四十地理三改。
〔二七〕與二小溪會合平茶水東注辰州大江 蜀中廣記卷三十八邊防記第八無「二」字。
〔二八〕又多遺錢帛 「又」字下原衍一「又」字，據蜀中廣記卷三十九邊防記第九删。

浙江備録上

江防輯略

浙江之源，始於黟縣林歷山，一線之微，合流萬壑，終於錢塘江之鱉子門而入海焉。故鱉子門者，乃省城第一門户。石墩、鳳凰外峙，乃第二門户。此外無山，惟羊、許山獨立海中，東接衢洋，西控吴淞江口，此爲第三門户。羊、許二山有防，然後石墩、鳳凰有蔽，石墩、鳳凰有蔽，然後錢塘鱉子門可守；鱉子門可守，然後省城無恐。此其大略也。沙起錢塘，東至吴淞，曾無間斷。海外諸沙，亦向此而轉，惟平坦延曠，故賊皆可登〔一〕。是蘇、松、杭、嘉四府連壤一脈，利害安危，輔車相倚者也。然險要之防有二：曰海洋，曰江洋。往者倭寇結巢金山、柘林，貽害浙之昌化、富陽、石墩、漁浦，此海洋之患也。沿江多盗，劫掠客船，此江洋之患也。今欲求省城無虞，當守附海之三關；欲求三關寧謐，先防大海之羊、許。羊山孤懸大海，去乍浦太遠。我舟頓此，設遇東北颶風，賊舟便捷，彼此齊驅，勝負難必。許山㟃門淺狹，止可避東南之風，賊乘東北風利，吾開舟亦爲並駕。惟海鹽白塔山去秦駐山不遠，四風皆便，賊由大洋而來，隨處可擊。是海鹽一關，尤四面之控制也。惜乎逼於内地，非早見預待之所。賊由羊山直進犯海鹽者，必籍乍浦三關兵船以禦之。乍浦海中有山，至下八山爲極遠，此外則茫洋無山矣。倭船之來，必到八山之盡陳錢、壁下山取水，候風流犯。先年兵船畏彼中風濤危險，止分守八山之内港。每年黄魚生發之時，各府漁舡俱聚八山相近内洋下網，遂致倭賊抄掠人船，引劫各處。隆慶三年，軍門谷公中虚設立遊哨兵船，委把總一員，直哨壁下等洋，遇賊即勦，然後内港無虞。若八山無哨邏之兵，萬一倭賊擄漁樵人船，揚帆至鱉子門，再驅土人駕使入江，爲害不小。雖有紹、嘉二區防範兵船，然遇霧雨黑夜，咫尺難辨，海洋遼闊，深有可虞。是鱉子門之險與下八山之哨首尾相應，尤爲緊要者。嘗聞之海寧父老言，邑中南有赭山，實惟江門；東有黄灣，尤通海港。兩端相距百四十里，而中無城守。先年島夷屢犯，首趨龕、赭，後據石墩，人民死徙，不可勝紀。苟有巖城扼其險要，使賊無駐足之地，東不得以過袁花而至硤石，南不得以犯省會而浮錢塘，縣治得此兩翼，庶不獨當風濤之衝，凡此皆防海之總要也。江洋之患，須嚴督巡江兵船之哨探，戒備沿江漁船之剽掠，是防江之總要也。又聞之錢塘江兵船二十艘，原議汛期出鱉子門哨探，平時分定地方，上抵富陽，迤南與嚴州兵船交會捕盗。近來玩愒殊甚，每日泊船徐、范二村江濱，專攻手藝，不習兵防，且目兵脆弱，船械朽敝，豈惟不能出洋，江上亦難展布，虛縻糧餉，恐誤軍機，所宜速行議處者也。若訓練江洋之水兵，控扼海洋之門户，庶乎江海互攝，内外交防，省會無虞，兩浙無恐。守兩浙者，即所以掎角蘇、松；守蘇、松者，即所以鞏固金陵。唇齒兩全，首尾相應，制内禦外之長策無踰於此矣。

聯蘇松常鎮并浙之嘉湖杭嚴八府蜀一督撫以保江南腹心議

今西北盡戎馬之場矣，識者謂江南豐芑，必當鞏固以備巡幸，且財賦所自出也。肰其腹心則在蘇、松、常、鎮、杭、嘉、湖七府之地。以形勢言之，北則長江天塹，南則錢塘襟帶，東則大海汪洋，西則萬山屏蔽，真山川天險以衛此神臯。乃以地本一區，屬分直省，臂指不應，吭腹不通，莫若合七府屬一督撫，駐剳鎮江，巡歷蘇、杭，改吴淞副將爲大將，改海鹽參將爲副將，設鎮江京口一副將。如常山之蛇，以鎮江爲首，蘇州爲腹，杭州爲尾，湖州帶山、松江負海爲左右翼，常、嘉爲喉脘腸胃諸經絡，嚴州雖稍窵遠，肰地連杭界，高踞山巔，抗蔽錢塘，不可它屬，以之爲足，肰後可以扼險守要，而南都之左馮翊以固。不然，自蘇、松、常與杭、嘉、湖接境諸地既無山海之阻，又無關隘可塞，劃然中斷，譬之人身恰至腰膂分爲兩截，其何能生？今試言其邊腹水陸之不可分者有八：江海入口處，北自鎮江京口，南盡杭州錢塘江之鱉子門。自京口鎮而下爲常州之孟河，水營把總。江陰之黄田港，兵備道水陸營。爲蘇州常熟縣之福山港，水營把總。係江海接界。遶過嘉定縣之吳淞鎮大海，總鎮駐劄，水陸各營把總。爲太倉州兵備道。之劉家河，遊擊，水陸把總。爲松江上海縣之黄浦口崇缺口，兵防現海塘。再至金山無海口，參將，水陸把總。而直隸之兵防已盡。過此爲浙江之乍浦港、所軍。澉浦港、所軍。海鹽港、鱉子門，參將。而大海從鱉子門而入錢塘江，直抵杭城下。上溯嚴州。以上諸山溪灘，千里之間，纍若貫珠，此沿邊水路之不可分者一。太湖浩蕩，廣八百里，在蘇州之西，常州之南，湖州之北，所屬縣有長洲、吳縣、吳江蘇、武進、無錫、宜興常、烏程、歸安、長興、德清湖等縣，此中腹水路之不可分者二。平望吳江鶯脰湖、濫溪等處爲蘇、嘉、湖三府之咽喉，所跨縣有吳江、歸安、烏程、嘉興、秀水嘉等縣，此中腹水路之不可分者三。潮天、獨墅、澱山、沉湖、泖湖等處爲蘇、松、嘉三府之間道，海船可入，所跨縣有長洲、崑山蘇、華亭、青浦松、嘉善、海鹽、秀水、嘉興嘉等縣，此中腹水路之不可分者四。運湖如帶，長亘八百里，自杭之北新關至鎮之京口，歷杭、嘉、蘇、常、鎮五府，此中腹水路之不可分者五。海塘長亘五百里，自杭之鱉子門築起，至松之黄浦口，塘岸高闊如城，一騎可到。中間設立寶山、所軍。川沙、水團把總。青村、所軍陸營把總陸路官。南匯、所軍選鋒把總。柘林、陸營把總陸路官。金山、衛參將水陸兩營把總，已上直境。乍浦、所軍。澉浦、所軍。海鹽參將，已上浙境。諸衛所營寨，設金山、海鹽兩參將以彈壓之，而金山以上屬直，乍浦以下屬浙，彼此不知，堅瑕莫辨，此沿海陸路之不可分者六。宜興以上即至溧陽、應東壩，直接蕪湖，若從蕪湖過壩，竟入常州内地；稍南突，便從廣德入湖州之長興縣。宜興、長興二縣對峙，所當聯絡陸兵固守，此中腹陸路之不可分者七。官塘延亘，如運河之界，可以馬步並達，中無險要可斷，此中腹陸路之不可分者八。有此八不可分，又有三大害：一曰吴耕浙販。浙之米價每溢於吴，浙商舳艫晝夜不絶，居民之射利者又樂與之，以致吴民常苦饑而浙商倍獲利。自用兵以來，江廣之米漸以難致，全賴此本地之粟。而秋成之後，搬運一空，吴人不能越境而戢諸商，此其爲害者一。一曰吴盗浙窩。嘉湖之間湖蕩寥闊，爰有巨憝庇匿奸盗，每聚至千人，劫掠於吴而逃庇於浙，官兵互相推諉，文移莫可勾攝，此其爲害者二。一曰吴鹽浙榷。蘇松沿海亦有鹽竈，而不設運司，分隸於浙。夫鹽産於吴而税歸於浙，當此兵興之際，獨不可以佐吴力乎？況乎私鹽出没，亦不能行其清覈，此其爲害者三。夫直隸四府皆衛江海，浙之四府惟杭、嘉臨海，我蘇松四郡既出兵力以衛浙，而浙反以累吴，平時尚然，若一旦有事，必至此堅彼瑕，此備彼隙，一處潰防，則在在無用。故以八府合屬一撫，以統三鎮，而杭嘉四府亦宜設處兵餉以佐協守，則地勢既專，地利亦盡，此保江南之急着也。其浙撫則移駐浙東紹興，以保障寧、紹、温、台、處、金、衢七府，以爲江南尻脊外蔽可耳。蓋浙海要衝皆在浙東，若寧波之定海關以及台、温南北洋諸境，并温、處萬山如天台台、雁蕩温、栝蒼處、四明寧四大山，亦皆在浙東。浙撫允宜坐駐紹興以控制外海，并攝諸山伏莽之寇，此不易之定論也。

萬曆四十二年巡鹽御史楊鶴疏

浙直沿海自信國公經略以來，至嘉靖末年，築城建堡，添設營寨，碁布星密，足可防禦。但今識者尚有遺議，謂舟山仍宜復縣，以固浙東之藩；金山亦宜建縣，以聯浙直之勢；吴淞城宜移近李家浜，以扼三江之水口；太倉宜分一衛於崇明，以控蕪松之上游。是亦一議也。說者謂倭奴與三吴對峙，東南、東北、正東風俱可入犯，乃日日夜夜時時刻刻所當防者。吴中惟春汛，遊兵一營出守洋山，以三月初十日往，五月二十五日收撤，止防七十五日。況修理船隻，措處錢糧，往往至四月初始過洋，是一汛實防止四十五日耳，而冬防則不渡海矣。清明以前，小滿以後，倭奴遂不可揚帆乎？夫洋山、馬蹟、蘇竇、蒲嶴等山，我兵防守，則爲信地，萬一未汛之先，收汛之後，倭奴突至而據之，是一對馬島故事矣。以吴下形勢言之，洋山、蘇竇，海外之天險也，藩籬也；南沙，海上之要害也，屏翰也；吴淞、劉河，則蘇松之門户也；福山、楊舍，則留都之門户也。今惟守門庭而忽藩屏，非勝算也。謂宜於蘇竇嶴中，屯遊兵營兵船於内；高山置堠，數百里帆檣盡在目中；沃壤屯田，千餘名官兵可供糈餉，歲可省帑金萬餘。倭奴入犯，可以扼吭而拊其背。且也蘇竇一山，綿亘海中，通倭之去與倭奴之來，必由之路，使此處常有官兵，則勾引接濟之姦絶，而窺伺竊發之禍消。海中增一道金湯，吴下多一重藩屏，防海上策，莫過於此。惟是渡海屯田，是一大作用，難與拘攣者道耳。臣巡歷越中，周行海上，見温、台、寧、紹皆介海濱，而錢塘乃在裏海。以臣計之，昔日之倭非今日之倭，今日禦倭之局非昔日禦倭之局。台州四塞之國，昔年倭寇内犯，先臣戚繼光殺僇殆盡；温州環海而居，然崇山疊障，難以散掠。此皆非倭所利也。寧波爲浙之門户，重兵扼控定海是矣。然賊避實擊虛，必不更往。人言慈谿之龍山、平石實爲間道，使倭由之入，政如斜谷循秦，陰平入蜀，我反在外，彼反在内，是不可疏於防也。雖然，臣所慮者乃在錢塘，鼈子門之險，卒未易犯，然江潮三日不至，何常之有？島夷之所垂涎，通番下海之徒潛爲内應，患政在此耳。羅木營之兵，今猶善戰，然詳於陸而略於水。臣嘗言之當事，謂省會腹心，亦宜沿江置艦，使之戈戟如林，樓櫓相望，亦所以内壯根本，外消窺伺，南北兩遊兵，議撤其一置此地，此斷斷可行者也。至於金塘、玉環諸山，且屯且種，足食足兵，自是萬全無患。如謂信國起遣，恐異日者藉寇兵，齎盜糧，則舟山孤懸海外，比之金塘、玉環逼近門庭者，相去天淵矣。

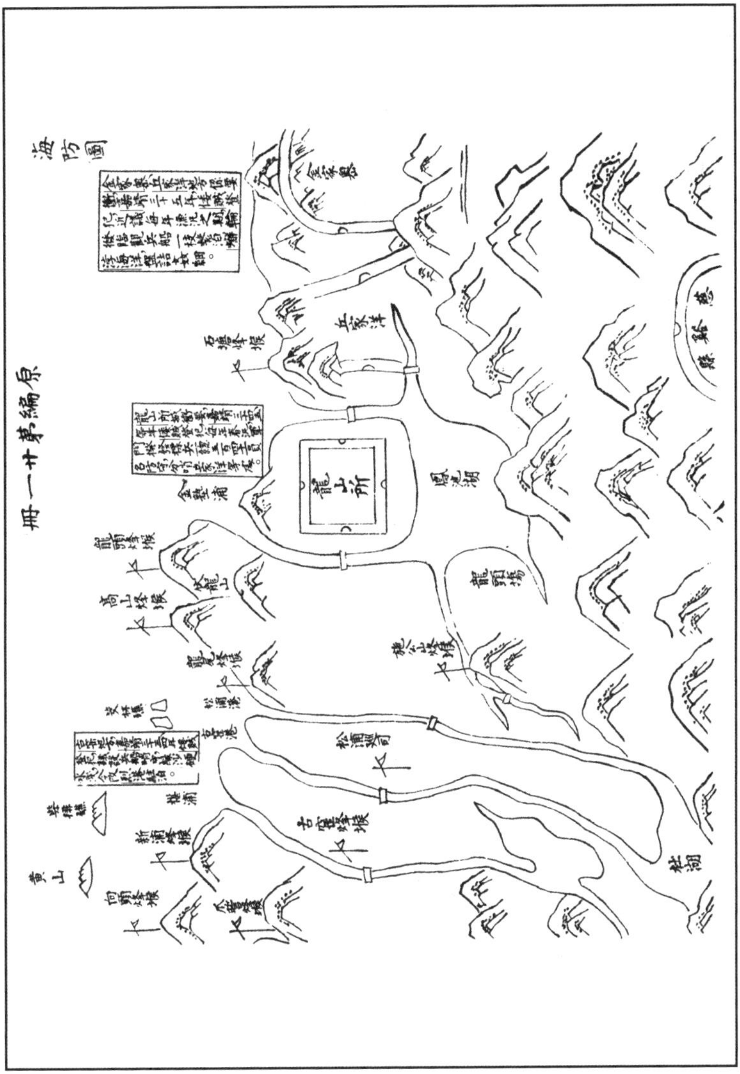
原編第十一冊
海防圖
龍山所

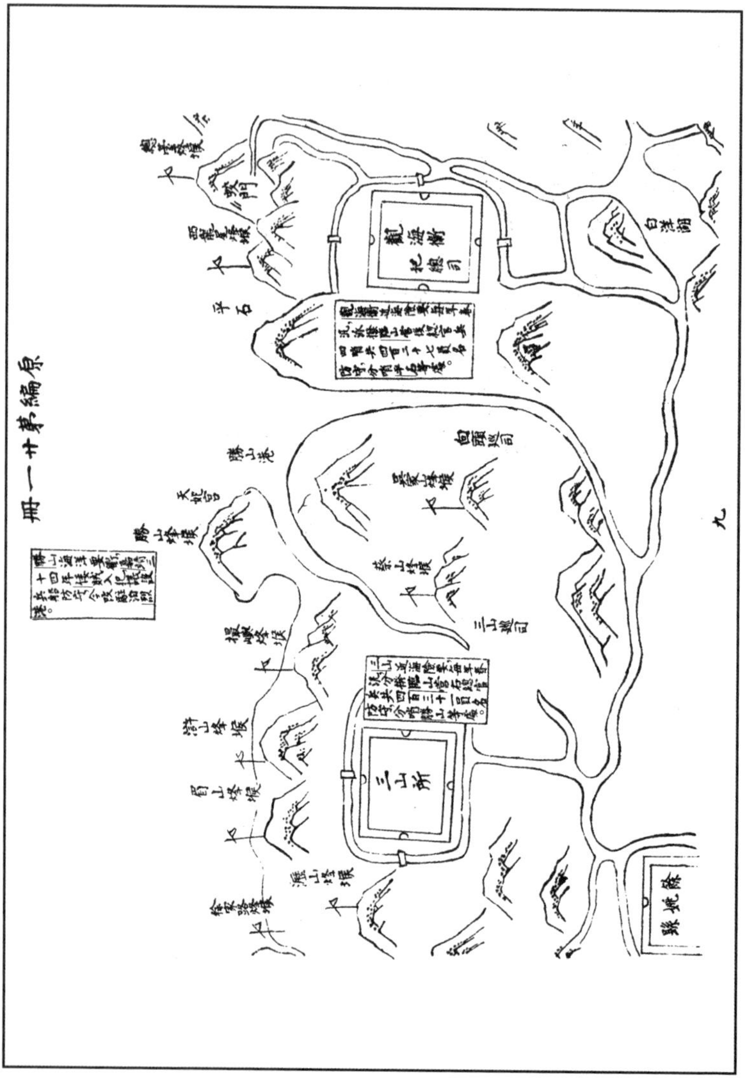

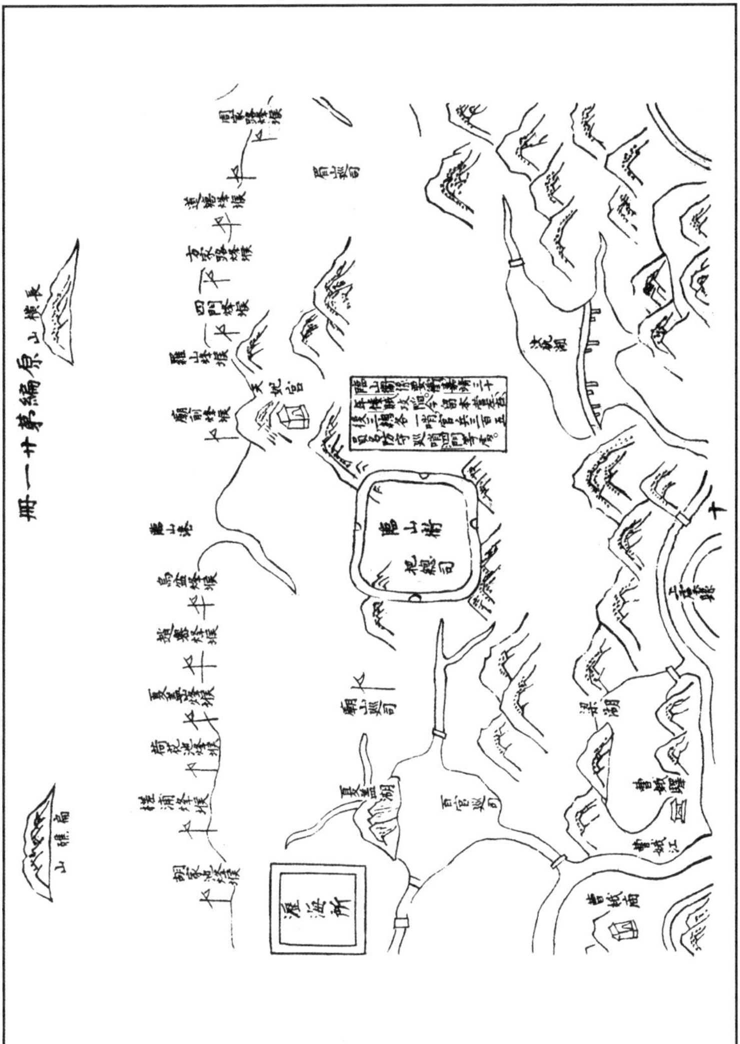
原編第廿一冊
長横山
扁礁山
胡家池烽堠
槎浦烽堠
荷花池烽堠
夏蓋烽堠
趙嶴烽堠
烏盆烽堠
臨山港
廟前烽堠
羅山烽堠
四門烽堠
方家路烽堠
道塘烽堠
周家路烽堠
天妃宮
眉山巡司
瀝海所
夏蓋湖
廟山巡司
臨山衛
把總司
臨山衛係要衝，嘉靖三十年倭賊攻陷。今留本營左右、後三總各一哨，官兵三百五員名，防守巡哨四門等處。
百官巡司
汝仇湖
梁湖
曹娥廟
曹娥江
曹娥驛
上虞縣

原編第廿一冊

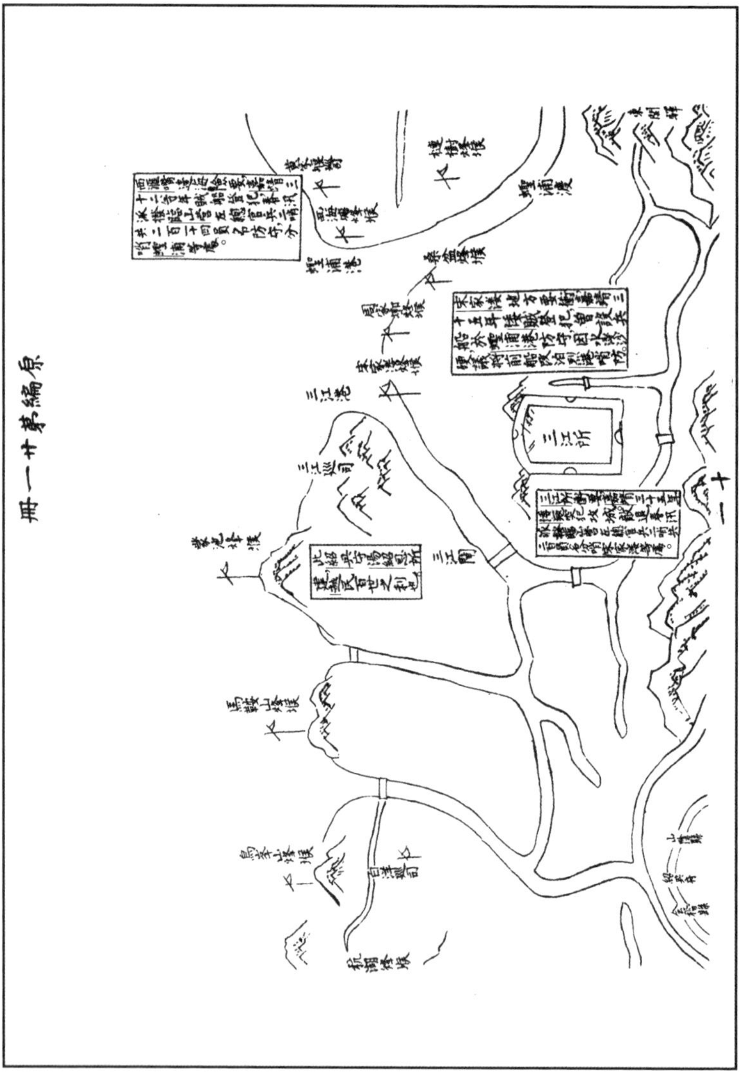

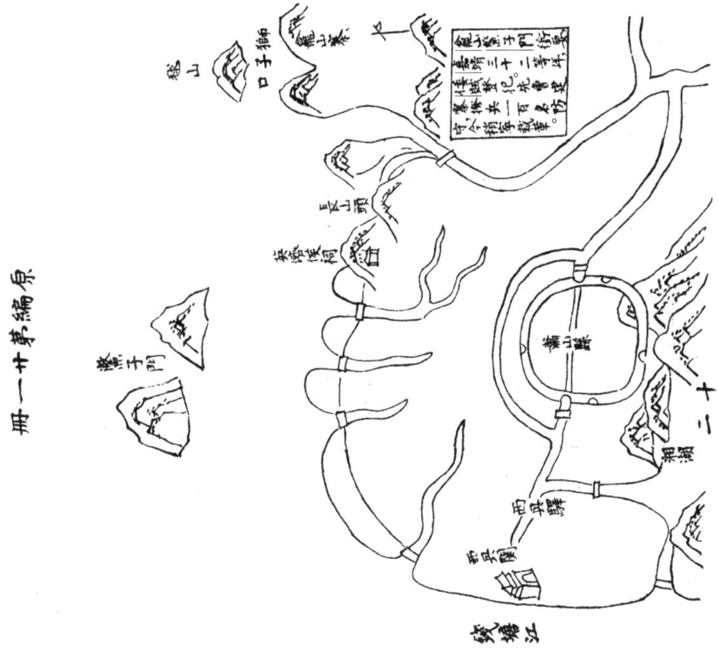
原編第十一冊
鱉子門
赭山
獅子口
龕山寨
龕山鱉子門衝要，
嘉靖三十二等年
倭賊登犯。先曾建
寨，撥兵一百名防
守，今稍寬裁革。
長山閘
蕭山縣
湘湖
西興驛
西興關
錢塘江

洪武四年十月，日本國王良懷遣其臣僧祖來進表箋，貢馬及方物，并僧九人來朝，又送至明州、台州被虜男女七十餘口。先是，趙秩等往其國宣諭，秩泛海至折木崖，入其境，閽者拒勿納，秩以書達其王，王乃延秩入。秩諭以中國威德，而詔旨有責讓其不臣中國語。王曰：「吾國雖夷狄，僻在扶桑，未嘗不慕中國之化而通貢奉，惟蒙古以戎狄涖華夏，而以小國視我。我先王曰：我夷，彼亦夷也。乃欲臣妾我，而使其使趙姓者訹我以好語，初不知其覘國也，既而使者所領水犀數十艘已環列於海岸，賴天地之靈，一時雷霆，風波漂覆，幾無遺類，自是不與通者數十年。今新天子帝華夏，天使亦姓趙，豈昔蒙古使者之雲仍乎？亦將訹以好語而襲我也。」命左右將刃之。秩不爲動，徐曰：「今聖天子神聖文武，明燭八表，生於華夏而帝華夏，非蒙古比；我爲使者，非蒙古使者後。爾若悖逆不吾信，即先殺我，則爾之禍亦不旋踵矣。我朝之兵，天兵也，無不一當百；我朝之戰艦，雖蒙古戈船，百不當其一。況天命所在，人孰能違？豈以我朝之以禮懷爾者，與蒙古之襲爾國者比耶？」於是其王氣沮，下堂延秩，禮遇有加。至是奉表箋稱臣，遣祖來隨秩入貢。詔賜祖來等文綺帛及僧衣。比辭，遣僧祖闡、克勤等八人護送還國，仍賜良懷大統曆及文綺紗羅。六年，倭夷剽掠海濱，德慶侯廖永忠上言曰：「臣聞禦寇莫先於振威武，威武莫先於利器用。今陛下神聖文武，定四海之亂，君主萬國，民庶安樂，臻於太平。而北虜遺孽，遠遁萬里之外。獨東南倭夷，負其禽獸之性，時出剽竊以擾瀕海之民。陛下命造海舟，剪捕此寇，以奠生民，德至盛也。然臣竊觀倭夷鼠伏海島，因風之便，以肆侵掠，其來如奔狼，其去若驚鳥，來或莫知，去不易捕。臣請令廣洋、江陰、横海水軍四衛，添造多櫓快船，命將領之，無事則沿海巡徼，以備不虞；若倭夷之來，則大船薄之，快船逐之。彼欲爲寇，不可得也。」上善其言，從之。十四年七月，日本國王良懷遣僧如瑶等貢方物及馬十匹。上命却其貢，仍命禮部移書責其國王及征夷將軍。

是年十月，衢、處、温三府山寇吴達山、葉丁香等連結作亂，命延安侯唐勝宗、右軍都督僉事張德總兵討之。明年正月，賊平，人賜田一莊。

十五年，倭國使臣歸廷用來貢，備倭指揮林賢交通樞密使胡惟庸，誣爲寇盗，以計擒之，遣還夷使，私其貨物。中書省舉奏其罪，流賢日本。十六年六月，夷船一十八隻寇金鄉小濩寨，官兵敵却之。明年，胡惟庸僞差廬州人李旺充宣使，以還林賢。賢率倭兵四百餘人，與僧如瑶來獻巨燭，中藏火藥兵器，圖謀亂逆。比至，惟庸被誅。朝廷治其逆黨，處賢極刑，夷兵發雲南守禦。降詔切責倭國君臣，詔曰：「曩宋失馭，中土受殃，金、元入主二百餘年，移風易俗，華夏腥膻，凡有志君子，孰不興忿？及元將終，英雄鼎峙，聲教紛然。時朕控弦三十萬，礪刃以觀，未幾，命大將軍肆九伐之征，不逾五載，戡定中原。蠢爾東夷，君臣非道，四擾鄰邦，罔知帝賜，傲慢不恭，縱民爲非，將必殃乎？故兹詔諭，想宜知悉。」仍著訓典曰：「日本雖朝實詐，暗通姦臣胡惟庸，謀爲不軌，故絶之。」命信國公湯和經略沿海，設防備倭，尤嚴下海通番之禁。永樂二年四月，對馬、望岐等島海寇劫掠穿山，百户馬興拒戰，死之。尋寇蘇、松諸處。日本國王源道義出師，獲渠魁以獻，而盡殲其黨類。四年，上嘉其勤誠，遣使齎璽書褒諭之，給勘合百道，定以十年一貢，船止二隻，人止二百，違例則以寇論。仍命俞士吉充都御史，齎白金、綵幣并海舟二艘賜之，封其國之山曰「壽安鎮國之山」，勒碑其上。上親製文曰：「朕惟麗天而長久者，日月之光華；麗地而長久者，山川之流峙〔二〕；麗於兩間而永久者，賢人君子之令名也。朕皇考太祖聖神文武欽明啓運俊德成功統天大孝高皇帝智周八極，而納天地於範圍，道冠百王而亘古今之統紀，恩施一視而溥民物之亨嘉。日月星辰，無逆其行；江河山岳，無易其位。賢人善俗，萬國同風。表表於兹世，固千萬年之嘉會也。朕承鴻業，享有福慶，極天所覆，咸造在廷，周爰咨詢，深用嘉歎。邇者對馬、臺岐暨諸小島有盜潛伏，時出寇掠，爾源道義能服朕命，咸殄滅之，屹爲保障，誓心朝廷，海東之國，未有賢於日本者也。朕常稽古唐虞之世，五長迪功，渠搜即叙。成周之隆，髳微盧濮，率遏亂略。光華簡册，傳誦至今。以爾道義方之，是大有光於前哲者。日本王之有源道義，又自古以來未之有也。朕惟繼唐虞之治，舉封山之典，特命日本之鎮，號爲『壽安鎮國之山』，錫以銘詩，勒之貞石，榮示於千萬世。」明年，倭復入寇，平江伯陳瑄督領海運與倭寇值於沙門島，追至朝鮮洋，盡焚其舟，斬獲無算。九年以後，貢者僅一再至，而其寇松門、寇沙園諸處，則時或有之。十九年，犯遼東之馬雄島，爲總兵劉江盡殲於望海堝。又明年，復寇浙東，爲朱亮祖破之於温州，徐忠破之於桃渚。

永樂間，安吉吳貴歸作亂，長興相繼騷動，官兵屢失利。陽武侯薛禄帥兵討之，御史祝某監軍，奉命克定之日，盡殲二邑。祝偕禄至境上，一鼓擒其首惡。因議二邑之民脅從者少，祝馳奏請貸，恐不及事，兼程而進，往復才半月，祝竟以勞卒。

宣德三年閏四月，行在兵部奏浙江布政司周幹言：「浙江海鹽縣地臨海岸，每有倭寇。洪武中，設海寧衛及澉浦、乍浦二千户所，陸置烟墩，水備戰船，瞭望巡守，因得無虞。永樂七年，盡拘軍船赴沈家門立水寨防守，撤去烟墩。倭寇乘虛，連年縱掠。水寨相去海鹽千里，不能救援，民甚苦之。請如洪武中防守，今累覆勘，皆以爲便。」上曰：「古人云：『利不什，不變法。』凡謀事須爲永久之計。其再令巡撫大理卿胡概與三司計議果孰爲便，然後處置。」既而倭國入貢踰額，復增定格例，船毋過三隻，人毋過三百。八年，倭王源道義卒，遣使吊祭。十年，嗣王上表謝恩。正統四年五月，倭船四十餘艘夜入大嵩港，襲破所城，轉寇昌國城，亦陷。時備倭等官以失機被刑者三十六人，惟爵谿所官兵擒獲一賊首，名畢善慶，誅之。七年，倭船九艘，使人千餘入貢。朝廷責其越例，然亦冀其慕化，姑容之。

十四年，處州葉宗劉作亂。宗劉，宣平人，嘗爲礦盗，習武藝，後充處州府隸役，府官有遠行者，輒用之以自衛。積久玩肆，多不法，恐見收逮，遂率衆爲亂。推陳鑑葫爲主，陶德二爲輔，自領兵陣，以殘狠立威，相傳有二飛劍能殺人，官兵追之，屢敗績。賊乘勝進攻府城，兵備僉事王晟躬往招撫，肩輿出城，入賊陣，賊就殺之以祭旗。晟子甫六歲，亦自投城下，死之。御史李俊、知府張佑憑城固守，官軍與鄉兵戮力出戰。初以防牌衝陣，賊運矛鈎牌。又用巨竹叢稍剪出鋒芒，煮以沸油，甚爲堅利，名曰龍銑，用之開陣，濟以銃砲，會都指揮脱某者，部下皆北軍，精弓矢，累戰累勝，賊不能當，遂易視之。賊乘間猝至，不甲而戰，矢盡技窮，賊奮鎗夾擊，軍敗。止餘一騎，攢稍刺之，脱猶死戰不挫。葉宗劉曰：「是何此人難殺之甚？」陳鑑葫在山上應曰：「殺人先殺馬，馬既仆，人將安往？」宗劉用其説，脱爲所殺。時福建沙縣民鄧茂七反，改號僭擬，與處響應。寧陽侯以征南將軍掛印征閩，道經處州，葉宗劉僞設田夫百餘，耘於野中，伏鎗泥淖下，唱山歌以眩之，道傍列陣挑戰。寧陽侯左右曰，受命征閩賊，不征處賊。寧陽侯不聽，遂出與戰。賊佯北，引入山隘，田夫奮鎗躡後，殺敗官兵，獲征南將軍印，賊行文移，輒用之以自侈。且分兵通鄧茂七，茂七亦畏其狠且狡，又惡征南印章，拒之曰：「汝今未能破一城，尚須自力據城邑以待我。」賊歸，百計攻城，造呂公車，高臨城上。城上人大怖，亟禱於山神麗陽公，呼聲動地。須臾，輪摧車隕，城中士氣咸奮，賊窮蹙。巡撫兵部尚書孫原貞許賊自新者免死，立功者賞官，於是賊自殺賊，定盟出降。臺臣見之，猶自疑畏，稱鑑葫曰陳先生，誘入囚車。至京，議將免死，遇脱都司子疏雪父冤，陳鑑葫伏誅。葉宗劉歷功北邊，賞以武職，逃歸，伏誅。

景泰六年，倭夷寇健跳，官軍城守不得入。天順二年，遣使來貢。成化二年，倭稱入貢，遂破大嵩諸處。官兵因潮落沙淺，夜圍其舟，檣燈達曙不移，舟已乘潮遯去，燈皆懸於篙尾，篙皆卓於沙上，乃詐設以欵追兵。臺閫大臣坐失機獲罪。十一年，遣使周瑋入貢，勑諭倭王宜恪遵宣德中事例。

正德二年，孝豐廣苕賊湯毛九作亂，時知州廖紀遣義勇嚴雷率民兵往捕之，雷爲所殺，自是勢益猖獗。十三年，巡按御史鮮冕以聞，命都御史張津督兵討之。會金壇令劉天和有能名，津檄至軍門贊畫，賊聞風請降，遂平。

四年，倭使宋素卿來貢，請祀孔子儀制，朝議弗許。素卿，即鄞人朱縞，少鬻於夷商湯四五郎，越境亡去，至是充使入貢。縞在倭國，僞稱宗室苗裔，傾險取寵，争貢要利，沿海奸豪效尤通番，遂習以爲常云。

六年，江西永新黄浩八供里役，爲糧長，多逋負，官府徵之急，同役避徵者相率入據姚源洞。官軍攻之，擁衆過常山，犯衢州之開化，據濠嶺及華埠，都指揮李隆督兵征之，退歸江西。浙兵既散，賊復至。李隆復進兵。海寧吕千户號雙刀，一矢不虚發，賊敗走，吕追之，恃勇深入，至一山灣，遇賊，死之。官兵俱潰，李隆所統者止餘六騎，擂鼓招兵，力衰鼓絶。隆自鼓以繼之，潰兵未集。賊望見山頂有甲兵百萬，遂驚走，且擲還吕千户首以欵追兵。李隆整兵守開化。白都司守馬京街，賊夜斫營，虜之。都司姜洪戰於嚴坑，賊先堰水以待，官軍渡溪，則決水以截其後，都司、指揮、千户、百户皆爲所虜。李隆竭力拒守。京軍至，賊退歸江西，合兵勦除之。

十四年，浙江鎮守太監畢真初由寧藩宸濠賄賂權貴鎮守江西，改遷浙江，實與濠定謀，將據浙響應。以江西部兵數百自隨，至浙時，戎服入城，操弓矢，耀威武，以讋服一方。入府衙，陰制盔甲兵器甚多，密與左右約，待濠起事，即應機舉火焚城市。巡院三司如出救火，即投之火中。御史四川張澄知之，戒民間蓄水謹備，計不得施。濠敗報至，真即擁所部奔逸出城，城門戒嚴不得開，市巷皆設兵固守，遂縛真檻送京師，處以極刑。

嘉靖二年四月，倭船三艘譯稱西海道大内誼興國遣使宗設入貢。越數日，倭船一艘、使人百餘復稱南海道細川高國遣使宋素卿入貢，導至寧波江下。時市舶太監賴恩私素卿重賄，坐之宗設之上，且貢船後至，先與盤發，遂致兩夷仇殺，毒流廛市。宗設之黨追逐素卿，直抵紹興城下。我兵戒嚴，倭乃還至餘姚，遂縶寧波衛指揮袁璡，越關而遁。時備倭都指揮劉錦追賊，戰没於海。定海衛指揮李震與知縣鄭餘慶併力固守，一日數警，而城卒無患。既而倭爲暴風漂入朝鮮，國王李懌擒獲中林望、古多羅，檻送京師，發浙江按司，與素卿監禁候旨。法司勘處者凡十數次，而夷囚竟死於獄。倭奴自此懼罪逋誅，不敢欵關者十餘年。十七年五月，倭船三艘，使僧石鼎、周良來貢，朝廷復申十年一貢之例，責令送還正德以前勘合，更給勘合，遵照入貢。二十三年四月，使僧釋壽光等百五十人來貢，驗無表文，且以非期却之。二十六年四月，倭船四艘、使臣周良等四百餘人來貢，仍以非期發外海嶴山停泊一年，期至方許入貢。十九年，福建繫囚李七、許一等百餘人逸獄下海，同徽歙奸民王直、即王五峯。徐惟學、即徐碧溪。葉宗滿、謝和、方廷助等勾引番倭，結巢於霩衢之雙嶼，出没爲患。巡視都御史朱紈調發福建都指揮盧鏜，統督舟師，擣其巢穴，俘斬溺死者數百。餘黨遁至福建之浯嶼，復帥鏜勦平之。紈仍躬督指揮李興帥兵發木石塞雙嶼港，賊舟不得復入。諸奸豪通番資易者，各以失利，口語籍籍。紈解官去，東南自此多事矣。二十七年，王直仍招集倭夷，聯舟棲泊島嶼，與内地奸民交通貿易。時廣東海賊陳四盻等自爲一黨，王直用計擒殺，叩關獻捷，乞通互市，官司弗許。三十一年二月，王直令倭夷突入定海關，移泊金塘之烈港，去定海水程數十里而近，亡命之徒從附日衆，自是倭船遍海爲患。是年四月，賊攻游仙寨，百户秦彪戰死。已而寇温州，尋破台州黄巖縣，東南震動。三十二年四月，賊薄省城，指揮吴懋宣率僧兵禦之於赭山，力戰，死之。賊陷昌國城，百户陳表持兵相拒，斃賊數人，死之。自是倭船至直隸蘇、松諸處登劫，皆依烈港王直爲窩堵。參將俞大猷以舟師擣之，直復至倭島。是月，復攻陷臨山城。六月，寇嘉興、海鹽、澉浦、乍浦、直隸、上海、吴淞江、嘉定、青村、南匯、金山衛、蘇州、崑山、太倉、崇明諸處，或聚或散，徧於川陸。凡吴越之地，所經村落市井，皆爲丘墟，而柘林、八團諸處，胥作賊巢。三十三年二月，賊由赭山、錢塘至曹娥，涉三江、瀝海、餘姚，直走定海之王家團。復有盤據普陀山，焚劫海鹽、龍王塘、乍浦、長沙灣、嘉興、嘉善諸處者，有攻直隸之崑山、蘇州、松江諸城者，既又奔蕭山，分寇臨山、瀝海、上虞，轉攻嘉興。官兵與賊戰於孟家堰，指揮李元律、千户薛綱、宋應麟死之。又賊徒四十餘突至百家山，百户趙軒、梁瑜戰死。又寇沈家河、智扣山、黄灣諸處，都司周應禎戰死入。寇蒲門、壯士所，乘舟遁出金山洋，突入松門關，薄於靈門、台州。又賊二百餘人登自海門港，直趨台州、仙居、新昌、嵊縣，屯於紹興柯橋村。又賊二千餘人焚劫嘉善，廣西領兵百户賴榮華戰死。三十四年正月，領兵僉事任環與賊戰於吴淞江采淘港，斬首二百餘級，既而我軍失利。四月，賊衆四千攻圍金山城，寇常熟注一。先是，徐惟學以其姪海即明山和尚。質於大隅州夷，貸銀使用。惟學至廣東南澚，爲守備指揮黑孟陽所殺。後夷索故所貸於海，令取償於寇掠，至是海乃偕夷酋辛五郎聚舟結黨，衆至數萬，入南畿、浙西諸路，據柘林、乍浦，餘衆數千寇王江涇。巡按浙江御史胡宗憲令人載藥酒誘賊，賊中毒，死者過半。仍督參將盧鏜注二。與總兵俞大猷統浙、直、狼土等兵大戰，賊大敗，斬首三千級。賊復一支走崇德以向省城，一支寇蘇州、常熟，多内地通番奸民爲之嚮導，常熟知縣王鈇與致仕參政錢泮俱爲所殺。已復攻圍常之江陰，連月不解，縣乞援兵於府，兵不至，知縣錢錞死之。賊復寇唐行鎮，游擊將軍周璠迎敵，死之。別有賊九十三人，自錢塘白沙灣入奉化仇村，經金峨，突七里店，敵殺寧波衛百户葉紳。由甬東走定海崇丘鄉，復折而趨鄞江橋，歷小溪、樟村，敵殺寧波衛千户韓綱。走通明壩，渡曹娥，時御史錢鯨便道將還慈谿，適與之值，遇害。已而過蕭山，渡錢塘，入富陽、嚴州，寇徽州之績溪縣。盧鏜先以勁兵出油口溪扼之，賊奔太平府，渡采石江，道南京城下，京營把總朱襄、蔣陞被殺，城門晝閉。賊鼓行東掠蘇州。復有賊千餘，由掘泥山登犯觀海、慈谿、龍山、定海縣諸處。六月，復有賊數千自柘林走海寧，直抵杭州北關外，屯聚劫掠。時朝廷以御史胡宗憲有才略，可大任，遂進都御史，提督軍務，與督察軍務工部侍郎趙文華協謀，奏乞遣使諭倭王以弭邊患，令生員蔣洲、陳可願充市舶提舉以往。是年九月，賊徒二百餘人登據舟山之謝浦。復有賊數百由海門登劫僊居、黄巖，官兵追之，賊奔奉化，走鄞江橋，出四明山，至紹興之龕山，宗憲督參將盧鏜帥梁高等兵擊斬之。十一月，賊衆二千餘人乘舟遁出南匯口。復有攻犯温州、瑞安者，守備都指揮劉隆戰死，隨流劫僊居、天台，至嵊縣之清風嶺，宗憲督容美兵盡殲之。又有福建流賊由台、温至寧海，抵奉化之楓嶺，敵殺慈谿領兵主簿畢清、義士杜文明，與象山流賊合夥，突過四明山，攻犯上虞，渡蟶浦港，寇蕭山，壁於錢清。胡宗憲親督兵備副使許東望等統麻陽土兵進勦，斬首五百餘級。餘孽復由諸暨出東陽、臨海，至太平、蒲岐巡檢司，得舟而遁。三十五年二月，使夷生員陳可願偕毛烈及夷商松柴門、妙善等七百餘人乘舟進泊於馬墓港，自言直抵倭島，遍諭豐州、馬肥、前平、飛蘭諸島，悉已禁止寇掠。然無稽之語，湧不足信，開市之議，私相許諾，納欵請罪之表未至，而福州、直隷沿海告警者踵接。據夷商自日本來者云，日本國主懦弱不制，諸島各恃强争據，王直所竄即西海道，有豐前、豐後、築前、築後、肥前、肥後、薩摩、日向、大隅九州。其所稱曰前平，曰馬肥，曰飛蘭，曰花脚踏，曰鳥淵，曰太村津，曰何馬屈沙，曰他家是，曰卒之毛兒，曰沉馬，曰美美，曰空居止，曰通明，曰巨甲，曰廟里，曰日高諸處，皆築、肥、豐州之地，總轄於豐後州王。大隅州懸隔一海，亦爲聽命。山口王居日向、薩摩之間，亦漸併於豐州王矣。九州入日本國，越斷港而東，水陸程途計經旬月，舟行而西僅五六日，而已入我浙江、直隷界矣。天朝頒賜勘合貯肥後州，亦有貯山陽道周防州者，各道入貢，必納貲請取勘合而行。頻年寇邊，實九州島夷也。時徐海久據柘林、乍浦，是年四月，將寇南京、浙西諸路，出嘉興，至皂林，遇遊擊將軍宗禮帥驍騎五十人突之，殺賊甚多。既而復戰，死之。賊遂攻圍巡撫浙江都御史阮鶚於桐鄉，窘甚。時胡宗憲[注三]新受總督軍務兵部左侍郎之命，舊兵不滿千人，乃用計啗賊，圍解。賊乃别遣夷船二十三艘，領衆千六百，登劫鳴鶴場。又夷船八艘，賊衆千餘，登劫隅山、三江。越數日，兩賊合攻觀海龍山城，突入慈谿縣治，時縣原無城郭，知縣柳東伯負印而走，賊殺鄉官副使王鎔、知府錢焕，焚劫士民，極其慘毒。從丈亭港出，欲窺寧波府城。盧鏜帥兵乘輕舟沿江上下，隨賊向往，用鳥嘴銃擊之。賊疑，退屯海口，擄掠貨財多所遺棄，賊後至者拾取之。是月，賊衆五百餘衝突南奔，將往福建，温州府同知黄釧領兵至分水嶺堵截，被賊伏山谷中繞其後，殺之。賊遂趨莆田之廣頭登岸，流劫而西，復入浙境，據僊居縣。時阮鶚始出自桐鄉圍中，宗憲檄咨鶚統督兵備副使許東望、參將盧鏜、台州知府譚綸、指揮伍維等進勦，盡殲賊於僊居。又賊一支寇直隸江北揚州，又一支寇江陰、無錫諸處，所向焚劫。先是，趙文華督察軍務復命，至是進工部尚書，奉勅提督軍務，許以便宜行事，總領涿州、保定、河間及河南、山東、徐沛等兵南來。各賊聞大兵至，退遁常州桃花港，陸續出海洋去訖。時宗憲日與徐海對壘，數遣死士入海營中反間，海果縛其黨陳東等八十餘人乞降，宗憲計徵兵且至，佯許之。及文華至注四，遂與定謀進勦，大殲賊於沈家莊，徐海溺死獲，其尸，梟示。於是辛五郎帥餘黨乘舟遁至烈港，宗憲約文華復用兵要擊之，俘斬三百餘，辛五郎與葉麻等囚至京師，獻俘告廟，剉尸梟示。餘賊據定海丘家洋，夜潰圍，踰桃花嶺，渡李溪，走鄞之西鄉，由元貞橋走奉化、寧海，與官兵戰於台州之兩頭門，把總范指揮死之。遂從寧海走温州，至福建，得舟而遁。謝浦之賊移據吴家山，自秋及冬，屢攻弗克，胡宗憲督麻陽兵當歲除乘雪夜襲破其巢，悉斬之。三十六年四月，賊寇直隸之通州、海門，突流揚州廟灣港，宗憲遣副總兵盧鏜追擊，衝沉其五舟，斬首四十餘級。賊出東安縣，復依船爲巢，池河守禦劉顯將百人擊破之，斬首百餘級，餘黨遁去。七月，生員蔣洲與倭酋德陽左衛門、善妙、松柴門等五十餘人乘舟進泊舟山，宗憲上其事於朝。九月，王直等亦偕夷商、水手千餘乘舟進泊岑港，聲言欲詣軍門乞降，然而五旬不至。宗憲乃設間諜委曲諭之，直乃遣其養子王激來見，仍遣之還。十一月，直乃桀然詣軍門，遂執之，下按察司獄。上疏，得旨，誅直於市，梟示海濱，妻子給功臣之家爲奴。

紹興府志

倭至紹興城下，月餘不能入，素卿匿於城西之青田湖，宗設求之不獲，退泊寧波港，指揮袁進邀之，敗績。賊攻定海城，不克，遂出。備倭都指揮劉錦追擊於海洋，復敗没。賊舡去，被風漂一艘於朝鮮，朝鮮王李懌擒其帥中林望、古多羅，械致京師。先是，素卿已下浙江按察司獄，遂下浙江並勘訊，久之，皆死於獄。十九年，閩人李光頭、歙人許棟逸福建獄，入海引倭，結巢於霩衢之雙嶼港，出没諸番，海上屢警。二十七年，巡視都御史朱公紈遣都指揮盧鏜等擒李光頭，焚其營房戰艦。六月，又擒許棟，賊淵藪空焉，而歙人王直收其餘黨爲亂。三十一年，叩定海關求市，不許，遂移巢烈港，官兵襲之，移馬蹟潭。三十二年四月，賊蕭顯自平湖來，參將湯克寬邀擊於鱉子門，破之。是月乙未，賊陷臨山衛。己亥，參將俞大猷破走之。八月，賊林碧川等自崇明修船爲歸計，都御史王公忬度其必入浙，預令都指揮劉恩至、指揮張四維、百户鄧城分爲二哨，一自觀海、臨山趨乍浦，遏其來；一自長塗、沈家門設伏，邀其去。賊果南遁，官兵與遇於普陀臨江海洋，敗之。十二月，賊寇瀝海所城，千户張應奎、百户王守正、張永俱死之。三十三年正月，蕭顯敗於松江，南奔入浙，鎮撫彭應時禦之，敗死。賊進至海鹽之二十里亭，參將盧鏜追擊，敗之。賊由赭山遁走，止屯三江，歷曹娥、瀝海、餘姚，挫於龍山，圍於定海，困於慈谿。盧鏜及劉恩至、張四維、潘亨分道夾擊，大敗之，斬蕭顯。九月，林碧川、沈南山等率衆自楊哥入，掠浙東蕭山、臨山、瀝海、上虞。十月，寇觀海衛。十一月，賊自仙居向諸暨，知縣徐檟用贊畫周述學計，鳴金鼓，發火砲，賊遂由山徑入山陰境。至府城南，疑不敢入，乃往柯橋，遇鄉民姚長子，貫其肘，使爲導。長子紿之西，而密謂鄉人曰：「俟賊過某橋，若等急毁之，我死不恨。」遂陷賊於化人壇，四面皆水。總兵俞大猷、會稽典史吴成器各率兵奮擊，悉剿之，斬首二百餘級，賊竟殺長子。三十四年四月，松浦賊自錢倉、白沙灣抄掠寧海，趨樟村，百户葉紳、劉夢祥、韓綱俱死之。遂至上虞東門外，燒居民房屋，渡江，遇御史鄞人錢鯨，殺之。至皋埠，兵備副使許東望、知府劉錫、典史吴成器各率兵圍之。至夜，賊乘兵倦遁走。五月，楊哥賊犯餘姚，省祭官杜槐率鄉兵禦之，斬酋一人、從賊三十二人，槐力竭死。既而賊犯鳴鶴場，盧鏜擊敗之。松浦賊寇爵溪所，不克，進寇餘姚。初，餘姚後清門外有橋，先三日毁之。賊至，適潮漲甚，不能渡，望洋而歎。江南鄉兵奮擊之，賊去，寇三山所，把總劉朝恩受院檄他部〔三〕，甫離所一舍許，聞報，即馳還固守。霖雨，城圮數十丈，或勸朝恩突走，朝恩曰：「世受國恩，今正報效之秋，豈可以事權去輒規避也？」遂躬捍圮所督戰，復作木城障之，城上矢石如雨，不能中賊，朝恩曰：「此幻術也。」投以生犬首，發矢中其酋，貫喉而斃，賊驚潰走，朝恩追斬數級。六月，楊哥賊自觀海出洋，都指揮王霈等邀擊於霍山洋，敗之，況其舟。是月，參將盧鏜敗賊於馬鞍山、新林，復追敗於勝山、黿鼊洋。十一月，松浦賊復自温州登海，歷奉化，遂犯餘姚，參將盧鏜遇於丈亭，令所部兵能倭語者倭飾，紿賊曰：「餘姚兵盛不可敵，吾等宜南行。」遂逶迤入四明山中。兹地險巇僻遠，避寇者恒之焉，居民弗虞寇至，不爲備，焚劫尤慘。時天大雪，鏜尾其後，經歷文某與接戰於苦竹嶺，副使孫宏軾又調奇兵，與戰於析開嶺，於翁家村，皆不能勝。至斤嶺，餘姚謝生軍及之。謝生者，太學生，名志望，文正公曾孫也。捐家貲，募勇敢五百人，分三隊，張左右翼禦賊，酣戰，自卯至午，殺賊九人，射傷二三十人，矢盡力疲，猶奮呼陷陣。生貌美皙，賊意其帥也，叢刃殺之。會盧鏜軍亦至，復戰於斤嶺，於梁衕，賊少却，走龔家畈，復至上虞東門。河南毛葫蘆兵迎戰於花園，損二百餘人，賊遂從北城外由百官渡曹娥江。餘姚庠生胡夢雷與從兄應龍、操六等率鄉兵邀賊，戰於東關，死之。賊順流而西。是時提督胡公宗憲方在浙西剿川沙之賊，移檄諸將，無力戰者，乃身率大兵至。於是僉事李如桂、王詢，指揮楊永昌，知事何常明，典史吳成器等併力追戰於爪山，又大戰於三界。先是，許東望請以山陰人金應暘爲贊畫，團練鄉兵千餘人，宗憲又益以武生項益隆所領處州兵二百人，至是與賊迎戰於五婆嶺。時賊百餘，官兵數千，見賊即走。處兵與賊血戰，自辰至巳，五十六人死於陣，而應暘手刃數賊，竟死之，賊亦被殺死十餘人。是日，宗憲斬不用命者兵五人於五雲門。翌日，賊遁丁村，盧鏜追擊之，斬首二十六級，賊大懼，以銀物餌之，我兵潰。次日暮，何常明哨賊被殺。宗憲督兵次長山，聞報，大怒，拔劍欲自刎，李如桂奪劍救免。丙午，宗憲壁龕山之巔，盧鏜以丁村功獻，宗憲恐賊渡錢塘江也，促鏜再戰。鏜曰：「士疲矣，休養數日乃可。料兹賊須鏜了，非兹毛頭所能也。」宗憲佯諾，與山陰人故郎中王畿計之，畿密諭親兵曰：「爾等豢養久，未立戰功，今賊將滅而諸將逗遛不進，且盧參戎以毛頭目爾，爾能無耻乎？乘其不意襲之，賊可盡也。」衆踴躍請效死，即令吴成器兼率以進，不數里，遇賊，死戰，無不一當十，賊遂大敗，循海而走，奔匿於龕山之坡下小堡内。我兵乘勢圍攻之。賊登屋擲瓦，瓦盡，繼之以槍；槍盡，投刀；刀盡，乃下死守。我兵急攻破之，悉斬首以獻。時日且暝，宗憲命取賊心啖之，選猙獰首級二十餘顆置案上，每顆爲飲一觥。暨曉，諸營方知破賊，相率入賀。宗憲謂鏜曰：「再遲一二日，何如？」鏜大慙服。閏十一月，松浦賊復自温州南麂山來，至平陽之三港，守備劉隆、千户鄭綱、百户張澄皆戰没。賊遂趨台州，漸北向，欲與紹興賊合。提督胡宗憲令天台以南，知府譚綸兵擊之；新昌以北，容美宣撫田九霄兵擊之，吴成器爲先導。十二月乙未，賊抵新昌，焚民居，殺戮一二百人，屯醴泉。知縣萬鵬率民兵拒之，不克，賊亦去。聞紹興賊已破，畏譚兵及土兵，猶豫莫定所往，至嵊之上館嶺，會容美兵陳而待：田九霄以正兵當其前，田九章援兵繼進，左翼則留守王倫伏兵當之，右翼則經歷畢爵伏兵當之，以一部誘賊出戰。良久，伏兵起，左右夾擊，而指揮吴江率部兵遶賊後，且多張旗幟爲疑兵，賊四面受敵，遂大潰，且戰且走，我兵追之，入清風嶺，俘斬一百七十餘。是賊之未敗也，松浦賊又有自福寧州來者，越平陽、仙居，至奉化，與錢倉賊合，幾七百人，入紹興，勢益滋蔓。田九霄既破賊清風嶺，提督胡宗憲復命副使許東望、杭州府同知曲入繩同九霄往邀之，遇賊於西小江橋，僅隔一河。宗憲於馬上自持一幟，作指揮狀示之，賊止聚觀，宗憲笑曰：「此易與耳，若不顧而南，其氣未可乘也。」即率兵渡河，九霄邀其前，入繩襲其後，賊見兩兵夾至，大怖，走後梅，匿民舍，官兵圍之三匝，縱火夾攻，死者甚衆。周述學曰：「賊至夜必南逸，急設伏邀擊。」山陰知縣葉可成曰：「西嶺之巔可伏也。」從之。時值天雨，夜二更，大霧，咫尺莫辨。賊乘黑衝圍，典史吴成器故善戰，驅兵奮擊，頗有擒斬。然脱走者衆，果由西嶺南遁。夜將半，嶺畔伏兵起，賊驚潰，遂大敗之，斬首及焚死者二百有奇。餘奔太平蒲岐港，官兵追之，賊堅壁不出，乃夜逼壘，投以火器，賊驚起，自相攻殺。比明，乃遁出洋，得脱者無幾矣。三十五年四月，賊周屹勾引豐洲賊數千人，自嗚鶴、臨山、三江登掠。次日，合寇觀海衛，弗克。寇龍山所，庠生李良民率兵禦之，乃解去。掠慈谿縣，時縣無城，被害甚慘酷。知縣柳東伯募都長沈宏舉族禦之，斬首數百級，賊遁。欲入掠餘姚，盧鏜遏之於丈亭，大敗之。五月，賊分二支復入：一擾慈谿縣，一攻龍山所。所中兵擊賊數十人死，乃解去。盧鏜復追敗之，擒周屹，餘黨遁入五峙洋。八月庚寅，盧鏜擊蘇常遁賊及寧紹餘黨至夏蓋山、三江海洋，與戰於金塘、馬墓之間，大敗之，沉舟數十，斬首六百五十有奇。乙未，賊八百餘至慈谿，據丘、王二家爲巢，進寇龍山所。參將盧鏜、戚繼光，副使許東望、王詢各率部兵二千，把總盧錡等亦率部兵二千，遊擊尹秉衡率北兵三千，遇於鴈門嶺等處，連戰皆敗。九月己未，提督阮公鶚親督官兵來，稍稍破之。賊夜遁，鶚又督秉衡、錡追至桐嶺，誤中伏，賊夾擊我，我兵大敗，賊至樂清出海。三十六年十一月壬子，王直[注五。]欵定海關，執無印表文，稱豐洲王入貢，且要求互市。先是，軍門大臣以直爲亂，因於徽州收其母妻及子，下金華府獄。後胡宗憲爲提督，乃出之，給以美衣食，奉之爲餌。會朝廷遣寧波庠生蔣洲、陳可願充市舶提舉，宣諭日本國王，宗憲因密諭令招徠王直。至是直來，宗憲已晉總督，列狀上請，詔不許，命相機擒勦。宗憲奉詔，秘而不宣，馳駐餘姚，以夏正爲死間，諭直來見。直遣義子王滶及葉宗滿先來，至餘姚。宗憲盛陳軍儀，納其降，且與連牀卧，因露諸將請戰書十餘通於几上，而含糊作寐語，大略欲全活直之意。然滶出，猶詢城守具，察兵數。宗憲恐其逸去，乃命二人同往見按院藩臯，延緩之。又命直子澄以血書諭直，復發金帛間其黨，直乃因夏正報曰：「即歸命，但部兵無統，欲得王滶攝之。」盧鏜曰：「以犬易虎，不可失也。」宗憲遣之。越數日，直不來，復命劉朝恩、陳光祖、夏正、吴成器、陳可願往説之，且以夏正、婁楠爲質，直乃入見盧鏜於舟山中所城。宗憲馳至定海，直來見，宗憲温語慰之，遂執送按察司獄，疏直罪狀上請。三十八年十二月，得旨，斬於杭州市。

嘉靖三十一年，倭有犯吾境者，海氓徐經十持大梃踣其二帥，其首殊鉅。三十二年，倭登自勝山港，掠第四門。四月，攻臨山衛，陷其城。三十三年，倭大掠梅川、上林、龍泉等鄉。三十四年五月，省祭官杜槐率鄉兵禦倭，斬酋一人，從賊三十二人，槐力竭死，邑城戒嚴。時黄山、後清二橋甚雄壯，鄉薦紳以倭將至，議毁之，人猶二三，已竟拆焉。後清橋壓没十餘人，怨詈盈道。後三日，倭至，適潮漲甚，不能渡。江南鄉兵遥爲聲援，不敢逼倭，列江滸間。邑募獵夫射虎者踞城樓上發弩，射中一人，其矢傅毒血，濡縷立死，倭輿尸去。其冬，倭復歷奉化，轉戰至四明之斤嶺。先是，邑人以四明山僻，多避寇於此，倭猝至，各鳥獸竄，被禍尤慘。時太學生謝志望，文正公玄孫也，募勇敢五百人，分三隊，張左右翼禦倭，酣戰，自卯至午，殺賊九人，射傷二三十人，矢盡力疲，猶奮呼陷陣。生貌白皙，倭意其帥也，叢刃殺之。生之客身擁蔽生而被殺者亦十數人。會參將盧鏜兵追及，與倭戰於斤嶺，於梁衕，倭盡焚其廬舍，却走。已復由百官渡曹娥江，邑庠生胡夢雷與從兄應龍、操六等率鄉兵邀戰於東關，死之。三十五年，倭掠雲樓鄉之樂安湖，乘夜至城下，黎明西門將啓時，倭執諸生王某爲導，大呼寇至，急閉門拒之，倭亦引厺，某竟得脱。是時死事鴈門嶺者則有邑庠生倪泰員。三十六年，總督胡公宗憲以賊由王直，設計招之，直先遣養子滶及葉宗滿來見，宗憲馳駐邑城納其降，慰諭之，已果自至，倭患遂漸息矣注六。

浙江通志

余嘗觀志地里者，必及其形勢風俗，而兩浙之地里，則議者又謂浙西宗杭，而嚴、嘉、湖爲支郡。浙東一宗紹，而寧、台、温三郡爲支；一宗金華，而衢、處二郡爲支。蓋習見趙錢都杭，勾踐都會稽，隋唐置司金華，枝葉庇本之義也。若以天下大勢觀之，江浙地非上游，自古英雄起事，率非首務。但今財賦盡在東南，而吴越唇齒，未必非奸宄之所窺伺。杭、嘉、寧、紹、台、温六郡瀕海，倭奴島夷頻年騷動，固當慎固封守矣。若南都、宣、潤諸處，天塹浩淼，寔浙之軿蔽；衢、嚴當閩、歙數道之衝，山嶺險巇，寔浙之咽喉。古稱會稽、丹陽總屬揚州，蓋寔相依倚者也。苟居多故之時，宣、潤不守，衢、嚴不備，則乘間竊發，遂難支持。是故金元南下，馳騖江臯，長驅明越；方臘荷鉏，奮臂横行杭、婺諸郡。此皆前事之明鑑也。宋陳同父獨謂杭城可灌，蓋亦未之思耳。至若處州一路，高亢幽阻，兵臨他境，若高屋建瓴水。且其地金穀所生，其人鷙猛好鬭，乃窮棲根本之地，亦不可不先事而預防也。此兩浙形勢之大都也。

貢賦志

國朝兩浙民數，自洪武迄兹百九十餘年來，宜益滋殖。乃考今籍，户口、土田不加多，賦役不加少，至於等則名色，又紛糾瑣屑，不可盡識殫書，是何議民之詳也。即今倭夷入寇，兵事倥偬，財用匱乏。夫財用匱乏，則徵斂之名多；賦役繁重，則規避之弊巧。相因之勢則然耶。聞諸人之言曰：田苦則多，賦苦名多。失實不均，長奸滋弊，失其次矣。苟廢上、中、下三則，計畝均賦，約以布縷粟米力役之征，而盡廢無藝，是或救弊卹民之一道。嗟乎！賦猶不均，況均田乎？名猶不定，況責實乎？羲黄邈矣，禹貢、周官亦過計，乃若出入文網，塗民耳目，則誠無藝矣。

鹽課

浙濱海而鹽策興。漢初吴王濞置司鹽校尉於馬嘷城，以煮海富。武帝時，始置鹽官，法毋得私鬻。孫吴置司法都尉，榷其利。唐置鹽鐵使，設場監於湖、越、杭州，歲得錢累十萬緡。宋置都大發運使及提舉官，設鹽場於杭、秀、明、温、台五州，令商人輸芻粟得鹽，南渡後屬漕司。元置兩浙都轉運鹽使。至元十四年，置司杭州。大德三年，置鹽場於浙東、西。至正二年，置檢校批驗所四於杭、嘉、紹、温、台。國朝仍置都運司，專掌鹽政，增置嘉興、松江、寧紹、温台四分司，督鹽課。又置寧波批驗所，而分温台批驗所爲二，掌掣摯。又置鹽課司於鹽場，隸都運司者二，曰仁和、許村；隸嘉興分司者五，曰西路、鮑郎、蘆瀝、海沙、横浦；隸松江分司者五，曰浦東、袁浦、青村、下沙、青浦；隸寧紹分司者十五，曰西興、錢清、三江、曹娥、石堰、鳴鶴、龍頭、清泉、長山、穿山、大嵩、玉泉、昌國、岱山、蘆花；隸温台分司者八，曰長亭、杜瀆、黄巖、長林、永嘉、雙穗、天富南監、天富北監。場立官一人，大者二人。團立總催十人。凡爲場三十五，爲團五百有一，爲丁七萬四千四百四十有六。丁皆給灘蕩，授煮器，率辦鹽一引，官給工本米石。引四百觔，歲得鹽二十二萬二千三百八十四引三百四十九觔二兩。洪武十七年，易工本米以鈔，引二貫五百文。二十三年，改辦小引，丁歲十六引，鹽工丁八引，餘工丁四引，引二百觔，歲得鹽四十四萬四千七百六十九引一百四十九觔二兩。邊商中鹽者，每大引輸銀八分，官給引目，支鹽於場，率小引二而當大引一，引耗五觔，各爲袋，場截其引角一而歸之。已告驗於運司，截引角一。已掣摯於批驗所，又截引角一。鹽過二百有五觔者，没其餘。已鬻於限地，南止温、處，西止徽、信，北至鎮江，西北止廣德，其地之吏又截引角一。乃反引於官，官司詰禁如律。二十七年，復竈户雜役有差。永樂初，改令邊商每大引輸米二斗五升，或粟四斗，邊量米粟貴賤、道里近遠險易以爲引目。正統二年併岱山、蘆花場於大嵩場。三年，遣御史巡督鹽課，改令邊商兼中淮浙鹽，淮鹽十八，浙十二；淮鹽輸米麥，浙鹽得輸雜糧。又用侍郎周忱議，以竈去場三十里者爲水鄉竈户，不及三十里者爲濱海滷丁，水鄉丁歲出米六石，給濱海丁代煎。四年，復竈户税糧，毋遠運。工本鈔自此罷給。五年，併昌國場於穿山，添設下沙二場、三場，置場官，歲辦鹽課，率以十八給商之守支者，曰常股，二貯場倉。

候邊乏召中，曰存積，價存積重，常股輕。十四年，增存積鹽爲十四。景泰元年，遣侍郎清理鹽法，改令水鄉竈丁歲輸米六石貯場倉，官爲給濱海竈，又增存積鹽爲十六。二年，令商報中引目到場，遲一年以上者，即於常股鹽内挨支。三年，罷巡鹽御史，尋復遣。六年，運司同知黄彪疏罷水鄉輸米，仍煎鹽。成化五年，户部疏令水鄉竈丁歲辦鹽二引以上者輸米四石，三引以上者米六石，并故所得草場，仍給濱海竈代煎。七年，定存積爲十四，常股十六。至今因之。十年，巡撫右副都御史劉敷以濱海逋課累水鄉，疏改水鄉鹽引折銀三錢五分，場各輸於其長，運司會而輸諸户部，備邊用。此水鄉輸銀之始。十二年，詔覈水鄉蕩價解運司。此草蕩徵銀之始。十八年，增置天錫溝場，置場官。二十年，御史林誠以厫鹽多耗，疏令濱海竈鹽並許輸半價，浙西引三錢五分，浙東引二錢五分，歲十月輸京師。此濱海本折色鹽之始。二十一年，增邊商浙鹽價，每大引輸銀一錢六分。松江府知府樊瑩疏請以蕩價抵水鄉課鹽之半，立蕩户收之，餘半於各縣秋糧加耗餘米帶徵，而丁盡歸有司應民役。此州縣包補水鄉額鹽之始。弘治元年，侍郎彭韶疏減濱海折半鹽價，浙西引輸銀三錢，浙東引一錢七分五釐。二年，疏鬻兩浙餘鹽引價一錢四分。此本處賣鹽之始。又疏減水鄉歲課引輸銀三錢，濱海歲課常股引輸銀一錢五分，存積輸鹽如故。三年，御史張文疏令濱海竈丁去場三十里内者煎辦，三十里外者輸銀視水鄉，浙西引三錢，浙東引二錢。十二年，廢寧、台二批驗所。御史藍章增餘鹽價，引一錢八分。都御史王瓊、御史邢昭繼增之，引價二錢。正德六年，增邊商浙鹽價，每大引輸銀一錢八分。八年，減餘鹽價，引仍一錢八分。九年，御史師存智疏請以本色引鹽，即於兩浙開中，引價三錢，鹽貴則稍昂其直。批驗所割没餘鹽，亦遂與商聽輸價：嘉興批驗所引五錢，温州二錢，紹興四錢，杭州四錢五分，歲輸於户部。凡商鹽餘鹽及包束，不得過三百斤，違者没入之。嘉靖六年，增邊商浙鹽價，每大引輸銀四錢。引價於是極重。七年，御史王朝用疏令濱海折色鹽，水鄉竈鹽，引輸銀二錢三分七釐貯運司，而以二錢給商買鹽，曰買補；三分七釐暨諸割没餘鹽價銀，仍輸於京師。此給商買補之始。十一年，户部疏減甘肅浙鹽價，每大引輸銀三錢。御史李磐疏均兩浙給商出買補鹽數，東西各九萬九千三十引，其在温台者，兼支二萬六千八十五引派如故。今爲鹽場仍三十有五，團仍五百有一，丁一十六萬五千五百七十有四，率三人而輸一人之課。濱海本色鹽歲二十一萬三千二十二引七十九斤二兩有奇，中爲存積鹽八萬五千二百八引一百九十一斤十兩有奇，常股鹽一十二萬七千八百一十二引二百八十七斤七兩有奇，折色鹽歲一十二萬七千三百四引一百八十三斤十五兩有奇，爲銀三萬一千七百六十六兩七錢有奇，中爲給商銀二萬五千四百七十兩一錢三分有奇，解京銀六千二百九十六兩五錢七分有奇。水鄉折色鹽歲十萬四千四百四十二引八十五斤十五兩有奇，爲銀二萬九千一百八十三兩二錢九分有奇，中爲給商銀二萬八百八十八兩四錢八分有奇，解京銀八千二百九十四兩八錢一分有奇，草蕩價銀歲八千八百七十七兩六錢九分有奇，餘鹽銀以稱掣多寡爲算，無定額。

通志論曰：「嘗謂義以生利，利以和義，故爲政上者利民，其次不與民争毫末之利，以致大利，下者務自利。」予讀漢食貨志，觀所稱太公立圜法，管仲權輕重，周景王更鑄大錢，退而考鹽法之顛末，未嘗不用憮然也。夫鹽之爲利，固王者所與百姓共也。謀國者以爲加賦於畞畝，不若取財於川澤，是故不得已專之。顧其始也，一引之直，爲粟數斗，而其後或三倍焉。夫直廉，則市者衆；市者衆，則粟常積。故官無轉輸之勞，無寇抄之慮，而諸邊富强。直高，則趨利者不赴；趨利者不赴，則粟常乏。故金幣積於内帑，而塞下不得食，轉輸寇抄，官以爲任而商不與其憂。其在緣海，鹽積而不售，竊販鬻以自給，則私鹽之盜起，夫此豈非與民争毫末之利，遂以失大利哉？是故王者不言利，非惡利也，知害之有重於利也。商利之臣，其言非不可聽也，其在目前非不足以爲快也，然而其究未有能利者也。孟子曰：「仁義而已矣，何必曰利？」嗚呼！可與語仁義者，斯能明利害之實也夫。

蘭谿志

三代之時，以鹽充貢而已，官未嘗榷之以爲利也。自齊相夷吾，而鹽利始興；漢用桑孔，而鹽禁始重。其源一開，不可復塞。唐劉晏上鹽法輕重之宜，令亭户糶鹽商人，縱其所之，此商鹽所由始也。郡縣有常平倉鹽〔四〕，每商人不至，則減價以糶，官收厚利而人不知貴，此官鬻鹽之所由始也。

國朝有户口支給之食鹽〔五〕，有客商中賣之引鹽。商鹽。客商輸粟於邊，官給引目，支鹽於場，任其貨賣。然慮其私販之爲患也，特差御史一員往來巡視，而軍衛有司皆有巡鹽官員，鬻鹽所在又有巡鹽火甲，關津巡檢又專爲之盤詰，其禁治之嚴如此。又恐其舊引之影射而爲弊也，故支鹽出場，而經過關津，鹽引有截角之法；賣鹽既畢，而住賣官司，舊引有繳納之例。其防範之密如此。

食鹽。有司開具户口名數，令人赴運鹽使司關支四縣而計口給散，市民、官吏則令其納鈔，鄉民則令其納米，各隨所便。其後有司以闕支搬運之艱，故其鹽不復請給，而納米納鈔，則仍其舊云。

寧波府志

國家開設鹽司，匪直足國裕邊，亦以惠養元元，法至一矣。其後課者不力，罔以給商，乃每引暫折銀三錢以畀之，比之中納，利且數倍。成化間，巡鹽御史林誠以爲利歸於商，孰若利歸於國，奏以竈丁鹽課，一半徵銀解京，是謂折色；一半存場給客，是謂本色。夫竈户所業者，鹽耳，不徵鹽而徵銀，非私鬻不辦，私鬻，則姦詭不可盡詰，網亦稍疏，而鹽政自此壞矣。已而有巡鹽應捕之設，意在禁姦飭法，而覆與姦商爲市，是又益之蠹也。乃復斷以期月，程其所捕不如數者，罰之出銀以輸歲算，其費非十倍役銀不止。又況田野之氓，不習江海，率募市猾充之，被給弄而空家室者十且八九，其害可勝言哉！謂宜復中掣之初規，嚴私鹽之厲禁，罷免徭之役，歲以額編民壯，定其班次與其期日，使之分番警捕，欺詭宜可少戢。即捕不如數，而罰銀以償，終不至如徭編之甚，而亦無負乎鹽司之徵矣。

兩浙運司三十五場，竈丁十六萬五千五百七十有四，歲辦額鹽四十四萬四千七百六十九引一百四十九觔二兩。而甘肅、寧夏、固原、延綏、大同、宣府、榆林、代州等九邊，邊各置鎮，鎮兵多寡，所在不同，姑以每鎮萬人論之，必七千爲主，三千爲客。而鎮臺召商中納，如滿千引，必派七分爲常股，三分爲存積。甘肅險遠，引輸銀三錢，其他八鎮，引輸銀三錢五分。即前七百引，爲銀二百四十五兩，又分而三之，中取二分貿米，一分貿草、豆，實之邊倉以給主兵，而商則賫引到場，挨次守支。常股之鹽，尚餘存積三百引，則與守支異目矣。必臨調官兵，然後召商中納，其價獨重，易糧給兵如前，而賫引到場，得越次先支，此國初法也。成化以後，漸亦難行。如商引合支常股，而本場獨有存積；合支存積，而本場獨有常股。既不得通融，復不許更煮。又或鹽積而商久不至，則耗鹽；商至而鹽久不出，則病商。於是當事者疏請合計全浙竈丁與九邊報中引目，不論常股、存積，悉議徵銀於竈丁，引二錢三分七釐，總輸於運司。商至，引給銀二錢一分八釐，隨得返邊報中，環轉不休，而引目仍聽其轉貿徽、浙内商，令内商得以自貿竈鹽，初法盡改矣。

萬曆十八年兩浙巡鹽御史韓介通額引疏

臣查行鹽之地，大概不過分上、中、下三則。其地不産鹽，又去場最遠，此私販絶跡不到之地，是爲上則。行鹽甚易，派引原自不少。其地雖不産鹽，而去場少近，私鹽往往出没其中，是爲中則。行鹽稍難，派引亦不及上則之半。然而統謂之引地，雖其近派額數或有敷有不敷，賣銷或有前有不前，而要之有司責也。嚴私販，則官引通；官引通，則額銷足。一申飭之力，不必另議。獨是下則地方，或坐落斥鹵之鄉，或附近煎熬之所，家家户户買食私鹽，即律亦謂老幼軍民，在所不禁，以故其地派引多不過幾百，少不過幾十。而又有派票不派引之地，蓋票鹽較引鹽爲賤，去私鹽之價不甚低昂，行之頗便。臣查直隸如嘉定、青浦、靖江等縣，浙江如嘉、秀、崇、永、樂、平等縣，皆派引原少，俱宜以行票之法，兼疏引目。如嘉定一縣，昔派叁肆千引而賣銷不前者，近經臣稍示通融，該縣土商遂攘臂争先，願領銷引壹萬貳千。雖見在議行，然民樂賤惡貴，情可概見。官鹽一賤，則孰肯不食官鹽，而必冒禁觸法以食私鹽乎？是所以使私販不禁而自絶，官鹽不疏而自通之一法也。然此惟宜通融行於下則附近鹽場，原不便於行引之地。若朝東暮西，倏忽移易，則奸人必且乘機射利，泛濫引界，其爲鹽法之蠹，將又甚焉。相應嚴行申禁，引地止令通融一處，無令援入别境，違者仍以私販究問。

會稽亭户煎鹽法：以海潮沃沙暴日中，日將久，刮鹻聚而苦之。明日又沃而暴之。如是五六日，乃淋鹻取滷，然後試以蓮子，每用竹筒一枚，長寸許，取老硬石蓮五枚納滷筒中，一二蓮浮，或俱不浮，則滷薄不堪用，謂之退滷，蓮子取其浮而直。若三蓮浮，則滷將成；四五蓮浮，則滷成可用，謂之足蓮滷，或謂之頭滷。然石蓮試以滷，取最後升者爲足蓮，足蓮乃可驗滷。有無足蓮者，必借人已驗蓮滷，較蓮之輕重爲之，然後爲審。閩中之法，以雞子桃仁試之，滷味重即正浮在上，滷薄則二物側浮，與此相類。凡煮鹽，編竹爲槃，中爲百耳，以篾懸之，塗以石灰，纔足受滷，燃烈焰中，滷不漏而盤不焦灼。一盤可煮二十過，近亦稍用鐵盤。

孤樹裒談

國朝[注七]班户口食鹽於天下，而歲收其鈔，曰户口鈔，蓋以鹽課鈔也。今鹽不班已數世矣，而民歲折銀錢户口鈔如故，天下咸病於是，然無一人言於上者。祖宗之良法美意不得推行，而未流之弊又不得停止，良可慨夫！

錢塘縣志

陳善曰：「築塘之患有二：曰估價太廉也，責成太亟也。往者萬曆乙亥，塘決六和塔之下數百丈，命人修築。予嘗一至其地，詢諸工匠，每石一塊，止銀八分；每人一工，止銀二分。夫官以廉直而覓工，人以刻期而供役，故事圖苟完，不爲久計。所築之塘，惟用爛石草草疊成，不實以土，潮水一至，尋築尋圮，其何以善厥後哉？必也於近隄淺沙之上，立盪浪木樁數百千以捍之，而其疊砌之法，不恤工力，務爲遠圖。多委廉幹之吏，分投察視，或編立字號，各任其責，所任已完，更番代換，毋令其久役思歸，怠於將事。至於樁木，必須易杉以松，庶可永久。而又倣宋人捍江兵士之意，每歲編置巡江夫數十名，令其往來察視江塘，少有傾頹，即加修治，庶乎修理及時而工力可省，顯患既弭而隱憂亦消，百世可久之策也。」

西溪叢語

舊於會稽得一石碑，論海潮依附陰陽時刻，極有理。不知其誰氏，復恐遺失，故載之：觀古今諸家海潮之説者多矣，或謂天河激湧，（葛洪潮説。）亦云地機翕張。（見洞正二真經。）盧肇以日激水而潮生，封演云月周天而潮應。挺空入漢，山湧而濤隨；（施師謂僧隱之之言。）析木大梁，月行而水大。（見竇叔蒙濤志。）源殊派異，無所適從；索隱探微，宜伸確論。大中祥符九年冬，奉詔按察嶺外，嘗經合浦郡，（廉州。）沿南溟而東，過海康，（雷州。）歷陵水，（化州。）涉恩平，（恩州。）住南海，（廣州。）迨由龍川，（惠州。）抵潮陽，（潮州。）洎出守會稽，（越州。）移莅勾章。（明州。）已上諸郡，俱沿海濱，朝夕觀望潮汐之候者有日矣。（汐潮退也。）得以求之刻漏，究之消息，（消進息退。）十年用心，頗有準的。大率元氣噓翕，天隨氣而漲斂；溟渤往來，潮隨天而進退者也。以日者，衆陽之母，陰生於陽，故潮附之於日也；月者，太陰之精，水乃陰類，故潮依之於月也。是故隨日而應月，依陰而附陽，盈於朔望，消於朏（敷尾切。）魄，虚於上下弦，息於輝朒，（女六切，朔而月見東方也。）故潮有小大焉。今起月朔夜半子時，潮平於地之子位四刻一十六分半。月離於日，在地之辰次，日移三刻七十二分。對月到之位，以日臨之次，潮必應之。過月望復東行，潮附日而又西應之。至後朔子時四刻一十六分半，日月潮水俱復會於子位。其小盡則月離於日，在地之辰次，日移三刻七十三分半。對月到之位，以日臨之次，潮必應之。至後朔子時四刻一十六分半，日月潮水亦俱復會於子位。是知潮常附日而右旋，以月臨子午，潮必平矣；月在卯酉，汐必盡矣。或遲速消息之小異，而進退盈虚，終不失其期也。或問曰：「四海潮平皆有漸，惟浙江濤至，則亘如山岳，奮如雷霆，水岸横飛，雪崖傍射，澎騰奔激，吁可畏也。其漲怒之理，可得聞乎？」曰：「或云夾岸有山，南曰龕，北曰赭，二山相對，謂之海門，岸狹勢逼，湧而爲濤耳。若言狹逼，則東溟自定海縣名，屬四明。吞餘姚、奉化二江，江以縣爲名，一屬會稽，一隸四明。侔之浙江，尤甚狹逼，潮來不聞濤有聲也。今觀浙江之口，起自纂風亭，地名，屬會稽。北望嘉興大山，屬秀州。水闊二百餘里，故海商舶船，畏避沙潬，不由大江，水中沙爲潬，徒旱切。惟泛餘姚小江，易舟而浮運河，達於杭、越矣。蓋以下有沙潬，南北亘連，隔礙洪波，蹙遏潮勢。夫月離震兑，他潮已生，惟浙江潮水不同；月經乾巽，潮來已半，濁浪堆滯，後水益來，於是溢於沙潬，猛怒頓湧，聲勢激射，故起而爲濤耳，非江山淺逼使之然也。」

寧誌備考

寧城之南，亘於東西者，曰捍海塘。唐書地理志曰，鹽官海塘長一百二十里，開元時重築。曰重築，則前此有築可知，但無可考。昭宣帝天祐四年秋八月，吴越國築捍海石塘，時錢鏐爲吴越國王。曰石塘，則前此所築未必皆石，石塘當自是始。宋孝宗淳熙四年，臨安府築海塘。是年九月，海塘爲潮所衝，壞二百餘丈，事聞，詔築之。按史止言臨安府，不言某縣，然府屬之受海患者，惟仁和、鹽官，而鹽官尤劇，法不得遺鹽也。寧宗嘉定十二年，鹽官海失故道，潮衝平野二十餘里，至侵縣治，蘆洲港瀆及上、下管，黄灣，黄崗等鹽場皆圮，蜀山淪入海中，聚落田疇，幾失其半，鹹水淹及四郡。時守臣上言，鹽官舊去海三十餘里，無海患，故鹽竈頗盛，課利易登。去年海水忽漲，横衝沙岸，每一潰裂，輒數十丈，日復一日，蘆洲港瀆蕩爲一壑。今潮勢深入，逼近居民，萬一春水驟發，怒濤奔湧，海颶佐之，呼吸桑滄，百里之民，寧不俱葬魚腹乎？況京畿赤縣，密邇都城，内有二十五里塘，道通長安閘，工徹臨平，下接崇德，漕運往來，客船絡繹。今海水入塘，兩岸田畝皆被淹没，及今不治，恐裹河堤岸久之亦必潰裂。乞下浙西諸司，條具築捺之策，務令捍堤堅壯，土脈充實，庶不復罹前劇。詔從之。嘉定十五年，都省臣上言，鹽官海塘衝決，上命浙西提舉劉垕專任其事。垕上言，鹽官東接海鹽，西距仁和，北抵崇德、德清，境連平江、嘉興、湖州，南瀕大海，原與縣治相去四十餘里。數年以來，水失故道，早晚兩潮，奔衝南北，遂至縣南四十餘里盡淪入海。近縣之南，原有捍海古塘，亘二十里，今東、西兩段，並以衝毁，侵入縣治兩旁，止存中間古塘十餘里。萬一水勢激盪不息，不惟鹽官一縣不可復存，而向下地勢漸卑，恐鹹流沿漫，將蘇、秀、湖三州等處田畝皆不可種植，其爲害非獨一邑也。詳今日之患，大概有二：一曰平地陸沉，一曰鹹潮泛溢。陸沉者固無力可施，其泛溢者，祖因捍海塘衝損，每遇大潮，必盤越北注。今亟宜築土塘以捍鹹潮。其所築塘基，南北各有兩處：在縣東近南，則爲六十里鹹塘；近北，則爲袁花塘。在縣西近南，亦曰鹹塘；近北，則爲淡塘。嘗驗兩處土色虛實，袁花塘、淡塘差勝鹹塘，且各近裏，未至與海潮爲敵。勢當東就袁花塘、西就淡塘修築，庶可禦鹹潮之盤溢。其縣西一帶淡塘，連縣治左右，共五十餘里，合先修築。若縣南去海一里餘，縣治民居盡在其中，幸古塘尚存，此何可棄之度外也？今將現管樁石，就古塘加工，築壘一里許，爲防護縣治之計，其縣東民户日築六十里鹹塘，萬一又爲海潮衝損，則前功盡棄，當計用木石修築袁花塘以捍之。上詔可。

元世修塘總紀

鹽官州治舊去海岸三十里，有捍海塘二，後又添築鹹塘，在宋時亦嘗崩陷。至成宗大德三年，塘岸崩，都省委禮部郎中游中順一曰詔禮部尚書游。暨本省官相視，會虛沙漲，難於施力，議中寢。至仁宗延祐之己未、庚申間，海汛失度，累壞民居，陷地三十餘里。時省憲官共議，宜於州治之北添築土塘，然後築石塘，東西長四十三里。未幾，沙復漲，議復寢。至泰定即位之四年二月，風潮大作，衝捍海小塘，環州郭四里。杭州路上言，與都水庸田司議，欲於北地築塘四十餘里，而工費浩大，莫若先修鹹塘，增其高闊，填塞溝港，且濬深近北備塘濠塹，用樁密釘，庶可護禦。江浙省準下本路修治。都水庸田司又言〔六〕，宜速撥丁夫，堵閉水衝入處，其不敷工役，於錢塘、仁和及嘉興等附近州縣諸色人户内斟酌差倩，不則淪没不已，旦夕誠爲可慮。工部議：「海岸崩摧，重事也，宜移文江浙行省，督促庸田使司、鹽運司及有司發丁夫修治，毋致侵犯城郭，移害居民。」五月五日，平章秃滿迭兒、茶乃、史參政等奏言：「江浙省四月内潮水衝破鹽官州海岸，令庸田司官徵夫修堵，又令僧人誦經，復差人令天師致祭。臣等集議，世祖時，海岸嘗崩，遣使命天師祈祀，潮即退。今可令直省舍人伯顔奉御香，令天師依前例祈祀。」制曰：「可。」既而杭州路又言：「八月以來，秋濤洶湧，水勢愈大，現築沙堤塘岸，東西八十餘步，造木櫃石囤，以塞其要衝。本省左丞相脱歡等議，要置石囤四千九百六十，抵禦衝嚙，以救其急，擬比浙江之石塘，庶可爲久遠計。其工料用鈔七十九萬四千餘錠，糧四萬六千三百餘石，接續興修。」致和元年三月，省臣奏：「江浙省併庸田司修築海塘，作竹籧篨，内實以石，鱗次壘叠，以禦潮勢，今又淪陷入海，見圖修治，倘得堅久之策，移文具報。臣等集議，此重事也，旦夕駕幸上都，分官扈從，不得圓議。今差户部尚書李家奴、工部尚書李家賓、樞密院屬衛指揮青山、副使洪灝、宣政僉院南哥班與行省左丞相脱歡及行臺、宣政院、庸田使司諸臣，會議修治之方。合用軍夫，除戍守州縣關津外，酌量差撥，從便添支口糧。合役丁力，附近有田之家及僧、道、也里可温、答失蠻等户内點倩。凡工役之時，諸人毋或阻壞，違者罪之。合行事務，提調官移文稟奏施行。」有旨從之。四月二十八日，朝廷所委官暨行省臺院及庸田司等官議：「昔大德、延祐間，欲建石塘，未就。泰定四年春，潮水異常，增築土塘，不能抵禦，議置板塘，以水湧難於施工，遂作籧篨木櫃，間有漂沉。欲踵前議，壘石塘以圖久遠，爲地脈虛浮，比定海、浙江、海鹽地形水勢不同，由是造石囤於其壞處壘之，以救目前之急，已置二十九里餘，不曾崩陷，略見成効。庸田司與各官同議，東西接壘石囤十里，其六十里塘下舊河，就取土築塘，鑿東山之石以備崩損。文宗天曆元年十一月，都水庸田司言，八月十日至十九日，正當大汛，潮勢不高，風平水穩。十四日，祈請天妃入廟，自本州岳廟東海北護岸鱗鱗相接。十五日至十九日，海岸沙漲，東西長七里，南北廣或二三十步，或數十百步，漸見南北相接。西至石囤，已及五都，修築捍海塘，與鹹塘相遠，直抵𥓐門，障禦石囤。東至十一都六十里塘，又東至大尖山嘉興等三路所修處海口。自八月一日至二日，探海二丈五尺。至十九日、二十日探之，先二丈者，今一丈五尺；先一丈五尺者，今一丈。西自六都仁和縣界赭山、雷山爲首，添漲沙塗，已過四都、五都、鹽官州郭東、西二都，沙土流行，水勢俱淺。漲沙東過錢家橋海岸，原下石囤、石櫃並頹圮，水息民安。於是天曆二年，遂改鹽官州曰海寧州。

國朝永樂六年，海寧縣海決，陷没赭山巡檢司。九年秋，詔修海寧海塘。先是，工部上言，海寧、仁和二縣，風潮溺死居民，漂蕩廬舍，坍塌城垣，請發軍民修築。詔許之。自是工役起，是年冬十一月，塘成，合仁、寧二縣，計修築者萬一千一百八十五丈。

十一年夏五月，大風潮，仁和縣十九都、二十都皆淪入海。詔兵部侍郎張某往築海岸，役軍民十萬計，浙東、西諸郡俱爲騷動，死者載道。三年間費不啻十萬，而患率如舊。按實録是年止言仁和，但仁、寧二縣接壤，是時修築，寧必與焉。觀十六年之遣祭於寧不於仁，又云爲屢被潮患，連年修治，迄無成功，則大較可知矣，故併録之。

十六年冬十一月，詔保定侯孟瑛、禮部侍郎易英祭海神於海寧。時瀕海諸縣屢被潮衝，連年修治，迄難底績，故有是命。既祭，后患頗息。

十八年，通政使岳福上言：「今歲仁和、海寧二縣夏秋霖雨，海潮泛漲，塘之淪入海者千五百餘丈，赭山、嵒門山舊有海道，今皆淤塞，故潮勢愈猛，患滋大，請亟修築。」詔從之。

成化七年閏九月，工部侍郎李顒奉命來寧祭海神。

十二年夏，浙江守臣上言，杭、嘉、紹三府海寧、海鹽等縣海塘衝壞數多，亟宜修治。部議令各府先以在官物料支用，不足，則於附近無災處所移借協濟。詔從之。

十三年二月，海寧縣海決，時潮水橫衝，一潰數仞，偪盪城邑，瀕海之祠廟、廬舍、器物淪漂略盡。縣官上其事於府，府上之鎮巡，因命採石臨平、安吉諸山。初用漢捷緼法，不就，乃斵木爲大櫃，編竹爲長絡，引石下之，汎濫乃定。仍作副堤十里，以防泄鹵。一時富民，争相賑施，凡七越月而役竣。按郡志云，成化間海寧潮水直偪城下，知府陳建議開支河，築内堤，於以洩水捍衝，疑即此時也。萬曆三年夏五月，颶風大作，海嘯海鹽及海寧，寧民溺死者百餘，漂房屋二百餘間，塘圮，鹹水湧入内河，壞田地八萬餘畝。時縣官估計應修塘凡二千三百七十八丈，計修築工料銀應五千二百二十八兩。四年九月，會知縣蘇湖新涖任，巡撫徐栻察其才可任事，遂以塘付之。湖定議以五年二月十三日興工，至四月而役竣，計費纔一千九百七十六兩。

崇禎元年七月二十三日，海嘯海寧，殺人無算。是日午前，風日清朗，纔過午，狂颶猝發，雷雨如注。申酉間，忽報海嘯。登城望之，見潮頭直架樹杪，廬舍蕩析，瀕海居民有舉家斃者，有一家十九口止存二者。延至夜半，風濤稍殺。厥明，縣官出勘，城東、西被災者凡四千餘户，横尸路隅，殆不忍見云。事聞於朝，議修築海塘。時縣令謝紹芳屬衙官張瑞傑董其役，張第以修河塘法從事，未幾，潮嚙之，旋築旋圮，踰年，績弗成。於是三臺臯臨相視，議工費，撫按會題寧邑履畝加賦一分，合計之，得九千餘金，而道府捐助又各有差，於是郡丞劉元瀚奉臺命來董其役。

陳善海塘議曰：海寧縣治南瀕海，海之上即塘〔七〕，塘距城僅伯武，東抵海鹽，西抵浙江，延袤百里。塘西南有赭山，南與龕山對峙，夾爲海門，是爲海潮入江之口，説者謂海濤浩瀚，至此束不得肆，輒怒而東迴。及其迴也，又有石墩山以障之，則益怒，而於是東西盪激，害乃中於寧。查寧邑舊志，塘之外有沙場二十餘里[注八]，沙場之内有桂地、草場、桑柘、棗園一百六十七頃有奇。乃今悉盪入海，孤城若塊，萬姓如魚。脱更内蝕，滄桑之變，在轉盻間，凛乎危哉！宋元以前勿論，我明自洪武至萬曆，海凡五變五修築矣。永樂九年，海大決，保定侯孟瑛奉命，徵九郡之物力，歷十三年而始奏功。嗣後成化甲午，弘治壬子，嘉靖戊子，迄今萬曆乙亥，海或溢或決，塘隨築隨圮，雖勞費不如永樂之甚，公私亦既騷然。夫海決寧邑而役及九郡者，何也？寧地於吴爲陲，於越爲首，地形最高，故俗諺相傳，謂吴江塔巔與長安壩址並，有如寧海一決，注之列郡，如建瓴然，則障寧者，即所以障列郡也。萬曆五年春，巡撫徐公按治寧，海多潰闕，爲之駭詫。因與水利陳公詔翕謀合慮，察縣尹滇南蘇公可屬大事，即以其役委之。蘇亦毅然身任，閱三月而役竣，修坍塘一千六百六十三丈，築新塘三百二十丈，其費公帑止一千九百餘金，亦可謂事半而功倍矣。然余更有説焉。海寧之塘，與海鹽異。鹽塘有大患，亦有大利；寧塘似無顯患，而實有隱憂。蓋鹽塘有内河可開，故潮勢至此，既爲分殺而引其流，更能使草場悉爲膏腴，是大患弭而大利興也。若寧塘逼近城郭，無内河可開，幸潮勢緩於鹽耳，設一旦海嘯，直薄邑治，其爲隱憂可勝道哉！聞寧邑額設捍海塘夫一百五十名，每歲編派役銀三百兩，爲之令者，誠加意海防，每遇潮汛，即遣官巡視，稍有傾圮，即委廉能吏領銀修築，毋令涓涓不止，此亦撤桑之計也。萬一天祐寧民，塘十年無恙，則銀之積益富，縱興大役，亦不必派及平民矣。至如築塘之法，余竊有取於海鹽。乙亥之決，海鹽爲甚，其修築也，造完前坍石塘七百五十丈，及原欠石塘八十三丈二尺，修砌半坍石塘一千七百九十二丈，築舊土塘二千二百一十六丈，築新塘七百一十丈五尺，新開内河白洋三千三百九十五丈。而其爲費也，始計之，謂非三十萬不可，及撫臺徐公親行海上，命有司詳估價值，曰十六萬足矣，衆乃譁然駭其太簡。及工告成，費止十萬餘金，減原估五萬四千有奇。是徐公之施德於浙民大也。至其慮湍激之爲害也，有盪浪木樁以砥之；慮其直薄堤岸也，爲斜階以順之。其累石也，上則五縱六横，下則一縱二横，石齒鈎連，若組貫然，即百計撼之，其能摇乎？修寧塘者，誠一準海鹽新塘之式，是則一勞永逸之計也，安得任事若徐、蘇二公者，與之籌海事哉？

按陳先生議，其言寧塘之利害與鹽異，似也；而其所以異，則非也。寧城之偪海者在南，而鹽城之逼海在東，餘三方皆實地，皆有内河可開，安在海鹽之勢可殺，而寧獨不可殺哉？余竊謂鹽之患大，寧之患小。鹽東面距海，塘自北而南，潮則自東而西，濤頭直衝塘肋，故塘易圮而爲害劇。若寧則南面距海，塘自東而西，潮亦自東而西，濤頭直衝龕、赭、海門，寧特其經行處耳。當經過時，遇旁有隙竇，自然不免滲入，蓋隙竇之引潮以入，非潮之決塘以入也。此寧患之所爲小於鹽，而其爲力亦易於鹽者也。乃當事者動憂金錢不繼。夫寧自嚴尹寬建議後，額設海塘夫一百五十名，年儲役銀三百兩爲修築費，亦既著爲令矣。倘能以此三百金隨時補緝，小有潰決，即圖斂塞，亦何至一潰不可支者？如有力者負而趨，曾無分毫及塘何？乃今一議工役，非請給上司，則加派編户，蓋塘不修而民以海病，塘修而民又以塘病，此其故難言之矣。而説者曰，戊辰之變，安見寧患之小於鹽？夫戊辰之變，雖十仞之塘，弗能禦也，是豈由人力哉？宋神宗熙寧元年，詔杭之長安、秀之杉青、常之望亭三堰，監護使臣並以「管幹河塘」系銜，常同所屬令佐巡視修固，以時啓閉。從提舉兩浙河渠官胡淮請也。長安三閘，紹聖間提刑鮑公請築，累沙欋木爲之，後壞於兵火。紹興八年，運使吴公請易以石。迨紹熙二年，提舉張公重修，設閘兵百二十人爲額，居處有屋，車注有具。崇寧二年，又於閘旁易民田以濬兩澳，環築以堤。其後澳岸毁壞，居民侵之，兵額亦復廢缺，遂失舊制。嘉定元年，歲饑，邑令潘景夔曾建議復澳之舊，而費大役廣，議卒中寢。圖經。光宗紹熙元年，鹽官令陳恕修築二十五里塘，塘在縣西北，由縣治達長安鎮，舊因河流决溢，兩岸傾圮，甚爲民病，恕募民浚河，即以其土築岸，視舊加廣一丈，加高二丈，以石甃之，遂無崩決，民號爲甘棠堤。宋紹聖中〔八〕，浙部水溢，詔賜緡錢議賑。時兩浙轉運使毛漸上言，錢不可繼，宜亟治水。乃按錢氏有國時故事，起長安堰至鹽官，徹清水浦，決其水入於海。按清水浦今不知何處，漸亦不知宋何帝時人，姑録郡志附於宋末。元順帝至正十年，海寧州達魯花赤當住、知州張光祖修長安三閘。長安舊有兩澳，環築以堤，上澳九十三畝，下澳一百三十二畝，水多則畜於兩澳，旱則瀉注於三閘。入元，澳爲民所侵，庸田司命住與光祖修復之。西河灌田議曰：「杭州城北上塘瀕河田，由仁和抵鹽官，昔稱千頃，今益數十倍，而地高水下，常若旱。自先賢放湖入河，引河溉田，而歲始登。」先賢謂白、蘇二公。陳善治河議曰：「海昌父老嘗爲余言，邑中水利計修治者，在先審河之淺深、塘之險易與筧閘之堅瑕，惟茲諸河，硤石深，九曲深，園花之東、長安郭店之南皆半深。運河淺，二十五里河亦淺，市河尤淺。故園花自轉塘以上，長安自壩以下，郭店自鎮以下，運河、二十五里河皆田漕兩病，是所宜亟復者也。其塘則園花固，新塘固，六十里塘亦固，而運塘旋築旋決，其勢險，淡塘、鹹塘並海尤險，更宜爲之計久遠，撤桑之慮，不可一日忘矣。」

北新關志

建置。前主事高淩漢曰，弘治前，船税之收者，錢與鈔。正德間，船税之收者，則折銀也。北新關在正德以前，船料輸户部者，不過三四千兩；商税發布政司者，亦不過四五千兩。初未有餘銀解之南部。弘治六年，詔淮安、揚州、杭州錢糧少處，南京户部各差官一員，照彼中則例，每鈔一貫折銀三釐，每錢七文折銀一分。當時法簡税少，不傷民之心，亦不盡官之法。解不必如舊額，收不必有羡餘，銓部亦不以此考殿最。自後冒廉名，希最遷，求倍舊額以解，著爲定例，有增無損，作俑者可尤也。

則例。王廷幹曰，聞之龔茂良有言，法本無弊，而例實敗之。法者，公天下而爲之者也；例者，因人而立以壞天下之公者也。昔日之患，在用例破法；比年之患，在因例立法。故法常寬，例常嶄。用例破法，其害小；因例立法，其害大。今觀則例中色目太多，取民已甚，似亦因例立法者。欲概有所蠲，則恐妨經費，如更請畸零折估，盡捐以予民，是亦寬分受賜之心，於國計民生未必無少補也。許天贈曰，三代取民皆什一，獨不爲征商例。漢武帝商緡有算，則例之始矣。然例貴適均，若漫以已意輕重其間，多取以自封，或例所不載，必牽合使無遺算，獨不哀我憚人，亦可少息乎？近行例以百一，其凡可按籍而稽，然間有重者三五十分税一，若紅黄銅、膠棗之類是也；輕者三五百分税一，若絹、草蓆、錫箔之類是也。前主事奚世亮曾爲改定，第減不任德而增反叢怨，人情何厭，勢不能久，則信乎任事之難矣。竊謂裒多益寡，此稱物平施之義，即身府辜功，亦何足避？敢附所見以質後之君子，當必有斟酌而通行之者。荆之琦曰，則例之名，起於周官經治之成，漢家决事之比。而以定商税，則自宋藝祖之榜務門始，我明會典亦具載焉。是皆慮賕吏旁侵，防奸駔詭免，不得已而立之平，俾無骫於繩之内耳。然則緣物定，例與時遷，用日加詘，則例日加繁，而例外之例，復有比例焉。今日之比，後日之例，更以一時權宜，執爲數歲常額，而商立槁矣。夫税出於商，而船料所出亦商也。且税出産，税行貨，税住賣，總一物值，而輸於官者寧止百一，此豈立法初意哉？愚謂税從重者，可比例增收；則税從輕者，亦可比例蠲免。小船免矣，負販小商獨不可免乎？零寸蠲矣，畸零折估獨不可蠲乎？今國步多艱，大農仰屋，廷議且資餉各關，何敢遽議裁損？要於則例之中，常存寬恤之意，通於情與法之間，度本末而立之衷，是亦催科中撫字也。

人役。主事奚世亮人役議曰：「本關人役，有無工食而徒役其身者，此輩豈皆知禮義，重廉恥，寧甘心凍餒而不忍去哉？其玩法害人所必至者。故余自到關，有一名工食，始留一人着役，其餘無工食者，皆盡去之。」

課額。七税課司局，原額歲鈔貳百叁拾捌萬捌千捌拾貫玖百捌拾壹文。國初俱收本色鈔，解京存留未有定制。宣德四年，本關初立，亦取本色船鈔，解送内府交納。正統七年十一月，令商税鈔存留給官軍俸。成化元年，税料俱錢鈔中半兼收。弘治元年六年，錢鈔改收折銀，本關歲料，約計銀四千餘兩。十年，復收錢鈔。正德元年，奉例每商税鈔一貫，折銀二釐。七司局歲鈔，共折銀四千七百七十六兩一錢六分一釐九毫六絲二忽。六年，本關兼收商税原額并羨餘銀兩，仍發布政司收貯。嘉靖二年，始以商税餘銀解本部。八年，船料錢鈔改解折色。二十二年，始解錢鈔餘銀，以後額課歲增，本部酌各年之中，計一年船料買錢鈔銀四千七百五十四兩三錢八分九釐二毫五絲，餘銀一千五百六十四兩八錢一分七釐七毫五絲。商税原額銀四千七百七十六兩一錢六分一釐九毫六絲二忽，附餘銀二萬三千八百七十九兩八錢八分七釐九毫一絲，共銀三萬四千玖百七十五兩貳錢五分六釐八毫七絲二忽，著爲額。繼因兵燹，稍損於舊。邇年以來，漸逾志數，然亦不可爲準，其解存互有因革。嘉靖二十三年，令船料量徵折銀解送南京工部，幫助鑄錢之用。二十八年，户部題准船料本折遞年輪流徵解。三十三年，議支船料折銀一半，解南京工部鑄錢。三十四年，題奉欽依存留商税餘銀之半，備本省兵餉。四十年，議留船料折銀，賑濟直隸饑民。四十三年，令商税餘銀盡解户部接濟邊儲。隆慶元年，令船料盡數折銀解部濟邊，各路費俱於餘銀内支給，近行杭州府收解，量議裁減。

萬曆二十六年，奉户部劄付，議加兵餉銀一萬兩，候東征事竣停止。本年增解税料銀六千兩。至二十八年，每年共解四萬二千兩有零。復因添設税監，奉撫按二院會題，東征所增六千兩尚在未免，議充内臣額數，抵助大工。又據商民告困，每正銀一兩認加四錢，完納本關類解，遂加帶徵税料並海税、糖靛、月票、牙儈，歲增二萬一千七百兩。三十九年，主事黄一騰仍有羨銀增解税料七千餘兩，每年四萬九千七百兩有零爲額，其帶徵自四十二年内奉恩詔減免三分之一。自此止徵解一萬四千四百六十六兩六錢零。天啓元年九月二十一日，爲欽奉明旨，廣集廷臣會議遼餉。軍國大計在此一舉，懇乞聖明乾斷力行事，奉户部劄付，加原額一半，增銀二萬兩。天啓六年五月初一日，爲遵旨會議事，奉户部劄付，議增銀二萬兩。崇禎元年十月内，題爲軍餉維艱等事，每兩加羨五分，增銀四千兩。二年五月内，題爲會議已經宸斷事，每兩加羨五分，增銀四千兩。三年三月内，題爲遵旨酌議措餉未盡事宜事，每兩加羨二錢，增銀一萬六千兩。七年十二月十六日，題爲酌增榷額以補舊餉之缺事，奉户部劄付，每羨餘銀兩加銀六分，增銀六千二百四十兩。至此始有十一萬二百四十兩之額矣。

鈐轄。杭州爲税課司局者七：杭州府税課司，在省城内洋壩頭，去分司東南二十里，城内商貨所聚；江漲税課分司，在武林門外，去分司東南十里，路通北新河，水陸衝衢；城北税課分司，在省城艮山門内，去分司東南十五里，地通水門上河，亦商貨出入之地；城南税課分司，在鳳山門外，去分司東南三十里，通閩、廣、江西、徽州、浙東等處；横塘臨平税課局，在仁和縣臨平鎮，去分司東北四十五里，路通省城、長安，亦一大鎮；西溪税課局，在錢塘縣西溪留下，去分司西南三十里，通餘杭等處；安溪奉口税課局，在錢塘縣安溪鎮，去分司西北三十五里，通餘杭，嘉、湖、各府。舊屬之府及縣，自弘治七年，屬本關兼管。正德六年，行本關主事監收。隆慶二年，勑各司局官聽本關考覈，各衙門不得差占，妨廢職業。爲所者二：杭州府批驗茶引所，在錢塘縣城南上隅二圖洋泮橋，去分司東南三十里；城南河泊所，在錢塘縣城南下隅二圖渾水閘，去分司東南三十里。今奉欽依，將杭州府批驗茶引所事務歸併杭州府税課司兼攝，城南河泊所事務歸併城南税課司兼攝。司局之外，又有三小關：東新關，屬仁和縣一都七圖，去分司之東南八里。北通海寧、蘇、松等處，南通省城。商船自長安鎮入者，過此關而至省城，自回回墳、艮山門、陸家場、德勝壩等區出者，過此至長安鎮。設關以稽查商税，兼收船料，過此則爲城北務税課分司矣。板橋關，屬錢塘縣調露鄉，去分司之西北一十里。西南通臨安、餘杭等縣，東接大關省城，北通嘉、湖、蘇、松等處。舊爲女兒關，隆慶元年，該員外郎鍾君道查修各關柵，勘得板橋委係總路，若於此立柵，則楊家、老人等橋直至餘杭一帶俱免釘椿，比女兒關爲便，遂改差官解於板橋關收鈔，而錢糧亦稍增焉。觀音關，屬錢塘縣調露鄉，去分司之西南五里。通餘、臨、於、昌等四縣。舊時商貨從此出者，與守關人役交通，指以進大關税過爲名，一概混過。近議另設免票，有票可查，方與放行。各差官看守橋門，仍置木柵以防走漏焉。許天贈曰，按官制，天下税課司局凡四百六十餘所，其所收鈔，皆存留爲官吏旗軍俸鈔之用。蓋以通鈔法而紓民力，其與古之供王膳服者奚異？杭州府及仁、錢二縣所屬七務課司局，西、安二溪僻在山野，歲入有限；臨平雖名爲鎮，亦止通長安一路；獨環城内外，商賈輳集，設四税課司可盡商利。但司局之外，有小關；小關之外，有各橋門。增一關，則啓一害；役一人，則生一蠹。彼司局官吏及守關人員豈皆知法禁，重廉耻？加以巡攔、總小甲之屬，率包替積棍，而委之以收錢鈔，驗票由，司啓閉，欲不欺公玩法，得乎？故或索照票常例；或發過客行囊；或與脚夫黨結，僻徑偷挑；或與船户扶同，曉夜包送，隱匿者悉脱，報納者被留。奸弊百出，不可勝計。嗚呼！下之縱簡，常視上之寬嚴。惟包攬者、冗濫者、需索賣放者，痛治以法，雖不能盡絶弊端，庶幾少儆，即商民之利多矣。語曰：「治道去泰甚。」愚於關政亦云。

區行。關法舊有區行。區者，照省城内外，小河剥運船隻起科；行，則牙人報名給票，爲商貨貿易者也。大明律私充有禁，各區行始赴關告帖焉。許天贈曰，前主事高君凌漢論本關船料，正德以前，歲折銀僅三四千兩，所徵料止船之出入本關者而已。迺其後將城河剥運船及諸牙人皆輸鈔，而區行之名始立。嘉靖初年，鈔尚少，課亦稍增。今歲料六七千兩，而區行一千六百餘兩，已居四分之一，其於國課不爲無裨矣。總而計之，區船一千二百餘隻，行户三千五百余名，每名季鈔少者僅二三十貫，查覈稍不至，則經收、管數、催徵諸役，並得侵漁爲姦，故記籍必明，上納必稽，給票必審，庶可絶諸弊。且區鈔責綱首，其辦納爲便，獨行户四散，或居山僻之鄉，或在浙、直之界。夫有司止徵一州縣錢糧，猶往往逋負，矧部臣督收於政令不及之地乎？竊意省城行肆，未必人人辦鈔，何必遠求？莫若立爲定制，限以道里。市鎮在百里内，許牙行不時告認，其餘隔屬地方，一切停罷可也。催徵之法，附關定立行首，稍遠責諸保人，庶亦省事之一端歟。

餘杭縣志

本朝田土多因前代舊籍，自是有官田、職田、没入田、府縣學田、廢寺田、祇候等田，山地、蕩亦如之。洪武初，令各處荒閑田地，許諸人開墾，永爲己業。所謂地無不耕之土，而民用足矣。

今將官民田地名品等則通具於後，使人知所始也。

官田，籍没之田，官募人耕租者。國朝以前皆有之。又開墾荒田、官湖田俱爲官田。洪武初，宣城等府減半徵收，餘畿外州縣皆全徵。職田，品官職分之田。孟子曰：「卿以下必有圭田。」隋開皇間始名職田。宋天聖間，詔罷天下職田，尋復之。至紹興間，職田納産鈔若干，則田已召募民間耕租矣。没官田，籍没之田。宋紹興間，人户田産不上砧基簿者皆没官。國朝凡民間有犯法律後籍没其家者，田土合拘收入官。廢寺田，宋大德五年〔九〕，朱熹知漳州，請以廢寺閑田召人承買，不惟田業有歸，亦免租税失陷。國朝廢弛寺觀遺下田莊，令各該府州縣踏勘，悉撥與招還無業者，爲廢寺田。

府縣學田，宋天聖五年，建府學田。大德五年，增縣學田。朱熹奏乞學田召人承買。紹興六年，餘杭進士葉寘等狀請佃到本縣止戈鄉潘維正官田八頃七十三畝，許佃户承買，指揮納鈔入官。國朝府縣學田租税，此也。

白雲宗田，元仁宗朝，臺臣言白雲宗總攝所統江南爲僧之有髮者，不養父母，避役損民，勒還民籍。延佑六年，中書省臣言，白雲宗總攝沈明仁强奪民田二萬頃，私賂近侍，已奉旨追奪，清汰其徒，還所奪民田。大德十年，罷江南白雲宗僧録司，汰其民歸州縣，僧歸各寺，田悉輸租。

畏吾兒田，元太宗時，畏吾兒國來歸。至元二十七年，抄收色目畏吾兒人户。今國朝稱畏吾兒田，是必得罪没入之田也。

財賦田，元置財賦提舉司，立籍財賦佃户。國朝稱財賦田，此也。

站田，元立站赤户，以富民充之。又立站鋪，以貧民充。國朝稱站田，此也。

弓兵田，宋建炎間，置諸縣弓手。元設弓兵以防盗，驗民户丁田多寡，立定額數。國朝稱弓兵田，此也。

鋪兵田，元設鋪兵，先以富民充役，後民有規避差撥者罪之。國朝稱鋪兵田，此也。

祗候田，元中統五年，每户限田四頃，除免税以供鋪馬祗應。今國朝稱祗候田，或起於此。

舊有田，前代田舊有之名。國朝復業人民，丁少而舊田多者，不許依前占獲，止許儘力耕墾爲業。

户絶田，户内丁口盡絶之田。前代嘗搜括逃絶田産，召人租種。嘉祐二年，詔天下没入人户絶田，募人耕收。宋隆興元年，人户抛下田屋，如有歸者，依舊主業，出二十年無人歸認，亦依户絶法。國朝户絶田多類此。

重租田，豪右之田，平時儘意加租一石，抄没入官，其簿籍租税，即爲原額。

雜地，杭志有雜産，今雜地恐類此。

白地，元中統五年，詔凡種田者，白地每畝輸税三升。紹興間，括民白地鈔。金陵志有白地房廊錢。今國朝白地恐即此類。

官山，宋孝武時，官品第一第二，聽占山三頃，其餘炤品第有之。亦有没入官山。國朝官山租税，恐多類此。

鹽糧課鈔皆始於南唐，此額外之徵，非正賦也。官不能自賣，而俵散抑配之法行，計口以課鹽錢，望户而徵鹽米。宋、元因之。迨至國朝，鹽亦官給，計口徵米，以充邊儲。天順間，市民罷米折鈔。今鹽無可支，民之輸納者如故。又鹽米隨秋糧上倉，不無帶耗之徵；鹽鈔逐户碎收，難免指丁之害。弘治間，都御史張公縉嘗知本府，深究此弊。後巡撫南直隸，作支移之法，就於該年均徭里甲内帶審，不過十大户出銀抵補，足以祛一邑之弊，此一策也。若鄉民鹽口，原額不過一萬六千二百八十一口，使任憑里書，不照原額，逐户逐丁科派，害豈勝言哉？如得照依正統年間知縣郭南所奏，將秋糧撥剩餘米存留在倉，抵補别項税糧，免其重徵，則先王惠養之政，通變之術，莫過於此。若再十年一次編定，設有消長，量爲增損，惟在不失原額。户給小票，以憑收照，宿弊永可除也。愚領志事，悉意搜研，稽政問俗，得其弊源如此，不可不直書云。

【原注】

注一　崇德志：是年正月，賊入崇德。

注二　布政胡松紀，文多不録。

注三　時胡中丞奉命代張督府，經甫八日，麾下卒僅三千及參將宗禮所部河朔兵八百人。急檄河朔兵屯崇德，自引兵屯塘栖，阮中丞鶚入保桐鄉。禮與裨將霍貫道帥驍騎五十人突出，殺數十倭，已而大呼，衆力戰，復擊殺百餘倭。禮令嚴肅，自崇德至皁林，不及炊，兵飢疲，爲倭所乘，遂没。倭乘勝圍桐鄉。督府收兵還省城，用邑人吕納言希周、歸安茅憲副坤計，遣辯士下海論王直，直遣養子毛海峰欵定海關謝罪。督府因遣海上華老人説海降，海怒，將斬老人。而所幸王夫人故偈也，名翠翹，曾居海上，識華老人，爲之請，得解。華老人歸，具爲督府言狀，乃更遣羅中書詣海説降，陰賄王夫人，令從臾之。海遣人謝，因要督府犒而釋桐鄉圍。

注四　茅坤紀勦，見寧攘録。

注五　田汝成王直傳。

注六　倭事見浙江通志六十卷，當與殊域周咨録並看。

注七　吉安志：國初計口支鹽，計鹽徵米。今鹽不復支，而納鈔如故，民亦由之而不知也。

注八　縣志，海上縣十里。趙維寰言，萬曆丁巳至寧城南，見沙漲三十里許。天啓乙丑再至，海偪城下僅百步。丁卯戊辰，沙復漲十里許。及崇禎己巳秋，十里沙堤不半月忽盪盡，潮復偪城下。然戊辰之七月二十三日，海嘯殺人無算，是時沙堤十里，宛然無恙，而卒無救於寧，則沙之有無，亦何關利害乎？

【校勘記】

［一］胡賊皆可登　「賊」原作「賦」，據敷文閣本及讀史方輿紀要卷八十九改。

［二］山川之流峙　「峙」原作「崎」，據敷文閣本及清抄本改。

［三］把總劉朝恩受院檄他部　「朝」原作「進」，據敷文閣本及下文改。

［四］郡縣有常平倉鹽　「縣」字原脱，據敷文閣本、清抄本補。

［五］國朝有户口支給之食鹽　「户」原缺，據敷文閣本、清抄本補。

［六］都水庸田司又言　「庸」原作「營」，據元史卷六十五河渠二改。

［七］海之上即塘　「即」原作「郎」，據敷文閣本、清抄本及海塘録卷二十一捍海塘考改。

［八］宋紹聖中　「紹聖」二字原缺，據姑蘇志卷十二水利下補。

［九］宋大德五年　按，宋無「大德」年號，此處疑誤。據宋史卷四百二十九朱熹傳，朱熹知漳州爲紹熙元年。

浙江備録下

嘉興府志

國初，凡竈丁，皆發團煎鬻。正統中，侍郎周忱始議分附場爲濱竈，遠場爲水鄉竈。濱竈鬻鹽，水鄉竈出工本米。後濱竈逋課累水鄉，改議水鄉自納折色鹽銀，設百夫長集收。百夫長往往過徵，竈爲之困。成化末，都御史彭韶改議水鄉竈盡歸民役，其折色銀歸糧耗帶徵，濱竈丁缺，補以曠丁，不足，補以水鄉。初，三場各有草蕩若干頃，竈户既給鹵地，復給草蕩，煎鬻易辦。自鄉竈歸民，原撥草蕩，乃立蕩户，歲徵其入，曰蕩價，三場各設收頭徵之，欺弊視百夫長尤甚。嘉靖中，有司改議蕩價併歸秋糧，而水鄉蕩盡給濱竈，然於竈雖優而民則病矣。昔商人中鹽一引，才輸邊粟二斗五升，恒操其贏。竈户辦鹽一引，給工本鈔一千五百文，可易米一石，故課易辦，鹽有餘積。民户口得於運司支口食鹽自給，有司固徵其入曰鹽糧。自鈔法不行，竈户日以耗散，商人每引增至銀二兩，口食鹽亦不復給，商民蓋交病之。然鹽口之税，官吏每口一十二觔；市民六觔，每觔納鈔一貫；鄉民二觔二兩五錢，每觔納米四升三合二抄五撮。鹽雖不給而原額固在，有司併其額入税糧内帶徵。食鹽廢而私鹽日熾矣。有司知其原，復其舊制，草蕩以歸竈，不以税民，鹽口以惠民，不復併税，則私鹽息而商利倍，邊儲尚亦有賴哉。

府境之水，其大者三：曰漕渠，俗呼運河。曰長水塘，曰海鹽塘。而漕渠最大。隋大業庚午，煬帝發衆鑿渠，擬通龍舟，起餘杭，盡京口，廣十餘丈，勝千斛之舟。本朝用爲孔道，入府境，歷崇德、桐鄉、秀水三縣，凡一百二十七里。西南自湖之德清縣金鵞鄉界，二十五里至崇德，穿縣壕北出。又二十里[注一]，至石門塘，折而東，彎環如帶，曰玉灣。春秋吴越置石門限處，今桐鄉縣西北二十五里，東北隸本縣，西北隸崇德，居民互市於此，亦名石門市。宋置石門鎮。入桐鄉境一十八里東[注二]，逕皂林市。在清風鄉古皂林寺西，有元將路成營。本朝大將軍徐達討張士誠，獲其俘六萬於此。今皂林巡檢司及館驛、便民倉及皂林驛在焉。今嘉靖甲午，始徙驛於縣治西南。又東二十五里，入秀水境。又東三十里，逶府城，出杉青閘，在縣北五里，宋嘗置吏，有廨宇及落帆亭。亭北有百步橋，今置巡檢司。受穆溪水，在縣東北四里，水接上谷湖，入太湖。爲北漕渠。俗呼北運河。又二十三里爲王江涇，在漕渠之東，相傳王氏、江氏居積於此。亦名聞川，東三里爲聞家湖，宋聞人氏家焉。相傳聞人尚書而佚其名，川上有聞川市，亦名王江涇市，舊在官塘之東，宋徙置塘西。有王江涇巡檢司。東北界於吴江。長水塘之水，源自海寧諸山，出峽石，東北流二十里，出吴老橋，入嘉興縣境，東過練塘，在縣南二十五里，一名練浦，吳王練兵之所，東南通海鹽之横塘。其支流北注秀水西界之幽湖。在縣西南四十里。又北十里，入桐鄉界之濮院鎮，而合於漕渠。其正流三十里，至城南，瀦爲鴛鴦湖。在縣南三里，湖東有煙雨樓，五代時中吳節度使景陵王錢元璙築臺爲登眺之所，以其在府治之南，又謂之南湖云。又支流東北三里爲螺潭，在秀水縣南五里。與鴛鴦湖水並匯於彪湖。在縣南二里，一名馬場湖，中有濠股塔。其一北經宣公橋，循城而北，與秀水合，並會於北渠，分流入相家湖。又東北十五里，其一北流，入嘉興境之蘆墟塘，在縣西三十六里。又東北二十七里，入吳江界。其一東流爲茜溪，在縣北一十二里。十六里北流爲斜塘，在縣北二十四里，一名平川，一名西塘，村落甚衆，有陶莊税課局。又北流二十里，入吳江界。其一東北流四十里，合王宿涇、北尤里港俱在縣西北二十四里。諸水，入祥符蕩，在縣北二十四里，周二十餘里。東北流十里，入吳江界。一自熙春橋，一名衙前橋，在縣東二百步。東行八里，至鳳凰洲、中涇、天馬、今呼西馬。駟馬、今呼東馬。雙溪、會龍諸橋之北，爲六里街，人煙物貨坌集，倍於城中。鳳凰洲逆流中據，分會龍以東之水，南曰漢塘，北曰華亭塘。漢塘唐太和七年所鑿。東入平湖縣境，行五十餘里，爲市西河。與漢塘接，至新豐十八里，嘉興五十四里。東經縣治注三，又東三百步入當湖，即漢武原縣陷爲湖者，周四十餘里。又東三十里入泖港，東北至廣陳二十七里。歸於東泖，接華亭界。按韻書：泖，即華亭水也。祥符圖經：谷泖南出泖橋，東南至廣陳，又東至當湖，又東至捍海塘而止。朱伯原續吳郡圖經：泖在華亭境，海鹽蘆瀝浦行二百餘里，南盡於浙江，即谷泖之故道也。又云，自泖而上，縈遶百餘里，曰長泖。陸道吳地記：海鹽東北二百里有長谷，即谷泖也。今按本縣舊隸海鹽，圖經：惟本縣有華亭鄉，鄉之南即當湖，湖之東北有泖港，蜿蜒至於横泖，此爲本邑之泖也。其泖橋、三泖，則在今華亭縣界，然當湖乃泖所自出。泖港、横泖爲三泖之上流，雖有谷泖、長泖、上、中、下三泖之殊，其實皆一泖流通也。廣陳「東至當湖」，「東」字當作「西」字。華亭塘入嘉善縣境，東北行三十里，經縣治前，南合白水塘、在縣南一十二里。舊廟塘、在縣南□□里。大雲塘，在縣南二十里。又東二十四里入華亭界。又自縣西南分華亭塘水，遶縣治後而東十二里曰魏塘河，亦名武塘，前與太平河會流，南入華亭塘，東入菖蒲塘。又自縣西半里曰伍子塘，南引胥山以北之水，北經雙葑港、平山塘，會西塘，在縣北二十四里，有西塘鎮。入祥符蕩。稍東爲菖蒲涇，在縣東北三里，有東西二涇。北經胡塍塘、葉蕩，又東經張涇滙、在縣東十二里。蓮花涇，在縣東十八里。北會風涇之白牛塘，在縣東北二十四里。與查家蕩、在縣東北二十六里。祥符、葉蕩諸水俱會於章練塘。在縣北三十六里。風涇之水，又東爲秀州塘，折而北，過泖橋，與章練塘之水皆入於泖。一自東郭湖，西經麟湖，在縣西□□里，與秀水縣分屬，有東、西二湖，俗呼東曰六百畝蕩，西曰千畝蕩。北流於夏墓蕩，在縣西北三十六里下保西區。又北達於汾湖，北入澱山湖。海鹽塘之水發源於海鹽西南境澉浦諸山，合流東北二十五里，爲横塘。即海鹽塘。又三里入嘉興縣境，爲彪湖。

海塘去郡城百里而遠，亘海鹽、平湖二縣之境，延袤百七十里，南與會稽、四明相望。舊志載，秦始皇於此嘗欲架橋跨海，今有石突屹海中者，今猶指爲橋柱云。宋志：海鹽東南五十里有貯水陂，南三里有藍田浦，東三里有横浦，東通顧邑，南入海。又有三十六沙、九塗、十八岡及黄盤七峰布列海壖。今縣治去海僅半里，舊陂塘之迹悉淪於海，而金山相去益遠。潮汐自龕、赭上潬，洄流激射海寧黄灣境，至秦駐、白塔間，勢復湧撼，游濤乘風，壞民廬，傷禾稼，爲全吴憂。堤議亟。唐開元築太平堤。歷宋紹興間，海鹽令丘耒築堤二十里。咸淳間〔二〕，轉運使常楙築新塘三萬六千二百五十尺。元至正甲辰，縣令顧泳築捍海塘四萬八千尺。而塘故土堤易壞，由是桑田漸爲海。明興，奠海之政益詳，而堤顧數圮。洪武三年，詔宋署令治堤，易土以石，凡二萬三千七百尺。後十七年，是堤竟以潮潰。本司參議閻察發民丁築之，未幾復潰。詔右通政趙居任發蘇、松等七郡民增築之，隨復潰。洪熙、宣德間，役無寧歲。巡撫侍郎周忱謂石堤内虚，乃築土五丈實其裏，募郡民七百人部分築之，按堤尺度，俾分護椿石，嚴其禁防，歲以爲常。未十年，海大溢，塘悉潰。知府黄懋以聞，詔懋爲複堤，堤凡糜銀三十九萬八千兩有奇。越十有九歲，景泰甲戌，又潰。僉事陳永因舊址更爲新堤，堤成，廣百二十尺，高什之二，糜銀視舊損什之三。後十有八歲，海大溢，堤盡圮，民溺死者無算。時參政邢簡、僉事趙銘因遺石修築之，不甚堅，自是毁敗數修，民多困殆流移。久之，憲副楊瑄倣宋王荆公治鄞時定海塘法，砌石坡陀，以殺潮勢，内實磊石，以防内潰，堤竟完好。先是，郡歲貯堤費銀七千有奇，有司操其奇贏，土民以興築爲利，輒盗取椿石去，冀速圮。當事者巡省不時，不覩其風濤蕩潏之狀。楊堤固堅，久不加葺治，餘十年，亦竟潰。弘治戊申，侍郎彭韶按視海邦，檄郡募工，令通判蹇霆、知縣譚秀起藍田，北抵丫义，爲堤九千餘尺，植樁疊石，外縱内横，以漸坡陀，略如楊法，下廣一十五丈，上廣三之二，高十有八尺，内實土如其高。役夫二萬五千人，糜銀四萬五千兩〔二〕。後十餘年，海溢，堤決龍王廟，知縣王璽修築餘二百尺。癸未秋，潮大作，泛濫百里，舊堤悉圮。督水郎中林文沛究所圮堤，無慮數十處，而王所修獨存。乃按王所築法，擇方石縱横交錯，補葺諸圮，自丫义口南抵宋莊，所築凡一萬三千七百尺。後十歲，僉事蔡時立分地程工法，度堤丈尺，酌勢煩易，配以里甲，使人自爲力，期以三歲。會成，增補教場堤亦一千七百尺。大都海塘受患，東北風爲烈，而天闕迤南當其衝，教場迤北，勢差緩矣。正德以來，天闕外堤毁撤，而内堤獨當其衝，勢甚單子。夏浚知海鹽，議作複堤，蓋即以今之内堤作外堤也，因條八事，竟弗克施。後僉事黄光昇通約前法築堤〔三〕，志勤力殫，績用可述。按海堤自金山内徙，漸及百里，濱海居人，值三秋大汛〔四〕，潮天連雨，東北風張甚，或山擡海唑，海人驗候云：「山擡風潮來，海唑風雨多。」皆不誣。擡，謂海中素迷望之山忽皆在目。唑，讀如鹺，萬喙聲也。海鷗啾啾鳴；或是年後小至七日逢壬，輒憂海溢。余聞海人言，爲之惻然。余嘗遊會稽，觀湯守紹恩所築三江隄，植址滄溟，横亘千尺，未嘗不嘆其奇。詢諸父老，輒言湯守之誠懇，竟以集事。然其事大類朱子築黄巖塘法，用鐵爲盌丈巨盤，置之潮衝，潮至盤所輒不復作，豈金固止水物耶？今龕、赭以東，海壖墳起五十里，餘姚蘭風諸鄉，海水北却亦十許里，具可種藝。明越海堤，宋元以前修治最數，入國朝來，工役頓省，實大勢致爾。鏡觀乘除陵谷轉徙，則郡境捍海之役，亦安知後此無息肩時邪？

海鹽縣志

食貨篇

凡賦役以户口田土編里甲，出税糧與泛差，其正也。税糧改爲增耗，爲均則，泛差改爲甲首錢，爲均徭爲條鞭銀，與今之爲均甲，爲斂解，其變矣。而課程，而鹽課，又其餘焉。凡此皆東南所同，寧獨余邑？法之弊，遞相爲救，而漸調於平者，率漸觭於重。數十年來，有一釐改，定有一增派，征斂之日繁，亦時勢所必趨也。兹以欵若數及諸所條議備著於篇，雖籍在一邑乎？佗郡國概可推已，儻亦經國君子所必採究者焉。

户口。户口隱漏，爲當今宇内通弊，不獨東南然也。迺東南隱漏所繇獨多者，又自有説。國初編審黄册，以人户爲主，凡一百一十户爲一里，里長之就役，以丁數多寡爲次，是賦役皆以丁而定，丁之查覈，安得不明也？後漸參驗田糧多寡，不專論丁，而東南開墾益多，地利逾廣，其勢不得不觭重田畝以僉派里役，於是黄册之編審，皆以田若干爲一里，不復以户爲里。人丁之附田以見者，盡花分詭寄之人所捏造，而非真名，滋生者不入册，烏有者終游移，至田去名存，無人頂認，而籍滋脱漏之奸，民增賠貱之累矣。此江北之以丁定差者，今尚有真户籍；江南之以田定差者，今概無實口數，弊所爲獨甚也。

勾軍。萬曆四十三年，御史李公邦華通行浙省，將軍户分爲七欵：一爲有軍在衛，並無繼丁在籍；一爲丁盡户絶，止存軍産；一爲丁盡户絶，向存户名未除；一爲原註奏豁，近經辨豁；一爲新軍全家赴衛，本籍並無户丁；一爲新軍雖有户丁在籍，不係在衛所生。以上六欵，備將略節刻爲書册銷除，遇勾照册回覆。其有軍在衛、有丁在籍者，自爲一欵。另給循環簿稽查，以備勾補。其檄文曰：「勾補軍丁，在國家爲必不可廢之法，在民間爲大不忍聞之事。祖宗朝嘗遣清軍御史巡行天下，專勑清查，民間紛然，不勝困累。今上二年，允廷臣奏請，始罷專遣，而并歸本院，蓋欲與百姓休息德意。四十年間，確守成憲，非奉單不行勾，非造册不歲清，似若令小民去湯火而奠袵席，而惡知本原之地未經搜剔，名爲休養，仍滋蟊蠹，老奸巨猾盤據爲害，弊深於下而澤不究於上，所從來矣。試舉其略，國初法意主嚴，事率引例，故遺成獨多，每一州縣無不以千數計，積傳至今，有一邑而萬計者。此爲千爲萬之家，相傳二百五十餘年。子孫之消長，家業之興廢，滄桑不知幾變，乃按籍而稽軍丁者如故也。當未奉勾單之日，人以爲於衙門無相涉也，然孰意十年則有兜底册之攢造乎？五年則有繼丁册之攢造乎？此二册者，紙張筆墨何以出，患花派之無名乎？抄寫工食何以給，患需索之無術乎？有派有索而民擾可知已。然此猶論於無事之時也，一奉勾單，所勾多不過三四名，少不過一二名耳。部檄一下，縣票隨出，追呼臨門，舉家驚懼，巧者百計營脱，悍者健足竄避，展轉結勘，乃得一丁起解。而軍裝之措置，軍妻之僉娶，長解之路費，卒然科斂，紛紜告擾，一家之人，肝腦塗地矣。然此猶論於有丁之家也，其有丁盡産絶，無從勾補，單到之日，有司漫難申覆，不得不行查取給。於是無親房則問族屬，無族屬則問里長，産業指東畫西，姓名移花接木，得錢即姑爲回銷，無賄仍不與開除，一番嚇詐，何異劫擄？然此猶論於勾單之有據者也。甚至單中所載有姓名而無住址，有縣分而無都圖，事涉渺茫，莫可窮詰，則乃遍行搜查，此都盡，復尋之彼都；一里完，又覓之他里。捕風捉影，沿門挨户，究竟終是烏有。初發不勝株連，徒飽差腹，何益行伍？然此猶係奉勾之不能已者也。至若積年奸書，通同清軍縣丞、衙老蠹，家藏底册，世傳衣鉢，自恃慣熟，幾如狐之憑城。民畏簸弄，恰似羊之見虎。歲時買求，各有定額。即無單勾之事，亦非造册之年，又不必縣官之片紙點墨，而歲歲一度下鄉，索取常例，小民見之，尊如神明，奉若祖考，上則銀錢布花，下盡黍稻鷄犬，争先獻納，莫之敢後。其實此事原爲祖宗門户，見丁科派，富者不加，貧者不減。富者措處猶易，貧者出辦殊艱。本院爲諸生時，親見寡婦孤兒之家苦無立錐，朝不及夕，僅畜一母彘，亦爲軍書常例奪去，仰天悲號，頓足痛哭。言之至此，令人哽咽。乃有司何嘗得知？天高難呼，窮民無告，種種情狀，有更僕不能悉者。嗟嗟！世之大逆不道，率服上刑，然一命既了，别無蔓延，其子孫安然無恙，鄰里豈曾受累？乃問軍之家，雖罪犯深重，然視死刑猶下一等。倘世世被害無窮，是法反加於刀鋸之上，豈立法之本意哉？吾儕拜官於朝，食土之毛，身在地方，要以勤恤民隱爲急，即法不可廢，奈何令吾民有此椎骨剥髓之患、根深蒂固之憂？本院爲此日夜思所以剔法之蠹，濟法之窮，因而博訪故實，斟酌事宜。今特與諸有司之實心爲民者約，將此事立一成規，可使一定之後，貽百姓以安枕之利，世世無清軍之擾。但願各有司查照後開條欵，如治家事，細心料理，不使中間再有遺漏，則無量功德。各屬任之，本院職掌攸關，得免於瘝曠之訾，爲榮多矣。於是本縣入循環簿聽勾補軍户止存二百有奇，向來清勾之累、解發之苦，不祛而盡甦矣。」國初籍諸工匠，更番赴京工作，名曰輪班匠。原籍有月糧，工所有直米。成化末年，始有出銀代班之例，其定爲每名每年出銀四錢五分。自嘉靖四十一年始，蓋舊規班數少者一年，多者四年，以四年一班，當出銀一兩八錢計之，故年徵銀四錢五分也。

稅糧。國初江南正賦止有兩稅，而轉輸之費俱不入額，蓋其時奠鼎金陵，地近易達，故即以運納借之民力，不稱厲也。迨改宅幽燕，道里艱阻，小民遠運抵京，正糧一石，率用米至於三石，財殫力罷，勢須釐改。宣德五年，周文襄公忱始於額外加徵耗米，用以兑軍支運，而漕政因之漸定。其法正糧一石，加耗七斗，而支兑遠近，就中伸縮有差，於是民得免遠漕之苦。法行至今，所謂税糧改爲增耗者，此也。然是時田土起科，尚分官民等則，民田以己業税輕，輕之極，畝止三升，而耗之增也無幾。官田以承佃税重，重之極，畝至七斗，而耗之增也愈極。雖嘗調劑其間，重者准折金花，輕者盡派白糧，而則之名目既衆，下之奸弊自繁，鬻業者既減額以求售，豪强者復行賄以游移，版籍同彼絲棼，訟牒幾至山積。於是嘉靖二十六年，知府三原趙公瀛創議，田不分官民，税不分等則，一概以三斗起徵，而山蕩灘浜池漊水面瘠薄之地，亦各自爲一則，以出正耗之征焉。至今百餘年間，田册截如，税額井如，雖三尺童子，可按畝輸賦，不至爲豪里猾算所欺，則趙公之遺法存焉矣。所云增耗復變爲均耗者，此也。

泛差。嘗讀洪武令甲，凡十年編審，人户分上、中、下三等，大小雜泛差役照所分等則點僉。所謂雜泛差役者，即今均平中額辦、坐辦、雜辦各欵，均徭中各衙門人役工食衆諸委瑣之費，爲兩税中所不載者，自有此不得已之徵索也。但兩税出於田畝，一按籍而數定；雜役僉自丁力，非精衡則等淆，輕重稍或失平，苦樂遂至偏觭。故事，里甲應各辦之次年，即僉均徭，民頗病其數。天順中，改爲上下五年，名曰兩役。其役之在各辦者，則里長斂錢從事，稱甲首錢。提牌承應，計日而輪。無事或不破一錢，事繁至立費千鏹。既有此不均，而均徭之役於各衙門者，遠則爲銀差，雇值費猶有限；近則爲力差，身家累更無窮。巡攔斗級，傾産於官物之包賠；應捕巡鹽，亡軀於讐對之報害。而弊叢法窮，又不得不改絃而別調矣。嘉靖之四十四年，南海龐公尚鵬來巡浙土，洞晰兩役爲民大害，迺始總核一縣各辦所費及各役工食之數，一切照畝分派，隨秋糧帶徵。分其銀爲二欵：一曰均平銀，一曰均徭銀。歲入之官，聽官自爲買辦，自爲雇役，而里甲之提牌輪辦與力差之承應在官者，盡罷革焉。此雜泛差役改爲一條鞭之始。民至今得保有田廬婦子者，皆龐公賜也。兩役外尚有驛傳一欵，先亦選丁糧殷實者，發江北養馬及充本府水站防夫。正德中，改入秋糧，而民兵之設，其工食即照里配入秋糧者，亦在嘉靖五年之初，是皆先龐公而作法，爲行條鞭者之權輿矣。胡震亨曰：「余觀於計籍而不能無慨歎也。往龐公均平欵及丁田料銀三千五百有奇，今三辦銀五千一百有奇矣；均徭銀四千二百有奇，今合之民兵五千五百有奇，又合之驛傳兵餉，則一萬二千一百有奇矣。内府供辦之額，尚仍其舊；有司宴饋之禮，非遠於初。或冗役之失裁，及兵額之漸溢，累成繁浩之費，盡從田畝而徵，雖前弊得清於歸一，而後害又伏於偏重矣。昔并賦之丁，丁猶能自愬其難供；今盡賦之田，田安能自辨其無出？此兩役未罷之初，民猶有籲減之路；條鞭一設之後，民日受例增之累也，誰其節省以慰吾老羸之望乎？則以俟持籌之君子。」

糧長。洪武初，州縣糧萬石，例設糧長一人，主徵收運納之事。已復增設糧長正、副各都區二人，每年令赴京面聽宣諭，闕領勘合，事竣仍親賫奏繳。有犯雜犯死罪及流若徒者，止杖而貰之，其待之厚如此。是時全浙糧長僅百三十四人，而鹽一邑可知矣。父老相傳古有大糧長，聲勢赫奕如官府者是也。後民貧不能充其選，區或分三四人。正德中，遂有串名法。至嘉靖間，吾邑額定糧長，大抵四十二人爲常。均平事例行後，始照里分，每歲輪一百六十一人爲糧長，徵收秋糧，其運納銀米諸差，亦僉其人爲之，復名之曰解户。蓋其役與國初之糧長同，而其人之分任者，較之國初不止數倍矣。又里長十年之中，充糧長者一次，充見年者亦一次。見年者，即直日提牌斂里甲錢以奉各辦之役者也。條鞭行而見年無所事事，遂取十甲分爲上下，令見年亦催徵五甲糧税，兼任城垣圩堰等役，以分糧長之勞。其法意甚善，而行之既久，繁費漸多，僅僅三百二十畝之家，十年中迭支兩役，欲産業不耗且破，不可得矣。大率今民役，糧長最重，見年次之，調劑之，使重者減而輕，則歷政具有條議存焉。

萬曆三十五年，光禄寺丞郡人徐公必達具題白糧利弊，内開官解一欵云：「差解各役，惟解米非民不可，若絹銀等差，決宜官解，但水脚寧過從厚，即於條鞭内派徵，蓋官代民解，而民厚出水脚以供官，官與民兩得也。」疏下户部覆，今後北差除白糧外，其絹解即付之總部府佐；南差除糙白外，其絹銀等差即付之管押縣佐。又須度其道里，酌其費用，寧加厚水脚，派徵通縣，以官府代民解之苦，亦恤下之仁。以合屬答官解之勞，尤供上之分，矧所省於需索雜費，不知其幾云云。奉旨，依擬行。

三十八年，通行斂解事宜，布政司爲議立委官斂解、類解錢糧，以清弊蠹，以省津貼事。照得兩浙爲東南財賦之區，亦爲奸猾積弊之藪，然而浙西爲甚，嘉湖爲尤甚。白糧解户重役，惟嘉湖有之，百姓已不堪重累，而又加以各項錢糧，頭緒繁多，故有一項之銀，即有一項之解。各縣俱於開徵之前，編僉解户，其中鑽刺躲閃，弊不勝窮。及編僉既定，徵完各項銀兩，給批起解，解户承領銀批到省，勢必投歇，彼歇家與吏胥内外相搆，倚衙門爲壟斷，百計需求。上納錢糧，有打點使用之費；投批掛號，有稽延盤纏之費。甚至有積猾包攬，併其銀而侵用之，并其批而沉匿之。種種弊端，莫可究詰。故近日嘉興、海寧士民習見解户之苦，乃於解銀項下議增津貼，付之官解，然見所議津貼數多，加派日繁，民命日蹙，幾不聊生矣。本司承乏錢穀，有激於衷，爰陳一得之愚，求以革弊而甦民。竊聞他省曾有類解之法，今欲行之杭州等九郡；有斂解之法，今欲行之嘉湖。蓋道路有遠近，錢糧有繁簡，不可執爲一例也。嘉湖錢糧最多，弊孔亦最多，且去省甚近，舟楫往來甚便，委官斂解，每府不過數日可完。假如各縣錢糧，本司酌其緩急，定爲先後，填簿分發各縣徵收，照限起解。每於雙月初旬，將徵完某項某項錢糧若干，即填入格眼簿内，逐欵類報本司，一面將銀傾銷足色成錠，聽候本司委首領官一員，即發所填簿收執，順路挨次到各縣，與縣正官當堂逐欵照簿，憑頒定法馬，一一允明。惟京庫銀兩，照京庫法馬允準，俱要足色足數。逐錠用縣印竹紙實糊銀上，外用綿紙包裹，竹紙細條封口，仍用縣印，縣官親填職名花押，各項銀數，逐欵開列。總類一批，給付委官回司投收，本司止驗封收銀，該庫官攢無能高下其手，委官亦止照封投納，衙門各役可免掯索之需。至發解之日，本司即以原封給發，其有零數者允找。間或偶拆一封稱允，若有短少，責在該縣印官賠補。如或印封損動而有虧欠者，於委官名下追補。收完之後，本司徑差吏赴院掛號，掛完俟下次委官發縣附卷查盤。如此，則一批而可兼數十批，一可免掛號銷號之煩，一可免侵欺營運之弊，一可免僉解貼解之苦，不惟諸凡積蠹掃蕩無餘，而目今縉紳耆老紛紛條議，俱可存而不論矣。時左轄吴公諱用先，直隸桐城人注四。

胡震亨曰：「官解之法善矣，議者猶懼領解之官他日或以煩勞辭役，有仁政不終之慮。意惟有嚴核幫役之銀，使帑貲不竭；稍寬路費之額，使人情樂趨。庶幾法行可久。郡紳徐公必達有疏云：『藩臣吴用先行官解法，省僉各縣解户甚多，父老垂涕誦德。但羨耗凈盡，浙竟作貧藩。官貧，吏書并貧，人情貧久生他心，且合計以圖變法矣，必勅撫按著爲定例而後可。』又云：『各縣空役貼銀，必如海鹽初議，配與解官及承役人對支爲妥。欲維法於不壞者，公數言盡之矣。』」

北運歷年條議

按北京白糧押運一役，惟東南五郡有之。吾邑糧僅四千，船止十篷，而大家巨室立破於是役者，不知凡幾矣。萬曆三十五年，郡紳徐公必達爲光禄寺丞，管理白糧，因上疏極陳其弊：一曰軍前民後之狃成説；二曰監允供億煩費；三曰官户難催；四曰船難僱覓，多索詐延挨；五曰水脚短少不時給；六曰各關搜貨納税稽留；七曰風濤漂没；八曰丁字沽剥船、張家灣車運繁難；九曰到京露積，最苦風雪偷盜；十曰批文躭閣；十一曰差解煩多，殷實不足。並切中利病。得旨多所釐革。今嘉湖巡道方公應明嘗身董是役，悉利弊尤深，因採公疏及前後臺省疏，附以己意，爲北運便民總略，頒六議屬邑，蕲在必行。撮其大要於左。

禮科都給事中陸樹德疏曰：「東南財賦之來，有軍運以充軍儲，有民運以給宫府，人皆知軍運之重，不知民運之苦，尤有深可憫者。夫軍運以十軍運米四五百石，民運以一民亦運米四五百石。軍運船皆官所造而軍不知，民運船則民自僱而官不知。軍運以軍法結爲漕法，一呼百應，人莫敢犯；民運以田里小民供役遠道，語言鄙俚，衣服村賤，人人得而侮之。軍運經各該分司衙門，無抑勒需求之苦；民運經各該衙門，動以遲違情由問擬工價，并諸雜色使用，每一處輒費銀十五六兩，少亦不下十兩。軍運過洪閘，一錢不煩，洪夫閘夫共與挽拽；民運每過一洪，用銀十餘兩，過一閘，用銀五六錢，所過三洪五十餘閘，費可知矣。其最苦者，船户皆江淮奸民，慣造此船裝載白糧，每僱船價及撐駕夫價計不下二百餘兩。糧一入船，其驅使糧長，不啻奴婢。每日供奉船長及撐駕夫，不啻奉其父母。蓋糧在船中，即糧長身家所係，吞聲忍氣，曲爲順從，勢不得不然也。其最所畏者，軍運每凌虐民運，有等豪惡之軍，故將已船撞擦民運之船，民船板厚而軍船板薄，微有損傷，即便蜂攢鴉擁，盡入民船，百般挾詐，不厭其欲不已。苦之在途者縷縷若此，其他入京攬頭之需索，入倉交納之艱難，又有不可勝言者。盡斯民筋力之脂，竭斯民愁歎之氣，米始就倉，困苦極矣。嘉靖十年以前，民運尚有保全之家。至嘉靖十年以後，凡充是役，未有不破家者。近來東南流離日衆，逋負日多，邑里蕭條，盜賊滋起，莫不由斯。根本重地，一至於此，誠不可不深慮也。臣産東南，親見此苦，常切痛心，詢諸父老，咸謂宜將白糧并入運軍順帶，使民出所有以益軍，軍出餘力以代民，似亦無不可者。但今年限期已迫，尚未敢輕議上請。今所當議者，合無將民運并入議單，兼責之漕臣，令各該參政一體督促進閘，總運參政督催至京，則軍運不敢肆其凌虐，船户不得恣其奸貪，而洪閘亦可無需索之患。如有此等，許不時呈告以憑警治。伏乞勅下該部會議施行，仍要申示各該衙門人役，不得過爲抑勒，以滋民怨，以生物議，庶乎民困少甦，民心懽趨，而益以彰我皇上惠養元元之初政矣。」

工科給事中歸子顧疏曰：「職惟國之賦役，莫重於東南，而賦役之艱難，莫重於民運。民運之苦，弊不在額外之有加益，而在額内之有虧損。救弊之方，計不必議加以其本無，而但當議還所固有。試舉其受累之甚，大都有三：一曰水脚之侵没；二曰沿途之需詐；三曰交納之留難。請不避煩縷，一一具陳焉。夫運糧之有水脚，每船不下百金，一無虧損，似亦可濟春辦之耗折，長途之勞費，交納之賠償，獨奈何侵漁者衆也！米未下船而先行盤詰，牌票百出，索取千方；船尚未募，而妄爲好歹，胥吏哆口而談，長令拱手而聽。各官原有費額，另納公堂使費銀兩；各項原有編銀，復索轎夫修船工食。既有總部協部之官，已而添官押役，厩長立而馬益癯；原有僨運僨幫之役，已而添役押幫役人多而羊益殰。且扛頭把持，而水手任其僱募；兜攬紛紜，而撑駕聽其遲速。蓋糧未行而水脚已耗過半矣。是水脚之侵費，不可不重加裁革也。至如糧船之行，往返六千餘里，涉險數十餘處，其間觸石驚濤之險，櫛風犯雨之危，小民已不勝匍匐，而皇店皇木之暴戾抑勒，關津閘壩之阻滯留難，快船官座船之欺凌需索，重至疊出，不惟詐財，且阻去路，而早則起車，遲則守凍，耗費不貲。且州縣查驗矣，又有淮安理刑之驗，通州糧衙之驗，何爲者也？況淮安之驗驗其少，少則罪之；通州之驗驗其多，多又罪之。少不可，多不可，爲之民者安所逃罪乎？若不於沿途一帶禁革，使得於受害地方官處告明重懲以法，民困何甦？是沿途之需詐，不可不重爲議處也。若夫交納之累，尤有不可勝言者。五經科道，七經内官，掛號三十二衙門，亦云瑣矣煩矣。而糧米入城，先講使用，初入倉庾，各役先索常例，管門者有錢，把斛者有錢。夫收糧用斛耳，而有數銖粒於掌上，有選銖粒於盤中者，選畢則每石而收之，收重有罰，收輕有罰，總之各衙門之收米不一，有每石費五錢者，甚至有一二兩者。況近時之新斛，比國初之斛，多有異同，賠補甚難。且遲留有罪，違限有罪，京中之罪未償，而府州縣銷批之罪又至。

噫！可嘆也。則交納之弊，又不可不重爲裁革者也。」

浙江巡按方公大鎮疏曰：「臣嘗咨訪白糧解户之苦，大都二端：其一在未解之前，苦於水脚之侵分；其一在既運之後，苦於關津之多故。水脚侵分之弊，近在地方，臣等力得而禁之；而關津多故之弊，遠在道路，臣等口得而言之，力不得而袪之。臣召經知解户細詢其狀，則曰，自南而北，有滸墅關納料之税，有揚州鈔關驗契之税，有淮安工部板閘納鈔之税，有清江浦户部納鈔之税，工部抽單之税，有徐州户部報艙口之税，普寧店之税，有臨清納鈔納公堂之税，有廣安店之税，有工部領磚之税，有丁字沽皇店之税，巡檢司追納底載之税，計每船費銀七十餘兩，而臨清一關尤甚焉。此外又有新河倒班僱募短縴撑夫之苦，有臺兒莊、濟寧、南旺、袁老口阻淺起剥之苦，有河西務另僱民船倍出水脚之苦，有王家務遇凍賃房、凍米搬運狼藉之苦，有起車陸運倍出脚價并車夫偷盜之苦，有德州、河西務等處皇店照票勒索之苦，有軍船淩擠、暑雨蒸拆之苦，有交納内供用庫光禄寺保識多索使用及勒耗米之苦，有交納禄米倉篩頭、歇家、長班、拏椿、掣斛之苦，有南北十五衙門批迴投銷守候留難之苦，計每船又費銀三百餘兩。而僱船僱夫與席草包索飯食神福一切諸費又不與焉。蓋白糧一船，負富户之虚名，到處以爲奇貨而漁獵之不厭。在上在下，不惟不體念，且加齮齕也。此所謂遠在道路，臣等口得而言之，力不得而袪之者。今若不察道路關津之弊，爲之區處，而但於地方議津貼，議造船，喋喋不休，是地方施之於糧解者日彌厚，而糧解施之於道路關津者亦日彌多。漏卮尾閭，終無益於糧解之毫釐；而牟食繭絲，徒有損於地方之什伯矣。何以起吴越之瘠於溝中而衽席也！」

方公北運議曰：「或問曰：役莫苦於北運，身既親之矣，可得歷歷而言與？對曰：北運之不先也，始有所覊而不能先也，中有所阻抑而不敢先也，前有所畏避而不欲先也。何謂始有所覊而不能先？夫運必資舟楫，無水脚價，則失其資矣。今不請托，則不得也；不兑支民間，則不得也；不營求比限，則不得也；不鑽求放單，則不得也；不扣除公堂，則不得也。未涉江淮，已爲魚肉，安得冬理舟米、春濟東風之便乎？是水脚價爲北運之命脈，最宜當官而見給，糧時而蚤給，破陋規而全給者也。何謂中有所阻抑而不敢先？白糧上供，漕糧軍餉，輕重自殊，乃先漕後白。强軍既逞横江湖之上，而上人更助漕沮白，不買幫，則不得行也。打詐欺凌，百疏而不一戢。其最苦者，漕白相值，遇險破舟，而令白賠漕。私詐未遂，鑽求公斷，私詐十餘金而不得，公斷百餘金而莫誰何。此竇一開，則從來漕規一變，是倒授强軍以恐喝之柄也，後之糧解將益喘息而不敢動矣。第不知白糧遇漕破舟，將借誰以償其苦也。不寧惟是，淮上游徒，賄得緝盜未消之批，遍搜糧艘；沿河刁棍，怙恃村里烏合之衆，强禦糧行。部官身親而目擊之，非不執有三尺，彼借口差委，將解諸院道，實繁有徒，將發問該管有司，又非所屬之吏也。不過稍加督責，否則惟聽飽其欲去矣。即去已覊程數十里矣。甚至閧閙之間，止司啓閉，商賈攸往，一見糧艘，無禁而生禁，必得重賄以導之行，則覬奇貨而思居，不啻市無賴之人也。是處處皆北運之强禦，何如重部官之權，俾得直陳軍丁强横詐害之狀，以爲軍官殿最，備兩臺考察之一端，則軍官自爲制。以民糧分入軍幫可，以一府之民糧合入軍幫亦可也。至關閘爲擾，彼自以官品償之；若棍徒爲梗，則有司之不自戢其宇下也。在兩臺一傳示而有司禁之自止。由是運官更時其起居，審其風波，無怠無急，則衆役無險危之苦，自無死亡之患也。何謂前有所畏避而不欲先也？若莫苦於守凍，彼何敢後而忘其苦？意必較守凍而苦又甚焉者矣。蓋守凍臨濟，每名打點不過五十金，而一至河西、天津之間，則内監以起車爲例，所費不貲，每名非二百金，則百五十金也。照顧不及，攙和水土，竊取米數，且有連車推入私室者矣，且有搶奪近地而無人問之者矣，且又日畐月運，不及其半，而春融冰解，數萬可旦暮至者矣。即部院布以寬政，或車十之一，或始議終免，而一聞起車之議，則一番催促，一番打點，未幾而催促隨之，是以起車爲虚名，而吏書受實利，先至者首被害也，何如守凍遠者用五十金而不驚其心也。且勿論往歲，即今之役，議起車者數矣，民之私用，不知其幾，而所車不過二千石，不識内府何以支其虚以待冰泮之際哉？似不如永裁起車之利以塞吏書口實，則各役無陸運之費，争脱守凍之苦，又何樂栖栖河上踰歲而不得至也？然愚又有説焉，白糧之弊，國家利於早，各衙門吏書利於遲，遲則安受守凍之金，故先至者非起車别無苦之之術矣。甚至交納衙門及一切保識，欲借先至之人，開增例之端，勢不得不倍加摧抑而使之遂所求也。所以然者何也？彼皆視條陳爲虚文，徒指弊立法，而事竣之日，無人據往議而按其實，信其賞，必其罰，是以小人無忌，指弊而弊在，立法而法亡矣。使誠能悉糧解始末之苦，則人人踴躍而前，未離本地，所省已多，然後照往歲有司扣除水脚之數，改造糧船，如漕船式，則不數年可造輕舟數十，白糧未有不早供公家之需，而勿重煩廟堂之議也。」

推收。萬曆三十九年知縣喬□議：魚鱗册乃原丈之根，其中號段賣者照此號而除，買者照此號而收，號内有分收若干者，俱照除註明，有何差訛重造之弊？自賣主或寫號不明，或記號差訛，或此户已收而彼户未推，或此圖已推而彼圖失收，或一號而兩主重收，或兩號而誤歸一號，或有分收不爲註明而一併除去，或祖舊册而訛以傳訛，又或有方收此甲復收彼甲，頃刻而兩三轉移者，致使里長無處辦糧，里書亦忘其源派，大造差訛，良由於此。今本縣照每圖原丈册籍，刊刷推收號票，如一圖天字一號起至幾百號止，即照區圖多寡，挨號填實推票，印發里書，每里照圖原丈分發收田者，應收某號，即與該書揭票，此據以爲除，彼據以爲收。分收者里書另寫一號票，用私記合同，印鈐於官票之上，仍付區總處掛號，方準推收。如此，揭一票，去一號矣，焉有重收之弊？一推一收，照號造册，焉有增減之弊？此圖有推，彼圖無收，不準作除；此圖有收，彼圖無除，不准作收。有田之家應收田畝，毋論十號百號，俱許揭票總釘，交與里書立户，有何差訛，其中如有方行新收入甲，又復轉收别區别圖以希規避者，查出即行究罪，里書同坐。

鹽課。國初場有團，團有竈丁，丁給滷地草蕩及工本鈔煎辦。商中買者輸芻粟於邊，赴場支鹽掣賣。洪武初，亦以四百斤爲一引，後行改辦小引，每引二百斤，竈丁每歲辦小引鹽十六引，每大引給工本鈔一貫，是歲給鈔八貫，辦鹽三千六百斤也。時鈔八貫，值米八石。成化中，分引目之半爲折銀。嘉靖中，復併改本色爲折色鹽銀，半解京濟邊，半給商自赴場買鹽運掣，盡變納支本色之舊。歲課日詘，率又從有司責辦，鹽銀不盡出鹽場，出民田包補十七八矣。一曰帶徵水鄉鹽折銀。竈分濱海水鄉，自正統中巡撫周公忱始，時鈔法不行，工本無出，因分附場爲濱竈，令煎辦，遠場爲水鄉竈，令代出工本米。後米不能辦，則納折色鹽銀。銀又不能辦，則改水鄉竈盡歸民，授民役，銀歸民，糧帶徵。成化末，都御史彭公韶議也。是爲民代水鄉竈輸鹽銀之始。一曰重徵水鄉蕩價。民蕩認納銀，水鄉蕩業歸濱竈，蕩價民糧帶徵矣。後夏公百年，而運司以壓欠商價多，奉院檄下縣，問故時水鄉蕩屬縣否，屬縣則宜增稅。縣未稔鹽往牒也，謾以民蕩畝若干對，因概加稅若干。一蕩價也，民代輸者一，民蕩代輸者又一。萬曆三十九年事也。邑人侍御彭公嘗請之，竟未豁。兩浙鹺規載，萬曆四十二年，鹽院楊公鶴檄文云：萬曆三十九年，前院某具奏清文各蕩陞科提補商價，可爲苦心，但一時承委官奉行未善，未免一概派加。玆逢恩詔，推廣皇仁，本院上疏，部覆量減一半，凡重疊加派者，自四十二年爲始，照數減免云云。本縣民蕩初派每畝一分六釐七毫，今減爲八釐三毫八絲，時楊公亦未悉此蕩爲民蕩，只照竈蕩例減半，若知爲民蕩，必釐正全豁矣。今鹽利實入縣官者益無幾，而滷地與蕩價竈丁佃之，海上民坐享其入，歲不下三四千金。有司欲問之，則詭以竈困聳上聽，不察其實曲護之，不知民實爲竈困，竈故未嘗困，抑又不第無困已也。始乎調停，卒乎偏瘠肥不可返。鹽政之失，實不能無追憾於作法者已。茲以國初迄今鹽課欵額備列於後，庶異時釐正者有所稽焉。

知縣樊維城議：國初竈户辦鹽，官給滷地草蕩及工本鈔米，以爲之資。草蕩薪採有限，全賴鈔米，每引一石者，足充牢盆費，故所收鹽利爲最多。後鈔法壞，工本無出，竈丁徙業者以滷地、草蕩佃之，人取息抵課，而家於水鄉，稱水鄉竈，其仍居海濱稱濱竈者，僅餘三之一焉。昔之名臣，如周文襄者，來巡海上，亦姑隨順人情，免水鄉之煎辦，而令其代出鈔米以給濱竈，迺米寔難辦，法終不行。迨彭公韶巡視，直憐其困，弛之爲民，水鄉盡得落籍，而應辦鹽觔則帶民糧徵銀解運司，本縣田畝始有二千三十金之加，民代水鄉竈受累。此時水鄉所遺草蕩，若即併歸濱竈，猶可計草價以派鹽觔，少損民田帶徵之數，乃官與徵銀一千八十兩解運司，代之攢集。至前任夏始議併給濱竈，失之已晚。顧又予之蕩而貰之草價，反將此一千八十金者帶徵於民糧，復以兩場爲惠不均，更包補鮑郎四百六十金以均之，合前共三千五百餘金。而此外傜銀抵課本縣及嘉、平二縣代解者，復有五百五十金之多。重疊包賠，不一而足。於是兩場課銀，盡皆民爲竈出，穀土爲鹽田出。海砂所辦者猶有千金餘，鮑郎直三百五十金而已，更以官吏工脚之俸糧工食、縣司所設之鹽課給賞計之，所費又七百餘金，取以相當，實入之利，益復無幾。竊謂國家鹽筴之失算，無如此邑兩場甚也。總之一鈔法不行，本絀無以生息，遂行權宜苟且之術，貽累於民而無益於國至此。今欲修復之，亦求之國初給竈之舊而可矣。夫國初所用給竈者，非前所云工本鈔及滷地、草場三者耶？工本鈔不易復，滷地、草蕩自在，即滷地時有坍漲，蕩之無虧損有墾闢者又在。今兩場竈丁所受草蕩，每丁多者三十餘畝，少者亦不下二十畝，每畝佃客納草價五六分與竈丁，其耕熟者分爲上、中、下三則，增派税銀，自三分至一分五釐解運司，大約竈丁所得草價，多者每歲一兩餘，少者亦不下八九錢，而滷地之佃與人者，又可得銀二三錢不止，至問竈丁所納於運司者，每丁税額實不過二錢有奇而已。向惟責其煎辦，每年每丁須納鹽三千六百斤，值銀七八兩之多，故給之草蕩，給之工本米，優厚如此。今因工本米不給，鹽課俱帶徵於民糧，止責其納銀二三錢矣，此即滷地之入足以辦之[五]，有何所困而必須優厚之也？乃空擲此草蕩與之，令歲享草價之厚入，豈非當事者失於籌及，相沿冒濫未裁乎？抑鹺司積胥猾吏欲留此以取分於竈户，故相隱而不發至今乎？夫民爲竈困，田糧爲鹽課出辦，亡論矣。蕩固國家地土也，草價固國家地土所産也，不辦鹽而收息，有此理否？即辦鹽而以一二兩之入，輸一二錢之税，十而納一，又有此理否？民之田可令代徵，竈之蕩胡不可加徵也？竈之蕩可自佃之而收價，蕩之價胡不可改之爲税，如民田一例徵之，以補鹽課，以減本縣帶徵之課也？計兩場耕熟之蕩，海砂可得三四萬畝，鮑郎可得數千畝。今分三則起税解運司者不過千金，若以民田税銀額論之，尚可畝加銀五六分，當得銀三千也。其未墾者，畝可徵銀二三分，兩場爲畝九萬餘，又可得銀二千餘也。今莫若盡以其蕩歸之有司，將佃客姓名籍之於册，一如編審里長之法，荒熟各自爲里，畝多者爲役頭，畝少者爲甲户，立限徵銀，解之運司，除抵海砂課銀一千有奇、鮑郎課銀三百有奇外，尚多三千餘金，則以一千金抵本縣代納之蕩價，以二千金抵本縣帶徵水鄉之鹽銀，綽然有餘，民可甦而國計可裕。其兩場滷地尚有一萬六千餘弓，減佃價之半而徵之，尚可得銀一千六百，則或歸場官收解，或歸有司照前法徵銀，亦無不可。總之今日海上煎丁，俱非真竈，編排直捷，徵銀自易，正不必令多人豫於其間，恣其中飽而無益於國也。斯議也，不知者以爲創説，而實非創也，蘆瀝已先行之矣。考之兩浙鹺規，載萬曆四十二年蘆瀝場竈趙志奎等建議照蕩僉役，毋沿照丁給蕩之空名。鹽院楊以爲不易之論，將蕩户名下實查蕩産畝數，按籍僉差，其貧竈之有丁無蕩者盡免其役，因以其法入之復命疏中，至今蘆瀝稱便。夫蘆瀝亦海邑析之平湖者也，三場事體元同，蘆瀝可行，海、鮑獨不可行乎？但行之則於民於國便，於奸竈、於鹺司胥役俱不便耳。夫立法而欲使小人稱便，欲使小人無梗，千古無有。深於計者，要在獨斷獨行而不爲所撓阻，斯得矣。

戍海篇

倭亦名日本，其國西南至海，東北大山，地分五畿七道三島，即班固書所云「會稽海外有東鯷人」者是也。其人魁頭斷髮跣足，輕生好殺，多狡謀，喜爲盜賊。漢唐以來通貢中國〔六〕，未聞入犯。後至宋，沿海開市舶，徑道益通。元人承之，奸闌出入者寖多，勾引廣，於是患始興。先是，元至大中，有倭泊慶元焚掠，釁亹兆矣。而國家初平，海内所殲滅群雄方若張皆在海上，故部黨逋誅不能出者，則竄而之海島，糾羣倭入寇掠，以故警之發乃在開國時。

高皇實録載洪武二年，倭犯山東、淮安。明年，犯淛東、福建。其五年，寇我澉浦，殺略人民。而長老亦言洪武四年，有海民沈保童用竹筏載倭登掠海鹽事，縣首被倭患如此。上念區寓新奠，海堧獨嬰蠆毒，亟遣帥巡禦，又即家起信國公和，相視並海要害築城置衛所，統官軍，各占信地戍守，其法甚備，於是鹽之衛所始建。一曰海寧衛指揮使司，在縣城内；一曰澉浦守禦千户所，在澉浦鎮；一曰乍浦守禦千户所，在乍浦鎮，今析屬平湖。二所隸衛，衛隸淛江都指揮使司，以内隸於左軍都督府。有烽堠，有寨，凡五十有七，聯布海岸，南屬之海寧所，北屬之金山衛境。汛月各以軍五人守之，瞭海洋船火，報聲息。有戰船，爲大青，爲風尖，爲八槳，凡七十有二。其五百料者，以軍百人駕之，汛月出海洋巡倭。大汛二、三、四、五月，小汛九、十月。此五月風多從東北來，倭入犯易也。之三城鼎足稱重，其後澉有小警，旋就晏寧。先臣鄭曉曰，洪武末年，海中方、張諸逋賊壯者老，老者死，以故沿海郡縣得休息，謂此也。永樂中，益嚴汛守。其七年，有沈家門遠哨之議。沈家門在定海洋外舟山、普陀間〔七〕，往倭人入貢，每泊船於此。信國經理時，因立水寨防禦，至是調衛所戰艦協哨，蓋欲聚重兵一處，壯兩浙聲援。然此山去東浙爲近，去西浙實千里而遥，非本衛衝要必守之地。洪熙元年，巡撫浙江右布政使周幹請撤歸近海各守信地。宣德初，行在兵部又以爲言，皆未果撤。至正統間，倭警作，頻年寇大嵩，寇桃渚，且寇我乍浦者再，朝廷命侍郎焦公宏巡視海防，因漸有釐改焉。先是衛五所並在衛署，至是以乍浦新中患，所軍單弱，奏調後所移署乍浦城貼守。其北十里梁莊堡地尤衝，增拓爲城，以指揮一人統官軍戍焉。徐泰曰：「浙西並海之地，海鹽爲要。海鹽，乍浦爲要。乍浦當西海口，可泊，往往致寇。國朝既設守禦所。正統間，倭夷登岸，吏兵不能支，故復以後所協守。至今海口、梁莊等砦，歲必專官設備，監往事也。」而澉浦所亦調湖、嚴、海寧三所軍，遇汛協防。添築二所城及縣城南、北二瞭望臺，併省烽堠與寨爲三十七所，其沈家門戍亦以其時撤回，增設騎操馬一百五十四匹傳遞塘報，在海岸設防。而戰艦則減爲小尖哨船二十，備乍之西海口，不復遠汛。申飭雖詳，事稍異開國時矣。成、弘而後，海上久無事，罷三所之戍澉者。諸弁寢尚文雅，絀言兵軍，亦服四民業者多虚尺籍。大司馬譚公綸有云，自昔衛所空虚，徒存尺籍，非真無軍也。家道殷實者，讀書求舉而外，往往納充吏承，其次賂官，出在爲商，其次業藝，其次役占，其次搬演雜劇，又或通同賣放，回附近原籍，歲收常例，皆不操守。至於補伍食糧，則反爲疲癃殘疾老弱不堪之軍，軍伍不振，戰守無資，弊皆坐此。至於逃亡故絶，此時其一節耳。至嘉靖中，海船廢盡，馬額亦減，武備衰耗，極而倭變。適大作初，國家彷宋元遺制，開市舶寧波。嘉靖之二年，因是有宋素卿、宗設之鬨。既而革舶司，禁番船往來，顧不能盡如禁，率泊近嶴，私與內豪市。內豪更狡，積漸賒負弗償。諸奸商益讐，憤起爲賊，勾倭人沿海寇犯不休。朝廷爲設巡撫及總制大臣，兼轄浙、直、福督勦，若朱公紈、王公忬、張公經、李公天龍及胡公宗憲先後來涖師，而衛所軍不堪用，則募民爲兵用之，兵制因大變。都督萬表云：向來海上漁船出近洋打魚樵柴，無敢過海通番。近因海禁漸弛，勾引番船，紛然往來海上，各認所主，承攬貨物裝載，或五十艘，或百餘艘，成群合黨，分泊各港。又各用三板草撇脚船不可勝計，在於沿海兼行劫掠，亂斯生矣。自後日本、暹羅諸國無處不到，又誘帶日本島倭奴，借其强悍以爲護翼。徽州許二住雙嶼港，最稱强，後被朱都御史遣將官領福兵破其巢穴，焚其舟艦，擒殺殆半，就雙嶼港築截，許二逸去。王直亦徽州人，原在許二部下管櫃，素有沉機勇略，人多服之。乃領其餘黨，改住烈港，漸次併殺同賊陳思盼、柴德美等船伍，遂致富强。以所部船多，乃令毛海峯、徐碧溪、徐元亮分領之，因而海上番船出入關無盤阻，而興販之徒紛錯於蘇杭，近地之民自有餽時鮮，餽酒米，獻子女者。自陷黄巖，屠霩衢，而其志益驕。其後四散劫掠，各通番之家則不相犯，人皆競趨之。杭城歇客之家貪其厚利，任其堆貨，且爲之打點護送，如銅錢用以鑄銃，鉛以爲彈，硝以爲火藥，鐵以製刀鎗，皮以製甲及布帛、絲綿、油、麻、酒、米等物，無不賫送接濟，而內地之人無非倭黨矣。按鄭曉吾學編日本考言，海寇之起由於內豪賒欠其貨，因而讐憤劫掠。據萬都督所云，又起於自相防衛，自相吞併，遂盡變爲盜賊。合觀兩説，當時寇起之原始盡。先時浙有把總四，臨諸衛即選衛指揮充之，至是分六總，改欽依以都指揮體統行事，重其權。浙西者曰海寧總，駐乍浦。海防類考云，兩浙原有考選把總四員，分爲定臨觀一總，松海昌一總，金盤一總，海寧一總。嘉靖二十八年，分定海臨觀爲二總，松海昌國爲二總，共六總。三十六年，以六把總事權不重，題奉欽依以都指揮體統行事，始由朝授焉。先時設總督備倭都指揮，臨各總列銜都司〔八〕，至是以都司權輕，設總兵定海，節制兩浙，別設參將四，奉敕統領六總。浙西者曰分守嘉湖參將，駐縣城。海防類考云，洪武三十年，設總督備倭都指揮一員於都司，統沿海各把總。嘉靖三十一年倭變，以督閫權輕，策應不前，添設參將駐定海。三十五年，復設總兵官於定海，改參將於臨山總督，備倭都司裁革。尋設杭嘉湖及溫處台金嚴參將，共四參，分守統禦，而定海總兵居中調度節制各參總焉。會典云，嘉靖三十二年，添設杭嘉參將。三十四年，改爲嘉湖參將。三十五年，改設專駐海鹽。建置年歲，較類考尤詳。先時有海道副使兼巡兩浙，已分設參政理浙西，至是復增設副使備兵杭嘉湖，名其兵之區曰嘉興區，用上承督府下監本區之總參駐郡城。海防類考云，巡視海道，舊制以侍郎都御史領之。洪武三十年後，始領於按察副使。嘉靖初年，駐省城，遇汛巡歷全浙沿海地方。二十三年，駐台州。二十七年，改駐寧波，仍巡歷沿海。至三十二年間，以倭變，始添設杭嘉紹台各府兵備，而海道所轄止寧紹區矣。添設參政事，類考不載。惟景泰舊志云，正統七年，倭奴登乍浦，初設布政司參政一員，奉勅專一提督海道，因設分司公署。又錢薇集云，正統間，奏設藩參一員，駐札鹽城，理海防，自劉瑾革去，而經理遂泯，必有所據。而陸兵則郡城設五營，縣城設二營，乍浦二營，澉浦一營，合十營，營各五百餘人。遇汛分派沿海，循塘拒守，汛畢仍守城池。水兵郡城亦五營，營之人數同陸營。平時截守郡境水港，遇警聽調邀擊。而海上募福蒼船七十七艘，兵二千餘人，立海鹽、乍浦、澉浦三關，分三總戍守，兼出哨羊、許二山。羊山至許山一潮，許山至乍浦亦一潮。倭來至陳錢山合䑸，自陳錢至羊山復占風分䑸犯浙直，故羊、許尤浙西門户。永樂時，哨沈家門則已遠。正統時，撤而泊乍之海岸，則已近。惟哨羊、許於浙西海徑有合爾。海防類考：各區戰船先年俱於衛所食糧旗軍内選駕海寧，總計二十隻，後損者不修，缺者不補。嘉靖三十一年倭變，船無可用，海寧總改募福、蒼等船七十七隻，官爲給稅。至其佗徵調客兵，如坑兵、邳兵、漳兵、廣東、山東兵、狼土兵及横江、烏尾船兵往來遊擊者，又不在前所設營哨數。坑兵，處州守銀坑之兵，劉大仲嘗統五百人守鹽，屢有戰功，後敗歿。邳兵，參將湯克寬家丁也，守城却敵，甚得其力，時凡三百人。漳兵，漳州兵，參將盧鏜、張鈇部下皆有之。倭中多漳人，戰時兵有與賊通敗事者。廣兵，三十五年調至守鹽，一千二百人。山東兵，故老言三十四年嘗調至，宿城外，掠姦索食，不減於賊。廣西田州狼兵，亦三十四年調至，土婦瓦氏率之，過鹽進搗金山賊，失利而歸。廣東烏尾、横江船較福船尤大，三十五年調一百八十艘，分撥浙、直海洋，在前給稅海艦之外，此外，又有湖州水兵指揮徐行健所統有四百人，然用之陸戰不可曉。嘗考胡公用兵時故籍歲費餉六十八萬有奇，而嘉興七邑所增田畝額餉幾五萬，搜括奇羨充餉銀又不下二三萬，並以給本區增設兵，則兵數之多可知已。采九德倭變事略云，時每田一畝出兵餉銀一分三釐，沿海之民膏血幾盡。惟時縣境大小戰不知凡幾，砂腰、新塘兩戰，殺指揮三人、滿朝、馬呈圖、采煉。千百户七人；王繼隆、姜楫、楊臣、康綬、王相、呂鳳、姚岑。孟家堰殺指揮一人，全軍並覆；指揮李元律與處州千户薛炯、寧波百户宋應蘭並死於陣，時兵士死者一千四百七十五人。北王橋之戰，亦殺指揮一人，徐行健。又指揮姚弘戰於松江陶宅，死。衛城、澉浦再被攻，賴參將湯克寬、令鄭茂、指揮徐行健、尉李茂力守得完。而攻乍，乍竟破，城中人大半殲於後。諸賊以掠飽不得去，誘之僞降，離解其黨，使自相縛以効功，於是陳東、葉麻縶，徐海亦燔，王直受餌就阱，諸主名賊帥及群倭相繼盡，海上始就寧。胡公功實多，然東南郡縣大抵皆殘，我三城四郊外民廬稀，煙火欲斷矣。嘉靖末，以警息，有銷兵之議，始汰兵備，令巡道兼攝。初稱杭嘉湖兵備，今以嘉湖分巡道兼攝，因稱嘉湖兵巡道，乃駐郡城云。隆慶三年，汰諸營郡城及衛所三城，合留兵五營。又汰海鹽、澉浦二關水兵，留乍浦一關，居平泊守，臨汛出哨，且有抽選軍丁補兵之議。四年，巡撫谷公中虛始定嘉興區兵制，曰陸兵凡一營五總：中總守嘉興，左後總守海鹽，右總守澉浦，前總守乍浦；曰水兵一關凡四哨：一哨羊山，一哨許山，一哨乍浦西海口，一哨白塔港。其哨守之規則：每遇汛月，各總遞移屯就遠，以資防禦。中總屯海鹽，左總屯鹽之龍王塘，前總屯梁莊，後總屯乍浦城，右總屯澉之南海口。水哨兵遠出海洋，各哨所占山嶴，南與臨觀海哨會，北與直隸金山、吴淞海哨會。哨陸有籌，哨水有符，稽驗各有法。而陸兵募兵一總，軍兵與民壯兵各二總，水兵耆舵募兵，貼駕用軍兵。時當事者以軍與民壯並元在食糧之額，用以充抵民兵，則兵數不虧，餉數自減。蓋於總參新法中，仍參用軍伍，存衛所初建意。兵制有變，而得其善者，此制也。

海防類考云，倭亂時，兩浙召募陸兵不下十萬餘，續因減免餉銀，議將水陸募兵漸次汰減，選取民壯弓兵、軍兵抵用。至隆慶四年，督撫軍門谷題準各區水陸官兵，内嘉興一營五總，募兵一總，民壯、軍兵各二總，海寧總水兵留用民捕耆舵兵九百一十五名，加添軍兵五百二十三名，謂之貼駕軍。是以餉數減除而兵數反加，足敷防守。又王兵憲樵檇李記曰，自倭亂平，三關改爲四哨：白塔港爲一哨，兵船九艘，哨官一人領之；乍哨爲一哨，兵船八艘，參將、中軍把總領之；許山爲第二層門户，立爲一哨，用蒼船二艘、沙船、小哨船、叭喇唬船共十六艘，水兵把總一員領之；以羊山爲第一層門户，立爲一哨，用船如許山之數，以備倭把總親督領之。據此則當時船亦減爲五十三艘，數有可稽者。民壯始於正統時，後正德中每縣額十人，尋又定爲每里一人。初爲力差，嘉靖五年，工食派秋糧中帶徵，始有額餼。會典：隆慶四年，題準浙江通省額設民壯除留有守各府州縣城池庫獄外，其餘徵收工食，挑選精壯之人，設立隊伍，聽各該總、參、都把總官與軍兵合營操練。縣舊志：隆慶三年，以兵餉缺乏，奉文議革民兵，在於海寧衛并澉、乍七所軍兵挑選足數，各總以海寧衛指揮統領，哨官以各所百户統領，軍兵糧在於軍儲倉本折關支。萬曆初，水兵貼駕者復改用民兵，僅存軍兵之半。軍院方議革水哨軍兵一百八十名，募民兵補之，在萬曆二年。時以倭警久息，始裁五總中哨，又裁白塔港哨船之半。不數年釜山見告，海上復修備，舊所裁者多補。又有乍浦地尤衝，兵止一營爲弱，增設軍兵一總，名左營，而稱舊左總爲中左營，舊中總爲標營。汛時左營屯乍，後營改屯龍王塘，南標營自守郡城聽調發。移屯之規稍變，其黄道關舊置澉浦關處亦增設哨船，以白塔港爲中遊左哨，此爲中遊右哨。而每遇汛期，督撫軍門檄嘉湖兵巡道同分守參將督發兵船出戍海洋，督撫則間歲一親行焉。陸兵練習，每總以中哨三隊習鳥統，每什以二人習刀牌，二人習狼筅，四人習長鎗，二人習鈎鐮短鎗。暇時俱習弓弩。臨敵鳥銃衝陣，則刀牌手護之；刀牌手衝陣，則長鎗手護之；弓弩鎗鐮手衝陣，則狼筅手護之。長短必相間而進，而火器尤利於用。其各營百子銃、鳥銃、火藥、火繩、鉛彈、噴筒及水哨發□船稅。本區嘉靖中貢將軍銃、佛郎機之類，皆官銀造發，各有成額。所募福、蒼等船，皆官爲給稅。隆慶後，改爲官造官修，以致侵尅弊多，不堪經久。萬曆二十五年，議令各捕預領稅銀自造，充爲私船，庶免他弊。定限三年熚洗，四年輕修，五六年重修，七年拆造。遇修造年分，船兵照限放班，舵兵改食兵糧，扣省餘餉抵湊船稅。今計各船每年每隻稅銀，福船七十四兩三錢四分，蒼船二十四兩，沙船内一等二十五兩，二等二十二兩，小哨船一十二兩，唬船四兩，本區船稅共該銀一千一百二十二兩六錢八分，其銀於嘉興府額派料銀并扣省月糧銀内支給。網船係各隊兵自造自修，例不給稅。按福船中爲四層，高大如樓，敵舟小者相遇即犂沈之。沙船能調戧，使鬭風。蒼山船有二層，隘於福船而闊於沙船，用之衝敵頗便而捷。叭喇唬底尖，首尾如一，旁有十槳，破浪如飛，尤便追逐哨探之用。

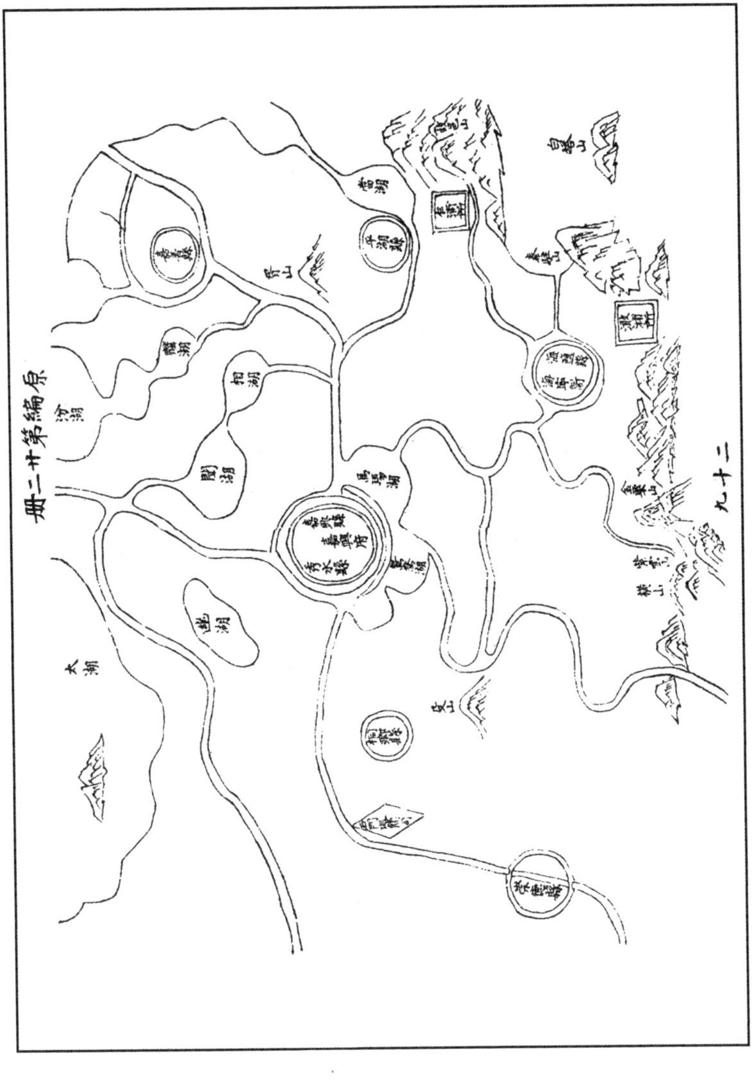

嘉善縣志

知縣章士雅正疆界議

凡宇内之設爲州縣者，鮮不畫疆分界而治矣。獨嘉善則可異焉。其初，割嘉興以分縣，而壤地在華亭、吴江之間。其田額視各縣獨重，蓋全浙之税，莫重於嘉郡，而嘉郡之税，莫重於嘉善。每畝賦額，無論田之高下，概以三斗三升三合起科，而徭平又五升有零，其視嘉興多九升八合三勺矣，視秀水多三升三合八勺矣，其視崇、桐且半倍矣。田不加腴，而賦有偏重，且地勢卑下，東接三泖，西連震澤，凡遇水災，半爲陸沉，而積逋數倍於各縣矣。以故奸民自嘉隆來，往往將田詭收嘉、秀以就輕糧。其始則曰與彼處允换，而究則允者復去，而去者不返。此弊之流，至萬曆九年丈量特甚。蓋當時以佐貳掌印，推去嘉、秀者三萬一千二百三十八畝八分八釐三毫。至十二年，袁鄉宦㢘請還三千三百四十畝一分，而餘田沉埋如故。以三萬畝之虚糧復加本縣，民亦何以堪？近里遞錢來等雖具呈院道，而彼頑民與積書互相交結，變幻百端。如監生金圻，一人而隱田千畝，不惜賄貨以植黨與，詭詞匿呈，殽亂視聽，本縣徒費朞年之力，而尚不得一畝復還。蓋其隱去田糧，不在此縣，亦不在彼縣，而置於無何有之鄉，食王土而不輸王貢，獲利已久。本縣以空文求討，而彼以實力求脱。聞往年守令，亦有以此召謗而不得竟其事者，是以奸計益多，良民益病，可爲拊膺痛恨者，此也。

崇德志

崇邑田地相埒，故田收僅足支民間八箇月之食，其餘月類易米以供。公私仰給，惟蠶息是賴，故蠶務最重。凡借貸契券，必期蠶畢相償。即冬間官賦，起徵數多，不敢賣米以輸，恐日後米價騰踴耳。大率以米從當鋪中質銀，候蠶畢加息取贖。然當鋪中持衡搭色，輕重其間，庾囷狼籍，一出一入，子錢外不止耗去加一矣。以故民間輸納，利蠶畢，不利田熟也。前徵追比之難，有由然矣。

安吉州志

論曰：苕水發源天目，瀸泉潾澗，衍迤四境，而豐邑居其上游，即旱澇稍易爲備。惟吉山盤地蹙，其勢仰，仰故不能瀦，所受僅裏外二溪，而復轄於梅溪。其道隘，隘故不易泄。考其初西畝諸湖、小山諸塘間用導川畜潤以供灌溉，而分衆流。今二溪既沙石善淤塞，又旁緣竹樹爲梗，而湖塘業已半爲桑田，益隘且仰，故往往雨暴至，輒懷襄崩割，少暵遂成焦土。如是而望歲無凶歉，民不耗病，難矣！議者謂水道亡策，獨湖塘故蹟，壅者浚之，廢者復之，梗者除之，庶幾鍾洩之上計。或乃以工力繁浩，且敚民成業爲虞。昔李冰鑿離堆，史起決漳水，豈其不捐一鏹，不破一塍？而古今以爲偉績，顧利害小大、經理方略何如耳。苟不惟民患是圖，拘文牽俗，猥曰毋動爲擾，不已過乎？乃近時復有沿溪水利之税，是以尺寸遷徙靡常之地，而加恒賦以重困吾民，益非法矣。

紹興府志

軍制

皇明紹興府設三衛五所，隸浙江都指揮使司，仍總轄於左軍都督府，此宋禁軍例也。而各衛所復有帶管及召募名色，宋厢軍例也。弓手領於巡檢司，堰營土寨鮮焉，規模與宋不相遠。

其軍始調自南北從征者，繼乃抽台、温等處民四丁之一以充伍焉。指揮，郡將也。千户，則營將。百户，鎮撫隊將。大務取防海，居常則用以弭寇賊。民既出食食軍，則守本業，率妻孥戮力，他無預矣。承平久，無所事軍，江南諸省率用以轉漕，捨刃持櫓。浙雖有海備，亦半漕焉。憂國者或謂東南士卒罷於轉漕，殆非也。余曩爲職方主事，嘗攝入衛班軍。班軍數萬人，自正德來，俱作役司空，度匠作日白金五分，歲可省冬官六七十萬金，若以還營，則爲隊而已矣。入衛者習爲工，或不具兵器，聞輸作則便，聞營操乃顧，不甚稱便也。晉人有言曰「巧於用短」，兵亦宜然。故九邊軍亦大率用輸作，而揣其鋒於家丁，築城垣，治器械，功灼灼矣，廩糧月給不虛耳。司空城旦，猶司農篙師也，何爲罷乎？衛軍既驕，陣没者又以死事録功，有司憚用之。正德中，王晉溪本兵，乃起民兵之議，今民壯快手捕盗等名色是也。是亦廂軍類也。而沿海則多用義烏兵。先是，嘉靖中，金、衢比郡有礦賊踰山抵義烏，義烏鄉兵擊勝之，斬數魁。其技以長槍勝，鄉人私相傳，稍得兵法。自玆遠近競募，南至閩、廣，北至薊，咸義烏兵。故惡少子弟不習爲耕，則習爲兵，美食好衣以待募，義烏人大患之。而往昔兵法或乃廢，不知徒目皮於婺州也。衛家説曰，故者不挑補，逃者不清勾，軍政何賴？然額糧固省矣。今俗呼衛者曰軍，而募者曰兵，兵禦敵而軍坐守，兵重軍輕，軍借衛於兵，壯軍乃復充兵，其變勢也。不以漕，將何之乎？石曼卿以建鄉兵顯名，至或用之捍敵，則笑曰：「此得吾麤也，不若募敢行者。」餘姚江南兵自具食，無適帥，却賊於後清橋；謝生軍勇敢五百人，聲赫赫四馳，竟敗死。衛人與自衛異，雖精猶麤矣，況驅市人而戰者乎？故曰麤也。兵日增，軍日損；兵日驕，軍日懦。此無足患者，患異日之兵復如軍耳。義烏之待募者可覩矣。邇稍裁餉，遂有壬午二月之變，而汛時恐缺需，則每每以海艘傳羽書，令人耳目驚也。兵不戰不利，戰又下策，不忘戰之術，蓋難言哉。

嘉靖初，巡視海道副使駐省城，巡歷全浙沿海。二十三年，移駐台州。二十七年，改駐寧波。三十年後，地方多事，分守參議駐紹興，尋改副使整飭兵備，稱兵巡道。隆慶二年，以海道兼理寧紹兵備，紹興仍以參議分守。先年浙江沿海原設總督備倭都司一員，考選把總指揮四員，統轄衛所，而分定臨觀爲一總。嘉靖三十八年，分守定海總、臨觀總，全浙共六總。三十一年，添設參將一員駐定海，分守寧、紹等處。三十四年，賊破臨山衛，則添設總兵官一員，駐臨山。三十五年，移總兵駐定海，而參將駐臨山，專統陸兵。三十六年，六把總俱授以都指揮體統行事。隆慶二年，參將改駐舟山，專統水兵，以定海遊兵把總調臨山，領陸兵。萬曆十二年，裁革陸兵把總，俱屬臨觀把總統轄，駐臨山。

兵部尚書譚公綸昔爲海道副使，嘗建議云：衛所官軍既不能殺賊，又不足自守，往往歸罪於行伍空虛，徒存尺籍，似矣。然浙中如寧、紹、台、温諸沿海衛所，環城之内，並無一民相雜，廬舍鱗集，豈非衛所之人乎？顧家道殷實者，往往納充吏承；其次賂官出外爲商；其次業藝；其次投兵；其次役占；其次搬演雜劇；其次識字，通同該伍，放回附近原籍，歲收常例；其次舍人皆不操守。即此八項，居十之半，且皆精鋭。至於補伍食糧，則反爲疲癃殘疾老弱不堪之輩。軍伍不振，戰守無資，弊皆坐此。至於逃亡故絶，此特其一節耳。今可委賢能有司，同該把總官往各衛所，督同掌印等官，不必論其伍分，先核城中街巷計有若干，每街每巷共有門面若干，户分格眼紙一張，諭令自開房屋幾間，男婦幾口，某係精壯，某係老弱，至於釜竈床鋪若干，亦俱實開，貼於大門上。乃各委官持簿籍，領各伍官旗，沿街履户，逐一面詰該管官旗有無隱漏，并執結明白，然後比對户口文册，庶幾可得十之七八。於是取其見在人數，通行挑選精壯者存留食糧，老弱不堪者通行革退，即以户丁精壯餘丁選補。如果在營故絶無丁者，除本省地方照舊行勾外，其他省人民屢勾無解者，不必駕言單勾，即查照近例，嚴選别户精壯餘丁補伍。至於充納吏承、違例役占者，通行禁止。其賣放逃出外行商、業藝、投兵、搬戲及隱容在籍，收取常例等項，俱責令該管官旗及家屬人等免其前罪，通行勒限招回，一體選補。務使食糧者皆精鋭之士，無復以老弱充數；不食糧者照依保甲之法，編定守城，如百姓守城之例，不得以無糧籍口。該管守旗招徠補充至五分以上，即量行奬賞。其有仍前縱容賣放者，掌印及諸伍官旗，聽各道從實查參，輕則問罪降級，重則綁解軍門，治以軍法。如此，庶軍政可肅，戰守有人，不至臨時紛紛請兵矣。自嘉靖三十一年以來，兩浙召募陸兵不下十萬，近年漸次汰減，選取民壯弓兵正軍抵用。在紹興募兵民壯、軍兵各一總，臨觀總留用民捕者舵兵五百二十四名，加添軍兵二百三十九名，并原用軍兵一百二十一名。萬曆二年，加復臨觀總民兵一百四十三名。今查總數不甚合。倭亂之後，民財竭矣，減兵而選軍，蓋取足於正例。原在食糧之額，雖加至一石，比之全給兵餉者已省矣。乃日久弊生，正數逃亡，餘兵貪緣補役，月給之儲與民兵無異，且强悍難制，是以又有復民之議云。訓練之法：臨觀一總水兵，每春防汛畢，六月中，兵船收港。七八兩月，留舵稍守船，俱聽把總督同哨官，在定海衛教場。至九月初上船防，遇小汛。十一月中起至來年正月止，俱在定海關水寨，同定海總三日一次訓練。臨山營陸兵，每年汛期，調發沿海防守，聽把總督同衛所官，與寧波兵合營訓練，汛畢回營，遇三六九日，臨山把總自行訓練。水兵長技，軍火互用，如賊船離遠，則以鳥銃、百子銃發貢爲先；賊船逼近，則以長鎗、鏢箭、藤牌爲便。各派器械，泊守本境，遇掣與陸兵齊操。陸兵長技，長短相濟，中哨三隊俱習鳥銃，每什以二人習刀牌，二人習狼筅，四人習長鎗，二人習鉤鐮短鎗，暇時俱習弓弩。如鳥銃衝陣，則刀牌手護之；刀牌手衝陣，則長鎗手護之；弓弩鎗鎌手衝陣，則狼筅手護之，兵制之常經也。

哨探之規：各區官兵分撥小哨、叭喇唬網船，輪流遠出外洋，往來哨邏，仍與鄰近兵船交相會哨。烽堠撥軍瞭望，遇有警急，通行飛報。其出哨者，撫臺有單，汛兵皆會哨取單。憲司仍刊刷哨符，發各總照依派定處所給符，往來會哨交符。俱填發日、到日時刻，汛畢簡核，不許近洋交單。其沿海烽堠臺寨置立循環哨籌，每日南北各遞發一籌，彼此循環，毋分雨夜，逐墩遞送，傳報有無聲息。責令陸路官置簿登記遞到籌號、姓名、日時，每五日類驛飛報。各將領皆親督兵船出洋哨探，遇賊船經由信地，即從實飛報某處賊船幾隻，大約賊有幾何，傳報鄰境，分投防禦應援，即急督官兵相機夾勦。其遠哨兵船見賊即報，不拘定信地，其虚張聲勢及望風輕報者，覆實治罪。若賊在洋搶擄而隱匿不報者，處以軍法。

沿海漁税：永樂間，以漁人引倭爲患，禁片帆寸板不許下海，後以小民衣食所賴，遂稍寬禁。嘉靖三十年後，倭患起，復禁革。三十五年，總督胡宗憲以海禁太嚴，生理日促，轉而從盜，奏令漁船自備器械，排甲互保，無事爲漁，有警則調取，同兵船兼布防守。先是，巡鹽御史董威題定漁船各立一甲頭管束，仍量船大小納税，給與由帖，方許買鹽下海捕魚。所得鹽税，以十分爲率，五分起解運司，五分存留該府聽候支用。每年三月以裏，黄魚生發之時，各納税銀，許其結䑸出洋捕魚。至五月，各令回港。萬曆二年，巡撫都御史方弘静復題令編立䑸綱紀甲，并立哨長管束，不許攙前落後。仍撥兵船數隻，選慣海官員統領，於漁船下網處巡邏，遇賊即勦。説者曰，海民生理，半年生計在田，半年生計在海，故稻不收者謂之田荒，魚不收者謂之海荒。其淡水門海洋乃産黄魚之淵藪也，每年小滿前後，正風汛之時，兩浙漁船出海捕魚者動以千計，其於風濤則便習也，器械則鋒利也，格鬭則敢勇也。驅而用之，亦足以捍敵；緝而税之，尤足以餽軍。向乃疑其勾引而厲禁之，遂使民不聊生，潛逸而從盜矣。故緝名以稽其出入，領旗以辨其真僞，納税以徵其課程，結艅以連其犄角，而又抽取官兵以爲之聲援，不惟聽其自便爲生，且資其捍禦矣，豈其取給於區區之税以助軍興之萬一耶？

説者曰，勦倭之策，海易陸艱，然水戰又以犂沈賊船爲上計，縛賊次之。陸戰以摧鋒陷陣爲上計，斬獲次之。惟重水戰之賞，則賊不得登岸，邊民不知有兵，四境晏然矣，此海防要策也。

山陰柯橋西去府城三十里，水汗漫，多支流，陂深堰曲，難以屯兵，利主不利客。

三江閘北去府三十八里，山、會、蕭賴此蓄水，宜防守。古博嶺西南去府城四十五里，與諸暨楓橋接壤。國初胡將軍大海克諸暨，自茲路來戡越郡。嘉靖三十三年，倭夷擾山陰，亦由楓橋進，山間寇盜俱由此入境。舊有楓橋巡檢司，今基址尚在，似宜復設。抱姑堰西去府城五十二里，上連鏡湖，下接小江。

會稽曹娥埭東去府城九十二里，江水湍急，隔斷兩岸，逼江而營，利守不利戰。石堰東去府城三里，諸水之會，可駐兵衛城。駐日嶺西南去府城八十里，諸暨界，元末裘廷舉聚鄉兵處。

蕭山西興鎮西去縣城十里，逼錢塘江險，宋時有寨。

新林鋪東去縣二十里，宋時有寨。

黄嶺、巖下、貞女三鎮，西南去縣一百里，唐劉漢宏嘗分兵據守，錢鏐擊破之。

諸暨長清西南去縣城五十里，元時有關。
陽塘西去縣城五十里，元時有關。
湖頭鋪南去縣城五十里，元時有巡檢司。
管界東去縣城八十里，唐、宋有寨。
五指巘西南去縣城六十五里。
國初李將軍文忠築新城，拒謝再興。
餘姚李家閘東南去縣城三十里，是四明東門，元時有巡檢司。
梁弄西南去縣城四十里，人烟湊集，亦一巨鎮，是四明西口。
筀竹嶺西稍南去縣城三十里，與上虞接境。
上虞梁湖西去縣城三十里，是曹娥江東岸。
百官渡西南去縣城四十里，亦鄰於江，唐時舊縣址。
縻家山東南去縣城四十五里，元時有巡檢司，當三縣界，地甚僻。
佛跡山西北去縣城四十里，宋、元有寨。
智果店東北去縣城十五里。
嵊清風嶺北去縣城四十里。

白峰嶺西南去縣城八十里，唐、宋有長樂寨，元有巡檢司。

三界北去縣城六十里。

新昌黄罕嶺北去縣城五十里，其地形可入而難出，唐王式敗裘甫於此。

三溪渡西去縣城十二里，唐裘甫敗三將處。

關嶺東去縣城七十里，接天台界。以上皆内地宜設備者也。

三江所不濱於海，地勢稍緩，然去省城八十里，海上有警，烽火於此通焉。嘉靖三十五年，倭寇突犯攻城，我兵敵退。

臨山衛坐當衝要，東接三山，西抵瀝海。嘉靖三十二年，倭賊攻陷。

瀝海所東衛臨山，西捍黄家堰。

三山所界於臨、觀之間，東西策應。

觀海衛三山爲右翼，龍山爲左翼，居中節制應援，地屬慈谿而轄於紹興，犬牙勢也，不欲以全險與寧波也。

龍山所北對金山蘇州大洋，東對烈港。伏龍山獨臨海際，去所僅十里，乃賊船往來必由之路，臨觀一總之咽喉也。封守慎固，省城安枕而卧矣。地屬定海。嘉靖三十四五年間，倭賊屢登犯。

金家嶴、丘家洋連界，東對烈港海洋，北望洋山、三姑大洋。嘉靖三十六年，倭船盤據月餘，爲我兵所捷。若突腹裏，由鴈門嶺、鳳浦湖一帶至慈谿縣，直抵寧波府，極爲險要。今汛期撥標兵分哨，若漁船下海捕魚，則輪撥臨觀兵船一枝，繫泊澥涬海洋，盤結奸細。

關四：三江所一，曰大閘關；觀海衛三，曰丈亭、曰長溪、曰柱湖〔九〕。

隘六：臨山衛三，曰泗門、曰烏盆、曰化龍；三山所一，曰眉山；瀝海所二，曰施湖、曰四匯。舊以二處海水衝激，夷船易泊，特立寨，委官一員、旗軍五十名守之。今廢。

敵臺四：三江所一，曰蒙池山；臨山衛一，曰羅家山；瀝海所一，曰西海塘；龍山所一，曰龍山。

烽堠三十七：三江所六，曰航鳥山、曰馬鞍山、曰烏烽山、曰宋家漊、曰周家墩、曰桑盆；臨山衛九，曰趙嶴、曰烏盆、曰廟前、曰荷花池、曰方家路、曰道塘、曰周家路、曰四門、曰夏蓋山；瀝海所三，曰槎浦、曰胡家池、曰槤樹；三山所八，曰歷山、曰眉山、曰徐家路、曰撮嶼、曰勝山、曰蔡山、曰吴山、曰滸山；觀海衛六，曰向頭、曰瓜誓、曰西隴山、曰新浦、曰古窑、曰西隴尾；龍山所五，曰龍頭、曰龍尾、曰石塘、曰青溪、曰施公山。寨一，蕭山縣曰龕山寨，扼錢塘江下流，寔郡西臂。嘉靖三十二年，賊登犯。三十四年，復殲賊於此。彼時嘗置寨焉，有委官一員、軍一百名守之。今裁革。廠一，曰礦山廠。以上皆海岸宜設備者也。

港七：曰三江港、臨山港、泗門港、勝山港、古窑港、烈港、並見武備志。清溪港。由此可入金家嶴。

浦四：曰金塾浦，爲定海、慈谿相界之地，北連大海，西連伏龍山，賊船由東北來，必由此繫泊，嘉靖三十八年，賊登犯；蟶浦，見武備志。松浦，在古窑東；堰浦，在古窑西。門二：曰蛟門，直觀海衛；鱉子門，直蕭山縣。口一，曰獅子口，直龕山寨。嘴一，曰西匯嘴，在黄家堰。嘉靖三十二年，賊登犯。漊一，曰宋家漊，在三港東。嘉靖三十五年，賊登犯。

海中山六：曰西霍山、黄山、勝山、長横山、扁樵山、毬山。

礁二：曰筊杯礁、柴排礁。

石一，曰平石。以上皆海港及海洋宜設備者也。

浙江沿海先年原有戰船五百四十八隻，内有四百料、用軍一百名。二百料、用軍七十五名。八櫓、風快、銅斗、高把梢、十槳、用軍五十名。風快用軍二十名。等項名色，俱於衛所食糧旗軍内選駕，後因駕哨不便，損缺不修補。嘉靖三十一年，來臨觀改募蒼山平底船一百二隻。嘉靖三十五年，又調廣東烏尾横江大船一百八十隻，分撥浙、直海洋哨禦。後臨觀總又議定福、蒼、沙、漁、叭喇唬船二十八隻。内細數見前，俱係私造給税。福船以鈔尺自面梁爲界，每尺税銀一分。蒼船二十四兩。沙船并鐵頭船十九兩。小漁船十六兩。小哨船梁頭一丈以上者十二兩，八九尺者九兩五錢。叭喇唬船四兩。每年共該給銀六百五十五兩四錢，又閏月銀三十三兩五錢。將紹興府額徵民六戰船料銀五百二十六兩五錢，并臨、觀二衛軍兵扣抵戰船糧銀，及各總造船停支税銀輳給。

舊例，三年小修，六年重修，九年拆造。今改爲一年二年燂洗，三年輕脩，四年重脩，五年拆造。私税兵船每年出海防過大汛，不準借税，俱令該管捕盜自修。出防小汛回關。福船拆造限六十日，行府量借税銀三十兩；重修限四十日，量借税銀一十五兩；輕脩限三十日，不準借税。蒼、沙、漁船拆造限五十日，蒼船借税二十兩，沙、漁船借税一十五兩；重修限三十日，蒼船借税十兩，沙、漁船借税八兩；輕修限二十日，蒼、沙、漁船俱不準借税。小哨、叭喇唬船拆造限二十五日，小哨船借税五兩，叭喇唬借與年給税銀三兩；重修限十五日；輕修限十日，不準借税。其口糧捕盜者民隊長照舊全支，造修限内，將舵工暫改支給兵糧。幫工拆造，福船與幫工民兵五名、軍兵五名，蒼、漁船各民兵四名、軍兵四名，沙船民兵三名、軍兵三名，小哨船民兵二名、軍兵二名，叭喇唬船原無軍兵貼駕，止準民兵二名，其餘民兵薪水俱行停止不給。其重修輕修，止準捕盜者民隊長口糧一名，餘兵俱行住支，不準幫工之例。各船税銀自拽船上塢之日住扣，所借税銀限一年之内扣還。船若過限不完，捕兵口糧截日住支，船完出水開支，通限正月十五日齊完。說者曰，探哨莫便於刀舸，衝犁必資於樓艦，福船形勢巍峩，望若丘山，建大將之旗鼓，風行瀚海，撲賊艇如鷹鸇，此海防第一法也。然而轉折艱難，非順風潮莫動，或造作脆薄，又苦颶浪難支，惟利深洋耳。若小哨、叭喇唬之類，則追勦便捷，易於趨利。故好事材官遂爲小船當增，大船當減，且云於料作爲省。豈知小船止利於零賊之追捕，而不利於大舉之仰攻，豈可因噎廢食耶？

水利志

八邑自嵊、新昌外，其六邑俱以湖爲水庫，農夫望之爲命，盛夏時争水，或至鬬相殺。然上下歷代則田日增，湖日損，至今侵湖者猶日未已。地狹人稠，固其勢也，邇來丈田之議起，湖中熟田率多起科。鄉長老云，湖中不宜有田，有田妨水利，起科非便。而或者又謂不起科止損縣官糧，田固在，近湖應蔭田亦不緣遂患旱。家爲一説，莫知然否。總之湖爲遠利，今侵者雖莫能禁，然要爲干法，若以起科召之，則田湖者乃爲公家增賦，豪户競争先矣。舊侵者斟酌半存之，嚴禁將來，因時爲師，亦中策也。水自溪入湖，洩於河，注於江，達於海，防其汜濫，則堤塘堰壩時其啓閉，則閘水門，分引水則硴，灌田通舟，魚蝦菱芡，利害盡矣。

海塘最長而工力大，起蕭山之長山，抵餘姚之上林，接慈谿，至定海，逶迤五百餘里。中更七縣，而五爲紹興境。蕭山北海塘在縣東北新林、白鶴兩鋪之間，長二十里，西自長山之尾，東接龕山之首，爲海水出没之衝。山陰後海塘在府城北四十里，亘清風、安昌兩鄉。會稽海塘在府城東北四十里，東自曹娥上虞界，西抵宋家漊山陰界，延亘百餘里，以蓄水溉田。後海塘在府城東北八十里，周延德鄉、纂風鎮，凡三千七百一十一丈。上虞海塘在縣西北寧遠、新興二鄉，東自餘姚蘭風鄉，西抵會稽延德鄉。餘姚海塘在縣北四十里，縣之北壤，東起上林，西盡蘭風七鄉十八都。蕭山西江塘在縣西南三十里，邑之盡處也。塘外爲富陽江，受金、衢、嚴、徽四府之水，其上源高勢若建瓴，蕭山在其下流，獨賴此一帶之塘捍之。自桃源十四都臨浦而至四都諸家墳，南北四十里，所以防上江之水。在縣之西，謂之西江塘。江至四都，則折而東矣，故自四都而至龕山，東西六十餘里，所以禦大江之潮。在縣之北，謂之北海塘，皆沿浙江爲之。邑人黄九皋書。

會稽縣志

山陰量山法：山有高危，險峻尖峯，平岡凸凹，深灣遠塢，一概量冒，以致奸弊易生，隱缺無計。今開示量山，遞年將山分作金、木、水、火、土五形，明立五般算法，則行算無差，弓步可核。如金形山，法當三不等量算；木形山，法當横直丈量；水形山，中廣幾處；火形山，一直量至山峯，横量山脚，折算積實見數；土形山，或量中廣，或分二段半月形量算，或四不等亦可。一灣一塢，統作一號者，内分一側一面一隴，查照形式分量，逐段填寫弓步。一號之内，人約凸凹者，務要中廣，方得實數。又耆民趙德仁等呈内云，量山不比量田，俱是斜尖凹凸不等，號大則弊多，號小則弊少。凡百畝以上，定有彎隴，不能盡量入册，務須分號，方無遺漏。或以三直三横法量，搜弊始盡。今呈數法，伏乞裁處。一，乞令遞年量山，每號就註某山、名某、形某、以某法量之，如此開造册報，臨撞易知。一，山如船形者，内有彎凹；蛇形者，中起高隴，如兩傍牽量，便是作弊，必須當心直量，中闊處横量，以梭形準之，方爲無弊。

國初山賦甚輕，每畝科鈔五文，而傜則以百畝僅準爲一丁，故山常無定畝，即私貿易者亦多不清核，諺曰「呼山喝水」，言但以目力具大約也。歷百七十年，有司丈量皆不及。至嘉靖二十五年，會稽知縣張鑑實始丈田，因并及山。沿海老人某乘此謂山利頗厚，始請改五十畝爲一丁，實則未經覆度也。迨軍興用缺，兵食歲增，派田照丁，派山照畝，則一丁之山，視田幾加二倍，而山之不足畝者，始重困矣。嘉靖四十四年，知縣張進思至，復議核之，令民自報，則山額視舊減十四。邑人季本移書爲陳核法，且請復輕賦如舊，而進思以擢去，莊國楨繼之，亦將履山，隱山者不利其履，競以難阻。時本已殁，會有持書草以白者，國楨從之定制，仍百畝準一丁，而缺額則每畝概增以取盈焉。雖數未盡核，徵未盡均，然準丁一事，民頗便之。於時山陰知縣楊家相亦量山陰山，其缺數亦以其地及償焉。諸邑無量者。

馬堯相云，會稽水源，自西南而流入東北，在昔與海潮相通，湃瀉不節，民受其病。自漢馬臻築鏡湖以受諸山之水，沿隄置斗門堰，以時啓閉，水少則洩湖之水以灌田，水多則閉湖，洩田之水以入於海，九萬膏腴，咸沐其利。厥後增築海塘，開玉山陡門〔一〇〕，而湖之隄漸廢。宋時雖有復湖之議，而今則有不必然者矣，何則？會稽支分派别之水，其源數十：其横而受水者，則曰運河焉。自鵞鼻山逶迤東北，出入千巖萬壑中而流者曰平水，北會西湖、謝湖、周湖、孔湖、鑄浦、上竈諸水，經若耶、樵風涇而分爲雙溪，西會禹池，通鴨塞港，抵城隍而入於官河，遂由弔橋梅龍堰而東，會浪港，經大湖頭、劃船港而入於官河，遂由石堰而下。又源出寶山者曰御河，北流會鰻池，西折通洞浦，入官河，而爲獨樹洋，遂由董家、臯部二堰而下。又源出諸葛山曰青塘等溪，西入盧家蕩，南接富盛溪，北流入官河，爲茅洋，爲白塔洋，遂由樊江、茅洋、政平、陶家、瓜山五堰而下。又源出白木崗曰倉塘溪，會謝憇、康家、泉湖、西澍等湖，出於涇，入於河，遂由夏家、黄家、彭家三堰而下。再東爲東關河，有白米堰，東流爲曹娥，南折爲蒿瀝，俱舊有斗門，遺址尚存也。凡諸河道縱横，一皆鏡湖遺跡，而諸堰下注玉山斗門以入於海，用是觀之，田之沿山者受浸於泉源，而其濱海者取給於支流，既獲其租，又免其患，兩利而兼收者，實賴後海塘以爲之畜洩也。是以前乎漢而無海塘注五，則鏡湖不可不築；後乎宋而無鏡湖，則海塘不可不修。然又有可慮者，蓋浦陽、暨陽諸湖之水俱入暨陽江，西北折而入浙江，其勢回環，不能直鋭，遂踰漁浦流注錢清江，北出白馬等閘，以入於海。迄今閘久淤塞，水道不通，一有泛溢，則必東注，而以會稽爲壑，雖有玉山斗門，不足以洩横流之勢，每於蒿口、曹娥、賀盤、黄草瀝、直落施等處開掘塘缺，雖得少舒一時之急，而即欲修補以備瀦蓄，則又難爲工矣，是以不免恒有旱乾之虞。爲今之計，莫若浚諸河渠而使之深，則可儲蓄而不患於旱，近守南大吉之法可遵也；又增修堰閘而使之多，則可散洩水勢而不患於潦，舊令曾公亮之迹可復也；又修築海塘而使之完且高，則可捍禦風潮而不患於泛溢，近歲知縣王教士塘榆柳之議，不可易也。三事既舉，黎民尚亦有利哉！若夫縣之東北有湖曰賀家，周圍數鄉，雖曰魚鱉茭蘆，其利頗博，但地勢最下，非若昔之鏡湖水高於田，則今固不能使此湖之水倒行而逆流也。又有縣之東南沿舜溪兩岸而田，雖地勢高峻，然各有泉可蓄，若曰珠，曰捨，曰湯，曰長，曰嬉，曰石浦，曰舒屈，曰招福，曰丁家，曰鵓鳩，曰瀝上，曰瀝下，曰白蕩，曰洗馬等湖，惟各因其勢而利導之，則其田皆可獲矣，此皆在所必講者也。

金階云，按諸鄉之田，一都至二十都、三十一都、三十二都，凡二十二都。其地卑，其土泥淖，其水鍾聚，不患其不蓄，而患其所以洩之者，有弗時也。山鄉之田，二十一都至三十都，凡八都〔一〕。其地高，其土砂礫，其水涌，不患其不泄，而患其所以蓄之者，有弗豫也。山鄉東南，又有范洋之湖，二十四都。爲衆山之壑，淫雨浹旬，洪水泛溢，所謂内漲也。内漲不洩，遂成積患。故漲於内者，求所以泄之而已。諸鄉東北，又有纂風之鎮，三十三都。爲大海之濱，颶風時作，巨濤嚙汰，所謂外漲也。外漲不防，遂成坍江。故漲於外者，求所以防之而已。一縣之水，其利害大略如此。今之志水利者，不究其原而徒泥其迹，於利害所在，漫不加省，抑感矣！矧河道縱横錯雜，其名瑣屑，又不能具載，今姑求其源，遡其流，以志其水道所經，俾牧兹土者得考其利害而爲之興革云爾。

宋會稽志

築城之法注六：城身高四丈，城闊五丈，上斂二丈；若城身高三丈五尺，則址闊四丈三尺七寸，上斂一丈七尺。城外築瓮城，去大城十五步，瓮城圜一面包城，城高厚與大城之數相等。瓮城外鑿壕，去大城三十步，上施釣橋。凡爲三壕：第一重闊二十步，深二丈，水深四尺至七尺；第二、第三重，遞減五尺。壕之内岸築羊馬城，去大城五步，高八尺，址闊五尺，上斂二尺。自上三尺開箭牕外至壕垠留一步，埋設鹿角。大城上每三十步置馬面、敵樓各一座，女墻相去各十步。凡樓櫓之法，曰垂鍾版，曰拐子木，曰伏兔子，曰手把腰福，曰鷹架，曰踏空版，曰扠柱版，曰護柱版，曰胡孫柱，曰鄣水版，曰馬面，曰梯，曰馬垠踏道，曰蛾眉甎踏，曰笆，曰草椁，曰牛革，曰氈，曰大小索，曰鐵雁鈎，此其名數之大略也。並塞控阨之地人人習知，故其築城也易爲力，而堅緻可守。内地既非臨邊，又郡邑安固，無寇盗之虞者久，雖興版築，或出草創，故略書梗概，欲在官者知城池之不可忽如此。

邵武志

凡築城，大約隔兩箭路，即築方臺，出城之外，而建樓其上，俾三面發矢以敵攻城者，故名敵樓，亦名箭樓。

山陰縣志

越之地，南盤山谷而高，北抵滄海而下。高者水之所出，總其派蓋有三十六源焉；下者水之所歸，故海爲越水之壑也。宋以前，鏡湖瀦三十六源之水，水多則洩民田之水入於海，水少則洩湖之水以溉民田。湖水由堰閘達於玉山斗門，在縣東北三十三里，唐貞元元年，觀察使皇甫政建閘，計八門，北五門隸山陰，南三門屬會稽。洩三縣之水出三江，入巨海。地力盡而歲事登，旱潦不能使之病，此古山陰之水利也。自後鏡湖廢爲田，源既漫流，水無所瀦，兼以浣江之水，灌於西江，浣江在諸暨，與東陽、義烏、浦江之水合流入西小江，經蕭山入於海。山陰遂成巨浸，時遇霪潦，水勢泛溢，惟一玉山斗門不能盡洩，知府琥及知縣煥雖建扁拖諸閘以濟之，扁拖閘在縣北三十里小江之北，其閘有二：北閘三洞，成化十三年戴琥所建；南閘五洞，正德六年張煥所建。有郡推官蔣誼及尚書王鑑之所譔記。蔣誼記其略曰：「紹興，古會稽郡，山陰、會稽、蕭山良田千萬頃，一遇霪雨，則溪水横流，遂成甕形。浮梁戴君廷節以御史出守兹土，深恤民患，以爲小江決不可復開，磧堰決不可再築，故於山陰新竈、柘林各置一閘，以洩江南之水。又於扁拖、甲蓬各置一閘，以洩江北之水。復於蕭山之龕山、山陰之新河各置一閘，以洩湘湖及麻溪之水。而後水有所歸，無復向日之漫漶，而三縣之田可以望秋成矣。」王鑑之記其略曰：「山陰附郡之邑，面山而負海，四鄉之田，視水之盈縮以爲豐凶。正德戊辰，泰和張侯主奎出宰吾邑，謂農事莫重於水利，恒切究心，以三邑之水皆宗於玉山、扁拖二閘，旱則儲之以資灌溉，潦則決之以防浸淫。然環郡之地，亘數百里，溪壑暴漲，二閘豈能速退！故於涇漊之區，倚玉山爲固，增置水閘，以分泄玉山斗門之水，則三江之至柘林，患可除矣。復於扁拖故閘左右，增置斗門六洞，以泄小江南北暴漲，而三邑居民亦可均受其利矣。」

而猶未能分殺其暴漲也。乃爲決塘之計，塘決而狂湍迅湧，勢不得不驟涸，然後苦疲民以築塞，功未成而患旱乾矣。水之爲害，非不可去也，患去之無其方耳。今之言者，罔不以水利爲建明，然圖其功而過於鑿，水利雖不言可也，善慮者亦行其所無事而已。今磧堰既決，諸暨之水已無所患，堰既崩，金華諸水逕由漁浦入錢塘，知府彭誼所建白馬閘廢不用。其境内水之以溪名者，曰相溪，曰上浅溪，曰餘支溪，曰白龍溪，曰南池溪，曰蘭亭溪，曰離渚溪，曰芝溪，曰虞溪，曰白石溪，曰道樹溪，曰大梅溪，曰巧溪，曰麻溪，曰帝子溪，皆水源也。水之以河名者，爲運河，爲城河，爲府河，多爲市民填佔窄狹。嘉靖三年，知府南大吉按圖籍多方浚闢，將徧周諸河，未竟而去。爲鄉都諸河，皆水道也。水之以湖名者，曰青田湖，曰猤𤢊湖，曰芝塘湖，曰瓜瀦湖，曰黄湖，曰牛頭湖，曰黄垞湖，曰白水湖，曰感聖湖，曰秋湖，皆水澤也。水源必浹之使達，水道必浚之使深，其諸水澤，宜查復舊額，令圩人杜侵填，廣停蓄，以資灌溉焉。若今三江之應宿閘注七，則所以爲蓄泄之計者至矣。三江閘去縣東北三十八里，三江城西門外凡二十八洞，築堤百餘丈。蓋海門山磧，地當尾閭，爲三邑之水口，萬川會流，泄之易如建瓴。知府湯紹恩注八於是建爲水碭，築土塘，開新河，經理咸備。侍郎陶諧記曰：「紹興屬邑八，惟山陰、會稽、蕭山土田最下，若於潦。守此者嘗設玉山、扁拖兩閘以泄之，潦甚則暫決海塘以疏之。然兩閘口狹甚，水至此則却行汎浸數百里，決海塘則激湍猛悍，並大爲田患。嘉靖丙申，西蜀湯公紹恩來守郡，憫之，求所以制水者，乃走海口曰三江者相度之，得海口山，首尾相延數十丈，間有石橫亘如甬。公乃馳歸，謀於僚屬，即白於御史周公汝員。既得可，乃擇幹民百餘人以長之，役丁夫數千人，輦巨石注九與山甬石相牝牡以檻，錮以秫粥灰，上縱橫梁駕之，中槽以複板，爲洞二十有八，其長望首尾之山，石刻水則以準，其北接以土堤數十丈。始苦淖莫測，先以鐵，繼用箘簬，發北山石投之，左右亦用石，其長四百丈，廣四十丈有奇，閘始於丙申七月，六易朔而成。其費銀凡六千兩有奇，賦於三邑之畝。丁夫料於編氓，率更番以役。塘始於丁酉三月，五易朔而成，其費銀數視閘，役丁亦然。又以其羨置小閘於其要處者五。於是水不復却行，塘亦不復再決且築，若向者諸患。而潮汐爲閘與土塘所遏，不得上漸，得田萬餘畝。堤之外有山翼之，淤爲壤，亦漸可得田數百頃。其沮洳可蒲可葦，其瀉鹵可鹽，其澤可漁，其疆可桑，其途可通商旅。是舉也，既有塘以爲之蓄，而又有閘以爲之泄，則澇不慮乎溢而旱不慮乎涸矣。故今之議者曰，前乎漢而無海塘，則鏡湖不可不築；後乎宋而有海塘，則鏡湖可以不復也。若夫縣之東南，田附山麓，地勢高浚，然各有泉可給，是以或引之而爲溝，或障之而爲砩，或浸之而爲湖，或潴之而爲塘，因其勢以利道之而已。」以内之玉山閘、扁拖閘、涇溇閘、在玉山之北，一洞，正德六年知縣張煥所建。撞塘閘、在玉山閘之東北，一洞，嘉靖十七年建。平水閘在三江城西門之南，嘉靖十七年建。爲内防，以知府戴琥原定水則而時遵其啓閉焉。其於旱潦何患哉？知府戴琥原定水則，種高田，水宜至中則；種中高田，水宜至中則下五寸；種低田，水宜至下則，稍上五寸亦無傷；低田秧已旺及常時及菜麥未收時，宜在中則下五寸，決不可令過中則也；收稻時宜在下則上五寸，再下恐妨舟楫矣。水在中則上，各閘俱用開；至中則下五寸，只開玉山斗門、匾拖、龕山閘；至下則上五寸，各閘俱用閉。正、二、三、四、五、八、九、十月不用土築，餘月及久旱用土築。其水旱非常時月，又當臨時按視以爲開閉，不在此例也。顧其時力之所未及，庸有待於善繼者。或謂閘以速成，石檻尚未平密，且木板猶多滲泄，今宜於旱乾之候，繕治石檻，更易木板，板中實以土，勿令滲泄，方爲永利。其土塘宜於兩涯甃以堅石，以防潰決。備塘猶不可廢。良有司因其迹，勿壞其緒，振緝而使之大備焉。越之人將萬世永賴之也。至於官塘、舊名新堤，即運道塘，在縣西一十里，自迎恩門起至蕭山界，唐觀察使孟簡所築。國朝弘治間，知縣李良重修，甃以石。南塘、即鑑湖塘，自府城南偏門西至廣陵斗門六十里，漢太守馬臻所築以捍湖水者也。有十一堰五閘，然今堰閘或通或塞，或爲橋，往往爲居民填佔。嘉靖十七年，知府湯紹恩改築水滸〔一二〕，東西横亘百餘里〔一三〕，遂爲通衢。界塘、在縣西五十里，唐垂拱三年築，與蕭山分界，故名。昌安塘、在縣東北十里昌安門外，直抵三江海口三十里。洪武二十年，築城三江，因爲隄塘，置鋪舍焉。西小江塘、在縣西北三十里，宋嘉定間太守趙彦倓築，以禦小江潮汐。大江堤，去縣西南一百餘里，即臨浦壩，每遇江水漲漫，則溢入爲山、會、蕭三縣之患。或者謂直帖堤内矴樁閣木，砌巨石而高築之。則障民田，通行旅，固不可弗之繕治。其後海塘去縣北四十里，宋嘉定間，太守趙彦倓築，起湯灣迄於王家浦，共六千一百六十丈，甃以石者三之一。是塘實瀕大海，怒濤巨浪，晝衝夜激，若修繕過時，則田廬爲之漂没矣。則所以禦風濤，捍潮汐，民之免於魚鱉者，胥此也。時省而甃築不廢，非海邑之大防乎？夫鏡湖不可復矣，講是三者，葢不必鏡湖而利甚博也。予爲邦土計，叙其簡且要者著於篇，俾言水利者緣舊而爲功，勿徒紛擾云爾。

〔浙江通志〕 上虞

萬曆元年，鄉民王茂貞上奏得旨，下工部咨移兩臺，行會稽知縣楊維新、上虞知縣林廷植，會勘得三湖創自漢唐，瀦水灌田，實五鄉民利。祇因各湖高阜處所，原有額田，小民因將近田湖地屢次佔種，各經奏勘，立碑禁革，豪民仍復侵佔。至嘉靖三十九年注十以後佔種，議令復退爲湖，以後凡有仍前冒佔者，無論多寡，比依强佔官民山蕩、湖泊問擬杖一百，流三千里；盗決者，比依盗決河防，毁壞人家漂失財物，淹没田禾，犯該徒罪。以上爲首者，問發充軍事例，隨行上虞縣查照。原議築塞孔堰閘，修理小穴等閘，每閘設閘夫二名，湖東、湖西老人二名以司啓閉。曹稽溝閘仍舊爲便，不許遷移。備將改正過緣由刻立碑石以垂永久。萬曆二年十二月二十一日奏可。

知縣楊爲棟勘議：查得上妃、白馬二湖，自東漢有之，後因溉田不足，唐民居五鄉者割田爲夏蓋湖，湖形上妃，高與夏蓋埒，接諸山澗之水，由穰草堰入於夏蓋湖。白馬比夏蓋略低，則築孔堰接山澗之水，由石堰入於夏蓋湖。而夏蓋則總納二湖之流，傍通三十六溝閘，疏派於各鄉，灌田十三萬有奇，當一邑之半。譬之人身，以上妃、白馬爲咽喉，夏蓋爲心腹。昔曾勒之碑石，云佔湖一畝，妨水利一十六畝七分。祇緣湖濱高阜處有額田，而得田家遂倚田侵佔，然猶未敢公然無忌也。至嘉靖四十一年，署縣林判府丈田缺額，而佔田者乘機竄入册中，爲廢湖張本，雖經王茂真具奏，奉旨行委會上二縣知縣勘議，將三十九年以前者準爲田，以後者悉刻復爲湖，其孔堰則堅築之使無洩也。已復詳奏復。至萬曆九年，又經丈量，即三十九年以後續佔者且混入册矣。至萬曆十三年，朱知縣議復西溪湖，剗去民田，給帖撥補，而奸民移坵改换，借號影射，悉行侵佔。且於春水溢則開孔堰，排己之浸溢以便東作；夏水涸，則盗決石堰，反利人之瀦蓄以瞻灌溉。是上妃、白馬獨有利無害，而夏蓋湖不惟無水之源頭，昔也由喉注腹，今則由腹而逆出於喉，屢經荒旱者蓋以此。而今權宜利害有兩議焉。查得茂真奏復抄招三湖額田共二千五百六十畝九分，即將三十九年以前者準爲田，止田九百四十一畝，連前不過三千五百餘畝。今據白馬湖居民稱額田七千餘，上妃稱額田三千餘，況有夏蓋未查，除前三千五百外，盡皆續佔。但原卷已燬，幸有四十一年魚鱗圖及林通判丈量十二格册可考也。欲爲久遠之計，合照萬曆四年之議，將原額田并三十九年以前入册者及朱知縣撥補西溪湖田四百九十餘畝，查出某湖若干，分別丈量，許其爲田，令得田之家自築高堤，用防水潦，以外悉退爲湖。此一議大有益於五鄉十三萬之田，而頗不利於兩湖數千畝久假不歸之田。非卓有主持力排羣議者不能行。其孔堰照今所勘水勢，自橋板量下低至三尺八寸積水以此爲準，則白馬不但額田無妨，即續佔者亦與田底平也，寧至淹没上妃湖尤無礙，合將閘改溜水石壩，舊閘門廣止六尺，以直而瀉，今增一丈二尺〔一四〕，以横而瀉，逢有餘則自洩止平石，則常瀦矣〔一五〕。其三十六溝易洩去處，如朱家灘亦宜改爲平水石壩，洩其汎濫固其停蓄如前制。其長壩、謝家塘係土築而不免拖船，宜改築以石。其陸家溝、河清溝其土薄也，漁者易於盗決，宜令得利民修閘四丈餘，則夏蓋即不能實受二湖七十二澗之水，苟非大旱，亦可無患。彼白馬佔田之民，猶以苦水爲辭，不知壩之取準於田底，則斷無没田之理。至妄訴民爲魚鱉，今勘居民住址，去額田高甚，豈復有低等窪田者耶？則改溜水石壩之議，所宜亟行矣。此一議則大有利於上妃、白馬，而小不利於夏蓋。不必搔動上妃、白馬佔田之家，而亦可少安五鄉人民藉蔭之意，似爲易行。至於夏蓋新池新田者必嚴爲剗毁，以杜將來效尤之勢。不然，則日侵月削，數十年後，不至如上妃之盡佔爲田不已也。

知縣徐特聘申文：上妃、白馬在夏蓋之上流，接諸澗水，停蓄夏蓋，故必二湖之水滿而溢，然後上妃由穰草堰，白馬由石堰轉入夏蓋，由夏蓋分注三十六溝以資七鄉之灌溉。而論勢則湖東低於湖西，不止尋丈，若東鑿孔堰，使二湖之水下走餘姚，則二湖可成沃壤，夏蓋之水反由石堰盡流至孔堰，爲二湖佔田者之利，而夏蓋漸爲陸地。是昔之建二湖也，所以培夏蓋之源，而今之佔二湖也，徒以決夏蓋之水，三湖者將存一湖，而其源不長，其涸立待矣。自湖東刁民之盜佔而又懼湖西之必争也，於是投托勢宦以相影射，獨不思割田爲湖者何心，佔湖爲田者何心。顧以升斗之微，而忍爲刁豪者樹赤幟，亦可怪已。湖西之與湖東争，剥膚之災也，爲公也；府縣之伸湖西而抑湖東，從民之願也，亦爲公也。良民敢怒而不敢言，有司能議而不能任，所以屢奉明旨，雖經憲詳，而屢議屢罷，上妃、白馬之佔田日加益也。爲今之策，莫先於塞孔堰，孔堰塞則田不洩，水不洩則田不成，湖東雖欲竊據，無所用之。其次改長壩，修溝閘，增湖塘，以至查覈佔田帖田，申嚴故決盜種，之數者，不可缺一，庶三湖還其故道，而七鄉受其永賴矣。一築孔堰。上妃、白馬之佔爲田也，皆由附近居民私開孔堰，將二湖之水一洩而東注餘姚，不煩工力，便成膏腴，故佔田者四起，而夏蓋湖之水源已竭。湖東、湖西之争未已者，全在此。若改堰爲溜水石壩，溢則流，平則蓄，庶上妃、白馬之水仍歸夏蓋湖，而七鄉十三萬之田俱資灌溉矣。兩湖額田之形原高於湖，彼藉口於潦之爲害者妄也。其改壩規制丈尺具前議中。一改長壩。長壩與餘姚接境，乃三湖各溝閘諸水所合流之處，其瀉於姚，勢如建瓴，故孔堰固三湖之尾閭，而長壩尤三湖之漏卮也，雖常建閘以時啓閉，近因興船欲避梁湖之官税，往往取道百官等鎮以達長壩，而該土豪民又利其私税，遂使閘無寸板，一任水之奔注，船之往來，恬不爲怪。閘旁壩原係土築，船既由此拖過，則壩易坍塌，又何怪三湖之水不瀦，而一遇天旱，即苦弗歲也。七鄉民所以請改閘爲壩而壩必用石也，其謝塘之利害亦如長壩。一修溝閘。夏蓋湖東西共有三十六溝以分注其水，又有塘以捍海之鹹水，有閘以瀦湖之淡水。其西固無恙也，惟東二都至五都如陸家、河清及小穴、夏山等處，泥土淺薄，易於盗決，故土豪因而偷水灌田，又因而拖船捕魚。近該勘視大非舊制，若春雨連綿，山水泛溢，其潰也可立而俟矣。應令管湖老人及圩長將各溝作速修濬，無致傾洩，其閘亦以次輯理堅固，庶鹹水不入，淡水不出，而七鄉之田無旱乾之害也。一增湖塘。夏蓋湖三面枕海，其北與杭之鹽官相望，所恃障海捍田者全賴湖塘。今塘皆坍塌低狹，僅存一線之路，蓋非獨湖東之盜決，其北新漲沙地，漸成沃土，及屬之竈户者，假竈名色，顯然決湖之水以自利。水多從旁孔出，故塘之削也滋甚。及今不爲修築，或風濤衝激，或霪雨浸潰，將海潮直入其腹内，其始尋丈，其究滔天，悔何及乎？應照原議，令得利人夫修築，闊四丈有餘，以防奔溢之患。一查佔田帖田。佔田非由祖業，非由價買，夏蓋湖之竊據者，較之上妃、白馬稍難。上妃、白馬一決孔堰，便成田矣。若夏蓋之佔湖者，雖假工力，藉經理，然大山下荷葉山、馮家山、鵞兒斗等處，在在皆有肥田，皆不止數百畝，而每畝皆歲收十鍾，自種自食以官湖爲已業，尚亦有利哉。近又有借還湖之名而敢爲佔田之倡者，則西溪湖之業主是也。朱知縣議復之日，恐豪民爲梗，遂以新漲沙地給帖抵補，而湖田亦在内。有帖止一畝而包佔幾十畝者，又有假托有帖而移坵換段恣其侵漁者，非獨復一湖，廢一湖，於民情爲甚拂，而以有限之官湖，供無窮之欲壑，其勢不併夏蓋而盡田之不止。今除嘉靖三十九年及萬曆四年入册作額田外，均應裁之以法，亟爲剗復者也。不然，今年具奏，明年具呈，今年勘議，明年究招，而卒無了案，使佔田者坐享其厚利，誠不知其所終矣。一嚴故決佔種。法不立則民莫知所從，法不嚴則人又易犯。三湖瀦水灌田，據湖經稱佔湖一畝，妨礙灌田一十六畝七分，其非他湖之比也明甚。今上妃、白馬僅存涓流，皆爲刁豪佔據，而夏蓋亦漸失其舊，屢奉明旨剗復，卒東之高閣而未終局者，則以上之姑息太過，故數十年築道旁之舍，致佔田者日加益也。夫强佔官民山蕩及故決河防，律例凛然，誰敢干之？豈堂堂三尺，獨不行於三湖耶？此後應照律例究擬，仍追籽粒，庶佔者、決者懼法而不敢肆無忌憚，亦復湖之一端也。海塘在縣西北寧遠、新興二鄉，東自餘姚蘭風鄉，西抵會稽延德鄉。元大德間，風濤大作，漂没寧遠鄉田廬，縣役闔境之民植楗畚土以捍之，費錢數千緡，完而復圮。後至元六年六月，潮復大作，遂成海口，陷毁官民田三千餘畝。餘姚州判葉恒相度言，海高於田，非石不能捍禦。府委恒督治，適滿代去，縣尹于嗣宗募民出粟築之。至正七年六月，大潮復潰，府檄吏王永議築，永勸民田出粟一斗以相其役，伐石於夏蓋山。其法：塘一丈，用松木徑尺長八尺者三十二列，爲四行，參差排定，深入土内，然後以石長五尺闊半之者平置木上，復以四石縱横錯置於平石上者五重，犬牙相銜，使不摇動。外沙宎窞者疊置八重，其高逾丈，上復以側石鈐壓之，内填以碎石，厚過一尺。壅土爲塘附之，趾廣二丈，上殺四之一，高視石復加三尺，令潮不得滲入。塘成，凡一千九百四十四丈，歷加修築。通明壩，廿二都。在縣東三里，宋嘉泰元年置。海潮自定海歷慶元，南抵慈谿，西越餘姚，至北堰幾四百里。地勢高仰，潮至輒迴如傾注。上枕運河注十一，下通省河，商船必由於此。宋蔡舍人肇明州謝表云：「三江重複，百怪垂涎。七堰相望，萬牛回首。」蓋自浙江抵鄞有七壩，此第五壩也。中壩，一都。又名新通明壩注十二，去縣十里，在鄭監山下急遞舖西南。永樂間，鄞人郟度以船經舊壩，灘流壅漲，鹽運到，需大汛始得達，舟常坐困，建言將縣東北舊港開浚，自黄浦至鄭監山置新通明壩，往來便之。嘉靖初，有奸民私置幽窪洩水，知縣楊公紹芳廉知之，遂鳩工堅塞焉注十三。梁湖壩，十都。在曹娥江東岸，每遇風潮衝損，移置不常。元後至元間，怒濤齧潰，邑簿馬合麻重建。入我明嘉靖年間，江潮西徙，漲沙約七里，知縣鄭蕓浚爲河，移壩江邊以通舟楫，壩仍舊名。蒿壩，十一都。壩近蒿山，長十丈，紹興、台州二府往來必經之地。

嘉泰志　辨酈道元注浦陽江之誤

今按上虞縣志：曹娥江始寔名浦陽，其源自東小江，亦由浦江來。十道志：婺州浦江，江之導源出此。是知浦江一源而分二派：一北由諸暨直下，至山陰、蕭山間，爲錢清江。酈所謂「逕諸暨，與泄溪合，餘暨之南，與浙江同歸海。至會稽，與浙江合，自臨浦南通」者，皆是也。一則紆而東，至嵊縣，出始寧門，乃折而北，至上虞、會稽間，爲曹娥江。酈所謂「東回北轉，逕剡縣，始寧、虞賓、餘姚西北」者，皆是也。謝康樂山居目擊爲賦，又自爲注，不應有誤。惠連謂「昨發今宿」，若錢清似不須隔宿。餘暨乃蕭山舊名，非諸暨。曹娥未溺之前，江固當有名，且今曹娥廟當運河渡口，故其名特著。若稍南稍北，又自不以曹娥名，謂當時曹娥名未著，亦名浦陽。似是，酈説亦未甚牴牾，但身則寔未至浙東，秖據籍韅括，不免稍有淆錯耳。

水碓

諸暨、嵊山家多有之，藉水之力以舂。有三制，平流則以輪鼓水而轉，峻流則以水注輪而轉。又有木杓碓，碓榦之末刳爲杓以注水，水滿則傾而碓舂之。唐白居易詩「雲碓無人水自舂」是也。又水磨，以水轉輪，以輪轉磨。又水車，置流水中，輪隨水轉，周輪置大竹管，經水中則管皆滿，及轉而上，管中水乃下傾，用以代桔槔。制皆機巧。韻書：水碓田轓車。

寧波府志　分野

周禮大司徒「以土宜之法，辨十有二土之名物」，保章氏「以星土辨九州之地，所封封域，各有分星」。後世説天之學皆因之，然皆迄無定據。獨僧一行謂天下山河之象，存乎兩界，而以星辰河漢，别其陰陽升降，配以古今輿地，是曰分野，則諸家説天之祖也。春秋州鳩、裨竈之徒，所論諸國分星詳矣，然不及吴越。寧波故禹貢揚州之域，於春秋爲吴越地，於分野則始見於周禮。鄭玄註曰：「星紀，吴越也。」范曄志：「星紀起斗十一度，至婺女七度，於辰爲丑，於分野爲吴越。」然則郡之所占，蓋斗、牛、女之次矣。晉書星紀起斗十二度。比范志減一度。費直星紀起斗十度，比范志多一度。終婺女五度。比范志減二度。蔡邕星紀起斗六度，比范志多五度。終婺女二度。比范志減五度。一行里紀起斗九度，比范志多二度。終婺女四度。比范志減三度。諸説星紀丑分皆不同，蓋當時布算之術各有所授，故其説各因之。然語斗、牛、女爲吴越之分一也。班志：吴，斗分野；越，牽牛、婺女分野。此又分星紀爲二，而吴與越又自有分矣。以事應驗之，漢桓帝熹平間，熒惑入南斗，會稽許昭聚衆爲亂，攻破郡縣。此見斗又兼屬越。獻帝建安初，歲星、熒惑、太白聚牛女，孫策權開江東。此見牛女又兼屬吴。陳之末，有星孛於牽牛，叔寶亡。此又牽牛兼吴越。邇嘉靖癸卯七月，熒惑入南斗，占主東南大饑荒。是冬及明年春，自淮楊大江而南，歷蘇、松、浙東、西，斗米數百錢，道殣相望。此斗又兼吴越。然則星紀之在吴越，又不可分矣。春秋越得歲，吴伐之，卒受其咎。此又實有所分，與班志合。然以天官書論之，又别有指，按遷史天官書，歲有贏縮，趨舍而前曰贏，退舍曰縮。贏，其國有兵不復；縮，其國有憂將亡。吴越均在星紀，然吴在越北，越在吴南，豈是時歲之所入，適歷北而南吴當其退度而縮，越當其進度而贏，故越有吴兵，卒不使吴得復，而吴因以亡乎？此當驗歲之退吴而進越，不當言越之得歲而吴之不得歲。正不可以此而分星紀矣。有辯星紀之非吴越者曰，吴越南，星紀北，然以曆家仰儀之理推之，仰儀反以觀天，取光之所燭爲驗。則星紀在北而光燭於南，其以吴越當之者，從星紀之所燭也。春秋元命包：「牽牛流爲揚州，分爲越國。」虞翻曰：「會稽上應牽牛之宿，下當少陽之位。」此又不及斗、婺女。蓋舉其中牽牛，則前後二星皆舉之矣。故言吾郡之分星，其爲星紀也信矣。若其他有應在星紀而不專於吴越者，又有占吴越而不止於星紀者。天官書歲右轉居丑，與斗、牽牛俱出東方，名曰監德，其失次，有應見柳，早水晚旱。班志亦曰，歲星正月晨出東方，石氏名曰監德，在斗、牽牛失次，早水晚旱。按二史所具略同，然柳爲鶉火，荆豫分，是星紀又應荆豫。又班志，孝景元年正月癸酉，金水合於婺女。婺女，粤也，又爲齊。二年七月丙子，火與水晨出東方，回守斗。十二月，水、火合於斗。斗，吴也，又爲粤。按吴越爲斗女固矣。然又以女占齊。故三年有七國之禍，吴、膠東、膠西、淄川、齊遂破滅，伏尸流血其下。孝武建元三年四月，有星孛於天紀，至織女，織女爲婺女北星。占曰：「有女變。」陳皇后廢。則女又占后宫。元鼎中，熒惑守南斗。南斗，越分，越有吕嘉、王后之亂，漢兵誅南越。此又及於南海，不止會稽之越。元帝初元元年四月，客星大如瓜，在南斗第二星東。五月，渤海水大溢。六月，關東大饑，琅邪人相食。此則南斗亦占齊分。哀帝建平二年二月，彗星出牽牛，夏賀良等請改元，建號曰陳聖劉太平皇帝。未幾，卒有王氏之篡。此牽牛又繫漢室興亡之運。星經：北斗玉衡第六星主揚州，以五巳日候之，以丁巳日候吴郡會稽。此吴越又應北斗之第六星，不止占星紀矣。一行所論星紀分野，自廬江、九江負淮水之南，盡臨淮、廣陵，至於東海，登萊。又逾南河，豫州。得漢丹陽、會稽、豫章，西濱彭蠡，南涉越州，此寧紹。盡蒼梧、廣西。南海、廣東。古百粤之國。又不止一趙佗之粤。循是求之，自有大司徒、保章氏之説，而鄭玄所定分星因焉。時所謂吴越者，自勾吴、於越之地言之也。周之初，淮夷猶在中國之外，於吴越宜益遠矣。虞肇十二，禹貢九州，則司徒、保章之星土宜止此。而春秋乃以吴越定星紀，是已闊於周禮之初意，況自吴越之外，而有一行所陳如斯邈哉。及推之遷史、班志、星經等著，而星紀之占，又不止吴越；吴越之應，又不專星紀。班志復曰，牽牛，日月五星所從起，曆數之元，三正之始。而遷史亦曰，斗、牛、女察日月之行以揆歲星順逆，此豈星紀之次，本有定分，而其所關者大，有不限於吴越之區者乎？若夫北斗玉衡，執天之樞，九星宜各有分主，而吴越亦與丁巳之占，豈其他所入之度有深淺緩急，而其歲月日次亦有辛壬癸甲久近晨夕之異致乎？此固今靈臺司曆者之職，而分符治郡者所當躬修而俟應者也。子産之言曰：「天道遠，人事邇，舍是則吾不知之矣。」

寧波府志

海防書

祖宗之制，於邊海郡縣，經營控制，爲備蓋至嚴也。語形勢之遠，起遼海而終瓊崖。考浙之東西，首澉、乍而達蒲、壯。吾郡南達台、温，北連溟、渤，並海幾六百里。置衛者四：曰觀海，曰定海，曰昌國，而寧波衛則附於郡城。衛之隙，置所者十：曰龍山，曰穿山，曰霩衢，曰大嵩，曰錢倉，曰爵谿，曰石浦前、後所，舟山則懸峙海中，而中中、中左二所在焉。所之隙，置巡檢司一十有九：曰螺峰，曰岑江，曰岱山，曰寶陀，四司環置舟山之四面，隸寧波府。曰甬東，曰大嵩，隸鄞縣。曰松浦，曰向頭，隸慈谿。曰鮚埼，曰塔山，隸奉化。曰長山，曰穿山，曰霞嶼，曰管界，曰太平，隸定海。曰爵谿，曰陳山，曰石浦，曰趙嶴。隸象山。莫不因山塹谷，崇其垣墉，陳列兵士以禦非常。復於津陸要衝，置爲關隘：曰東津，曰西渡，曰桃花，隸鄞縣，國初皆置船防守，後裁革。今復置列兵船，以備倭寇衝突。曰定海關，在南薰門外，最爲衝要。舊制額設指揮一員，旗軍五十名，盤詰舟航，以防姦細。官哨戰船亦泊於此。今增協守民兵，福、蒼大小戰船，悉爲停泊。曰舟山關，舊制額設官軍盤詰，停泊戰船，今增置福、蒼等船防守。曰丈亭關，曰長溪關，曰杜湖關，曰石浦關，凡九。曰湖頭渡寨，今遷塔山巡檢司於此。曰竹頭寨，曰長山寨，曰小浹港隘，曰青嶼隘，曰碶頭隘，曰錢家隘，曰梅山隘，曰慈嶴隘，曰横山隘，曰螺頭隘，曰碇齒隘，曰小沙隘，曰沈家門水寨，曰路口嶺隘，曰岱山隘，曰大展隘，曰何家纜寨，曰仁義寨，曰赤坎山寨，曰黄沙寨，曰松嶴寨，曰土灣寨，曰南堡寨，曰游僊寨，凡二十有五，皆屯兵置艦以爲防守。其中若定海關、舟山關、湖頭渡寨、沈家門水寨、游僊寨、南堡寨、小浹港隘最爲要害，自昔至今，尤致嚴焉。定海置烽堠一十三，穿山烽堠十，霩衢烽堠六，大嵩烽堠六，舟山烽堠二十五，觀海烽堠六，龍山烽堠六，昌國烽堠三，石浦烽堠二，錢倉烽堠五，爵谿烽堠四，咸設旗軍以瞭望聲息，晝煙夜火，互相接應。若霩衢之三塔山、舟山之朱家尖，矗峙最高，所望獨遠，故設總臺，多撥旗軍，戒嚴尤至。設總督備倭，以公侯伯領之。巡視海道，以侍郎、都御史領之。洪武三十年以後，總督領於都指揮，海道領於憲臬。定、臨、觀三衛設一把總指揮，松、海、昌三衛設一把總指揮，金、盤二衛設一把總指揮，海寧衛設一把總指揮，分方備禦，各有攸司。海上諸山，分别三界：黄牛山、在慈谿縣北大海中，與海鹽縣海洋爲界。馬墓、長塗、册子、金塘、大榭、蘭秀、劍山、雙嶼、雙塘、六横、韭山、壇頭等山爲上界，灘山、滸山、羊山、馬蹟、兩頭洞、漁山、三姑、霍山、徐公、黄澤、大小衢、大佛頭等山爲中界，花惱、求芝、絡華、彈丸、東庫、陳錢、壁下等山爲下界。率皆潮汐所通，倭夷貢寇必由之道也。前哲謂防陸莫先於防海，沿邊衛所置造戰船，以定、臨、觀三衛九屬所計之，五百料、止定海港一隻。四百料、二百料、尖舣等船一百四十有三；昌國衛四屬所四百料等船六十有七。量船大小，分給兵仗火器，調撥旗軍駕使，而督領以指揮千百户。每值風汛，把總統領定、臨、觀戰船，分哨於沈家門。初哨以三月三日，二哨以四月中旬，三哨以五月五日。由東南而哨，歷分水礁、石牛港、崎頭洋、孝順洋、烏沙門、横山洋、雙塘、六横、雙嶼、青龍洋、亂礁洋，抵錢倉而止。每哨抵錢倉所，取到單并各處海物爲證驗。凡韭山、積固、大佛頭、花惱等處爲賊舟之所經行者，可一望而盡。由西北而哨，歷長白、馬墓、龜鱉洋、小春洋、兩頭洞、東西霍，抵洋山而止，哨至，亦取海物爲驗。凡大小衢、灘、滸山丁興、馬跡、東庫、陳錢、壁下等處，爲賊舟之所經行者，可一望而盡。即由此南通於甌越，北涉於江淮，皆以南北兩洋爲要會。而南北之哨，則以舟山爲根柢，昌國戰船南哨則抵於松門，北哨則抵大嵩。分哨之期，有同於三衛，而與松海哨船別統於把總。至六月哨畢，臨觀戰船則泊於岑海，定海戰船則泊於黃崎港，昌國戰船則泊於石浦關，海中至六月十二日爲彭祖忌，颶風大作，舟必避之。仍用小船巡邏防守，備至密也。今日之倭奴，更不可以春汛期，自三月至五月爲汛期，六、七、八月風潮險惡，舟不可行，九、十月小陽汛，復可渡海，亦有停泊海島，乘間而至者，故今四時防倭也。而備禦宜益加嚴矣。皇上軫念元元，震耀神武，命將興師，以誅不庭。舉祖宗之舊章而振飭恢弘之，設總督直隸福浙軍務大臣及巡撫都御史，命卿佐以督察軍務，督視軍情，三十四年，命工部尚書趙文華督察軍務。三十八年，命右通政唐順之督視軍情。以藩臬分任兵備。調發廣東橫江烏尾船二百餘艘，改造福清船四百餘隻，停造五百料等船，於軍四民六料銀增給價值，改造福船。雇税蒼沙民船復數百隻。召募福建、兩廣、邳、徐、山東、松潘、保靖、永順、桑植、麻遼、鎮溪、大庾及蒼處等兵不下十萬。勑鎮守總兵駐劄臨山，今改劄定海，責任與巡撫同。協守副總兵駐劄金山，今改劄吳淞，責任與巡撫同。參將分守各府，杭嘉湖一參將，寧紹一參將，台州一參將，溫處一參將，責任與兵備同。把總統轄諸衛，舊制四把總，今分爲定海，爲昌國，爲臨觀，爲松海，爲金盤，爲海寧六總，裁去備倭總督，而各把總俱以都指揮體統行事。復有游擊、游兵、統兵等職，以督水陸之兵。皆題奉欽依，以都指揮領之。一時任事之臣，非不攄殫謀畫，務底安攘，而豺豕日繁，烽烟未靖者，蓋以蹊徑日開，而告急者多，則疲於奔命；庚帑日匱，而資用者乏，則窘於設防；糧餉不時，而凍餒者衆，則怯於應敵；主兵不實，而召募者多，則難於行法。此皆用兵之大患也。試舉目前之事籌之。倭奴入寇，自彼黑水大洋舟行一二日，抵天堂山，復一二日渡官緑水，抵陳錢、壁下，漸經濁水，西北過步州洋亂沙，入鹽城口，可犯淮安；入廟灣港，可犯揚州；再越而北，則犯登萊矣。西南過韭山、大佛頭、積固山，入黄華港，可犯温州；入桃渚、海門、松門諸港，可犯台州；再越而南，則涉閩廣矣。正西過茶山，入瞭角嘴、大江口，涉谷櫝、狼、福山諸港，可犯通、泰、瓜、儀、常、鎮；過馬蹟、灘滸、羊山，歷崇明、七丫、白茅、劉家河、吴淞、黄浦、白沙灣諸港，可犯蘇松；過大小衢、徐公、石塔山、馬鞍山，登梁莊西海口西嘴頭，可犯嘉湖；入鱉子門、赭山、錢塘江，則薄於省城；登龕山、烏嘴頭，可犯蕭山縣；過漁山、兩頭洞、三姑山，入蟶浦、三江，可犯紹興、臨山、瀝海、三山；過霍山洋、王嶼、烈港表，登掘泥注十四、烏山、平石，則薄於吾郡之觀海、龍山、慈谿；登丘家洋、官莊、龍頭，則犯定海之西北界；過岱山、長塗、蘭秀山、劍山，登干磯、大小展，則東北一面可入於舟山；過烏沙門、順母塗，登沈家門、謝浦，則東南一面可入於舟山；過大小干山、十六門、嶴山、盤嶼，登闕山、螺頭，則西南一面可入於舟山；過東西肯、長白礁、馬墓港、册子山，登岑江碇齒，則西北一面可入於舟山；由舟山之南，經大猫洋，入金塘蛟門，則竟趨於定海城下；過穿鼻港，入黄崎港，則犯穿山；過崎頭洋、雙嶼，入梅山港，則犯霩衢；過青龍洋，入大嵩港，則犯大嵩；由東西厨入湖頭渡，則犯奉化縣及象山縣之東界；過韭山、海閘門、亂礁洋，登蒲門，則犯錢倉所；過青門關，登白沙灣游僊寨，則犯爵谿、象山之南界；入石浦關，則逼石浦城與昌國衛。宋時嘗於招寶山抵陳錢壁下，置十二水鋪，以瞭望聲息，在當時已病海氣溟濛，風雨冥晦，難於接應。今浙、直兵船督領於游兵、把總等官，謂宜自春歷夏及小陽汛期，直隸船北哨至茶山、瞭角嘴海洋，（江北淮揚沿海復設總參、遊兵等官，督領兵船，哨守各洋港。）南哨至羊山、馬跡、灘滸、衢山等處。（蘇、松、常、鎮兵船於游兵外又分別枝，哨守各洋港。）浙船南哨至鎮下門、南麂、玉環烏沙門、普陀等山，（温、台兵船又分別枝，哨守各洋港。）北哨則交於直海。（寧紹兵船於遊兵外又分一枝哨守馬跡，一枝哨守兩頭洞，一枝哨守衢山，一枝哨守長塗，一枝哨守普陀。）陳錢爲浙、直交界分路之始，復交相會哨，遠探窮搜，遇有賊舟，即爲堵截，馳報内境，俾爲預防。復於沈家門列兵船一枝，以一指揮領之；馬墓港列兵船一枝，以一指揮領之。把總則駐劄舟山，兼轄水陸。而總參標下各選練精兵三千，以聽征勦。定海則屯聚重兵，屹爲巨鎮。賊或流突中界，則沈門、馬墓兵船迤北截過長塗、霍山洋、三姑，與浙西兵船爲犄角，而吾郡之北境可以無虞；迤南截過普陀、青龍洋、韭山、青門關，與昌國、石浦兵船爲犄角，而吾郡之南境可以無虞。賊或流突上界，則總兵官自烈港督發舟師，北截於七里嶼、觀海洋，而參將自臨山洋督兵船爲之應援；南截於金塘、大猫洋、崎頭洋，而石浦、梅山港兵船爲之應援，則沿海可以無虞。是故今日之海防，會哨於陳錢，分哨於馬蹟、羊山、普陀、衢山諸處，爲第一重，出沈家門、馬墓之師爲第二重，總兵督發兵船爲第三重。巨艦雲馳，倭夷之舟航弗與也；火器飈發，倭夷之短兵弗與也。以我之衆，制彼之寡，以我長技，制彼短技，折蛇豕之勢，而免内地震驚之虞，斯策之上者也。萬一疏虞而賊得登陸，由掘泥歷烏山、鳴鶴場，踰杜湖嶺，入慈谿，由平石歷沈思橋，踰孔家嶺，入慈谿，渡丈亭，走車廐、稠嶺寨、石塘灣，涉鄞之西鄉，可達於郡城，則觀海、向頭、松浦之守不可以不嚴，而慈谿新城之建，實所以扼其衝。由丘家洋越鴈門嶺，由官莊越桃花嶺，由龍頭越鳳浦嶺，渡青林、李溪，可達於郡城，則龍山、管界之備與嶺口把截之兵不可以不嚴，而丘洋、金嶴石墻之築，實所以扼其衝。由定海港可直走寧波，則西渡、東津、梅墟、桃花渡之備不可以不嚴，而招寶山築城設險，實所以扼其衝。由夏蓋山走梁湖、通明壩，入四明、梁衕，出樟村、小溪、櫟社，可達於郡城，則臨山、瀝海、廟山之防不可以不嚴。由四門、石堰渡姚江，入樟村，以達於郡城，則三山之防不可以不嚴。由小沙港循長山橋、鄮山橋、七里店走甬東，可達於郡城，則港口置兵船防守港口置鐵發貢重五十斤者一座，調發福船二隻、蒼船四隻，防守港口。添設本港民八槳船十隻，汛期則巡邏哨探，暇則容其樵採。與甬東巡司之備不可以不嚴。由穿山、碶頭踰育王嶺，歷寶幢、盛店，可以走甬東，則穿山、横港水陸之備不可以不嚴。由尖崎踰韓嶺，涉東湖，可以走甬東，則霩衢、大嵩、霞嶼、太平之備不可以不嚴。由趙嶴、白沙灣走象山，渡黄溪，歷仇村，道陳嶺，入乾坑、横溪、桃江，可以走甬東，則錢倉、爵谿諸濱海之備不可以不嚴。由昌國、石浦、桃渚、健跳、黄巖、寧海經鐵場、缸窑、黄溪、青嶺，入奉化，渡蔣家浦，越鄞江橋，達郡城之西南，則缸窑、黄溪口與諸險隘之防不可以不嚴。近設蒲門、青門、鋸門、金井頭等隘。凡此皆倭寇所經之故道，爲郡城根本之慮，凡在事任者所當宣猷而致力也。然郡之舟山，故縣治也，四面環海，其中爲里者四，爲嶴者八十三，其五穀之饒、魚鹽之利可以食數萬之衆，不待取給於外。初以承平無事，止設二所守之，軍卒不過二千四百有奇，而歲月既久，逃亡且太半矣。重以城垣低薄，不足爲固，萬一夷且生心，據以爲穴，則險阻在彼，非有勁兵良將卒未易以驅除。而彼方挾其利便，四出攻剽，則濱海郡縣容得安枕而卧乎？此今日之所當首以爲憂，蓋不止如雙嶼、烈港之爲賊窟而已也。夫海防莫急於舟師，合定、臨、觀、昌各港福、蒼官民船可二百艘，八槳小網船倍之，今復增造福、蒼、沙船五十隻。舊例船價六分則徵於里甲，四分則扣於軍儲，以充造作。三年則輕修，六年則重修，九年則拆造。其價扣除於月糧，變賣於釘版，而仍給公帑以佐之。今之造船給税又數倍於昔矣。昔之出海旗軍食糧八斗，五斗安家，三斗隨行。今之給餉水兵者，又數倍於昔矣。公私安得不困哉？且昔日之水軍，固皆尺籍之編伍，未始徵兵於外方也。間有老弱雜揉，傭夫冒充，固可簡而汰也。自巡撫朱紈過懲則弊，謂土軍積脆不振，乃悉從罷免，專募福清兵船，用之戍守〔一六〕，用之攻擊，率以亡命副掠之徒而充敵愾干城之役，於時識者已謂前門拒狼，後門進虎，而將來之患，至不可祛除矣。即今分舟而伍，則詭名以冒糧，一或不遂，即有脱巾之變。奉調而行，則劫掠以飽欲，一或抗拒，即有殺戮之慘。及其臨陣格賊也，非其生同里閈，則其素所交通之人也，啗以甘言，嘗以隱語，即倒戈而反走矣，故屢戰而屢北。自兵興以來，以福兵而取勝者能幾何哉？夫習知其不可而必欲用之，有禦寇之名，而無禦寇之實，此誠所謂大舛也！爲今之計，漸罷客兵而兼用土著，使久而習其揚帆捩舵之法、戰攻衝擊之技，宜無不便者。況寧、紹之民流亡直隸，投充水兵者亦不下萬計。彼閩人固能施長技於浙海也，浙人又能施長技於直海也，歸吾浙人而行於浙海，又奚不可哉？此言用土人可以省募水兵。或謂今之水戰，止能要擊去賊，而於來者未能遏其鋒。夫來賊鋭而去賊惰，擊惰易而攻鋭難，人情所習知也。然擊來賊者，譬之撲火於方然之始，火滅則棟宇可以無虞；擊去賊者，收燎於既燼之後，此其利害則有間矣。自海上用師，擊來賊者僅一二見，戊午參將張四維擒朱家尖之寇。己未總兵盧鏜殲三爿沙之寇。而要去賊者，亦不過文其縱賊不追之罪耳。今若以擊來賊之賞優於追去賊之賞，以縱來賊之誅嚴於縱去賊之誅，而當事者同心僇力，急如救焚，盡遏海外方來之寇，則邊鄙又何不寧耶？此言水戰以擊來賊爲奇功。或謂我兵陸戰，每退怯而鮮成功。夫倭奴常敗於水而得志於陸者，非其勇怯有殊也。交兵海上，吾特以戰艦之高大、帆檣之便利、火器之多取勝耳。至登陸而沈船破釜，所以一其志也，環龜自守，專其力也，顧能飽以饑我，逸以勞我，伏以伺我，佯北以誘我，蓋其以狡獪習兵深入重地之窮寇，與吾柔脆之兵相角逐，勝負之數可坐而策也。誠能察彼己之情，即以其勝我者而勝彼，握符馭衆者，復以威克厥愛行之，寧不足以殄滅凶頑耶？此言陸戰當以謀勇兼全勝。古之善用兵者，必先明其賞罰，故金帛之錫，茅土之封，非濫捐之也。莊賈之誅，宮嬪之僇，非妄以立威也。以爲不如是，無以驅之死地耳。國家著令，於敗軍之罰嚴矣。見兵律飛報軍情條下。今復奏擬五等賞功之例：曰論首級，凡水陸主客官軍民快臨陣擒斬有名真倭賊首一名顆者，陞授三級，不願陞授者，賞銀一百五十兩；獲真倭從賊一名顆，并陣亡者，陞授一級，不願者賞銀五十兩。獲漢人脅從賊一名顆者，陞授署一級，不願者賞銀二十兩。曰論奇功，如在海洋遇賊，有能要擊衝沉船隻，或追逐登山，使賊不得登岸；如賊既登岸，有能衝鋒破陣，奮其聲勢，或追出境，或逼下船，使地方不致受禍；或所部兵少而擒斬多者：均以奇功論，聽總督即時具題，巡按作速勘報，超格陞賞。曰分信地，凡守備、把總及海防民兵、府州縣佐，各有信地，如賊至不能拒守，致賊突入者，固當律以守備不設之罪，若能奮勇鏖戰，獲有首級，功罪相當者，亦許湔贖；若罪小功多者，仍以功論。如賊從別港路出境，有能邀截擒斬，打獲船隻，所得貨物盡行給付，仍照例陞賞。至於故縱出入本港，專圖邀取賊贓者，聽督撫官參究重治。曰計職任，如武將自守備、把總以下，文官自海防民兵同知以下，所領軍兵民勇五百名部下，臨敵擒斬真倭，每五名顆陞一級，十名顆加一級，千名部下，每五名顆陞署一級，十名顆陞實授一級。各以則例遞陞，至三級而止。如獲功之前或以後失事革職者，準收贖。若總兵、副總兵之與巡撫，參將之與兵備，水陸士卒俱聽統領，戰守機宜俱聽調度，除在下有違節制者免究外，其餘功罪，參將照所屬分論，兵備隨之，總副合所屬通論，巡撫隨之。但今經理之初，暫將臨山總兵分理海防，金山副總兵分理陸地，其功罪亦當查炤，分別重輕，俱聽總督、巡按酌量時勢，究覈情實，明白具題。曰處報效，凡有官員舉監生員人等督領家丁赴軍門隨賊截殺，得獲功次，及仗義輸粟者，俱聽軍門及撫按官臨時酌擬奏請，從厚陞賞，以爲懷忠募義者之勸。至於耆民統領沙兵，或屬把總，或屬府縣官管轄者，所獲功次仍照部下功論擬陞賞。必如是而行之，則有功不至於濫賞，有罪不容於倖免，而將士戮力用命矣。此言賞罰之令當嚴。或謂定海沿邊，舊通番船，宜準閩廣事例，開市抽税，則邊儲可足而外患可弭。殊不知彼狡者倭，非南海諸番全身保貨之比，防嚴禁密，猶懼不測，而況可啓之乎？況其挾貲求利者，即非脯肝飲血之徒，而捐性命犯鋒鏑者，必其素無賴藉者也，豈以我之市不市爲彼之寇不寇哉？殷監不遠，元事足徵。當商舶未至而絶之爲易，貿易既通而一或不得其所，將窮凶以逞，則將何以禦之耶？今之寇邊者動以千萬計，果能一一而與之市乎？內地之商聞風膽落，果能驅之而使市乎？既以市招之而卒不與市，將何詞以罷遣之乎？夷以百市，兵以千備；夷以千市，兵以萬備。猶恐不足以折其姦謀，我之財力果足以辦此乎？且市非計日限月之可期也，彼之求市無已，則我之備禦亦無已，果能屯兵而不散已乎？此皆利害之較然者也，乃謂可以足邊儲而弭外患，不已大繆乎？此言番船不可通。是故修治垣隍，慎固城守，一策也；編立保甲，內寓卒伍，一策也；譏察非常，嚴禁闌出，一策也；綏撫瘡痍，固我根本，一策也：此皆所以治內也。修復墪堡，嚴明烽堠，一策也；繕治器械，查復戰船，一策也；出哨會哨，悉遵舊規，一策也；據險守要，聯絡響應，一策也：此皆所以治外也。至於練主兵而免調募之擾，足財用而資軍興之需，聚芻糧而給餉以時，嚴賞罰而功罪不掩，設晝樹防，出奇應變，爲吾之不可勝以待敵之可勝，則在中外任事之臣加之意可也。

國初以全額之糧養全伍之卒，以全伍之卒充四境之備，故海波澄宴，狼烽息煙幾二百年，號爲太平。間有疥癬之虞，遣一偏師應之，即望風而解遁矣。乃今尺籍空虚，僅存罷羸，原額三萬有奇[注十五]，今已耗損大半。一遇小警，輒狼顧魚駭，選愞觀望，以戰則敗績，以守則不足，乃至徵發四方，召募非類，如狼苗等兵，布滿海宇。而供億浩繁，帑藏不繼，遂至存留京運，那貸鹽本，抽取香錢，以取辦支吾，猶爲不足。而料民丁田，曰兵費，曰兵餉，曰兵米，諸色目殆十倍往昔。兵無休期，徵無停日，而閭閻郊遂之間十室九空矣。當事之臣，可不爲寒心哉！今欲爲安攘久遠之計，非他也，不過舉祖宗之成憲，軍復軍之舊額，糧復糧之舊額，振刷耗蠹而責其實效，調停法意而與時宜之耳。何以明之？清勾之法既壞，里書脱漏户籍，勾補者百無一至。即有至者，本管過爲誅求，收伍未幾而旋即竄匿矣。至於犯法充新軍，所在種種，夫豈少也？而法網不嚴，曾未有隸尺籍而荷戈殳者，兼之汰黜之令過嚴，異姓充投及無妻者輒俱罷革，雖贅壻義子，一切不録，軍安得復舊額乎？歲撥糧儲，止準見在軍伍，他皆謂之羨餘，歸諸計部。其存留者，又拖欠於姦民，侵欺於豪長，官司置不爲問，而廪庾之儲曾不及逋欠之半，糧安得復舊額乎？故軍日銷，糧日耗，以至不可簡閲，雖謂之無兵亦宜，況可恃之以折衝禦侮，爲萬里長城乎？軍既銷，勢不得不募客兵；糧既耗，勢不得不額外科徵。矧今募兵他省，動越數千里，徵發僅千百人，未及至而已捐官帑民需不訾矣。況至者未必皆精，以之赴鬬，往往貪餌致敗。恐官府之詰之也，即又棄戈而鼠走，所過道路，率又逞其狼承貪殘之性，白日剽掠，昏夜則汙瀆婦女，一或捍拒，則露刃而譁，殺人無忌。由此而觀，客兵有害無益明矣。況使之久居内地，間熟道路，習知土風民俗之事，必有不戢自焚之禍。如元末苗帥楊完者，流毒吴楚，蓋可鑒已。爲今之計，莫若奏復全額原糧，盡充該衛所養兵、募兵之用，不得復以羡餘解京，而悉禁拖欠侵欺之姦，不得以國賦潤豪猾。如又不足，不得已而加賦於吾民，當不如今日之甚矣。其足兵也，仍嚴行清勾之法，移查原籍有無丁壯，可補者補之，即贅壻義子，年力强壯，俱準收充原額。如原籍果繫亡絶，即於所在衛所簡見在丁壯，補足行伍，不必執空籍以靡歲月。其犯罪充軍者，嚴爲解發，明隸尺籍，如近年兵部題準事例，不得有所隱脱。又不足，則召募土者之人膂力精壯者，程能試補，仍復其身而給之食。立以程限，以二十歲爲始，五十而罷復爲民。有疾病願復民者聽，不苦之以終身，不陷之以永遠，則人皆鼓舞争爲兵矣。仍籍應募他郡者，責令來歸，其册籍則歲注之，給以懸牌，嚴其虚冒私替之弊。當其精壯善鬬之時，得以盡力武事，而不出二十年後，復爲平民，則皆知自好而重犯法〔一七〕，不至叫呼無賴爲凶人。如此，則軍無缺額，糧不虚糜，而必無不任戰之民死於無罪者矣。夫吴越之人，以舟楫代輿馬，以江海爲坦途。伍員對闔閭，以舟軍之教，比陸軍之法，大翼當陸軍之車，小翼者當輕車，突冒者當衝車，樓船者當行樓車〔一八〕，走舸者當輕走驃騎，況今日之邊防恃舟師爲長技〔一九〕，以火攻爲要術乎？舊制官哨戰船勢鈍而難進，銅銃碗口，力疏不足以及遠。邇乃更用福、蒼等船，即大、小翼樓船之遺制。用八槳小漁船以突冒周旋，其輕捷視驃騎。以發貢佛狼機代砲石，以鳥嘴銃代大黄參連弩，而奮迅着物，無堅不碎，又制之最良者也。群而肄之，刑賞以勸懲之，有不足以賈勇而威敵哉！況保鄉井之人，與去鄉井之人，其踪跡不同也；自衛其骨肉廬舍，與衛人之骨肉廬舍，其情不同也；官司自馭其民，與馭千萬里外不根之人，其約束不同也。主兵漸强，則客兵自可次第罷遣，斯非計之得者乎？若夫三軍之司命，則在將帥。今之世禄紈袴，固有宣力翼戴長於馭衆者矣，寧無朘削以自肥，用賄以干進者乎？畀之兵柄，求無敗事，不可得已。昔者晉悼公使欒糾爲戎御，以訓諸御知義；使荀賓爲戎右，以訓勇力之士可以時使。山林草澤行伍之間，未嘗無干城腹心之士也。歐陽修所謂求賢勞之士，不必限以下位；知略之人〔二〇〕，不必試以弓馬；山林之士，不可薄以貧賤。以非常之禮待人，人亦以非常之效報國。又謂取禁軍、廂軍年少有力者，不拘等級，因其技同，每百人團爲一隊而教之，校其技精而最勇者，百人之中，必有一人，得之以爲裨將；合十裨將而教之，又於其中擇有見識知通變者〔二一〕，十人之中，必有一人，得之以爲大將，此一人之智勇，乃萬人之選也。即是説而推行之，拊髀之思，庶幾可慰乎？若夫各縣民壯，巡司弓兵，皆膺編户之徭，而司防禦之責者也，今官府既占之以爲勾捕跟隨之役，而積年市猾又據以爲窟穴，或以錢乙而代趙甲，或以一人而包數人，支糧有名而戍鬬無實，官司查點，則倩募以代應，不知弓矢何物，擊刺何技，又可驅之以赴敵乎？今宜如海道副使譚綸編立隊伍，團聚訓練，責統領之官，嚴勾稽之法，明賞罰之令，不許虛隸尺籍，不許私擅占役，是亦足兵之道也。議者謂盡罷兵費、兵餉諸征，而總括一縣丁田，增編民壯，擇其壯勇有抵業者，鄉舉里保，以之訓練，以之調遣，亦可以漸代客兵，而桀驁亡竄，皆不足患矣。議者又欲以鄉兵代官兵，奏疏文檄積滿案牘，而迄未有能行者，何也？懼調遣之失業也，糾聚之妨農也。差官審編，又不以賢能正官，而率以佐貳首領。所至之地，富者行賄求脱，强者挾詐求脱，故册籍未定，而委官之囊橐已滿。其充數者，非貧難下户，則蠢愚無智，而鄉長甲長則無賴猾氓也。謂宜明示號令，不調遣遠出，不糾聚妨農。委賢能正官親詣關廂村落，備查編户，隨其住居相近，團聚大莊，以二十二家爲一甲，就中選有力量者二名，立爲甲正、甲副，置牌一面，上書甲正某人，甲副某人，居民某人某人；仍於五甲之内，選其才能服衆者，立爲鄉長，使之統領，總置一牌，上書鄉長某人，管一甲正幾名，某人某人，甲副幾名，某人某人，各該居民若干，某人某人，列於各甲正、甲副之後。仍令每家書寫排門粉壁，互相譏察，各備鋒利器械一件。每鄉長管下，置大旗一首及合用銃砲等項，聽從鄉長統領，前至空閒處所演習武藝。一遇有警，即便升旗舉砲，各率牌内之人，同赴要害地方，設法把守，併力截殺。

仍於通行街巷路口，樹立壯固木柵，堆積石塊，以便拒守。其居民或多或少，隨宜團練，不拘定數，仍照兵部題奉欽依事理，保甲領袖，先行給與冠帶，以爲激勸，有功之日，一體陞賞。庶幾家自爲守，人自爲戰，不待調發之勞，而坐收保障之績矣。

田賦書

自昔神農教耒耜，軒轅立經畫，田制肇矣。然而正畝坵，開民粒，有樹藝之利，而無公斂之法，故後世並畊之説資之。及后稷教稼穡，夏禹定九貢，等田之上、中、下而成其賦。商復爲助，周復爲徹，制什一以正其供，而天下之中正始度矣。春秋作田賦書，作丘甲書，四征公室，求視郲滕，於時賦已無經。況戰國瘠民以厚兵，重斂以崇侈，大桀小桀，益不可勝言矣。漢高之興，易暴爲仁，文景繼之，又玄默以尚儉，其取民之制，至三十而税一，或并蠲不征，其爲民惠澤甚渥也。然當時議者又有名三十税一，實什税伍之譏，此豈非額外之横征弗孚於德意哉？唐之租庸調最爲近古。國朝之制，大略倣之，即田而税，輕者庶幾於三十之一，民、僧、道等田糧。而重者已幾於十之四五，官田糧。又合户之身田，而總括之，以爲五年十年丁差之制，則其役斂之重又甚矣。洪武四年，始令户部給天下户口由帖，略如今花户短册之制，存户存丁男女，存事産。既而爲隅輪圖，則備坊巷河渠鄰比居阯，而不及其事産。嗣後信國公湯和大計吾郡之田而尺籍之，每邑凡幾鄉，鄉之田凡幾萬千百十頃，頃分畝坵，坵分字號，經界既正，編爲排花，鱗次而不可亂。其稅則上下其田之則而差之，凡民田之重者畝不及六升，而輕者纔一升有奇。其肥瘠之數蓋大較不甚相遠也。而田之名目，則種種不一，民田而外有官田，有僧田，有道田。而僧道又別有舊田，有續田。官田有抄没，有爲事，有塗漲，有撥賜，有書院，有學，有莊，有院，諸名色不可殫紀，而其稅且倍蓰或什於民田。官田重者畝五斗，或七斗有奇，僧道夏稅至五升有奇。統郡之周，凡田共二萬三千八百六十五頃四百一十二畝有奇，凡稅共一十九萬一千三百六十二石有奇。各隨民之所占而隸其籍，某户占某鄉某號田若干頃畝，爲稅若干石斗升合勺。田有買賣，稅有去來，十年則大造黄册而開會之，某户買某户某鄉號田若干頃畝，爲稅若干石斗升合勺；某户除與某户某鄉號田若干頃畝，爲稅若干石斗升合勺，此其手實於官登之同版，宜畫一不可姦也。然其弊有不可勝言者，大約田不均而名目煩，則其弊在法而不在人；賦一定而科斂重，則其弊在官而不在法；田畫一而欺隱作，則其弊在民而不在官。夫揚州之田下下，其壤定矣。吴越有畊民而無其地，其地狹矣。故郡之田，雖縣以五分，鄉以數十辨，其肥瘠可略見也。即一鄉之中，近河渠而沃衍者爲肥，其餘爲瘠。河渠之深者爲肥，淺者爲瘠。深而有源者爲肥，無源爲瘠。初以肥瘠稅畝，然未必一一皆中，況農之勤惰又自爲肥瘠於其間，又非鄉田爲之也。聞之故老云，鄞田翔鳳鄉最肥。往時信國量田，民故決湖淹其田，信國謂爲水鄉，特輕其稅，畝升八合有奇，即此知科則之重輕，亦非平賦之凖也。田始占於寺曰僧田；始占於觀曰道田；始入於官，佃之民而官收其租，曰官田。今此三田，皆散於編氓而户占之矣。即如廣德湖之官田，遠自宋熙寧間，官收其租以爲公費，今之税額即當時之租額也。易而勝國，又易而國朝，乃其額，則因宋之佃租以爲税法。其他均一鄉也而肥瘠頓殊，隔一塍而上下特異，此可不爲之變通哉！故嘗類郡之田而約其數，鄞之官田，得民、僧、道田六之一，慈、奉、定得十之一，象得四十之一，統而均之，不過稍益民、僧、道田之税額，而官田之重税可辦矣。可均農田，可免重税，可正騙賣，近因官田價廉，乃稱民田騙售於人。可革欺隱，弊户□則埋□見後。此善之善者也。嘉靖辛卯間，鄞令黄仁山曾欲舉此，邇定海令宋繼祖大爲會計，册而上之糧道，嫌於變亂版籍，卒格不行。若其田賦之輸，奉有著令，每夏畢則徵夏税，秋畢則徵秋税，五年則徵丁田，十年則徵徭役。二税有本色則輸米麥，有折京則輸銀解京，而秋米本色自嘉靖初以轉輸海倉不便，且海下官兵又便於得銀，故復半爲本色，半爲折銀，價石五錢五分。貯之府庫，按時而給，謂之府折。其官之催徵，先期立爲限程，俾見年里役糾其不率，該催促其輸，遞年分其辦，細户上其供，上下相安，無異議矣。丁田正差，以人爲丁，以田準十五畝爲丁。至黄仁山始視差法，準十畝爲丁，此略從輕民之意也，然田之重已加十五矣。仁山又於附籍寄莊户，每田二十畝則增一丁，則又加十五矣。然此特以懲詭户之弊也，今則不論詭户，皆如仁山加之丁矣。官田舊以税重，凡丁差皆不及，今定海仍然。今則半民田矣。又一切諸料價及兵費皆以田派，曰以輕無田之小民也。然田未必皆腴，又時有水旱凶荒之災，計租之入大約雖腴田，亦半税於官矣。又邇僉修城大户以田，倭米大户以田，買硝黄等大户以田，一切額外之征以田，其賠償之費至售田以供而尤不足，故俚人之諺曰：「將錢買田，不如窮漢宴眠。」又曰：「有田膺户門，因田成禍門。」傷哉風矣！國初田糧皆有定數，自洪武以來，凡幾造黄册矣。然今之糧皆洪武初年之糧，而今之田則什二三耗，非洪武初矣。大抵水衝沙塞，柴没根深及逃絶棄業者無歲無之，而新漲海塗江途諸田又不報官起科，然則田安得不耗乎？又況猾民作姦，乃有飛灑注十六、詭寄、虚懸諸弊，故無田之家而册乃有田，有田之家而册乃無田，其輕重多寡皆非的數，名爲黄册，其實僞册也。何言乎飛灑？富人多田，患苦重役，乃以貨啗姦書，某户灑田若干畝，某户灑田若干分釐，某户灑糧若干升斗，某户灑糧若干合勺。積數户，可灑田以畝計，灑糧以斗計；積數十户，可灑田以十計，灑糧以石計。而書手則歲收其糧差之算，其被灑之家，必其昧不諳事，或樸懦不狎官府者也。甚有家無立錐之業，而户有田畝糧差之需，至歲傭其身以輸，猶不給，孰知而閔之乎？何言乎詭寄？多田之家，或詭入於鄉宦舉監，或詭入於生員吏承，或詭入於坊長里長，或詭入於竈户貧甲，或以文職立寄莊，或以軍職立寄莊，或以軍人立寄莊。夫鄉宦於各縣占産寄莊，猶可言也，而本縣寄莊，何爲者哉？軍官占産寄莊，猶可言也，而軍人寄莊，何爲者哉？率不過巧爲花分，以鄰國爲壑耳。何言乎虚懸？趙甲有田而開與錢乙，錢乙復開與孫丙，孫丙復開與李丁，李丁復開與趙甲。李丁有開，趙甲不收，則併田與糧而没之矣。然飛灑者，損人以裕己者也；詭寄者，避重而就輕者也；至虚懸，則一切欺隱以負國課耳。又有弊者，則專賃書手，悉以田歸書手户，糧亦隨之。書手乃徑豁其田，而糧則於十年之中，歲灑合勺於一里百户之内，漸以消豁，此以影射爲姦者也。又有糧存而田不稱，則捏則官田，以一埋十，此以那移爲姦者也。又有買田十而止開其八九，仍遺一二於原户；又或收田而不收糧，俾賣主受其害，而己得減輸。此以買户爲姦者也。又有田本輕則，而開作重則；田本八九，而多開爲十，以歸於人，因得輕税之田。此以賣户爲姦者也。又有買户已收其田矣，而於賣户則不爲除，使一田而兩户糧差，此以乾没爲姦者也。或欲加之糧也，則不加其户之田畝，而以重則移輕則；或歲爲之飛灑，見其糧之增也，則反誣爲虚懸。此以欺罔爲姦者也。凡此神妖鬼怪，不可殫述。填於紅圖，不可改矣，則改於黄册；印於黄册，不可易矣，則公爲洗補。不得於小里，則貨都總妄坐於小里；不得於都總，則貨縣總妄坐於都總。雖歷屆更代不常，其爲故智一也。不惟是也，每遇一丁差之際，即類取富户之賄，爲之厚減其産以呈於官，俾得輕鮮。適有發其隱者，即復暗賄該吏，盗庫册洗補而改移之。如趙甲本田若干，移之别年錢乙之户，假以爲證，既而首者知之，復發其事，乞證於府册，蓋是時縣之吏與同弊矣，復謀盗府册洗補而改移之如縣册。首者復知，將復發之，無何，即賄以乞免，而其事竟不白。嗣後錢乙知之，曰我無田，是趙甲竄而歸我，我將首之。甲無何，乞券於乙，甘就乙户而膺其丁差，且賄之。凡此皆意外不可窮之姦，幸已發之，而官不爲之竟其戮，然則睥睨者又何所畏而不爲哉？今欲使開會者準排花，因字號，不得無因而冒開，則排花之存於民間者，多非洪武間之舊，而字號之制於畝坵者，或子孫分析，則以一號而分爲二三；或富户兼併，則以二三號而合爲一號。又皆漫不可據以爲信也。欲於開會之時，官爲履畝，俾户插田號，親爲丈量，則於丈量之時，又潛通里書，裒減以從輕，既不得一一皆實，而況籍之於丈量之册者，又未必一一對記於黄册，此又徒爲之勞擾也。欲以税契爲準，則郡之故事，實錢實契者自恃無他，率不税契，而中有姦弊者，反税契以爲他日事發之證，此又税契之不可憑也。凡此弊端，雖巧於爲術者，皆未有能剔其隱，然則終付之無可奈何而已乎？嘉靖六七年間，郡丞曹山嘗爲之法，視户之田多糧少者，謂爲飛灑，則以田而駄糧。糧多田少者，謂爲虚懸，則以糧而駄田。若近矣，而孰知姦民之善弊者，糧灑於人，則必扣糧而減田，田既虚懸，則必捏則以從糧，曾未有多少形迹之可稽。其有多少形迹，可駄田而駄糧者，多良民之被害於弊書者也。故山清查之法，爲良民之害者十七八，而所得於弊户之情者纔十一二，又非計之得者也。嘉靖十年，鄞令黄仁山素威嚴，因令書手皆得自首其弊，凡四五届黄册之隱，皆悉陳於官。是時書手憚山峻罰，首告略盡。奉化令陳縞又設爲投匭，使人皆匿名投首，間所得姦弊亦十七八。然二令竟不能終黄册之事以去，而民之姦且復故矣。昔信國量田之時，任嚴刑，重擊斷，且當聖代開國之際，猶不能改前朝官僧等則之制，以重貽後世捏則影射之姦，而況於今日習熟神鬼之徒，又何以毖其後哉？自今觀之，積蠹雖難以盡釐，而清查亦不容但已。試舉其淺近者言之，凡有數端：一曰開首告之門。凡書手之弊，本人知之，他書手知之；各户之弊，本户知之，本里人户知之。今須先令各書手、各人户自首其弊，或嚴刑以威之使言，或寬法以誘之使言，其自首不盡者，許他書手出首，又不盡者，許本里知因人出首。自首者準免本罪，其首他書手、他人户者，亦準免本身應得之罪，即以弊書、弊户之贓贖充賞。其有不自首而事發覺者，則重懲之而没入其田。凡得書手之弊竄，則把其陰罪，而令舉首以自贖。又兼行投匭之法，以一例十，以十例百，循而求之，弊源或可塞也。二曰嚴保勘之法。册之將造也，令各花户各將舊管新收開除實在，分爲四項，某鄉某項某則田若干，糧若干，麥若干，其新收開除者，備開收除某都某圖某人，合遞年里長所管十甲首爲一册，互相保結。又合一圖十里長所管百户爲一册，互相保結。又合一都百里長所管千户爲一册，互相保結。其册一樣二本，官爲鈐印，一存在官，一給與執炤。以後但有虧弊，連坐保結之人。其各年各都各圖田糧，必須總撒相合，有一不合，即爲姦弊，尤不可不究也。三曰清書手之户。姦書作弊，多以己户爲之出没，須查其田多而糧少，或田少而糧多；或前届少而今届多，或前届多而今届少；或有田而無糧，或有糧而無田；或欲垛糧，以民田爲官田；或欲灑糧，以官田爲民田。一一究其下落則不必盡窮花户，而其端已可概見矣。四曰明收除之數。夫造册收除，不過一買主、一賣主而已，即寄在他户，亦即所寄之户開會，此除彼收，本無不明，而姦人則詐爲展轉，甲除與乙户，乙户又除與丙户，至三至四，有除而無收，即爲虚懸，如前所云矣。其爲此者，非實有是數番，不過塗人耳目，使官府不能窮詰耳。今若嚴爲之禁，如趙甲既開與錢乙，則錢乙不得復開與孫丙；周戊既開與吴己，則吴己不得復開與鄭庚。但有展轉，即係虧弊，究問如律，没入其田，庶幾其可也。五曰革田糧重會之弊。夫造册開會田糧，本一事也，如某除與某人某鄉某則某項田若干，該糧若干，該麥若干，其買主照數收户，各以過橋數爲據，此其授受甚明而其事甚約也。而姦書欲爲蠹弊，乃賄買該吏，欺誑官府，會田一番，會糧又一番，會麥又一番，既得縱其求索而糧不隨田，因得以輕爲重，以重爲輕，以多爲寡，以寡爲多，弊始百出矣。如謂數目難清，則田糧相隨者反難，而田糧分爲二者反易乎？如謂查算不及，則一番反不徑約，而兩番反爲便利乎？此積一府數十年之弊，所當力變者也。六曰禁洗補之弊。今夫民間之質劑不敢洗補，防變詐也；士人之書疏不敢洗補，嫌不恪也。況黄册之造，以獻天府，以定官賦，以察民僞，重大莫加焉，乃容有洗補乎？蓋姦狡之徒，正以此行其變幻之術，重改而輕，輕改而重；多改而寡，寡改而多；有改而無，無改而有；趙甲改而錢乙，錢乙改而孫丙。或掩飾既遂而復反之，或清查不及而卒不變，姦始不可窮矣。今宜於清審既定，通造黄册，雖一字不許洗補，如其有之，當痛懲其人，即十易不爲過。蓋巧者足以眩人之目，而一鑒之於天日，則纖悉畢見，以是禁椎埋之姦，亦或一道乎？七曰重詭寄之役。民之爲詭寄者，非好爲是紛紛也，不過欲避重役而就輕役耳。近者縣令曾承芳凡於寄莊附籍等户皆僉以重差，此最善於釐弊者。間有跡同而非詭者，則在臨時審察之。大率真者十不過一二，而贋者則十之六七也。其竈户亦宜定爲之限，每户辦鹽一丁，準免田差若干畝，鹽丁復免之外，悉照民户編差，則詭寄竈户者宜可少革矣。極而論之，昔之册無弊而繼則有弊，繼也弊少而今則弊多，豈今之人盡不如昔哉？亦由官府有以驅之耳。官府之驅之者何？政苛而役重，民困不啻水火，甘犯王誅以逃一旦之命，豈其得已哉？何言乎重役？館驛館夫倍役目者率百數十金，巡鹽應捕倍役目者率四五十金，府縣庫子倍役目者率二三十金，司獄司獄卒倍役目者率一二十金，一入其中，富者破家而貧者亡命，豈其初則然哉？用度日侈，誅求日濫，包攬之市棍日肆，吏卒之需索日繁耳。又況皇木解户之類，倭米大户之類，應者喪魄，談者輒爲吐舌哉！故今欲革黄册之弊，非調停重役不可，非均官民僧道田之則例不可，非舉按前數條之積弊不可，而大要則在賢有司耳。有子産之智，則民不能欺；有西門豹之威，則民不敢欺。非此二子而有懇惻爲民興利除害之心，即不能盡洗而更之，亦可以得十之六七矣。其調停重役，語在傜役志中，倘採而行之，不惟一方之利，雖以推之天下，可也。

丘緒東錢湖議

東錢湖，一名萬金湖，故會合七十二溪之流，停蓄甚泓，而注溉三縣七鄉之河，其利賴甚慱也。自昔盡七鄉之河，足資三次放瀉之益，雖亢暘赤地，而苗不患槁，稱爲沃野。至於今，則淤葑不治，而侵塞填壅者相尋，兼之漏拽無禁，遇旱開放，不盈半河，窪者不支十日，而亢者一不沾溉，欲民之無飢，不可得已。是故濬湖之議，在今日當亟講而力行之者也。濬治之目有八：一曰固湖防。夫防以止水，所以廣瀦蓄而捍潰決也。今湖之爲塘者八，其尤長者，則高秋塘、方家塘、梅湖塘也。夫塘短，則兩山夾隘，脈或横亘於下，其勢常固；塘長，則兩山不接，皆容土所成，其勢善崩，非至堅厚不固。曩年方家塘決，二十里之外皆爲魚鱉，其已事可徵已。今欲濬湖使深，土無所歸，宜以所濬之土即加塘上，倍闊二丈，增高五尺，則雖侵湖二丈之水，而所濬之土，既得所歸，隄防之築又日以益固，可永免潰決之虞矣。二曰明水則。夫湖水淼漫，莫知多寡，必置水則以準之，然後蓄洩以時，而湖水可常盈也。自沿湖居民或侵填以爲居室，或樊植以爲園林，土薄勢卑，湖水一盈，輒掩其則，至有竊減以就低者。御史張景雖嘗改正，然亦未能適當舊則也。今必於固隄之後，準定水則，使一湖之瀦恒定三河之用，即没入居室園林，皆所不恤，則所害者少，而所利者衆矣。况其地本侵湖，不治其臯，亦已幸矣，而况可復加顧慮乎？三曰嚴侵塞之禁。侵湖之家，以水爲病，春夏水盈，輒偷啓諸碶而縱洩之，欲湖之無涸，不可得已。故既立水則之後，凡水所不及之地，白僭爲業者，必嚴加丈量，永從重則起科，而籍之以排花流水，使尺寸不得隱，則重科之害，庶是以抵白僭之利，而民或者其有警心矣。蓋已成之業，不忍遽壞，姑以是抑之。嗣是而猶有仍前侵塞，必重爲之罪。且并坐其塘長及里鄰，凡並湖之民，皆許舉首，則厲禁之嚴，庶幾民知重犯法矣。四曰重漏洩之罰。東錢之碶有四：曰錢堰，曰梅湖，曰平水，曰高湫，皆湖之所由以爲盈涸者也。比來塘長碶夫皆取貧難小户充之，既不能多捐功力，又不肯愛惜湖水，舊閘徒設，不用板築，但取薪茅雜沙土壅之。恐其決也，則減從低下，不與水則相平，水一踰則，蕩無限止，盡皆溢瀉。且以捕魚爲利，時常偷放，平時無半湖之蓄，又何望其爲旱乾之備哉？今必取近湖富户差點碶夫，而塘長亦以士人之家任之，則彼當自顧惜，而盜洩之患可止矣。倘或仍踵前弊，閘門不固，土築欠高，或包攬與人，或巡哨不謹，則重加贖罰，不少寬減，能無懼而知謹乎？五曰去茭葑之害。夫湖之所以淤塞者，以茭葑、葧蒲、菱芡之屬滋蔓其中，日久湮積，而茭葑之害，實居大半。自昔至今，亦屢嘗濬之矣，然或少除葑草，而根在復生，或薙之未出湖隄，而旋復委置，其在今日，則蕪没益甚矣。謂宜課七鄉食水利之田，始令畝先出銀一分，不足則增加之，務以茭葑盡去爲止。而所去茭葑，必募船裝載出湖，直至江滸交卸，差其船之大小而優給以直，令細民樂於應募，而絕其種之復生，則民固不免於出銀之費，而要之以佚道使之者也。雖盡七鄉之民而户徵一人助役，但毋令踰旬，焉有不樂趨者哉？即怨生一時，而惠及百年，長民者宜不憚爲之矣。六曰公水草之利。凡湖中水藻之生，可以糞田。往時沿湖居民隨其居址山場所近，各出力採賣，雖其利甚微，然亦足以爲小民之一助。乃今豪貴之家，依勢作威，悉行標管，至糞田之時，重價勒民貨賣。近湖之民，或有取其蘽椢者，輒肆笞箠，誣一償百。夫僭七鄉公有之物，奪小民近便之利，此豈人情王法之所宜哉？濬河薙葑之後，當無此患。但水土之性，自能化生，不久滋蔓，則作俑之後，豈能免專利者之心哉？此在當路者不畏强禦，嚴爲禁止，而一以公之於民，則濟民者庶不至於病民矣。七曰築隄以通道。茭葑可以舟載，而濬湖淤土不可以舟載。今日高秋、栗木等堰，凡往韓嶺及上下水者，皆舟於湖，屢有不測，欲去淤土而便行人，莫如即其中徑直處取淤土而爲之隄。起邵家山，跨楊家山麓，計其長不過四百餘丈，闊四丈，高四之一。固之以石，植之以木，則土有所歸，湖之瀦停益富，而行者有陸走之便，甚大利也。或者以買石固隄，費當不貲，不知湖心之土，欲以力致他所，其費更何如也！以此貿彼，寧爲失計哉？若梅湖與大湖之間，舊有一隄，宜亦增高倍廣，以去兩涯下之淤，斯可矣。八曰因土以成山。夫湖之淺濘可濬也，而間有不可濬者，何也？溪澗沙土隨横潦而出，壅塞浮漲，幾與隄平。豪貴之家遂僭爲田，邊湖小民率行佃種，如近年下水湖口之爲者。此廢湖之漸，甚不可不慮也。蓋既耕爲田，其勢苦窪，必洩水以便業，水洩則灘漲皆出，効尤而耕之者踵至矣。如此不已，湖欲無廢，不可得已。然漲土積高，不可以頃畝籌算，必欲盡出於湖之外，即百千之衆，誰能畢之？不如因高成丘，隨其所在，聚爲山阜，傍樹榆柳，使不爲波濤所齧。如方家湖塘之下，有河一帶，非舟楫所通，即以傍近淤土填之，既而成田，官賣以充淘湖之費。又其地近山谷者，即隨高低大小，聚而堙之，則淤土可以盡去，而蓄水必多，七鄉灌溉之利，萬世當歌誦之矣。或曰，子之議則得矣，其如工費鉅萬，民不能堪，何哉？曰，昔人有言，不一勞者不永逸，不暫費者不久安。西門豹爲十二渠，民頗煩苦之，豹曰：「民可以樂成，不可與慮始。今父老子弟雖患苦我，然百歲後期令父老子弟思我言也。」其後渠成，民卒利之，數百歲後，猶頌其功不衰。況今民失湖利，數苦旱災，思欲濬治久矣，因而率作之，是爲所欲興聚，將并患苦而無之矣，何不堪之有哉？今觀唐之陸南金、宋之李夷庚，凡濬湖有成績者，皆祠之不忘，蓋可知矣，何獨至於今而疑之乎？

宋吴潛以觀文殿大學士沿海制置使判慶元府，寶祐六年，準樞密院劄子：勘會邊聲日急，賊謀叵測，合嚴行措置。仍自金山以至徘徊頭，創立烽燧，接連澉浦，行下定海水軍一體措置。聯絡聲援專委官同統制，按睎險要，均布地界，置立烽燧，分爲三路，皆發軔於招寶山。自招寶山至海洋壁下山者共十二鋪：招寶山帶東北取至烈港山一鋪，約一潮可到，傍近雖有七里嶼、鐵杵山，俱是小山，每有風潮，海浪皆衝激而上，不可置立烽燧。烈港山西北取至五嶼山一鋪，約一潮可到，傍近別無以次山嶼。五嶼山東北取至宜山一鋪，約一潮可到，傍近別無以次山嶼。已上三鋪，若天氣清明，烟火旗號僅可相應；遇海氣冥濛，霧露遮蔽，風雨晦暝，皆難應號。宜山西北取至三姑山一鋪，約兩潮可到，傍近別無以次山嶼。相隔稍遠，不問晴明陰晦，烟火旗號皆難相應。三姑山東北取至下干山一鋪，水路約一十五里。下干山東北取至徐公山一鋪，約一潮可到，傍近別無以次山嶼。其二鋪汛息，與烈港至宜山三鋪同。徐公山帶西北取至鷄鳴山一鋪，約四潮可到，傍近別無以次山嶼，其汛息與宜山至三姑山相類。鷄鳴山直東取至北砂山一鋪，止隔一港，烟火旗號皆可相應。北砂山直北取至絡華山一鋪，約一潮可到，傍近別無以次山嶼。絡華山東北取壁下山直西至石衕山一鋪，風水便，半潮可到。稍逆，一潮。傍近別無以次山嶼。二鋪汛息與徐公山至鷄鳴山鋪同。自石衕山東北以至西北，別無山嶼，皆深洋大海，浩浩無垠，是爲壁下山一鋪。其自招寶山沿海抵向頭寨者共九鋪。招寶山二十里，至陶家酒店一鋪。陶家店約十八里，至貝千念五家前一鋪。貝千念五家前約二十餘里，至澥浦山正覺寺前一鋪。澥浦山頭爲一十五里，至沙角山頭陳亞三家前一鋪。沙角山頭約一十餘里，至伏龍山尾一鋪。伏龍山尾約一十五里餘，至施公山王友二家前一鋪。施公山約一十八里，徐亞三家前一鋪。

至周家塘鹽場周太家前一鋪。周家塘鹽場約二十里，至下澤山頭林太家前一鋪。下澤山頭約一十餘里，至向頭山分戍營外翁太家前一鋪。其自招寶山沿江達本府看教亭者共五鋪。招寶山約一十五里，至石橋渡沈、季二太家前一鋪。石橋渡約一十五里，至馬阻滙徐鹽户家前一鋪。馬阻滙約一十里，至路林楊再八太家前一鋪。路林約一十二里，至白沙王太家前一鋪。白沙約八里，至本府看教亭一鋪。用兵五名，合干人一名，往來照管巡轄。及招寶山一鋪，增差合干人一名，沿海以至向頭，沿江以至府城，亦如之。鋪兵口券，每半月一番支給。每夜發更時，自看教亭賫號火平安牌至帳前傳入，押教報覆。蓋法當於奉國樓置立一鋪相映，以内郡耳目易駭，遂從看教亭密傳一牌，竟達轅帳。而沿江沿海，號火疾馳，觀者悚懾。

舟山志

舟山古邑治，四面環海，東接普陀、桃花，南連崎頭、横水，西接長白、馬墓，北連長塗、劍山。自所城至東塘頭烽堠程一百里，至南舟山烽堠程三里，至西碇磁烽堠程六十里，至北干礦烽堠程三十里。其地之險者，東則塘頭、螺門一帶，地勢遼闊，而塘頭極險，逐利者常於此處勾引盜艘。南則曹山、謝浦、梅家塾、螺頭、天童密邇所城，關係匪輕，而梅家塾直對曹山大洋，倭奴曾經入據。西則岑江、碇礁、大沙、小沙、千礦、馬嶴一帶，地形廣遠，雖有馬墓兵船，然相去遥遠。嘉靖時，王直輩曾自岑江登岸，竊據蘆花嶴結巢。北則柯梅、白泉、大嶴、釣嶼等地，而柯梅亦曩時倭夷蟠踞爲巢穴，所當在在嚴防者也。蓋舟山周圍皆海，賊舟無處不可登岸，而東之沈家門，切近烏沙門，去普陀不遠，一望海洋，浩淼無際，島夷相連。嘉靖乙卯夏，倭船百餘隻突犯普陀而入據之，遂至東陲鼎沸。及徵兵七省，費金錢四十餘萬，幸而撲滅。皆繇平日無備，致此禍患。實南北兩洋扼要之區，爲舟山最衝險之地，宜設重兵以守之。今參將標下官兵分派三信，一時有警，策應不前，深爲可虞。按地之極衝者，沈家門誠重矣，而漸出塘頭，亦正不輕，皆昔係倭奴流突之處，今屬盗賊窺伺之區。次衝者，岑江、碇礁二處塗淺易登，入犯爲易，且自蛟門至横水、崎頭等洋，海面四達，均宜設兵船防守。夫定邑爲寧郡咽喉，而舟山爲定邑門户，攘外正所以安内。舟山固，則定邑固，定邑固，則寧郡以達紹郡俱固。有地方之責者，不可不深長慮也。

東五潮至西莊石馬山，與高麗國分界。西西潮至蛟門，與定海縣分界。南五潮至隆嶼，與象山縣分界。北五潮至大磧山，與蘇州府分界。東南五潮至韭山，與象山縣分界。東北五潮至陳錢、壁下，與海州分界。西北三潮至灘山，與嘉興府分界。

水程。定海關東約六十里至金塘，金塘約九十里至舟山，舟山約一百四十里至普陀。定海關南約三百里至昌國、青門，青門東約一百五十里至韭山，青門南約二百里至牛欄基，牛欄基約一百里至金齒門。定海關北約六十里至烈港，烈港約百里至兩頭洞，兩頭洞約二百五十里至羊山。

山。翁洲山自四明之東湖、小白、寶幢、育王迤逶而走大謝，伏黃牛，越金塘、策子，而崛起於岑港之西山。山稍北，發二大脈，而南北岐之。西北一帶約六十里餘，曰烏丘山、紫窟山、大沙山、青嶼山、五百嶴山、大周嶺山、寺嶺山、獺洞嶺山、大頌河山、長青嶺山、平石嶺山、山椒多方廣石，碧流雙澗，左右引映，下頗夷曠。馬嶴山、平衍環帶，原隰之膏腴，唐開元時，議立城於其間，緣北面土磽，不果。五雷山、小扈山、虞嶴山、小蘆山、千覽山，旁之支脈曰三江山。橫縮而東，曰長嶴山、大虞山、東湖山、白泉山、田嶴山、祝家山、丘家山、北墠山、吊峙山、柯梅山，地曠坦，田膏腴。嘉靖間，倭結巢。析而爲炭山、余山、小梓山而盡。此屬富都鄉。其去海中附麗者，曰岑港山，總哨兵船泊處。西堠山、桃搖山、西莊山、魚龍山、長白山、馬墓山、北哨兵船泊處。官山、岱山、蘭秀山、灌門山、長塗山、定北分哨駐此。南墠山、浦東山、紫微嶴山、天童山、南山、溪口山、王家嶺山。折而爲虹橋山、青嶺山。突兀而起，曰雙髻山、宋志：雙髻山二峯如髻，矗立天表，特出群嶂，衆山羅列，城之四出諸山，環繞起伏，咸所自也。相傳葛稚川煉丹處。鎮鰲山。舊縣治據其麓，山判而爲二：支脈左曰州衙山、巉巖多怪石，巔平可構屋。翁山，一名觀山，去城東南半里，乃受降黠賊王直處。嘉靖癸亥春，都督盧鏜、知縣何愈、都指揮李興建文筆於其上，今廢。曰舟山、在城南三里，其形如舟，因名。闞山。圓峯聳矗，爲城之内案，上有洋山廟，闞山烽堠。右曰曉峯山、城西五里，屹起峯巒，高一里許。長崗山、王家山、金家山。引而爲茅嶺山、馬橫山、裏嶴山、野嶴山、螺頭山。城西南有島，突起海心，其狀如螺，故名。縮一脈，發自北之五雷山，迤東而行，曰頰河嶺山、金字山、叠石嶺山、東臯嶺山、東灣山、王家山、龜山。山之外曰淡水坑山、東江山、青雷頭山、石衕門山東南海中，數峯崛起，潮汐經流其中，旁爲十六門，亦名爲十六門。楊嶴山、陳嶴山、小嚴山、甬東山、謝浦山、鼓吹山、世傳徐偃王戰場，山嶺平坦，可容數百人，每風雨，隱隱有樂聲。石弄山、山石玲瓏，雲影穿漏，故名。桃花山、東海中世傳安期生煉丹之所，嘗以醉墨灑石，成桃花紋，故名。劉嶺山、石墻墩山、沈公嶺山、石門山、吴山、翁浦山、又名滃洲山，去城東四十里，葛仙翁煉藥於此。宋乾道中，耕者得一銅鼎，無足有耳，耳不穿竅，中容一斗，其煤墨未泯，識者爲煉丹器也。徐偃王嘗居此，城址猶存。唐置翁山縣，以此命名。陣嶴山、偃王列陣處。牙頭山。山之裏曲曰茅洋山、洩嶴山、龍塘山、田嶴山、王大扈山、大蒲嶴山、蘆花山、丘家礵山、墻嶺山、昔有人登山，常見老僧趺坐石上，因叠石爲墻而禮焉，故名之。小扈山、大展山、下塘山、沈家門山、正兵哨駐處。補陀洛伽山、東海中，約一潮可到。佛書稱海岸孤絶處也。一名梅岑山，或謂梅福煉丹於此，因名。有善財岩、潮音洞，乃觀音大士化現之地。僧德韶鑿石甃橋，宋寧宗題額曰「大士橋」。東霍山、東北海中，世傳徐福至此，有石碁盤修竹環之，風枝掃拂，常無塵垢。玉峯山、在岱山鷂子尖巔下，岡巒秀拔，林樾蒼潤，時有白霧蒙抹其巔。寺鍾山、在秀山之巔，有古石佛殿址，堦砌猶存。旁有一井，遇陰晦，隱隱如鍾聲。佛嶼山、在秀山之巔，一峯特立，儼如佛像，旁睨如背負一佛。碓砧山、在岱山北，海中屹起，形如碓砧。黄公山、東海中，或云，晉黄公能以幻術制虎，斃於此山，故名。順母山、東海中，有石如牛形，人謂石牛。竹嶼山、西南海中，隔岸止十餘丈，叢竹生焉。盤嶼山、與竹嶼山隔海對峙，山勢盤旋，故名。黄楊山、城東北，巉巖險峻，一峯傑出，曰黄楊巖。西蘭山、大若山、裡岸山、浡塗山、舊名浮塗。巉岩山、滕嶴山、岩客山、俱南海中。小竿山、大竿山、崑斗山、麻嶴山、蛟山、登部山、馬秦山、黄公山、徐公山、雙嶼山、石珠山、俱東南海中。東勾曲山、石馬山、隩山、俱東海中。浪港山、深水山、蛇山、竹山、洋山、東蘭山、元霍山、西枯山、東曉山、東枯山、桑子山、舊名桑石。石蜀山、東朐山、穿石山、北壁山、大衢山、小衢山、三星山、冷嶼山、西須山、須皓山、洛華山、青閣山、馬跡山、丁興山、洋山、陳錢山、一名神前，俱東北海中。大磧山、東乳山、東岱山、西朐山、大洋山、吊嶼山、俱北海中。回峯山、西良山、二姑山、西岱山、正策山、吴農山、如岸山、横子山、西桑山、五嶼山、宜山、黿鼈山、俱西北海中。嘉門山、小茆山、三山、大茆山、砂羅山。俱西海中。

嶴。金家嶴、地窄，頗腴。茅嶺嶴、土瘠，多湖田。虹橋嶴、偪窄土瘠。頌河嶴、地廣而瘠。青嶺嶴、水田少，多産水竹。王家嶺嶴、地窄。溪口嶴、土頗腴。圓壚嶴、地窄迫瘠。小泉嶴、窄瘠。侯家嶴、地頗腴。紫微嶴、土肥力倍，雖值儉歲，不至荒乏，内有鹿夫善射，曾勝倭寇。寺奥、卑狹。芋嶴、地平妥。天童嶴、地曠，高下相值，多魚鹽之利。裏嶴、上瘠多鹽田。野嶴、頗坦。鹽倉嶴、田地頗腴。鹿頸嶴、腴瘠相半。黄泥嶴、土肥。石頭嶴、土頗腴。西嶴、土肥。大砂嶴、地曠，居民多資菽粟竹木爲生。岑江嶴、衝要海口，賊累登刼。嘉靖丁巳冬，倭夷據此，焚掠一空。今居民雖築墻自衛，歲久亦壞，須備禦以遏賊衝。青嶴、土瘠，産竹。小砂嶴、土瘠，居民捕魚爲生者多。碇齒嶴、土瘠，居民多資漁。五百嶴、土曠，居民多資漁樵。已上屬富都鄉。馬嶴、地坦而腴，高下百餘頃。杜家嶴、窄瘠，嘉靖壬戌春，把總章延廩斬倭夷百數於此。千礵嶴、山水頗奇，田地殊沃。小路嶴、偪瘠。黄沙嶴、土瘠。後嶴、瘠窄。西嶴、窄。白泉嶴、土膏腴。茅洋嶴、地闊而瘠。鱉嶴、窄。孟家嶴、窄。柯梅嶴、向季倭夷所巢之地。北墠嶴、地頗腴。釣嶼嶴、土曠而肥，多漁鹽之利。因近海口，每被登劫。長嶴、窄瘠。炭山嶴、地高低。外嶴、多鹽滷。大展嶴、地曠而瘠，民以樵漁爲生。小展嶴、地窄瘠。塔嶺嶴、土頗腴。小蒲嶴、土窄而腴。蘆花嶴、地曠頗腴。大嶴、肥瘠相半。邵嶴、地腴，嘉靖丙辰春，倭夷百餘自謝浦、梅家墊徙巢於此。冬十一月，參將張四維統湖南桑植兵剿殲之。蒲嶴、地曠，肥瘠相半，多資魚鹽。南嶴、地窄而腴。司基嶴、坦曠。祝家嶴、窄肥。施家嶴、土頗腴。吴山嶴、地曠，肥瘠相半。鄭嶴、土瘠。洩嶴、土窄瘠。龍塘嶴、窄瘠。苔浦嶴、窄頗肥。東湖嶴、土卑而瘠。麻嶴、窄而瘠。陳家嶴、平坦。甬東嶴、坦曠頗腴，多藉魚鹽。大楊嶴、曠而瘠。小楊嶴、瘠而窄。東嶴、窄而腴。西嶴、窄瘠。郎家嶴、頗腴。大蘋嶴、地曠而腴。下頎河嶴、民藉樵獵爲生。附洞嶴。

已上東北隅地注十七。

港。舟山關港、城南三里，官哨船隻停泊於此。岑港、去城北四十五里，相傳六國港口，南北舟航，鱗集於此。潮自桃摇、西後二門，會竹嶼、溪頭之派，而漫漲於西南之大洋，謂之横水注十八。

雙嶼港、去城東南百里，南洋之表，爲倭夷貢寇必由之路。嘉靖間，總制軍務朱公紈命備倭都指揮盧鏜率兵衆堵塞之。

烈港、去城北百十五里，逼近金塘山。嘉靖三十五年，都督盧鏜擒斬倭酋辛五郎等三百八十餘於此，勒石，更名平倭港。馬墓港、去城北海中百餘里。長峙港、去城南關外一二里，魚鹽樵獵之利頗饒。長塗港、在岱山西南。穿鼻港、潮入松子渡，舟過横水，風色不堪，率泊此。沈家門港、總哨兵船駐此。白沙港、大小漁船泊此。石牛港、總哨兵船泊此。嶴山港、通城樵漁絡繹之處。青龍港、兵船停泊。沍泥港、兵船會哨。忝吞港。在盤峙之東，南北潮流匯處。

烽堠二十八。舟山、外湖、螺頭、鹿頸、近海，民少勢孤，常被賊登犯。蒲沙、西山、碇齒、崎嶴、即大沙地方，賊常於此登船。郎家碶、袁家碶、三江、與沙嶴相連，賊常登犯。干礸、朱家尖、已上屬中中所。青雷、謝浦、石墻、包家、石衕、沈家門、接待、赤石、小展、釣嶼、程家、石墠、塘頭、西碶、順母塗。已上屬中左所注十九。

寨三。沈家門寨、原係水操之地，有軍防守，近皆取回。番船去來，皆泊於此。内有趙嶴、南嶴、蘆花嶴、大嶴，去寨三五里。向居民築墻大嶺，阻截總路，近徑由水路或間道而入，屢被劫掠。更須慎禦，庶克有濟。干礸寨、西碶寨。

隘六。碇齒隘、與外港相對，居民勢孤，累被登劫。螺頭、小沙、路口嶺、岱山、大展。

臺一。青雷頭。

自夏少康封庶子無餘爲諸侯，以主祀事，是爲越國。而鄞、鄮、句章三縣，爲越東採邑。句踐，無餘後也。周敬王四十六年，爲吴所滅，尋復封之。既而返國，嘗瞻勵志，遂滅吴，欲置夫差甬東君百家，是其地也。周屬越，秦屬會稽句章縣〔二二〕，至漢成帝陽朔元年，以寇警徙句章，後漢、晉、齊、梁皆因之。唐武德四年，析句章，置鄞州；八年，廢鄞州爲鄮縣，則其地屬鄮。明皇開元二十六年，置明州，析鄮置翁山縣，因採訪使齊澣之言也。代宗大曆六年，廢於袁晁之亂。五代改鄮爲鄞，則其地又屬鄞。宋端拱三年，置鹽場。熙寧六年，析鄮東之海中洲，因部使薛戎之言也。以蓬萊、安期、富都三鄉置尉，以主鬭訟盜賊之事，已而創縣，賜名昌國，蓋王安石宰縣，憫其繁劇，故分之。元豐元年，復益以定海之金塘鄉，共四鄉，爲下縣，而明之屬縣凡六矣。紹興十三年，户部員外郎沈鱗編類籍，户計萬餘，而丁口再倍。建炎中，高宗航海，舟次昌國縣。金人自明州引兵攻定海縣〔二三〕，破之，遂以舟師絶洋犯昌國縣，欲襲御舟。至崎頭，風雨大作，和州防禦使樞密院提領海舟張公裕引大舶擊散之，虜乃去。元至元十五年，陞爲州。至正十八年，爲方國珍所據。國朝洪武二年，改州爲縣，十二年，立昌國守禦千户所，時明州衛守禦千户慕成立城五百丈〔二四〕，未竟。次年，指揮許友展跨鰲山成之。洪武十七年，我太祖以東南控海之地，乏兵以守，恐致寇害，命設衛所及岑、寶、螺、岱四巡司，隸於縣。兵民乂安，教化流洽，海東一隅，規模宏遠，誠駕宋軼元，爲我明邊陲捍禦。於以覩皇祖撫御鴻猷，建於不拔，孰不願循此以往，世世無改哉？迨二十年，湯信國奉詔處置地方，據畫到各所在地圖，革衛、縣學校，而遷其民於内地，夷縣爲二所，帶屬定海縣。噫！信國是舉，與我皇祖改州爲縣，增立衛所之意，不亦天淵也耶？

舊邑曰翁山，宋志云，縣城周廣五里，熙寧六年，析三鄉益之，改名曰昌國，始築城鑿池。至元中，陞昌國爲州。自宋元以來，倭夷微弱，不足爲患，畊漁之民惟知供賦，各安其生。國初夷氛漸熾，我太祖絶其朝貢，嚴以備之。洪武二年，增葺昌國城池，改州爲縣，設立衛所，練兵恤民，以固封守。城高二丈四尺，址廣一丈，周圍一千二百一十六丈，延袤五里。闢東、西、南、北四門，門各有樓。穴水門於東南，各置吊橋，羅以月城。城之上，有雉堞二千六百七十三，警鋪六十。外爲濠，自東南及西一千二百六十丈，北際山，不設。十七年，改昌國衛。二十年，湯信國公徙衛於象山縣之東，存中中、中左二千户所，屬定海衛；革縣，存民五百餘户，屬定海縣。勑命總帥居守。永樂十六年，都指揮谷祥以地衝要，重加修繕。正統八年，户部侍郎焦公宏以城大兵少，裁東北隅半里，今廣四里半，濠隨城廣。城門凡四，門各署名：南曰文明，濠橋外木栅曰迎恩；東曰豐阜，外木栅曰賓陽；西曰太和，外曰西安；北曰永安，外曰北固。西北跨鎮鼇山，東抱霞山，餘皆平陸。嘉靖四十年，都督盧公鏜、海道譚公綸增築敵臺二十處，以備用武，歲久傾圮。萬曆甲寅年，副鎮張公可大修築，增埤濬隍，以次受工，修完城身九十八丈九尺，女墻一千四百十丈三尺，四門大城樓四座，兵馬司房四座，箭樓五座，敵臺八座，鐵木門十八扇，吊橋二座，石堤四十一丈，此因其舊而葺之者。又南門月城一座，二十丈；水門一座，九丈；兵馬司房二座；總臺鋪一座；箭樓四座；敵樓五座；窩鋪三十八座。

洪武二十年，廢昌國，隸定海縣。議得沿海地方原設總督備倭都司，後倭寇爲患，督闔權輕，策應不前，添設參將一員，駐劄定海，分守寧紹地方。嘉靖三十四年，倭破臨山衛城，撫按題請添設總兵官一員，駐劄臨山。三十五年，又議得定海爲倭夷貢道，關隘尤衝，乃改駐定海，其參將改駐臨山。隆慶二年，軍門谷題改駐舟山。

胡宗憲舟山論

信國公湯和經略海上，區畫周密，獨於舟山似有未妥者。蓋洪武間，倭犯中界，犯玉環，犯小濩寨，皆浙東海濱，信國所親見也。其來也，自五島開洋，衝冒風濤，困眩精神者數日，至下八、陳錢而始少憇。然孤懸外海，曠野瀟條，必更歷數潮，泊普陀、烏沙門之類，而後得覘我兵虛實，以爲進止。若定海之舟山，又非普陀諸山之比，其地則故縣治也，其中爲里者四，爲嶴者八十三，五穀之饒，魚鹽之利，可以食數萬衆，不待取給於外。乃倭寇貢道之所必由，寇至浙洋，未有不念此爲可巢者。往年被其登據，卒難驅除，可以鑑矣。我太祖神明先見，置昌國於其上，屯兵戍守，誠至計也。信國以其民孤懸，徙之内地，改隸象山，止設二所，兵力單弱，雖有沈家門水寨，然舟山地大，四面環海，賊舟無處不可登泊。設乘昏霧之間，假風潮之順，襲至舟山，海大而哨船不多，豈能必禦之乎？愚以爲定海乃寧紹之門户，舟山又定海之外藩也，必修復其舊制而後可。

衢州府志

防礦兵。嘉靖四十五年，設兵三總，共一千六百二十三員名匹，内一總支徽州協濟兵餉，俱屯插府城。訓練。嗣後地方稍寧，減兵一總，免支徽餉，實存官兵二總，名爲前、左二營。其營兵一總聽守備管領，一總於所屬指揮千百户中選堪用一員領之，聽守備節制。萬曆十九年間，因夷情重大，添設威遠營官兵一總，計五百七員名，聽守備訓練。萬曆二十年七月，分發二哨調征寧夏，仍存三哨與防礦官兵併爲左、右二營，每營復爲五哨，共計官兵一千九十員名匹。萬曆二十四年八月内，奉文挑選每營復併四哨并中軍員役共計八百八十二員名匹，續又奉文減去右營醫生，將左營醫生隸之，實存官兵八百八十一員名匹，每年兵糧俱繫本府給發。

開化縣志

開採。萬曆二十六年，礦税事起。有謂開化六都、大尖塢八都、鳥哨塢及四都三處礦洞可開者。時採礦曹内監委官馬忠挾諸商至縣起工，先乞大尖塢，開兩月，採礦砂四千斤，約百斤烹得銀一兩，不償所費。於時邑侯劉文孫防範周詳，奸徒斂戢。及内監親臨，侯不激不隨，調停上下。然礦利既目擊烏有，又不肯空返，侯不已，議將雲霧山官木召拚，得四百金，抵充礦價。内監既去，礦洞仍封，苛斂不行，民不知役，地方晏然，仁侯之力也。後三十年而有議採木雲霧之事。

雲霧山者，邑宦宋氏山也。僻在二十四都界德興、延袤頗廣而中阻深。嘉靖間，吾氏與宋搆訟。吾黠甚，揚言此山藪盜爲不軌，以聳當道而傾宋。勘者至，則植幟舉煙惑之。宋宦長者，不與争，入此山於官而訟遂息。官爲令每五年一焚林箐。迨萬曆中，劉邑侯有拚木抵礦之議，土人李辛戒等納價四百拚之，蓋宋氏所遺盡於此番矣。不知何故，山名四馳，奸徒垂涎。天啓初，有聳兩臺願自備工本採木助遼餉者，事下本邑。已而竿櫝紛至，皆大力者主之。王侯家彦曰，此非躬勘，無以塞饞口。遂深入其阻，據實申報，邑人亦始知此山之實無木也。然奸徒意未已，竟走京師。適大工興，旁搜利孔，言路霍掌科遂有摭其説以聞者，甚謂山方千里，木可棟明堂，地可興屯。旨既下，浙上下愕眙，利害叵測。邑巨姓及鄰山居氓洶洶將逃徙，而但侯宗臯方下車，毅然身任之，亟往勘，如王侯言，則陳七不可、一不必，侃侃争之。未幾道尊孫枝芳、郡尊舒崇功覆勘，知侯議不可奪，遂詳撫臺潘疏請罷採。當是時，璫鋭意黄山之役，以爲雲霧即黄支别，於是浙縉紳在京者合疏，稱雲霧屬浙，與黄山了不相干，因以伸撫臺之言，竟得旨報罷，第嚴居民竊取之禁。

金竹嶺巡檢司在縣北六十里，因六都、八都礦洞地方遭處州礦賊竊發，特設防警於此。邇來礦雖久閉，而徽、嚴之界多盜，巡檢遂住馬金鎮，以便彈壓巡緝，第當以禦暴爲功，勿以處囂爲利，則官與地宜矣。

華埠兵營在縣南三十里。隆慶間，二十七、八等都屢被流寇劫掠，因設營於此，把總一員，哨官五員，每哨管兵百名，以時操練，各處巡哨，寇盜斂跡，兵民相安。後兵經調發，遂不復設，止本府兵二十名，每季更番戍防。葉溪嶺蓋開、常、玉之交，寇盜出没地也。近年盜屢發長峯地方，邑侯但建議：「華埠與葉溪嶺相去十五里，華埠一大村落，人煙輳集，無所用兵。惟葉溪嶺最爲孤寂，山北界德興、玉山，山南即開化、常山，四縣隔界，足音罕至，宜行旅往往白晝被劫。而葉溪爲孤峯絶頂，以二十人而終日枯坐一窮山，四顧無鄰，其勢必不能持久。今本縣親履其地，再四籌度，與其虛設此哨，有防護之名，無防護之實，政不如移守石門，於防守最爲喫緊。蓋石門爲常山要地，而長峯一帶逼近石門，其中窮源僻塢，層岫叠嶂，本人跡不到而實盜賊出没之區。其緣崖而上，即爲葉溪嶺，以故大盜每暗伏叢薄，欺行客之不見，一到前即擄劫而去，徑過葉溪，莫可踪跡。是守長峯，正守葉溪之扼要也。雖長峯爲無人之境，而與石門鷄犬相聞。合將守葉溪兵移守長峯，而即以石門爲歇場，晝則分班巡哨，夜則團聚石門。長峯無人家蓄木，惟柴棘最深，尤易藏垢納污，伏乞牌行常山縣，每年秋冬放火盡焚其林，庶盜賊無埋身之所，而望風巡哨者亦易於瞭視，不復再有豺狼當道之苦矣。」遂移戍塢口。

白石寨在縣西六十里，二十五都，每遇盜賊竊發，男婦登此寨避之，賊不敢近。

蘭谿縣拓城議

邑東衢、婺兩江之水而東輸於錢塘，南欲拒北，則邑爲衢、婺之門户；北欲禦南，則邑爲杭、嚴之屏蔽。門户破而後衢、婺可攻，屏蔽固而後杭、嚴可守。且當衢處要衝，時有礦寇之變。城僅丈餘，東南則民居接比於城，高且過之；西則面溪臨險，而民皆架屋其上，故雖名爲城，實非可緩急恃也。建議者謂非拓城不可守。顧東南迤邐山麓，若易爲力，而北隅卑下，受諸谷之流而當其窪，勢不可以城，然卒之以費不貲而無所於謀，議竟寢。

東陽縣。馬駿嶺寨在縣東南一百四十里，地勢險峻，延袤三十里，金華、台州之咽喉也。嘉靖三十五年，主簿陳仕築禦倭寇。白峯嶺寨在縣東七十里，石棧縈紆，東通嵊縣，嘉靖三十五年築以防倭。烏竹嶺寨在縣東北四十里，上接鷺鷥嶺，以達諸暨之烏岩，與嵩嶺、大小嶺相連。嘉靖三十七年，鄉民團結防倭。夾溪嶺寨在縣東百里，嶺與天台相虬錯，岩障巀嵲，水東兩崖，下匯爲十八渦，嘉靖三十四年築。

湯溪縣。山口寨在縣南十里二都，大巖寨在縣東南二十里十三都，蘇村寨在縣南五十里十六都，皆本朝正統十三年按察副使陶成築禦括寇。

金華。鹿田爲蘭谿之間道，大陽嶺爲浦江之險道，箬陽、輔倉爲武義、湯溪之險道，義烏路多平衍，惟東北要害。

蘭溪。舊有下、淮、戍三河，戍當建德之交，防睦寇之正道也。盤山絶頂有古城巖，與崧山相聯絡。相傳黄巢爲寇，鄉民於此避亂。北可以入浦江。

東陽。東通仙居縣及玉山廢縣。元初，台寇揚鎮龍自此入縣治。雖置永寧巡司，其勢弱，故馬駿嶺、白峯、嵬山、夾溪皆當防守。又烏竹通鄞越，亦爲要路。

義烏。南通永康，東通東陽，而西通諸暨。元末張士誠嘗自諸暨入寇。

永康。正道自却金舘可抵處州，其間道去縣八十里，爲棠溪，可通縉雲、仙居。舊有孝義巡司，在靈山，去縣百里，與棠溪聯絡。其傍箭山、青石、三峯、密浦，皆嶄巖嶮巇。由孝義五十里至馬駿嶺，爲最險。又一道自縉雲出至永康櫸溪，歷金仙寺注二十，取道雙牌，循青山，度勝龍橋以達東陽之石門、安文、黄彈坑、大盆山。

武義。間道自麗水、宣平皆可入。正統末，括寇至羊棚峽爲巢穴。

浦江。西北抵富陽，與嚴陵僅隔一水，其山險箐密。我朝天兵取婺，胡大海先已攻下蘭谿，可謂西扼其吭矣。及聖祖親征，乃自蘭溪入浦江、義烏，取道至郡城，則又東拊其背，由是遂降。湯溪。東北爲輔倉、箬陽，實與金華接境，幽邃可避兵，然與括之遂昌、宣平相鄰，故蘇村爲要道。又大巖地方東通金華，西通龍游，北通蘭谿，此當三路之間道也。若出山口，則爲平原。若從琥公嶺，可入處州。其傍有大竿、小竿之地。

義烏縣志

礦防書

太史公曰：「天下熙熙，皆爲利來；天下攘攘，皆爲利往。」利者，争之首而亂之階也。有虞氏藏金巉巖之山，用塞貪鄙之俗，爲世慮深矣。周官金玉錫石之地，設礦人之官，爲厲禁以守，猶懼民之有争心也，物其地圖而授之，巡其禁令，古聖王豈不欲捐利以予民？而顧嚴爲之禁者，防其源也。往元時，江西豐城民告官採金，經久地産竭，卒以貽患。永樂中，浙温、處，閩福、建嘗開場置官，令内臣主之，督以憲臣，已不償所費而罷。由此觀之，山澤之利有限，或暴洩隨竭，或採取歲久而盡，非人力所可必得之物。而不軌逐利之徒，睥睨其間，適用啓亂。故利孔不可使開於上，自上開之，則憸臣增課之説乘是而進，而監採以爲民厲；利權不可擅於下，自下擅之，則奸民鑄鍊之術乘是而起，而倚山以爲盜藪，上下之俱傷，必繇此矣。縣之南五十里爲八寶山，以坐落第八保，故名。而流俗傳以爲寶者，舛也。山廣袤可五里許，林麓錯繡，中蓋有龍潭、馬跡之遺焉。其壤與永康接界，而逼近處州。嘉靖三十七年，永康鹽商施文六載鹽過閭里，熟睨八寶山之麓一帶小山，土色炤耀産礦，輒起盜心，乃搆黨方希六等九十餘人，由楓坑到山宮掘。近坑居民覘知之，犇報平望、倍磊之豪有力者。而陳大成、宋廿六等聚族謀曰：「夫夫也而貪無藝，寔逼處此以與我日夕争此土也，吾屬無噍類矣。」則投袂而起，共率子弟詣坑，手搏方希六、呂廿四等十四人解縣。而趙公故長者，念鄰屬，不忍寘之城旦鬼薪，第善諭遣之，而賊於是稍稍縱矣。是年六月十九日，施文六復訌衆千餘人據坑，而賊故恃頭領金周謝素驍勇，能飛刀刺人，則大張赤幟於山林，示爲國增課，招引亡命，益無所顧忌。陳大成等仍督衆子弟奮前捽擒十一人，解府收繫，而郡侯李公因出示：坑場殺死者不論。烏人奉是檄也以往，則無不控拳礪刃，願爲上用者。於是已得趙公趣兵勦賊之令，陳大成遂統率陳楡、陳禄、陳文澄等親兵數百，追逐上山。是時薄暮，日光反射，天忽微雨，賊望之色盡赤，目炫氣奪。我兵周麾以登，疾戰，遂戳死首惡施文六、金周謝等三十人，群賊披靡遁去。賊既收合餘燼，計復偹父兄之怨，念莫可鼓行者。而處州人善煉礦，以强悍聞，乃潛以銀沙和入土礦往紿景寧、龍泉等縣人民，煽聚慣賊楊松等三千餘人，至七月廿一日，蜂擁到山，斬山木而材之，竪立栅寨，馮陵我境土，鹵掠我村墅，居民大震。於是趙公遍檄各都選兵防禦，且懸賞以購於市。而童蒙亨者，習陰陽家，謂我將以三寸舌退賊師，而賞賚可立致也，則介馬而馳之。賊竟擁之隊中，不得還。偵報者以告，於是遂進師。先合，不利，却。陳春五十三、宋桂三十六等死之。已各都馮、陳、楊、王以兵至，與本都陳、宋併力進發，而陳大成等椎牛以饗士，宋氏亦各出私財犒之，遂領兵三千人踴躍逆擊，衷賊師，隨而殪之，俘馘三百餘人，而童陰陽遂被賊矢穿耳而亡。於是十月，處賊以敗回恚甚，乃大集師，聚至萬餘人，爲檄告都民趣具食，供芻粟以從。遂於初九日分兵，一支從天龍山來，一支從時溪嶺來，一支從掛紙嶺來，一支從楓坑嶺來，口吹竹筒，響聲震地，與我兵陳禄等遇於全莊，截殺，斬其七人。時賊全隊屯札山上，自萬圍尖至官畲嶺，旌旗蔽山，我師議不亟勦之，彼且盤據，難以卒拔。乃期會各都兵，初十日屯平望，十一日次坑，已進至上陳、塘埢。賊下山接戰，陳禄、陳炎廿二、陳希四等率衆奮擊，陷其前鋒，赤岸、葛仙、崀疇、青口、田心諸兵從旁擊其左右，賊衆大潰，所擊殺數千人。會次日天大雪，奔喙餘孽，重之以凍餒，即幸脱鋒矢，死相枕藉，已有逃至武義白溪口，回視夥之繼奔，若我兵追躡，争渡溪水，相繼蹂踐溺死不可勝數，於是已平礦賊。四府陳公臨坑慰勞居民，覩尸積成丘，用石封瘞，民始駸駸安業，不敢復言礦事矣。自是之後，邑侯相繼蒞臨，巡捕官每歲冬到坑封驗一次。已三十八年，有坑總之設。已四十五年，有官兵之戍，互相嚴守，隄防甚密。今上即位之二十一年，邊陲多故，帑藏空虛，或欲開礦以佐軍國，下其議於府縣，於是本縣知縣周士英爲具陳礦所以不可開狀，事遂寢，封閉如故。

民兵書

蓋召募非古也。古者兵出井田，司徒致民，司馬致節，無事則以時屬民而較登其大家之衆寡，急則比什伍，簡兵器，以鼓鐸旗物帥而至，人盡兵也，安所事募？募者，起於兵農之分而師武之不足也。自漢武帝盛兵以威四夷，增置羽林校尉之屬，而又不愛通侯爵賞以風海內，則募兵始此，而兵制寖壞。陵夷以至末季，大盜群起，往往召募增兵，創立名號，爲陷陳、義從、積射等類，宂濫不可較，而國力枵然，迄不振以亡。唐初制府兵，兵平日皆安居田畝，國大師下符契於州刺史，乃發；事竣，將解兵歸朝，而士卒賜勳加賞，遂罷歸。蓋猶兵農合一之遺焉。已變而爲彍騎，已又變而爲藩鎮，其極也，將卒獷悍跋扈弗爲用。宋制禁廂兵曰保捷，曰振武。慶曆四年之後〔二五〕，大募兵充禁旅防守，不耕而聚食者百十萬。而是時所募之兵，皆坊市無賴，安豢養，勢不能不惰驕。及驅之赴敵，多嗸訾而不肯應，賞賚稍不稱，輒圜視而呼。蓋名雖爲兵，而實呰窳不可使之人也。明興，分軍民籍，而民力農養兵，兵守戍衛民。天下久平，衛所軍日耗而變劇。正統末，令府州縣招募民壯，所在官率領操練，有警調發，而民復有兵。正德中，計丁糧編機兵銀，人歲工食七兩有奇，大縣至累千金。於衛兵外復取民財而購民爲兵，其天下益多故，財耗兵脆，衛軍僅名額，而機快徒虛名，曾不獲一旅一卒之用。有急輒復議募以已難，而徵兵之令紛紛下郡縣矣。嘉靖二十八年，題准土著居民有能率衆報効招至百名以上者給冠帶，三百名以上者授散官，則名色頭目之媒也。四十二年，令副、參、遊、守等官自募家丁，報名在官，一體給糧，則將官私募之囮也。萬曆三年，議准募浙兵三千人，各給鳥銃赴鎮，以備衝鋒攻擊，則南兵調北之漸也。自是之後，北孽胡則募，南孽倭則募，中孽寇賊則募，師旅亟動，百姓罷敝，然而募者猶踵接烏邑。夫以百里之生聚，而當四方之徵召，日削月耗，猶爲烏邑有人乎？語曰「毋爲戎首，反受其禍」，蓋謂烏邪？國家無大兵革，二百餘年於兹矣。烏俗之於慓黠，雖其天性然哉，然承平日久，耳目所漸漬謡俗被服，率多耽於佚樂，聞金鼓則心悸，覩旌旗則色變，試之兵不習也。長老曰，烏兵之起也，則以礦寇。先是，嘉靖三十七年，處州不逞之徒煽訌入我南鄙，井堙木刊，民大震恐。倍磊陳氏首糾義旗，衷其師擊之，盡殪，死者以澤量。而民因是騣騣玩兵器於掌股之上，武夫之勃興，自此始已。倭寇蜂起，參將戚繼光購勦賊之首事者，而陳大成等率衆應召。三十九年，統兵赴台防守。四十年，破倭於白沙洋，俘斬以千計。調往江福援勦流寇，及攻久屯賊巢，所向殄滅，以軍功顯。而子弟多食租衣税，懸金以詫閭里，人益鶩於戰功矣。由此觀之，初兵之起也，敵加於己，藉以自救，是謂應兵。其既也，賈其餘勇，惟利是徼，是謂貪兵。卒之事變多故，徵發日騷，武勇陵遲，耗蠹萌起，物盛而衰，固其變也。今上即位之二十年，孽臣劉東陽以寧夏叛，築壁堅守，王師環而攻之，已又決河灌之，弗能下。於是議者發烏兵三千人趨之，兵出之日而人人憂其弗反也。至則蹈瑕乘間而入，上功幕府，所獲輜重不可勝數。君子謂是役也，水攻不如吾甲攻之剽而疾也。是歲也，關白倡亂海島，席捲朝鮮而墟其國，我兵是以有遼左之役。遇倭於碧蹄，王師不戒，敗績，我兵死事者百餘人，報至而哭泣之聲相聞閭巷。於是倭勢日益猖獗，與吾界鴨緑江而國，揚聲入犯。而深計者且謂戎心叵測，指淮口則咽喉絶，扼天津則腹臂斷，躪吴越則手足痺，躡留都則根本摇，而士氣久靡，營衛列屯之軍徒負尺籍名，至不能受甲。乃紛紛議募，而徵師於烏，則自杭省至，則自吴淞至，則自留都至，則自淮揚至，則自遼津至，街巷之間，靡然發動。而一二緣事將官假借總哨，餌給紈袴子弟，垂橐至千金，而不佐國家之急。是後干戈日滋，行者齎，居者送，中外騷擾而相奉，財賂衰耗而不贍，賦税既竭，猶不足以繕糧餉。大司農言，於是稍稍議罷，而所遣天津兵三千人，中道發回。士卒以月糧不給，輒脱巾鼓譟，賴當事者曲慰勞，乃止。自兵散田里，農種失業，衣食亡賴，輒多穿窬拊捷、抽箕踰備之姦，户扉不寧，桁揚者背項相望也。無幾何而浙、直所募之兵，輒復竄迹而逃，弗爲用。主者治逋逃之罪，曰：是前之三尺籍固在，而奈何縱之去也？則烏是問。蓋至是則兵與民交受其敝，而後知兵之流毒遠也。善乎！司馬光之論民兵也。當韓魏公柄國政，欲刺陝西民爲義勇，司馬光力争以爲不可，略曰，凡民生長太平，不識兵革，所事惟田畝力作，雖日教閲，獨旗號鮮明，鉦鼓備具，可美觀而止，一遇寇敵，即瓦解星散，潰敗立至。自後放汰還農，則惰游已久，不復肯服稼力穡如異時矣。又田産空盡，流落無歸，强者爲盗，弱者轉死，長老至今於邑長嘆，此可爲永戒而不可復也。況今既賦斂民之粟帛以贍軍，又復籍農民之身以爲軍，是一身而兼軍民之任也，民之財力，何得不屈？此前事之不忘，後事之鑒也。夫烏今實類是，覽里老之呈牒，可悲焉。呈稱念邑僻處山鄉，向服禮教，不諳兵務。始自嘉靖三十七年，勦滅礦賊有聲，倭寇擾浙，因而召募，無有寧日。亦省守禦，烏兵居多，十室九空，朝不保暮。近來京師、各省冠蓋相屬，下縣招兵。官府窮於支應，小民艱於供役。應募者皆精壯，留家者盡老稚，田業失種，税糧何供？切念普天俱屬王民，烏俗獨罹劇害，懇乞憐准轉詳，俯拯民困。繇里老以言，小東竊嘆於憚人，北山感慨於王事，烏蓋兼之矣，安有爲一方阽危若是而上不驚者？萬曆二十二年，知縣周士英上計於朝，已歲事竣，乃爲我父老具疏以聞曰：「臣聞民者，邦國之本也；兵者，衛民之具也。國籍兵以威，而尺伍單弱，則兵病；欲實其兵，而數疲民以逞，則民病。古者寓兵於農而民不廢耕作，是以無所受其病而兼獲其用。今者驅農爲兵而民竄入兵籍，是以未盡獲其用而偏受其病。

臣竊惟浙東義烏一縣，兵不得解甲而爲民，民不得息肩而無事於兵者三十餘年，而未有如今日之甚者也。臣叨任義烏，兢兢職守，何敢越俎而議以干罪戾？然歷任以來，伏覩徵兵之令，無歲而不至；荷戟之夫，無家而不出。人民流竄而户口消耗，里分兼併而糧差困賠。邑有顛顇之風，民多死傷之泣。詢之父老，得之道路，無不痛心疾首，極言兵害，則臣亦安忍避一時之忌諱而貽百姓無窮之禍哉？夫烏邑地方百里，舊俗淳龐，民居樂業，並未知兵。自嘉靖間，處州礦賊作劇鄰壤，而兵始興。繼以倭奴侵擾，練兵浙東，而兵始著。嗣後釀成厲階，父不得卹其子，兄不得顧其弟，妻不得有其夫，歷年來散於北邊、散於閩廣者幾數萬衆，倭平而生還者十無一二。民方捄死扶傷之不暇，而復重之以檄召之紛紛，禍將安極？臣初到任，不旬月而金陵、淮揚、薊鎮、吴淞、浙省等處募兵官員踵接肩摩。一時羸糧景從，之金陵者二千有奇，之淮揚者一千有奇，之吴淞者五百有奇，之薊鎮者一千有奇，之浙省者一千三百有奇。又民不趨官募，則趨私募，畸零比耦，結隊往投者難以備載。蕞爾彈丸之邑，生齒幾何？而比歲投募已五六千人，則是空邑之子弟以赴之，而閭里户丁何得不屈？臣按祖制，洪武三年，以版籍覈天下之丁甲，丁二等：曰成丁，曰不成丁。民始生，登其名於籍，曰不成丁；年十六，曰成丁。丁成而役，六十而免。府州縣驗丁册口多寡、事産厚薄以均適其力，蓋至慎重也。查得烏民户口，自嘉靖四十二年以至隆慶五年，共一萬五千五百一十丁，萬曆九年户口僅存一萬二千九百三十丁，反至虧失原額。比十九年定圖報丁登册，充足額數，而各里以人丁虚耗，紛紛控告，不下數百輩。臣諭以申請詳豁，民乃安定。良由師旅頻仍，丁壯離散，年老者未行蠲除，童稚者先以編役，而逃亡遠竄者，則累及里役之包賠，此民之所以囂囂苦不寧也。且今弊竇百出，奸僞多端，蠹國耗民，其害有五，臣請得而熟數之：古之凡民長大壯健者皆在南畝，農隙則教之以戰。今一遇兵興，輒奉檄坐募，以尺度量民之長大而試其壯健者，招之爲兵，其所留以緣南畝者，皆老弱也。夫八口之家，能耕者不過二人，投募者多，則力耕者少，使良疇委而不開，桑柘棄而不採，欲令家豐人給，不可得也，害一。人情唯安於土著而重去其鄉，故人人自愛而知畏法。自兵端一開，而民倚邊爲奸藪，囊篋者家於是，逋責者家於是，鉗徒者家於是，雖有作奸犯科、椎埋剽竊之輩，而身扞文網，輒逃之尺伍以解免，而藐上法若土苴也，害二。兵不素定，而一時號召，大抵取盈於城市之游惰，朝甲暮乙，東竄西投，鼠竊蠅營，詭冒影射，按籍而稽其人，多不可曉者。比及逃亡，移文勾攝，牽擾里排，莫可究詰，未免徒耗衣裝，濫叨糧餉，害三。今之把總劄付，非虚名耶。然上設名色以餌民，而下假名色以鈎利，紈袴之子，謀充頭目，餽遺如市，多者百金，少者不下五六十金，甚至有廢産破家，展轉被紿而訐告者。計民間金帛之費，屑越於道路，而肥募官之私橐者，比比是也，害四。夫既以募民爲兵，則其姓名已隸於官府之籍，行不得爲商，居不得爲農，而仰給於官，勢遂不可以罷去。設汰之使歸，彼退而顧其田廬之荒棄，計畫無聊，未有復能生還者也。此不爲溝中瘠，則爲萑苻嘯耳，是使民掉臂有事之日而美兵潢池者，必此失業無賴之流也，害五。兼是五害，而上猶募焉無已，臣竊恐非直爲一家一邑之憂，而土崩瓦解之形將在於此，當事者豈可泄泄然而不爲之處哉？臣愚以爲今之所號南兵，大率浙以東人也。浙東六郡，而婺居三之二，婺屬八縣，而烏又居三之二。然嘗試求之，烏之民非果有投石超距、材官蹶張之能也。一旦聞召而頓足袒裼以應者，則其家不聊生而藉以餬口耳。他郡山巘窟穴之民，負氣好剛，忠勇而願赴用者無處不有。自今請奉明旨，申禁各省衛所衙門，勿得重以私募招誘烏民。萬不得已徵兵東浙，謂宜疏請於朝，勑部以檄下之撫院，院下之道，道下之府，分督所屬州縣隨地召募，不拘方隅，各極簡選，精鋭可致。仍令已募之兵，年五十以上願復爲民者聽。其方募而待用者，年二十以上則收，限十年而除其籍。如是，則方始募之日，上已明示其聚散之權，至役竣而汰之，則無怨。且使民心知其不出十年而復爲平民，則計必顧後，不至叫呼無賴而自棄其身於邊塞。民得更代而爲兵，兵得復還而爲民，此蘇軾募兵之議可通於今日也。而要之中原之長技，有不專在浙者。臣又以爲遠募之兵，各須資遣，道路遼遠，勞費倍多。始發有征行之難，事久有逃亡之患。今之遼、薊、山、陝等處，古稱用武之地，村落百姓習於戰鬬，識敵淺深，愛護鄉里。即不待驅使，猶願自備衣糧，共相保聚，若令召募，立可成軍。昔成化中，北虜毛里孩連寇延綏，先臣盧祥言營堡兵少，而延安、慶陽府邊民多驍勇，與胡虜狎，敢戰，奏請點選民丁之壯者編成什伍，號爲土兵，得兵五千餘人，人免租六石，户三丁，委官訓練聽調，而延兵盛强，虜遂不敢彎弓内向。此在延綏一鎮行之，已有明効，若使九邊在在練習土著，撫以恩厚，民必歡欣踴躍，願出死力，又安在其不如浙兵也？夫惟土兵以漸而多，則民兵可以漸省而無用。民兵可以無用，則烏兵可以息肩而歸農，休養生息。數十年之後，户口可充，征賦可繕，庶乎其猶有支也。臣不自揣，越分僭言，自知無所逃刑。然竊念漢龔遂之治渤海也，令民去刀劍而買牛犢，殷然收富庶之効。臣今之治義烏也，聽民輟鋤耰而佩刀劍，囂然喪樂生之心，則豈惟有負皇上今日所以課責群吏之意，而尸禄苟安於旦夕，使人實謂臣傳舍其邑而秦越其民也，則臣亦無以下謝諸父老矣。伏乞皇上憐臣犬馬微誠，俯垂採擇，勑部查議，從長計處，以拯一方之倒懸。宗社幸甚！生靈幸甚！」奉聖旨，兵部知道，而大司馬以時方用兵，不報。二十三年，東征兵卒以徼賞鼓譟，至移兵潛勦，不分玉石，無辜駢首就戮者數千人，其慘蓋不可勝言矣。編户書徐榦曰，夫治平在庶功興，庶功興在事役均，事役均在民數周。故民數者，爲國之本，而庶事之所自出也。周禮：「司民掌登萬民之數，自生齒以上皆書於版，歲登下其死生。三年大比，以萬民之數詔司寇，司寇獻其數於王，王拜受之，登於天府。」如此其重也。聞之治古之世，民各安其居，樂其業，車馬不疲罷於道路，萬民不失命於寇戎，豪傑不著名於圖書，不立功於盤盂。七十以上，上所養也；十五以下，上所長也；十六以上，上所彊也。則民數之蕃庶滋殖，豈非其累世所休養致然哉？

逮至漢唐叔季，菑害生而兵凶作，丈夫從軍旅，老弱轉糧饟，户版之紀綱罔輯，土斷之條約不明。富人多丁者，爲宦、學釋老以免責，而下户殘瘁，率逃爲浮人，而土著益寡，則其弊不在官而在民。長吏以增户闢税爲課績，而各招浮蕩，析實户，張虚數以邀譽，諸死徙闕税者，抑配於土著，而土著益困，則其弊不在民而在官。自昔嘆之矣。而今之弊，則不在民，不在官，而在邊徼。令邊與邑争民，民走集如市，亦極敝已。記曰，凡民自七尺屬諸三官，農攻農，工攻器，賈攻貨，時事不共，是謂大凶。吾未見奪之以兵事而使聚者也，我國朝令民以户口自實，洪武十四年，始頒册式於郡縣，軍民人匠等户，各以本業占籍。男子始生，登其名於籍，曰不成丁。十六曰成丁，丁成而役。六十而免。婦女若不成丁不役。十年乃大計生齒老幼存亡而更籍之，册成，一以解京，餘司府縣各存其一。凡百差科，悉由此出，無復前代紛更之擾。然洪武間，民甫脱湯火而就衽席，按烏籍，人户二萬八千九百七十二，丁口十四萬三千九百三十三。歷成、弘以來，休養生息，户口固宜月積歲滋，乃今版籍所載，户不及二萬，口不滿八萬，顧猶減於國初時也。然則登耗之故可知已。自嘉靖兵興，徵書旁午，民之揭家而往者，由兩畿以及邊徼，蔑地不有裒而聚焉，不下萬指。户殘於奔竄，口斃於殺傷，則又何怪乎其逾損於昔也！迨萬曆二十年，輪值大造，各里報丁填圖，而縣尋陞遷，未及清覈存亡虚實之數，遂至里有賠累不堪者，爲訟諸藩司，下其牒於縣。於是二十三年，知縣周士英覆加詳審，除虚加無米丁三百五十四丁，增有米丁四十八丁，通共實在人丁一萬四千六百五十二丁。蓋據丁產爲宗，所豁除者多羸弱下户逃亡物故之流，而量於有糧人户酌增數丁以補其闕，是亦割此益彼，補偏救弊之權也。然因是而深嘆概縣之弊，大都患在不均。夫寬狹磽腴，不同鄉而同役；貧富有無，不同貲而同征；奔亡僑徙，不同土而同隸；强弱衆寡，不同殖而同派。丁多家給者以衆輸加輕，丁少家窶者以力單加重。又版籍漫漶，里胥夤緣爲奸，多巧避失實。豪右售賕，轉相蔽匿；貧弱抑勒，輒報科差。而里之豪有力者，藉口差徭名目，即又更賦諸十甲。十甲多單下户，易虐使，往往陽浮科斂之，所出有倍於所徵者。强者吞食饕餮，弱者椎肌剥髓，相推於逃亡死徙，而民益慼。然則長民者將任其若存若亡而不爲之籍邪？則非國家之制也。將一一計而籍之而增闢户税邪？則又非生民之道也。計莫若與時推移，每及攢造之年，視耗損益均劑之，而倣丘文莊丁田相配之法，以田一頃配人一丁，當一夫差役。田爲母，人爲子，子隨母而益損。所籍即豪有力數溢於額，輒裒之；口即羸弱下户額不及數，仍減算。即户歲滋，足成賦，不責其羨；即未浮，則例概攤減，不爲加科。常使民寡征求之擾而優其力，國有民人之實而無其名，是謂不齊中之齊，而公私兩便之術或不出此。若必料民數而盡籍之册，將户未必增而民先告厲，孰與夫聽民自便之爲得也。後之籍民者，毋寧使人謂令，令寔生我，而謂令浚我以生乎？

田賦書

我國家稽古定制，即田而稅，其每歲取民者，有夏稅，有秋糧，有鹽米，有額辦，有坐辦，有銀力差。自軍國重需及職員供餽，一縷一粒，悉財度畫，一著爲令。是時干戈甫定，列屯聚食者奚翅千萬，而免租之詔，無歲無之，其爲民惠澤至渥也。歷二百禩於兹，財賦灌輸，天下度田非益寡而租稅非日減也。長吏引錣持籌，邑有若干步畝之數矣，而國計廩廩憂不足於上，民墾田發草，善治之則畝數益，而食不能人二鬴者猶衆也。則患生於上溢而下漏，溢則物力必屈，物力屈則民貧，民貧則奸邪生，而扞文罔逃國稅之私紛紛起矣。烏廣輪方百四十里畸，提封萬頃，居民廬列而棊置，大都墾田什居伍，山澤園陵藪牧什居三，陸地墝埆什居三。野多坡坂，土雜沙石，不皆可田，而又數苦旱暵，望歲於天者多。失天之權，則人地之權亡，非他有技巧能以慱稰摶生也。嘗考國初官民田土八千七百四十一頃，夏稅麥二千一百一十七石有奇，秋糧二萬二千五百七十五石五斗有奇。宣、成以後減科米一千三百七十七石。隆慶二年，裁定夏稅仍舊額，秋糧二萬一千二百石八斗有奇。其賦法：夏稅石徵銀二錢五分，秋糧官米石徵銀二錢五分有奇，民米本折色，石徵銀或五錢七錢有奇，總之稅糧每歲共徵銀一萬二千四百一十四兩五錢有奇。田三等：曰官田，曰僧田，曰民田。官田有抄没、學院、義莊諸名目，賦最重而免其差；僧田屬之寺觀，半占於民，而賦稍重；餘盡爲民田，而等賦各以其地宜爲差，具如期徵輸。初夏税秋糧之入，區設糧長收解。已豪右力能爲細民輕重，得陽浮科斂之輾轉爲貿易，久之課不上，而蕩者將國税爲淫浪。事覺，至貿田宅，質妻子，累親戚倍償，隕身滅世。於是編里甲爲差次，分上、中、下三等，從公僉充，以均其力。又其後諸名里甲值役者，公私費鉅不訾，給不能一二，而共者十百，中人之家大率破。而歷朝釐正更創，則十段錦、一條鞭之法行而民咸稱便矣。夫十段錦之行也，自嘉靖四十四年始也。其法每年算該銀力差各若干，總計拾甲之田派爲定則，如一甲有餘，則留二甲用，不足，即提二甲補之。十年輪次編僉，而徭役解費於是乎給，其極也，多爲市猾所攬收，至解户有分毫不沾惠者，而差解亦病。一條鞭之行也〔二六〕，自隆慶四年始也。其法通計每歲夏税秋糧存留起運額若干，里甲銀力徭差諸費額若干，照數編派，開載各户由帖，立限徵收。其往年編某爲某役，某爲户頭貼户者盡行查革。若起運完輸，若諸役錢，皆官府自支撥，勢不得復取贏，於民固便，然議者猶以爲旦旦而號之，農氓無終歲之樂；户户而比之，縣官有敲樸之煩。甚至事有不得已，或借私以補公；勢有不容緩，或移甲以紓乙。其弊曷可勝數也！雖然，齊民狃於所習，中士溺於所聞，自條鞭行而見年里役糾其不率，該催促其輸，遞年分其辦，細户上其供，上下相安，蓋已一成不可變矣。吾獨怪夫法久民玩，奸僞萌起，一切欺罔以負國課者，比比是也。方洪武十九年，上念民貧富不均，而賦税多不以實自占，往往以田飛灑詭寄，昏賴推那，遣國子生臨縣，將各鄉田土一一經量，編畫魚鱗圖以記之。自後歲久，册漸漫漶，至亡失不可問，而田得買賣，糧得過都圖，推收虚僞，弊叢如蝟，告訐日滋，至嘉靖間而極。萬曆初，我皇上用輔臣議，行丈量法，大均天下之田。於是知縣范儁履畝清丈，以等則既多，而里胥得上下其手，莫可方物，乃統縣之田，分爲八鄉，以一法概量之。稍别科則，民田重者畝不及四升，而輕者纔三升有奇。是時法嚴令具，人習步算而賦均，民間虚糧賠累之弊盡汰。獨其高田與水田同則，如同、明等鄉，被害猶寡。永、祈二鄉高居八九，水才十一，而以崎嶇墝崅之田，輸陸海沃野之賦，有罄田之出而終歲不足餬口者，則民且欲脱屣去之矣。又國家諸料價及兵費皆以田派，計租之入，大約半税於官，額外之征歲倍，諸不暇論，即如加派田畝，初每畝税三分之一，計增兵餉三千兩有奇，及倭平而此賦不爲蠲除，著爲定額。萬曆二十年，有島夷之亂，復募兵防守，而披戈占籍之徒率皆衣食縣官，莫能給，則又復議派兵餉，田地山每畝加銀一釐五毫。已二十一年，每畝又加一釐五毫，通算總加三釐，共增兵餉銀二千五百四十七兩有奇。沿至二十四年，奉撫院劉汰冗兵，減除餉銀六百八十五兩六錢有奇。然總之自嘉靖至今，餉銀猶派徵四千八百六十二兩七錢有奇，而民困未盡甦也。夫數口之家，一人𨂍耒而耕，不過十畝，中田之獲，卒歲之收，不過畝四石，妻子老弱仰而食之。時有潦旱災害之患，而徵賦兵革之煩費頻歲無休時，故富者鮮什百人之生，而貧者多不賫本之事，逃絶棄業者往往而是。而里魁夙猾，舞文作奸，窟穴蠹食其中，至不可殫詰。諸如故老所傳魚鱗圖及賦役册，業已化爲烏有，而姦利萬狀，有巧曆所不能得，而況其凡乎？試舉其積弊言之：有田之家，患苦賦重，賄啗奸書，將米糧歲灑合勺於百户之内，積合勺成升，積升成斗，積斗成石，漸以消豁。而彼灑者竟莫知所從來，而歲爲之賠償，名曰「飛灑」。又患田併户則米多，米多則差役益重，則分析其田，或詭之親鄰，或詭之佃僕，又或爲之寄莊，而彼此規避以倖脱重役，名曰「花詭」。又家自爲户，糧差業該承領，而故以其米留掛於良户、常祠，藉口衆共，不落户眼，終歲昏賴，名曰「虛懸」。又有地無立錐而户留虛米者，有田連阡陌而籍無擔石者，有留賣户不過割及過割一二而代爲包納者，有過割不歸本户，有推無收，有總無撒而影射脱漏者。在册爲紙上之桑，在户皆空中之影。以致派糧編差，無所歸着，豪猾欺隱，貧弱賠貱，而民愈益窮。户口消耗逃亡，多有黠者籍逋逃爲推委，而糧愈益虛。自非綜核清查一大振刷之，則又何以毖其後哉？故嘗爲之説曰：今之官不勝其煩而民不勝其擾者，則畝數之混淆不爲清也，册籍之脱略不爲覈也，推收之棼亂不爲禁也。王制十年一大造，令開載事産厚薄，按籍科征，而輓近直循故事，以虛文應耳，即所號爲實徵，亦大率襲祖名，甚且聯二姓以朋充耳。而民間田糧又歲歲收除，迄無定轍，以致册籍紛更，里胥因之恣奸，飛灑增減，信意出入，若繭絲牛毛，莫得而窮竟其端緒，有自來矣。昔丘文莊著論，欲令縣册詳於司府，如諸司職掌所載，凡各田土必須開具各户若干及條段四至，俾官民有所稽考質證，不至混而無别。今莫若倣而行之，督令里書查算都圖事産，各歸子户，備造的名，登之徵册。先將田地山塘每畝該米、該麥、該銀、該傜科則，先列於首。以縣額而至鄉額、都額、圖額、甲額俱明註丁田銀米優免實徵數目，序列於次。至於花户逐名之下，則詳開田若干、地若干、山若干，該徵米若干、銀若干，附列於後。圖斂而總於都，都總而會於鄉，鄉會而完於縣，務期總撒相符，不得合勺舛謬。每册造二副印鈐，一存縣，一發該圖各甲收執，照數徵輸。然里胥必且以爲花户滋多，收除不一，而有託煩擾爲口舌者，余謂當册成之日，仍宜酌定五年一次推收，著定爲例。其每歲田有買賣，或價已杜絶，令賣契之外，另書推米付約一紙，赴官税印收照，以杜復詐。錢糧即令得業人稟白代納，直至輪年，方許推收。有故違者，書役坐贜究罪。自後每年照額科徵，以省臨期查算。如是則以一番之會造而貽累年之便利，何憚而不爲此？夫畝數辨，則人有定輸矣；花户詳，則糧無昏賴矣；推收定，則籍無竄奸矣。縱弊竇未必能悉除，而由此以漸推之，奸狀可窮而竟也。嗚呼！樹木者憂其蠹，蕹苗者除其蟊，牧民者不可不熟察此論也。

婺星所舍辯

封域分星妖祥之説，見於保章氏久矣。然而謂婺郡爲婺星所舍者，其説則甚長，不可以不辯。竊考星經，周天五十一萬三千六百八十七里六十八步一尺八寸二分，此天之圍數也。夫圍數三則徑一，實得十六萬二千七百八十八里六十一步四尺七寸二分，此天之徑數也。至於二十八宿度數，每一度計一千四百六里二十四步六寸四分有奇，則凡三百六十五度四分度之一，正合周天之數明矣。若以周天之數限於十六餘萬里之内，自昔帝王而下闢地之最廣者無如秦始皇、漢武帝、唐太宗，計其四封之境，亦不過二萬餘里，此外爲里者，猶十四有餘萬。今星家論著星宿所入度數止以角、亢、氐爲鄭分，一曰韓，房、心爲宋分，尾、箕爲燕分，斗爲吴分，牛、女爲越分，虚、危爲齊分，室、壁爲衛分，奎、婁爲魯分，胃、昴、畢爲趙分，觜、參爲魏分，井、鬼爲秦分，柳、星、張爲周分，翼、軫爲楚分。若以地域二萬里計之，不過得星之一十五度耳，而乃以三百六十五度盡入於二萬里之内，其理果何謂乎？此外十四餘萬里或大海，或廣漠，四夷及百蠻在其間者，星宿或無所隸屬焉。此其可疑者一也。又況尾、箕爲東方之宿，而乃主北方之燕，危、虚爲北方之宿，而乃主東方之齊，奎、婁在西而東主魯，井、鬼在南而西主秦，畢、昴正西而北主乎趙，角、亢正東而中主乎鄭，以至吴越居東南乃屬北方斗、牛、女之分，宋與衛鄰乃屬東方房、心之分，周在河陽，既以爲南方七星張之次，而班固復以子爲周；趙在河北，既以爲西方昴、畢之次，而班固復以寅爲趙，則東西南北互易其位，靡有定據，是星之與土各自異方矣。此其可疑者二也。又如北斗之度，居乎天中，猶可謂主乎九州。若夫五車九坎皆在牽牛之南，偏居一方而亦分主列國，何耶？此其可疑者三也。至論其躔次之疏密，地壤之廣狹，則又有疑焉。宋、衛之與燕，踰越甚遠，而房、心、尾、箕實連而爲次；魯、衛與趙疆理不入，而奎、婁、昴、畢實貫而爲列；自斗、牛以至室、壁，皆北方之宿也，而南起二廣，東亘江浙，過宋、魯而北終於齊、衛，則自吴越而至齊，至衛皆連乎是七宿者也。夫尾、箕乃幽燕之分，而斗、牛二宿承之，閩廣、幽燕，吴越相望，判乎其不相入矣。自井、鬼以訖翼、軫，皆南方之宿也，而西起秦雍，南帶四川，又北析入於三河、成周，而南始入於楚，帶乎衡湘，則自秦雍而至楚、至衡湘皆連乎是七宿者也。角、亢乃鄭之分，與楚爲鄰，翼、軫而下，角、亢連之。秦雍、荆衡里道絶遠，杳乎其不相比矣，星甚相邇，其地絶相遠，其故何耶？此其可疑者四也。而又於南則分野太疏，於北則分野太密。宋、鄭二國同在豫州之東，爲里幾何？而乃當夫角、亢、氐、房、心之五星；魯、衛二國密比乎兖、徐之間，所封尚狹，而乃當夫室、壁、奎、婁之四次；周遷洛陽，其地尤褊，而分秦與楚之外，亦獨占夫柳、星、張之三次，北之分野可謂太密矣。斗、牛、女止三宿耳，而南起二廣，東抵福建、二浙，北至江南、兩淮，遠據江南之九路；井、鬼二宿耳，而北起於秦，南及四川以至於瀘南溪洞、雲南大理諸國，奄及西南之一方，南之分野可謂太疏矣。或疏或密，所隸不等，其又何耶？此其可疑者五也。或者求其説而不可得，則曰其國始封之日，推歲星所在而言。謂如歲星在斗、牛，而吴越始封，而斗、牛屬吴越，自以謂得其説矣。而不知太史公天官書謂木火金水土各以其舍命國，則不但獨指歲星而已也。雖然，二者之義，蒙則於斯皆謂未然，何者？姑以婺女一星考之，星經云，兹星明，則天下豐，女功儲，大國充富。夫二十八宿隨天運轉，靡一息之或停，輝光所燭，下及萬方，何有乎分野之局？婺星凡十一度，計一萬五千四百七十里，豈但臨乎婺郡而已。此星一明，豐及天下，其照臨之遠且大，鈥可想矣。竊以謂天道流行，其大無外，其小無内，初何有於限界？星，天星也，亦何限哉？大抵宇宙間萬象異形而同體，三才異位而同神。蓋自有交相感應之理，此其機括之所係，淵乎至哉！嘗考左氏所載，高辛遷閼伯於商丘，主辰，故辰爲商星；遷實沈於大夏，主參，故參爲晉星。夫商丘豈必上當辰？大夏豈必上當參？唯人既主是星而爲之祀，則是星之休咎亦隨其地而應焉。杜預註謂主辰、主參，爲主祀是也。能知乎此，則蒙所謂前之五疑者，有不待辯而自明矣。是以胡人共主於昴宿，則昴亦應之。其餘蠻夷諸國亦必於星宿各有所主，特中華不得而盡聞耳。然後知分野之説，即星之所應言之，則可；以地驗之，則不可。此杜元凱主祀之言實爲古今確論，雖聖智莫可易也。蒙近爲寶婺觀作重建記，謂郡因所主宇而祀之，非有局於分野，既不誤於歲星所封，亦不拘泥於五星所舍命國之論，實有合於元凱主祀所註，足以釋千古之疑，而舉天下莫能破焉。明道先生謂：「天地間只有一箇感與應而已，更有甚事？」伊川先生謂：「感通之理，知道者默而觀之。」是雖鈥爲事物而言，然主祀之義，亦可驗於此矣。蒙庸取是而爲之辯。金華鄭宗疆題。

金華縣志

王禕記元至正十年，肅政廉訪使董守慤均役之法：下令使民有田者，各以狀自陳所有之田幾何，復俾各都之役於官者曰里正、曰主首者，與練習田事之人履畝而覈其得業之人爲誰，又稽故所藏籍以質其是否，三者克合，乃定著爲籍。其以田之圖相次，而疏其號名畝税糧之數與得業之人於下者，曰「流水」，亦曰「魚鱗」；以人之姓相類而著其糧之數於後者，曰「類姓」；以税糧之數相比而分多寡爲後先者，曰「鼠尾」。每籍於部者三：一上於廉訪司，一上總管府，一留本縣。爲籍既定，然後按籍而賦役。其法即每都之田而計各户税糧之所在，役即隨之，而受役之田，恒不出其都。第以田多之最者爲里正，次焉者爲主首，而主首有正有副，正者在官，副者則相助徵督税糧焉。其田多者兼受他都之役而不可辭，少者稱其所助而無倖免，高下平正，較若畫一。

蘇伯衡記洪武四年郡倅王綱量田之法：令都擇一人焉爲量長，保擇一人焉爲里長。都以五十步爲率，築堠一焉表其都之界；保以三十步爲率，築堠一焉表其保之界。田以區爲率，樹木表一焉書其甲乙之次；樹褚表一焉，書其多寡之數。而旁都比保，分曹易地，相司察焉。有田者則各以名數自占書於表而樹之田間。擇吏之清强者分董其役。金華土田，自洪武四年勘量後，至弘治十八年，上司復委本府推官葉相重行檢踏，開除新增，一一明白。重造流水籍册，見存本府庫房，其各都圖都長、甲長俱各收執一本，凡有争訟，易於查考。近因歲久損失，及有盜换隱匿之弊，宜於歲終拘集點視，庶獲久存，亦清訟禁奸之要務也。

軍匠。國初軍役，多取於歸附投充之衆，其後又多以罪謫發，本縣各都圖軍户見在共二百三十户，俱有籍册可查。其清理之法，有因逃故而解補者，有户無壯丁而以幼丁紀録者，有原逃不在而挨解者，有在營有丁而解查者，有丁盡户絶者，有挨無名籍者，有改調别衛而誤勾者，有同名同姓而冒勾者，有分析在前而充軍在後、充軍在前而分析在後者，有以義男女婿而冒替者。每年本縣拘各里里老清審具結造册送府，本府又行清審造册送清軍御史及布、按二司查照。其應解者，本縣就僉里長押解，取具批迴附卷。凡工匠之役於京師，有輪班者，有存留者，又有機籍而執役於府之織染局者，其事不一。輪班以各色人匠編成班次，輪次上工，以一季爲限，工滿放回，週而復始。有五年一班者，有四年一班者，有三年一班者，有二年一班者，亦有一年一班者。今則皆以四年而一班，其或造作數多，則撮其工焉。諸匠皆免本户差役二丁，若單丁重役者减其役，老疾無丁者免其身。其存留在京各色人匠則廩食於官，每月上工一旬，而以二旬爲歇役。其隸於織染局者，則拘役在官，遞年織造段匹以供用焉。後因存留者或有逃故，而輪班者又或失班，乃命清軍御史及各司府州縣清軍官員清理解部，而造册以繳報。近年又有納價准工之例，則在乎清理者之審其宜焉。

永康縣志

役之别，有坊里長，有糧長，有均徭，有驛傳，有民壯。本非役而人以役視之者，有老人。坊里長在周爲鄉遂之職，初不以爲役也。漢承秦置亭長，或送徒，或畜馬，皆得使焉，則漸近於役矣。唐及宋初皆置里正，南渡後爲保正長。按唐書，睿宗時御史韓琬言，往者里正每一員缺，充者輒數十人。近年差人以充，猶致亡逸。其卒儕於役而人畏其難，則唐中葉以後事也。宋初爲差役，熙寧爲顧役，元祐復爲差役，崇寧又爲顧役。其後民間之好義者憫役之難，又相率爲義役。終宋之世，公争於朝，私講於野，以爲一大議論，而斯民之畏役者，其困卒莫之少紓也。天既以爲役矣，乃無籍定不易之次，但隨時差充，則勞逸疏數將有倍蓰不齊者，民焉得無偏困乎？顧役，聚衆人之財，以募一縣之役，若可無偏困之累，然徒得浮浪之人充之。古人所以制鄉遂之意，蓋蕩然無復存矣。至於義役，民則義矣，將何以處司役者乎？元以五十户爲一社，置社長一人，鄉置里正一人、主首一人。嘗觀黄文獻公所撰鄞縣義役記，其制亦猶夫宋而已。今制每年里役其長一人，籍定其次十年，而徧其役期之先後，無得而私焉。驗其丁糧之多寡以爲任役之輕重，其役費之予奪無得而私焉。其籍每十年役徧一更造，人有生亡，則登下之；田有賣買，則推割之。其長不任役，則選同甲與比甲之次丁糧足任者代之。户有逃絶，必補其數。此法行而差役、顧役、義役諸紛紜之議皆可以無講矣。但其役之設也，本以承勾攝、督催徵而已，後乃凡百科斂皆在焉。嘉靖四十五年，侍御龐公尚鵬按浙，加惠里甲，振刷夙弊，凡公用支應夫馬等項俱酌定其數，一例編銀，徵之於民而用之於官。

糧長即漢之嗇夫與宋之户長也。今制，每區設正糧長一人、副二人，每區歲輪一人赴京關給勘合，親聽敕諭，歸乃下鄉催辦税糧完納，填寫勘合送縣，奏繳北京，既建，仍歲降勘合，南京户部關繳如初，蓋責慎之意，其重如此。歲久消乏，有司乃權令衆户朋充，今且有十人而朋其一者矣。近乃舉而革之，革之誠是也，如高皇帝之約束何？有志於奉國恤民者，尚無廢畫一哉？

均徭自糧里正役之外，凡諸執役於官者，通曰均徭，即周禮所謂服公事者是也。均徭非役名，乃所以制役之意。蓋自昔之議役者，其制莫善於此矣。按宋史，其役有衙前，即今之解户、庫斗；有承符、手力、散從官，即今之皁隷、弓兵。舊志熙寧顧役，歲收免役錢九千八百貫有零，非盡爲役費也，禄官吏，備水旱，皆取足於寬剩錢之數，故其取之多如是，諸賢所以亟争之也。元之役有祗候、禁子，有弓兵，有站夫，有鋪兵，與今制亦略相出入，其所以爲役之法，莫得而詳。

今制凡雜役皆點差，而以上、中、下三等定其輕重。蓋有司得隨事專制，非若里甲有一定之役次，是以放富差貧那移作弊之戒於律令每丁寧焉。弘治元年，始定均徭之制，其制照里甲定籍，年役一甲，以五年與里甲互役，總驗一縣之丁糧，配諸當役之數，通融而審編之。凡役期之先後，役直之輕重，有司者皆莫得而高下焉，此誠所謂均徭者矣。且兼宋人差、雇二法〔二七〕，分爲銀、力二差。銀差者，徵銀入官以充雇直而免其役，即熙寧免役法也。力差，但準銀以定差而不徵銀，聽其身自執役，或倩人代役，即元祐差役法也。其參酌事理，曲盡人情又如此。近或有非役而因事徵銀者亦附焉，豈有取於宋人寬剩錢之類歟？

驛傳即元之站夫也。自漢以來，驛傳之馬皆官置之。站夫之名始見於元，蓋自此遂爲民役矣。國初，驛站之役皆點充，所謂丁僉也。其後漸乏，通驗田糧朋補之，所謂糧僉也。縣額：遠方，馬七匹；本縣華溪驛，馬五匹，騾三頭，驢五頭，遞運夫三十五名。諸役之中，其最重難無如遠方馬頭者矣。於是議者定爲免役徵銀之例，而患始除。近又通計一縣民糧之數，配以所須馬價等銀，計米徵之，歲隨税糧徵完解府，以候遠近諸驛之關領者給焉。

民壯。古者鄉遂之民，居則爲農，出則爲兵。農雖兼兵之役，而未嘗别出養兵之費，亦庶幾乎勞而不費者也。後世爲兵者，既列屯坐食，資農以爲養。及兵之不足，又集農以充兵之役焉，亦異乎古矣。宋河北有弓箭手，陝西有義勇，或給田以募之，或免役以集之，猶未户使之爲兵也。自熙寧中，王安石創行保甲之法，而民始有户兵之累。民壯之役，亦頗類此。洪武初，立民兵萬户府，簡民間武勇之人編成隊伍，以時操練，用以征戰。事平，還復爲民。此民壯之權輿也。然其所立，止要害須兵之處，所簡亦止武勇任兵之人而已，曷嘗通行郡邑，户使之爲兵哉？太平之後，旋已罷矣。正統十四年，令各處招募民壯，就令本地官司率領操練，遇警調用，事定仍復爲民。民壯之名始於此。其費視税糧居其什一，後乃老羸殘疾皆竄名以苟衣食，不過以充候人之役而已。

老人即漢之三老，掌教化者也。洪武中，令天下州縣里設老人一名，以耆年有德者充之。置甲明亭，頒教民榜，凡民間細事，俱聽直亭老人會衆剖斷。有不服者，乃經有司。其赴京奏事稱旨者，即授以官，任亦重矣。後因所任非人，有司鈇輕遇之，於是耆年有德者多避不肯爲，而其樂爲而不辭者舉皆人役也。是豈太祖設立老人以助宣教化之初意哉？

風俗。邑之弊俗所亟宜更者有八：曰淹女，曰火葬，前已具之。曰健訟。民間少失意則訟，訟則務求勝，既問無冤矣，不勝，必番訟之。所争之端甚微，而枝蔓相牽，爲訟者累十數事不止。每赴訴會城，人持數詞。於巡院，則曰豪强；於鹽院，則曰興販；於戎院，則曰埋没；於藩司，則曰侵欺；於臬司，則曰人命强盗；於水利道，則曰汙塞。隨所在徧投之，唯覬堆理，即涉虚坐誣不恤，而被訟者且破家矣。曰起滅。民之險鷙而黠者，上不能通經學，下不肯安田畝，以其聰明，試於刀筆，捏輕爲重，飾無爲有，一被籠絡，牢不可出。凡健訟者之爲害，皆此輩尸之也。人有指斥其惡者，則以他詞中之，即有司且有拘制，上下莫之誰何者矣。曰扛幫。城中歇保户與訟家爲地者，每偏相佐佑，曲爲陳禀，以亂是非，或伺而遮之，俾其情不獲上達，稍與抗，則結衆毆辱之，使負屈而去。故人家有訟，必重賄歇保之桀黠者，以爲羽翼。蓋未至於庭，而所費固已不貲，此貧弱所以重受困也。曰攬納。浮浪無籍之人，代當糧里而包收之，營點收頭而侵尅之，求田問舍，娶婦嫁女，或以耗諸聲妓之娱，罔顧後患。一遇追併，多方詭避，及發覺，則諸宗族親戚鄰里及素所拂意之人令其陪償。或牽連數十人又弗克完，則有司官吏或併受課殿之罰，公私蓋交病焉。曰聚集。民健而不知法者，遇有争競，輒逞凶聚衆，多或百人，少亦不下十數人，鳴鑼持杖，交相擊鬬，不惟大獄緣之而起，而習亂之風不可長也。曰投兵。自海壖告警，金華之民貪緣募兵，僥倖爲把總者往往富累萬金，貴登高品，初無汗馬之勞，冒膺勝敵之賞。以致力田之民賣牛犢，鑄刀劍以應招募者，所在成群。始自義烏，連及東陽，今且浸淫而至於永康矣。以今則坐失耕稼之夫，以後則釀成盜劫之患，其爲害不淺也。險符經曰：「火生於木，禍發必尅；奸生於國，時至必潰。」易曰：「涣其羣，元吉。」此正識微慮遠之君子所當涣之以元吉之治，勿使其時至而潰者也。塞涓之以杜江河之流，伐毫釐以省斧柯之用，其在於兹乎。然捄弊之術，豈有他哉？照之以明，斷之以公，操之以信，果如當其罪，必懲罔宥，則一舉而民志定，民俗變矣。

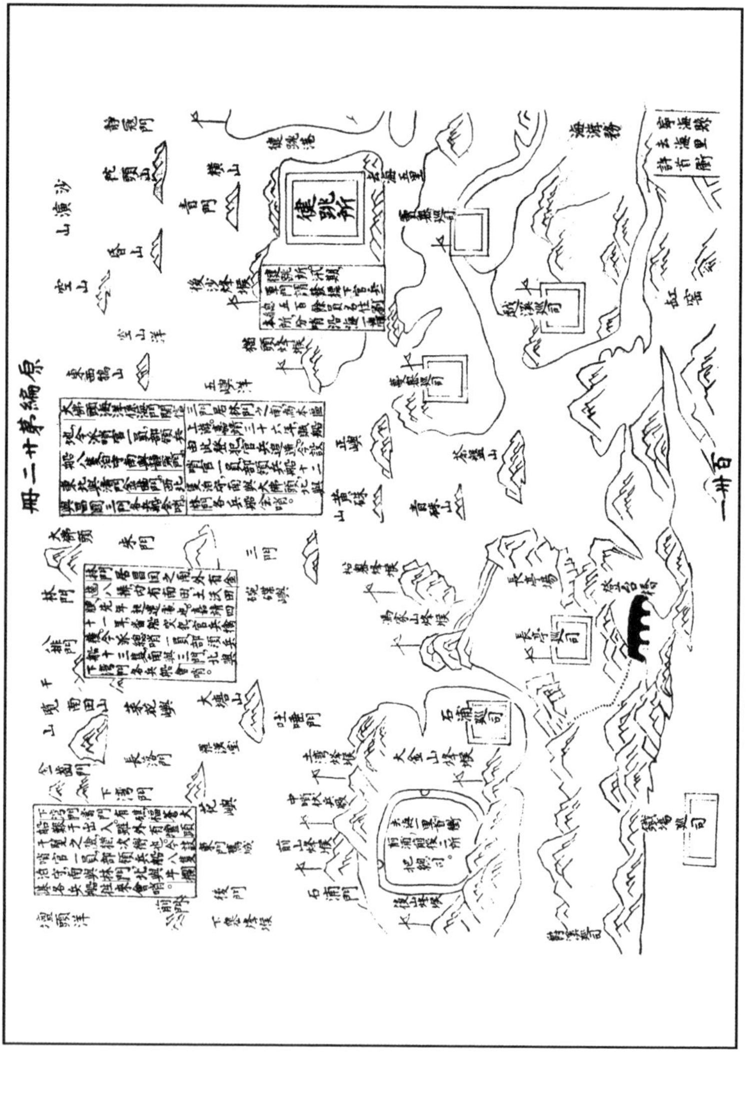
原編第二十冊
健跳所
石浦巡司
長亭巡司

寧海縣志

宋胡融曰，寧海水利，講之舊矣，然皆不得其要領，冒爾爲之，卒無成績。且如官莊、大嶴、竹口、梅林、九頃田疇開闢，雖號出穀處，畎澮溝洫與夫河渠無可倚賴。周世宗顯德中祖令孝孫，元祐中本路羅提刑適，非不究心於此，未踰年歲，尋皆廢壞。故吾鄉之田，凡在路北者，凶歲多，豐歲少。大抵河渠之利，獨便於蘇、湖、杭、越，何則？土平水緩，勢不湍激故也。吾邑界兩山之中，春夏溪流暴漲，奔放衝突，聲如雷霆，小小堰埭，一掃而盡，豈容瀦蓄？故嘗爲之説，上策莫如作陂，下策莫如浚池。相視吾邑，土疏而多沙石，山峻而不鉗鏁，無逶迤漫泉、沮洳大澤可以作陂，上策之説不可行矣。不得已，則有下策耳。合以十畝爲率，問其田凡屬幾主，裒其錢買田一畝，浚而爲池，遇旱則共以灌溉，一應人户有田在高仰者，一依此例推而行之，如此，則吾邑之地皆成良田矣。雖曰下策，猶愈於束手而無策者乎？

永嘉縣志　鹽課

永嘉場在二都，東鄰大海，其鄉一都至五都。國初以瀕海故，盡占籍爲竈，竈户一千四百，正丁一千九百九千。每大丁一，貼辦小丁五，額辦鹽六千七百四十五引三百三十五斤二兩五錢，歲支工本鈔一千三百四十九錠八百三十文。每竈分與沙壇一畝，仍官給鐵鍋牢盤一口，及山蕩採樵，以資耕煎。區分二十四團，總催八十名，分立八扇，每扇歲一人徵收課鹽，貯之倉場，候商人執引，以次照支，謂之常股。後因邊儲急用，召商中納，越次支給，謂之存積。成化間，御史林誠以倉鹽多耗，疏令沿海竈鹽並輸半價，始分折、本二色。其折色鹽三千一百五十三引三十一斤，該銀一千二百六十一兩二錢三分一釐，輸運司解京。本色鹽三千五百九十二引三百斤十五兩二錢，内存積四分，常股六分。後因商人支給不時，而倉廒所積復有浥漏耗損之患，官府必責其取盈，總催往往破産以償，不勝困累。弘治間，侍郎彭韶廉知其弊，奏并徵折色，計銀一千四百一十五兩三分，解納運司給商，任其到場買鹽聽掣，商竈一時稱便。嗣後鹽法漸壞，優恤罔加。國初所給工本米，繼易以鈔，及鈔法不行，工本遂廢，而又身膺二役：縣有里長，場有總催；縣有甲首，場有五長；縣有收頭，場有解户；縣有支應，場有直日。竈之與民，苦樂居然可見。爲有司者，顧以竈得鹽利，每困苦之，凡雜辦徵輸，悉與民埒。且商人到場買鹽，貧竈率先貸其銀，而商人乘之以射利，數月之間，必取倍稱之息，每鹽一引，視常價僅得半之。用是日苦窘急，逃亡數多，而額不可減。正德間，當道議將竈户田每五十畝准一小丁，以足原額之數，庶幾得通變之宜。然舊額沙壇外有沙城攔護，節年風潮衝揭，沙壇半入於海，耕辦寡資，益不堪命。邑人封通政王鉦深用憫惻，嘉靖十三年間，具奏乞照各場水鄉例，將舊徵折色鹽課敷之通縣，并請修築沙城。事下，巡鹽御史楊春芳、行知縣周琉會議，奉按驗將折色鹽銀派通縣照田辦納，竈困稍蘇。至嘉靖二十七年，巡鹽御史鄢懋卿因諸生張玲、馮瀚等言，乃就沙城舊址築以石堤，保存餘沙，分給各竈，每丁所得視舊額不啻減半云。

永嘉縣志

先是浙東設總督一員，金盤名色把總一員。嘉靖三十五年，始改設參將駐劄盤石衛，復設欽依金盤把總，專管水關，統領兵船，駐劄瑞安。隆慶年間，移駐寧村所，其南北要隘如黄華、蒲岐、石馬、梅頭、飛雲、鎮下門等處俱設名色把總，帶領水陸官兵，畫地防汛，每總不分水陸，俱設兵五百名，以募兵兼衛所選軍充之。黄華關、飛雲關、江口關、鎮下關各設總哨官一員，哨官一員。黄華關屬樂清縣地方，原係水寨，派盤石衛官軍防守。嘉靖三十一年，改設總哨官，帶領民捕軍隊舵兵泊梁灣海洋。飛雲關屬瑞安縣地方，原係水寨，派温州衛官軍防守。嘉靖三十年，改設總哨官，帶領民捕軍隊舵兵泊鳳凰海洋。江口關屬平陽縣地方，原係水寨，嘉靖三十八年，改設總哨官，帶領民捕軍隊舵兵泊洋嶼海洋。鎮下關屬平陽縣地方，原係水寨，該金鄉衛官軍防守。弘治年間廢。隆慶四年，題設總哨官，帶領民捕軍隊舵兵泊官嶴海洋。參將標營左、右、中、前、後五營，每營設名色把總一員、哨官五員，各領官兵一枝。標營平時屯插盤石衛，汛期出守黄華、蒲岐、梅頭海口，專禦洋田嶴、曹田、日團一帶地方。

左營平時屯插蒲、壯二所，汛期出守上魁海口，專禦鹽浦、鎮下一帶地方，并哨福建流江界。右營平時屯插盤石後所，汛期出守石瑪海口，專禦三嶼、鹽盤、沙角、南瀆、平山、白沙一帶地方。中營平時屯插金鄉衛，汛期出守大濩海口，專禦石塘潼、頭七溪、大小漁埜一帶地方。前營平時屯插平陽縣，汛期出守仙口海口，專禦栢城、汶路口、眉右、宋埠、陡門、江萊一帶地方。後營平時屯插海安梅頭，汛期出守前後岡海口，專禦埸橋、長沙、永嘉、埸沙村、黄石浦一帶地方。珠炎營名色把總一員、哨官五員，領民兵一枝，平時屯插炎亭，專禦珠明、石坪、大嶴、舥漕、洪嶺一帶地方。往年每大汛，軍門調發標下二營前來協守此處。萬曆十九年，因警息議免調發，以本處民兵分布防守，省費不貲。大汛以春分二月中，此陽和方深，東北風盛作，日本島夷與諸國互市，或乘風剽掠，可以猝至温台，故防之。夏至後南風盛，海水熱，蛟龍起，颶風作，彼既難來，我亦難哨，故此時撤防。小汛以十月小陽，東北風與南風時或連作，故防之。冬至後海寒，北風欲沍，故十一月撤防。惟四月漁船出洋，乘掠鹽米壯男，不敢深入内地。九、十月海外諸國互市者，皆乘東南風之廣中、香山，遇船劫掠，故小汛亦不可不防也。鎮有三關：曰黄華，曰江口，曰飛雲。而黄華懸於海外，倭船外洋來者必經其地，故於黄華海口聯艦哨守，則北可以扼梁灣之衝，南可以扼南麂之衝，分布制截，寇自不得深入，此禦倭之策，莫先於防海也。又按民間田地起科徵税，歲供官軍月糧，承平日久，徒籍虚名以糜廪食。自有倭患以來，官軍一無所用，於是酌議募兵，率用土著，間收義烏、武義之民，分撥各總，大約共若干名。又於常賦之外科派練兵銀以給兵餉，視官軍月糧不啻倍之。而督兵諸官類選民人稍知兵事者，充爲名色把總、世官指揮千百户等，間一委用。迄今四十餘年，海上不無警報，募兵不敢議撤，而衛所官軍盡爲虚設，此東南疆圉安危至計，不可不加意而振刷也。又稽初設官軍時，行伍悉充，而民賦所輸，計足供給。今官軍消耗將半，而民間賦額然猶不減，此其故非奸胥侵漁，則豪軍冒領。近議欲查追餘糧以充運軍之需，是豈法紀所宜哉？

永嘉縣。沿江有三洲：西洲、蒲洲、任洲。入江有十三浦：上戍浦、竹浦、桑浦、甌浦、西郭浦、外沙浦注二十一、黄石浦、白沙浦、梅嶴浦注二十二、嶕頭浦、河田浦、象浦注二十三。通江凡四港：安溪港、菰溪港、荆溪港、枏溪港。甌海一名蜃海，去郡城東六十里，江流東至盤石寧村，會於海洋，茫無際涯，是謂甌海。自寧村而南，積沙成城，以捍潮勢。沿海皆沙塗，亭民取鹹潮溉沙釀鹵煮鹽。甌海之長潮西至白沙，接安溪，由江南岸則自北門甜節亭，歷江山永清注二十四、定安注二十五、迎恩門注二十六、西郭，過吴崎、桑浦、嶼頭、岩門、竹浦、塔頭山、林頭、吴渡、上戍、浦口、江南、張岩、外村、西洲、嶧頭、殷溪、枽溪，至菱洋渡，抵青田縣界。由北岸則自羅浮注二十七、河田注二十八、泥塗、馬嶴、嶕頭、梅嶴注二十九、鷄籠嶼、小荆、荆溪港口、白壤上，菰溪港口、淩福、白沙、菱洋，至安溪港，亦抵青田縣界。北至潮漈，接枏溪，舟過北岸，由千石入枏溪港，潮至潮際。退潮東去，北至館頭。抵樂清縣界注三十。

瑞安縣。安陽江在縣南門外。舊名安固江，吴時名羅陽江，唐時名瑞安江，又名飛雲渡。江之源有二：其一自建寧、政和縣界温洋迤邐南來，至百丈口注三十一而羅陽、大洪、莒江之水會至三港爲大溪；其一自處青田縣木覺嶺至陀溪注三十二，而三坑之水轉至陶山、南口爲小溪。二溪宛轉合流而入於江，凡數百里焉。其夾江南、北岸諸山之水，派流頗多，皆入於江。其長潮西上，一抵三港，一抵陶山港、潮際，其退潮江口東接洋嶼入海，南次横河注三十三，次俞木，抵平陽縣境注三十四。

平陽縣。横陽江在縣西南二十五里，舊名始陽江。一港入順溪，分源東流，合睦村、周奥，入東南流，合横口、三橋，出逕口江；一港自梅溪注三十五出，匯梅浦；一港自閫嶠諸山澗谷出松山注三十六、平水；一港自宋蘭洋分東、西源出燥溪注三十七而止。海在縣東二十五里，北自瑞安縣界楡木浦起，經斗門、仙口注三十八，自仙口南經江口注三十九、小茄、南監、邪溪、鹽亭抵大奥、王孫、蒲門，自蒲門抵墮項嶺、俞山，自俞山抵福寧縣烽火寨止，横亘三百餘里。

沿海巡檢司一十處，管烽堠九十三所。舘頭巡檢司管撥：白沙山注四十、南岸山注四十一、三嶼山注四十二、嶼頭山、黄華山注四十三、洋田山、盤嶼山注四十四、田灣山、舘頭山、茅竹山注四十五、下關山、上關山、瞿嶼山注四十六。中界山巡檢司管撥：楓葉山、東白山、蜜辣山、黄家山、殊磊山注四十七、川石山、大奥山、長沙山、沙下山、沙滙山、洛灣山。北監巡檢司管撥：楚門山、茗坑山、烏巖山、蘇家岡、後轎山、西團山、湖頭山、礵頭山、前山、化山、下山頭、蘆灣。小鹿巡檢司管撥：馬鞍山、靈門山、魚井山、于江山、丫髻山、三山注四十八、石橋、西門、烏沙門、亭頭、東門。蒲岐巡檢司管撥：岐頭山、水奥山、高松山、南浦山、纜嶼山、蒲奥山、梔頭山。梅頭巡檢司管撥：鮑田、前山、錢家步、前塘路、巖井山、白巖、南岸渡頭、横河、塘路、鄭家莊。下村巡檢司管撥：攔頭、濛灣、劉家山、小王孫、大王孫、後嵯、關山、玄中巖、下村頭。小漁野巡檢司管撥：大濩山、早灣、上洋山、蒖山、鳳凰山、白崎山、浪盪頭、半塘。江口巡檢司管撥：嶼門山、蔡家山、麥城山注四十九、福全山、司前塘、塘岸。仙口巡檢司管撥：白洋、石剌山注五十、斗門、風門、塞平山、烽火山。防禦倭寇官軍戰船於莆門、小漁野、青奧門、中界山、楚門等處海口灣泊隄備，遇有警急，即便策應追捕。

【原注】

注一　受塘左之涇十有八，塘右之涇十有三。

注二　受塘南之涇五，塘北之涇六。

注三　南受陶涇水。

注四　若杭州近在會城，不必委官，而温、處等府處浙上游，本司委官往返，動輒千里，勢不可行。其雙月類報錢糧及類批銷批一如前法，但各府如期差一首領官斂收類解。其兑銀、驗銀、封銀俱責成府首領官與縣官逐一仔細，不可違錯，責有所歸。至於本司委官并各府委官每次給應付一張，以領文之日爲始，回銜之日爲止，計日給銀三錢供給，到各縣於該縣備用銀内動支。出府境各馹，於廩給銀内動支。每縣不得過兩日，到省計日定限，不得躭閣延滯。其有錢糧應在府給發者，即貯府庫；應縣給者，即貯縣庫。不必解司，止申批劄發。其各縣原議津貼銀兩，悉行裁革，不得重科加派，累害小民。如此行之，計通浙所省，可得萬金，其於革弊益民，不無小補矣。詳兩院，如議通行。

注五　張元忭曰，按曾、王、徐三公之議非不鑿鑿可聽，然在當時已窒礙不可行。至於今又數百年矣，無論二千頃之膏腴，民命所賴，即廬舍墳墓於其上者，無慮千萬家，若盡剷而爲湖，是激洪水於平世也。且昔之爲湖者，將以蓄水耳，今既有海塘，有三江閘，謹脩築，時啓閉，可永無患。而又舊此二千頃之水，徒以魚鼈，兹土將安用之哉？如此而猶存三公之議者，姑以備舊制云爾。

注六　劉忠顯韐。

注七　二十八洞以二十八宿爲號，故名應宿。知府蕭良幹立水則於三江閘，書金木水火土五字，水至金字脚，各洞盡闢；至木字脚，開十六洞；至水字脚，開八洞。夏至火字頭，築；冬至土字頭，築。

注八　嘉靖十六年。

注九　閘用巨石，牡牝相銜，煮秫和灰固之。其石激水則剡其首，使不與水争。其下有檻，其上有梁，中受障水之板，板横側擠之。石刻水平之準，使啓閉維時。堤築以土，其淖莫測，先沒以銕，繼用箘簬，發北山石投之，兩旁甃石，彌縫峭格。周施堤，厚且堅，水不得復循故道。其近閘，磬折參伍之，使水循涯以行。其財用出於田畝，每畝科四釐，計三邑得貲六千餘兩，其丁夫起於編氓。

注十　三十九年，有民徐應元等欲佃爲實業，呈蒙軍門都御史胡批府行縣勘明不准，但所佔前田尚未吐出。至嘉靖四十一年，蒙遇丈量，該本府通判林仰成即作原田丈出多數入册糧差訖。丈量之後，各民復佔成田太多，且地勢漸低，必洩水方可佈種，因大開孔堰等閘，以致湖水少瀦，灌溉無資，一遇旱魃，五鄉遂至啼飢。及今不禁，則侵佔之漸猶不可止，而五鄉之害又不可言，所以王茂貞等有今日之奏。相應查照原額，盡行革復。但念前田承業既久，糧差已定，卒欲更復，不無動衆之患。議將嘉靖三十九年以前佔種者仍舊管業，置立疆界，分别湖田。

注十一　鹽船經此，必需大汛。若重載當徂，則百舟坐困，旬日不得前。於是增此壩，分導壅遏，通官民之舟，而北堰專通鹽運。

注十二　在縣東十里石湫壩也。宋時在急遞鋪側名通明北堰。明洪武初鄞人郟度建言開浚，移鄭監山下，又名鄭監山堰。

注十三　餘姚下壩一名新壩，亦石甃，西去中壩十八里，東至縣四十里，左江右河，河高於江丈有五尺。明越舟航往來所必經，然壩高，舟難猝上，又候夜潮乃行，率夜半始羣至壩下，至則各登涯争先拽纜，每相持或竟夜不車一舟。遇雨雪之夕，衣服濡濕，飢寒僵縮，股慄不禁，盡死力争之，嘗有鬬而死者。

注十四　慈谿西北一百里連岸。

注十五　數詳兵衛志。

注十六　紹興府志會稽縣知縣張鑑申文：爲弊之端有四：一則詭糧絶户。蓋某户本無田無糧也，奸人賄書，忍寄升斗於上，明年倍之，後年又倍之，積至歲深，存者不下十百，多則不知其所自來矣。二則産去糧存。蓋賣田者利於重價，將官作民，將湖作站，摘糧代辦，故則不知其所去矣。三則三轉一關。如趙甲之田，本無賣出買入也，册時故爲推收，一推於錢乙，再推於孫丙，更轉於李丁，而復還本户。或於孫丙而摘糧，改多改少；或於李丁而摘糧，改官改民。去者無求，而來者無辨矣。四則借名脱實。如本户田糧本無故也，忽捏坍毁積荒誣詞，告官勘量，遍借別處坍塍廢址，冒認已業，賄勘者捏數回官，賄奸書推糧存里，始則朦倍，終則規脱矣。

注十七　嶺：西碶嶺、沈公嶺、東臯嶺、石家嶺、油嶺、張家嶺、洞嶺、沙崗嶺、洩嶺、漫石嶺、茶茶嶺、新嶺、大千嶺、桂嶺、蘆花嶺、西嶴嶺、大嶺、塔嶺、龍塘嶺、小展嶺、摩鼻嶺，已上東鄉。曉峰嶺、茅嶺、野嶴嶺、鄭思嶺、寺嶺、長青嶺、藤坑嶺、鮑家嶺、小嶺、岑江嶺、夾門嶺、清嶺、朱和嶺、大周嶺、平石嶺、柯梅嶺、白泉嶺、西臯嶺、疊石嶺、黄泥嶺，已上西北鄉。

礁：丁家礁，在内境之海，西一潮可抵，左茅洋、右螺洋。亂石嶄然中起，潮大則没，舟人不戒，觸之輒壞。先昌國令王與善立石表以示，往來者便之。缸爿礁、金砂灘際南海中。分水礁。蓮花洋中。

礦：丘家礦，城東六十里，大嶴之南。千礦，城北三十五里。刑馬礦。在岱山之東北，名秦頭，相傳隋驃騎將軍陳稜伐琉球，至此刑馬祭神。

灣：施家灣，在城南東江浦之内，戰船收泊之處。弘治以前，田皆斥鹵，今悉成熟而腴。白碁子灣，與黑碁子灣相對，螺蚌之甲，隨潮上下，淘洗成質，瑩潔光潤，欲得之者，撒白米易之。黑碁子灣，在烏石塘之右，其形圓巧紺滑，欲得之者，禱於神，撒黑豆易之。

塘：烏石塘，在東海中馬墓山之陽，綿亘百餘丈，高可二丈餘，枕海之濱，表裏一色，圓巧若龍鱗然，下注民田，皆成沃壤。天色晦冥，則光怪間錯。故老相傳，此塘一夕暴風雨捲挾而至者。塘有三：一在舟山下塘頭，一在桃花嶴。百年之間，或捲沙以爲堤，或推石以爲塘，捺就膏腴，不藉人力，然則海變桑田，非誕謾也。徐偃王祠在城東三十里之翁浦，俗呼爲城隍頭。按十道四蕃志云，徐偃王城滃洲以居，其址尚存。史載偃王敗，北走彭城武原東山下以死，疑非此海中。而韓文公爲衢州碑曰，偃王逃戰，不之彭城，而之越之東隅，棄玉几案於會稽之水。則十道四蕃志或可信矣。

注十八

岑港有龍洞，其神甚靈異。其出入地方，可得而知：竹葉向内，則龍在洞；竹葉向外，則龍在外海。向有一人失足入洞中，云洞直通響礁門，洞内俱乾，復得出。萬曆二十六年，有施姓者，因天旱祈禱無雨，施願舍身，爲一方請雨，隨至龍洞口投下，繼而屍即浮起，頃刻大雨如注。

注十九　關一，舟山關，在城南二里。

注二十　在永康東一百十里。

注二十一　朱村浦。

注二十二　梅奧山在仙桂鄉。

注二十三　象浦山在三十六都。

注二十四　府東北門。

注二十五　府西北門。

注二十六　府西門。

注二十七　羅浮山距孤嶼一里。

注二十八　在府北。

注二十九　在府北仙桂鄉。

注三十　南次龍灣，次崎頭，舟行至此，始出江口入大海，分南北行，謂之轉崎。北至青嶴門，而永嘉之海境盡矣。

注三十一　百丈山在泰順北三十五里。

注三十二　羅陽在平陽西南十五里。陶山在縣西三十里。木凳嶺在縣西芳山鄉。

注三十三　橫河在縣南南社鄉，南通平陽萬泉鄉，東連沙塘斗門。

注三十四　由江南岸則自双門外歷寧村、沙城、梅頭，抵瑞安界。由江北岸則自羅浮、山在府北八里。華嚴柟溪港、强奧、挂綵、在府東北二十。象浦口、舘頭、青奧、在海中。鹿西，在海中。東抵樂清界。

注三十五　在平陽西三十。
注三十六　縣西南八十。
注三十七　燥溪山在縣西南七十，燥溪在縣南五十。
注三十八　仙口山在東二十五里。
注三十九　縣南二十。
注四十　府西北二十七都。
注四十一　樂清永康鄉。
注四十二　同上。
注四十三　同上。
注四十四　樂清西五十。
注四十五　府東南五都。
注四十六　府東二十。
注四十七　府東海中。
注四十八　平陽西南五十。
注四十九　平陽南十。
注五十　平陽東十里。

【校勘記】

〔一〕咸淳間　「淳」原作「平」，據宋史卷四二一常楙傳改。

〔二〕糜銀四萬五千兩　「糜」原作「麋」，據敷文閣本改。

〔三〕後僉事黄光昇通約前法築堤　「約」，敷文閣本、清抄本作「酌」。

〔四〕值三秋大汛　「汛」原作「迅」，據敷文閣本、清抄本改。

〔五〕此即滷地之入足以辨之　「辨」字原脱，據敷文閣本補。

〔六〕漢唐以來通貢中國　「以」字原脱，據清抄本補。

〔七〕沈家門在定海洋外舟山普陀間　「定」字下原衍一「定」字，據敷文閣本删。

〔八〕臨各總列衙都司　「衙」原作「御」，據敷文閣本、清抄本改。

〔九〕曰柱湖　「柱」，清抄本作「桂」。

〔一〇〕開玉山陡門　「陡」，下文作「斗」，疑是。

〔一一〕二十一都至三十都凡八都　按，二十一都至三十都當爲十都，此處「八都」疑誤。

〔一二〕知府湯紹恩改築水滸　「紹恩」二字原脱，據讀史方輿紀要卷九十二浙江四補。

〔一三〕東西横亘百餘里　「餘」字原脱，據讀史方輿紀要卷九十二浙江四補。

〔一四〕今增一丈二尺　「丈」原作「長」，據敷文閣本、清抄本改。

〔一五〕則常瀦矣　「則」字下原衍一「則」字，據敷文閣本、清抄本删。

〔一六〕用之戍守　「戍」字原脱，據敷文閣本補。

〔一七〕皆知自好而重犯法　「好」字原脱，據敷文閣本補。
〔一八〕突冒者當衝車樓船者當行樓車　「冒」字至下「當」字九字原脱，據籌海圖編卷十一經略一募客兵補。
〔一九〕走舸者當輕走驃騎況今日之邊防恃舟師爲長技　「騎」字至「師」字十字原脱，據籌海圖編卷十一經略一募客兵補。
〔二〇〕知略之人　「知」字原脱，據敷文閣本補。
〔二一〕又於其中擇有見識知通變者　「又」字下原衍一「又」字，據敷文閣本、清抄本删。
〔二二〕秦屬會稽句章縣　「縣」原作「郡」，據明一統志卷四十六寧波府改。
〔二三〕金人自明州引兵攻定海縣　「自」原作「白」，據敷文閣本、建炎以來系年要録卷三十一建炎四年改。
〔二四〕時明州衛守禦千户慕成立城五百丈　「城」原作「地」，據敷文閣本、浙江通志卷二十三城池定海縣城池改。
〔二五〕慶曆四年之後　「四年」原作「西師」，據敷文閣本、清抄本改。
〔二六〕一條鞭之行也　「行」字下原衍一「行」字，據敷文閣本、清抄本改。
〔二七〕且兼宋人差雇二法　「雇」原作「顧」，據敷文閣本改。下逕改。